U0601838

 中国人民大学研究报告系列

中国档案事业发展报告

2023

ANNUAL REPORT ON DEVELOPMENT OF
ARCHIVAL UNDERTAKING IN CHINA（2023）

中国人民大学档案事业发展研究中心　著

中国人民大学出版社
· 北京 ·

总　序

陈雨露

当前中国的各类研究报告层出不穷，种类繁多，写法各异，成百舸争流、各领风骚之势。中国人民大学经过精心组织、整合设计，隆重推出由人大学者协同编撰的"研究报告系列"。这一系列主要是应用对策型研究报告，集中推出的本意在于，直面重大社会现实问题，开展动态分析和评估预测，建言献策于咨政与学术。

"学术领先，内容原创，关注时事，咨政助企"是中国人民大学"研究报告系列"的基本定位与功能。研究报告是一种科研成果载体，它承载了人大学者立足创新，致力于建设学术高地和咨询智库的学术责任和社会关怀；研究报告是一种研究模式，它以相关领域指标和统计数据为基础，评估现状，预测未来，推动人文社会科学研究成果的转化应用；研究报告还是一种学术品牌，它持续聚焦经济社会发展中的热点、焦点和重大战略问题，以扎实有力的研究成果服务于党和政府以及企业的计划、决策，服务于专门领域的研究，并以其专题性、周期性和翔实性赢得读者的识别与关注。

中国人民大学推出"研究报告系列"，有自己的学术积淀和学术思考。我校素以人文社会科学见长，注重学术研究咨政育人、服务社会的作用，曾陆续推出若干有影响力的研究报告。譬如自 2002 年始，我们组织跨学科课题组研究编写的《中国经济发展研究报告》、《中国社会发展研究报告》、《中国人文社会科学发展研究报告》，紧密联系和真实反映我国经济、社会和人文社会科学发展领域的重大现实问题，十年不辍，近年又推出《中国法律发展报告》等，与前三种合称为"四大报告"。此外还有一些散在的不同学科的专题研究报告，也连续多年在学界和社会上形成了一定的影响。这些研究报告都是观察分析、评估预测政治经济、社会文化等领域重大问题的专题研究，其中既有客观数据和事例，又有深度分析和战略预测，兼具实证性、前瞻性和学术性。我们把这些研究报告整合起来，与人民大学出版资源相结合，再做新的策划、征集、遴选，形成了这个"研究报告系列"，以期放大规模效应，扩展社会服务功能。这个系列是开放的，未来会依情势有所增减，使其动态成长。

中国人民大学推出"研究报告系列"，还具有关注学科建设、强化育人功能、推进协同创新等多重意义。作为连续性出版物，研究报告可以成为本学科学者展示、交流学术成果的平台。编写一部好的研究报告，通常需要集结力量，精诚携手，合作者随报告之连续而成为稳定团队，亦可增益学科实力。研究报告立足于丰厚素材，常常动员学生参与，可使他们在系统研究中得到学术训练，增长才干。此外，面向社会实践的研究报告必然要与政府、企业保持密切联系，关注社会的状况与需要，从而带动高校与行业企业、政府、学界以及国外科研机构之间的深度合作，收"协同创新"之效。

为适应信息化、数字化、网络化的发展趋势，中国人民大学的"研究报告系列"在出版纸质版本的同时将开发相应的文献数据库，形成丰富的数字资源，借助知识管理工具实现信息关联和知识挖掘，方便网络查询和跨专题检索，为广大读者提供方便适用的增值服务。

中国人民大学的"研究报告系列"是我们在整合科研力量，促进成果转化方面的新探索，我们将紧扣时代脉搏，敏锐捕捉经济社会发展的重点、热点、焦点问题，力争使每一种研究报告和整个系列都成为精品，都适应读者需要，从而铸造高质量的学术品牌、形成核心学术价值，更好地担当学术服务社会的职责。

前 言

2022年9月，我国档案领域的首个行业发展报告——《中国档案事业发展报告（2022）》（以下简称《报告（2022）》）正式出版，在社会上引起了广泛反响。基于对2021年全国档案事业发展情况的全面性剖析与系统性回溯，《报告（2022）》向社会提交了一份来自档案领域的扎实答卷。作为集理论性与实践性、融学术性与业务性于一体的研究成果，《报告（2022）》既为档案部门推进相关工作提供了参考，又为档案工作赋能社会提供了指引。以此为良好开篇，中国人民大学档案事业发展研究中心将持续深耕档案事业发展报告研究、撰写工作，致力于打造扎根中国大地、反映中国问题、切合中国实际的档案学术精品。

2022年10月，党的二十大在京召开。党的二十大擘画了以中国式现代化全面推进中华民族伟大复兴的宏伟蓝图，指引了各行各业高质量发展的航向标。在此时代背景下，档案资源的潜在价值不断释放，档案事业的发展格局日益优化。

作为党的二十大的召开之年、贯彻落实《"十四五"全国档案事业发展规划》的关键之年，2022年由此被赋予了特殊意义。整体而言，基于习近平总书记重要指示精神，秉持"四个好""两个服务"目标要求，2022年我国档案事业发展呈现出稳中求进的主基调，成绩与问题并存，机遇与挑战并行。具体而言，主要聚焦于如下方面：第一，以"服务召开党的二十大"为首要政治任务与核心行动纲要，档案系统广泛开展"喜迎二十大 档案颂辉煌"主题宣传活动，通过展览展示、编辑出版、文艺创作、拍摄发行、媒体推送等方式，绘就生动阐释中国共产党百年奋斗史的档案图卷，为党的二十大的胜利召开预热造势。第二，以《"十四五"全国档案事业发展规划》为方向指引，档案系统紧密围绕"七大工程"分解目标任务、明确具体措施，同时印发《〈"十四五"全国档案事业发展规划〉实施情况评估办法》，进一步落实"十四五"时期档案事业各项工作重点。其中，《档案法实施条例（修订草案征求意见稿）》提请国务院列入2023年立法工作计划，数字档案馆（室）建设、电子文件归档和电子档案管理试点建设、"三支人才队伍"建设等在2022年取得长足发展。第三，以《重大活动和突发事件档案管理办法》《关于加强重特大事件档案工作的通知》为制度规约，档案系统深度聚焦党的二十大、北京冬奥会、上海进博会等重大会议、活动、事件等，持续探索科学合理的专题档案管理模式。第四，以档案文献遗产为着力点，档案系统全力助推《中国贵州省水书文献》《大生纱厂创办初期档案（1896—1907）》入选《世界记忆亚太地区名录》，精心组织"第五批中国档案文献遗产名录"申报与评选活动，以增色国际交流领域与公共文化领域的"档案身影"。

上述种种，构成了2022年我国档案事业发展的丰盈图景，并透射出如下鲜明特征：其一，胸怀国之大者，彰显大局意识。2022年，我国档案工作始终与时代大势、国家大事同频共振，其服务中心大局的基础性、支撑性作用日益显著。其二，紧随目标规划，循序渐进落实。由于2022年正处于贯彻落实《"十四五"全国档案事业发展规划》的关键节点，我国档案工作以规划为指引，制定路线图、明确时间表，有序推进各项任务稳步落实。其三，释放资源活力，赋能社会发展。一方面，精心保管、利用蕴含党的初心使命的红色档案，全面记录、留存新时代新变化新成就。另一方面，正值世界记忆项目成立30周年，2022年我国档案文献遗产领域喜迎两件大事，进而达成深化档案与文化之联结、增益中国与世界之对话的成效。

回看来时路，行向更远处。《中国档案事业发展报告（2023）》（以下简称《报告（2023）》）以2022年中国档案事业发展情况为关注焦点，采取文献研究法、实践调查法、案例研究法、内容分析法、对比研究法等，梳理成绩、总结特点、剖析问题、建议对策、预测趋势，既是对2022年过往的深描，又是向2023年未来的畅望。相比于《报告（2022）》，《报告（2023）》中的"变与不变"交织呈现。一方面，基于对档案事业发展报告稳定性与连贯性的考虑，《报告（2023）》保留了《报告（2022）》的部分结构与内容。另一方面，根据2022年中国档案事业发展的现实变化需求，加之调研资料的可获取性，《报告（2023）》对《报告（2022）》的结构进行了灵活调整：在体例结构方面，《报告（2023）》将原有的"总报告＋专题报告＋行业报告＋附录"调整拓展为"总报告＋专题工作＋档案信息化建设＋行业档案工作＋档案产业发展＋案例与统计＋附录"。其中，"专题报告"被拆分为"专题工作"与"档案信息化建设"，"行业报告"被拆分为"行业档案工作"与"档案产业发展"。在章节内容方面，结合2022年我国档案事业发展特点，围绕"红色档案管理向纵深发展""'三支人才队伍'评选""档案事业发展研究中心十佳案例评审"等年度大事，《报告（2023）》将其内容加以扩充，在"专题工作"增设《2021—2022年中国红色档案管理发展报告》《中国档案保护工作发展报告》《2022年中国档案人才队伍建设发展报告》，"行业档案工作"增设《2022年中国国防科技工业档案工作发展报告》《中国生物制药行业档案管理与信息化发展报告》，"档案产业发展"增设《2022年中国档案寄存外包服务行业发展报告》《2022年中国档案数字化服务行业发展报告》《2022年中国档案软件行业发展报告》，"案例与统计"增设《2022年中国人民大学档案事业发展研究中心十佳案例》，以兼具全局性与针对性、常态化与特色化的视野，切实反映2022年我国档案事业发展的整体图貌与具体细节。

在此基础上，《报告（2023）》面向未来勾勒中国档案事业发展的美好蓝图。作为全面贯彻落实党的二十大精神的开局之年，2023年势必要在中国档案长河里添上浓墨重彩的一笔。立足于中国式现代化的科学内涵、本质要求与重大原则，统摄于档案事业现代化的战略定位，我国档案工作必将继往开来、勇走新路。首先，锚定"国之大者"，持续增强档案工作围绕中心、服务大局的能力，是必然之举；其次，秉持"大档案观"，全面留存、真实记录以习近平同志为核心的党中央团结带领全国各族人民全面建成社会主义现代化强国、实现第二个百年奋斗目标的完整历程，加快构建中国话语与中国叙事体系，是本位之责；再次，围绕档案治理体系和治理能力现代化，有序推进法规制定、落实、评估、宣传等工作，是应有之义；最后，融入数字中国战略，深化新一代信息技术在档案工作中的应用，促进档案领域的数字、数智、数治建设，是创新之道。综上，面向新时代、新征程、新伟业，《报告（2023）》深刻回答了当下中国档案事业从何处来、向何处去的时代命题，旨在为档案学界、业界乃至社会全域提供一份极具参考与启发意义的精品佳作。

需要说明的是，本报告属群体智慧之结晶。由包括中国人民大学在内的21家单位、82名研究人员通力协作，在理论与实践的土壤上共同培育出丰硕的研究之果。纵观编写主体、调查对象，其广涉档案局、档案馆、高校、企业等众多机构及其人员，为内容的充实性、案例的丰富性、数据的准确性提供了可靠来源与坚实保证。在此，谨向上述单位、人士表示衷心感谢。与此同时，特别感谢冯惠玲、付华、张斌、柴德华、乔健、张昌山、陈永生、吴建华、金波、安小米、王英玮、王燕民、蔡盈芳、丁德胜等学术大家与业务大拿。他们高瞻远瞩、独具慧眼地提出了诸多宝贵的"金点子"，使本报告得以进一步增色与升华。

另外，本报告受到中国人民大学"中央高校建设世界一流大学（学科）和特色发展引导专项资金"支持。中国人民大学出版社编辑为本报告出版付出了辛勤劳动。在此，一并表示诚挚的谢意。

一切过往皆为序章。未来，档案事业发展研究中心将以档案事业发展报告研究、撰写为抓手，立足于历史与未来视角、深耕于理论与实践沃土、联结于学界与业界网络，致力于打造高质量学术精品。路虽远，行则将至。中国档案事业势必会绘就一番更为璀璨的绚丽图景。

中国人民大学档案事业发展研究中心主任　徐拥军

2023 年 3 月 1 日

目录 ▶

总 报 告

专题工作

档案信息化建设

总 报 告

站在新起点 开拓新局面

——2022年中国档案事业发展报告

徐拥军[1,2] 闫静[3] 张臻[4] 龙家庆[2] 郭若涵[2]

1. 中国人民大学档案事业发展研究中心，北京 100872

2. 中国人民大学信息资源管理学院，北京 100872

3. 山东大学历史文化学院，济南 250100

4. 北京电子科技学院，北京 100070

摘　要： 2022年是我国第二个百年奋斗目标开局之年、党的二十大胜利召开之年，也是档案事业"十四五"规划深化之年。这一年我国档案事业发展再谱新篇：档案治理体系建设、档案资源体系建设继续推进，档案治理效能、档案资源质量得到新提升；档案利用体系建设、档案安全体系建设得以深化，档案服务水平、档案安全保障寻求新突破；档案信息化建设、档案科技创新深入开展，档案工作现代化特征和技术化特征不断彰显；档案人才培养、档案对外交流合作有序推进，档案工作智力支撑、中国国际影响力显著提升。然而，在复杂环境和多重要求下，我国档案事业发展也面临新的问题与挑战：档案治理体系建设有待进一步重点优化、提质增效，档案资源体系建设有待进一步夯实基底、开拓盲区，档案利用服务有待进一步灵活创新、双向互动，档案安全工作有待进一步增强系统性、协同性，档案信息化建设有待进一步固本强基、创新发展，档案科技创新成果有待进一步深度挖掘、复用增值，档案人才工作有待进一步创新方式、激发活力，档案对外交流合作有待进一步扩大范围、提升影响力。为推动中国档案事业高质量发展，建议从以下方面采取针对性策略：推进档案治理体系建设，提升中国式档案治理现代化水平；完善档案资源体系建设，谱写资源图景新篇章；贯彻"以人为本"理念，构建中国特色的档案利用服务体系；加强档案安全体系建设，提升档案安全体系和能力现代化水平；加快推进档案数字化转型，全面提升档案管理现代化水平；加快科研成果转化应用，构建档案科技创新体系；加强档案人才培养工作创新，激发档案人才活力；深化档案对外交流合作，增强国际档案话语权。

关键词： 档案事业；档案工作；"十四五"规划；中国特色

作者简介： 徐拥军，博士，教授，研究方向为档案学基础理论、档案事业，电子邮箱 xyj@ruc.edu.cn；闫静，博士，副教授，研究方向为档案学基础理论、档案学史；张臻，博士，副教授，研究方向为档案学基础理论、保密管理；龙家庆，博士研究生，研究方向为档案学基础理论、数字人文、数字管护；郭若涵，博士研究生，研究方向为档案学基础理论、文化遗产。

2022年是我国第二个百年奋斗目标开局之年、党的二十大胜利召开之年，也是档案事业"十四五"规划深化之年。站在新的历史起点上，我国档案部门深入贯彻习近平新时代中国特色社会主义思想和习近平总书记对档案工作重要批示精神，坚持以实现高质量发展为目标，持续有序推进档案治理体系建设、档案资源体系建设、档案利用体系建设、档案安全体系建设、档案信息化建设、档案科技创新、档案人才培养、档案对外交流合作，取得了一系列成绩，彰显了档案力量。但与此同时，中国档案事业发展也面临着新形势下的新要求、新挑战与新问题，需要进一步守正创新、笃行致远，实现新发展与新作为。

一、成绩与特色：2022年中国档案事业发展的有序推进

（一）档案治理体系建设持续推进，档案治理效能有效提升

2022年，全国各级档案部门认真按照《中华人民共和国档案法》（以下简称《档案法》）和中共中央办公厅、国务院办公厅印发的《"十四五"全国档案事业发展规划》等法律政策要求，继续全面深入推进档案治理体系建设，取得了新的成绩，形成了新的亮点。

1. 档案管理体制机制进一步健全，档案工作责任制度逐步落实

一是党对档案工作的领导进一步加强。2022年，全国档案系统进一步提高政治站位，突出加强党对档案工作的领导。例如，2022年9月，中共中央办公厅、国务院办公厅印发了《关于加强重特大事件档案工作的通知》，提出了加强重特大事件档案工作的总体要求、具体措施和组织领导，有利于促进各级党委（党组）和政府加强对重特大事件档案工作的领导。各级档案部门也通过工作部署进一步明确"党管档案工作"的政治要求。如2022年10月陕西省召开省委档案工作领导小组第一次全体会议，审议通过领导小组《工作规则》、办公室《工作细则》和《关于进一步加强新形势下党管档案工作的意见》①。

---

① 陕西省委档案工作领导小组第一次会议召开［EB/OL］.（2022-10-31）［2023-01-11］. http：//daj. shaanxi. gov. cn/Article/View? id=4733.

二是档案工作体制机制进一步完善。各地结合实际，加强局馆协同、部门协同，引导社会力量参与，逐步提升档案工作合力。局馆协同方面，福建省在市县两级全面推行"办局一体、局馆联动"模式，实现档案主官职务"三位一体"、局长馆长"一肩挑"的县（市、区）分别达到 55 个、10 个，占总数的 79.3％①。内蒙古自治区档案局、自治区档案馆出台《协同工作暂行办法》，从指导思想、工作原则、协同依据、协同范围、协同方式及有关要求 6 个方面做了规定，对 28 项工作明确了授权委托、联合开展、委托代拟 3 种协同方式②。广西壮族自治区南宁市印发《南宁市档案局、南宁市国家档案馆工作统筹协调机制》《南宁市档案局、南宁市国家档案馆协作联席会议制度》③。四川省攀枝花市通过明确市委办（市档案局）代管市档案馆、一体纳入考核等方式推进局馆协同。部门协同方面，由国家档案局和民政部联合开展的历时 3 年的档案工作服务农村基层社会治理试点工作圆满结束，各试点地区通过建立党委政府统一领导、办公厅（档案局）牵头组织、多部门联动、多渠道推进的工作机制，使试点工作取得了显著成效④。江苏省省级进馆单位 15 个档案工作协作组开展各具特色的协作组活动，促进了协作共建⑤。一些地方还探索引导社会力量参与档案事务，如四川省泸州市龙马潭区档案馆聘任首批 10 名"名誉馆员"⑥。

三是档案工作责任制进一步落实。为落实"档案工作责任制"有关要求，国家和地方各级部门采取各种方式将档案工作纳入各类考核体系。2022 年 8 月，国家档案局办公室印发了《〈"十四五"全国档案事业发展规划〉实施情况评估办法》，明确将推动建立档案工作责任制情况、党委将档案工作纳入年度考核内容情况列入评估标准⑦。天津市档案工作领导小组印发《〈"十四五"时期天津市档案事业发展规划〉实施情况评估办法》，将规划实施情况纳入全市落实全面从严治党主体责任档

① 梁伟灿．福建在市县两级全面推行"办局一体、局馆联动"模式［N］．中国档案报，2022－09－12（1）.

② 杨静．内蒙古出台自治区档案局、自治区档案馆协同工作暂行办法［EB/OL］．（2022－04－02）［2023－01－12］．http：//archives. nm. cn/information/nmg _ dangan46/msg21932231998. html.

③ 粟盛民．南宁市召开档案局馆协作首次联席会议［EB/OL］．（2022－04－25）［2023－01－12］．http：//www. chinaarchives. cn/home/category/detail/id/38912. html.

④ 马琳．档案工作服务农村基层社会治理试点工作圆满结束［N］．中国档案报，2022－09－22（1）.

⑤ 韦秀霞．江苏省开展各具特色的省级进馆单位协作组活动［EB/OL］．（2022－09－22）［2023－03－04］．http：//www. chinaarchives. cn/home/category/detail/id/40234. html.

⑥ 李霞．泸州市龙马潭区档案馆调动社会力量 建立工作机制［EB/OL］．（2022－05－16）［2023－01－16］．http：//www. zgdazxw. com. cn/news/2022－05/16/content _ 332559. htm.

⑦ 王孖．《〈"十四五"全国档案事业发展规划〉实施情况评估办法》解读之二［J］．中国档案，2022（10）：22－23.

案工作考核内容①。宁夏回族自治区档案局将档案工作作为年度效能目标考核内容，通过局馆联合考评推动重点任务、重大项目、重要工作落实②。安徽省铜陵市委办公室（市档案局）印发《铜陵市机关单位档案工作责任制清单（暂行）》，推动落实"七类人员（主要领导、分管领导、办公室主任、档案员、业务科室科长、各科室兼职档案工作人员、全体工作人员）"责任③。江苏省泰州医药高新区（高港区）党政办公室印发《2022年度落实档案工作责任制任务清单》④。重庆市在将档案工作纳入市级党政机关目标管理绩效考核基础上，专门印发通知将档案工作目标纳入区县经济社会发展业绩考核内容⑤。江西省南昌市将"档案规范化管理"纳入全市年度综合考核，明确采取红黄蓝预警监测管理模式等要求⑥。

2. 档案法规标准更加完善，规划评估工作取得新进展

一是《档案法》配套法规制度不断完善。在国家层面，国家档案局就《中华人民共和国档案法实施条例（修订草案征求意见稿）》向社会公开征求意见，且已提请国务院列入2023年立法工作计划；7月颁布《国家档案馆档案开放办法》（国家档案局令第19号）⑦，对档案开放工作提出了更为明确的程序和具体要求⑧；8月，《机关档案工作条例（修订草案征求意见稿）》面向各地区各部门征求意见。在地方层面，各地纷纷开展地方性档案条例或办法的修订工作。例如：2022年9月，重庆市人大常委会修订了《重庆市实施〈中华人民共和国档案法〉办法》；9月，甘肃

---

① 陈燕. 天津印发"十四五"档案事业发展规划实施情况评估办法 [EB/OL]. (2022-12-22) [2023-11-12]. http://www.zgdazxw.com.cn/news/2022-12/22/content_338914.htm.

② 宁夏回族自治区档案局. 聚焦"四个好""两个服务"目标要求 奋力推动档案工作提质增效：宁夏回族自治区深入学习贯彻习近平总书记重要批示精神综述 [EB/OL]. (2023-01-05) [2023-01-16]. http://www.zgdazxw.com.cn/news/2023-01/05/content_339087.htm.

③ 章真友. 铜陵市建立档案工作责任制 提升档案事业依法治理水平 [EB/OL]. (2022-07-14) [2023-03-04]. http://www.chinaarchives.cn/home/category/detail/id/39557.html.

④ 泰州医药高新区印发《2022年度落实档案工作责任制任务清单》 [EB/OL]. (2022-03-10) [2023-01-10]. http://www.dajs.gov.cn/art/2022/3/10/art_1084_60830.html.

⑤ 邹鹏. 重庆 档案工作首次纳入区县考核内容 [EB/OL]. (2022-08-22) [2023-01-13]. https://www.saac.gov.cn/daj/c100250/202208/bf7ca135e4eb437891b8eeb30a6007fe.shtml.

⑥ 南昌市将档案工作纳入全市年度综合考核 [EB/OL]. (2022-10-14) [2023-01-14]. http://www.chinaarchives.cn/home/category/detail/id/40440.html.

⑦ 国家档案局有关负责同志就《国家档案馆档案开放办法》答记者问 [EB/OL]. (2022-07-04) [2023-01-14]. https://www.saac.gov.cn/daj/yaow/202207/22fd42d4e4fa48e0bd60223040dea608.shtml.

⑧ 黄蕊. 《国家档案馆档案开放办法》起草背景及主要看点：《国家档案馆档案开放办法》解读之一 [J]. 中国档案, 2022 (8): 12-13; 黄蕊. 《国家档案馆档案开放办法》总则：《国家档案馆档案开放办法》解读之二 [J]. 中国档案, 2022 (9): 14-15; 朱铁森. 国家档案馆档案开放的主体、范围、程序和方式：《国家档案馆档案开放办法》解读之三 [J]. 中国档案, 2022 (10): 24-25; 黄蕊, 朱铁森. 从依法治档看开放档案的利用及其保障监督：《国家档案馆档案开放办法》解读之四 [J]. 中国档案, 2022 (11): 24-25; 周克华. 关于《国家档案馆档案开放办法》的贯彻落实 [J]. 中国档案, 2022 (12): 22-23.

省人大常委会修订了《甘肃省档案条例》；11 月，内蒙古自治区人大常委会通过了《内蒙古自治区档案条例》。

二是档案标准规范建设继续推进。2022 年，国家档案局加强档案标准体系建设，加大标准结构性供给力度，聚焦档案工作重点领域和实际需求，在电子档案管理、科研项目档案、纸质档案、档案著录等领域和业务方面取得新进展。在落实《贯彻实施〈国家标准化发展纲要〉行动计划》要求、推动中国标准与国际标准体系兼容、推动国内国际标准化协同发展方面持续发展。3 月，国家档案局就《纸质档案抢救与修复规范》4 个部分的行业标准转国家标准项目征求修改意见。4 月，国家档案局就《电子档案证据效力维护规范》等 4 项行业标准项目向各地区征求意见。另外，《档案馆消防安全管理规范》等 5 项行业标准被列入 2022 年制定修订计划。2022 年开始实施的国家标准和行业标准至少包括 16 项（如表 1 所示），国际标准采标 2 项。各地档案部门也积极探索加强地方性标准供给，如福建省市场监督管理局发布地方标准《工程建设项目电子文件归档一体化管理技术要求》（DB 35/T 2081—2022）[1]，江苏省常州市市场监督管理局批准出台地方标准《档案馆服务窗口突发事件应急处置规范》（DB 3204/T 1030—2022）[2]。

表 1　2022 年发布或实施的档案标准规范

类型	标准名称	标准号	发布时间	实施时间	部门
国家标准	信息与文献 文件（档案）管理 概念与原则	GB/T 26162—2021/ISO 15489—1：2016	2021 年 12 月 31 日	2022 年 7 月 1 日	国家市场监督管理总局、中国国家标准化管理委员会
国家标准	信息与文献 文件（档案）管理体系实施指南	GB/T 41207—2021/ISO 30302：2015	2021 年 12 月 31 日	2022 年 7 月 1 日	国家市场监督管理总局、中国国家标准化管理委员会
国家标准	信息与文献 文件（档案）管理体系要求	GB/T 34112—2022/ISO 30301：2019	2022 年 7 月 11 日	2023 年 2 月 1 日	国家市场监督管理总局、中国国家标准化管理委员会

①　省地方标准《工程建设项目电子文件归档一体化管理技术要求》发布［EB/OL］.（2022－11－01）［2023－01－17］. http：//www. fj-archives. org. cn/dazw/bsdt/202211/t20221101＿297238. htm.

②　常州市地方标准《档案馆服务窗口突发事件应急处置规范》出台［EB/OL］.（2022－04－07）［2023－01－17］. http：//dag. changzhou. gov. cn/index. php？c＝phone&a＝show&id＝18249&catid＝4491.

续表

类型	标准名称	标准号	发布时间	实施时间	部门
国家标准	企业信用监管档案数据项规范	GB/T 40478—2021	2021年8月20日	2022年3月1日	国家市场监督管理总局、中国国家标准化管理委员会
国家标准	帮扶对象 企业信用档案信息规范	GB/Z 41687—2022	2022年10月12日	2023年5月1日	国家市场监督管理总局、中国国家标准化管理委员会
国家标准	帮扶对象 个人信用档案信息规范	GB/Z 41688—2022	2022年10月12日	2023年5月1日	国家市场监督管理总局、中国国家标准化管理委员会
行业标准	档案服务外包工作规范第4部分：档案整理服务	DA/T 68.4—2022	2022年4月7日	2022年7月1日	国家档案局
行业标准	实物档案数字化规范	DA/T 89—2022	2022年4月7日	2022年7月1日	国家档案局
行业标准	档案仿真复制工作规范	DA/T 90—2022	2022年4月7日	2022年7月1日	国家档案局
行业标准	档案馆照明系统设计规范	DA/T 91—2022	2022年4月7日	2022年7月1日	国家档案局
行业标准	电子档案单套管理一般要求	DA/T 92—2022	2022年4月7日	2022年7月1日	国家档案局
行业标准	电子档案移交接收操作规程	DA/T 93—2022	2022年4月7日	2022年7月1日	国家档案局
行业标准	电子会计档案管理规范	DA/T 94—2022	2022年4月7日	2022年7月1日	国家档案局
行业标准	行政事业单位一般公共预算支出财务报销电子会计凭证档案管理技术规范	DA/T 95—2022	2022年4月7日	2022年7月1日	国家档案局
行业标准	明清档案著录细则	DA/T 8—2022（代替 DA/T 8—1994）	2022年4月7日	2022年7月1日	国家档案局
行业标准	档号编制规则	DA/T 13—2022（代替 DA/T 13—1994）	2022年4月7日	2022年7月1日	国家档案局
行业标准	档案著录规则	DA/T 18—2022（代替 DA/T 18—1999）	2022年4月7日	2022年7月1日	国家档案局
行业标准	档案修裱技术规范	DA/T 25—2022（代替 DA/T 25—2000）	2022年4月7日	2022年7月1日	国家档案局

三是出台了《〈"十四五"全国档案事业发展规划〉实施情况评估办法》。按照《"十四五"全国档案事业发展规划》要求，国家档案局办公室于2022年8月印发《〈"十四五"全国档案事业发展规划〉实施情况评估办法》，列出了涵盖27个评估指标的《〈"十四五"全国档案事业发展规划〉实施情况评估标准》，为2023年的中期评估、2025年的总结评估提供了依据，为推动规划落地落实见效提供了重要抓手。各地结合本地具体实际出台了更进一步细化的文件。如重庆市档案局于10月印发了《〈"十四五"重庆市档案事业发展规划〉实施情况评估办法》，天津市档案工作领导小组于12月印发《〈"十四五"时期天津市档案事业发展规划〉实施情况评估办法》[①]。此外，许多地区还通过印发年度工作要点等方式，推进规划落实。

3. 档案执法和普法力度持续加强，档案监督检查作用日益凸显

一是进一步加强档案执法检查，提升档案行政执法水平。国家档案局认真按照《档案法》和《档案检查工作办法》等法律制度要求，以"落实档案工作责任制、履行行政管理职能"为主题，重点围绕执法人员配备、委托行使行政职能、档案资源移交与接收、对档案工作实行监督指导等情况，继续对湖北省等省区市、中央国家机关和中央企业开展实地检查。内蒙古[②]、江西等地区在收到2021年国家档案局档案工作综合检查反馈意见后，在2022年狠抓整改工作，并以此为契机推动档案事业发展。湖北省针对2022年检查反馈意见制定了《湖北省贯彻落实国家档案局档案工作监督检查反馈意见整改方案》，成立国家档案局档案工作监督检查反馈意见整改协调小组，统筹推进整改工作[③]。地方层面，陕西省档案局组成省级机关档案工作综合调研检查组，对省纪委监委机关等64家省级机关单位档案工作开展了综合调研检查、逐一书面反馈意见，完成了省级机关档案工作检查的全覆盖[④]。内蒙古自治区档案局会同自治区档案馆开展了2022年度第一批档案行政执法监督检查，通过书面自查和实地查验两种方式，对30个自治区级部门单位档案工作责任制的落实情况等8方面情况进行检查[⑤]。

① 陈燕. 天津印发"十四五"档案事业发展规划实施情况评估办法［EB/OL］.（2022－12－22）［2023－01－14］. http://www.zgdazxw.com.cn/news/2022－12/22/content_338914.htm.

② 郭燕. 内蒙古自治区档案馆 狠抓国家档案局综合检查整改［EB/OL］.（2022－09－05）［2023－01－14］. https://www.saac.gov.cn/daj/c100182/202209/64d9c24815c34eceaed11f741b04efa7.shtml.

③ 湖北省委办公厅印发《湖北省贯彻落实国家档案局档案工作监督检查反馈意见整改方案》［EB/OL］.（2023－01－03）［2023－01－14］. http://www.chinaarchives.cn/mobile/category/detail/id/41169.html.

④ 周晓娟. 陕西 全面加强省级机关档案工作［EB/OL］.（2022－07－12）［2023－01－14］. https://www.saac.gov.cn/daj/c100270/202207/9d0a10aa36124a04ad5266ec1bc700da.shtml.

⑤ 内蒙古自治区档案局会同自治区档案馆开展档案行政执法监督检查［EB/OL］.（2022－09－07）［2023－01－17］. http://archives.nm.cn/information/nmg_dangan46/msg21932232339.html.

二是制定实施档案"八五"普法规划，加强全社会档案法治意识。全国各级档案部门积极开展档案普法宣传教育，为档案事业高质量发展营造良好法治环境。2022年2月，国家档案局印发了《全国档案"八五"法治宣传教育规划（2021—2025年)》。该规划提出了2025年的目标——"普法责任制全面落实，档案法治宣传教育机制进一步完善，各项普法工作扎实推进、成效显著"，明确了普法重点、普法工作措施两大方面8个主要任务和4个实施要求[①]。根据不完全统计，天津、辽宁、上海、福建、江西、山东、河南、广东、重庆、四川、云南、陕西、甘肃等13个省（自治区、直辖市）结合实际，制定印发了相应的档案"八五"法治宣传教育规划，指导和规范档案法治宣传教育。此外，档案部门按照"谁管理谁普法""谁服务谁普法"的要求，开展丰富多样的档案宣传教育，如上海市档案局（馆）制作系列讲座的视频，宣传贯彻《上海市档案条例》，全社会档案法治意识进一步增强[②]。

4. 重点领域档案监管取得新突破，档案监督指导能力有了新提升

一是首次印发加强重特大事件档案工作的中央文件。为落实习近平总书记重要指示和中央领导同志要求，更好解决重特大事件"档案记录不完整、收集不齐全、保管不集中、利用不充分等问题"[③]，中共中央办公厅、国务院办公厅于2022年9月印发了《关于加强重特大事件档案工作的通知》，首次以中央文件的形式明确了重特大事件档案工作的总体要求、具体措施和组织领导。这是加强这一领域档案工作的里程碑事件，明确了新的档案工作监管重点，对我国各级档案主管部门加强重特大事件档案工作的监督管理提出了新的更高要求。

二是进一步加强档案服务企业监督指导，引导档案服务企业健康有序发展。继《档案服务外包工作规范》（DA/T 68—2020）的第1、2、3部分正式实施后，《档案服务外包工作规范 第4部分：档案整理服务》行业标准于2022年7月1日开始实施，为规范档案服务外包工作提供了标准支撑。地方档案主管部门也纷纷加强档案服务企业监督管理，促进档案服务业务提质增效。比如，福建省档案局与省市场监督管理局联合印发《关于加强档案服务企业监管的意见》和《福建省档案服务机

---

① 国家档案局办公室关于印发《全国档案"八五"法治宣传教育规划（2021—2025年)》的通知[EB/OL]. (2022-03-16) [2023-01-16]. https://www.saac.gov.cn/daj/tzggg/202203/74036660428340d78e6d800065abc6e6. shtml.

② 辛奕君. 上海档案系统开展2022年度国际档案日法治宣传活动［EB/OL]. (2022-07-18) [2023-01-18]. https://www.archives.sh.cn/zcfg/dapf/202207/t20220718_67458. html.

③ 国家档案局负责人就《中共中央办公厅国务院办公厅关于加强重特大事件档案工作的通知》实施答记者问［EB/OL]. (2022-12-27) [2023-01-14]. http://www.gov.cn/zhengce/2022-12/27/content_5733698. htm.

构备案登记管理办法》等规定。福建省档案局、省档案馆、省市场监督管理局随机抽取了3家档案服务企业，联合开展了档案服务企业服务质量情况检查调研①。

三是创新档案业务监管方式，提升监督指导效能。各地档案主管部门结合实际加强与相关部门沟通配合，开展联合监督检查。比如云南省昭通市首次以市委办公室、市委督查室与档案局馆联动的形式在全市开展档案监督检查，覆盖全市11个县（市、区），对112家市直机关、社会团体和部分企事业单位等开展监督检查②。江苏省泰州市靖江档案局和档案馆联合通过点对点下发工作提醒函的方式，提高档案业务监管力度和效果③。

四是出台档案业务建设及其评价制度，规范档案业务建设。为更好适应新时代新要求，国家和地方档案主管部门积极开展档案业务建设规范制定修订工作，进一步推动业务建设评价制度向档案馆和其他单位延伸。2022年12月国家档案局发布了《副省级以上综合档案馆业务建设评价办法》。2022年6月，浙江省档案局印发了《浙江省档案室业务建设评价办法》（浙档发〔2022〕10号），以统筹规范各级机关、团体、国有企业事业单位、行政村和社区等单位档案室业务建设评价工作④。湖北省档案局、省档案馆联合对2011年出台的《湖北省机关档案工作业务建设规范》进行修订，并印发通知要求各市州县档案部门执行。江苏省档案馆印发的《江苏省机关团体企业事业单位档案工作检查评价办法》于2022年1月1日施行。广州市档案局依据《广州市区级综合档案馆业务建设评价标准》，对11个区开展综合档案馆业务建设评价⑤。

（二）档案资源体系建设全面推进，档案资源质量快速提升

1. 档案资源收集范围有效拓展，"两类档案"归集成果持续巩固

总的来看，档案资源收集范围持续拓展、资源质量快速提升，新时代新成就国

---

① 王琳婧. 福建 检查调研档案服务企业［EB/OL］.（2022－01－26）［2023－01－14］. https：//www. tjdag. gov. cn/zh _ tjdag/gwxx/xxdt/wfxx/details/1643159015264. html.

② 曾星竹. 云南昭通 将档案工作纳入市委专项督查［EB/OL］.（2022－06－29）［2023－01－29］. https：//www. saac. gov. cn/daj/c100262/202206/3d6fe3a1136a46cfb14570f646e2ea0c. shtml.

③ 靖江局馆创新档案监督指导方式［EB/OL］.（2022－05－30）［2023－01－14］. http：//www. dajs. gov. cn/art/2022/5/30/art _ 1084 _ 61604. html.

④ 浙江省档案局关于印发《浙江省档案室业务建设评价办法》的通知［EB/OL］.（2022－06－20）［2023－01－14］. http：//www. zjda. gov. cn/art/2022/6/20/art _ 1378510 _ 58923560. html.

⑤ 付建华. 广州市开展区级综合档案馆业务建设评价［EB/OL］.（2022－11－10）［2023－01－14］. http：//www. chinaarchives. cn/home/category/detail/id/40769. html.

家记忆工程①、重点领域重点工作档案收集等工作稳步推进。例如江苏省南通市召开市委常委会研究档案工作部署，明确要求"围绕南通市落实国家重大发展战略和推进'一枢纽五城市'建设等重点领域做好档案收集工作"②。

另外，"两类档案"（疫情防控档案与脱贫攻坚档案）的归集成果也得到了纵深化巩固。截至2022年底，各级档案部门累计归集档案目录8 000余万条、档案数字资源1 500余万件，覆盖全国的两类档案资源体系初步形成。一是2021年疫情防控档案收集整理工作顺利推进，为我国"战'疫'记忆"的全面留存打下良好的资源基础。例如，江苏南京市档案馆③、广西北海市档案馆④完成疫情防控档案有关工作。二是"两类档案"数字化工作有序开展。2022年5月，新疆维吾尔自治区档案局印发通知要求"年底前要将'两类档案'数字复制件移交综合档案馆，力争两年内将'两类档案'专题数据库目录数据挂接比例提高至80％"⑤；石家庄市档案馆完成2021年底前形成的"两类档案"数字化复制件接收任务，目录数据和原文数据挂接率达到100％⑥。三是"两类档案"专题数据库建设持续优化。2022年，江西省档案馆建成脱贫攻坚档案专题目录数据库⑦；湖北省档案馆不断改进"两类档案"专题数据系统，实现数据上报与数据审核、上传、入库等功能的同步发生⑧。四是"抗疫档案文献展藏中心""'美丽乡村展新颜'成就展"专项工作稳步向前。2022年11月，"湖北抗疫档案展藏中心项目抗疫档案实体库（特藏库）建设子项目"面向社会公开招标⑨；同月，由国家档案局、四川省档案局、中共凉山彝族自治州委、凉山州人民政府主办的，凉山州档案局、凉山州档案馆承办的，以脱贫攻

① 张雲．新时代新成就国家记忆工程"美丽乡村展新颜"成就展开展［EB/OL］．（2022－11－30）［2023－01－01］．https：//www. saac. gov. cn/daj/rsdltdt/202211/9a69e967dd91446eb75e358ec1de7257. shtml.

② 南通市委常委会专题研究档案工作［EB/OL］．（2022－09－14）［2023－01－01］．http：//www. dajs. gov. cn/art/2022/9/14/art＿1084＿63355. html.

③ 宋长山．市档案馆完成2021年度疫情防控档案接收进馆工作［EB/OL］．（2022－07－28）［2023－01－01］．http：//dag. nanjing. gov. cn/gzdt/202207/t20220728＿3657858. html.

④ 王超艳．北海市档案馆完成年度疫情防控档案进馆任务［EB/OL］．（2022－10－28）［2023－01－01］．http：//m. chinaarchives. cn/home/category/detail/id/40632. html.

⑤ 吴瑕．新疆 进一步巩固"两类档案"归集工作成果［EB/OL］．（2022－05－19）［2023－01－02］．https：//www. saac. gov. cn/daj/c100286/202205/abe3cfb8117442339b3753459efe2755. shtml.

⑥ 刘雅琪．石家庄市档案馆完成"两类档案"数字化复制件接收工作［EB/OL］．（2022－05－26）［2023－01－02］．http：//www. chinaarchives. cn/mobile/category/detail/id/39080. html.

⑦ 樊晓星．江西建成脱贫攻坚档案专题目录数据库［EB/OL］．（2022－08－16）［2023－01－02］．https：//www. saac. gov. cn/daj/c100218/202208/4eecac79ef884fac8d3645408c713457. shtml.

⑧ 黄敏，徐冉，严若壑．湖北省档案馆 优化"两类档案"专题数据系统［EB/OL］．（2022－12－12）［2023－01－02］．https：//www. saac. gov. cn/daj/c100230/202212/d491ee7cd7c24b58a38f3eb71cff0525. shtml.

⑨ 湖北省档案馆湖北抗疫档案展藏中心项目抗疫档案实体库（特藏库）建设子项目公开招标公告［EB/OL］．（2022－11－15）［2023－01－02］．http：//www. ccgp. gov. cn/cggg/dfgg/gkzb/202211/t20221115＿19013697. htm.

坚档案归集成果为资源基础的"'美丽乡村展新颜'成就展"顺利举办①。

2. 档案资源质量管控稳步落实，"三合一"制度建设成效突出

2022 年，各地档案部门多措并举、多向并进加强档案资源质量管控，取得良好成效。一方面，专题档案数据库建设日益普及且多样化程度不断加深。例如，浙江省档案馆贯彻执行《关于做好高质量建设共同富裕示范区档案、数字化改革档案和实施碳达峰碳中和行动档案接收、归集工作的指导意见》，指导省直相关单位、部门和市县档案馆做好专题档案归档工作，示范引领专题数据库建设②。另一方面，产权变动企业档案处置工作走向制度化与规范化。例如：重庆市档案局、重庆市国资委联合印发《关于进一步加强国有企业资产与产权变动档案处置工作的通知》，明确加强和规范国有企业资产与产权变动档案处置工作的具体措施③。福州市档案局联合福州市国资委印发《关于在深化国有企业改革中加强档案工作的意见》，明确要求"做好国有企业资产与产权变动中的档案管理"④。

在档案分类方案、文件材料归档范围、档案保管期限表"三合一"制度建设方面，2022 年全国档案局长馆长会议明确将此列为工作重点，国家档案局印发《关于全面推行机关档案分类方案、文件材料归档范围和档案保管期限表三合一制度的通知》⑤，各地纷纷转发落实。如上海市档案局面向 182 家市级机关、区档案局（馆）共计 300 余人举办"三合一"制度培训，邀请国家档案局馆室司相关领导授课⑥，重庆市档案局明确试点单位，推动重庆市消防救援总队出台《重庆市消防救援总队档案分类方案、文件材料归档范围和档案保管期限表》⑦。

3. 馆藏档案结构不断优化，专题化、数字化、社会化趋势明显

档案移交接收方面的主要特点是制度化建设稳步推进。2022 年 4 月 7 日，

① 张雲. 新时代新成就国家记忆工程"美丽乡村展新颜"成就展开展［EB/OL］.（2022 - 11 - 30）［2023 - 01 - 01］. https://www.saac.gov.cn/daj/rsdltdt/202211/9a69e967dd91446eb75e358ec1de7257.shtml.

② 关于印发《浙江省档案馆 2022 年工作要点》《2022 年重点事项任务》的通知［EB/OL］.（2022 - 02 - 23）［2023 - 01 - 01］. https://zjjcmspublic.oss-cn-hangzhou-zwynet-d01-a.internet.cloud.zj.gov.cn/jcms_files/jcms1/web2753/site/attach/0/d9014b94c20d497e9e7ba934ba7a7cb3.pdf.

③ 李蕊. 重庆 加强国有企业资产与产权变动档案处置工作［EB/OL］.（2022 - 09 - 05）［2023 - 01 - 02］. http://jda.cq.gov.cn/xwzx/bdxw/content_47182.

④ 林碧军. 福州 进一步加强全市国企档案工作［EB/OL］.（2022 - 04 - 01）［2023 - 01 - 02］. http://www.zgdazxw.com.cn/news/2022 - 04/01/content_331977.htm.

⑤ 丁德胜. 国家档案局印发通知 全面推行机关档案"三合一"制度［EB/OL］.（2022 - 05 - 30）［2023 - 01 - 02］. http://www.zgdazxw.com.cn/news/2022 - 05/30/content_333568.htm.

⑥ 上海市档案局业务指导处. 市档案局举办上海市机关档案 三合一制度培训［EB/OL］.（2022 - 11 - 29）［2023 - 01 - 03］. https://www.archives.sh.cn/news/zxsd/202211/t20221129_67861.html.

⑦ 杨漫, 鲁柯. 重庆 机关档案"三合一"制度试点初见成效［EB/OL］.（2022 - 11 - 10）［2023 - 01 - 06］. http://www.zgdazxw.com.cn/news/2022 - 11/10/content_338052.htm.

《电子档案移交接收操作规程》（DA/T 93—2022）发布，旨在促进电子档案移交与接收操作流程的规范化[①]；6 月 28 日，《深圳市档案馆收集档案范围实施细则》发布，进一步明晰了深圳市档案馆的档案收集范围与档案移交接收细节要求[②]。

　　档案征集方面，红色档案征集工作不断创新，示范效应逐渐显现。如表 2 所示，多个省级档案事业"十四五"规划将红色档案收集征集作为重点内容[③]。据调研，在 24 家接受深度访谈的档案馆中，13 家明确将红色档案征集纳入未来工作计划[④]。另外，在其他专题档案管理方面，一些地方积极推进档案征集工作。长沙市档案馆面向全市援藏工作相关单位、对口援藏亲历者及相关人员，征集长沙对口援藏档案[⑤]；东莞市档案馆以《东莞市名人档案管理办法》为依据，面向社会广罗有关历代东莞名人的珍贵档案；深圳市档案馆出台《深圳市档案馆档案征集工作办法》[⑥]。

表 2　省级档案事业"十四五"规划中红色档案收集征集相关内容

序号	地区	政策名称	相关表述
1	辽宁	"十四五"辽宁省档案事业发展规划	开展红色档案资源调查；建立红色档案专题数据库；建设辽宁红色档案微平台
2	福建	福建省"十四五"档案事业发展规划	注重红色档案和涉侨、涉台档案资源建设
3	江西	"十四五"江西省档案事业发展规划	鼓励社会和个人向各级综合档案馆捐赠红色档案；推动档案馆与博物馆、图书馆、纪念馆等在红色档案资源共享方面加强合作
4	山东	"十四五"山东省档案事业发展规划	进一步加大红色档案的接收和征集力度；持续开展山东红色档案汇编工程
5	湖北	"十四五"湖北省档案事业发展规划	支持黄冈等革命老区联合开发红色档案；深入收集鄂豫皖、湘鄂西、湘鄂赣革命根据地等红色档案资源

---

① 中华人民共和国国家档案局．电子档案移交接收操作规程［EB/OL］．（2022 - 04 - 07）［2023 - 01 - 03］．https：//www.saac.gov.cn/daj/hybz/202206/b3f09b7a7c8744b2a5aa94c9f61fd4e0/files/2f523ce74ccf4b799f65bf955fee8115.pdf.

② 深圳市档案馆收集档案范围实施细则［EB/OL］．（2022 - 06 - 28）［2023 - 01 - 05］．http：//www.szdag.gov.cn/zcfg/szsfg/content/post_825503.html.

③ 详见本书子报告《2021—2022 年中国红色档案管理发展报告》。

④ 详见本书子报告《2021—2022 年中国红色档案管理发展报告》。

⑤ 长沙档案信息网．长沙市档案馆援藏档案征集公告［EB/OL］．（2022 - 06 - 29）［2023 - 01 - 05］．http：//daj.changsha.gov.cn/zwgk/tzgg/202206/t20220629_10650357.html.

⑥ 深圳市档案馆．深圳市档案馆档案征集工作办法［EB/OL］．（2022 - 01 - 27）［2023 - 01 - 05］．http：//www.szdag.gov.cn/zcfg/content/post_757479.html.

续表

序号	地区	政策名称	相关表述
6	湖南	"十四五"湖南省档案事业发展规划	省档案馆编辑出版"党和国家领导人与湖南档案选录""红色家庭档案"系列丛书，合作拍摄《档案里的红色潇湘故事》电视专题片。各市州档案馆编辑出版本地馆藏红色档案汇编（地区篇）
7	云南	"十四五"云南省档案事业发展规划	开展红色档案资源调查，加大红色档案的收集力度
8	四川	四川省档案馆"十四五"发展规划	开展红色文化口述史料采集；举办川渝两地档案馆百件红色珍档开发利用宣传等活动；强化红色档案资源研究阐释

从档案资源的来源结构看，我国档案资源来源结构开始出现明显的社会化趋向，同时也反映出我国档案事业由"国家模式"向"社会模式"的深刻转向[1]。从档案资源形式结构看[2]，模拟态档案资源将在"三足分立"的格局之中趋于稳定，数字态与数据态档案资源呈显著增长趋势。如表 3 所示，近 3 年来，在综合档案馆馆藏当中，无论是原生电子还是数字化副本的数量都在迅速攀升。

表 3　2019—2021 年全国各级综合档案馆数字资源馆藏情况

时间	电子档案总量	增长率	档案数字化副本总量	增长率
2019 年	119.3 万 GB		1 407.8 万 GB	
2020 年	1 387.5TB	19.1％	19 588.5TB	42.5％
2021 年	1 629.9TB	17.5％	24 179.4TB	23.4％

资料来源：中华人民共和国国家档案局政策法规司。

4．档案资源数字转型日益顺畅，"增量电子化"与"存量数字化"双向并进

"增量电子化"方面，电子文件单套管理进一步深入。国家档案局会同财政部、商务部、国家税务总局开展电子发票电子化报销入账归档试点工作，完成第三批 518 家试点验收，编制《电子发票全流程电子化管理指南》[3]。2022 年，我国已基本形成涉及多层级、多行业、多地域，涵盖办公自动化、行政审批、审判诉讼、社会保险、建设项目等多业务类型的电子文件单套制管理试点格局[4]。

---

[1]　徐拥军，李孟秋．再论档案事业从"国家模式"走向"社会模式"[J]．档案管理，2020（3）：5-9．

[2]　加小双．论档案资源结构的历史性变化 [D]．北京：中国人民大学，2017：2．

[3]　肖妍．增值税电子发票电子化报销、入账、归档试点工作总结会议召开 [EB/OL]．（2022-09-08）[2023-01-25]．http://www.zgdazxw.com.cn/news/2022-09/08/content_336652.htm．

[4]　详见本书子报告《2022 年中国电子文件管理发展报告》。

"存量数字化"方面，企业数字档案馆（室）的建设极大地推动了档案数字化①。例如：青岛交运集团已实现全部档案目录数字化，80%的档案实现了全文数字化。中国电建集团华东勘测设计研究院有限公司实行"三检"制度，即印务公司数字化加工人员自检、质量主管质检、图档中心验收，实现传统载体档案的数字化率达97.9%以上②。

（三）档案利用体系建设优化推进，档案服务水平大幅提升

1. 按照《国家档案馆档案开放办法》要求，稳步推进档案开放利用

2022年7月4日，国家档案局令第19号《国家档案馆档案开放办法》公布，自2022年8月1日起施行。该办法对国家档案馆档案开放工作提出了更为明确的程序和具体要求，为档案开放和利用工作指明了方向③。从制度实施看，一些地区积极探索推进档案开放工作。比如，陕西省召开全省档案解密与开放审核工作会议，因地制宜推出《陕西省档案馆馆藏档案解密与开放审核工作细则（试行）》，逐渐夯实档案审核工作责任④。

2. 档案开放利用审批走向简化，便捷智能技术嵌入利用服务环节

智能技术辅助档案开放利用成为亮点工作。2021年底，浙江省数字化改革领导小组就发布了《全省数字化改革重大应用"一本账S1"目录》和《全省数字化改革重大应用"一本账S1"三张清单》，提出打造"浙里数字档案"。其中由绍兴市上虞区档案馆开发的"档案AI辅助开放审核"组件，能够运用人工智能处理技术对档案目录、原文信息进行智能判断⑤。2022年初，江西省档案馆承担的"基于结构化和文本数据的辅助开放鉴定模型"项目科研成果应用于实际工作当中，通过数据挖掘、深度学习等人工智能技术提高档案审核效率，可减少约31万件的文书档案开放审核工作量⑥。

---

① 详见本书子报告《中国企业数字档案馆建设报告》。
② 俞辉. 企业数字档案馆建设的重点与难点分析：以华东勘测设计研究院有限公司为例 [J]. 浙江档案，2020（11）：54-55.
③ 中华人民共和国国家档案局.《国家档案馆档案开放办法》（国家档案局令第19号）正式公布 [EB/OL].（2022-07-04）[2023-01-01]. https://www.saac.gov.cn/daj/yaow/202207/6dfafa425e294b109d6ef1f5759c208e.shtml.
④ 刘茜. 全省档案解密与开放审核工作培训会召开 [J]. 陕西档案，2022（5）：7.
⑤ 周友泉，连波，曹军."浙里数字档案"重大应用场景实践："档案AI辅助开放审核"组件的性能与应用 [J]. 浙江档案，2022（11）：22-24.
⑥ 毛海帆，余靖琨，康乐群. 好风凭借力 扬帆正当时：江西省档案馆推进馆藏文书档案开放审核工作纪实 [EB/OL].（2022-08-03）[2023-01-12]. http://daj.fuzhou.gov.cn/zz/daxw/yjdt/202208/t20220803_4409280.htm.

3. 持续打造档案精品项目，有效提升档案开发利用效能

一是档案资政服务方面。中央档案馆为筹备召开、宣传贯彻党的二十大提供优质高效查档用档服务，为国家版本馆等提供大量档案仿真复制件。中办机关、中央组织部等认真做好迎接服务党的二十大相关档案提供利用工作。成都市档案馆以"1234"工作思路为导向[①]，建立和推行档案资政参考周报制度，2022 年共报送 40 余期，推出《打造国际会展中心，再创进博事业辉煌——成都百年劝业会启示》等专题资政，获得多位市领导的肯定性批示[②]。

二是档案公共服务方面。2022 年 7 月，"全国档案查询利用服务平台"正式上线，该平台可为社会公众提供足不出户跨区域、跨层级查档服务。目前，全国各省区市档案馆，各计划单列市、副省级市档案馆及新疆生产建设兵团档案馆都已接入，全国接入总数已超过 1 000 家。

三是档案公众教育方面。中国人民大学信息资源管理学院以"吴宝康数据库"建设为契机，将吴老为党为国而创建中国档案学科的故事写入"四史"学习教育，多维叙事地"数"说档案初心，以此激励青年一代的爱党之心和强国之志。苏州中国丝绸档案馆陆续推出"我是档案迷"丛书、《第七档案室》解谜书、《苏州》绘本等文创产品，实现档案元素的寓教于乐。

(四) 档案安全体系建设深入推进，档案安全防线更加牢固

1. 档案馆库建设管理取得新进展

各级档案部门按照规划安排，认真推进档案馆库建设，加快档案安全设施设备配备和更新。中央层面，中国第二历史档案馆新馆项目主体于 2022 年 12 月完工，进入工程收尾阶段，新馆建筑面积达 8.9 万平方米。地方层面，各地相继完成了档案馆库改造、新建和搬迁工作。据不完全统计，天津市 10 个区档案馆已完成馆库达标建设并投入使用，其他 6 个区均完成新馆主体建设或改造，2022 年底前将全部投入使用[③]；河北省 60 个县（市、区）档案馆新馆建设已开工，其中 44 个县（市、

---

① 即贯彻"一个批示"——习近平总书记关于档案工作的重要批示，聚焦"两个转型"——重馆藏向重开发利用、"保管员"向"研究员"转型，突出"三个关键"——依法治档、高效用档、人才强档，实施"四个工程"——补链强链、提质转化、特色品牌、安全底线工程，系统规划指引成都档案事业高质量发展。该工作思路被国家档案局专报中央办公厅主要领导的《档案工作简讯》全文刊载，在行业内推广。

② 成都市档案馆办公室. 首创档案资政服务新路径书写高质量发展"成都样本"[EB/OL]. (2022－12－30) [2023－01－15]. http://scsdaj.gov.cn/scda/content/chengdu/b3dc5a81e75d44a7b7b419e4e58c0f31.html.

③ 李晶. 深化局馆联动 合力谱写新时代天津档案事业发展新篇章[EB/OL]. (2022－05－07) [2023－01－18]. http://www.zgdazxw.com.cn/news/2022－05/07/content_332967.htm.

区）档案馆新馆已建成并投入使用①；山西省档案馆新馆总用地66.7亩、总建筑面积5.6万平方米，于2022年8月落成并投入使用②。另外，北京市朝阳区档案馆新馆、浙江省杭州市城市档案中心、湖北省荆州市档案馆、广东省韶关市档案馆新馆、江苏省南京市江宁区档案馆、陕西省西安市长安区档案馆、浙江省江山市档案馆新馆、山东省聊城市东昌府区档案馆、安徽省合肥市巢湖市档案馆等相继建成或启用。

2. 档案安全管理进一步强化

一是档案安全管理制度机制更加完善。国家档案局发布的《〈"十四五"全国档案事业发展规划〉实施情况评估办法》将"档案安全管理"列为指标之一，印发的《2022年全国档案宣传工作要点》将"持续开展档案安全宣传教育"作为重要内容之一，推进档案安全宣传教育。《国家档案局关于进一步加强档案安全工作的通知》（档发〔2022〕2号）提出坚持"预防为主，防治结合"的方针，对档案安全风险排查等作出要求。各地纷纷按照通知要求，认真开展档案安全风险隐患排查、专项检查等工作。例如，河南省委办公厅印发《关于进一步加强档案安全工作的通知》，深入开展风险隐患"大排查、大检查、大整治"活动。另外，一些地区积极推进红色资源保护工作，档案保护制度建设更加健全。例如，2022年出台了《重庆市红色资源保护传承规定》《广西壮族自治区红色资源保护传承条例》《贵州省档案馆红色档案资源保管利用工作方案》。

二是区域性国家重点档案保护中心建设取得新成效。国家档案局从2018年起依托辽宁、广东、北京、浙江、云南、新疆等地区档案馆分别设立了6家区域性国家重点档案保护中心。2022年，北京市档案馆和浙江省档案馆先后作为第一家和第二家通过了验收③。区域性国家重点档案保护中心（云南省档案馆）派出工作人员赴云南省革命老区——罗平县钟山乡，对红色档案抢救与保护工作进行技术指导，积极发挥在档案保护技术研究应用、档案保护修复人才培养储备中的作用④。

三是档案服务外包等方面安全检查机制进一步健全。北京市档案局印发《关于

---

① 许建华. 河北 开展档案安全风险隐患排查［EB/OL］.（2022-08-12）［2023-01-18］. http：//www.zgdazxw. com. cn/news/2022-08/12/content_335928. htm.

② 耿永红，张若帆. 山西省档案馆新馆投入使用［EB/OL］.（2022-08-30）［2023-01-18］. https：//www. saac. gov. cn/daj/c100178/202208/0cbcc89f39c84e51b802573a9c49d355. shtml.

③ 常万龙，王凯. 全国第一家区域性国家重点档案保护中心正式通过验收［J］. 北京档案，2022（9）：4；莫剑彪，俞桂忠，赵咪咪. 区域性国家重点档案保护中心（浙江省档案馆）整体智治策略与路径研究［J］. 浙江档案，2022（7）：45-48.

④ 李颖. 云南 积极抢救保护红色档案资源［EB/OL］.（2022-02-17）［2023-01-14］. https：//www. saac. gov. cn/daj/c100262/202202/a83258bab76846b2833fb36dc6ef1024. shtml.

加强档案服务外包安全工作的意见》，提出要依法依规做好档案服务外包工作、压紧压实外包档案单位主体责任，并对"档案主管部门加大监管力度"提出明确要求①。重庆市政府办公厅印发《2022年度重庆市市本级市场主体监管计划》，将"档案服务外包安全和质量监管"纳入其中，明确由市档案局牵头实施，监管对象为从事档案整理、数字化、寄存服务的企业②。另外，内蒙古自治区档案馆开展档案服务外包工作专项检查，浙江省湖州市档案局印发了《湖州市档案服务外包安全管理工作办法（试行）》。

3. 档案数字资源安全管理更加有力

一是在档案安全管理的信息技术应用方面，安徽省档案馆和辽宁省档案馆的电子文件单套归档和电子档案单套管理试点（试点内容："电子档案长期安全保存管理"），于2022年通过国家档案局组织的验收，为推进电子文件的安全归档管理探索了经验③。辽宁省档案馆研究加强机器人视觉和人工智能技术应用，开发了档案数字资源智能筛密系统，为数字化档案安全保密提供了技术保障④。

二是在加强信息化基础设施安全投入方面，国家档案局加大相关项目立项力度。2022年国家档案局立项的科技项目中，涉及自主可控、国产化和安全管控的信息技术项目成为新热点。中南民族大学基于立项项目，研究提出了基于区块链技术的（学籍）电子档案安全存储与可信验证方案⑤。

三是加强档案数字资源备份工作。2022年，各地继续认真推进档案数字资源备份，如黑龙江省档案馆、广东省档案馆签订互为档案异地备份基地合作协议书⑥。内蒙古自治区档案局、档案馆联合印发《关于建设内蒙古自治区档案数字资源备份中心的通知》，致力于实现各盟市、旗县综合档案馆档案数字资源在备份中心备份和安全管理⑦。

---

① 马秋影. 北京市档案局印发《关于加强档案服务外包安全工作的意见》[EB/OL]. (2022－11－24) [2023－01－14]. http://www.chinaarchives.cn/mobile/category/detail/id/40899.html.

② 杨漫. 重庆持续加大档案服务外包监管力度 [EB/OL]. (2022－06－30) [2023－01－14]. https://www.saac.gov.cn/daj/c100250/202206/bad464e785fd43828da3876d9b452920.shtml.

③ 辽宁省档案馆电子文件单套归档和电子档案单套管理试点工作顺利通过验收 [EB/OL]. (2022－07－25) [2023－01－14]. https://www.saac.gov.cn/daj/daxxh/202207/6f3816787d0549b1a4eec8500c613b53.shtml.

④ 李映天, 陈洪亮. 辽宁馆：智能筛密系统助力档案安全保密 [J]. 中国档案, 2022 (6)：20－21.

⑤ 彭柳, 张淼, 高杰欣. 基于区块链技术的电子档案安全存储与可信验证方案 [J]. 中南民族大学学报（自然科学版）, 2022, 41 (6)：728－733.

⑥ 张博. 携手并进 跨域合作 共谋新篇：黑龙江省档案馆、广东省档案馆签订互为档案异地备份基地合作协议书 [J]. 黑龙江档案, 2022 (3)：10.

⑦ 自治区档案局、自治区档案馆启动内蒙古自治区档案数字资源备份中心建设工作 [EB/OL]. (2022－12－19) [2023－01－14]. http://www.archives.nm.cn/information/nmg_dangan46/msg21932232590.html.

（五）档案信息化建设深化推进，档案工作现代化进程加快

1. 国家级数字档案馆（室）建设任务稳步落实，档案信息化长效发展基础得以筑牢

数字档案馆（室）建设情况是评估档案信息化发展程度的重要标准之一。2022年，以"建设高水平数字档案馆（室）"为着力点，国家级数字档案馆（室）、全国示范数字档案馆（室）建设全面推进，档案信息化建设的平台基础进一步夯实，档案信息化水平稳步提高。

一方面，全国示范数字档案馆（室）测试评价有序开展，新建成一批高水平数字档案馆（室）（如表4所示）。各省级综合档案馆牵头建成数字档案馆并带动下设市、县级数字档案馆（室）的建设工作，各级档案馆（室）规范化管理程度不断提高。例如：2022年河北省唐山市档案馆正式获批国家级数字档案馆，成为河北省首批国家级数字档案馆。市档案馆建成了以"两个平台（档案安全保护一体化平台、数字档案馆综合管理平台）、4张网络（局域网、互联网、政务网、管理网）、5个资源库（接收库、管理库、保存库、利用库、采集库）"为核心的档案信息化工作体系[1]。2022年上海市奉贤区档案局召开年度区"星级档案室"建设推进会，已创建首批"四星级档案室"2家、"三星级档案室"8家、"二星级档案室"49家[2]。与此同时，县级、乡镇、社区电子档案馆（室）建设也在逐步推进，例如，广东省档案局已通过广宁县档案馆数字档案馆系统的测试[3]，山东省梁山县黄河滩区乡镇档案室、社区档案室已通过数字化平台提供档案利用服务[4]。

表4 2022年全国示范数字档案馆（室）建设情况（部分）

序号	所在地区	全国示范数字档案馆	全国示范数字档案室
1	天津市		天津市委党校
2	上海市	浦东新区档案馆	中国（上海）自由贸易试验区管理委员会保税区管理局
3	江苏省	宿迁市档案馆、宜兴市档案史志馆、扬州市数字档案馆	
4	浙江省	新昌县档案馆	杭州市档案馆

---

① 马泽钰. 河北唐山市档案馆数字档案馆建设见成效 [N]. 中国档案报, 2022-02-28 (2).
② 周晓丹. 上海奉贤区推动基层"星级档案室"建设 [N]. 中国档案报, 2022-09-19 (2).
③ 马燕芬. 广东广宁县档案馆通过国家级数字档案馆测试 [N]. 中国档案报, 2022-07-04 (2).
④ 郑圆圆. 山东梁山 档案信息化赋能黄河流域民生服务新模式 [N]. 中国档案报, 2022-11-07 (2).

续表

序号	所在地区	全国示范数字档案馆	全国示范数字档案室
5	安徽省	合肥市档案馆、太和县数字档案馆	
6	江西省	江西省档案馆	
7	山东省	临沂市河东区数字档案馆	
8	河南省	河南省档案馆	

注：因相关情况尚未有正式公示，表格内容系在各省、市档案馆网站检索相关词条后，对 2022 年新设立的全国示范数字档案馆进行总结得出。

另一方面，通过实施"中西部档案信息化提升项目"，中西部地区数字档案馆（室）建设稳步推进，数字档案馆（室）建设的政策保障更加完善（如表 5 所示），多个地区将数字档案馆（室）建设纳入政府发展规划，实践成效明显。其中，广西壮族自治区 4 家单位入选首批全国数字档案室建设试点单位，并顺利通过自治区档案局组织的测评[1]。宁夏回族自治区档案馆通过全国示范数字档案馆系统测试，成为西北第一家省级全国示范数字档案馆[2]。

表5　2022 年中西部地区数字档案馆（室）建设相关政策

序号	省（市、区）	政策	内容
1	湖北省	《湖北省国民经济和社会发展第十四个五年规划和二〇三五年远景目标纲要》	加强数字档案馆及市县档案基础设施建设
2	西藏自治区	《"十四五"西藏自治区档案事业发展规划》	加速数字档案馆（室）建设，将数字档案馆建设工作纳入本级财政预算
3	安徽省黄山市	《黄山市大数据产业"十四五"发展规划》	建立联通各级综合档案馆的档案查询利用服务机制；推动数字档案馆（室）建设向智慧化升级
4	江西省景德镇市	《景德镇市数字政府建设三年行动计划（2022—2024）》	2024 年底，景德镇市档案馆建成国家级数字档案馆，力争建成全国示范数字档案馆
5	四川省宜宾市	《宜宾市国民经济和社会发展第十四个五年规划和二〇三五年远景目标纲要》《宜宾市档案事业发展"十四五"规划》	将市档案馆数字档案馆建设项目列为重点项目

2. 电子文件单套制归档取得新进展，电子档案单套管理有序推进

在制度层面，以电子文件管理为核心的档案信息化建设被广泛纳入国家规划[3]。

---

① 韦家友. 广西 数字档案馆（室）建设取得新进展［N］. 中国档案报，2022-01-10（1）.
② 宁兰. 宁夏回族自治区档案馆通过全国示范数字档案馆系统测试［N］. 中国档案报，2022-09-01（1）.
③ 详见本书子报告《2022 年中国电子文件管理发展报告》.

一系列电子文件与电子管理类行业标准规范相继发布（如表6所示），促进了电子档案单套管理工作的规范化、体系化和科学化。在实践层面，各级档案部门不断探索电子文件单套归档和电子档案单套管理的新路径，稳步开展电子文件单套归档和管理试点工作。例如：辽宁省档案馆通过试点解决了电子档案长期保存管理的策略和方法，完善提升了单套制归档和管理的标准规范和制度体系，创新探索了"两地、两库、三巡检"的电子档案长期保存机制[①]。浙江省宁波市档案局、馆形成了区域内多家档案馆协作应对多办公自动化系统电子公文归档和管理的解决方案[②]。河南省交通事业发展中心将高速发展的信息技术和交通工程项目管理经验与档案管理有机结合，提高了工程管理效率和工程档案的真实可靠性[③]。

表6　2022年发布的电子文件与电子档案管理类行业标准规范

标准名称	主要内容
《磁光电混合存储系统通用规范》（GB/T 41785—2022）	规定了磁光电混合存储系统的组成及分类、技术要求、试验方法、质量评定程序，以及标志、包装、运输和贮存，适用于电子文件磁光电混合存储系统的设计、开发、生产、试验和应用
《电子档案单套管理一般要求》（DA/T 92—2022）	确立了电子档案单套管理的基本原则，规定了实现单套管理需要在制度建设、系统建设、资源建设与管理、安全管理等方面达到的要求，提出可行性评估的方式、方法
《电子档案移交接收操作规程》（DA/T 93—2022）	明确了电子档案移交接收的工作流程，规定了电子档案移交接收准备工作和电子档案移交接收操作的要求，适用于档案移交单位与档案馆之间的电子档案移交接收操作
《电子会计档案管理规范》（DA/T 94—2022）	规定电子会计资料形成、收集、整理、归档和电子会计档案保管、统计、利用、鉴定、处置等工作的要求，适用于机关、团体、企业事业单位和其他组织开展电子会计档案管理活动
《行政事业单位一般公共预算支出财务报销电子会计凭证档案管理技术规范》（DA/T 95—2022）	规定行政事业单位一般公共预算支出财务报销电子会计凭证的采集、组件、归档、存储、统计、利用以及相关系统衔接的要求
《档案仿真复制工作规范》（DA/T 90—2022）	规定了基于数字图像技术的档案仿真复制工作的组织、管理制度、工作流程、业务外包、设备选型、前期准备、图像采集、图像处理、图像输出、后期制作、质量检查与移交，以及数据管理与利用的要求

---

① 辽宁省档案馆电子文件单套归档和电子档案单套管理试点工作顺利通过验收 [EB/OL]．（2022 - 07 - 25）[2023 - 01 - 25]．https：//www.saac.gov.cn/daj/daxxh/202207/6f3816787d0549b1a4eec8500c613b53.shtml.

② 张凯．宁波市多办公自动化系统电子公文归档和电子档案管理试点项目顺利通过验收 [EB/OL]．（2022 - 03 - 02）[2023 - 01 - 02]．http：//www.zgdazxw.com.cn/news/2022 - 03/02/content_330400.htm.

③ 河南省交通事业发展中心电子文件单套归档和电子档案单套管理试点工作顺利通过验收 [EB/OL]．（2022 - 07 - 18）[2023 - 01 - 18]．https：//www.saac.gov.cn/daj/daxxh/202207/72a224a47d85408c908cea1228901b2e.shtml.

续表

标准名称	主要内容
《实物档案数字化规范》（DA/T 89—2022）	规定了实物档案数字化的组织与管理，确定了实物档案数字化前处理、数字化采集、影像处理工作与实物档案验收、移交和入库要求

资料来源：本书子报告《2022年中国电子文件管理发展报告》。

3. 档案信息化发展保障机制稳步夯实，档案信息化建设依法依规有序开展

在体制机制保障方面，各级档案主管部门着力加强档案信息化保障工作。例如：黑龙江省档案局重点将档案事业发展与黑龙江省"十四五"数字经济发展规划融合，跟进"数字龙江"建设，着力打造"一库、一个中心、三个平台"[①]。湖北省襄阳市档案系统坚持把档案信息化建设纳入全市"两网""智慧城市"建设总体布局，对档案治理的体制机制、组织构架、方式流程、手段工具等进行全方位系统性重塑[②]。

在监督检查方面，部分地区将档案信息化建设列入领导干部考核指标。如河南省漯河市委组织部研究同意将档案工作正式纳入县级领导班子和市管干部综合考核评价内容。其中，档案信息化建设同档案科技创新、档案人才培养、档案宣传等方面纳入县（区）考核细则[③]。

在经济支持方面，一些地区积极解决信息化建设资金短缺难题。如贵州省黔南州探索"统筹资源、依托银行、搭建平台、共建共管"档案信息化平台建设新模式，破解档案信息化建设资金难题[④]。

在人才保障方面，一些地区和单位通过政策倾斜和支持，加大档案信息化人才引进和培养。如陕西省商洛市档案局在全市档案系统遴选出一批理论扎实、业务精良、作风过硬的档案专业人才，组建全市档案专家库。首批入库专家共计12人，其中就包括了档案信息化建设专业领域的专家人才[⑤]。

---

① 薛永强. 新时代龙江档案事业发展的优异答卷：黑龙江省档案馆事业发展综述 [EB/OL].（2022-11-28）[2023-01-14]. http：//www.zgdazxw.com.cn/news/2022-11/28/content_338500.htm.

② 黄进. 牢记嘱托 实干兴档 奋力推动襄阳档案事业高质量发展 [EB/OL].（2022-11-18）[2023-01-14]. http：//www.zgdazxw.com.cn/news/2022-11/18/content_338244.htm.

③ 周燕，闫俊丽. 河南漯河：将档案工作纳入县级领导班子和市管干部综合考核评价内容 [EB/OL].（2022-12-05）[2023-01-14]. http：//www.zgdazxw.com.cn/news/2022-12/05/content_338610.htm.

④ 陆跃帅. 转变工作思路 转变工作模式 转变工作机制：贵州黔南州完善档案工作体制机制显成效 [EB/OL].（2022-11-04）[2023-01-14]. http：//www.zgdazxw.com.cn/news/2022-11/04/content_337947.htm.

⑤ 南丹丹. 陕西商洛 建立市级档案专家库 [EB/OL].（2022-12-02）[2023-01-14]. http：//www.zgdazxw.com.cn/news/2022-12/02/content_338616.htm.

4. 档案信息共享平台建设助力"一网通办"，服务民生实效显著

2022年，档案信息共享平台建设在共享规模、互联互通程度和服务质量等方面有了一定的提升。特别是民生相关档案信息资源在馆际、馆室共建互通，跨层级跨部门共享利用方面建设成效显著[①]。各地区陆续接入全国档案查询利用服务平台，朝着深度融入全国档案查阅"一网通办"大发展格局的方向稳步前进。例如：2022年7月6日，在习近平总书记对档案工作作出重要批示一周年之际，国家档案局主导建设的全国档案查询利用服务平台正式上线。同时，在国家政务服务平台上开设了全国档案查询利用服务入口，平台还专门开发了代查功能，满足老年人等群体的需求，促进档案公共服务均等化、便捷化[②]。

全国各级各地档案馆积极推进本地档案信息共享平台建设。例如：成都市档案馆与全国23个城市档案馆建立跨馆查档合作机制，实现副省级城市跨馆查阅全覆盖，逐步实现民生档案"一站式"查询服务[③]。银川市档案馆积极主动推进宁夏回族自治区馆际共享平台开放档案数据审核报送工作，为全区范围内跨馆查档利用、方便社会各界及市民查阅提供优质便捷服务[④]。安徽省巢湖市档案馆依托安徽省数字档案资源共享平台为退役军人开展异地查档工作，让查档人少跑腿，让数据多跑路，减少人员流动[⑤]。

（六）档案科技创新加快推进，档案工作技术水平显著提升

档案科技创新工作是档案事业的增值点。《"十四五"全国档案事业发展规划》提出"档案科技创新实现新突破"，要求"档案科技创新机制更加完善，科技规划管理体系进一步优化，重大理论和实践课题攻关有新突破，科研成果转化应用加速推进"，从而发挥档案科技力量在档案事业发展中的支撑作用。

1. 以科技项目立项为孵化平台，有序推动档案科技创新发展

档案科技项目是档案技术应用和创新发展的表现。国家档案局于2022年确定

① 详见本书子报告《2022年中国档案利用体系建设发展报告》。

② 郑艳方. 信息化动能澎湃 新发展气象万千［EB/OL］.（2022-10-08）［2023-01-14］. http://www. zgdazxw. com. cn/news/2022-10/08/content_337126. htm.

③ 吕毅. "十三五"奋发有为 "十四五"再谱新篇［EB/OL］.（2022-08-03）［2023-02-03］. http:// www. zgdazxw. com. cn/news/2022-08/03/content_335557. htm.

④ 银川市档案馆. 银川市档案馆数字档案馆建设提质增效纪实［EB/OL］.（2022-06-29）［2023-01- 14］. http://www. zgdazxw. com. cn/news/2022-06/29/content_334193. htm.

⑤ 金鹤. 安徽巢湖：为退役军人做好查档服务工作［EB/OL］.（2022-11-29）［2023-01-14］. http:// www. zgdazxw. com. cn/news/2022-11/29/content_338466. htm.

立项 141 项科技项目[①]。总体立项成功率为 29.7％，重点项目的立项成功率为 20.4％。如表 7 所示，根据科技项目立项结果，参考国家档案局发布的年度科技项目立项指南和后续申报内容，当前研究主要聚焦于互联网环境下档案业务方法创新、新兴技术应用于档案管理、档案宣传利用的推陈出新等方面，引领着今后一定时期内档案科技发展方向。

表 7　国家档案局 2022 年度科技立项重点方向和代表性项目

序号	重点方向	代表性项目名称（推荐单位）
1	"互联网＋"环境下档案业务监督指导方式方法创新研究	"互联网＋"环境下档案寄存服务安全保障和监管机制创新研究（江苏省档案局）、基于"互联网＋"环境下档案业务指导方式的研究（贵州省档案局）
2	红色档案资源数据库建设研究	北京市档案馆馆藏红色档案资源挖掘探索研究（北京市档案局）、党史学习教育常态化长效化背景下红色档案赋能学校思政课路径研究（江苏省档案局）
3	政务服务"一网通办"业务数据归档研究	面向重庆市"渝快办"一网通办政务平台数据归档关键技术研究（重庆市档案局）、全国地质档案资料"一站式"在线协同服务研究（自然资源部）、政务服务"一网通办"业务数据归档研究（江苏省档案局）
4	档案开放审核流程优化及创新技术应用研究	档案开放审核流程优化及创新技术应用研究（江苏省档案局）、总体国家安全观下的档案开放审核研究（江苏省档案局）
5	档案宣传展览"活起来""动起来"集成创新研究	"档案"与"书"——"全文阅读"模式实体仿真档案展览研究（黑龙江省档案局）、红色档案宣传展览"活起来""动起来"集成创新研究（中国兵器工业集团有限公司）
6	档案数字资源备份策略及可行性验证研究	档案数字资源备份策略及数字胶片技术应用研究（国家档案局档案科学技术研究所），档案数字资源云存储、云备份策略及可行性验证研究（广东省档案局）
7	区块链技术在电子文件归档和电子档案管理中的应用研究	"单套制"归档管理的区块链存证模式及其风险管控研究（陕西省档案局）、区块链技术在电子文件长期保存中的应用研究（湖北省档案局）
8	基于自主可控的电子文件归档和电子档案管理系统研究	基于自主可控的企业档案管理系统研究（中国航空工业集团有限公司）、基于自主可控的电子文件归档和电子档案管理系统研究（安徽省档案局）

从结项项目看，国家档案局 2022 年度优秀科技项目共确定 48 项，其中一等奖 1 项、二等奖 6 项、三等奖 41 项。结项项目呈现出鲜明的科技特色，体现出行业特征明显、注重业务实践、数字技术主导、归档需求强烈等特点。

[①] 中华人民共和国国家档案局 . 国家档案局召开 2022 年度科技项目立项评议会 ［EB/OL］.（2022－05－10）［2023－01－30］. https：//www.saac.gov.cn/daj/yaow/202205/465c854f575247d180b17701b65ff634.shtml.

2.自主可控和人工智能应用是档案科技创新重点方向

第一，自主可控是实现档案科技自强的基础要素。2022年度国家档案局十大重点科技项目中，"自主可控"项目占比40%。从2022年立项的自主可控项目（如表8所示）看，以自主可控的电子文件归档和电子档案管理系统为主题的，有2项重点项目。

表8　涉及"自主可控"核心技术的档案科技项目举例

序号	项目名称	承担单位	推荐部门
1	＊基于自主可控的电子文件归档和电子档案管理系统研究	安徽省档案馆、讯飞智元信息科技有限公司	安徽省档案局
2		中山大学、广东省档案局、中共广东省委机要局等	广东省档案局
3	＊基于自主可控的企业档案管理系统研究	航空工业档案馆、中国工程物理研究院档案馆、金航数码科技有限责任公司	中国航空工业集团有限公司
4	基于自主可控的手写识别技术在档案工作中的应用研究	陕西省档案馆、北京远桥科技有限公司、中国科学院自动化研究所	陕西省档案局
5	＊基于自主可控的通用型建设项目电子文档管理系统研发及应用	四川大学、四川成邛雅高速公路有限责任公司等	四川省档案局
6	基于自主可控区块链技术的通信工程电子档案单套制管理研究	中国移动通信集团浙江有限公司、中移动信息技术有限公司	中国移动通信集团有限公司
7	基于自主可控声像电子档案管理及长期可信保存的规范化研究	中国工程物理研究院档案馆、中山大学档案馆等	中国工程物理研究院
8	基于"自主控制"的电子档案分层、分类、分级"四性"检测工具研究	上海市档案馆、上海昀层信息技术有限公司	上海市档案局
9	自主可控电子版式文档（OFD）可信机制构建研究	湖北省档案馆、武汉大学信息管理学院	湖北省档案局
10	自主可控环境下人工智能技术在数字档案馆建设中的综合应用实践研究	珠海市档案馆、广东欣档科技有限公司	广东省档案局

注：带＊表示为立项的重点项目。

第二，人工智能应用是档案科技管理的有益尝试。2022年，我国档案领域人工智能应用日益兴起。6月，由中国人民大学信息资源管理学院和天津师范大学管理学院共同主办的"人工智能与档案工作发展国际学术研讨会"在云端召开，来自中国、美国、加拿大等7个国家的16名专家学者就人工智能在档案工作中的应用挑战展开研讨。实践中人工智能在档案管理领域的应用，主要集中在"智能＋库房管理""智能＋资源建设""智能＋服务利用"等三个方面，并在具体业务层面也有所延伸，如"八防"措施、质量控制、鉴定分级、数据化处理等①。类似的"人机互动"极大地提升了档案开放审核效率，助力数字中国和数字政府建设。

3. 以"科技兴档工程"为抓手，开启档案智库建设

《国家"十四五"时期哲学社会科学发展规划》要求建设一批高水平新型智库，着力建成定位清晰、特色鲜明、布局合理的中国特色新型智库体系②。《"十四五"全国档案事业发展规划》对档案智库建设也提出具体要求——依托高等学校、科研机构等筹建若干个档案事业发展战略智库。通过高水平创新和研究平台，吸引和凝聚一批知识结构合理、理论与实践紧密结合、有思想有活力的创新团队，为档案事业创新发展提供学理支持和决策咨询。自2021年开始建设的中国人民大学档案事业发展研究中心，以问题为导向、坚持理论联系实践，重点针对2022年北京冬奥会档案管理、中国档案文献遗产工程建设等热点问题，提出专业性、建设性、可操作的政策建议，多次获得中央和省部级领导的肯定性批示。

(七) 档案人才培养有序推进，档案工作智力支撑更加坚实

1. 人才强档工程稳步推进，"三支人才队伍"初步建立

实施人才强档工程、建立档案专家库，是档案事业高质量发展的动力基石。《"十四五"全国档案事业发展规划》首次设立人才工作专栏，单列"人才强档工程"，使全国档案系统人才工作达到了前所未有的高度。2022年人才强档工程有了新进展，"三支人才队伍"初步组建，为档案事业高质量发展储备了充足的人才力量。

在国家层面，初步形成档案工作"三支人才队伍"。2022年，为贯彻落实中央人才工作会议精神，落实"十四五"全国档案事业发展规划、推动档案事业高质量发展，国家档案局印发《关于做好国家级档案专家、全国档案工匠型人才和全国青年档案业务骨干选拔工作的通知》，在全国档案系统统一部署"三支人才队伍"选拔工作③。据统计，31个省区市、新疆生产建设兵团、国家档案局、中央部委、中

---

① 陈栩杉．人工智能与档案管理：进展、愿景与挑战［J］．中国档案，2022（11）：30-32．

② 徐晓明．让中国特色新型智库体系更完备更有力［N］．光明日报，2022-06-09（7）．

③ 宁宇龙，李安涛．聚兰台英才合力 筑档案强国之基：全国档案系统"三支人才队伍"选拔工作侧记［EB/OL］．（2023-01-09）［2023-01-12］．http://www.zgdazx.com.cn/news/2023-01/09/content_339263.htm．

央企业、军队、学界等37家推荐单位，共推荐申报国家级档案专家382人、全国档案工匠型人才827人、全国青年档案业务骨干835人，总人数达2 044人。如此规模，开创了行业先河①。经过专家评审委员会评审、国家档案局局务会会议研究决定，全国档案系统"三支人才队伍"共评选出50名国家级档案专家领军人才，150名国家级档案专家，750名全国档案工匠型人才，780名全国青年档案业务骨干。国家档案局还围绕如何管好用好"三支人才队伍"进行了初步规划，积极推进"三支人才队伍"管理使用有关办法的起草制定工作，搭建培训平台，充分发挥国家级档案专家在科研立项、科技项目评审、职称评审等方面的指导把关作用②。

在地方层面，各地积极建立"档案专家库"，初步形成了人才聚集效应。如湖北省档案局发布通知建立全省档案专家库，66人入选全省首批档案专家③。合肥市档案局制发《合肥市档案专家评选办法》，推选出19人作为市级档案专家推荐人选④。此外，一些中央企业积极推进本单位档案人才队伍建设，如中国石油实施档案专业能力提升计划，首次在全系统开展档案专家推荐评选工作，聘任20名集团公司档案专家和46名档案骨干人才，发挥了专家的引领和示范作用⑤。

2. 培训交流渠道进一步拓宽，业务培训获创新性发展

第一，各类档案业务培训的针对性、实用性进一步提升。例如，中国档案学会通过在线形式举办了2022年档案业务培训班。培训内容包括：国家档案局对档案法律法规、工作规划、政策标准进行解读；高校档案学者对档案专业理论最新方向及成果进行介绍；国际档案理事会及东亚地区分会专家介绍国际档案工作等⑥。中央企业依据工作实际开展系统性档案培训，如中国石油开发档案管理岗位标准化课件32个、210章节，建立配套认证题库，为构建系统科学的档案培训体系奠定基础⑦。各地也积极开展档案业务培训，提高档案工作者业务水平，如山东省烟台市

---

① 宁宇龙，李安涛. 聚兰台英才合力 筑档案强国之基：全国档案系统"三支人才队伍"选拔工作侧记［EB/OL］.（2023-01-09）［2023-01-12］. http：//www.zgdazxw.com.cn/news/2023-01/09/content_339263.htm.

② 宁宇龙，李安涛. 聚兰台英才合力 筑档案强国之基：全国档案系统"三支人才队伍"选拔工作侧记［EB/OL］.（2023-01-09）［2023-01-12］. http：//www.zgdazxw.com.cn/news/2023-01/09/content_339263.htm.

③ 杨微洁. 湖北省建立档案专家库［EB/OL］.（2022-10-28）［2023-01-28］. http：//www.hbda.gov.cn/info/4662.jspx.

④ 王乃龙. 合肥市委办公室（市档案局）面向全市选拔档案专家［EB/OL］.（2022-01-27）［2023-01-28］. http：//www.zgdazxw.com.cn/news/2022-01/28/content_330147.htm.

⑤ 详见本书子报告《2022年中国石油石化行业档案工作发展报告》。

⑥ 中国档案学会. 中国档案学会关于举办2022年档案业务培训班（线上）的通知［EB/OL］.（2022-02-18）［2023-01-18］. http：//www.idangan.cn/2022/02/18/1044.html.

⑦ 详见本书子报告《2022年中国石油石化行业档案工作发展报告》。

档案馆为档案服务公司提供的专业培训①、广东省汕头市档案局和档案馆联合举办的培训班②等。

第二，各地档案部门举办了档案技能大赛。例如：辽宁省大连市举办了第四届"工匠杯"职工技能竞赛暨全市档案职业技能大赛，比赛由理论知识竞赛和实操技能考核两部分组成③。山东省青岛市档案馆在全市档案系统内组织开展系列岗位练兵和技能比武活动④；淄博市举办全市首届档案业务职业技能竞赛，对档案整理和档案修裱工作进行培训和考核⑤。

第三，档案学术交流广泛开展。例如：中国档案学会于9月15日举办"档案赋能数字政府"学术研讨会，共同探讨档案工作在数字政府建设中的角色与作用⑥。9月27日，第九届中国档案学会档案信息化技术委员会召开了以"区块链技术在电子档案管理中的应用"为主题的学术交流会⑦。山东省科协、山东省档案学会主办了2022年泰山科技论坛暨档案科技应用创新发展论坛⑧。此外，档案部门积极推进与香港、澳门和台湾地区档案机构的交流合作。例如：台湾中华档案暨资讯缩微管理学会、中国档案学会、中国文献影像技术协会以线上形式举办"2022年海峡两岸档案暨缩微学术交流会"⑨。

3. 人才培养谱新章，档案教育新展望

2022年，全国各地档案部门积极贯彻落实《"十四五"全国档案事业发展规划》关于人才培养的要求，进一步促进高校合作办学，提升档案实训基地水平，实现政产学研交流合作。如表9所示，地方档案局、馆与高校的合作，是结合高校特

---

① 王利娜. 山东烟台市档案馆 提升档案服务公司的工作水平 [EB/OL]. (2022 - 06 - 28) [2023 - 01 - 28]. https://www.saac.gov.cn/daj/c100222/202206/4d2c47bc8881495b923c814820d6d258.shtml.

② 详见本书子报告《2022年中国档案治理体系建设发展报告》。

③ 晋晓兵. 辽宁大连市举办档案职业技能大赛：辽宁大连市举办档案职业技能大赛：以赛代练 以赛促学 以学促行 [EB/OL]. (2022 - 10 - 31) [2023 - 01 - 31]. http://www.zgdazxw.com.cn/news/2022 - 10/31/content_337757.htm.

④ 孙文瑜. 山东青岛市档案馆举办档案业务技能比武活动 [EB/OL]. (2022 - 08 - 15) [2023 - 01 - 15]. http://www.zgdazxw.com.cn/news/2022 - 08/15/content_335934.htm.

⑤ 高倩. 山东淄博首届档案业务职业技能竞赛圆满举行 [EB/OL]. (2022 - 09 - 19) [2023 - 01 - 19]. http://www.zgdazxw.com.cn/news/2022 - 09/19/content_336816.htm.

⑥ 中国档案学会. "档案赋能数字政府"学术研讨会成功举办 [EB/OL]. (2022 - 09 - 19) [2023 - 01 - 19]. http://2020.idangan.com/2022/09/19/1077.html.

⑦ 中国档案学会. 中国档案学会档案信息化技术委员会召开2022年第二次学术交流会 [EB/OL]. (2022 - 11 - 18) [2023 - 01 - 18]. http://2020.idangan.com/2022/11/18/1091.html.

⑧ 苗晟惠. 档案科技应用创新发展论坛在山东威海举办 [EB/OL]. (2022 - 09 - 06) [2023 - 01 - 16]. http://www.zgdazxw.com.cn/news/2022 - 09/06/content_336567.htm.

⑨ 中国档案学会. 2022年海峡两岸档案暨缩微学术交流会顺利召开 [EB/OL]. (2022 - 12 - 07) [2023 - 11 - 07]. http://2020.idangan.com/2022/12/07/1096.html.

色、融入地方档案事业发展的新模式。

表9　2022年档案局、馆与高校合作项目举例

序号	合作双方		合作内容
	档案局、馆	高校	
1	江苏省档案馆	南京工程学院	签署共建研究生培养基地协议，探索专业学位研究生培养模式
2	浙江省台州市档案局、档案馆	中国人民大学信息资源管理学院	签订《全面战略合作协议》，双方合作共建"教学科研实践基地"
3	山东省济宁市档案局、档案馆	山东大学	签署共建山东大学实习教学基地协议
4	云南省档案局	西南林业大学	签署合作协议，将共建云南生态文明声像档案资料库和云南省档案局·西南林业大学云茶档案基地
5	四川省攀枝花市东区档案馆	攀枝花学院	建立攀枝花学院大学生实践实训基地，为培养综合实用型青年人才提供良好的学习环境

资料来源：南京工程学院经济与管理学院. 我校与江苏省档案馆签署共建研究生培养基地协议［EB/OL］.（2022-06-10）［2023-01-10］. https://www.njit.edu.cn/info/1042/19057.htm；本书子报告《2022年中国档案治理体系建设发展报告》；周中诚. 山东济宁校地合作推动档案事业高质量发展［EB/OL］.（2022-07-20）［2023-01-20］. http://www.zgdazxw.com.cn/news/2022-07/20/content_335293.htm；李玲. 西南林业大学与云南省档案局签订合作协议［EB/OL］.（2022-04-02）［2023-01-18］. http://www.zgdazxw.com.cn/news/2022-04/02/content_332015.htm；区档案馆与攀枝花学院合力建设大学生实践实训基地［EB/OL］.（2022-07-11）［2023-01-18］. http://www.scdongqu.gov.cn/zfxxgk/dqyw/4219698.shtml.

政产学研的合作机制也是人才培养的重要途径。例如，上海大学文化遗产与信息管理学院图书情报与档案管理学科邀请了20余家政产学研的各界专家召开研讨会，并提出了包括实习基地、学科研究和实践的合作平台等内容的社会实践方案①。

2022年，高校档案教育也开启了新征程。例如，中国人民大学信息资源管理学院在建院70周年之际②，山东大学档案学专业在创建40周年之际③，分别举办庆祝大会，回顾办学历程，梳理总结办学成绩和经验，明确新的发展目标任务。在促

---

① 李薪宇. 上海大学图书情报与档案管理学科顺利举办政产学研合作研讨会［EB/OL］.（2022-08-31）［2023-01-18］. https://schim.shu.edu.cn/info/1388/4042.htm.
② 宁宇龙. 中国人民大学档案学院举办成立70周年庆祝大会［EB/OL］.（2022-11-14）［2023-01-14］. http://www.zgdazxw.com.cn/news/2022-11/14/content_338104.htm.
③ 胡晓烨，张嘉玮，李虎. 山东大学档案学专业创建四十周年庆祝大会举行［EB/OL］.（2022-12-07）［2023-01-07］. https://history.sdu.edu.cn/info/1277/28041.htm.

进青年档案人才成长方面，2022 年各类档案竞赛项目相继开展。例如：8 月，由教育部高等学校档案学专业教学指导委员会主办，四川大学承办的"第四届全国高校档案学专业大学生课外科技作品展"以直播形式圆满举办①。10 月，由世界记忆项目北京学术中心主办的"世界记忆·中国文献遗产创意竞赛"活动，面向全国大学生征集基于入选《世界记忆名录》和《世界记忆亚太地区名录》的 19 项中国文献遗产的创意开发作品②。

4. 学科更名彰显新趋势，人才培养迎来新变革

2022 年 9 月，国务院学位委员会、教育部印发了《研究生教育学科专业目录（2022 年）》，其中"图书情报与档案管理"一级学科更名为"信息资源管理"。新的一级学科名称较好地体现了图书、情报、档案工作及其研究对象的本质，提升了图情档学科的竞争力，拓展了学科发展空间③，也有助于提升档案学的吸引力，吸引更多的教学资源进入④。较之于档案学内部各分支学科之间的互相融合，档案学与其他学科之间的互相渗透更能把档案学向前推进⑤。同时，一级学科更名要求档案学专业人才培养基于信息资源管理一级学科的新架构，根据档案学科建设状况和专业特色优势，增加符合国家需要的档案学专业特色课程，包括档案数据服务、档案数据治理、数字档案、智慧档案、数字人文、计算档案学、档案安全管理等，强化对档案专业人才培养方案的特色设计⑥。

（八）档案对外交流合作稳步推进，中国国际影响力不断提升

1. 衔接世界记忆项目，档案文献遗产活力持续释放

2022 年恰逢世界记忆项目开展 30 周年，联合国教科文组织进一步拓展文献遗产保护的范畴，将其与可持续发展目标的具体目标（"根据国家立法和国际协议，

① 教育部高等学校档案学专业教学指导委员会. 创新大赛｜第四届全国高校档案学专业大学生课外科技作品展入选作品名单［EB/OL］.（2022-07-27）［2023-01-27］. https：//mp. weixin. qq. com/s？_ _biz＝MzA5MjczMjUyMQ==&mid=2650987178&idx=1&sn=99104365d8585656e9d6adc4dd6ad92f&chksm=8b9ed7acbce95ebaf4b9e923bb3cfc195873da3cfb1cef0c98f4bd29552a662aa8f9ac0c040b&scene=27.
② 郭鹤祺."世界记忆·中国文献遗产创意竞赛"活动启动［EB/OL］.（2022-10-13）［2023-01-13］. http：//www. zgdazxw. com. cn/news/2022-10/13/content_337358. htm.
③ 冯耕. 图书情报与档案管理一级学科更名对于图书馆事业的影响及展望：基于"图书情报与档案管理"一级学科正式更名为"信息资源管理"［J］. 河南图书馆学刊，2022，42（11）：119-122.
④ 冯惠玲. 新版学科专业目录下的档案学科建设思考［J］. 档案学通讯，2022（6）：103-105.
⑤ 李财富. 一级学科更名对档案学的发展利大于弊［J］. 档案学通讯，2022（6）：108-109.
⑥ 何振. 一级学科更名对档案学专业的影响［J］. 档案学通讯，2022（6）：105-107.

确保公众获得各种信息，保障基本自由"①）衔接，进而确定全球庆典活动的主题为"征集文献遗产，以促进包容、公正与和平的社会"。在此背景下，我国世界记忆项目各学术中心活跃在国际与国内舞台，致力于档案文献遗产的广泛宣传与有效推广。4月，世界记忆学术中心跨国工作组②召开首次会议，共商发展与合作、筹划出版《世界记忆学术中心概览》③；12月，福建省档案馆联合世界记忆项目福建学术中心和相关高校举办"绽放记忆之美 传承文明之光——世界记忆项目三十周年专题展"④；澳门世界记忆项目学术中心、澳门文献信息学会在澳门城市大学举办"古典今耀——功德林文献遗产与女性地位"国际学术研讨会，推动《澳门功德林寺档案文献》申报《世界记忆名录》⑤。同时，国家档案局于2022年组织了第五批《中国档案文献遗产名录》申报与评选工作，共有"中华苏维埃共和国宪法大纲"等55件（组）档案文献入选⑥。由国家档案局选送的"贵州省水书文献"与"南通大生档案"亦于2022年成功入选《世界记忆亚太地区名录》⑦。

2. 依托高级别人文交流机制，中俄档案合作有序推进

"积极拓展双边和多边交流合作"是我国档案事业不断提升国际影响力的必由之路。国家层面，2022年9月，中俄人文合作委员会档案合作分委会第六次会议以视频形式召开，双方回顾了分委会第五次会议以来两国档案领域合作情况，通报了《2021—2025年中俄档案合作分委会工作大纲》执行情况，探讨了未来合作要点：继续查找并交换对方感兴趣的档案复制件、共同出版《中苏文化关系档案文献汇编（1949—1960年）》中文版和俄文版、筹备《中苏经济关系档案汇编（1949—1959

① United Nations. Transforming our world：the 2030 agenda for sustainable development［EB/OL］. （2015 - 10 - 21）［2023 - 01 - 12］. https：//sdgs. un. org/2030agenda.

② 该工作组由 UNESCO 世界记忆项目教育与研究委员会（Sub-Committee on Education and Research, SCEaR）于 2021 年 6 月 4 日成立，旨在：（1）支持世界记忆学术中心的发展，尤其是通过会议、网站、出版物或其他活动促进世界记忆学术中心的合作；（2）促进世界记忆学术中心网的扩展，尤其关注世界记忆学术中心的地区分布；（3）探究世界记忆学术中心的新使命。

③ 档案那些事儿. 国际视野｜联合国教科文组织世界记忆学术中心跨国工作组首次会议：共商发展与合作、筹划出版《世界记忆学术中心概览》［EB/OL］. （2022 - 05 - 29）［2023 - 01 - 07］. https：//mp. weixin. qq. com/s/pzUOYy31Vh1oUuV7tHCdLw.

④ 王琳婧. "绽放记忆之美 传承文明之光——世界记忆项目三十周年专题展"在福建高校展出［EB/OL］. （2022 - 12 - 26）［2023 - 01 - 07］. http：//www. chinaarchives. cn/mobile/category/detail/id/41145. html.

⑤ "古典今耀：功德林文献遗产与女性地位"国际学术研讨会在澳门举行［EB/OL］. （2022 - 10 - 09）［2023 - 01 - 08］. https：//www. saac. gov. cn/daj/gjjldt/202210/8ecd2592e5cb49a2874ab050040ca3ba. shtml.

⑥ 第五批中国档案文献遗产名录出炉［EB/OL］. （2023 - 01 - 19）［2023 - 02 - 13］. https：//www. saac. gov. cn/daj/yaow/202301/87201eba75f94156ac9bdb6c1bdaca3b. shtml.

⑦ 高伟强，王新琦. 贵州省水书文献、南通大生档案成功入选《世界记忆亚太地区名录》［EB/OL］. （2022 - 12 - 01）［2023 - 01 - 13］. https：//m. gmw. cn/baijia/2022 - 12/01/1303211602. html.

年）》、加强地方档案部门合作①。地方层面，俄罗斯联邦驻哈尔滨总领事馆代表团领事柯耀荣（В. Ю. Корниенко）在 10 月到访黑龙江省档案馆，双方就深化扩展中俄地方档案领域合作举行工作会议，并在党史档案征集、合作档案编研、档案远程查询利用等方面达成合作共识②。

3. 聚焦高校阵地，档案学术交流如火如荼

我国高校积极通过"引进来""走出去"，与其他国家、地区高校加强档案学术交流。"引进来"方面，邀请海外知名档案专家举办线上讲座，旨在开阔国际视野、了解国际前沿。例如：中国人民大学信息资源管理学院主办"国际档案学研究前沿"系列讲座暨"海外名师讲堂"，邀请美国加州大学洛杉矶分校、美国马里兰大学、荷兰阿姆斯特丹大学、澳大利亚莫纳什大学的专家主讲"社群档案""计算档案学""人工智能的档案应用""数据文化""文件未来"等内容；武汉大学与法国国立宪章学院联合成立"中法数字文化与遗产研究中心"，并成功举办"数字空间中的人文交流：和合与互鉴"学术论坛③。

"走出去"方面，我国高校及学者亮相国际舞台的频次日益增多。2022 年 6 月，中国人民大学作为学术成员正式加入国际电信联盟组织（ITU），获得参与国际电信联盟三个部门（无线电通信、电信标准化、电信发展）的工作资格④。12 月，中国人民大学信息资源管理学院冯惠玲教授团队主持申报的"四位一体数字记忆人才培养：数字遗产融入高等教育新模式"项目及参与建设的"'广州记忆'：历史文化名城数字平台建设"项目荣获"全球世界遗产教育创新案例奖"卓越之星奖⑤。

---

① 中俄人文合作委员会档案合作分委会第六次会议召开 [EB/OL]. （2022 - 09 - 15）［2023 - 01 - 07］. https：//www. saac. gov. cn/daj/tpxw/202209/06ea0de4ee5a411d98007d9069639201. shtml.

② 孙磊. 中国黑龙江省档案馆与俄罗斯联邦驻哈尔滨总领事馆代表团举行工作会议 [EB/OL]. （2022 - 11 - 01）［2023 - 01 - 07］. http：//hljsdag. org. cn/system/202211/113924. html.

③ 文化遗产智能计算文科实验室.（含专家简介）"数字空间中的人文交流：和合与互鉴"学术论坛邀请函暨会议日程 [EB/OL].（2022 - 11 - 21）［2023 - 01 - 08］. https：//mp. weixin. qq. com/s/C-cIYr-AXXaBFEzKU-VybaQ.

④ RUC 信息资源管理学院. 中国人民大学正式成为国际电信联盟（ITU）学术成员 [EB/OL].（2022 - 07 - 01）［2023 - 01 - 09］. https：//mp. weixin. qq. com/s/sA3luhnyV0mhQdoTeAuAiA.

⑤ RUC 信息资源管理学院. 冯惠玲教授团队"四位一体数字记忆人才培养：数字遗产融入高等教育新模式"项目荣获"全球世界遗产教育创新案例奖"卓越之星奖 [EB/OL].（2022 - 12 - 23）［2023 - 01 - 09］. https：//mp. weixin. qq. com/s/LB1mk5imzN5E1xpPRddilw.

二、问题与挑战：当前中国档案事业发展
面临的新形势、新要求与存在的新症结

2022 年中国档案事业取得了诸多成绩、呈现不少新亮点。在推进中国式现代化的历史进程中，中国档案事业也面临着新形势、新要求，存在着新症结。

（一）档案治理体系建设有待进一步重点优化、提质增效

1. 档案局馆协同仍需全面深化

一方面，我国档案机构在人员数量上呈现"局小馆大"特点，在指导力度上存在"局强馆弱"现象。从数量来看，我国各级档案主管部门和综合档案馆共有专职人员 41 393 人[①]，3 320 个国家综合档案馆共有专职人员 35 833 人[②]。平均每个档案主管部门专职人员仅有 1.78 人，而平均每个国家综合档案馆专职人员为 10.79 人。加之档案工作并不属于"急难险阻"的任务[③]、档案工作人员数量不达标，在实际运转中极易出现"档案局长只挂名不过问"的现象。在档案移交接收方面，一些地区明确档案馆负责承担"提供档案接收方面的指导服务"或"依法接收档案并予以指导"，但在没有明确档案馆"指导"职责的地区，档案馆单独推进档案移交接收工作效果欠佳，不得不寻求档案局出面，加强对档案移交接收的督促指导。比如：广东省某市档案馆为收集一批反映城市发展和历史变革的声像档案，独立以市档案馆名义前往市电视台接收时，市电视台并不重视，导致接收工作一度陷入僵持状态；另一市档案馆有关负责人也表示，在开展各市直单位的进馆档案检查工作时存在困难，这可能影响档案馆资源体系建设[④]。

另一方面，全国范围的局馆协同机制并未全面建立，局馆之间的协同成效仍有待进一步发挥。《"十四五"全国档案事业发展规划》将"增进局馆协同"列入"健全档案管理体制机制"任务内容。中央档案馆馆长、国家档案局局长陆国强在 2022年 2 月全国档案局长馆长会议上的报告中强调，"各地都要积极探索实践，促进形成档案局、馆既科学分工又密切协作的有效机制"。目前，虽然地方档案机构改革

---

① 国家档案局政策法规司.2021 年度全国档案主管部门和档案馆基本情况摘要（一）[EB/OL].（2022 - 08 - 18）[2023 - 01 - 25]. https://www.saac.gov.cn/daj/zhdt/202208/fedf617068af49b7a92b80f54723746b.shtml.

② 国家统计局.中国统计年鉴 2022 [M]. 北京：中国统计出版社，2022：741.

③ 徐拥军.机构改革后档案工作面临的问题与对策 [J].档案学通讯，2019（5）：101 - 103.

④ 聂勇浩，蒋琰，郑俭.局馆协同视角的档案机构改革：模式、挑战与建议 [J].档案学通讯，2022（5）：37 - 45.

后，福建、内蒙古等地在档案局馆协同机制建设方面积极探索，形成了一些经验、取得了初步成效，但这些做法有待全面总结，经验模式有待深入比较研究和学习推广。

2. 档案法规标准建设仍待加强

一是建立完善档案法规制度的进度亟须加快。新《档案法》已于 2021 年 1 月 1 日起施行，但到 2022 年底，《中华人民共和国档案法实施办法》仍未修订出台。现行的《机关档案工作条例》是 1983 年出台，《科学技术档案工作条例》为 1980 年发布，这些党内法规、行政法规的修订工作亟须加快推进。另外，《档案执法监督检查工作暂行办法》《档案行政处罚程序暂行规定》也需抓紧修订出台[①]。据有关学者统计，在当前我国 66 部档案工作地方性法规标准中，超过 15 年未修订的有 9 个（占 13.63%），超过 10 年未修订的有 33 个（占 50%），而且部分长期未修订的"高龄立法"，不仅与新《档案法》精神和规定不一致，更无法适应新时代档案事业高质量发展要求。二是电子档案管理标准建设亟须加强。我国电子档案管理标准内容陈旧滞后、整体标龄偏高，平均标龄为 7.22 年，不低于 5 年的达 60.1%。另外我国电子档案管理标准还存在可操作性不强、与国际接轨有限等问题[②]。三是档案领域与其他领域法规标准协同性不够。例如，《档案法》和《数据安全法》在档案与数据保护规定、分级分类标准、跨境流动等方面协调性不足，导致部分数据处于"灰色地带"[③]。又如，《建设项目档案管理规范》（DA/T 28—2018）与《建设工程文件归档规范》（GB/T 50328—2019）等标准规范对象基本一致，但在竣工图章等规范要求上却存在差异[④]。

3. 档案行政监管效能尚待提升

一是重点领域档案工作监管仍需加强。《"十四五"全国档案事业发展规划》将"加强重点领域档案工作监管"列入主要任务，提出围绕乡村振兴战略完善农业农村档案管理、围绕创新驱动发展战略大力推动科学数据与科研档案协同管理等要求。但实践中农业农村档案管理体制初步建立、科学数据与科研档案协同管理刚刚起步，这些领域的档案工作监管亟待加强。此外，2022 年 9 月，中共中央办公厅、

---

① 杜梅. 擘画蓝图 厉行法治 推动档案事业高质量发展：2021 年国家档案局中央档案馆政策法规研究司工作要点 [J]. 中国档案，2021（2）：24.

② 徐拥军，王兴广，郭若涵. 我国电子档案管理标准建设现状与推进策略 [J]. 图书情报工作，2022，66（13）：36-47.

③ 王玉珏，吴一诺，凌敏菡.《数据安全法》与《档案法》协调研究 [J]. 图书情报工作，2021，65（22）：24-34.

④ 加小双，王文斐. 我国档案标准化体系建设：现状、问题与对策 [J]. 档案与建设，2022（11）：20-25.

国务院办公厅印发的《关于加强重特大事件档案工作的通知》对重特大事件档案工作监管提出了新的更高要求。

二是县级档案主管部门监管能力有待提升。根据《2021 年度全国档案主管部门和档案馆基本情况摘要（一）》和《中国统计年鉴 2022》，我国 3 132 个各级档案主管部门的专职人员平均仅有 1.78 人。考虑到省级档案主管部门人员相对较多，可以推算出县级、地市级档案主管部门监管人力严重缺乏的困境。据统计，四川省 21 个市（州）共有 204 个档案行政管理部门，专职人员只有 203 人。其中，21 个市（州）专职人员 31 人，183 个县（市、区）专职人员 172 人[①]。

（二）档案资源体系建设有待进一步夯实基底、开拓盲区

1. 档案资源归集领域有待拓展

2022 年，我国"两类档案"的归集成果持续巩固，而其他领域的档案资源归集工作进展迟缓，尚未形成体系化与规模化发展。一方面，档案资源归集覆盖面不足。当前，尽管已有长沙市档案馆面向社会征集对口援藏档案、浙江省台州市档案馆面向社会征集"宋韵文化"特色档案等工作实践，但距离《"十四五"全国档案事业发展规划》所指涉"国家重大发展战略和地方中心工作等重点领域""关系国家安全、国计民生、公共服务、新兴产业等重点行业"的"广覆盖"仍有较大差距。另一方面，档案资源归集方式较为传统。相较于"两类档案"数字化工作与专题数据库建设得如火如荼，其他领域档案资源的归集方式多仅限于"接收进馆"，且以模拟态资源为主、数字/数据态资源为辅。这在一定程度上不利于后续档案资源的数字化开发与网络化宣传。

2. 档案资源普查工作有待推进

2022 年，我国开展了不同程度的档案资源普查，但尚未达到"基本摸清国有档案资源家底"的要求[②]。一方面，国家层面尚未开展基于全局视野的档案资源普查工作，与其他系统相比较为落后。早在 2005 年，文化部就部署了全国非物质文化遗产普查工作，以全面了解和掌握各地各民族非物质文化遗产种类、数量、分布状况、生存环境、保护现状和存在的问题等[③]。2023 年，国家文物局开始筹备启动

---

① 四川省档案局.2019 年度全省档案行政管理部门和国家综合档案馆基本情况摘要［EB/OL］.（2020 - 12 - 24）［2023 - 02 - 04］. http：//www. scsdaj. gov. cn/scda/default/infodetail. jsp? infoId=2525d04fb61b4d508b51a53c2b036d3e.

② 中办国办印发《"十四五"全国档案事业发展规划》［EB/OL］.（2021 - 06 - 09）［2023 - 02 - 01］. https：//www. saac. gov. cn/daj/toutiao/202106/ecca2de5bce44a0eb55c890762868683. shtml.

③ 周和平. 中国非物质文化遗产保护的实践与探索［J］. 求是，2010（4）：44 - 46.

第四次全国文物普查，计划用三到四年的时间全面掌握不可移动文物的数量、分布、特征、保存现状、环境状况等①。另一方面，地方层面所开展的档案资源普查工作多局限于特定领域、特定行业，对该地区全部的国有档案资源状况不甚明确。此外，对于非国有档案资源的认定登记工作也尚未开展。

3. 档案资源制度保障有待完善

一方面，有关档案鉴定的法规制度较为缺乏。《档案法》规定的"鉴定档案保存价值的原则、保管期限的标准以及销毁档案的程序和办法"目前尚未出台，这在一定程度上影响了《"十四五"全国档案事业发展规划》所规定"健全档案价值鉴定和评估机制"的落实。另一方面，亟待出台电子档案管理的法规。目前仅2003年出台、2018年修正的《电子公文归档管理暂行办法》与电子档案管理有直接关系，但其目的主要在于维护电子公文的真实性、完整性、安全性和可识别性，对整个电子文件归档和电子档案管理并不具有普遍指导意义。《电子文件管理暂行办法》中仅以"归档电子文件"的两处表述间接说明电子档案的保管期限以及分类、整理要求等②。具有统领意义的《电子档案管理办法》亟待出台。

（三）档案利用服务有待进一步灵活创新、双向互动

1. 档案展览和档案编研方式有待创新

近年来档案展陈利用方式在不断革新，但仍存在主题多样性不足、内容信息量不够、展现形式单一化、技术手段应用效果有待提高等问题。例如，尽管许多档案馆网站推出了"网络展厅""在线展览"等功能，但是其链接深度和内容匹配度不佳，许多在线展览停留在静态图片浏览或动态视频播放的层面，其交互性、互动感还有待加强。如何借助虚拟现实、增强现实、叙事媒体等技术进行展览设计和故事诉说，是未来需要反复思考的问题。又如档案编研静态固化的传统，还有待转型创新，面向数字编研进行探索开发。创新数字编研需要突破定式思维，但是在解决档案编研对象颗粒度、对象语义化、编研效果呈现方面还有待商榷③。

---

① 施雨岑. 国家文物局2023年将筹备启动第四次全国文物普查［EB/OL］.（2023－01－05）［2023－02－12］. http://www.gov.cn/xinwen/2023－01－05/content_5735179.htm.

② 徐拥军，王兴广，郭若涵. 我国电子档案管理标准建设现状与推进策略［J］. 图书情报工作，2022，66（13）：36－47.

③ 牛力，曾静怡. 数字编研：一种全新的档案业务模式［J］. 中国档案，2022（1）：70－71.

2. 医疗健康档案监管成为档案利用服务难题

医疗健康档案是指临床医学诊疗工作过程中形成的，真实、完整记录病人病情变化的原始记录性数据。它既是健康信息技术的核心内容，也是医疗健康信息化的基础①。近年来，受疫情影响，医疗健康档案备受社会各界关注。但对其监管仍是难题，需引起重视：

一是医疗健康档案生命周期的监管。医疗健康档案创建和保存管理具有电子文件管理的一般性特征，因此可参考电子文件生命周期理论、开放档案信息系统（OAIS）模型功能模块、数字管护生命周期模型（DCC）流程，来进行周期性监管。应按照医疗健康档案的数据创建、数据获取、数据管理、数据保存和数据利用等五个阶段，进行医疗健康关键数据的捕获和保存，特别是对过程性元数据进行监管，避免人为因素产生的丢失和篡改。如何掌握医疗健康档案生命周期是开展档案利用服务过程中不可回避的基础问题。

二是医疗健康档案开放共享的监管。国家卫生健康委、国家中医药管理局、国家疾病预防控制局联合印发的《"十四五"全民健康信息化规划》（国卫规划发〔2022〕30号）提出，到2025年，基本实现公立医疗卫生机构与全民健康信息平台联通全覆盖，要求居民电子健康档案、电子病历和基础资源等数据库更加完善②。"互联网＋医疗健康"成为未来医疗事业趋势，其中电子档案是其信息互通共享的基础。这要求档案部门发挥互联网突破时空限制的优势，进一步加强医疗健康档案开放共享的监管，从而实现档案数据在疫情防控、监测分析、病毒溯源、物资调配等方面的重要作用③。

三是医疗机构和企业的专门档案监管。当前医疗健康档案法治领域存在法律体系滞后、监管职能交叉、责任划分不清等问题，这严重制约医疗健康法律监管、加剧医患矛盾、滋生医疗企业牟利乱象④。近年来各国为此展开了专门档案监管，并获得一系列法律规定的支撑。医疗健康档案监管的对象，包括了医疗保健专业组织、国家信息管理中心、行业参与者和患者团体。档案监管的内容包括患者的病史、诊断、用药、治疗计划、免疫日期、过敏、放射图像、实验室和测试结果数据等。

① 周晓英. 电子健康档案的价值认知与应用推进策略研究［J］. 档案学通讯，2018（3）：108－112.
② 国家卫生健康委规划发展与信息化司. 关于印发"十四五"全民健康信息化规划的通知［EB/OL］.（2022－11－09）［2023－01－30］. http://www.nhc.gov.cn/guihuaxxs/s3585u/202211/49eb570ca79a42f688f9efac42e3c0f1.shtml.
③ 龙家庆，徐拥军，郭若涵，等. 后疫情时代档案工作的发展趋势［J］. 档案与建设，2023（2）：13－19.
④ 吴娜. 我国互联网医疗法律监管存在问题及完善路径研究［J］. 法制博览，2022（11）：67－69.

3. 档案利用服务过程中潜存个人信息保护风险

一方面，数字时代个人信息权益保护面临着诸多难题。洞见大数据时代发展趋势的维克托·迈尔-舍恩伯格（Viktor Mayer-Schönberger）指出，大数据风暴正在变革我们的生活、工作和思维，对人类的认知和与世界交流的方式提出了全新的挑战[①]，与此同时，"完整的数字化记忆代表了一种更为严酷的数字圆形监狱"[②]。疫情防控常态化期间"健康码"的使用，引发公众对个人隐私、算法准确性和信息过度使用的忧虑，其背后潜在的存档机制和档案/信息利用规则是档案工作理应关注的领域[③]。

另一方面，个人信息保护涉及数字技术应用、法律规范约束、档案利用服务等多方面复杂问题。我国于 2021 年 8 月 20 日颁布了《个人信息保护法》，但如何做好《档案法》与《个人信息保护法》《数据安全法》等法律的衔接，仍待进一步探讨。档案利用服务过程中，数据安全保护、档案/数据的分级分类、重要档案/数据跨境流动、个人隐私保护等方面尚需进一步厘清和协调。针对日益加剧的个人隐私泄露危机，综合档案馆或多或少涉及个人隐私的问题，类似被遗忘权、数字记忆权都将是档案领域不可回避的话题，它们将会给档案馆的社会定位和业务流程带来影响[④]。

（四）档案安全工作有待进一步增强系统性、协同性

1. 档案安全体系建设的定位与内容亟须系统谋划

党的二十大报告首次将国家安全方面内容作为专章进行全面论述，对推进国家安全体系与能力建设作出系统部署。档案工作是维护党和国家历史真实面貌、保障人民群众根本利益的重要事业。档案安全关系档案事业高质量发展和档案强国建设，关系国家安全体系的健全和能力的全面加强。但如何科学认识档案安全，怎样界定档案安全体系的内容构成，怎么将档案安全体系纳入国家安全体系，是当前面临并亟须解答的重要时代课题。比如，实践中对于何为档案安全存在误区。一些部门和人员认为"保密就是安全"，殊不知若档案不能合法及时开放，会使真实历史无法澄清，滋生历史虚无主义，进而危害国家政治安全。新时

---

① 迈尔-舍恩伯格，库克耶. 大数据时代［M］. 盛杨燕，周涛，译. 杭州：浙江人民出版社，2013.
② 迈尔-舍恩伯格. 删除：大数据取舍之道［M］. 袁杰，译. 杭州：浙江人民出版社，2013：18.
③ 冯泽宇，王露露. 基于生命周期理论的"健康码"个人信息保护策略研究［J］. 山西档案，2021（3）：107－115，106.
④ 龙家庆. 被遗忘权对档案工作的影响［J］. 档案学研究，2022（1）：43－50.

代新征程上，对于档案安全的外延具体包括哪些，档案安全风险存在于哪些地方，档案安全体系主要包括哪些内容，都仍待深入研究、系统谋划，以便切实推进档案安全体系建设，提升档案领域的安全体系和能力现代化水平，为国家治理现代化提供档案支撑。

2. 档案信息安全管理的协同性尚待加强

数字时代下，以档案服务外包和档案软件为代表的档案产业逐渐兴起，档案信息安全管理的环境、对象、内容发生着巨大变化。比如：档案服务外包行业不仅是档案主管部门的监管重点，也是保密行政管理部门、市场监督管理部门的监督重点。档案软件企业不仅为档案部门提供产品和服务，也是信息化行业的重要成员，为办公自动化系统、业务系统与电子档案管理系统对接和数据互通提供技术支撑。在国家积极推进档案信息资源共享和档案开放利用服务的背景下，如何将档案信息安全纳入信创体系，怎样全面保障档案安全成为一大挑战。而真正建立"人防、物防、技防三位一体安全防范体系"，筑牢档案安全防线，则无疑需要各类主体、各个环节、各相关部门加强协同。

(五) 档案信息化建设有待进一步固本强基、创新发展

1. 数字档案馆（室）建设仍存在较明显的地区差异

2022 年，我国数字档案馆（室）建设取得了一定成绩，但在基础设施建设、数字档案资源数量、服务保障机制等方面面临"东部领先、中西部较为落后，个别区域突出、整体发展不均衡"的问题。如表 10 所示，截至 2022 年末，已建成的 55 家全国示范数字档案馆主要集中在浙江、江苏、山东等东部沿海地区，中西部地区数量较少。从建设质量来看，上海、江苏、浙江等东部沿海地区政府对档案信息化建设的支持力度更大，并将档案信息化纳入地方发展规划中。例如，浙江省于 2021 年将"浙里数字档案"列入全省数字化改革重大应用"一本账 S1"目录。2022 年浙江省档案系统围绕"智能监管""协同共享""区域一体""一仓一库"4 个应用场景建设协同打造"浙里数字档案"①。而中西部省市和东北三省受人才、资金等因素制约，建设高水平数字档案馆存在一定困难②。

---

① 黄珍珍. 打造"浙里数字档案" 浙江纵深推进档案工作数字化改革 [EB/OL]. (2022 - 03 - 12) [2023 - 02 - 12]. https://baijiahao.baidu.com/s? id=1727020392588058862&wfr=spider&for=pc.

② 孙源. 全国示范数字档案馆建设情况分析 [J]. 中国档案，2022 (10)：41 - 43.

表 10　全国示范数字档案馆数量分布统计表

地区	省、自治区、直辖市	全国示范数字档案馆数量	总计
东部地区	天津市	1	38
	上海市	3	
	江苏省	11	
	浙江省	10	
	福建省	1	
	山东省	9	
	广东省	3	
中部地区	安徽省	5	10
	江西省	1	
	河南省	2	
	湖北省	1	
	湖南省	1	
西部地区	重庆市	1	7
	四川省	2	
	云南省	2	
	陕西省	1	
	宁夏回族自治区	1	

2. 电子档案单套制管理制度仍待完善

实践层面，电子文件单套制归档和电子档案单套制管理仍然存在"重管轻用"现象[①]。在电子文件单套制归档工作中，许多企事业机构管理理念的更新较为滞后、制度变革不到位，电子文件单套制归档无法真正落实。电子文件管理也面临着区域之间和行业之间发展不平衡、不协调的挑战，不少地区和行业对"双套制"仍深度依赖，对电子文件归档和电子档案管理的创新性方法和方案应用不足[②]。通过对 25家国有企业 2022 年档案事业发展情况进行调研发现，仍有部分企业从没有建立过电子文件归档制度、电子档案管理制度以及电子档案长期保存策略等与档案资源电子化相关的制度[③]。另外，在标准执行过程中，"由于标准之间缺乏必要衔接、忽视标准宣传与推广，致使我国电子档案管理标准可操作性较弱，出现'重出台、轻落

[①]　详见本书子报告《2022 年中国电子文件管理发展报告》。
[②]　详见本书子报告《2022 年中国电子文件管理发展报告》。
[③]　详见本书子报告《2022 年中国国有企业档案工作发展指数报告》。

实'的现实窘境"①。例如，住建部曾于 2012 年发布《建设电子档案元数据标准》（CJJ/T 187—2012），但是该标准未设置档号、全宗号、电子签名、电子印章、电子证照等档案信息化不可或缺的元数据元素，不能完全适应当下电子档案元数据管理的要求。

3. 档案信息化建设的经费和人才保障有待进一步强化

在经费保障方面，虽然全国各地积极主动融入数字经济、数字社会、数字政府建设，国家财政也给予档案信息化建设相当程度的政策倾斜与经费支持，但目前仍有一部分地区，尤其是相对偏远地区依然面临着档案信息化建设的资金难题。在人才保障方面，各地区熟悉档案信息化建设业务的专业人才相对匮乏。例如：闽西地区是全国著名的苏区和老区，所辖四县一市两区，均是原中央苏区县，存在技术支撑不到位、经费保障不到位的现实问题②；贵州省印江土家族苗族自治县存在着数字化业务无人会、档案馆工作经费不足等实际问题③。

（六）档案科技创新成果有待进一步深度挖掘、复用增值

1. 档案科技创新成果分享形式有待优化

目前的档案科技成果多是研究报告、软件系统，体现形式以技术报告、研究简介、项目汇编等文字材料为主，在成果形式和展现方式上还有待进一步优化，在新媒体运用和多模态展现手段上还缺乏探索。许多获奖成果的分享形式主要是图片、视频、文稿等，多样化色彩还不足，科技成果内容的丰富性尚未充分体现。

2. 档案科技作品价值挖掘不够

档案科技作品多是技术应用分析、前景预测、方案设计，在价值挖掘层面存在欠缺。以全国档案学专业大学生课外科技作品成果为例，从入围作品后期成果转化及最终实现的统计来看，参赛作品竞赛后的持久力有限，部分作品展示时提出的目标，并没有在后期实现。很多作品最终停留在"半成品"状态而未在后期持续跟进，甚至许多成果仅停留在设计阶段，相关设计报告没有进一步的落地和深化④。

① 徐拥军，王兴广，郭若涵. 我国电子档案管理标准建设现状与推进策略 [J]. 图书情报工作，2022，66（13）：36-47.

② 蓝德红. 浅谈闽西地区市县档案馆 档案信息化建设面临的困难和对策 [EB/OL]. （2022-08-03）[2023-02-01]. http：//www. shxdag. com/ywzl/byxj/202208/t20220803_569709. htm.

③ 刘雪蕾，吴旭阳. 印江县多举措推进档案事业长效发展 [EB/OL]. （2022-10-10）[2023-02-01]. ht-tp：//gz. people. com. cn/n2/2022/1010/c387833-40154750. html.

④ 王玉珏，龙家庆，郭黄昕玥. 以学科竞赛促进档案学专业创新人才培养：两届全国高校档案学专业大学生课外科技作品竞赛情况分析 [J]. 档案学通讯，2019（4）：98-105.

此外，档案科技成果涉及"数据治理""数据应用"的内容，会遇到数据加工处理问题。例如，在数据生成收集、数据加工处理、数据发布、数据分析、成果发布、更新等过程中，面临档案数据、著录工具及共享平台等基础设施的维护升级、迭代滞后问题，这都影响档案科技成果的后期可持续发展。

3. 档案智库建设的推动力度有待加强

与农业农村、公安、交通运输等其他领域智库建设相比，我国档案智库建设比较落后，尚不能适应档案事业发展需要，主要表现在：档案智库建设尚未获得应有重视，具有影响力和知名度的高质量档案智库极少，产生的高质量研究成果不多，档案智库参与决策咨询缺乏制度性安排，档案智库建设缺乏整体规划，组织形式和管理方式亟待创新，领军人才和研究骨干相当缺乏[1]。另外，对智库成果的重视程度、应用力度还不够。

（七）档案人才工作有待进一步创新方式、激发活力

1. "三支人才队伍"效能尚未充分激发，复合型档案人才匮乏

其一，"三支人才队伍"效能尚未充分激发。目前，"三支人才队伍"仍在组建过程中，尚未有进一步系统性的培养使用措施，人才的智力支撑作用没有充分发挥。"三支人才队伍"评审结果未公开发文，不利于形成社会尊重人才的氛围，不利于激发人才的积极性，且对人才效能的评估和检验并不充分，无法发挥档案人才队伍的最大价值。

其二，复合型档案人才仍供不应求，难以满足档案事业高质量发展需求。目前，除了各级档案主管部门、档案馆，其他各行各业对复合型档案人才的需求同样十分迫切。例如：档案寄存外包服务行业在业务项目开展中缺乏既懂得项目管理又具备专业知识技能及实践经验的复合型专业人才[2]；档案软件行业对技术人才的需求除了要求有计算机相关专业背景之外，更加希望能够拥有既精通技术又懂得档案专业的人才[3]。此外，西部地区档案人才较为匮乏，档案高等教育存在专业规模小、师资能力弱、科研资源少、尚未形成连贯的人才培养体系等问题。

2. 档案继续教育平台仍待建设

档案继续教育平台建设是人才队伍建设的重要方面目前，我国 46 个副省级以

---

① 张斌，徐拥军. 推进中国特色新型档案智库建设策略［J］. 中国档案，2022（2）：32-33.
② 详见本书子报告《2022 年中国档案寄存外包服务行业发展研究报告》。
③ 详见本书子报告《2022 年中国档案软件行业发展报告》。

上的档案馆共涉及 45 个档案网站和 50 个微信公众号①，但这些档案网站和公众号可作为继续教育平台的寥寥无几。例如，海南省目前还没有一个档案线上教育平台，难以对档案线下继续教育未涉及的部分进行及时有效的补充②。此外，线上教育平台建设不仅需要拥有先进技术的网络人员对平台进行搭建与维护，还需要高素质的档案人员进行课程学习资源的建设。但一些地区的档案部门往往由于缺乏网络技术人才而对线上教育望而却步，造成我国线上继续教育平台发展缓慢③。欠发达地区更是难以建设线上教育平台。

3. 一级学科更名后档案学人才培养面临新挑战

第一，档案学可能存在"隐名化"问题。在图书情报专业硕士名称依旧保持不变的情况下，档案学的名称在《研究生教育学科专业目录（2022 年）》上已无迹可寻。从专业发展的角度，图书、情报、档案概念从一级学科名称中的消失可能削弱、淡化图书馆学、情报学、档案学这三个二级学科，甚至造成"去二级学科化"的效果。新版学科专业目录既对二级学科的灵活设置，也对档案学坚守阵地、保持特色、坚持发展提出新的要求④。从档案学研究内容的角度，一级学科的整合，使档案的特质变得模糊，不同文献学科背景的研究者可能拿档案作一般文献待之。加之档案数字化引起的人与档案原件的隔膜，档案内容在未来的研究和人才培养中可能会更进一步被忽视⑤。因此，如何坚守二级学科阵地，以及在学科建设过程中应采取什么样的思路和举措是一级学科更名下档案学面临的新挑战。

第二，档案人才培养方案亟待优化，师资队伍建设亟待加强。一方面，当前高校档案学课程设计尚未根据学科发展和社会发展进行调整与优化。一级学科更名后，档案学的研究范围将在信息资源管理框架下扩大和丰富，这也意味着档案学将更加关注和计算机科学与技术、经济学、公共管理、社会学、新闻传播学、管理科学与工程、国家安全学等学科之间的交叉融合⑥；同时，档案学传统的文献研究、

---

① 详见本书子报告《2022 年度中国副省级以上综合档案馆网站和移动服务端建设评估报告》。

② 刘淑玉. 关于档案专业人员继续教育的几点思考：以海南省为例 [J]. 黑龙江档案，2022（5）：113 - 115.

③ 顾浩峰，赵芳. 我国档案专业人员继续教育问题探究 [J]. 兰台世界，2021（8）：64 - 67.

④ 冯惠玲. 新版学科专业目录下的档案学科建设思考 [J]. 档案学通讯，2022（6）：103 - 105.

⑤ 覃兆刿. 不忘初心，注重内容：档案学科建设与人才培养的内涵式发展 [EB/OL]. (2022 - 09 - 29) [2023 - 01 - 29]. https：//mp. weixin. qq. com/s/GDFUggOgfmPDotlSI3n1hQ.

⑥ 杨峰. 开启人才培养新征程：对"图情档"一级学科更名的释读 [J]. 图书馆论坛，2022，42（6）：28 - 29，95.

定性研究等研究方法已难以满足未来研究对象的社会化需求①。同时一级学科更名对档案学专业教师的素质和能力提出了更高的要求。新知识的不断产生和原有知识的老化，要求专业教师不断学习和更新既有的知识体系。一级学科更名后，部分高校档案学专业缺乏足够的师资力量支撑新课程开设。另一方面，我国档案职业教育"双师型"师资较为匮乏。2022 年 10 月教育部办公厅印发的《关于做好职业教育"双师型"教师认定工作的通知》针对职业教育"双师型"教师队伍建设提出了新要求②。但在档案领域，目前开展专门的"双师型"教师培养规划的学校极少，仅查到四川省档案学校和贵州师范学院历史与档案学院提出了"双师型"教师培养规划。

第三，缺乏档案管理专业学位教育。《"十四五"全国档案事业发展规划》中首次将专业学位教育纳入档案事业发展规划，明确提出要"开展档案管理专业学位研究生教育"。但截至目前，我国尚未开展档案管理专业学位教育，这造成了一些现实问题。其一，"档案管理"未列入《研究生教育学科专业目录（2022 年）》，导致部分高校只能将档案管理方向设置在图情专硕学位下，目前只有中国人民大学和武汉大学提出自设档案管理专业。其二，档案管理方向设立在图情专硕学位下，但图情专硕的导师大多是图书馆学、情报学领域的专家，档案学方面的专家较少，不利于构建科学的档案管理专业硕士学科体系，培养专业的档案管理人才③。其三，图书情报专业学位硕士的培养目标中并未专门强调对档案学人才的培养，专业核心课也以图书馆学和情报学为主，难以满足档案管理专业的培养要求，造成学生在档案管理领域的职业能力缺失④。

（八）档案对外交流合作有待进一步扩大范围、提升影响力

1. 对三大国际组织的动态跟踪较为滞缓

当前，以联合国教科文组织（UNESCO）、国际档案理事会（ICA）、国际标准化组织（ISO）等为代表的国际组织搭建起了全球档案治理平台，不同国家汇聚于此，共商共建共享全球档案发展策略。然而，我国对三大国际组织的动态跟踪较为

---

① 曹宇，赵彦昌."一级学科更名"后档案学专业建设的新认识与再思考 [J]. 档案与建设，2022（11）：16-19.

② 张红. 建立全国统一的"双师型"认定标准必要而紧迫 [EB/OL].（2022-12-13）[2023-02-13]. ht-tps：//baijiahao. baidu. com/s? id=17520573664864840906&wfr=spider&for=pc.

③ 王协舟，鄢嫱. 图书情报硕士专业学位研究生教育研究述评 [J]. 图书馆学研究，2016（10）：26-32.

④ 张衍，韦昱杰. 关于"十四五"期间我国档案管理专业学位研究生教育发展若干问题的思考 [J]. 山西档案，2022（3）：107-116.

滞缓。一是宣介世界记忆项目政策不及时。2021 年，《世界记忆项目总方针》《世界记忆项目国际咨询委员会章程》修订完成，停摆 4 年之久的世界记忆项目再度重启。然而，我国尚未基于此对《〈中国档案文献遗产名录〉入选标准》进行修订，且第五批《中国档案文献遗产名录》评审仍沿用旧版标准。二是因故未能大规模出席 2022 年 ICA 罗马年会。我国档案界人士大多因疫情管控措施遗憾缺席于 2022 年 ICA 罗马年会，加之此次会议未有线上形式，导致"中国声音"在这一国际档案盛宴上未能充分发出。三是我国档案标准国际采标率仍较低。以我国电子档案管理国家标准为例，据统计，在我国现行 36 项相关标准中，除 6 项标准引用了国际标准外，只有 6 项标准等同采用、1 项标准修改采用了国际标准，国际标准采标率仅为 19.4%。而对比我国产品领域，早在 2018 年相关国家标准的国际标准采标率即达到 85.47%①。

2. 双边与多边档案交流合作较为局限

2022 年，我国档案领域在"积极参与高级别人文交流机制""积极促进与共建'一带一路'沿线国家档案领域合作"等方面成效甚微。当前，我国将中外人文交流定位为大国外交的三大支柱之一，且已建立中俄、中美、中英、中欧、中法、中印尼、中南非、中德、中印、中日等十大高级别人文交流机制②。然而，仅有中俄人文交流机制明确将档案领域纳入其中，故 2022 年仅有中俄档案合作较为亮眼。2022 年，档案领域助力"一带一路"建设的步伐有所放缓，尤其是档案线下展览几近停滞。例如：在 2015 年，中阿两国就对"探索档案合作交流机制共同助推中国'一带一路'建设"展开对话③；2018 至 2019 年，国家档案局连续两次主办"锦瑟万里、虹贯东西——'丝绸之路'历史档案文献展"④。因此，立足于"一带一路"建设的档案领域国际对话交流有待恢复。

3. 基于档案内容的国际传播较为不足

《"十四五"全国档案事业发展规划》明确要求"大力推动以档案为载体的中华

---

① 徐拥军，王兴广，郭若涵. 我国电子档案管理标准建设现状与推进策略 [J]. 图书情报工作，2022，66 (13)：36 - 47.

② 达巍，周武华. 5 月新刊 | 人文交流：开创中国与世界关系的全新空间 [EB/OL]. (2022 - 05 - 19) [2023 - 02 - 05]. http：//www.chisa.edu.cn/exclusive/202205/t20220519_2110870728.html.

③ 杨太阳. 中阿两国将探索档案合作交流机制：共同助推中国"一带一路"建设 [EB/OL]. (2015 - 06 - 08) [2023 - 02 - 05]. https：//www.saac.gov.cn/daj/yaow/201506/ce95f00529394a54bcab8b06ee0ed2d1.shtml.

④ 孙昊. 深化国际交流与合作 服务中国特色大国外交 [EB/OL]. (2022 - 10 - 19) [2023 - 02 - 05]. http：//daj.fuzhou.gov.cn/zz/daxw/yjdt/202210/t20221019_4453673.htm.

文化走出去"①。2021 年 4 月 30 日，联合国教科文组织世界记忆项目中国国家委员会网站正式上线，成为档案文献遗产宣传的重要窗口。该网站围绕"世界记忆项目""中国档案文献遗产工程""记忆名录""学术中心"等内容进行宣介，旨在呈现我国档案文献遗产的申报、管理、保护、学术研究与开发利用情况②。然而，由于该网站仅有中文版本，国际可见度较为有限。且相比于世界记忆项目英国国家委员会网站，其关于档案文献遗产的内容展示有待进一步丰富。世界记忆项目英国国家委员会网站围绕 26 项入选国际名录与 62 项入选国家名录的档案文献遗产资源建设专题数据库，分为"公民与权利""战争与和平""电影与照片""殖民史""工业、创新和科学""文学史""国家、宗教和权力"七大模块对其进行详细展示。每一档案文献遗产均会链接至相关网页，内容丰富而多样。这在一定程度为世界各国人民了解英国档案文献遗产提供了绝佳窗口。

三、传承与创新：中国档案事业未来发展的对策建议

在新的发展进程中，必须深刻认识新形势对中国档案事业的新要求，准确把握档案事业发展新症结，探索推进中国式档案现代化和高质量发展，为完成党的二十大确定的目标任务贡献档案力量。

（一）推进档案治理体系建设，提升中国式档案治理现代化水平

1. 全面建立和健全档案局馆协同机制

一是建立和优化档案局馆协同运行机制。目前，除了上海市档案局馆"一个机构、两块牌子"模式外，档案局馆协同运行的机制有主官一肩挑、党委办（档案局）管理（代管）档案馆、局长馆长联席会议机制等模式（如表 11 所示）。这些不同的模式都有一些地区探索实践，并取得了较好成效。比如：福建省全面推行"办局一体、局馆联动模式"，实现 79.3% 的区县主官"三位一体"或局长、馆长"一肩挑"；四川省泸州市也推行档案局长、馆长一肩挑；四川省攀枝花市则通过明确市委办代管市档案馆、一体纳入考核等方式推进局馆协同；北京市档案局和档案馆实行局长馆长联席会议等三级沟通协商机制。在具体方式上，可参考内蒙古自治区

① 中办国办印发《"十四五"全国档案事业发展规划》[EB/OL].（2021-06-09）[2023-02-01]. https://www.saac.gov.cn/daj/toutiao/202106/ecca2de5bce44a0eb55c890762868683.shtml.

② 王玉珏，朱娅，辛子倩，等. 中国档案文献遗产工程建设新动态与发展展望 [J]. 档案与建设，2022（10）：7-9.

做法，采用授权委托、联合开展、委托代拟等协同方式①。在协同内容上，可涵盖业务指导、监督检查、人才教育培训等方面。另外，档案局馆协同还可通过明确档案局馆由同一领导分管、加强档案局馆间领导干部调任交流等方式。各个地区需结合实际，探索实践局馆协同运行机制，切实增强档案工作合力。

表 11　档案局馆协同的主要模式

类型	主要做法	代表性地区
主官一肩挑	档案局长、档案馆长一肩挑，有的还兼任党委办室务会成员（副主任）	福建省、四川省泸州市
党委办（档案局）管理（代管）档案馆	明确档案馆由党委办（档案局）管理或代管，有的将档案馆纳入党委办（档案局）一体化考核	广西壮族自治区及钦州市、北海市等，四川省攀枝花市
局长馆长联席会议机制	建立局长馆长联席会议机制，明确授权委托、联合开展、委托代拟等局馆协作事项清单	北京市、内蒙古自治区、安徽省

二是大力加强区域档案工作协作机制。在人员力量普遍不足、不强的背景下，除了同级的档案局、馆之间的协同，还可加强行政区划内的多层级的档案局馆协同。例如，江苏省扬州市档案局、市档案馆和各县（市、区）档案部门联合开展对全市 82 个乡镇的档案工作监督检查，并实行各县（市、区）交叉检查，以便将乡镇档案工作制度规范"送下去"，并及时将各地经验做法"带回去"②。各地可以参考学习这一经验做法，加强区域协同，既可有效解决专业力量不足的困境，也能一定程度提升档案监督执法刚性，全面提升区域档案事业发展水平。

2. 加快完善档案法规标准体系

一是加快做好档案法配套法规制度立改废释工作。国家层面，应加快推进《中华人民共和国档案法实施办法》修订，力争实施条例早日颁行；应加紧对《机关档案工作条例》《科学技术档案工作条例》等党内法规、行政法规的研究修订工作；应按照工作计划，抓紧修订出台《档案执法监督检查工作暂行办法》《档案行政处罚程序暂行规定》。另外，新《档案法》还对电子档案管理、档案鉴定销毁、产权变动时档案转让等配套规章制发提出明确要求，《数据安全法》《个人信息保护法》

①　杨静. 内蒙古出台自治区档案局、自治区档案馆协同工作暂行办法［EB/OL］.（2022 - 04 - 02）［2023 - 02 - 04］. http：//archives. nm. cn/information/nmg _ dangan46/msg21932231998. html.

②　扬州开展乡镇（街道）档案工作执法检查［EB/OL］.（2022 - 11 - 18）［2023 - 02 - 04］. http：//www. dajs. gov. cn/art/2022/11/18/art _ 1084 _ 64411. html.

等法律的出台要求在档案法规制度制修订时统筹考虑，国家有关部门应协调推进这些规章制度建设工作，强化制度供给。从地方层面看，应针对立法文本简单重复、立法目的未能很好体现档案治理信息化要求等问题，通过强化立法前审查和立法后质效评估等措施，及时修订、清理与时代发展和现实需要不相适应的地方性档案法规、规章及行政规范性文件。

二是加快推进重点领域档案标准供给。应针对现存档案标准建设中存在的问题和短板，按照新《档案法》的立法理念和精神，加快推进电子档案、科研档案、建设项目档案、医疗健康档案、档案资源共享服务、档案馆服务、档案安全保护及风险防控、数字档案馆（室）建设等重点领域的档案标准供给，持续优化档案标准体系。比如：加快出台《档案工作标准体系方案》和《档案标准化工作指南》；强化《党政机关电子公文归档规范》《电子文件归档与电子档案管理规范》《建设项目档案管理规范》等标准的解读和宣传贯彻工作。同时，从政企联合、增强互动、标准宣传三个方面加快完善档案标准主题覆盖面，加强与国际标准的对接与转化，并探索建立系统的标准评估机制，如依据不同类型标准的生命周期来科学制定评估阶段与复审时间[1]。在电子档案管理方面，应立改废释并举、推进多方参与，比如统筹推进电子档案管理制度规范建设工程，加快推进《电子档案证据保全规范》等行业标准发布实施[2]。

3. 着力提升档案行政监管的精准化和科学化

一是加强重点领域档案行政监管。首先，需重点加强红色档案保管利用监管。习近平总书记批示强调，"特别是要把蕴含党的初心使命的红色档案保管好、利用好"。实践中，应大力推动档案主管部门和宣传部门、文旅部门的沟通协作，以加强对红色档案保管利用的督导，共同讲好中国故事、协力增强文化自信，更好地服务党和国家工作大局。其次，应加强对重特大事件档案工作的监管。中共中央办公厅、国务院办公厅《关于加强重特大事件档案工作的通知》对该项工作提出新的要求，各级档案主管部门应充分发挥党管档案体制优势，主动协调有关部门加强对重特大事件应对管理部门的监督指导，全面提高重特大事件档案工作现代化水平。

二是大力加强跨部门协同监管。档案工作是一项党和国家各项事业中的基础性工作，在政府服务平台电子文件归档、档案安全保密、档案开放（信息公开）、档案服务外包等方面，同数据主管部门、保密行政管理部门、政府信息公开工作主管部门、网络安全和信息化相关部门、市场监督管理部门、党委督查部门等相关主管

---

① 加小双，王文斐. 我国档案标准化体系建设：现状、问题与对策［J］. 档案与建设，2022（11）：20-25.
② 徐拥军，王兴广，郭若涵. 我国电子档案管理标准建设现状与推进策略［J］. 图书情报工作，2022，66（13）：36-47.

部门工作联系紧密。各级档案主管部门，应围绕服务中心工作，加强与这些部门沟通，探索提升档案治理效能。比如：晋城市档案局、晋城市大数据应用局联合印发《关于开展政务信息系统电子文件在线归档必要性审核工作的通知》指出，在新建或改建政务信息系统时，必须先经市档案局对业务数据归档必要性进行审查，并提出电子文件在线归档模块开发或系统功能升级的要求①；浙江省丽水市云和县档案局、保密局、档案馆联合组织开展档案安全与保密工作联合检查行动。另外，还要继续完善与人大教科文卫委员会、司法部门的联合检查，加强与党委巡视巡察部门、纪检监察部门以及国资委等行业监管部门的协同，促进各类监督有机贯通，提升档案行政执法的权威与力度②。

三是探索推广将档案行政执法纳入综合行政执法改革等创新举措。一些地区结合综合行政执法改革创新实践，积极推进档案领域执法体制改革。比如：《杭州市推进"大综合一体化"行政执法改革方案》提出，将无专业执法队伍的市档案局等部门的全部执法事项的行政处罚权集中由综合行政执法局行使。2022年浙江省杭州市余杭区、临安区等区县提出整合区档案局等部门全部执法事项的行政处罚权集中由综合执法部门行使。又如，江苏省政府办公厅印发《关于深入推进跨部门综合监管改革的实施意见》，明确提出跨部门综合监管事项等任务。这为加强新时期我国档案行政监管提供了思路和借鉴。此外，浙江省杭州市基本建成"一键归档、一网通查、一屏掌控"的市域一体化数字档案智慧服务平台，具备了"互联网＋档案行政监管"功能；浙江衢州市衢江区以"大综合一体化"行政执法改革为契机，探索推进档案监管"综合查一次"改革③；江西景德镇推行档案行政执法领域首次轻微违法免罚④。这些经验做法值得其他地区学习参考。

（二）完善档案资源体系建设，谱写资源图景新篇章

1. 推动档案资源归集实践多样化

2022年全国档案局长馆长会议明确提出"在两类档案归集成果基础上，围绕

---

① 晋城市档案局与晋城市大数据应用局联合发文进一步规范政务信息系统电子文件在线归档［EB/OL］.（2022-12-09）［2023-02-04］. http://jcda.com.cn/jcdaweb/platformData/infoplat/pub/jcdaweb_2662/docs/202212/d_105604014306.html.

② 徐拥军，张臻，牟建闽. 治理现代化视域下我国档案行政监管的问题与对策［J］. 中国档案，2022（8）：20-21.

③ 黄伟强. 浙江衢州市衢江区探索推进档案监管"综合查一次"改革［EB/OL］.（2022-11-09）［2023-02-04］. http://www.chinaarchives.cn/home/category/detail/id/40748.html.

④ 韶华. 江西景德镇推行档案行政执法领域首次轻微违法免罚［EB/OL］.（2022-05-18）［2023-02-04］. http://www.chinaarchives.cn/mobile/category/detail/id/39021.html.

党和国家各项事业发展成就不断拓展档案归集领域、扩大覆盖面，特别是要进一步做好国家重大战略、重大工程、重大活动等相关档案归集工作"①。除了"两类档案"外，档案部门应积极探索开展围绕"国家重大发展战略和地方中心工作等重点领域""关系国家安全、国计民生、公共服务、新兴产业等重点行业"的档案资源归集实践。

随着"四重"档案（重要会议、重要工作、重大活动以及重大突发事件应对档案）的归集需求日益凸显，国家档案局应基于《关于加强重特大事件档案工作的通知》和《重大活动和突发事件档案管理办法》（国家档案局令第 16 号）等法规制度，出台"加强'四重'档案资源归集实践"的相关政策，引导档案领域资源归集工作注意力由"两类档案"转移至"四重"档案。另外，各地档案机构应积极探索适用于地方实际情况的档案资源归集模式。例如，上海市档案局（馆）针对"服务中心工作还有短板问题"，制定《2022 年本市重要会议、重要工作、重大活动、重大突发事件档案工作清单》，明确本年度需重点归集的"四重"档案，就档案收集整理、电子文件归档与电子档案管理、数字化和专题目录建设提出明确要求②。

2. 开创档案资源普查工作新局面

首先，国家档案局应以《"十四五"全国档案事业发展规划》中有关"开展国有档案资源普查，基本摸清国有档案资源家底"的规定为依据，参考文物等相关领域资源普查工作经验，做好前期摸查、编制可行性报告及技术方案、开展试点工作并总结验收等准备工作。

其次，出台关于开展第一次全国档案资源普查的通知，明确目的和意义、范围和内容、时间和安排、组织和实施等相关要求。

再次，配套做好数据库建设、共享平台建设（门户网站）、法规标准建设、奖励机制建设、质量控制机制建设、宣传推广等相关工作。与此同时，地方层面可先行探索开展某专项档案资源普查工作，为后续参与全国范围内的档案资源普查活动积攒经验。

此外，由于《档案法》将非国有档案纳入了管辖范畴，加之关于"研究探索非国有档案资源登记制度"的要求有待落实，非国有档案资源认定登记工作应逐渐起步。可适当参考法国等其他国家相关制度，借鉴"由档案行政管理部门颁布标准，

---

① 陆国强. 在全国档案局长馆长会议上的报告［EB/OL］.（2022 - 03 - 14）［2023 - 02 - 01］. https：//www. saac. gov. cn/daj/yaow/202203/5b5257a20b964995b22afc1d585382b1. shtml.

② 中共上海市纪律检查委员会. 上海市档案局（馆）关于巡视整改进展情况的通报［EB/OL］.（2022 - 11 - 15）［2023 - 02 - 13］. https：//www. shjjjc. gov. cn/2015jjw/xszg/content/1f4bcdb6 - 0e94 - 4830 - 911a-7bc614098161. html.

档案所有人主动登记"或"对非国有档案进行调查后，档案行政管理部门向档案所有人发出登记通知书或建议书，明确其所负有的登记义务"等方式，在此基础上寻求适合我国国情的非国有档案登记制度①。

3. 加强针对性的档案资源制度建设

一方面，加强档案鉴定法规制度研制。国家档案局可以项目委托制方式推进相关制度研制。应全面梳理档案鉴定理论的发展脉络，综合考虑电子文件鉴定与纸质档案鉴定的异同及电子文件时代档案鉴定的新要求，充分立足于我国档案机构有关档案鉴定实践，以此为基础制定相关制度，明确"鉴定档案保存价值的原则、保管期限的标准以及销毁档案的程序和办法"。

另一方面，加强电子档案管理法规制度研制。其一，加快颁布《电子档案管理办法》，并配套出台相应的实施指南；其二，弥补电子档案管理相关法规体系中的"行政规章"缺口，如在即将出台的《中华人民共和国档案法实施条例》中加大电子档案管理相关内容的解释力度，在修订《科学技术档案工作条例》《机关档案工作条例》等规章制度时补充完善有关"电子档案管理""档案资源数字转型"等方面的条款和内容；其三，结合当前电子档案管理痛点和难点，适时推出《电子档案管理信息系统配套软件产品接口规范》《电子档案管理信息系统测评规范》等国家或行业标准，加强新型特殊载体电子档案归档管理规范以及电子档案监测评估类标准制定②。

(三) 贯彻"以人为本"理念，构建中国特色的档案利用服务体系

1. 进一步贯彻"以人为本"理念

第一，继续提供"均等化、无差别"服务。疫情期间所暴露的服务短板问题，既存在于医疗卫生资源供给的区域或城乡不均等，也表现在档案即时服务不均等现象中。具体而言，由于疫情期间为避免人员流动，档案利用服务转向线上办公，取代了线下查档等的烦琐流程，但对于不熟悉智能设备的老年人或硬件设施不齐全的偏远地区群众而言，无疑是切断了其办理档案业务、享受档案服务的路径，形成了新一代"数字鸿沟"。后疫情时代，档案机构将在更成熟、更充分的条件下，更加关注弱势群体（如"无智能机群体"），提供"均等化、无差别"服务，使办理档案

① 曹宇，高诗远. 国外非国有档案认定登记制度及其启示 [J]. 兰台世界，2022 (10)：44-48.
② 徐拥军，王兴广，郭若涵. 我国电子档案管理标准建设现状与推进策略 [J]. 图书情报工作，2022，66 (13)：36-47.

业务不再是难题，使档案服务覆盖全体，逐步弥合区域、城乡及不同社会阶层之间档案公共服务供给的差距。

第二，更为注重档案文化服务。《"十四五"全国档案事业发展规划》指出要"满足人民群众的档案信息和档案文化需求"，将档案文化需求与档案信息需求置于同等重要的地位。疫情期间，公众文娱消费受阻，文化需求受到压抑，公共文化服务相对于过去十余年的高速度跨越式发展进入了一个低潮阶段。国内外档案机构纷纷探索档案文化服务新模式，如 2020 年疫情期间，美国犹太档案馆档案管理员劳拉·戈特利布发起"开箱即用"项目，通过 Facebook Live 向公众分享当地犹太人的历史；山东省档案馆举办"战疫故事 档案见证"系列活动，通过"山东省档案馆"公众号、山东档案信息网推送前线医护抗疫日记，与社会公众一同见证"越是艰难越向前"的勇者风范和守望相助、患难相扶的坚毅力量[①]。在经济逐步恢复的同时，后疫情时代应关注和重视档案文化需求，侧重将数字技术融合于档案文化服务中。数字思维将深刻嵌入档案服务之中，这既是档案工作顺应数字时代发展的应然之举，也是后疫情时代满足社会公众需求、推动公共文化服务发展的重要趋势。

2. 进一步打造档案利用服务的"中国特色"

针对档案利用服务特色不够鲜明的现状，建议未来进一步打造并凸显档案利用服务的"中国特色"。为此，已有学者从资源、组织、政策、平台、规则"五位一体"角度提出中国特色档案利用服务体系，包括政治意识强、范围全覆盖、服务均等化、利用便捷性等特征[②]。以红色档案资源利用为例，它是具有中国特色档案利用服务的重要体现，已在全国各地如火如荼地开展。但除红色档案资源开发外，还应加大彰显中华民族精神的档案文件、少数民族档案、非物质文化遗产档案的开发利用力度，彰显"中国特色"。

3. 进一步推动档案利用服务的"双线融合"

一方面，线上服务应突出"精""简"，提升群众办事的便捷度。疫情期间，各地档案部门纷纷开启电话查档、网络查档、信函查档等服务，推出丰富多彩的线上宣教活动。例如：2022 年 12 月，国家档案局档案干部教育中心成功举办的"档案信息化建设公益大讲堂"，在线实时收听收看超 30 万人次，总浏览量超 55 万人次。北京市档案馆在国际档案日期间推出线上宣传活动，让档案工作和馆藏珍品以喜闻

① 战疫故事 档案见证：方舱日记（一）［EB/OL］．（2020 - 03 - 06）［2023 - 02 - 04］．http：//dag. shandong. gov. cn/articles/7355CAD/202003/1582852134110434. shtml.

② 丁华东，黄琳．中国特色档案利用服务体系的建设与完善［J］．档案学研究，2022（1）：51 - 57.

乐见的形式贴近群众，让观众通过网络"云游"北京市档案馆①。随着档案利用服务方式和档案公众教育模式朝着便捷化、虚拟化方向发展，未来应进一步梳理线上服务思路、创新线上服务方式、明确线上服务方向，提升档案利用服务效率。

另一方面，线下服务应突出"全面""专业"，加强官方与公众的情感联系。线上服务比较注重效率和目标，在疫情期间发挥了重要作用，但仍无法代替线下服务与公众的情感联系。今后，档案机构应集中力量推动线下服务尽快恢复，更好地把握服务对象需求，更直观地获得服务反馈，提高服务满意度。因此，未来的趋势仍然是以线下服务为主，线上服务为辅，注重线上服务与线下服务相辅相成和主次关系的相互转换，利用线上服务辅助线下服务推进，同时利用线下服务进行线上服务的宣传与推广，充分发挥线上服务与线下服务的相互作用，实现服务成效、服务影响力的最大化。

（四）加强档案安全体系建设，提升档案安全体系和能力现代化水平

1. 坚持系统观念，健全档案安全治理体系

档案治理体系是理念制度层的抽象，包括档案安全体系在内的三个体系是业务方法层的实施。档案安全体系和能力的现代化，要以档案治理体系现代化为基础和依托，具体通过档案管理体制机制、法规制度和标准规范、档案执法和业务监管等实现。全力推进档案安全体系现代化，必须落实档案法律法规和政策规划要求，建立档案安全工作机制，落实档案安全责任制度，强化档案安全风险评估，增强应急处置制度规范供给，加强档案服务外包等环节监管等。只有加快推进档案安全治理体系的现代化，才能引导、规范和带动档案安全体系和能力的整体现代化。

2. 坚持底线思维，强化档案安全风险管理

档案安全体系建设需强化档案安全风险管理。哪里有档案、哪里有档案工作，哪里就可能存在档案安全风险。"明者防祸于未萌，智者图患于将来。"防范化解档案领域安全风险是推进档案安全体系和能力现代化的内在要求。推进档案安全体系和能力的现代化，必须首先明确档案工作中的安全风险在哪里、风险管理的重点有哪些。唯有如此，防范风险才能心中有数，安全管理方可有的放矢。从治理视域看，档案安全风险主要存在于安全治理体系、档案人员安全、档案信息安全、物理设施安全等四个方面。要结合网络、数据、保密等行业领域安全要求，建立和优化

---

① 王春燕．"云游"档案馆 线上齐发力北京市国际档案日宣传活动精彩纷呈［EB/OL］．（2020－06－12）［2023－02－04］．https://www.saac.gov.cn/daj/c100166/202006/5ed98d6465474cffab3537edb7783197.shtml.

常态化档案安全风险评估机制，通过定期评估、隐患排查、应急演练，联合开展安全保密督查、加强重点档案保护，切实提升档案安全管理能力[①]。

3. 坚持问题导向，强化档案安全监管

在档案安全监管方面，应重点针对档案寄存托管、数字化外包、信息系统建设等领域存在的安全风险和问题，大力强化档案安全协同监管、专项检查、通报，提升档案安全监管效能。四川省成都市档案局针对档案寄存托管、档案数字化、档案整理、档案信息系统建设等外包服务企业，集中 2 天时间分 4 个片组，组织 23 个区（市）县召开企业监管工作座谈会，围绕市场现状、定价机制、资质资格、技术能力、风险防控等进行讨论交流、强调安全要求[②]。重庆市政府办公厅印发《2022 年度重庆市市本级市场主体监管计划》，将"档案服务外包安全和质量监管"纳入其中，明确由市档案局牵头实施，监管对象为从事档案整理、数字化、寄存服务的企业[③]。长沙市开展了档案安全专项检查，下发了《全市档案安全专项检查情况的通报》，并督促相关单位整改落实到位[④]。这些地区的经验做法可供借鉴。

（五）加快推进档案数字化转型，全面提升档案管理现代化水平

1. 促进全国数字档案馆（室）建设均衡发展

一是做好馆藏资源数字化建设工作，落实"存量数字化""增量电子化"的要求，全面开展馆藏传统载体档案数字化和进馆档案数字化副本接收工作[⑤]。结合中西部地区的文化特色，合理运用数字化手段，做好档案数字资源建设，为档案信息化打好资源基础。例如，西藏自治区拉萨市面向全市征集反映地方特色、对国家和社会具有保存价值的档案资料，推进档案资源体系建设。全市各级各类档案馆馆藏电子档案 8 692.12GB，西藏"三大重点文物"（布达拉宫、罗布林卡、萨迦寺）保护维修工程档案 4 400 余件[⑥]。

二是推进数字档案馆（室）资源共享共建。以服务利用为支点，构建馆际多层

① 张臻. 全力推进档案安全体系和能力现代化 [N]. 中国档案报, 2023-03-20 (1).

② 陈华, 刘凤乐, 高源. 成都市档案局召开档案外包服务企业监管工作座谈会 [EB/OL]. (2022-03-18) [2023-03-04]. http://www.zgdazxw.com.cn/news/2022-03/18/content_331523.htm.

③ 杨漫. 重庆 持续加大档案服务外包监管力度 [EB/OL]. (2022-07-01) [2023-03-04]. http://www.zgdazxw.com.cn/news/2022-07/01/content_334870.htm.

④ 涂文清. 以党的二十大精神为指引 奋力开创长沙档案事业发展新局面 [EB/OL]. (2022-11-09) [2023-03-04]. http://www.zgdazxw.com.cn/news/2022-11/09/content_338015.htm.

⑤ 冯剑波. 高质量推动全国数字档案馆建设 [J]. 中国档案, 2022 (4): 16-18.

⑥ 涂琼. 我市档案工作成效显著 紧跟时代步伐 服务中心工作 [N]. 拉萨日报, 2022-06-09 (2).

次共享利用体系和档案数据综合共享平台①，使档案信息化建设覆盖档案信息收集、整理、存储、管理、传播、利用、开发、共享等全过程②，凝聚合力推动全国数字档案馆（室）的均衡建设。

三是推进企业集团数字档案馆（室）建设试点，形成一批示范单位。通过构建以企业总部为中心、所属单位为节点的互联互通的企业集团数字档案馆（室）体系，以点带面全方位推动企业档案工作数字化转型和高质量发展。

2. 推进电子档案单套制管理标准化建设

一方面，应继续推进电子档案管理标准体系的建构，平衡各层级体系间的差距，推进相关法律法规的完善。基于数字化、智能化管理的基本需求，提高现有标准的可操作性，实现标准的更新换代和动态调整。将电子档案管理工作纳入本单位的工作计划、管理制度、人员的职责范围，从制度管理的角度强调电子档案管理的重要地位，提高电子档案标准化管理水平。同时要主动参与电子档案管理国际标准化进程，我国的电子档案管理标准体系建设既要凸显中国特色和档案实际，也要积极走向国际，实现标准的双向转化应用③。

另一方面，要综合运用区块链、云计算、物联网等信息技术，助力电子档案管理标准化实践工作的开展。例如：辽宁省档案馆将档案数字资源长期保全系统用于电子档案数据的在线长期安全保存，构建多套异质异地综合备份体系，提升数据安全保障能力④。安徽省档案馆建设了涵盖接收、管理、存储、利用等业务的电子档案长期安全保存系统，实现了基于自主可控环境下的电子档案的全流程管理⑤。在单轨转型和数据驱动战略导向下，我国电子文件管理实践应持续关注规范化的文件管理业务方案和深度赋能的技术应用场景⑥，推动电子档案管理工作。

3. 进一步扩大档案信息共享平台影响力

一方面，应创新宣传手段，以漫画、小册子、短视频等群众喜闻乐见的形式，充分运用新媒体平台和可视化载体，积极推广和普及档案信息共享平台的功能与利

① 牛力，曾静怡. 服务三大主线 推进档案信息化战略转型 [J]. 中国档案，2022（10）：34 - 35.

② 房荣军."十四五"时期档案信息化的发展趋向与实践进路 [J]. 兰台世界，2022（11）：56 - 58.

③ 徐拥军，王兴广，郭若涵. 我国电子档案管理标准建设现状与推进策略 [J]. 图书情报工作，2022，66（13）：36 - 47.

④ 赵健. 辽宁省档案馆电子文件单套制归档与电子档案单套制管理技术创新与策略研究 [J]. 兰台世界，2022（12）：5 - 7.

⑤ 安徽省档案馆电子文件单套归档和电子档案单套管理试点工作顺利通过验收 [EB/OL].（2022 - 08 - 15）[2023 - 02 - 15]. https://www.saac.gov.cn/daj/daxxh/202208/d52a6e79791848eabb03a543fb63b4d5.shtml.

⑥ 详见本书子报告《2022 年中国电子文件管理发展报告》。

用方式。另一方面，可以加强与电台、电视台等权威媒体和专业媒体的合作，切实提高宣传活动的传播力和影响力。这方面可以借鉴目前档案部门已有的较为新颖的宣传方式，例如：2022 年 6 月 9 日至 15 日期间，北京市档案部门紧密围绕"喜迎二十大 档案颂辉煌"主题，组织开展全方位、多层次的特色档案宣传活动。活动期间，北京市档案局、北京市档案馆联合制作推出档案宣传海报，在各区、各单位和社区、街道广泛张贴，充分利用微信、抖音等平台开展档案知识和档案法律法规宣传，做到群众参与不停、活动热度不减，形成联动宣传的规模效应①。南昌市档案局改版了门户网站"南昌档案信息网"，新增大幅"互联网＋民生档案"远程共享利用平台宣传广告、"互联网＋民生档案"远程共享利用平台专栏，电视新闻媒体、纸质传统媒体的大力宣传推广有效扩大了远程共享利用平台的知晓度②。

4. 稳步筑牢档案信息化基础性保障

一方面应积极"开源"，争取财政部门的资金支持。例如：福建省档案馆在馆藏档案数字化专项资金设立以前，档案数字化专项经费每年仅有 60 万元，经费严重不足导致工作推进缓慢。经过努力，经福建省政府批准，福建省财政于 2022 年设立省档案馆馆藏档案数字化专项资金③。另一方面也要高效"节流"，遵循"量力而行，保证质量，兼顾速度"④ 原则，平衡好成本、质量与效率三个关键点，抓住档案信息化建设的馆藏资源数字化等重点工作，提高档案信息化建设的资金使用效率和效果，以保障档案信息化建设的高质量发展。

（六）加快科研成果转化应用，构建档案科技创新体系

1. 持续挖掘档案科技成果的潜在价值

一是做好档案科技成果转化的前期资源汇集。国家档案局已于 2021 年进行了三次征集全国经济科技档案资源开发利用案例评选，本次案例征集活动共收到各地区、各部门、各单位申报的案例 433 个⑤。对上述科技成果进行专题汇集，积少成

① 宋湛. 北京 国际档案日系列活动全面启动 [EB/OL]. (2022－06－09) [2023－02－26]. https：//www. saac. gov. cn/daj/c100166/202206/54e1688ea9fd4f8e88a3247c973dae60. shtml.

② 陈悦. 南昌市加大民生档案"一站式"查档宣传力度 [EB/OL]. (2018－06－21) [2023－02－27]. http：//daj. fuzhou. gov. cn/zz/daxw/yjdt/201806/t20180621 _2468170. htm.

③ 福建 设立档案数字化专项资金 [EB/OL]. (2022－04－22) [2023－02－27]. http：//www. zboao. com/cgal/247. html.

④ 黄永利. 档案信息化建设中质量、投入与速度的博弈 [J]. 办公自动化，2009（14）：15－16.

⑤ 张晶晶.2021 年度全国经济科技档案资源开发利用案例征集活动圆满完成 [EB/OL]. (2022－02－10) [2023－02－10]. https：//www. saac. gov. cn/daj/yaow/202202/c759672c711645158b9d5d45fd8f48f3. shtml.

多、聚沙成塔，既可以从已有科技成果中抽取出共性认识和科研重点，亦可以对科技成果进行细粒度分析。

二是做好档案科技成果转化的挖掘呈现。内容挖掘是档案科技成果展示的中段和末端，关系到档案科技项目周期性运作的成效。无论是采用数字技术进行内容挖掘，还是采取平面展览进行透视，都是科技成果呈现的方式。例如，牛力等指出对名人档案的层次及空间进行分析与解构，梳理名人档案价值挖掘的理论基础与技术体系，能够提升名人档案的知识发现深度与价值呈现维度[①]。科技成果转化工作也是推进档案工作现代化建设的有机组成部分，是中国式现代化在档案领域的具体表现，需要进一步重视。

2. 逐步推动中国特色新型档案智库建设

一是出台档案智库建设专门政策。档案智库建设既是打造中国特色新型智库格局的应然举措，也是响应《"十四五"全国档案事业发展规划》科技兴档工程的重要任务。建议国家有关部门出台关于加强中国特色新型档案智库建设的意见，进一步明确档案智库的定位、类型、职责、标准，明确档案智库建设的指导思路、基本原则、主要任务和保障措施，为档案智库建设提供政策支撑；地方档案主管部门、档案机构和高校也可根据相关政策文件，结合本地区、本单位具体情况，制订有关档案智库建设的具体制度或方案[②]。

二是积极保障档案智库平稳运行。档案智库建设并非一朝一夕之功，需要长期持续的投入和支持。根据中国特色新型档案智库建设特点和需要，各级档案主管部门应引导各地和各单位给予档案智库在人员编制、办公条件、研究经费等多方面的保障。档案智库也要通过自身努力积极争取各种社会资源。建议探索建立"旋转门"机制，促进"智—政""政—智"人才交流与培养[③]，将档案智库作为一项智力要素进行设计，尝试进行周期管理和闭环管理。同时，可以参考国家文化数字化战略，将档案作为延展文化数据供应链的重要媒介，确认其作为构建国家文化大数据网络的基础资源，纳入整体智库建设大局，持续加大开发挖掘力度。

三是构建合理评价体系。评价是中国特色新型档案智库建设的重要一环，引领着中国档案智库的良性发展。在明确评价主体与客体的基础上，建议采取定量与定性相结合的"混合评价法"，除了重视"结果型"的静态绩效考核，还要注重"过

---

① 牛力，高晨翔，刘力超，等．层次与空间：数字记忆视角下名人档案的价值挖掘研究［J］．档案学研究，2021（5）：138－144.

② 张斌，徐拥军．推进中国特色新型档案智库建设策略［J］．中国档案，2022（2）：32－33.

③ 张斌，徐拥军．推进中国特色新型档案智库建设策略［J］．中国档案，2022（2）：32－33.

程式"的动态性追踪评价,在评价档案智库成果时应突出特色性,即除期刊论文、会议论文、著作等传统学术成果外,还应将服务于档案事业发展的资政报告、技术专利、政策建议、白蓝皮书、网络评论、音视频资料、案例数据库等智库特色成果列入其中[①]。

(七)加强档案人才培养工作创新,激发档案人才活力

1. 充分发挥人才队伍效能

一是对档案系统"三支人才队伍"持续跟踪培养,通过举办专家研讨、技能培训、科学论坛等活动发挥人才队伍的引领和带动示范作用。二是重点考虑打造由档案部门和高校共同组建的档案人才队伍"行动共同体",引领档案人才队伍建设高质量发展。通过整合现有资源,建立起由档案工作者、高校档案教师组建的优秀研究队伍,以"行动共同体"的形式组织各种档案活动,如学术研讨会、档案局(馆)研究项目、国家社科项目、专题研讨会、档案教育改革等。三是做好评优表彰和宣传推广,结合全国档案系统先进集体、先进工作者表彰活动,将档案人才推向全社会,形成尊重人才、重视人才、用好人才的社会氛围,激发档案人才队伍的积极性。

2. 打造特色化档案继续教育平台

一是要在政策层面大力推进档案教育平台共建共享工作。对于平台建设困难的地区,提供帮扶与支持,实现各省市档案平台共建、教育资源共享,促进档案事业的整体性发展。二是丰富全国性档案教育平台的内容。集中发布、共享全国最优秀的课程资源,特别是为尚未建立起平台的偏远地区、贫困地区的档案专业人员提供优质、便捷、低价的继续教育服务。档案继续教育的管理模式、教学模式、课程内容、师资队伍也要不断改进,尽可能与数字化融合发展,以提升档案服务能力,为国家和社会科研创新提供有力的档案支持[②]。三是要积极推动档案继续教育平台创新,在既有的档案继续教育网站上,开发特色远程学习项目、档案文化宣传栏目,提高档案人员参与继续教育的积极性。例如,江苏省档案远程教育平台配合局馆宣传主题,挂设"6·9"国际档案日"百年征程 初心永恒——中国共产党在江苏历史展""为英雄建档 让英雄留名""档案与建设"等专栏,丰富平台的学习内容,

---

① 卜昊昊. 活动理论视域下档案智库建设的要素框架与实施策略 [J]. 档案与建设,2022(11):32-36.
② 黄加敏,金侃. 档案继续教育数字化转型的现实困境与推进策略 [J]. 浙江档案,2022(9):48-50.

让学员们在学习专业课程之余还可以更多地了解档案工作和档案文化①。

3. 坚持档案人才培养的守正与创新

第一，要继续坚守档案学专业本色与特色。档案学科传统的知识体系是在观照档案及衍生研究对象所涉及的"原理、原因和元素"的基础上不断精进和完善的，而这些"原理、原因和元素"是学科发展的基本取向。档案学科传统上所强调的"求真"与"致用"的思维方法关乎其研究对象的逻辑起点——档案文本在连接过去、现在与未来中的独特功能与作用，正是通过对这些独特功能和作用的守护，档案学科才在学科价值彰显中到达认同的彼岸。需要继续坚守档案学科的独立性、坚守档案学科的"历史品格"、坚守档案学科专业化的基石，要按照教育部高教司公布的《档案学本科专业教学质量国家标准》对档案学专业进行评估，尤其是在专业课程设置上，各高校要根据自身特点和具体情况开设所要求的专业课中的6～8门，确保核心课程不被弱化、隐形化。

第二，适度拓展档案学学科边界。在一级学科更名背景下，根据档案学科建设状况和专业特色优势，拓展档案学的研究边界、更新档案学科理念和研究方法，并在人才培养中适度增加符合国家需要和较为前沿的档案学专业特色课程，如以数字人文、档案数据管理、公共文化服务、大数据分析、文化与文献遗产保护等为代表的新的学科生长点②，为优化档案学人才的知识结构提供了可能。一级学科更名后，下设的二级学科数量较原来更多，引进人才的机会增加，选择范围也大大延展，这对于修订传统陈旧的档案学本科人才培养方案较为有利③。同时，高校档案学专业教师应把握一级学科更名的契机，拓宽研究思路、更新知识体系，以适应新时代档案教育和人才培养的需要。

第三，地方的档案主管部门可以与高校合作共建档案学院。这既有利于档案工作实际发展的需求，也有利于实现学科资源的共建共享，促进档案学教育更好地发展。在高校的选择上可以考虑：一是图书情报与档案管理学科已入选世界一流学科建设名单的高校；二是档案学专业已入选国家级一流本科专业建设名单高校；三是在东三省、西部地区、少数民族地区和边疆地区，急需支持且具备办学条件的高校④。

---

① 李扬.江苏省档案远程教育平台在线学员破6万［EB/OL］.（2022－03－23）［2023－02－27］.http://www.chinaarchives.cn/home/category/detail/id/38752.html.

② 常大伟，黄轩宇，段莹茹.一级学科更名视角下档案学研究生教育的内涵拓展及实现路径［J］.档案与建设，2022（12）：18－21.

③ 赵彦昌.一级学科更名对我院发展的影响和我们的应对之策［J］.档案学通讯，2022（6）：111－112.

④ 徐拥军，李孟秋."十四五"时期档案高等教育发展之策［J］.北京档案，2021（10）：24－26.

4. 尽快推进档案管理专业学位教育

在师资方面，档案学界已具备一批足以胜任专业学位教育的师资队伍，并取得了较为丰硕的科研和教学成果①，已具备条件构建档案管理专业硕士的培养体系和学科体系。在经验方面，图书情报专业学位的发展为档案管理专业学位的设置提供了可资借鉴的经验，打造档案管理专业学位势在必行。这就需要档案界充分认识发展专业学位教育的重要性，发挥专业学位教育指导委员会的作用，协调相关部门力量统筹规划专业学位教育，落实《"十四五"全国档案事业发展规划》提出的"开展档案管理专业学位研究生教育"要求，探索新型培养模式和教育教学方法，建立专业学位教育评估制度，为经济社会发展培养兼具学术性、实践性、职业导向性的新型档案专业人才。

5. 加强档案职业教育"双师型"队伍建设

2022 年 9 月，《中华人民共和国职业分类大典（2022 年版）》出台，其中"4 - 13 文化和教育服务人员"类别新增职业"档案数字化管理师"，将档案数字化以职业形式规范下来②。2022 年 10 月教育部办公厅印发的《关于做好职业教育"双师型"教师认定工作的通知》针对职业教育"双师型"教师队伍建设中提出了新要求③。但在档案领域，目前开展专门的"双师型"档案教师培养规划的学校极少，仅查到四川省档案学校和贵州师范学院历史与档案学院提出了"双师型"教师培养规划。在此背景下，要加快档案职业教育"双师型"教师队伍组建。在"双师型"教师队伍建设过程中，考虑到培养成本问题，除了培养专职教师，还应从多方吸纳档案人才，培养兼职教师。一些符合"双师型"要求的档案人才由于时间限制，无法在档案人才基地充当专职教师，但其作为兼职教师，则可以充实壮大师资队伍，使师资队伍的构成更加多元、知识结构更加互补。例如，档案软件企业的技术骨干可以兼职部分高校的行业实践导师，在培养档案软件开发人才的同时，为企业未来的招聘提供便利④。

---

① 张衍，韦昱杰. 关于"十四五"期间我国档案管理专业学位研究生教育发展若干问题的思考 [J]. 山西档案，2022 (3)：107 - 116.

② 详见本书子报告《2022 年中国档案数字化服务行业发展报告》。

③ 张红. 建立全国统一的"双师型"认定标准必要而紧迫 [EB/OL]. (2022 - 12 - 13) [2023 - 02 - 13]. ht-tps://baijiahao. baidu. com/s? id=1752057366486484090&wfr=spider&for=pc.

④ 详见本书子报告《2022 年中国档案软件行业发展报告》。

（八）深化档案对外交流合作，增强国际档案话语权

1. 立足国际组织，深化全球档案治理

一是持续跟进世界记忆项目。我国应在深度研习相关国际规则的基础上完善"中国档案文献遗产工程"相关政策，并与联合国教科文组织世界记忆项目秘书处、国际咨询委员会展开合作，鼓励相关人员积极任职，充分发挥世界记忆项目澳门、北京、福建、苏州四大学术中心的桥梁作用，以及时追踪世界记忆项目动态、提升国际档案文献遗产领域"中国话语"的可见度与影响力。

二是积极融入国际档案领域对话交流。在全球档案治理欣欣向荣之势愈加凸显的背景下，ICA宣布将于2023年10月重启第19届国际档案大会[①]，我国档案界应广泛号召、全面动员，鼓励专家、学者、实践部门人员等亲赴会场与世界各国人员共襄盛举、共绘蓝图。另外，建议国家档案局、中国档案学会、中国人民大学信息资源管理学院（档案学院）等联合筹谋举办国际档案大会，借此提升国际档案话语权。

三是广泛参与国际标准制修订工作。2022年11月，第52届ISO/TC 46/SC 11国际标准化组织信息与文献标准化技术委员会档案（文件）管理分技术委员会召开工作会议，明确由中国人民大学信息资源管理学院安小米教授、加小双副教授分别担任ISO/TC 46/SC 11两个工作组召集人[②]。这表明我国在国际标准制修订过程中的话语权更进一步提升。随着新冠疫情管控措施逐渐放开，国家档案局、科研院所等相关机构的人员派出将更为灵活，参与国际标准制修订工作的客观条件亦更为便捷。以此为契机，充分优化我国标准与国际标准的衔接度势在必行。

2. 基于双/多边关系，拓宽国际档案合作

在"构建人类命运共同体"理念的指引下，我国档案界应以主办会议、开展项目、签署合作备忘录等方式主动搭建全球治理平台，由"参与者"逐步转向"引导者"，提升在国际档案领域的话语权与影响力。

一方面，拓展中外人文交流机制下的国际档案合作。随着后疫情时代新冠疫情防控的全面放开，各领域的国际合作将迎来复苏新高潮。借此契机拓展现有中外人文交流机制的着力点，探索国际档案合作的各种可能性与可行性必定是大势所趋。

---

① International Council on Archives. ICA Congress Abu Dhabi-Call for Papers［EB/OL］.［2023 – 03 – 05］. https：//www.ica.org/en/ica-congress-abu-dhabi-call-for-papers.

② RUC信息资源管理学院. 信息资源管理学院两位教师担任ISO国际标准召集人［EB/OL］.（2022 – 11 – 20）［2023 – 02 – 01］. https：//mp.weixin.qq.com/s/LjbUsYascx5TUhDpce1xZQ.

我国可以充分借鉴"中俄人文合作委员会档案合作分委会"建设经验与工作模式，致力于将档案领域纳入中欧、中法、中印尼等其他高级别人文交流机制的合作框架之中，以拓宽国际档案合作平台。

另一方面，深化"一带一路"倡议下的国际档案合作。习近平总书记指出："要深入推进'一带一路'建设，推动各方加强规划和战略对接。"① 受制于严格的疫情管控措施，2022 年档案领域服务于"一带一路"建设的步伐有所放缓。随着后疫情时代的全面到来，我国应尽快与"一带一路"沿线国家就档案事务展开合作，恢复线下展览、讲座、会议论坛等，打造档案领域国际交流的繁荣复苏之势。

3. 凸显中国特色，丰富档案传播内容

党的二十大报告指出："坚守中华文化立场，提炼展示中华文明的精神标识和文化精髓，加快构建中国话语和中国叙事体系，讲好中国故事、传播好中国声音，展现可信、可爱、可敬的中国形象。"② 档案作为文化珍宝，蕴藏着中华文明的演进轨迹与深刻内涵，是"讲好中国故事、传播好中国声音"的生动素材。

未来，我国档案传播应进一步挖掘以档案文献遗产为依托的档案文化。一方面，完善世界记忆项目中国国家委员会网站，增设英文版本，并将有关档案文献遗产形成背景、文化要义、潜在内涵等内容具体化与丰富化；另一方面，围绕"甲骨文""近现代中国苏州丝绸档案""侨批档案—海外华侨银信"等具有突出中国特色的档案文献遗产出版书籍、举办展览、制作文化创意产品，并使其充分流通于国际社会，成为中华文明的特色名片。基于此，面向国际的档案传播将持续助力中华民族更加稳定地屹立于世界文化之林。

四、结语

站在新的历史起点，中国档案事业发展不仅要面对诸多复杂、多元、多层次问题相互交织的全球公共环境，还要在全面建设社会主义现代化国家新征程中扮演好参与者、贡献者甚至推动者的角色。本报告结合 2022 年度中国档案事业发展情况，

---

① 学习笔记·金句篇 | 习近平谈"一带一路"（2016 年）[EB/OL].（2017－05－13）[2023－03－05]. https：//news. 12371. cn/2017/05/13/ARTI1494632696084231. shtml.

② 习近平. 高举中国特色社会主义伟大旗帜 为全面建设社会主义现代化国家而团结奋斗：在中国共产党第二十次全国代表大会上的报告 [EB/OL].（2022－10－25）[2023－03－05]. http：//www. gov. cn/xinwen/2022－10/25/content_5721685. htm.

重点从档案治理体系建设、档案资源体系建设、档案利用体系建设、档案安全体系建设、档案信息化建设、档案科技创新、档案人才培养、档案对外交流合作等八个方面进行分析，总结出这一年已取得的成绩，并对应审思不足与短板，为今后中国档案事业发展找准着力点。2023 年注定是不平凡的一年，需要广大档案工作者踔厉奋发、笃行不怠，为中国档案事业发展贡献力量。

专题工作

2022年中国综合档案馆建设调研报告

任越[1]

1. 黑龙江大学信息资源管理研究中心，哈尔滨　150080

摘　要： 2022年，一方面各级综合档案馆喜迎党的二十大召开，围绕过去十年档案事业的发展进程进行了回望与总结；另一方面，面对新冠疫情的困局，寻求多样化档案服务方式成为综合档案馆工作的主轴。本报告通过对中国档案资讯网、中国档案网和各级综合档案馆门户网站发布消息的统计与梳理，辅以对部分综合档案馆的实地走访，总结和梳理了2022年各级综合档案馆在档案收集、档案保管、档案利用服务、档案信息化建设、档案编研等工作中取得的进展与好的做法，归纳其中存在的问题与困难，并从深度学习党的二十大报告、馆藏档案资源开发、档案文化服务、档案智库与人才队伍建设、档案"智治"服务等五个方面提出了2023年国家综合档案馆工作开展的建议。

关键词： 综合档案馆；档案收集；馆藏档案资源；档案利用服务

作者简介： 任越，博士，教授，研究方向为档案学基础理论，电子邮箱 renyue81@163.com。

2022年是国家喜迎中国共产党第二十次全国代表大会召开，全面推进各行业"十四五"规划实施的奋进之年。在新冠疫情持续蔓延的形势下，各级综合档案馆根据国家防疫政策，在保证常态化工作有序推进的同时，围绕国家及各省"十四五"规划设定的目标任务开展了很多特色工作，如持续丰富各类具有地方特色的档案资源，进一步加快馆藏档案数字化、数据化工作进程，积极谋划为百姓办实事的对策等，整体工作持续稳步推进，积极探索与寻求档案馆工作创新与高质量发展之路。

一、2022年我国综合档案馆建设进展与取得的成绩

为更全面掌握各级综合档案馆建设状况，笔者首先通过网络调研的方式对2022年1月至12月中国档案资讯网"各地动态"栏目、中国档案网"各地动态"栏目

发布的新闻和各省级综合档案馆门户网站发布的各馆工作动态进行了汇总与梳理，从1 019篇工作动态报道中剔除重复报道、档案馆内部管理、会议报道、领导讲话、学习活动、其他与档案馆业务工作无关的报道后，对共计914篇报道进行了内容分析。笔者根据914篇工作动态报道所涉及的内容，将综合档案馆各项业务工作的报道分为以下六个类别（如表1所示）：

表1　综合档案馆各项业务工作报道的类别　　　　　　单位：篇

类别	报道所涉内容	报道篇数
1. 档案收集	收集工作开展情况、档案收集范围：特色档案收集	187
2. 档案保管	档案库房建设、安全防范	136
3. 档案信息化建设	数字档案馆建设、档案数字化、专题数据库建设	98
4. 档案利用与服务	举办展览、开展特色服务、组织文化活动，拓展服务方式	416
5. 档案编研	编研成果发布，开放档案	77
6. 其他	各项政策发布、召开会议、疫情防控、监督评测、扶贫攻坚、组织学习	105

与此同时，笔者对部分综合档案馆领导与工作人员围绕馆藏建设、档案利用服务、档案信息化建设等工作进行了实地与网络访谈，一方面挖掘工作动态报道背后工作人员对综合档案馆一年来开展工作的思考，另一方面实地了解综合档案馆具体业务工作开展情况，分析综合档案馆2023年业务工作开展方向与工作重点。

鉴于访谈资料无法对我国综合档案馆业务工作开展的整体状况进行可视化呈现，笔者将着重对网络调研的新闻报道进行数据汇总与梳理，而后在分析综合档案馆建设存在的问题时，着重引述访谈整理分析的结果。通过对914篇工作报道与访谈内容的整理与分析，笔者认为2022年各级综合档案馆建设现状可以归纳为以下几个方面：

（一）综合档案馆资源体系建设现状

1. 档案收集工作

2022年，各级综合档案馆仍将档案接收与征集工作作为档案馆的中心任务。根据国家档案局统计数据①：截至2021年底，全国各级综合档案馆馆藏档案104 671.1万卷、件，较2020年增加14.03%。2021年度全国各级综合档案馆共接收档案13 427.7

---

① 中华人民共和国国家档案局政策法规司.2021年度全国档案主管部门和档案馆基本情况摘要（二）[EB/OL].（2022 - 08 - 18）[2022 - 12 - 17]. https://www.saac.gov.cn/daj/zhdt/202208/b9e2f459b5b1452d8ae83d7f78f51769.shtml.

万卷、件，照片档案 245.1 万张，录音磁带、录像磁带、影片档案 6.1 万盘。2021 年度全国各级综合档案馆共征集档案 119.5 万卷、件，照片档案 34.9 万张，录音磁带、录像磁带、影片档案 0.4 万盘。从整体来看，各级综合档案馆档案增量保持稳定，载体类型多样，馆藏结构合理。

根据笔者统计，各级综合档案馆共发布了 187 篇有关档案收集与征集工作的报道，通过对档案馆接收与征集档案内容的梳理，将其划分为八个类别（如图 1 所示）。其中 2021 年综合档案馆收集与征集档案中占比较高的红色档案、脱贫攻坚档案、疫情防控档案，2022 年依然是综合档案馆收集与征集的重点对象，合并占比 25%；党史文献占比 13%，古籍与文献、口述档案合并占比 12%；城市发展建设档案占比 14%；其他类型档案的收集与征集占比 36%。上述数据表明 2022 年各级综合档案馆除常规接收档案入馆外，依然持续关注 2021 年档案接收与征集的重点领域，同时增加了对口述档案、城市历史发展建设方面档案的收集，其他类型中比较典型的有人物档案、实物档案以及围绕地方特色文化而形成的专门档案。

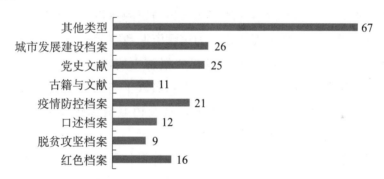

图 1　综合档案馆接收与征集档案内容所涉及的类别（单位：篇）

2022 年，各级综合档案馆严格按照国家档案局相关规定继续推进脱贫攻坚和疫情防控"两类档案"归集工作。国家脱贫攻坚工作于 2020 年进入尾声，经过 2021 年一年相关档案资料的规整，各地综合档案馆在 2022 年陆续开展该类档案的接收工作，而疫情防疫档案也在 2022 年持续归入所属档案馆中。各级综合档案馆通过完善"两类档案"归集工作方案，一方面对已完成归集的档案进行核准检查，出台各项政策持续推进与规范归集工作；另一方面系统总结"两类档案"归集工作中出现的问题，进行集中与分类整治，保证"两类档案"入馆的规范化。如六盘水市一方面将"两类档案"的归集工作列入《2022 年全市档案工作要点》，要求各级档案主管部门要会同档案馆加大对"两类档案"督促指导力度，按时限要求移交；另一方面通过制定相关工作细则，明确市级责任单位的"两类档案"归集工作责任，对市档案馆接收档案数字复制件质量作出说明①。

与此同时，除常规档案收集任务外，各级综合档案馆对地方特色档案的征集与资源建设工作也持续展开，其中面向公众征集特色档案工作方面尤为突出，多地综合档案馆征集的档案特色鲜明、形式多样，且具有浓郁地域特色。如青岛市档案馆征集烟文化实物档案资料进馆，并进一步与社会人士合作，共同研究青岛烟草工业发展历史，助力正在建设的青岛工商历史博览中心②；宁波市档案馆收到收藏爱好者周健平捐赠的 6 000 余件票证，其中大部分是宁波地方票证，极具宁波地域文化风情③。地方特色文化彰显地方文化底蕴，是地方文化发展的重要名片，各级综合档案馆能够从小众文化与冷门文化入手征集各类档案资源，这既是对地方特色文化的保护，也为综合档案馆打造地方特色文化品牌夯实了资源基础。

2. 馆藏资源建设

馆藏资源建设是综合档案馆资源体系建设的重要组成部分。近些年来，各级综合档案馆围绕丰富与优化自身馆藏资源，设计并启动了多项极具创意与特色的建设项目。2022 年，在《重大活动和突发事件档案管理办法》推动下，各级综合档案馆积极开展本地重大活动和突发事件的档案采集与资源建设，尤其针对各自馆藏资源开展专题档案资源整合与数据库建设，为馆藏资源数字化转型与当地公共文化服务创造了条件。根据笔者对馆藏资源建设相关报道中所涉档案内容的分析，2022 年各级综合档案馆馆藏建设工作主要围绕地方知名人士与社会组织、区域重大社会活动、民生档案、公共文化服务等方面展开，涉及馆藏资源建设报道共 38 条，依据其报道所涉档案内容划分，各内容占比如图 2 所示。

民生档案依然是各级综合档案馆档案资源建设的重要类别，尤其在新冠疫情持续蔓延的情况下，民生档案利用从线下转为线上。为了更好地满足公众线上查档的需求，多地综合档案馆将民生档案相关工作作为馆藏资源建设与后期管理的重要任务。如北京市昌平区档案馆开展民生档案专题库加工清理工作，通过档案 OCR 识别技术对民生档案库中各类目录进行条目挂接与内容更新，建成了条目结构规范清晰、档案数字化副本图像质量高的独生子女专题库④。2022 年，部分综合档案馆围

① 六盘水市档案馆. 六盘水市积极安排部署"两类档案"归集工作 [EB/OL]. （2022－07－28）[2023－03－01]. http://www.zgdazxw.com.cn/news/2022－07/28/content_335187.htm.

② 朱玉林. 青岛市档案馆：征集烟文化实物档案资料进馆 [EB/OL]. （2022－02－11）[2022－12－17]. http://chinaarchives.cn/home/category/detail/id/38226.html.

③ 宁波市档案馆. 6 000 张票证档案入藏宁波市档案馆：讲述甬城 50 年衣食住行巨变 [EB/OL]. （2022－02－17）[2022－12－18]. http://chinaarchives.cn/home/category/detail/id/38297.html.

④ 胡淑娟. 北京市昌平区档案馆完成独生子女民生档案专题库加工清理工作 [EB/OL]. （2022－09－05）[2023－02－18]. http://www.zgdazxw.com.cn/news/2022－09/05/content_336372.htm.

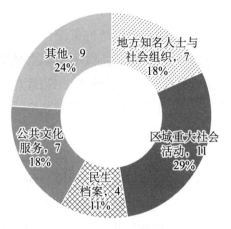

图 2　综合档案馆涉及不同内容馆藏资源建设的报道分布（单位：篇）

绕本地知名人士开展档案征集与资源建设工作，突出英雄楷模、社会榜样、各领域专家与名人对本地社会发展作出的贡献，如连云港市档案馆围绕迎接、宣传、贯彻党的二十大主线，先后征集"人民楷模王继才"、全国重大典型"雷锋车"组珍贵档案进馆，并结合馆内保存各类专题档案资源开展名人档案资源平台建设①。此外，各级综合档案馆在区域重大活动与公共文化服务方面的档案资源建设工作开展得也比较多，如内蒙古自治区档案局、自治区档案馆正式启动内蒙古黄河专题档案全文数据库建设工作，自治区内黄河流经的 7 个盟市档案馆已成立专项工作组，制定工作方案，对馆藏档案进行调查摸底，积极协调黄河专题档案进馆②；山东省荣成市档案馆大力推进经略海洋档案资源建设，通过召开经略海洋档案资源数据库建设专题会，详细讲解数据库建设目标，并对馆藏经略海洋档案进行著录数据的核对补全③。

（二）综合档案馆利用体系建设现状

1. 档案宣传工作

2022 年各级综合档案馆共发布有关档案宣传工作的报道 134 篇，从报道内容分析来看，各级综合档案馆能够积极借助喜迎党的二十大、宣讲新修订的《中华人民

①　江苏省连云港市档案馆. 连云港市档案馆征集全国重大典型档案进馆［EB/OL］.（2022 - 08 - 15）［2022 - 12 - 18］. http：//m. chinaarchives. cn/mobile/category/detail/id/39862. html.

②　盖颖杰. 内蒙古黄河专题档案全文数据库建设工作全面启动［EB/OL］.（2022 - 05 - 18）［2022 - 12 - 18］. http：//chinaarchives. cn/home/category/detail/id/39034. html.

③　姜英. 山东荣成市档案馆大力推进经略海洋档案数据库建设［EB/OL］.（2022 - 08 - 17）［2023 - 02 - 19］. http：//www. zgdazxw. com. cn/news/2022 - 08/17/content _ 335976. htm.

共和国档案法》、国际档案日等重大活动开展档案宣传工作，这不仅彰显了档案行业的社会价值，还拓展与提升了档案工作服务公众文化生活的范围与质量。笔者对检出的134篇报道依据档案宣传形式进行划分，分为出版物（书、微视频、纪录片）、主题展览（文物展、文献展、图片展、海报、宣传报等）、主题宣讲、主题征文、多媒体平台、知识竞赛与演出、其他（并没有展示具体的宣传方式）等七类。

如图3所示，各地综合档案馆所报道的工作动态中，主题展览相关报道共35篇，主题宣讲相关报道共21篇，主题征文相关报道共8篇，宣传画册、手册、指南等出版物相关报道共23篇，多媒体平台相关报道共19篇，知识竞赛与演出相关报道共3篇，其他类型宣传方式共25篇。笔者根据档案宣传工作的内容进行了梳理，如表2所示，2022年各级综合档案馆开展的档案宣传工作的主题包括喜迎党的二十大、红色档案、国际档案日、《档案法》普法、主题微视频、公布历史档案、其他等。

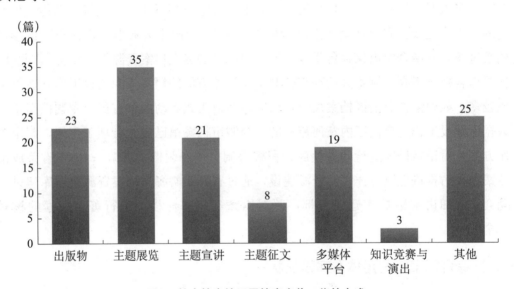

图3 综合档案馆开展档案宣传工作的方式

表2 档案宣传工作报道的主题分布　　　单位：篇

主题	喜迎党的二十大	红色档案	国际档案日	《档案法》普法	主题微视频	公布历史档案	其他
数量	58	21	19	7	6	3	20

2022年，全国各地、各行业喜迎党的二十大召开，2022年国际档案日的主题也恰为"喜迎二十大 档案颂辉煌"。围绕该主题，各级综合档案馆纷纷举办了回顾党的十八大以来各地、各行业、各领域发展与建设成效的主题档案展览，一方面宣传党的十八大以来社会各方面取得的各项成绩，让公众切身感受到生活、工作与学

习中的巨大变化，引发社会共鸣；另一方面向公众展示档案工作在回溯社会发展历史、固化社会记忆方面的能力，加深公众对综合档案馆文化服务的印象。与2021年一样，各级综合档案馆在 2022 年选择线上与线下两种方式开展档案展览活动，让公众能够根据自身的需要选择不同方式参与观展活动。如 2022 年 7 月，由中央档案馆与新华通讯社联合举办的"百年恰是风华正茂"主题档案文献展正式接待公众参观，该主题档案文献展精选 500 多件中央档案馆馆藏档案文献、音视频档案、实物档案和新华社重要照片资料，深刻揭示百年大党的成功密码和力量所在，生动诠释了伟大的建党精神①；辽宁省档案馆通过联合电视台拍摄电视短片、开展抗联书信诵读、百万家书入藏省档案馆启动仪式、开放展览、聆听讲座等方式，引导公众走入档案馆，感受档案中的真实过往②。各地综合档案馆举办展览的主题基本围绕国家与地方重大活动与重大事件、"四史"教育活动展开，展览形式多样，信息技术与前沿展览平台的使用让档案展览更加高端，互动性更强，带给观众更大的视觉冲击与更好的观展体验。

除回顾社会发展成就的展览外，部分档案馆还围绕国际档案日或特定主题举办了具有特色的展览活动，尤其是能够从建筑、体育、文艺、饮食、民俗等方面充分借鉴当地特色文化，与地方其他文化机构联合举办展览，引发公众的关注。如河北省档案馆（省方志办）与省体育局、张家口市档案馆联合推出了"答卷——北京冬奥会冬残奥会河北成果展"线上展览，通过文书、实物、照片、音像等 600 余件档案生动讲述了北京冬奥会、冬残奥会的河北故事③；湖南省长沙市档案馆联合长沙市城建档案馆、长沙市图书馆举办了"时光深处——长沙历史建筑档案展"，讲述了历史建筑背后的故事，展现了长沙深厚的历史文化底蕴和特色风貌④。

2. 档案利用服务工作

2022 年，各级综合档案馆继续推进线上与线下混合式档案利用服务方式，为公众在新冠疫情期间能够得到及时有效的档案信息服务提供双线保障。多地综合档案馆一方面出台应急处置方案，线下利用服务能转线上的，暂时以线上服务为主，

① 中国国家档案局."百年恰是风华正茂"主题档案文献展即将正式对公众开放［EB/OL］.（2022－07－04）［2022－12－18］. https：//www.saac.gov.cn/daj/tzgg/202206/cd775479fe11460b82ae4f71615381f9.shtml.

② 宁芳.辽宁省档案馆开展"喜迎二十大·档案颂辉煌"系列活动［EB/OL］.（2022－06－17）［2022－12－18］. http：//chinaarchives.cn/home/category/detail/id/39264.html.

③ 宋玉红."北京冬奥会冬残奥会河北成果展"线上开展［EB/OL］.（2023－01－05）［2023－01－11］. http：//www.zgdazxw.com.cn/news/2023－01／05/content_339092.htm.

④ 杨佳.《时光深处——长沙历史建筑档案展》开展［EB/OL］.（2022－09－29）［2023－01－28］. http：//www.zgdazxw.com.cn/news/2022－09／29/content_336763.htm.

不能转为线上的，则与公众沟通暂缓服务或委派工作人员代为查询，以解公众燃眉之急；另一方面继续丰富并完善线上查档利用平台，扩展线上查档服务的范围，延长档案馆线上服务的时间，采取公众通过服务平台登记查档需求、委派线下工作人员集中查档、点对点线上沟通的方式满足不同类型利用群体的需求。2022 年 7 月，全国档案查询利用服务平台正式上线，该服务平台是依托互联网，为社会公众提供档案查询利用的跨区域、跨层级的公共服务平台，公众可通过国家档案局官方网站或直接访问网址（https：//cxly. saac. gov. cn/）进入全国档案查询利用服务平台，目前全国超过 1 000 余家档案馆已接入该服务平台①。与此同时，多地综合档案馆将公众利用频率较高或与公众切身利益相关的民生档案以数据库的方式挂接到政府一网通办平台，并积极与相关职能部门合作开发各类专门档案信息数据库、管理服务系统、微信小程序等利用服务平台，如黑龙江省档案馆联合黑龙江省人才服务中心为推动黑龙江省流动人员人事档案管理信息化建设，上线了黑龙江省流动人员人事档案管理服务系统、龙江人才微信小程序，实现人才公共服务事项"一点存档、多点服务"和"掌上办"②。此外，多地综合档案馆通过互签档案异地利用服务工作协议或达成档案信息共享共识，合作开展异地档案利用服务，如南昌市档案馆与上海市浦东新区档案馆签订了《民生档案跨馆异地利用服务工作协议书》，双方可通过电话、传真和邮政快递的方式实现民生档案的跨馆异地查阅利用③。

在档案信息开放方面，国家档案局局长陆国强于 2022 年 7 月 1 日签署国家档案局令第 19 号，公布《国家档案馆档案开放办法》（以下简称《办法》）。《办法》自 2022 年 8 月 1 日起施行。《办法》的出台，对各级档案部门科学推进档案开放工作，满足公众日益增长的档案利用需求，推动档案工作迈上新台阶具有重要意义。《办法》要求各级档案主管部门要抓好贯彻落实，积极稳妥地推进国家档案馆档案开放工作，统筹协调本行政区域的档案开放工作，对本行政区域内地方各级国家档案馆的档案开放工作实行监督指导。各级综合档案馆要按照《办法》规定制定本馆档案开放工作的具体操作规定，为社会提供形式多样、内容丰富的档案开放成果，推动档案开放工作不断取得新进步新成效。2022 年，各级综合档案馆结合《办法》出台与实施开展了系列学习活动，并陆续公布了多批次珍贵历史档案。如 2022 年 1

---

① 中国档案网. 全国档案查询利用服务平台正式上线［EB/OL］.（2022 - 07 - 07）［2022 - 12 - 18］. http：//chinaarchives. cn/home/category/detail/id/39488. html.

② 徐佳倩. 黑龙江省推行档案管理"掌上办"和"跨省通办"模式［EB/OL］.（2022 - 10 - 10）［2022 - 12 - 18］. http：//www. zgdazxw. com. cn/news/2022 - 10/10/content _ 336698. htm.

③ 南昌市档案馆. 南昌市档案馆：民生档案跨馆异地利用 免除查档群众"舟车劳顿"［EB/OL］.（2021 - 12 - 20）［2022 - 12 - 18］. http：//chinaarchives. cn/home/category/detail/id/37627. html.

月和 6 月，广东省档案馆先后公布两批共 649 件侨批档案，以 20 世纪 40—70 年代香港、泰国、新加坡和马来西亚的侨批银信为主[①]；2022 年 9 月，黑龙江省档案馆公布了馆藏民国时期黑龙江省民政厅档案，主要内容涉及民国时期黑龙江地区农林开发、财税金融、灾害救济、外事侨务等，共 31 798 条[②]。从各地综合档案馆档案公布的类型与内容来看，基本上以馆藏历史档案为主，公布档案批次、数量之多，凸显了综合档案馆在开放馆藏档案资源方面的力度越来越大，将更加彰显地方社会历史与文化的特色。

3. 档案编研工作

档案编研工作是向公众介绍优质馆藏档案资源、彰显档案馆资源优势与文化特色的重要方式。每年各级综合档案馆均出版一定数量的档案编研成果，而随着信息化与数字化技术在档案工作中的普及，数字档案编研成果也成为继纸质档案编研成果之后的新形式。通过对相关网站报道的梳理，2022 年各级综合档案馆公开并出版的纸质档案编研成果近 50 部，具体主题分布如图 4 所示，内容涉及历史文献、档案汇编、档案图册、人物传记等多个主题，而数字档案编研成果也在部分综合档案馆门户网站或其他报道中被提及。

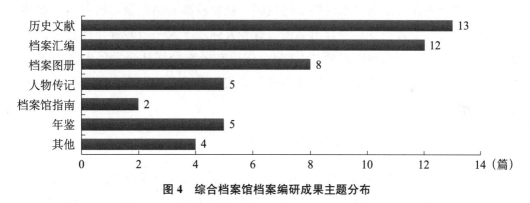

图 4　综合档案馆档案编研成果主题分布

从编研成果主题分布来看，2022 年档案编研成果主题来源更加多样化，涵盖历史、现实、人物等多种题材，同时编研成果全面体现了地方文化、标志性历史人物、重大活动和事件等要素在地方社会历史与文化活动中的影响力，起到了较好的文化传播与宣传的效果。其中档案汇编与档案图册以介绍与宣传地方经济社会发展历程为主，主要契合 2022 年党的二十大召开的核心背景，同时融入了对当地社会

---

① 广东省档案馆征集整理部、利用服务部. 广东省档案馆公布第四批侨批档案［EB/OL］.（2022 - 01 - 20）［2022 - 12 - 19］. https：//da. gd. gov. cn/portal_home/content/5083.

② 黑龙江省档案馆. 公布开放档案公告［EB/OL］.（2022 - 09 - 27）［2022 - 12 - 19］. http：//www. hljsd-ag. org. cn/system/202209/113854. html.

风土人情与社会风貌的展示。如合肥市档案馆连续编纂的《合肥市科技创新大事记》（1949—2021年）、《合肥市科技创新档案文件选编》（上、下两册），集中反映了新中国成立以来，特别是党的十八大以来合肥推进科技创新的发展历程和历史脉络[①]。在历史文献公布与编纂方面，各级综合档案馆结合馆藏档案特色，继续围绕地方红色档案资源编纂出版了系列成果。如为纪念中国人民抗日战争暨世界反法西斯战争胜利77周年，北京市档案馆编辑出版了《北平地区抗日活动档案汇编》[②]；黑龙江省档案馆首套旧海关档案编译大型文献图书《瑷珲海关历史档案辑要》正式出版发行，该成果甄选了500余件档案，力争真实、全面、客观反映瑷珲海关从初设到闭关的历史活动轨迹[③]。在名人档案编研方面，多地综合档案馆围绕地方知名人士或组织、老一辈革命家、领导人的活动轨迹及他们与档案工作的关系为主题出版了很多高质量的编研成果。如湖南省档案馆编印了"党和国家领导人与湖南档案选录"系列丛书，展现了毛泽东、刘少奇、任弼时、习仲勋等党和国家领导人在湖南的革命足迹，体现了党和国家领导人的成长轨迹、奋斗历程、领导艺术、人民情怀与崇高风范[④]。

除出版纸质档案编研成果外，各级综合档案馆还借助网站、微信公众号、抖音等新媒体平台制作并发布了系列档案微视频，获得较高的浏览量与转发量。如共青团云南省委、云南省档案局联合出品的《青春喜迎二十大·云岭青年逐梦录》系列微视频正式上线，该系列微视频共20集，选取在云南经济社会发展中作出突出贡献的青年代表，以"影像记录＋口述历史"方式，讲述党的十八大以来云岭青年的逐梦故事[⑤]。

（三）综合档案馆安全保障体系建设现状

综合档案馆安全保障体系建设的报道共152篇，笔者根据对报道内容的分析，将其分为档案库房建设、档案信息化建设与档案实体保护和其他四个方面，具体报

---

① 杨文元．合肥市档案馆再出编研新成果［EB/OL］．（2022－10－27）［2022－12－19］．http：//chinaar-chives．cn/home/category/detail/id/40603．html．

② 王海燕．纪念中国人民抗日战争暨世界反法西斯战争胜利77周年：北京市档案馆 档案见证北平人民抗日斗争［EB/OL］．（2022－09－20）［2022－12－19］．http：//www．zgdazxw．com．cn/news/2022－09/20/content＿336870．htm．

③ 魏巍．黑龙江省档案馆 旧海关档案保护与开发成效显著［EB/OL］．（2022－09－05）［2022－12－19］．http：//www．zgdazxw．com．cn/news/2022－09/05/content＿336549．htm．

④ 彭玉，沈岳．学批示 见行动 开新局：湖南省档案馆贯彻落实习近平总书记重要批示精神实录（上）［EB/OL］．（2022－05－19）［2022－12－20］．http：//www．zgdazxw．com．cn/news/2022－05/19/content＿333216．htm．

⑤ 李伟．云南《青春喜迎二十大·云岭青年逐梦录》上线［EB/OL］．（2022－07－21）［2022－12－23］．http：//www．zgdazxw．com．cn/news/2022－07/21/content＿335348．htm．

道数量分布如表 3 所示：

表 3　2022 年各级综合档案馆安全保障体系建设相关报道分类
单位：篇

类别	档案库房建设	档案信息化建设	档案实体保护	其他
数量	74	43	21	14

其中档案库房建设类报道占比最高，达到 74 篇，大部分工作动态主要报道了各级综合档案馆日常开展库房检查与安全防护工作的情况；档案信息化建设方面的报道共 43 篇，内容涵盖档案信息化建设的各个方面，大部分报道从整体或宏观层面报道了各地档案信息化建设的开展情况；档案实体保护方面的报道共 21 篇，内容涉及档案保护项目开展、档案装裱等方面；其他方面的报道共 14 篇。

在档案库房建设方面，各级综合档案馆始终将档案库房建设纳入全年核心工作计划，主要围绕档案库房安全管理、库房设施排查与维护等方面展开。从已公开的报道来看，2022 年，各级综合档案馆能够定期排查档案库房安全隐患，围绕档案库房常见的安全问题开展检查与整改，并制定了规范的档案安全工作方案，尤其是地理条件比较特殊、自然灾害频发地区的档案馆，针对应对突发状况下档案保护与转移问题出台了相应预案，并开展实战演练，进一步强化档案馆工作人员的安全意识。如重庆市档案局印发《关于进一步加强档案安全工作的通知》，要求全市各地各单位按照国家有关档案安全工作要求，认真梳理档案安全风险点，围绕档案实体、档案信息、档案服务外包等方面深入排查档案安全风险隐患[1]；中山市档案馆、钦州市档案馆、德阳市档案馆、内江市档案馆等组织了规范的档案馆库房安全实战模拟与事故处置演练。

在档案信息化建设方面，2022 年各级综合档案馆的工作主要集中在持续推进馆藏档案数字化加工与保存、数字与智慧档案馆建设、档案信息化融入地方数字政府建设规划等三个方面。2022 年，各级综合档案馆馆藏档案数字化工作在各地政府与档案行政管理部门的指导与推动下，相继完成了馆藏档案数字化项目，并顺利通过验收，其中包括常规馆藏数字化项目和特色档案数字化项目，尤其基层综合档案馆馆藏数字化项目完成并通过验收的报道层出不穷，标志着各级综合档案馆在国家档案事业"十四五"规划设定的"存量数字化、增量电子化"重点目标上能够顺利完成。与此同时，各级综合档案馆持续推进馆藏档案数字化加工与保存工作，并

---

① 石兵. 重庆 多措并举加强档案安全工作［EB/OL］.（2022 - 05 - 26）［2022 - 12 - 24］. http：//www. zgdazxw. com. cn/news/2022 - 05/26/content＿333486. htm.

采取随机抽查、约谈督促等方式，保证馆藏档案数字化工作的标准化与规范化。如湖北省档案局于 2022 年 9 月通报了部分档案馆档案数字化工作情况，要求各地提升馆藏数字化的重视程度、方法路径逐步明晰、服务指导更加优化、队伍建设进一步强化[①]；福建省档案局为持续深入推进全省综合档案馆馆藏档案数字化工作，组织对部分档案数字化率未达到 80％的市级综合档案馆分管领导进行集中约谈，彰显出地方档案行政管理机构对综合档案馆数字化工作的重视与推进举措[②]。在数字档案馆与智慧档案馆建设方面，2022 年，多地综合档案馆通过了"全国示范数字档案馆"的测评，如宁夏回族自治区档案馆、江西省档案馆、浦东新区档案馆、合肥市档案馆、宿迁市档案馆等，另有多地综合档案馆将创建"全国示范数字档案馆"作为下一阶段档案信息化建设的重点任务。从多家"全国示范数字档案馆"测评意见来看，通过测评的示范数字档案馆均体现出"全国示范数字档案馆"对其他档案馆启动的数字档案馆建设项目的极强的示范与引领作用。此外，多地综合档案馆积极推动将档案信息化建设、电子档案管理、数字档案馆建设纳入当地"数字政府"发展规划、"智慧城市"建设规划，如辽宁省人民政府办公厅印发《辽宁省"十四五"数字政府发展规划》，电子档案管理作为应用支撑体系建设及业务应用体系建设中的一项内容被纳入其中[③]。

在档案实体保护方面，2022 年 11 月，国家档案局印发《国家档案局办公室关于组织申报 2023 年度国家重点档案保护与开发工程项目的通知》，提出重大专题保护开发任务主要围绕宣传贯彻党的二十大精神阐释党的百年奋斗重大成就和历史经验、抗战档案汇编、中国档案文献遗产宣传推介、边疆历史档案、满蒙文等少数民族和涉外档案合作交流等内容组织申报；重点专题保护开发任务围绕"四史"教育、历史文化传承、红色档案开发等方向组织申报。作为国家档案事业"十四五"规划的重要任务，国家重点档案保护与开发工程项目加大了对国家重点历史档案保护的科技研发投入，并通过项目建设的方式引领各级综合档案馆，围绕馆藏标志性的、极具地方特色的、典型性的档案资源进行高质量保护。

---

① 陈杰．湖北通报部分档案馆档案数字化工作情况［EB/OL］．（2022－09－02）［2022－12－27］. http：//chinaarchives. cn/home/ca tegory/detail/id/40065. html.

② 梁伟灿．福建开展集中约谈推进馆藏档案数字化［EB/OL］．（2022－01－10）［2023－02－26］. http：//www. zgdazxw. com. cn/news/2022－01/10/content_329392. htm.

③ 辽宁省档案局．辽宁：电子档案管理纳入"数字政府"发展规划［EB/OL］．（2021－12－08）［2022－12－28］. http：//chinaarchives. cn/home/category/detail/id/37423. html.

二、2022 年我国综合档案馆建设中存在的问题

(一) 档案资源开发缺乏新意，数字档案资源库建设进展较慢

2022 年，各级综合档案馆持续推进入馆档案类型的多样化发展，并通过例行接收与面向社会征集的方式，扩大馆藏档案的覆盖领域，突出馆藏档案资源的独特性，这对综合档案馆来说，是常规工作，也是档案资源开发的基础性工作。结合 2022 年各级综合档案馆在馆藏档案资源建设与开发方面所发布的报道和笔者与部分综合档案馆相关工作人员的访谈结果分析，该项工作存在的问题主要包括三个方面：其一，馆藏档案资源开发缺乏新意，社会反响不够突出。2022 年各级综合档案馆在馆藏资源库建设、档案编研、数字档案资源开发等方面做了大量工作，但整体效果中规中矩。从相关报道来看，馆藏资源库建设基本延续往年的建设主题，在历史档案与民生档案方面建设成果相对较多，但很多资源建设项目缺少新意，受众面较窄，尤其是针对地方特色文化而开发的资源库，仅面向馆内开放，在档案馆门户网站、社交媒体中均没有相关链接，配套宣传也很少。其二，在档案编研工作方面，各级综合档案馆组织编写的各类档案编研成果，从选题来看，重复建设的现象比较明显。如 2022 年编辑出版的档案编研成果很多都围绕红色档案展开，虽然在选材范围上，编研成果能够体现出本馆所藏红色档案及其相关资料、文献的内容与特点，但形式上存在着很大的相似性，基本上都是档案汇编、图片汇集、大事记或年谱等形式，缺少对所收录档案的深层次的内容分析。同时，很多编研成果并未面向图书市场发行，公众能够接触到这类成果的途径非常有限。2021 年，全国各级国家综合档案馆公开出版编研资料 864 种，内部参考 1 541 种[①]。笔者在国内知名网上书店检索发现，以档案局或档案馆名义出版的，在售的 2021 年出版的编研成果仅有 15 部。编研成果数量与公众能够获取编研成果数量上的不对等，使得档案编研成果的社会效果非常有限。其三，数字档案资源开发进展较慢。数字档案资源开发是馆藏档案资源从库房走向互联网、从档案馆走向社会的重要方式。随着各级综合档案馆馆藏数字化工作逐渐接近尾声，围绕数字档案的后续规划与使用已成为近些年来综合档案馆特别关注的问题，部分综合档案馆已经着手开发数字档案资源库、资源平台或管理系统。但数字档案资源开

---

① 国家档案局政策法规司.2021 年度全国档案主管部门和档案馆基本情况摘要（三）[EB/OL]. (2022 - 08 - 18) [2022 - 12 - 06]. https://www.saac.gov.cn/daj/zhdt/202208/b217ac4762304b54b2ce08547602b2c8.shtml.

发周期较长，且前期投入较高，部分综合档案馆的数字档案资源开发项目立项多年，但进展比较慢，围绕数字档案资源开展的深层次信息开发与知识挖掘工作仍处于探索阶段。

（二）受新冠疫情影响，档案馆开展社会服务效果提升不明显

2022年，受新冠疫情影响，各级综合档案馆年均开展的活动频次明显下降，尤其是受疫情影响较大的地区的综合档案馆，全年发布的关于已开展工作的新闻报道仅有2篇，部分综合档案馆门户网站信息更新速度较慢，全年发布各类消息和报道不足10篇，缺乏实质性、标志性的工作成果。同时，因疫情而采用的线上办公形式，虽在一定程度上缓解了无法线下办公的难题，但各级综合档案馆在开展线上服务方面存在一定问题。经过对部分综合档案馆工作人员访谈与采集到的部分综合档案馆门户网站在线问答模块的用户提问内容的分析，笔者认为主要存在三个方面的问题：其一，线上利用服务样式不多，且公众获取数字档案的途径有限，从对部分综合档案馆门户网站与微信公众号的调研来看，2022年各地综合档案馆新开通的线上服务方式不多，对以往线上服务方式的优化不明显，很多综合档案馆的线上服务基本上就只有目录查询和部分现行文件的检索，异地查询、在线浏览与传输、线上问答服务等其他文化机构普遍开展的线上服务方式并没能实现或发挥效果。其二，经历了三年的线上办公，很多综合档案馆的线上服务效果与质量仍无法满足公众需求，尤其部分档案馆在回答公众线上提问时，要么显得手足无措、答非所问，要么长时间不回答，甚至引发公众对档案馆线上服务工作的差评。其三，档案信息服务没能形成线上线下联合互动，图书馆和博物馆等文化机构在疫情期间，纷纷加大了线上文化服务的投入，设计并开发了很多极具创意的文化服务方式，特别是线上线下文化服务的联动，弥补了线下服务开展受限的问题。但正如前文所述，大多数综合档案馆受限于现有的技术能力，线上服务形式中规中矩，难以形成联动性的服务网，服务效果不够突出。

（三）基层业务指导与培训开展未常态化，人才队伍建设有待进一步优化

经过三年机构改革的过渡期，各级综合档案馆已完全适应局馆分治的管理机制，但受限于局馆行政与业务工作范围，部分基层综合档案馆仍有部分困难需要进一步缕清其原因并加以解决：其一，基层综合档案馆业务工作检查与指导工作开展频率较低，基层综合档案馆工作人员接受的业务指导较少。受机构改革影响，各级档案行政管理机构工作人员数量偏少，但承担行政管理业务增多，使得档案行政管

理机构很难安排规模较大且频次较高的执法检查与业务指导，给基层综合档案馆业务工作规范化开展带来很大的困难，这个自 2018 年机构改革之后积累而生的问题在 2022 年仍然没能得到有效的解决。其二，档案业务培训工作是提升基层综合档案馆工作人员业务能力的重要途径，受新冠疫情影响，各级综合档案馆开展的针对基层综合档案馆的业务培训、政策解读和学术交流等活动延期或取消，甚至常态化的线上培训与学术交流活动都很少开展，缺乏常态化的技能培训与专业指导，基层综合档案馆工作人员基本业务能力存在很大隐患。其三，国家档案局于 2017 年面向全国档案行业的各个领域遴选了一批全国档案领军人物和档案专家，各地方档案系统也相继遴选了一批地方档案专家，其中在各级综合档案馆任职的专家有很多，但从已发布的各类档案工作报道来看，档案专家队伍之间的沟通与交流机会并不多，队伍的作用与优势并没有很好地体现出来。

三、2023 年我国综合档案馆建设的建议

（一）深度学习党的二十大报告精神，推动综合档案馆业务工作高质量发展

2022 年 10 月，中国共产党第二十次全国代表大会胜利召开，党的二十大报告精神的领会与研读成为各级综合档案馆重点学习任务。2023 年，各级综合档案馆需继续针对党的二十大报告内容，反思当前档案工作，深挖存在的问题，并合理规划档案工作未来的发展思路。笔者认为各级综合档案馆可以围绕以下四个方面展开深度学习：其一，各级各地综合档案馆需不断适应局馆分治的管理机制，不断探索新时期综合档案馆的发展方向，着力推进档案事业高质量发展；其二，强化档案人才队伍建设，通过树一批、选一批、育一批的人才队伍建设思路，发挥档案人才对综合档案馆各项工作的技术与能力优势，为综合档案馆创新发展与持续发展扩大人才储备；其三，综合档案馆需以增进民生福祉为宗旨，正视档案信息资源对提高人民生活品质的作用，从综合档案馆利用服务方式、质量、评价等方面入手，不断满足公众对档案信息资源的多样化需求；其四，综合档案馆需着力围绕"四史"教育开展档案信息资源开发，充分发挥档案在维护中华民族统一、争夺大国外交话语权、缓解国家间历史与文化冲突方面的作用。

与此同时，2022 年 12 月国家档案局发布了《副省级以上综合档案馆业务建设评价办法》，多地综合档案馆已将新一轮业务建设评价工作作为 2023 年核心工作任务。开展业务建设评价不仅是评价综合档案馆基础业务、服务能力、信息化建设与管库安全状况，更是对综合档案馆政治建设、思想建设、作风建设、队伍建设的综

合评价，这对各地综合档案馆来说，是一次难得接受国家专业评估小组"诊断"各项业务工作成效与问题的机会。通过此次新一轮业务建设评价工作，综合档案馆能够及时发现自身工作中疏漏与短板，精准定位问题，全方面解析专家组提出的问题诊治方案，推进档案事业高质量发展。

（二）结合国家文化数字化战略，加快馆藏数字档案资源开发与资源库建设

2022年5月，中共中央办公厅、国务院办公厅印发《关于推进实施国家文化数字化战略的意见》（以下简称《意见》），提出实行"国家文化数字化战略"，从八个重点方面对文化事业的数字化转型发展进行部署，明确提出"到'十四五'时期末，基本建成文化数字化基础设施和服务平台，形成线上线下融合互动、立体覆盖的文化服务供给体系"[①]。档案机构作为我国文化事业的重要组成部分，也需融入到国家文化数字化战略之中。《"十四五"全国档案事业发展规划》明确指出"加快推进档案信息化建设""提升各级国家综合档案馆公共服务能力""促进档案公共服务均等化、便捷化""充分实现档案对国家和社会的价值"[②]。在国家文化数字化战略背景下，综合档案馆馆藏资源建设与公共文化服务正面临着方式更新、技术转型等新状况，综合档案馆应抓住政策红利，积极推进馆藏档案数字化建设，规划馆藏数字档案资源开发，并促进综合档案馆公共文化服务数字化转型，增强综合档案馆数字文化服务能力。

目前，各级综合档案馆馆藏档案资源数字化工作已经取得巨大进展，截至2021年底我国综合档案馆馆藏数字档案资源达1 629.9TB[③]。在如此大量的数字档案资源支撑下，综合档案馆一方面要利用现有数字档案资源开发成果，结合新技术，推动档案资源数字化向数据化层面的有效转型；另一方面要保证技术与资源的协调统一，保障数字档案资源无障碍、不失真地在馆际进行跨系统流通，运用数据挖掘、语义分析、知识图谱等技术对海量数字档案资源进行主题聚类分析与主题描述。对具有历史文化传承价值的档案资源，如红色档案资源，要深度挖掘其内在联系，使其不再仅停留在载体展示引发公众认同的阶段。基于对红色档案内容之间的关联与分析，通过信息可视化、知识图谱、知识挖掘等技术手段，完成公众从载体认知到

---

① 中共中央办公厅 国务院办公厅印发《关于推进实施国家文化数字化战略的意见》[EB/OL]．（2022-05-22）[2022-12-17]．http：//www.gov.cn/xinwen/2022-05/22/content_5691759.htm.

② 中华人民共和国国家档案局．中办国办印发《"十四五"全国档案事业发展规划》[EB/OL]．（2021-06-09）[2022-12-20]．https：//www.saac.gov.cn/daj/toutiao/202106/ecca2de5bce44a0eb55c890762868683.shtml.

③ 中华人民共和国国家档案局．2021年度全国档案主管部门和档案馆基本情况摘要（二）[EB/OL]．（2022-08-18）[2023-01-01]．https：//www.saac.gov.cn/daj/zhdt/202208/b9e2f459b5b1452d8ae83d7f78f51769.shtml.

观点认同的转型，这正是国家文化数字化战略所要实现的终极目标。与此同时，各级综合档案馆通过对不同领域、不同类型的文化数据进行关联，构建一体化的中华文化数据库，对传承中华民族传统文化，丰富中华民族文化基因的当代表达，实现中华文化全景呈现，加强社会主义精神文化建设，增强国家民族认同感有着重要作用。

（三）持续推进综合档案馆数字化转型，做好档案数字文化服务的顶层设计

对标《意见》提出的八项重点任务，在内容建设方面，《意见》提出"统筹利用文化领域已建或在建数字化工程和数据库所形成的成果，全面梳理中华文化资源……形成中华文化数据库"。各级综合档案馆可结合当前社会文化热点问题，构建档案馆数字文化服务的基本内容框架，地方综合档案馆则可在此基础上设计具有自身馆藏特色的档案文化数字化服务产品。尤其是那些文化资源丰富的综合档案馆，要重点聚焦红色档案资源、社会主义先进文化档案资源、中华优秀传统文化档案资源的数字化挖掘与知识关联，提取其中具有独特社会教育意义的优秀文化要素，主动融入到中华文化数据库的建设当中，利用档案文化数字化资源提升公众对国家和民族文化的认同感。

在促进文化机构数字化转型方面，《意见》提出"推动文化机构将文化资源数据采集、加工、挖掘与数据服务纳入经常性工作"。这需要档案行政主管部门从制度层面将档案文化资源的采集开发纳入综合档案馆的日常工作范围，完善档案数字化的相关制度标准，通过统一的数字化标准保障档案资源数字化的质量，为档案数据资源之间的共享利用提供基础性支撑，强化档案数字化资源的开放共享制度建设，构建档案文化数字化资源共享制度体系和档案文化数字化资源全过程管理制度体系。

在夯实文化数字化基础设施，发展数字化文化消费新场景方面，《意见》提出"大力发展线上线下一体化、在线在场相结合的数字化文化新体验"，"利用现有公共文化设施，推进数字化文化体验"。这要求各级综合档案馆加快完善数字化基础设施建设，积极推广云计算、云存储等低成本、易推广的信息技术手段，提高综合档案馆的数据存储、处理与共享能力。同时，在 5G 技术的支持下搭建安全的交互网络，推动各馆之间的智慧互联，不断拓展综合档案馆数字文化服务的场景和范围。对那些已有一定数字化基础的综合档案馆，通过引入虚拟现实、数字孪生等先进技术对其进行智慧化改造，建设综合档案馆数字文化服务试点，为今后相关实践的普及推广收集经验。

（四）以"三支人才队伍"为抓手，培育国家档案事业优质人才队伍

为落实国家级档案专家、全国档案工匠型人才和全国青年档案业务骨干选拔工作，2022年9月下旬，国家档案局组织召开了"三支人才队伍"人选评审会议。"三支人才队伍"建设是档案事业"十四五"规划的核心任务之一，目的在于打造一批业务能力突出、专业素质过硬、能为国家档案事业各项工作出谋划策的人才团队。从入选专家人员分布来看，国家各级各地各类档案机构均有专家入选各类人才队伍，这为国家档案人才队伍建设打下了坚实的基础。对各地档案事业发展来说，人才队伍建设是目前弥补档案机构专家型人才缺失的重要手段，通过各类专家型人才的遴选与推广，能够激发各地档案实践工作者的职业荣誉感与责任感，有效发挥专家型人才在档案业务精进与引领档案管理技术创新方面的作用。

各级档案行政管理机构需要借助"三支人才队伍"的业务能力与行业影响力，合理规划不同类型档案人才的使用与管理，充分调动"三支人才队伍"的工作积极性，提升其对地方档案事业发展的贡献率。首先，要出台国家和地方"三支人才队伍"管理细则，进一步明确不同类型专家人才队伍的职责，制定人才队伍跟踪管理与评价机制；其次，打造"三支人才队伍"联络沟通网，让不同类型人才之间通过相互沟通与交流，营造人才队伍协同发展的环境，实现档案人才跨领域合作；再次，充分发挥专家型人才在档案人才队伍建设中的引领作用，为青年档案工作者起到榜样的作用；最后，各地档案机构可采取邀请专家举办学术讲座、业务指导、现场教学、召开座谈会等多样化的交流方式，用好各地"三支人才队伍"，使其成为地方档案事业持续发展的智慧源泉。

（五）面向国家档案事业高质量发展需要，拓展综合档案馆"智治"服务能力

面对着日趋复杂且多变的社会环境，国家治理需要各类智慧服务机构为政府机构提供更具智慧的行动方案。"智治"既强调以知识、信息和创新思想有效回应国家治理问题的复杂化、专业化与动态化，也强调通过对治理主体认知图式以及价值体系的改造促进国家治理多元主体共识与合作的达成，从而实现新治理资源和治理力的发现与塑造。国家综合档案馆"智治"服务的优势是具有充裕的社会各领域实践活动所形成的各类档案资源及围绕这些资源所开展的档案信息服务。国家综合档案馆常态化信息服务以档案原件、复制件、摘抄等档案信息直接提供方式为主。这种信息服务方式虽能直接满足用户对档案信息的需求，但利用效果相对受限，且拓

展性服务面较窄。面对愈加复杂且多变的国家治理环境，单一信息源的服务已不足以应对政府在国家治理中所面临的风险，政府对精准的领域知识的需求逐渐上升。"智治"以"智"为治理轴心，以知识、信息、创新思想为治理基础和动能的特质决定了"智治"对包括专业化、综合化知识，全面而准确的信息，以及新思想、新观念和新方法的必要要求。这使得持续、高效的智力支持和智慧供给成为"智治"的前提和基础。综合档案馆丰富的馆藏资源为"智治"服务提供了源源不断的知识储备，特别是在馆藏档案完成数据化转化的前提下，数据驱动下综合档案馆的知识挖掘与发现更为便捷。经过数据化后的档案虽仍以原始档案形式存储，但包含在一份档案中的信息内容是以相互关联的数据集的方式呈现的。由此，综合档案馆一方面需要对已有档案数据间的关联关系根据原有的各种登记目录进行重新建构，另一方面需要对随时生成的新数据与现有数据进行整合与关系挂接。经过对海量档案数据关系的重新串联与建构，形成基于单一档案数据的关系网，进而演化成基于不同关键数据的档案数据网络，这是知识发现的重要基础。综合档案馆"智治"服务的主要任务就是将这些分散的档案数据及其所关联的各种关系进行整合与梳理，以完整知识链、数据集合与知识发现报告的方式呈现给政府机构，如构建以新冠疫情为核心数据的知识链，通过对涉及新冠疫情所有档案及收集相关信息生成数据的整合，将所有与新冠疫情相关的政策文本、机构、工作流程、防疫措施等关键信息通过可视化的方式展示出来，可为政府机构提供翔实且具体的知识产品与政策咨询服务。这是综合档案馆"智治"服务的基本功能，也是核心功能。

四、结语

展望 2023 年，我国社会各行各业从新冠疫情的阴霾中逐渐走出，纷纷回归正轨，我国档案工作将迎来"十四五"规划实施的承上启下的阶段，综合档案馆承担着大量的规划设定的目标任务，受疫情影响，多项任务目前尚处于起步阶段。2023年则是各级综合档案馆的大干之年，弥补因疫情延误的各项任务，进一步提升与优化综合档案馆业务能力将成为年度核心任务。目前，各级综合档案馆面临的工作任务与亟待解决的问题还有很多，唯有从综合档案馆的档案信息资源管理和档案公共服务两个核心工作领域出发，探索档案工作高质量发展之路，才能全方面践行党的二十大报告对档案事业的指导，履行党和国家、人民赋予档案机构的责任。

2022年中国档案治理体系建设发展报告

周林兴[1] 黄星[1] 崔云萍[1]

1. 上海大学文化遗产与信息管理学院，上海 200444

摘 要：档案治理体系建设是实现档案治理体系和治理能力现代化的前提和基础，对于推动档案工作和档案事业高质量发展具有重要作用。2022年我国档案治理体系建设稳步向前，在档案管理体制、档案法规标准、档案执法普法和档案监督指导等方面取得显著成效、形成诸多亮点，并呈现出持续向好的发展趋势。但目前仍然存在不少问题，如档案局馆协同发展仍需深化、档案法规标准建设尚待完善、档案行政监管效能亟须提升等。未来应当继续健全局馆联合工作机制、贯彻落实《档案法》、创新档案行政监管措施，进一步深化局馆协作联动发展，加强档案法规标准建设，提高档案行政监管效能，以持续完善档案治理体系建设，充分发挥档案治理成效，彰显档案工作价值，高效服务党和国家中心大局。

关键词：档案治理；治理体系；局馆协同；档案法规标准；档案行政监管

作者简介：周林兴，博士，教授，博士生导师，研究方向为档案学基础理论、档案治理、档案事业等，电子邮箱 zlx5555@163.com；黄星，硕士研究生，研究方向为档案治理、档案事业等；崔云萍，硕士研究生，研究方向为档案学基础理论、档案治理等。

2020年修订的《中华人民共和国档案法》（以下简称《档案法》）将"推进国家治理体系和治理能力现代化"作为立法主要目的之一，为全面推进档案治理体系和治理能力现代化夯实了法理根基。2021年5月，中共中央办公厅、国务院办公厅印发的《"十四五"全国档案事业发展规划》明确提出，"全面推进档案治理体系和档案资源体系、档案利用体系、档案安全体系建设"[①]，并将档案治理体系列于"四个体系"之首。档案治理体系建设作为国家治理体系建设的重要组成部分，是推动档

---

① 中华人民共和国国家档案局. 中办国办印发《"十四五"全国档案事业发展规划》[EB/OL]. (2021-06-09) [2022-12-16]. https://www.saac.gov.cn/daj/toutiao/202106/ecca2de5bce44a0eb55c890762868683.shtml.

案事业高质量发展的基本动力与重要保障①。2022 年是党的二十大召开之年、第二个百年奋斗目标的开局之年，也是我国档案事业高质量发展的关键之年。站在这一重要历史交汇点上，全面梳理总结档案治理体系建设成效与亮点，客观剖析档案治理体系建设现存问题，科学谋划档案治理体系建设未来发展图景，有助于推进国家档案治理体系和治理能力现代化，助益我国档案事业转型升级。

一、2022 年我国档案治理体系建设成效与亮点

（一）与时俱进，档案管理体制不断健全

一是档案局馆联动合作方式更加多样。2018 年机构改革后，档案局馆关系由一体转变为分设，其相应工作机制随之发生重大变化。在此环境下，多地创新性探索后机构改革时代档案局馆的职责定位及其履行落实，并日渐形成了共性化和特色化相结合的档案局馆联动协作方式。在共性化层面，主要表现为建立联席会议制度、联合参与重要工作、联合开展行政执法等形式。如内蒙古自治区档案局、自治区档案馆结合工作实际，出台《内蒙古自治区档案局、自治区档案馆协同工作暂行办法》，详细规定了档案行政联合执法、档案法规代拟等协同工作事项②。辽宁省营口市档案局和档案馆加强沟通协作，依托建立的局馆联席会议制度，大力布局局馆重大活动互派人员参加、重要事项互相告知、相关职能科室经常性开展业务沟通等协同工作活动，形成了局馆紧密联动的运作方式③。在特色化层面，主要以福建省为典型代表。如福建省档案局不断完善局馆联运机制，所有设区市均实行"办局一体、局馆联动"创新模式，并持续推进落实县（市、区）党委办室务会成员（副主任）、档案局局长、档案馆馆长"三位一体"全覆盖，实现了档案局馆既科学分工又密切协作④。

二是档案馆库设置与布局持续优化。在硬件设施方面，各地相继完成了档案馆库改造、新建和搬迁工作，为档案治理体系建设夯实基础保障。如据统计，河北省60 个县（市、区）档案馆新馆建设已完成开工，其中 44 个县（市、区）档案馆新

① 徐拥军，龙家庆. 加快档案治理体系建设 推动档案事业高质量发展 [J]. 中国档案，2022（1）：30 - 31.

② 杨静. 内蒙古 局馆协同共创事业发展新局面 [EB/OL]. （2022 - 04 - 15）[2022 - 12 - 18]. https：//www.saac.gov.cn/daj/xwdt/202204/9cc6348c60324bb3b47b89532bf66ac0.shtml.

③ 纪宇晗. 辽宁营口 局馆联席会议部署重点任务 [EB/OL]. （2022 - 07 - 29）[2022 - 12 - 18]. https：//www.saac.gov.cn/daj/c100186/202207/8a876f64aaaa4d6888029b04234a7740.shtml.

④ 梁伟灿. 福建 在市县两级全面推行"办局一体、局馆联动"模式 [EB/OL]. （2022 - 09 - 13）[2022 - 12 - 18]. https：//www.saac.gov.cn/daj/c100214/202209/9d5ef3154b9e4d49a2c13e77d5d7f045.shtml.

馆已建成并投入使用①；山西省档案馆新馆总用地 66.7 亩、总建筑面积 5.6 万平方米，于 2022 年 6 月落成并投入使用②。再如湖北省荆州市档案馆、江苏省南京市江宁区档案馆、陕西省西安市长安区档案馆等相继建成，实现搬迁并正式投入使用。在软件设施方面，多地获批并完成了数字档案馆（室）建设工作，推进档案信息化建设，助力档案治理体系功能价值的发挥。如河南省档案馆、江西省档案馆、宁夏回族自治区档案馆、上海市浦东新区档案馆、安徽省合肥市档案馆、浙江省杭州市档案馆数字档案室等 21 个数字档案馆（室）通过国家级数字档案馆测试，并被认证为"全国示范数字档案馆（室）"③。

三是各级党委和政府将档案工作纳入年度考核内容更为突出。在省级层面，青海、湖北、江西、重庆等省份相继出台了《2022 年全省档案工作要点》，并明确提出了将档案工作列入各级党委、政府工作的整体规划、年度计划和考核体系。在市级层面，北京市昌平区印发了《关于开展区党政群机关和镇（街道）绩效考核评价的意见》，首次将档案工作纳入全区年度绩效考核指标，使档案工作与全区各级党政群机关和镇（街道）业务工作同部署、同推进、同考核④；江西省景德镇市发布了《2022 年度景德镇市市直机关绩效考核方案》，旗帜鲜明地将档案工作纳入市直机关年度绩效考核指标，推动档案工作与机关业务工作同部署、同推进、同考核⑤。在区县层面，河南省漯河市颁发了《县（区）档案工作考核细则》《市直机关、团体、企业事业单位档案工作考核细则》，将档案工作明确列入县级领导班子和市管干部以及市直机关与企业事业单位的综合考核评价内容⑥。福建省永安市颁布了《2022 年度全市工作绩效考评意见》，正式将档案工作纳入全市工作绩效考核，使档案工作绩效考核成为推动各单位贯彻落实《档案法》、规范基层档案管理工作的有效抓手⑦。

---

① 许建华. 河北 开展档案安全风险隐患排查 [EB/OL]. （2022 - 08 - 12）[2022 - 12 - 18]. http：//www. zgdazxw. com. cn/news/2022 - 08/12/content _ 335928. htm.

② 耿永红，张若帆. 山西省档案馆新馆投入使用 [EB/OL]. （2022 - 08 - 30）[2022 - 12 - 18]. https：// www. saac. gov. cn/daj/c100178/202208/0cbcc89f39c84e51b802573a9c49d355. shtml.

③ 数据来源于"兰台之家"微信公众号（统计时间截至 2023 年 4 月 11 日）。

④ 文霄. 北京昌平首次将档案工作纳入年度绩效考核 [EB/OL]. （2022 - 08 - 15）[2022 - 12 - 18]. ht-tps：//www. saac. gov. cn/daj/xwdt/202208/c40e24894edc47bf9000bc31aa12d361. shtml.

⑤ 韶华. 江西景德镇将档案工作纳入市直机关绩效考核指标 [EB/OL]. （2022 - 05 - 12）[2022 - 12 - 18]. https：//www. saac. gov. cn/daj/c100218/202205/edfe96656208421faad5bef7f24e4338. shtml.

⑥ 周燕，闫俊丽. 河南漯河 将档案工作纳入县级领导班子和市管干部综合考核评价内容 [EB/OL]. （2022 - 12 - 02）[2022 - 12 - 18]. https：//www. saac. gov. cn/daj/xwdt/202212/2ff08114e41544b997adb9c68d864256. shtml.

⑦ 余雪珍. 福建永安 将档案工作纳入全市工作绩效考核 [EB/OL]. （2022 - 11 - 18）[2023 - 02 - 06]. ht-tps：//www. saac. gov. cn/daj/c100214/202211/32bd6a2560924f6ea6df344a50556142. shtml.

（二）依法治档，档案法规标准持续完善

一是档案法规制度建设不断跟进。在档案部门规章方面，2022 年《乡镇档案工作办法》《国家档案馆档案开放办法》等部门规章的正式实施，为新时代推进和规范乡镇档案工作、各级国家档案馆档案开放工作提供了有力保障。在地方档案法规方面，各地依循《档案法》相关要求，出台或施行了一系列地方性法规，以期针对性指导当地档案事业发展。如《重庆市实施〈中华人民共和国档案法〉办法》《甘肃省档案条例》《内蒙古自治区档案条例》《黄山市徽州文书档案保护条例》等。

二是档案标准规范建设有序推进。在档案国家标准规范方面，标准规范质量持续提升。如由国家市场监督管理总局、国家标准化管理委员会联合发布的两项国家标准规范《信息与文献 文件（档案）管理 概念与原则》（GB/T 26162—2021）和《信息与文献 文件（档案）管理体系 实施指南》（GB/T 41207—2021）于 2022 年 7 月 1 日正式实施，从宏观层面阐释了文件档案管理的主要工作内容，系统论述了"文件管理原则"，为我国电子文件、电子档案管理工作高质量发展提供有效规范。2022 年 7 月 11 日，国家市场监督管理总局、国家标准化管理委员会联合发布了《信息与文献 文件（档案）管理体系 要求》（GB/T 34112—2022），聚焦文件档案管理目标和方针，规定了文件档案管理体系应满足的要求，为我国文件档案管理绩效测评深化发展提供规范性指南。《企业信用监管档案数据项规范》（GB/T 40478—2021）为企业信用监管档案中包含的数据项及其表示提供良好规范，《帮扶对象 企业信用档案信息规范》（GB/Z 41687—2022）和《帮扶对象 个人信用档案信息规范》（GB/Z 41688—2022）则从信用建设方面助力巩固拓展脱贫攻坚成果，服务国家战略大局。在档案行业标准规范方面，标准规范领域不断扩展。据统计，2022 年颁布、实施的档案国家标准、行业标准规范分别共计 5 项、12 项（如表 1 所示），覆盖电子档案管理、档案外包服务、档案安全保护、数字档案馆（室）建设等重点行业领域，为这些行业领域档案工作开展提供更具科学性和可操作性的标准规范。

表 1　2022 年颁布、实施的档案标准规范一览

名称	发文字号或标准号	颁布时间	实施日期	部门
《信息与文献 文件（档案）管理 概念与原则》	GB/T 26162—2021	2021 年 12 月 31 日	2022 年 7 月 1 日	国家市场监督管理总局、中国国家标准化管理委员会

续表

名称	发文字号或标准号	颁布时间	实施日期	部门
《信息与文献 文件（档案）管理体系 实施指南》	GB/T 41207—2021	2021 年 12 月 31 日	2022 年 7 月 1 日	国家市场监督管理总局、中国国家标准化管理委员会
《信息与文献 文件（档案）管理体系 要求》	GB/T 34112—2022/ISO 30301：2019	2022 年 7 月 11 日	2023 年 2 月 1 日	国家市场监督管理总局、中国国家标准化管理委员会
《企业信用监管档案数据项规范》	GB/T 40478—2021	2021 年 8 月 20 日	2022 年 3 月 1 日	国家市场监督管理总局、中国国家标准化管理委员会
《帮扶对象 企业信用档案信息规范》	GB/Z 41687—2022	2022 年 10 月 12 日	2023 年 5 月 1 日	国家市场监督管理总局、中国国家标准化管理委员会
《帮扶对象 个人信用档案信息规范》	GB/Z 41688—2022	2022 年 10 月 12 日	2023 年 5 月 1 日	国家市场监督管理总局、中国国家标准化管理委员会
《档号编制规则》	DA/T 13—2022（代替 DA/T 13—1994）	2022 年 4 月 7 日	2022 年 7 月 1 日	国家档案局
《明清档案著录细则》	DA/T 8—2022（代替 DA/T 8—1994）	2022 年 4 月 7 日	2022 年 7 月 1 日	国家档案局
《档案著录规则》	DA/T 18—2022（代替 DA/T 18—1998）	2022 年 4 月 7 日	2022 年 7 月 1 日	国家档案局
《档案修裱技术规范》	DA/T 25—2022（代替 DA/T 25—2000）	2022 年 4 月 7 日	2022 年 7 月 1 日	国家档案局
《档案服务外包工作规范第 4 部分：档案整理服务》	DA/T 68.4—2022	2022 年 4 月 7 日	2022 年 7 月 1 日	国家档案局
《实物档案数字化规范》	DA/T 89—2022	2022 年 4 月 7 日	2022 年 7 月 1 日	国家档案局
《档案仿真复制工作规范》	DA/T 90—2022	2022 年 4 月 7 日	2022 年 7 月 1 日	国家档案局
《档案馆照明系统设计规范》	DA/T 91—2022	2022 年 4 月 7 日	2022 年 7 月 1 日	国家档案局
《电子档案单套管理一般要求》	DA/T 92—2022	2022 年 4 月 7 日	2022 年 7 月 1 日	国家档案局
《电子档案移交接收操作规程》	DA/T 93—2022	2022 年 4 月 7 日	2022 年 7 月 1 日	国家档案局

续表

名称	发文字号或标准号	颁布时间	实施日期	部门
《电子会计档案管理规范》	DA/T 94—2022	2022 年 4 月 7 日	2022 年 7 月 1 日	国家档案局
《行政事业单位一般公共预算支出财务报销电子会计凭证档案管理技术规范》	DA/T 95—2022	2022 年 4 月 7 日	2022 年 7 月 1 日	国家档案局

（三）统筹兼顾，档案执法普法成效显著

一是档案执法检查力度不断加强。如 2022 年国家档案局根据《档案法》和《档案工作检查办法》等，通过随机抽样、组织专班等形式，先后前往中国建筑集团有限公司、中国中钢集团有限公司、辽宁省检察院、山西杏花村汾酒集团有限责任公司等地进行了档案执法检查工作，对其档案工作责任制、库房建设、经费支持、数字化成果等方面进行了全面"体检"，并针对检查中发现的风险点及存在的不足作出了整改提示，为提升企业档案工作质量、促进企业高质量发展提供了长久的内生力量源泉。再如 2022 年 5 月起，河南省开封市档案局与档案馆成立市级联合检查组，对全市各部门、市直各单位、市管各企业和高等院校、各人民团体及各级各类档案馆（室）等 160 余家单位开展档案行政执法检查，确保档案执法检查达到全覆盖，并对检查情况进行了通报，责令受检单位按规定整改①。

二是档案普法宣传工作扎实推进。如国家档案局印发了《全国档案"八五"法治宣传教育规划（2021—2025 年)》和《2022 年全国档案宣传工作要点》，为新时代做好档案普法和法治宣传教育工作指明了方向。同时，为确保档案法治宣传教育见行见效，福建、重庆、山东、江西、甘肃、云南等地也相继发布了档案"八五"法治宣传教育规划。再如上海市浦东新区档案局将推进全区档案普法列入重要工作日程，把提升全区档案工作人员法治素养作为重点，围绕宣传贯彻《档案法》，集中组织举办了一系列形式多样、内容丰富的专题研讨、培训、宣讲等活动②；浙江

---

① 毛一博．河南开封推动执法检查全覆盖［EB/OL］．（2022 - 08 - 09）［2022 - 12 - 20］．http：//www.zgdazxw.com.cn/news/2022 - 08/09/content_ 335872.htm.

② 杨婷．上海浦东新区档案局深入贯彻落实"八五"普法规划：把档案普法融入依法治档全过程［EB/OL］.（2022 - 11 - 15）［2022 - 12 - 20］. https：//www.saac.gov.cn/daj/c100198/202211/dbe56c63e5f4431f831dbb46ad248c42.shtml.

省宁波市档案局为深入推进《档案法》贯彻落实,将新修订的《档案法》部分内容列入了档案管理岗位培训课程与考试内容、全市公务员学法用法考试和任职前培训测试题目中,在《都市周报》连续刊登了《漫画解读新修订档案法》系列作品,于全市20余处公共场所布点举办了漫画解读档案法微展览(巡回展),并向群众发放了相关宣传资料,极大增强了档案部门、机关单位档案工作人员及广大民众的档案法治意识①。

(四)多措并举,档案监督指导稳步推进

一是档案监督指导模式大有改进。在区域协调发展方面,京津冀三地联合签署了《"十四五"时期京津冀档案事业协同发展合作协议》,聚焦红色档案资源和民生类档案资源的整合共享、监管配合,形成了跨区域协同联动的档案工作监督指导模式②;长三角地区深入贯彻落实习近平总书记对档案工作和长三角一体化发展的重要指示批示精神,共同签订了《2023年长三角地区档案部门协同合作事项备忘录》,全面加强对长三角区域"四重"档案的监管,实现了长三角地区一体化的档案工作监督指导模式③。在农业农村方面,浙江省绍兴市越城区档案部门积极探索完善"村档镇(街)管"模式,截至目前,已有2个街道开展"村档镇管"、12个村的档案由街道代管、6个街道探索"村档镇扫",同时共计87个行政村的数字化工作集中到街道档案工作室进行统一备案、统一扫描、统一监管、统一挂接④;四川省泸州市合江县建立健全"县、镇(街)、村"三级联动档案监督指导模式,推进县、镇(街)、村共同合力督查指导村级档案工作,基本实现了全县村级档案管理工作制度化、规范化建设⑤。

二是档案监督指导手段有所创新。一方面,数字技术赋能档案监督指导。如杭州市以强化数字赋能为抓手,打造"市域一体化监管平台——杭州档案工作智治门户",对全市档案管理重大任务执行情况、归档数据"四性"检测情况、档案工作

---

① 任腾飞.宁波 推进依法治档能力建设[EB/OL].(2022-01-21)[2022-12-20].https://www.saac.gov.cn/daj/c100294/202201/19e8bb4bc945480c992a2eefcfdecff0.shtml.

② 宋玉红.踔厉奋进新征程 谱写档案新篇章:河北省档案馆(省方志办)深入学习贯彻习近平总书记重要批示精神[EB/OL].(2022-11-10)[2022-12-18].http://www.zgdazxw.com.cn/local/2022-11/10/content_338046.htm.

③ 凝心聚力 踔厉奋发 长三角地区档案工作座谈会在上海召开[EB/OL].(2022-12-22)[2022-12-25].https://www.saac.gov.cn/daj/c100198/202212/19b5bb291fc4401a901997d03bd23108.shtml.

④ 张磊,董晓燕,张衍.档案工作服务基层治理"越城模式"研究[J].浙江档案,2022(10):46-49.

⑤ 林皖鸿.四川合江县档案馆多举措加强村级档案建设[EB/OL].(2022-11-30)[2023-02-06].http://www.zgdazxw.com.cn/news/2022-11/30/content_338310.htm.

人员专业化水平等进行有效监督指导，形成了档案智能监管闭环方法[①]；浙江省湖州市档案馆主动承接全省"浙里数字档案"重大应用试点任务，打造全市域数字档案管理服务"一键智达、一网通办、一屏监管"的"湖档直通车"多跨度场景，精准管控全市档案工作重大任务和核心业务运行过程，实现了档案管理态势全面感知、风险监测及时预警、智能趋势精准研判的全域监督指导[②]。另一方面，多方主体协同参与档案监督指导。如重庆市档案局、保密局、市场监管局等部门联合组织开展调研、检查，共享档案服务企业登记信息、涉密档案数字化资质许可信息，共同参与档案服务外包监管工作，切实提升了档案服务外包监管指导的科学性、时效性和准确性[③]。

二、2022 年我国档案治理体系建设存在的问题

（一）档案局馆协同发展仍需深化

首先，档案局馆协同人员队伍不均衡。在人员数量方面，"局小馆大"状况普遍存在。相关统计数据显示，我国各级档案主管部门和综合档案馆共有专职人员 41 393 人[④]；根据国家统计局编制的《中国统计年鉴 2022》，我国 3 320 个国家综合档案馆共有专职人员 35 833 人[⑤]。由此推算，平均每个档案主管部门有专职人员仅有 1.78 人，而平均每个国家综合档案馆则有专职人员 10.79 人（如表 2 所示）。在专业素质方面，"局低馆高"现象较为突出。据国家档案局政策法规司统计，截至 2021 年底，全国各级档案主管部门和综合档案馆共有专职人员 41 393 人，其中具有研究生学历（包括博士、硕士、研究生班）的共有 3 896 人（仅占比 9.4%），具有本科学历（含双学士）的共有 27 890 人（占比高达 67.4%），具有大专及以下学历的共有 9 607 人（占比 23.2%）（如图 1 所示）；而在各学历层次中，具有档案学专业程度的仅有 6 684 人（仅占比 16.15%）[⑥]。基于此，根据各级档案主管部门和

---

① 赵福荣. 清单化落实 一体化监管 项目化执法：杭州档案治理体系建设卓有成效 [EB/OL]. （2022 - 03 - 30）[2022 - 12 - 25]. https：//www. saac. gov. cn/daj/xwdt/202203/faaa6f9c2c5f4690a930ad148c307ba6. shtml.

② 陆学敏. 浙江湖州"湖档直通车"跑出数字化改革加速度 [EB/OL]. （2022 - 08 - 12）[2022 - 12 - 25]. http：//www. zgdazxw. com. cn/news/2022 - 08/12/content_335929. htm.

③ 杨漫. 重庆 持续加大档案服务外包监管力度 [EB/OL]. （2022 - 06 - 30）[2022 - 12 - 25]. https：//www. saac. gov. cn/daj/c100250/202206/bad464e785fd43828da3876d9b452920. shtml.

④ 国家档案局政策法规司. 2021 年度全国档案主管部门和档案馆基本情况摘要（一）[EB/OL]. （2022 - 08 - 18）[2022 - 12 - 25]. https：//www. saac. gov. cn/daj/zhdt/202208/fedf617068af97b7a92b80f54723746b. shtml.

⑤ 国家统计局. 中国统计年鉴 2022 [M]. 北京：中国统计出版社，2022：741.

⑥ 国家档案局政策法规司. 2021 年度全国档案主管部门和档案馆基本情况摘要（一）[EB/OL]. （2022 - 08 - 18）[2022 - 12 - 25]. https：//www. saac. gov. cn/daj/zhdt/202208/fedf617068af97b7a92b80f54723746b. shtml.

综合档案馆各自的专职人员数量基数，分析可知综合档案馆专职人员整体的学历和专业程度要明显强于档案局专职人员的学历和专业程度。再加上机构改革后从原档案局馆转入党委办公厅的档案工作人员较少甚至没有，即使有被转入的少量原局馆工作人员，也通常被派去支援其他紧急工作和重要任务，导致现任档案局的职员缺乏专业素养和工作经验[①]。

表2　2021年全国各级档案主管部门和综合档案馆平均人数

档案部门	平均人数
档案主管部门（3 132个）	1.78（人）
综合档案馆（3 320个）	10.79（人）

资料来源：由于国家统计公布的数据具有一定滞后性，根据国家档案局、国家统计局官网，2022年仅能获取2021年度相关数据，2022年度的统计数据尚未发布，正在统计之中。

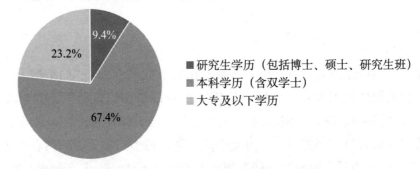

图1　2021年各级档案主管部门和综合档案馆专职人员学历情况

资料来源：国家档案局政策法规司. 2021年度全国档案主管部门和档案馆基本情况摘要（一）［EB/OL］. (2022 - 08 - 18)［2022 - 12 - 25］. https：//www. saac. gov. cn/daj/zhdt/202208/fedf617068af49b7a92b80f54723746b. shtml.

其次，档案局馆协同职能履行不到位。机构改革后，相关调查显示，28个省（自治区、直辖市）都将原来由档案局（馆）承担的行政职能划入党委办公厅，26个省（自治区、直辖市）党委办公厅加挂档案局的牌子[②]，15个副省级市中有13个有党委办公厅挂牌档案局，省级以下层面档案局挂牌党委办公室的情况则更为普遍，并且有的地区没有任命档案局长[③]。然而，需要强调的是，党委办公厅（室）作为党委的综合部门，涉及面广、任务庞杂、工作繁重，在其工作中，由于档案工作并不属于"急难险重"的任务、档案工作人员数量不达标，时常造成忙起来就顾

---

①　徐拥军. 机构改革后档案工作面临的问题与对策［J］. 档案学通讯，2019（5）：101 - 103.

②　笔者在参考《国家大数据战略背景下档案部门与数据管理部门的职能关系》（徐拥军，张臻，任琼辉，2019）一文基础上，进行补充调研，发现数据统计结果仍如此。

③　数据为笔者在参考《档案部门与保密部门的关系——以党政机构职能体系建设为背景的分析》（张臻，2020）一文基础上，结合进一步调研更新得出。

不上的情况出现，在实际运转中极易出现"档案局长只挂名不过问"的现象，这也就在很大程度上削弱了档案局的履职能力[①]。与此同时，机构改革后的档案馆失去了原有的行政手段，导致依赖行政力量和手段推进档案资源建设的既有路径失去效果，从而致使档案局馆协同资源建设陷入困境[②]。如广东省某市档案馆为收集市电视台一批反映城市发展和历史变革的声像档案，并对其进行修复与数字化翻制，以独立名义前往市电视台接收时，市电视台并不重视，导致接收工作一度陷入僵持状态[③]。

（二）档案法规标准建设尚待完善

首先，档案法规标准时效性不足。从国家层面来看，虽然新修订的《档案法》自 2021 年起正式施行，但与之相配套的《档案法实施办法》迄今尚未修订出台，已严重滞后于贯彻落实《档案法》的实际需要。同时，《科学技术档案工作条例》和《机关档案工作条例》两部指导科技档案工作和机关档案工作的行政法规仍然分别沿用 1980 年版和 1983 年版，在内容方面已明显与时代发展不相适应，滞后于实践需求。如《科学技术档案工作条例》第十三条规定："科技档案部门应当及时地提供科技档案为科研、生产、基建等各项工作服务，并编制必要的检索工具和参考资料。借阅和复制科技档案要有一定的批准手续。"第十四条规定："各单位应当定期对科技档案的密级进行审查，根据上级的规定，及时调整密级，扩大利用与交流的范围。"这在一定程度上表明了对科技档案开放利用的重视，但开放利用的形式仅为"借阅"和"复制"两种传统化、简单化的形式；对科技档案的密级审查表述为"根据上级的规定，及时调整密级，扩大利用与交流的范围"，较为笼统、可操作性较差，并不能有效满足社会对科技档案开放利用的强烈需求。《机关档案工作条例》第二十一条第二款规定："机关档案部门保管的档案，是现行档案，主要供本机关和上级主管机关使用，不属于开放范围。对外提供利用需经上级主管机关批准。"这既与文件生命周期理论相悖，又折射出狭隘的利用思想，已难以适应当下社会实践发展。虽然国家档案局在 2018 年和 2020 年分别颁布了《机关档案管理规定》与《科学技术研究档案管理规定》，但由于其不具备与行政法规相匹配的法律

---

① 徐拥军. 机构改革后档案工作面临的问题与对策［J］. 档案学通讯，2019（5）：101 - 103.

② 聂勇浩，蒋琰，郑俭. 局馆协同视角的档案机构改革：模式、挑战与建议［J］. 档案学通讯，2022（5）：37 - 45.

③ 聂勇浩，蒋琰，郑俭. 局馆协同视角的档案机构改革：模式、挑战与建议［J］. 档案学通讯，2022（5）：37 - 45.

效力，最终实施效果尚待检验。从地方层面来看，地方档案法规标准也出现了明显的滞后，已不能很好地适应新的形势。如据有关学者统计，在我国地方档案立法领域中，超过 10 年未修订的法规有 15 部（占 48.4%），超过 5 年未修订的法规有 18 部（占 58.1%）①，这不仅与《档案法》相关精神与规定相违背，更无法适应新时代地方档案管理工作的实际需要。再如目前我国仅有 9 项地方电子档案管理标准的发布时间在《档案法》修订之后，这显然没有及时紧跟《档案法》修订与实施步伐，难以满足当前电子档案管理工作的需求②。

其次，档案法规标准创新性不够和国际标准采标滞后。一方面，内容简单重复，直接沿用上位法和相互抄袭较为明显。如《档案法》第二条已对"档案"进行了概念界定，但依然有 21 部地方档案法规对"档案"进行重复定义，其中大部分基本直接沿袭上位法中关于"档案"的规定，这显然违背了 2015 年修正的《立法法》中"对上位法已经明确规定的内容，一般不作重复性规定"的规定精神，使得法规文本内容缺乏适用性和针对性③。再如 31 部地方档案法规中，有 26 部档案法规均将立法目的表述为"加强档案收集、管理，有效保护和利用档案，服务经济建设和社会发展"，同质化现象严重；同时甘肃、西藏两地法规在修改过程中亦步亦趋，关于"档案数字化建设"的内容条款直接借鉴甚至复制 2007 年修订的《广东省档案条例》第二十六条第二款的规定，足见各地区档案法规惊人的相似性和雷同性，"互鉴"过剩而创造性缺乏④。另一方面，结构体例生搬硬套，趋同化倾向较为突出。如在现行的 31 部地方档案法规中，以章节体例作为基本架构的省级地方档案法规有 23 部，约占法规总数的 74%，其中采用六章体例（即总则、档案机构及其职责、档案管理、档案的公布与利用、法律责任、附则）的有 17 部，此类法规的章节设置大体相似，有些甚至完全一致⑤。此外，目前国际标准化组织信息与文献技术委员会档案/文件管理分技术委员会已经制修订并发布了 19 项国际标准，而我国档案国家标准中采纳的仅有 7 项，采标率仅为 36.8%⑥。可见，我国档案领域

① 娄晓阳. 我国档案管理地方立法的可操作性研究：基于 31 部省级地方性法规的文本分析 [J]. 档案学通讯，2021 (3)：90-97.

② 徐拥军，王兴广，郭若涵. 我国电子档案管理标准建设现状与推进策略 [J]. 图书情报工作，2022，66 (13)：36-47.

③ 蒋云飞. 中国地方档案立法：现状、问题与完善路径：基于 31 部省级档案法规的文本分析 [J]. 档案学研究，2022 (2)：33-39.

④ 蒋云飞. 中国地方档案立法：现状、问题与完善路径：基于 31 部省级档案法规的文本分析 [J]. 档案学研究，2022 (2)：33-39.

⑤ 周林兴，崔云萍，徐承来. 2021 年我国档案法规标准建设发展报告 [J]. 档案与建设，2022 (10)：4-6.

⑥ 数据为笔者自行统计得出。

标准国际化发展还有较大提升空间，亟须提高采标工作效率。

最后，档案法规标准协调性不强。一方面，档案法规体系内部之间存在相互矛盾的情况。如国家档案局在颁布更具时代性、前瞻性的《科学技术研究档案管理规定》和《机关档案管理规定》后，并没有及时废止先前的《科学技术档案工作条例》和《机关档案工作条例》。总体上看，前者和后者在机关档案管理工作与科技档案管理工作中所体现的思想规定存在明显差异，前者较为狭隘、滞后，后者则更为科学、灵活。再如，《唐山市档案工作管理办法》第十二条规定："中外合资、合作企业以及与香港、澳门、台湾合资、合作企业，自协议（合同）生效后形成的全部档案，在协议（合同）终止后，应当由本市合资、合作的企业保存。"而在《河北省档案工作条例》、《档案法》和《档案法实施办法》等档案法律法规中，并未出现类似规定或表述，《唐山市档案工作管理办法》不仅与上位法相违背，更违反了2015 年修正的《立法法》的第七十二条规定[①]。另一方面，档案法规与相关法律法规之间衔接不畅。如在大数据时代，为切实保障国家信息和数据安全，我国信息与数据立法加速推进，相继出台《中华人民共和国网络安全法》《中华人民共和国密码法》《中华人民共和国数据安全法》《关键信息基础设施安全保护条例》《中华人民共和国个人信息保护法》《数据出境安全评估办法》等信息安全和数据安全方面的相关法律法规，高度重视公民个人隐私安全[②]。而《档案法》虽然有提出关于信息安全和数据安全的规定与要求，但尚未明确和更新档案信息安全、档案数据安全以及用户隐私安全等方面与之相衔接的规范细则，所彰显与表达的安全理念未能落到实处，因此《档案法》还尚无法与其他相关法律法规形成有效协调衔接[③]。

（三）档案行政监管效能亟须提升

首先，档案行政监管人员普遍不足。根据《2021 年度全国档案主管部门和档案馆基本情况摘要（一）》和《中国统计年鉴2022》，我国各级档案主管部门平均仅有 1.78 人，超过半数省份部门人数不足 10 人。如四川省 2019 年度统计数据显示，204 个档案主管部门总共仅有 203 人，平均每个部门仅有 1 人[④]。加之机构编制等

① 姚明. 我国档案管理地方立法研究：基于66 部地方性法规的实证分析［J］. 档案学研究，2019（3）：68 - 73.

② 王玉珏，吴一诺. 档案法律融入数据法律体系的内在逻辑、问题与路径［J］. 档案学研究，2022（3）：28 - 35.

③ 王玉珏，吴一诺，凌敏蔼.《数据安全法》与《档案法》协调研究［J］. 图书情报工作，2021，65（22）：24 - 34.

④ 徐拥军，张臻，牟建闽. 治理现代化视域下我国档案行政监管的问题与对策［J］. 中国档案，2022（8）：20 - 21.

原因，各级档案主管部门并未专门设置档案行政监管机构，档案行政监管人员屈指可数，处于疲于应付的局面，尤其在地市和区县层面表现突出。如广东省各市在市委办公厅（室）设立一个（科）负责档案行政管理工作，大多只配备了 3～4 人，最少的仅有 2 人[①]；广西壮族自治区的 125 个市、县档案主管部门中，超过 80% 的市、县档案行政管理部门既没有成立档案法制机构，也没有专门的档案行政执法监管机构和专职人员[②]。

其次，档案行政监管方式相对滞后。自我国开展"互联网＋监管"系统建设以来，档案事业领域的"互联网＋监管"系统尚处于初步建设阶段，"互联网＋档案行政监管"方式创新性不足且尚未成熟。从中央层面来看，虽依托国务院"互联网＋督查"平台和国务院"互联网＋督查"小程序向社会征集政府政务服务过程中的相关问题线索或意见建议，并在"曝光台"专栏中设有全国各地典型监管案例报道，但尚无专门针对档案行政监管工作的公示和反馈，同时国家"互联网＋监管"系统中的"互联网＋档案行政监管"工作进展暂不明晰[③]。从地方层面来看，仅有北京、浙江、河南、湖南、四川、广西 6 个省级行政区域建有面向公众开放的"互联网＋监管"系统，其中有关档案行政监管内容事项数量还较少，平均每个省级行政区域只有 10 项，且湖南省尚未在"互联网＋监管"系统设置档案监管模块，广西壮族自治区"互联网＋监管"系统中的档案监管事项清单暂无数据[④]。由此可知，我国档案行政监管技术性支撑不足，档案行政监管方式亟待创新。

三、我国档案治理体系建设的前景展望

（一）健全局馆联合工作机制，深化局馆协作联动发展

首先，建立专业人才联通机制。第一，在做好人员转隶和调配工作基础上，可适当扩充人员编制，开辟档案馆人员进入档案局的任职渠道，保障档案局馆正常运转。如档案机构改革中，在天津市档案局（馆）16 项行政职能 29 名工作人员转隶市委办公厅后，滨海新区、和平等 12 个区在区委办公室专设档案科并将人员编制

---

① 黄宏达. 机构改革后加强和改进档案管理工作专题调研报告 [J]. 中国档案，2020 (1)：58-59.
② 蒋宏灵，冯华. 广西依法治档问题研究 [J]. 中国档案，2019 (10)：74-75.
③ 毛贤广，姚静，陆建春. "互联网＋档案行政监管"的实施现状与推进策略 [J]. 档案学通讯，2021 (4)：45-51.
④ 毛贤广，姚静，陆建春. "互联网＋档案行政监管"的实施现状与推进策略 [J]. 档案学通讯，2021 (4)：45-51.

设定为 3 至 5 人，河东、河西等 12 个区档案馆也相应增加了人员编制，有效保证了档案工作的照常开展①。第二，联合开展培训，共促档案局馆人员专业素养协调平衡。档案局和档案馆可通过联合举办相关档案业务专题理论讲座和实践培训，切实提高档案工作人员的道德修养和专业素质，为人才跨机构联通奠定坚实基础②。如广东省汕头市档案局和档案馆联合举办"政务网电子文件归档和档案信息共享系统操作使用暨电子档案移交接收培训班"，来自全市 93 个立档单位的档案工作人员参加培训③。第三，与高等院校加强合作，联合培养优质档案专业人才，为档案局馆联动提供后续人才储备。如上海市档案局（馆）和上海大学文化遗产与信息管理学院合作建立档案专业人才培养基地④；浙江省台州市档案局、档案馆与中国人民大学信息资源管理学院签订《全面战略合作协议》，双方合作共建"教学科研实践基地"⑤。

其次，构建职能履行联合机制。第一，依靠行政力量，共促档案资源建设。在档案进馆接收、资源建设等工作方面，可借助档案局的行政力量，通过共同制定工作标准、考评办法以及联合发文的形式，明确档案馆在资源建设中的地位、权利、责任和要求等，保障档案资源建设顺利推进。如内蒙古自治区档案局、档案馆联合印发的《关于建设内蒙古自治区档案数字资源备份中心的通知》，提出了要大力建设档案数字资源备份中心，这为档案数字资源建设工作开展提供了坚强保障⑥。第二，联办服务活动，拓展档案公共服务。档案局和档案馆可通过召开联席工作部署会议，合力举办档案文献汇编、档案展览、档案文创推广和档案法律知识宣传教育等文化服务活动，丰富档案公共服务内容与形式，提高档案公共服务的群众覆盖面

① 柴丽. 重整行装踏新程 推进事业开新局：天津市档案局做好机构改革后档案工作 [N]. 中国档案报，2019 - 08 - 19 (1).

② 周林兴，徐承来，邹莎，等. 局馆联动：另一种可能更科学的档案管理体制定位 [J]. 档案学通讯，2021 (1)：29 - 36.

③ 汕头市档案局. 市档案局 市档案馆联合举办全市电子档案移交接收培训班 [EB/OL]. (2022 - 06 - 29) [2022 - 12 - 25]. http：//daj. shantou. gov. cn/sdaj/0500/202206/f429267f7c084f9084dc63fe4f66b96b. shtml.

④ 档案春秋. 市档案局（馆）举办青年干部和业务骨干档案业务专题培训班 [EB/OL]. (2022 - 08 - 20) [2022 - 12 - 25]. https：//mp. weixin. qq. com/s？_ _ biz=MzI0MDE4NjAxNQ==&mid=2650450802&idx=1&sn=7ca 75d271ffb51c2a1a943df21b64091&chksm=f110ac82c66725940349a532bce92248cdc8b8a3c007e71154fced627a9c2338b c19eac3a7ef&scene=27.

⑤ 徐维，石鹏勤. 台州市档案局馆与中国人民大学签订全面战略合作协议 [EB/OL]. (2021 - 06 - 21) [2022 - 12 - 25]. http：//www. chinaarchives. cn/mobile/category/detail/id/35092. html.

⑥ 内蒙古档案. 自治区档案局、自治区档案馆启动内蒙古自治区档案数字资源备份中心建设工作 [EB/OL]. (2022 - 12 - 20) [2022 - 12 - 25]. https：//mp. weixin. qq. com/s？_ biz=MzI3NjY0ODgwNA==&mid=224749 4443&idx=2&sn=888f9463332520988c968f22facc5b9e&chksm=eb70ed20dc0764368a1e3992185d5f0b8d0aa9e1b603 de2a428328429ccaa7b736c0bec73097&scene=27.

与社会影响力。如福建省宁德市档案局、市档案馆等单位联合举办"档案见证战'疫'——宁德市防控新冠肺炎疫情主题展"，全面展现了疫情防控期间宁德人民众志成城、共克时艰的伟大抗疫精神，吸引了 3 000 余名党员干部群众前来参观[①]。第三，组建工作小组，强化档案执法检查。应将档案馆工作人员纳入档案执法检查队伍，联合组建档案执法检查工作组，并通过实地调研走访等形式，定期对档案部门、企事业单位、社会组织等开展档案执法检查和监督工作，以提高档案工作的规范性和标准性。如广西壮族自治区百色市档案局联合市档案馆等组成执法检查组，以随机抽查的方式，对市委统战部、市财政局等 8 家机关单位开展了档案安全专项行政执法检查[②]；四川省叙永县档案局、档案馆联动组成检查组，通过听取专项汇报、实地查看等方式，对 2022 年确定的 24 个立档单位开展了档案行政执法检查[③]。

最后，探索协同高效推进机制。各地应充分发挥党管档案工作体制优势，结合自身实际情况，积极借鉴其他地方先进经验和做法，正确理顺和处理好档案局馆关系，探索协同高效、灵活多样的局馆工作方式，建立既科学分工又密切协作的有效机制，推进局馆工作既分工又合作、相互促进。如福建省结合本地区实际情况，持续完善档案工作体制机制，在省及所有设区市均推行并落实了"办局一体、局馆联动"工作模式，局长、馆长"一肩挑"，并由一名党委副秘书长或党委办厅（室）务会成员兼任局馆长，同时经省委编办、省司法厅同意，统筹档案局馆人员力量，加强档案行政执法队伍建设，形成有效协同合力，真正实现了局馆既科学分工又密切协作，做到了工作一盘棋、分工不分家，为档案事业高质量发展提供了坚实的机制保障[④]。

（二）贯彻落实《档案法》，加强档案法规标准建设

首先，注重档案法规标准的时效性与创新性。一方面，保证档案法规标准始终与时代接轨。遵从《档案法》的立法精神，及时修订、清理与时代发展和现实需要

---

① 蔡玮. 福建宁德 举办战"疫"主题档案展 [EB/OL]. （2021 - 02 - 19）[2022 - 12 - 25]. https：//www. saac. gov. cn/daj/c100214/202102/5e64f0bbdc25423cbeaaac05ba5cf041. shtml.

② 韦艳桃. 百色市开展联合执法狠抓档案安全工作 [EB/OL]. （2022 - 05 - 30）[2022 - 12 - 25]. https：//mp. weixin. qq. com/s？_biz＝MzAxNjc5MDA0NA＝＝＆mid＝2650595952＆idx＝1＆sn＝f3d415db6abfaa4c3711c045751a1a6f＆chksm＝83e72503b490ac15d8525e172eabcb2aa859426eac6b1066e21dae7b4c8db16fdee320a0ac49＆scene＝27.

③ 姜瑛. 叙永县档案局馆联动深入推进档案行政执法检查 [EB/OL]. （2022 - 11 - 25）[2022 - 12 - 25]. http：//www. chinaarchives. cn/home/category/detail/id/40917. html.

④ 陆国强. 深入贯彻落实习近平总书记重要指示精神 全面提高档案工作质量和服务水平：在全国档案局长馆长会议上的报告 [J]. 中国档案，2022（3）：10 - 15.

不相适应的档案法规、规章及行政规范性文件，加快推进电子档案、医疗健康档案、档案资源共享服务、档案馆服务、数字档案馆（室）建设等重点领域的档案标准供给，持续优化档案法规标准体系。如须尽快做好《档案法实施办法》《科学技术档案工作条例》《机关档案工作条例》等档案法规的修订工作，强化《党政机关电子公文归档规范》《电子文件归档与电子档案管理规范》《建设项目档案管理规范》等标准的解读和宣传贯彻工作。另一方面，确保档案法规标准永葆创新活力。应坚持突出地方特色、回应地方现实需要、彰显人文关怀的原则，对地方档案法规标准的结构体例和内容细则进行严格审查，其中脱离地方档案工作实际、照搬照抄国家档案法规标准及互相之间重合度较高的不予审议和通过，并责令进行规范性整改和修正，以提升地方档案法规标准的针对性和实用性。

其次，加强档案法规标准内外部的协调衔接。一方面，优化档案法规标准的内部衔接性。根据《档案法》相关要求，成立以档案主管部门为中心的档案法规标准清查工作队伍，及时废止或修改与上位法相抵触、相重复的档案法规、标准规范，并通过发布公告的形式进行对外公示，持续保持档案法规标准体系内部的和谐统一和有效衔接。另一方面，强化档案法规标准与相关法律法规的外部协调性。深入缕析新修订的相关行政法律法规和新颁布的网络安全、信息保护、数据安全等领域的法律法规的立法定位、价值取向和内容条款，并将《档案法》与其进行全方位对比分析，同时结合档案领域相关理论研究与实践进展，及时修订和制定与之相关联的档案法规标准规范，推进《档案法》与现行相关法律法规相协调和贯通，增强档案法规标准的适用性和实用性，贯彻落实依法治档战略方针[1]。

（三）创新档案行政监管措施，提高档案行政监管效能

首先，整合多元主体，强化档案行政监管力量。第一，推进多部门联合开展档案行政监管。应大力加强与党委办公厅（室）、党委政府督查、政府信息公开、保密管理、数据管理以及公安等部门之间的协同，强化对各类档案开放利用、政府信息公开、数据开放利用等方面的监管，促进档案行政执法与刑事司法相衔接，汇聚监管合力[2]。第二，探索将档案行政执法监管划入综合行政执法改革，弥补档案行政监管力量不足的缺陷。如 2022 年杭州市余杭区印发的《杭州市余杭区全面推进

---

① 周林兴，崔云萍，徐承来. 筑梦法治新征程 踔厉笃行续华章：2021 年我国档案法规标准建设报告［J］. 中国档案，2022（4）：28-29.

② 祝宇安，周道彩，陈怡. 我国部分行业监管的创新特点及其对档案行政监管的启示［J］. 中国档案，2022（8）：22-23.

"大综合一体化"行政执法改革实施方案》明确提出，要整合区档案局等 11 个部门全部执法事项的行政处罚权及与之相关的行政检查权和行政强制权集中上交由综合执法部门行使。第三，引导社会力量参与档案行政监管。如司法部搭建了"行政执法监督批评建议平台"，通过该平台能够及时了解广大人民群众反映的突出问题，获取群众的批评建议。档案领域可借鉴该项做法[①]。如可面向社会建立开放畅通的档案监管平台，通过制定相应激励机制，激发公众参与档案监管的积极性和主动性，倒逼档案行政监管进步和改善。

其次，运用数字技术，改进档案行政监管方式。一方面，助推档案行政监管嵌入"互联网＋监管"系统。各地档案主管部门应主动开展与数据管理、市场监管等系统建设维护单位的合作交流，积极推动档案行政监管融入"互联网＋监管"系统。如浙江省苍南县档案局馆联动、与市场监督管理局等部门紧密协作，主动对接浙江省统一行政执法监管平台，在全县范围内开展"互联网＋监管"档案执法工作，实现了档案监管"一网通管"的目标。另一方面，搭建档案行政监管职能平台和系统。各地档案主管部门要积极发挥党管档案体制优势，加快推动将档案行政监管信息化纳入至信息化发展规划和项目建设中，使档案行政监管更为科学化、智慧化、精细化。如杭州市基本建成"一键归档、一网通查、一屏掌控"的市域一体化数字档案智慧服务平台，并涵盖了"互联网＋档案行政监管"这一功能。

最后，聚焦重点内容，拓宽档案行政监管领域。档案行政监管作为档案治理的一种硬手段，是档案治理体系建设的重点任务。尤其是在当前人员精简、工作量加重的情况下，档案行政监管更需采用"抓重点、促全局"的工作方法，进一步明确重点监管内容与监管领域[②]。因此，各级档案主管部门应自觉主动围绕中心、服务大局，加强重点领域、特殊领域档案工作行政监管。如要围绕促进区域协调发展，完善区域档案管理体制，加强对京津冀协同发展、长江经济带发展、粤港澳大湾区建设、长三角一体化发展、黄河流域生态保护和高质量发展等区域档案工作的行政监管；要根据国防建设需求和现实客观条件，建立国防军工重大专项档案工作协调机制，加强国防领域重大工程档案行政监管；要针对当前企业档案工作的复杂性、艰巨性和敏感性，加强非国有企业档案工作行政监管、企业境外档案工作行政监管、破产关闭企业档案处置行政监管和企业档案数据出境行政监管等。

---

① 祝宇安，周道彩，陈怡. 我国部分行业监管的创新特点及其对档案行政监管的启示［J］. 中国档案，2022（8）：22－23.

② 徐拥军. 加强档案治理体系建设提升档案治理效能［EB/OL］.（2022－06－20）［2023－01－15］. http：//www.zgdazxw.com.cn/news/2022－06/20/content_334368.htm.

2022年中国档案资源体系建设发展报告

加小双[1,2]　姚静[1]　张晨文[1]　王春蕾[1]

1. 中国人民大学信息资源管理学院，北京　100872
2. 中国人民大学档案事业发展研究中心，北京　100872

摘　要：本报告以我国档案资源体系建设为研究对象，采用网络调查法、内容分析法和案例分析法，聚焦全国各地的档案资源体系建设工作最新进展以及在五个方面的建设成绩，结合2022年最新发布的法律、政策和标准进行文本分析，梳理该年度我国档案资源体系建设脉络，剖析现存问题，提出对策建议。研究发现：我国档案资源体系建设的现存问题主要包括档案事业融入国家治理体系的程度有待加深，档案资源体系建设的理念较为陈旧，网络信息存档的重视程度有待提升，各地区档案资源体系建设能力差异较大。为此，建议多维融入国家治理体系结构，坚持创新档案资源体系建设理念，加快推进网络信息存档工作，促进档案资源体系建设能力提升。

关键词：档案资源；资源体系；数字转型；网络信息存档

作者简介：加小双，博士，副教授，研究方向为档案学基础理论、数字档案资源建设、档案与数字人文等，电子邮箱 jiaxs1219@sina.com；姚静，博士研究生，研究方向为档案学基础理论；张晨文，博士研究生，研究方向为档案学基础理论、工业遗产保护；王春蕾，硕士研究生，研究方向为档案学基础理论。

一、引言

　　档案是历史的真实记录，是党和国家的宝贵财富。档案资源体系建设是档案事业的永恒主题与基础工作，是一项需要长期坚持并顺应时代发展而不断调整的系统工程。档案资源体系建设质量关系到档案事业的高质量发展和持续发展。党的二十大报告提出要实现的中国式现代化是物质文明和精神文明相协调的现代化，这对高质量的档案资源体系建设也提出了新要求。为贯彻落实党的二十大精神和习近平总书记对档案工作的重要指示，2022年全国档案事业继续紧密围绕党和国家的中心大局任务，主动融入中国式现代化的历史进程，以多种形式履职尽责，汇聚奋进新征程、建功新时代的档案力量。2022年是《"十四五"全国档案事业发展规划》稳步推进的关键之年，也是全国档案系统的"狠抓落实之年"。档案资源体系建设领域也落实诸多大事、要事，取得新的亮眼成绩。基于此，本报告以我国档案资源体系建设为研究对象，采用网络调查法、内容分析法和案例分析法，聚焦全国各地的档案资源体系建设工作最新进展，结合2022年最新发布的法律、政策和标准进行文本分析，梳理该年度我国档案资源体系建设脉络，总结主要成绩、剖析现存问题、提出对策建议。

本报告将以"鹰眼视角"观察调查数据呈现的变化，力图让读者既能从整体上概览我国档案资源体系建设的宏大图景，又能于细节处感知当下档案资源体系建设案例中的生动细节。由于时间限制，全面的统计调查难以展开，为尽可能全面梳理2022年我国档案资源体系建设情况，本报告以中国档案资讯网、国家档案局官网、中国档案学术网等档案信息门户网站为主，并以各省（自治区、直辖市）档案部门官方网站等为补充，开展案例资源检索与收集，筛选出具有代表性、典型性的案例，以求在最大限度上呈现2022年我国档案资源体系建设实况。

二、我国档案资源体系建设的主要成绩

在2021年档案资源体系建设所取得的历史成就和现实进展的基础上（详见《中国档案事业发展报告（2022）》[①]），2022年我国档案资源体系建设在法规政策标准指引、重点档案资源归集、资源数字转型、档案资源整合、档案文化遗产建设等方面进一步加强，成效突出。

（一）持续完善法规政策标准体系

我国持续完善关涉档案资源体系建设的法规政策标准体系，推动政策研究、优化制度供给、提高标准制定和修订能力，充分发挥法规政策标准的支撑引领作用。主要表现为：一方面，政策法规先行。2022年9月，《关于加强重特大事件档案工作的通知》以两办名义印发，明确强调收集好、保管好、利用好重特大事件档案的重要意义，提出要着力强化重特大事件档案收集工作，并对"记录不完整和收集不齐全"等重点问题提出了针对性要求。另一方面，标准体系支撑。2022年先后发布或实施4部国家标准和6部行业标准，分别从重点资源、重点领域、流程控制等

---

① 中国人民大学档案事业发展研究中心.中国档案事业发展报告（2022）[M].北京：中国人民大学出版社，2022.

不同角度对档案资源体系数字化建设进行了规范指引，为档案资源体系高质量建设提供路径和着力点，如表 1 所示。

表 1　2022 年发布或实施的相关行业标准

标准编号	名称	发布日期	实施日期	归口单位	档案资源体系建设主要内容
GB/T 42107—2022	《国家科技重大专项文件归档与档案管理规范》	2022 年12 月 30 日	2023 年 7 月1 日	全国信息与文献标准化技术委员会（SAC/TC 4）	涉及重大专项文件档案资源建设，包括归档范围和质量等
GB/T 26162—2021	《信息与文献 文件（档案）管理概念与原则》	2021 年12 月 31 日	2023 年 7 月1 日	全国信息与文献标准化技术委员会（SAC/TC 4）	涉及文件（档案）形成、捕获和管理要求
GB/T 41207—2021	《信息与文献 文件（档案）管理体系 实施指南》	2021 年12 月 31 日	2023 年 7 月1 日	全国信息与文献标准化技术委员会（SAC/TC 4）	涉及文件（档案）管理体系的实施要求
GB/T 34112—2022	《信息与文献 文件（档案）管理体系 要求》	2022 年7 月 11 日	2023 年 2 月1 日	全国信息与文献标准化技术委员会（SAC/TC 4）	涉及文件（档案）管理体系的建设要求
DA/T 89—2022	《实物档案数字化规范》	2022 年4 月 7 日	2022 年 7 月1 日	国家档案局	涉及实物档案的数字化建设
DA/T 92—2022	《电子档案单套管理一般要求》	2022 年4 月 7 日	2022 年 7 月1 日	国家档案局	涉及数字化档案资源建设
DA/T 93—2022	《电子档案移交接收操作规程》	2022 年4 月 7 日	2022 年 7 月1 日	国家档案局	涉及数字化档案资源建设
DA/T 94—2022	《电子会计档案管理规范》	2022 年4 月 7 日	2022 年 7 月1 日	国家档案局	涉及电子会计档案资源建设
DA/T 95—2022	《行政事业单位一般公共预算支出财务报销电子会计凭证档案管理技术规范》	2022 年4 月 7 日	2022 年 7 月1 日	国家档案局	涉及电子会计档案资源建设
JGJ/T 495—2022	《住房公积金业务档案管理标准》	2022 年8 月 1 日	2022 年 12 月1 日	住房和城乡建设部	涉及住房公积金业务档案资源建设，包括归档范围和质量等

（二）资源建设紧密围绕中心大局

围绕中心才能找准方向，服务大局才能体现价值。在过往专题档案资源建设的基础上，2022 年持续建设的重点档案资源主要包括"两类档案"（脱贫攻坚档案、疫情防控档案）、红色档案、"四重"档案等。全国档案系统依托局馆联动、馆室联动、区域联动的工作机制，从源头和基层抓起，以中央带动地方，坚持推进重点档案资源的"应收尽收、应归尽归"，扎实开展相关专题档案归集和专题数据库建设工作，全面记录留存好新时代新征程伟大奋斗历史，档案资源建设成效突出。

"两类档案"是习近平总书记亲自部署、亲自指挥两场"战役"的真实记录，具有重要的社会意义。2022 年，从中央到地方均将"两类档案"归集工作作为年度重点任务进行部署，同年的全国档案局长馆长会议提出要将"进一步巩固两类档案归集工作成果"作为组织实施新时代新成就国家记忆工程的重点任务之一①。全国档案系统主动作为，积极推进"两类档案"归集工作的高质量完成，取得重要成果。全国整体范围内共归集"两类档案"目录超 8 000 万条、档案数字资源 1 500 余万件②；地方上也涌现不少代表性案例，如湖北省档案馆接收疫情防控电子档案目录数据 151.84 万条、全文 35 万件，脱贫攻坚电子档案目录 868.7 万条、全文 247 万件③。

红色档案是中国共产党艰辛而辉煌奋斗历程的见证和最宝贵的精神财富，是红色资源的重要组成部分。2022 年，我国红色档案资源建设继续在全国档案系统中全面铺开和深化开展，其建设广度持续扩展且总体成效突出。如辽宁省、重庆市等先后启动红色档案资源全面摸底调查工作或征集工作；云南省档案局不断加大红色档案征集力度，已征集到 120 余名代表性人物的个人手稿、题词、日记、史料、照片、奖章、证件、书画和摄影作品等档案资料 6 000 余件，采集人物（亲属）口述历史，并建立云南代表性人物档案专题数据库④；江西省档案馆与江西省革命烈士纪念堂达成合作，将江西英烈名录数据接收进馆，入藏省档案馆档案数字资源库⑤。

"四重"档案是新时代发生的新变化和取得的新成就的真实记录，见证了国家重大战略、重大工程、重大活动在不同领域内的落地实施，以及国家对相关重大事件和突发事件的积极和有效应对。这些重要档案资源对于总结历史经验教训、维护

① 陆国强. 在全国档案局长馆长会议上的报告 ［EB/OL］. （2022－03－14）［2023－02－27］. https：//www. saac. gov. cn/daj/yaow/202203/5b5257a20b964995b22afc1d585382b1. shtml.

② 陆国强. 新时代档案事业发展取得历史性成就 ［EB/OL］. （2022－09－26）［2023－03－08］. http：//www. gov. cn/xinwen/2022－09/26/content_5711877. htm.

③ 黄敏，徐冉，严若垒. 湖北省档案馆 优化"两类档案"专题数据系统 ［EB/OL］. （2022－12－12）［2023－02－24］. https：//www. saac. gov. cn/daj/xwdt/202212/d491ee7cd7c24b58a38f3eb71cff0525. shtml.

④ 梁雪花. 云南 红色档案资源收集开发工作成效显著 ［EB/OL］. （2022－08－08）［2023－02－24］. http：//www. zgdazxw. com. cn/news/2022－08/08/content_335860. htm.

⑤ 吴丛，樊晓星. 江西 英烈名录入藏省档案馆数字资源库 ［EB/OL］. （2022－08－02）［2023－02－24］. https：//www. saac. gov. cn/daj/c100218/202208/65fab299bca44beab223d7e4b7124293. shtml.

国家安全和社会公共利益、推进国家治理体系和治理能力现代化都具有重要意义。2022 年我国"四重"档案资源建设持续推进并取得重要成绩，相关档案资源得到及时和完整归集。如南水北调中线一期工程历时 18 年共形成 32 万卷（一套）工程项目档案，最终形成完整的南水北调中线一期工程档案全宗[①]；国家防汛抗旱指挥系统二期工程水利部本级工程和整体工程档案收集齐全，顺利通过专项验收[②]；北京市档案馆接收北京冬奥会冬残奥会吉祥物"冰墩墩"、"雪容融"、冬奥会开幕式主火炬、冰雪五环等 1.4 万余件实物档案进馆[③]。

总体来看，上述重点档案资源均是新时代新征程伟大奋斗历史的真实记录，也是新时代新成就国家记忆工程的重要内容，其重要意义包括：首先，在理念上强化档案作为国家重要基础资源的战略定位；其次，在实践上进一步优化完善我国档案资源体系的整体结构，增进我国档案资源的丰富性、多样性和全面性；再次，从战略资源层面推动我国档案事业高质量发展；最后，助力档案工作更加有力地服务党和国家工作大局。

（三）数字档案资源建设成效明显

党的十八大以来，顺应数字转型的整体发展趋势，我国档案领域积极推进档案信息化建设，档案资源数字转型建设成效更加显现。最新数据显示[④]：各级档案部门积极推进数字档案馆（室）建设，建成具有全国示范水平的数字档案馆（室）120 余家，全国建成各级各类数字档案馆（室）6 000 余家，各级综合档案馆完成馆藏档案数字化达 24 179TB，馆藏档案数字资源占比大幅提升。具体到 2022 年度，其主要建设成效可从以下方面概括：

首先，继续深入开展数字转型试点项目，扩大试点范围。2022 年，国家档案局先后发布《第三批建设项目电子文件归档和电子档案管理试点项目名单》（38 个项目）、《企业集团数字档案馆（室）建设第一批试点单位名单》（61 家单位）等试点名单，从不同领域推进档案资源体系的数字转型。

其次，我国数字档案资源建设深入乡镇基层，赋能基层社会治理。2022 年 1 月

---

① 邵天爽. 南水北调中线干线设计单元工程档案全部通过验收［EB/OL］.（2022 - 07 - 19）［2023 - 02 - 24］. https：//www.saac.gov.cn/daj/c100166/202207/da0c9523f0a7492b8bae00b61abddd69.shtml.

② 国家防汛抗旱指挥系统二期工程水利部本级工程和整体工程档案专项验收顺利通过［EB/OL］.（2022 - 11 - 18）［2023 - 03 - 08］. http：//www.gov.cn/xinwen/2022 - 11/18/content_5727691.htm.

③ 李安涛. 记录新时代奋斗历史 凝聚新征程奋进力量［EB/OL］.（2022 - 09 - 26）［2023 - 02 - 24］. http：//www.zgdazxw.com.cn/news/2022 - 09/26/content_336981.htm.

④ 陆国强. 新时代档案事业发展取得历史性成就［EB/OL］.（2022 - 09 - 26）［2023 - 03 - 08］. http：//www.gov.cn/xinwen/2022 - 09/26/content_5711877.htm.

1 日起正式实施的《乡镇档案工作办法》进一步加强乡镇档案工作，对乡镇档案资源建设提出新要求。对此，部分乡镇大力加强了乡镇档案的数字化建设，如浙江省常山县档案馆推动"档案＋数字"深度融合，搭建了档案县域一体化管理平台，建立平台用户 550 个（含村、社用户 387 个），汇集了全县各立档单位的档案资源。同时，其在馆藏档案数据开放鉴定的基础上，开发建立民生档案库和开放档案库，实现各层级信息共享[①]。

最后，重要领域的档案资源数字转型取得重要进展。国家档案局、财政部、商务部和国家税务总局四部门自 2019 年起联合开展增值税电子发票电子化报销、入账、归档试点工作。截至 2022 年 4 月，第三批 518 家试点单位通过验收，试点任务圆满完成，形成了一批电子发票应用示范单位，积累了大量可复制可推广的经验，推动了有关法规制度和标准规范的完善，引领了更多单位实施电子文件电子化单套制归档和电子档案单套制管理[②]。

(四) 档案资源整合建成联动机制

档案资源跨地区整合是档案资源共建共享和开展高质量档案利用服务的重要基础。在国家层面，我国联动不同层级和地区共建共享形成全国档案信息资源整合新机制。2022 年 7 月，国家档案局正式推出全国档案查询利用服务平台（https：//cxly. saac. gov. cn/），该平台的上线代表着我国民生档案信息资源整合取得新进展，国家和地区形成联动，有助于实现全国档案信息共享利用"一网通办"。全国各省（自治区、直辖市）市档案馆，各计划单列市、副省级市档案馆及新疆生产建设兵团档案馆都已接入全国档案查询利用服务平台，全国接入总数已超过 1 000 家[③]。在这个意义上，该平台的建立也能有效推动各级档案馆加快对民生档案的收集、整理、数字化和数据库建设。

在地方层面，数据档案资源归集整合工作也在不断推进。档案数据化代表着数字态档案进一步转变为可制表分析的数据态档案，进而释放档案在数据层面的巨大活力，创新档案利用服务方式进而满足数字人文等社会各层面的利用需求。我国已经有部分地区开始探索档案的数据资源归集整合，如浙江省档案馆发布《关于开展

---

① 吴佳倩. 浙江常山县档案馆：多维发力推进数字化转型走深走实 ［EB/OL］. （2022－04－22）［2023－02－24］. https：//www. saac. gov. cn/daj/xwdt/202204/2b442309ed5d46289361e879236c501d. shtml.

② 肖妍. 增值税电子发票电子化报销、入账、归档试点工作总结会议召开 ［EB/OL］. （2022－11－25）［2023－02－27］. https：//www. saac. gov. cn/daj/rsdltdt/202209/bfa325079c23416bb3d2639fe85f6213. shtml.

③ 郑艳方. 全国档案查询利用服务平台正式上线 ［EB/OL］. （2022－11－25）［2023－02－22］. https：//www. saac. gov. cn/daj/rsdltdt/202207/a356c42867584b28b6965a1a766b4cf1. shtml.

档案数据资源归集共享提质扩面工作的通知》，要求列入提质扩面单位的档案馆尽快梳理完善已有数据资源，按照相应的时间节点完成各类数据的归集上传工作，倒逼该省各级档案机构加快档案的数据化建设①。

（五）档案文献遗产建设取得新成绩

一方面，第五批中国档案文献遗产名录评选顺利开展。《中国档案文献遗产名录》建立于 2000 年，是国家档案局为"确定、保护、管理和利用中国档案文献遗产"而制定的计划和措施，主要针对"有特色、有典型意义的，同时又是最急需抢救"的国家级档案文献，其中具有国际级文化价值的档案文献将有机会申报《世界记忆名录》《世界记忆亚太地区名录》。2022 年国家档案局组织了第五批中国档案文献遗产名录申报和评选，最终共有"中华苏维埃共和国宪法大纲"等 55 件（组）档案文献入选，这为进一步申报《世界记忆名录》和《世界记忆亚太地区名录》提供了资源储备和流程铺垫。

另一方面，《世界记忆亚太地区名录》新增 2 件中国档案文献。2022 年，由国家档案局选送的"贵州省水书文献"和"南通大生档案"入选《世界记忆亚太地区名录》，充分彰显了我国档案大国、文献大国的实力②。

三、我国档案资源体系建设的现存问题

我国档案资源体系经过多年的艰苦建设，内容和结构都在持续优化，但也积累了发展不平衡的结构性问题、数字转型不充分的阶段性问题（详见《中国档案事业发展报告（2022）》③）。本报告将不再聚焦和重复这些长期性和过渡期问题，而是以发展性视角切入，重点关注近几年特别是 2022 年暴露出来的新问题，以期形成关于我国档案资源体系建设的更为全面、更为深刻和清醒的认知。

（一）档案事业融入国家治理体系的程度有待加深

国家治理体系指向一国范围内的所有治理领域。随着我国不断推进中国式现代

① 张方舟，林空. 浙江 推进档案数据资源归集共享提质扩面［EB/OL］. （2023－01－13）［2023－02－24］. https：//www.saac.gov.cn/daj/c100206/202301/4ca32dc40ad14232b44a5275c95a9511.shtml.

② 朱江. 大德曰生为国计利：走进南通大生档案［EB/OL］. （2023－01－06）［2023－02－22］. http：//www.moj.gov.cn/jgsz/gjjwzsfbjjz/zyzsfbjjzsj/202301/t20230106＿470344.html.

③ 中国人民大学档案事业发展研究中心. 中国档案事业发展报告（2022）［M］. 北京：中国人民大学出版社，2022.

化建设，国家治理体系和治理能力现代化成为重要议题。档案资源是国家治理体系中的基础性和战略性资源，2021年《"十四五"全国档案事业发展规划》明确要求紧紧围绕统筹推进"五位一体"总体布局和协调推进"四个全面"战略布局来推进档案资源体系建设。2022年，我国先后出台《"十四五"数字经济发展规划》《关于推进实施国家文化数字化战略的意见》《国务院关于加强数字政府建设的指导意见》《"十四五"文化发展规划》等一系列顶层政策，明确了国家在经济、文化、行政等重要国家战略领域上的发展目标、要求和建设重点，其中明确提出"持续提升公共服务数字化水平""关联形成中华文化数据库""开展红色基因库建设""强化政府部门数据管理职责，明确数据归集、共享、开放、应用、安全、存储、归档等责任""加强对政务数据、公共数据和社会数据的统筹管理""加强数据治理和全生命周期质量管理，确保政务数据真实、准确、完整"等一系列直接或间接与档案事业发展和档案资源体系建设密切相关的建设内容与要求。然而，这些国家重大战略部署和最新政策精神尚未在档案资源体系建设的政策或规划中得到有效体现和明确回应，整体来看，档案事业融入国家治理体系的程度有待进一步加深。

（二）档案资源体系建设的理念较为陈旧

档案资源体系建设的根本目标是实现社会各方面对档案资源的有效利用，进而推进国家治理与社会进步，因此关键在"用"。《档案法》明确提出要"积极为档案的利用创造条件"。这就要求档案资源体系建设必须始终坚持以利用为导向，即不仅关注档案资源的收集和存储，更要着眼于档案资源的开放、利用和服务。从2022年各级各类档案馆的档案资源体系建设情况来看，以利用为导向的档案资源体系建设理念有待进一步加强。具体表现为：一方面，相较于海量馆藏，档案资源的开放数量仍然较为有限。如某市档案馆共对26万余件档案进行鉴定，最终确定开放档案仅为10万余件，不足鉴定档案数量的二分之一。另一方面，相较于档案数字化进程，档案数据化和数据服务进展缓慢。目前国内仅有浙江、江苏、湖北等个别省份正在推进建设档案数据共享中心，且多为试点。此外，伴随着信息技术的发展，为顺应时代发展需求，学界和业界不断呼吁建立"大档案观""集体记忆观"，要求在"公众参与、共建共享"[①]和"丰富档案资源类型"[②]等方面加强档案馆的馆藏资源建设，但实践层面对这些呼吁仍存在关注不足的问题。

① 蒋冠.国家综合档案馆数字档案资源建设策略探析 [J].档案学研究，2017（3）：48－53.
② 周林兴.面向社会的档案信息资源规划实现机制探析 [C] //中国档案学会.创新：档案与文化强国建设：2014年全国档案工作者年会优秀论文集.北京：中国文史出版社，2014：90－96.

（三）网络信息存档的重视程度有待提升

互联网的发展使得线上虚拟生活与线下现实生活共同构成了现代社会生活的整体。作为信息生态链的重要构成，网络信息承载着时代记忆，具有可获取、能更改、易消失等特点，亟待得到有效存档，以此确保数字环境下的网络记忆留存，从而实现国家珍贵数字遗产的真正保护与构建。许多国家已经意识到系统保存国家网络信息的重要性，并相继采取各种行动。从 20 世纪 90 年代开始，澳大利亚、瑞典、美国等国家相继发起PANDORA、Kulturarw3、Minerva 等项目，成为网络信息存档实践的先驱。此后，新西兰、韩国、日本、英国、加拿大、比利时等国也相继展开本国的网络信息存档行动。

就我国而言，截至 2022 年 6 月，我国网民规模为 10.51 亿，互联网普及率达74.4％，在网络基础资源方面，我国域名总数为 3 380 万个，".CN"域名数为1 786万个，IPv6 地址数量为 63 079 块/32[①]。我国已经成为事实上的国际网络信息资源大国，而当下滞后的网络信息存档实践显然与我国网络信息资源大国的身份不相匹配。事实上，我国档案领域早已关注到了网络信息存档的迫切性，2015 年便提出要尽快启动为各级国家政府网站网页存档的工作，2016 年《全国档案事业发展"十三五"规划纲要》明确提出"研究制定重要网页资源的采集和社交媒体文件的归档管理办法"[②] 的要求，随后国家档案局组织北京市档案局、宁波市档案局、自然资源部信息中心、国家电网江苏电力公司等单位开展网站网页资源归档试点工作[③]，并以相关实践经验为基础发布《政府网站网页归档指南》等标准规范文件。但是，网络信息存档在档案领域的重视程度仍然不够，应用实践也并不充分。具体来说，在重视程度上，2021 年《"十四五"全国档案事业发展规划》中仅在档案数字转型和信息化建设的背景下，要求融入网络信息资源建设要素，但并未为其单独列出战略重点和实施要点；在实践程度上，既有的代表性网络信息存档项目并非来自档案领域，更多的是来自图书馆领域或者是高校，如北京大学网络实验室开发的"中国网页信息博物馆"（Web InfoMall）项目，国家图书馆负责的"网络信息资源采集与保存项目"，新华网（北京）科技有限公司和北京冠群信息技术股份有限公司共同合作的"新华云互联网档案库"项目，台湾图书馆负责的台湾网站典藏系

---

① 中国互联网络信息中心．第 50 次中国互联网络发展状况统计报告［EB/OL］．（2022 - 08 - 31）［2023 - 01 -
14］．http：//www.cnnic.net.cn/n4/2022/0914/c88 - 10226.html.

② 国家档案局印发《全国档案事业发展"十三五"规划纲要》［EB/OL］．（2016 - 04 - 07）［2023 - 01 - 14］.
https：//www.saac.gov.cn/daj/xxgk/201604/4596bddd364641129d7c878a80d0f800.shtml.

③ 国家档案局网站网页资源归档试点工作启动［EB/OL］．（2018 - 07 - 18）［2023 - 01 - 14］．https：//
www.saac.gov.cn/daj/daxxh/201807/b7ee27b2500a4a3cbda3c8cb5a787bda.shtml.

统，台湾大学的"网络存档系统"（Web Archiving System）项目，等等。

（四）各地区档案资源体系建设能力差异较大

《"十四五"全国档案事业发展规划》从拓展档案资源收集范围、优化馆藏档案结构和加强档案资源数字转型三个方面，对档案资源体系建设提出了明确要求，而不同地区在开展档案资源体系建设过程中也呈现出建设能力上的差异，具体表现为各地区档案资源归集能力差异较大。针对 2022 年从中央到地方对"两类档案"归集工作的部署，全国档案系统均将其作为本年度的工作重点进行落实。从已有数据看，尽管各地区脱贫攻坚、疫情防控工作的实际开展情况不尽相同，导致不同地区在"两类档案"的归集数量上存在差异，但不同地区接收的"两类档案"的数量差距较为明显，也能从侧面反映出不同地区的档案资源归集能力差异。根据本次调查，在省级层面，就脱贫攻坚档案的接收情况来看，不同省份接收档案数量跨度在万到百万之间，而就疫情防控档案的接收情况来看，不同省份接收档案数量的跨度在千到十万之间，如表 2 所示；在县区级层面，不同省份下的县区接收档案数量的跨度同样较大，如表 3 所示。从总体上看，东部地区的档案资源归集能力胜于中西部地区。

表 2　省级"两类档案"接收情况对比（部分）

省份	脱贫攻坚档案的接收	疫情防控档案的接收
青海省	2.438 5 万件	1 452 件
广东省	356.6 万件	28.83 万件
江苏省	250 多万件	47.598 7 万件

资料来源：张海霞.坚持用习近平总书记重要批示精神推动重大活动（事件）档案归集整理留存工作［EB/OL］.（2022-08-11）［2023-01-14］. http://chinaarchives. cn/home/category/detail/id/39841. html；彭万里.广东省委常委张福海批示肯定"两类档案"归集工作［EB/OL］.（2022-03-31）［2023-01-14］. http://chinaarchives. cn/home/category/detail/id/38825. html；周彤.江苏全面完成脱贫攻坚档案和疫情防控档案归集工作［EB/OL］.（2022-01-14）［2023-01-14］. http://chinaarchives. cn/home/category/detail/id/37953. html.

表 3　县区级"两类档案"接收情况对比（部分）

县区	脱贫攻坚档案的接收	疫情防控档案的接收	
		目录	数据容量
安徽省太和县	20 万余卷（件）	—	—
甘肃省永靖县	3 638 卷	—	—
浙江省衢州市柯城区	—	2 482 条	19.6GB
四川省宜宾市南溪区	—	266 条	1.3GB

资料来源：王艳，董晓曦.真实记录丰硕成果 绘就乡村振兴画卷：安徽省太和县脱贫攻坚档案工作综述［EB/OL］.（2022-04-11）［2023-01-14］. http://www. zgdazxw. com. cn/news/2022-04/11/content_332278. htm；永靖县档案馆.永靖县档案馆疫情防控和档案业务工作两手抓［EB/OL］.（2022-08-29）［2023-01-13］. http://chinaarchives. cn/home/category/detail/id/40029. html；覃小玲.衢州市柯城区档案馆全力推进专题档案归集工作［EB/OL］.（2022-09-27）［2023-01-13］. http://chinaarchives. cn/home/category/detail/id/40285. html；唐薇.宜宾市南溪区："三个坚持"高质量完成脱贫攻坚档案和疫情防控档案进馆工作［EB/OL］.（2021-12-20）［2023-01-13］. http://chinaarchives. cn/home/category/detail/id/37647. html.

四、我国档案资源体系建设的对策建议

(一) 多维融入国家治理体系结构

在建设中国式现代化的宏大命题下，推进国家治理体系与治理能力现代化建设与档案事业高质量发展同频共振。档案资源作为国家的基础性战略信息资源，与国家治理现代化的核心要素相适应，是治理体系中不可或缺的资源要素，这需要我们积极推进档案事业高质量发展与国家治理现代化提升的同速流变，以高质量档案资源体系充分赋能国家治理能力现代化。为了促进档案资源体系建设更好地融入国家治理体系建设，释放更大的治理效能，需要关注以下两个方面：一方面，要始终紧密围绕党和国家中心工作规划开展档案资源体系建设。全国档案系统应根据党和国家阶段性中心工作，以实施新时代新成就国家记忆工程为基本目标，有目标、有规划、有重点，分模块、分阶段、分步骤地开展档案资源体系建设。另一方面，要积极契合当前党和国家工作的重要战略布局开展数字档案资源体系建设。当下，我国对经济、文化、社会治理等重要领域均进行了战略布局，其中的一个共性要求即为不断推进数字转型、释放数据活力。这对档案资源体系的数字转型建设也提出了相应要求，需要全国档案系统加快推进档案资源的数字化建设和数据化建设，充分发挥数字档案资源在数字政府、数字经济、数字文化等战略领域中的基础价值，激发其作为基础数据资源的要素活力，赋能国家各治理层面的高质量发展。

(二) 坚持创新档案资源体系建设理念

档案资源体系建设理念直接关系到档案资源体系建设的质量。在当下档案资源利用需求日趋多元、开放化发展态势日益凸显的大背景下，档案资源体系必须深入落实以利用服务为导向的建设理念，当务之急在于必须高度重视并积极落实档案资源的鉴定与开放工作。档案开放是增强国家档案馆公共性、社会性和服务性的内在要求，是落实档案工作根本任务的必然要求，是贯彻落实《档案法》的法定责任，是提升档案服务能力水平的重要保障，是档案基础业务建设的重点任务。档案开放与利用已经在《档案法》中得到明确规定，但是在档案工作实践领域，该项工作一直被视为"硬骨头"，工作难度大、堵点多、落实难。近年来，我国档案领域对于档案鉴定开放的工作愈加重视，但是在实际工作中，该项工作还需要更多的创新和突破。2022 年《国家档案馆档案开放办法》从国家层面对我国档案鉴定和开放工作进行了规范和指导，各档案机构需要以此为基础，积极推进和创新开展档案资源鉴定与开放的攻坚克难工作，包括加强组织领导、明确责任措施、强化工作落实、推动提质增效等。在此过程中，还可重点关注以下三点：一是要不断创新档案形成单位或移交单位的鉴定治理机制，破除机制瓶颈。二是要推进档案资源鉴定与开放的规则、流程与方法设计，形成工作机制。三是要积极应用新兴信息技术优化档案鉴定与开放工作，提高工作效率。我国已有部分档案机构充分应用人工智能等先进技术开展档案鉴定，并取得良好成效。如福建省档案馆已借助人工智能档案开放审核系统辅助完成 120 多万件开放档案的审核任务，完成"十四五"规划确定任务的 37.5%[①]；江苏省档案馆建设档案审核开放工作的语义知识库，利用人工智能语义分析技术构建语义审核模型，完成档案开放审核系统的升级[②]。

除此之外，还应树立以档案数据服务为依托的资源建设理念。在我国推进大数据治理进程中，各方面的数据资源正在不断被激活并释放新能量。对此，档案领域也需要紧扣时代旋律，既要推进存量档案资源形态由"数字态"向"数据态"转型，又要强化对增量"数据态"档案资源的高质量归集管理。同时，这个建设过程也必然带动传统档案工作向档案数据治理时代转变。

（三）加快推进网络信息存档工作

随着网络信息本身越来越多地嵌入档案形成机构的业务实践，以及网络信息自身的证据价值和记忆价值不断凸显，网络信息保存已经成为档案领域不得不面对的重要课题，这不仅关系到档案资源体系在内容上的完整性和在结构上的体系性，同时还直接影响后续档案资源利用服务能力的提升。此外，从长远来看，还会关系到未来网络空间各网络信息保存主体的角色定位、话语权分配和社会影响力。事实上，档案领域早已认识到开展网络信息存档的重要意义，不仅政策内容上有涉及，制发有相关的标准规范和指南，国家档案局还于 2018 年开展网站网页资源归档试点工作，档案学界更从不同角度持续就该问题开展研究，但遗憾的是，网络信息存档的工作实践仍然推进缓慢。对此，建议从以下四个方面推进后续工作：首先，国家档案主管机构要继续强化相关的政策指引，尤其是需要以任务形式强化网络信息存档的实践推进。其次，继续深入扩大开展网络信息存档的项目试点，加快形成一批示范单位，以总结最佳实践经验并不断推广。事实上，我国已经有部分档案机构

---

① 王琳婧. 福建省档案馆 以人工智能技术赋能档案开放审核 [EB/OL]. （2023 - 01 - 06）[2023 - 01 - 13]. https：//www. saac. gov. cn/daj/c100211/202301/314fb4ff054b4a66978e52f212cc3e79. shtml.

② 李军. 江苏省档案馆 智能化档案开放审核取得新成果 [EB/OL]. （2022 - 11 - 15）[2023 - 03 - 08]. https：//www. saac. gov. cn/daj/xwdt/202211/2c0b0698765c46df9ae33355867d81b0. shtml.

开展了网络信息存档工作，各机构应该及时跟进，积极总结经验教训。再次，高校科研机构需要加强对网络信息存档的科技项目研究，为推进网络信息存档提供理论指引和方法基础。最后，有条件和有基础的档案机构可以积极探索网络信息存档的创新路径，开拓进取，整合相关资源，加快推进最佳实践的形成。

(四) 促进档案资源体系建设能力提升

针对目前我国各地区档案资源体系建设能力差异大的情况，建议从以下两个方面进行改善：一方面，建立地区性档案资源体系建设指数评价机制。从数量、质量、结构、信息化程度、数据化程度等多个维度制定档案资源体系建设指数评价标准，便于国家更为科学和系统地把握各个地区的建设能力，进而制定针对性的建设策略。同时，这也有利于各个地区开展自评，发现优势与短板，制定更具针对性的建设策略，最终推动形成既有全国统一、又有地区特色的档案资源体系结构。另一方面，强化协同发展，促进区域间交流与合作。国家档案主管机构可以通过试点项目或者帮扶项目优化资源配置，以资源促发展，同时各地区档案机构也应该主动强化区域间合作，以优势地区档案机构的技术优势、资源优势带动落后地区的档案资源体系建设。

感谢贠疆鹏、冯佳芪、王文斐、吴佳佳、何露彤、林妍歆、卓小茜、莫金迪参与本报告的数据搜集与内容撰写。

2022 年中国档案利用体系建设发展报告

曲春梅[1]　王汶晖[1]　刘晓雨[1]　王溶琨[1]　吴双[1]　毛骁涵[1]

1. 山东大学历史文化学院，济南　250100

摘　要： 深入贯彻以人民为中心的档案服务理念，建设好方便人民群众的档案利用体系是全面推进我国档案事业"四个体系"建设的重要内容。通过网络调研，本报告对 2022 年我国档案利用体系建设的主要进展和面临的问题进行了梳理总结。2022 年我国档案利用体系建设持续推进，以人民为中心的档案服务理念不断深化，在加快推进档案开放、提升档案利用服务能力、加大档案资源开发力度等方面取得了新的进展；同时也面临着档案开放审核工作压力大、档案开放审核标准相对滞后、档案在线利用服务区域失衡、在线获取档案产品信息渠道不充分等问题。未来应进一步完善档案开放审核机制标准，深入推进全国一体化档案利用平台建设，运用新技术赋能档案资源开发与利用服务，促进档案公共服务能力的整体提升，不断推进档案开放利用的智能化、现代化。

关键词： 档案利用体系；开放审核；档案公共服务；档案资源开发

作者简介： 曲春梅，博士，教授，研究方向为档案学基础理论、档案信息服务，电子邮箱 mayqu@sdu.edu.cn；王汶晖，硕士研究生，研究方向为信息技术与档案信息服务；刘晓雨，硕士研究生，研究方向为档案信息服务；王溶琨，硕士研究生，研究方向为档案信息服务；吴双，硕士研究生，研究方向为档案信息服务；毛骁涵，硕士研究生，研究方向为档案资源开发利用。

一、引言

深入推进档案利用体系建设，充分实现档案对国家和社会的价值，是"十四五"时期我国档案事业发展的重要任务之一。《"十四五"全国档案事业发展规划》（以下简称《规划》）从治理效能、资源建设、利用服务、安全防线、信息化建设、科技创新、人才队伍建设等方面规定了档案开放利用的新发展目标。截至 2022 年 10 月 31 日，课题组通过国家档案局官网、中国档案资讯网以及中国第一历史档案馆、中国第二历史档案馆和 31 个省级档案馆网站及微信平台对我国省级以上国家综合档案馆的档案开放审核、档案利用服务和档案资源开发状况进行了网络调研①，根据相关调研数据，对 2022 年我国档案利用体系建设主要进展和面临的问题进行系统梳理总结，并对档案利用体系建设的未来发展进行展望。

二、档案利用体系建设主要进展

（一）档案开放审核力度和效率明显提升

1. 档案开放政策法规日趋完善，档案开放审核工作有序推进

为深入贯彻落实新《档案法》和《规划》对档案开放工作提出的新要求，推动档案工作加快走向依法治理、走向开放、走向现代化，各级各地档案部门纷纷出台档案开放相关政策办法或制定工作方案，为切实推进档案开放工作提供了更具体的规范要求和工作指南。

一是国家档案局印发实施《国家档案馆档案开放办法》（以下简称《办法》），以适应新形势对档案开放工作提出的新要求。2022 年 7 月，国家档案局公布《办法》，对国家档案馆档案开放原则、档案开放审核主体职责、档案开放范围、档案开放程序、开放档案利用途径等作出具体规定，从宏观层面明确了谁来开放档案、开放哪些档案、如何开放档案以及如何利用开放档案等问题②。《办法》体现了"以人民为中心"的发展理念，既强调了国家档案馆要依法开放档案、强化档案开放利用服务，又强调了要加强对开放档案的保护和监督，为依法依规解决当前档案开放工作中的具体问题提供了依据，为依法处理档案开放与安全、不断满足人民群众档案利用需求提供了有力保障。

二是围绕贯彻落实新《档案法》和《办法》，各地档案部门纷纷出台档案开放审核工作方案，依法推进档案开放审核工作有序开展。如江西省档案馆自 2021 年起正式启动"十四五"馆藏新中国成立后文书档案开放审核工作，印发《"十四五"时期馆藏档案开放鉴定和解密清理工作方案》和《"十四五"时期馆藏档案开放鉴定第一批次任务实施方案》，建立"四审一议一批"档案开放审核制度，重新修订《江西省档案馆档案开放审核工作规定》，编制《江西省档案馆馆藏档案开放审核适

---

① 数据来源为官方网站及微信平台公开发布的信息。

② 黄蕊.《国家档案馆档案开放办法》起草背景及主要看点：《国家档案馆档案开放办法》解读之一［J］. 中国档案，2022（8）：12－13.

用规则（试行）》，明确了 17 类开放档案适用规则及示例、27 类控制使用档案适用规则及示例，以及 26 类共性规则等，为档案开放审核工作的规范化开展提供制度保障①。新《档案法》实施后，福建省档案馆重新制定《福建省档案馆档案开放审核工作规定》，将"档案开放鉴定"改为"档案开放审核"，增加开放审核工作会商档案形成或移交单位工作机制，细化档案控制使用范围等相关内容②。河北省档案馆（省方志办）展开档案鉴定工作流程、规章制度梳理工作，对《河北省档案馆档案解密划控开放工作细则》《河北省档案馆利用档案规定》进行修订③。江苏省档案馆编制《档案开放审核语义分析技术规范》《江苏省档案开放审核控制使用档案参照清单（2022 年）》等规范性文件，进一步推进档案开放审核工作规范化④。

2. 档案开放审核效率和智能化水平逐步提升

随着档案开放审核法规制度的不断完善，近年来依托人工智能、文本挖掘等新技术研发的开放审核科技创新研究成果也逐步实现落地应用，档案开放审核的智能化水平不断提升，大幅提高了档案开放审核工作的效率和准确率。如浙江省"档案 AI 辅助开放审核"组件建设完成并在浙江省一体化数字资源系统（IRS）中编目上架，组件运用大数据 AI 处理技术对档案目录、原文信息进行智能判断，解决了档案开放审核流程规范化、业务数字化问题，使档案开放审核工作逐渐从"人审"为主过渡到"机审"为主"人审"为辅⑤。福建省档案馆研发的"基于数字档案的人工智能辅助档案开放审核系统"，利用多级敏感词分类分库和人工智能技术辅助开放审核，能够实现档案开放审核全流程在线处理、智能统计分析关键词大数据，具有定制追踪工作任务、工作人员管控和台账留痕管理、敏感词"双提醒"和人工智能预测及自动分库等功能，解决了传统档案开放审核工作需要调阅档案实体与各类目录、过程留痕管理缺失等问题，将开放审核从"半自动模式"升级为"全智能模式"⑥。江西

---

① 毛海帆，余靖琨，康乐群．好风凭借力 扬帆正当时：江西省档案馆推进馆藏文书档案开放审核工作纪实[N]．中国档案报，2022－08－01（3）；胡志斌．奋战"十四五"奋进新征程 真抓实干谋开局：江西省档案馆打响"十四五"时期馆藏档案开放鉴定攻坚战[EB/OL]．(2021－01－27) [2022－10－15]．http：//www.jxdag.gov.cn/id_4028ec8176457c7301777f5fd7715804/news.shtml.

② 黄建峰，颜梓森．加快推进档案开放 更好服务社会民生：福建省档案馆全力推动馆藏档案开放审核工作纪实[N]．中国档案报，2022－07－21（3）.

③ 杨铁柱，赵宇辰．河北省档案馆 推动档案开放工作取得实效[N]．中国档案报，2022－08－04（1）.

④ 鉴定利用处．江苏省档案馆档案开放审核科技项目通过国家档案局验收[EB/OL]．(2022－11－07) [2022－11－15]．https：//mp.weixin.qq.com/s/J6－6O6O2E_H8EOs3MBnzFQ.

⑤ 周友泉，连波，曹军．"浙里数字档案"重大应用场景实践："档案 AI 辅助开放审核"组件的性能与应用[J]．浙江档案，2022（11）：22－24.

⑥ 福建省档案局、档案馆项目组．基于数字档案的人工智能辅助档案开放审核系统实现研究[J]．浙江档案，2022（10）：40－43.

省档案馆承担的"基于结构化和文本数据的辅助开放鉴定模型"项目的科研成果成功应用于江西省档案纵向业务网和江西省档案馆数字档案集成管理系统等档案系统，该项目提出了从 16 个维度辅助档案开放审核的方法，基于档案知识库和递进式辅助开放鉴定双模块、维度算法，构建了由知识层和智慧层构成的辅助档案开放鉴定模型，为文本挖掘技术在档案开放审核工作中的应用提供了有效的解决方案[①]。江苏省档案馆承担的"基于语义分析的档案馆划控开放智能鉴定的研究"项目成果应用于档案馆档案审核开放工作的语义知识库，利用人工智能语义分析技术构建语义审核模型，完成档案开放审核系统的升级[②]。在 2022 年国家档案局科技项目立项中，有"档案开放审核流程优化及创新技术应用研究""总体国家安全观下的档案开放审核研究""基于 NLP 技术的档案智能辅助开放审核研究""语义学习在辅助开放鉴定领域的研究"等 4 个项目围绕档案开放审核主题展开。AI 技术、数据挖掘技术、自然语言处理技术等新技术手段在档案开放审核工作中的应用，对传统的开放审核模式带来变革性影响，对于提升档案开放鉴定质量、提高档案开放审核效率，具有显著的推动作用。

3. 档案开放力度明显加大

随着档案开放审核工作的整体推进，各级国家档案馆的档案开放数量和水平都有明显提高。在中央级国家档案馆层面，中央档案馆将定期向社会集中开放档案作为一种机制；中国第一历史档案馆在"6·9 国际档案日"向社会新开放馆藏清代邮传部等 33 个全宗档案，是近年来开放全宗范围最大的一次，10 月又向社会开放5 万余件馆藏清代兵部-陆军部档案，同时一史馆信息化管理平台还将开放满文《清圣训》全文检索数据库，目前一史馆馆内信息化平台开放数字化档案近 474 万件，满汉文全文检索数据库共 16 个，官方网站可查阅档案目录总数量近 416 万条[③]；中国第二历史档案馆近年来对外提供利用档案已达 106 个全宗，包括南京临时政府、北洋政府、国民政府等档案 33 万余卷[④]。

在省级国家档案馆层面，课题组依据《规划》提出的加强档案开放与政府信息

---

① 毛海帆，余靖琨，康乐群 . 好风凭借力 扬帆正当时：江西省档案馆推进馆藏文书档案开放审核工作纪实[N]. 中国档案报，2022－08－01（3）；档案科技信息处 . 江西省档案馆承担的国家档案局科技项目《基于结构化和文本数据的辅助开放鉴定模型》通过会议验收［EB/OL］. （2022－01－25）［2022－10－21］. http：//www. jxdag. gov. cn/id _ 4028ec817b0b27af017e8edc344e0b38/news. shtml.

② 李军 . 江苏省档案馆 智能化档案开放审核取得新成果［N］. 中国档案报，2022－11－14（1）.

③ 中国第一历史档案馆 . 5 万件馆藏清代兵部陆军部档案和满文《清圣训》全文检索数据库向社会开放［EB/OL］. （2022－10－10）［2022－10－21］. https：//www. fhac. com. cn/detail/7137. html.

④ 国家档案局有关负责同志就《国家档案馆档案开放办法》答记者问［EB/OL］. （2022－07－05）［2022－10－30］. http：//www. gov. cn/zhengce/2022－07/05/content _ 5699352. htm.

公开的衔接、推动档案馆定期通过网站或其他方式公布开放档案目录、稳步推进开放档案全文在线查阅等要求，设计了档案开放数据量、是否提供档案开放目录和全文在线查阅、是否衔接政府信息公开等主要调查指标，通过网络调研方式对省级国家档案馆档案开放情况进行调研。调研发现，在开放档案数据方面，大部分省份开放了较为丰富的档案资源。在档案开放目录方面，各省级档案馆坚决贯彻落实《规划》要求，定期通过网站公布开放档案目录，部分档案网站提供可查询档案全部目录，部分档案网站对开放档案数据进行了说明。开放档案全文查阅服务主要依托建成的数字档案馆、数字档案开放共享利用系统实现。在政府公开信息查询服务方面，主要有两种方式，一是链接至当地的政府网站相关界面，二是档案馆网站自建政府信息公开查询平台，部分网站同时提供以上两种查询方式。总的来看，各省级档案馆普遍重视档案开放目录的公布，将提供在线档案查询作为重要的档案信息服务内容，开放档案全文在线查阅服务正在逐步推进。

（二）档案利用服务成效显著

1. 档案服务国家重大战略成果突出

各级档案部门围绕经济社会发展中的重点和热点问题，深入挖掘档案资源，精准服务党委、政府中心工作，主动服务国家战略，取得突出成果。如山东省档案馆组织开展"黄河故事"山东篇章专题档案资源数据库建设，编撰黄河记忆系列档案图书及专题档案文献展览，编报黄河系列专题《档案资政参考》，服务黄河国家战略[①]。江西省档案馆积极推进全省脱贫攻坚档案数据收集工作，依托全省区域性数字集成管理与共享利用平台，建立了全省脱贫攻坚档案专题目录数据库，汇集电子目录达 83 万余条，为脱贫攻坚贡献档案力量[②]。广东省档案馆推出"广东脱贫攻坚档案文献展"虚拟展厅，云展出 500 多件珍贵档案，生动展现了广东推进脱贫攻坚工作的历程[③]。湖南省档案馆编报的档案资政参考《我国杂交水稻研制成功的经验总结》，对我国杂交水稻的研制和推广经验进行了系统梳理和归纳总结，对推动民

---

① 讲好山东"黄河故事" 助推文化自信自强：黄河档案图书出版座谈会暨黄河记忆专题档案文献展开展仪式在省档案馆举行［EB/OL］.（2022 - 10 - 20）［2022 - 12 - 29］. http：//dag. shandong. gov. cn/articles/5E4A69F/202210/298eacdc-ac43-47d4-9983-59527fc8c96b. shtml.

② 樊晓星. 江西建立脱贫攻坚档案专题目录数据库［EB/OL］.（2022 - 08 - 01）［2022 - 12 - 29］. http：//www. jxdag. gov. cn/id_4028ec818220193c018257f84d576acf/news. shtml.

③ 喜迎二十大 档案颂辉煌：广东省档案馆开展 2022 年国际档案日系列宣传活动［EB/OL］.（2022 - 06 - 10）［2022 - 12 - 29］. https：//www. da. gd. cn/portal_home/content/5344.

族种业发展具有重要参考价值①。各级档案部门普遍注重加强部门协同，主动将档案工作融入国家战略，服务国家和区域经济社会发展，为地方党委政府决策和各项事业发展提供参考，档案资政能力不断提升，档案"思想库""信息库""知识库"的作用得到进一步发挥。

2. 档案利用服务"一网通办""跨省通办"成效突出

档案查询利用服务"一网通办"持续推进。2022 年 7 月，全国档案查询利用服务平台正式上线，该平台依托互联网为社会公众提供档案查询利用的跨区域、跨层级的公共服务。全国各省区市档案馆，各计划单列市、副省级市档案馆及新疆生产建设兵团档案馆都已接入全国档案查询利用服务平台，全国接入总数已超过 1 000家②。全国档案查询利用服务平台的正式开通，建立起了一种更便捷的档案信息资源共享利用联动新机制，实现了全国档案信息共享利用"一网通办"，通过高效、普惠的档案服务，让沉睡的档案"活"起来，切实推动数据惠民。

省际档案查询利用服务"跨省通办"普遍开展。2022 年，更多的跨省域档案查询利用平台建立起来，使异地档案信息零距离利用、档案服务零距离直享成为现实。目前，"跨省通办"档案查询利用服务仍主要集中于民生档案服务领域。如2022 年初，岳阳市档案馆与北京市海淀区档案馆签署《民生档案跨馆异地利用服务工作协议书》，协议明确跨馆档案服务的范围主要包括户口、婚姻、房屋等涉及群众切身利益的民生类档案③。2022 年 9 月，连云港市档案馆与徐州市档案馆、枣庄市档案馆签订《民生档案跨馆利用服务工作协议书》，就苏鲁交界地区民生档案共建共享共用展开合作，进一步破解"用档难题"④。"跨省通办"档案查询利用服务多在具有一定人文经济纽带的跨省区域间先行展开，这些地区的群众对民生档案的跨省利用需求程度较高。为更好满足人民群众异地查档需求，"跨省通办"档案查询利用服务通常具有明确的跨馆利用范围，依法制定方便快捷的办理流程，并依托协同联动机制保障跨省档案服务的有效开展，精准打通档案惠民"最后一公里"，使档案资源能够更好地实现共建共享、服务民生。

---

① 符合君. 省委副书记、省长毛伟明等多位省领导对档案资政参考作出批示 [EB/OL]. (2022 - 04 - 01)[2022 - 12 - 05]. http://sdaj.hunan.gov.cn/sdaj/gzdtxx/xdzxxx/202204/t20220401_22727548.html.

② 郑艳方. 全国档案查询利用服务平台正式上线 [EB/OL]. (2022 - 11 - 25) [2022 - 12 - 05]. https://www.saac.gov.cn/daj/rsdltdt/202207/a356c42867584b28b6965a1a766b4cf1.shtml.

③ 饶敏敏. 京岳携手 服务民生: 岳阳市档案馆开通异地查档跨馆服务 [EB/OL]. (2022 - 03 - 01) [2022 - 10 - 31]. http://sdaj.hunan.gov.cn/sdaj/gzdtxx/xdzxxx/202203/t20220301_e2a9c0f9285b4759b0ad0e1f8db38df5.html.

④ 连云港市档案馆扎实推进苏鲁交界"民生档案共建共享共用"工作 [EB/OL]. (2022 - 09 - 22) [2022 - 10 - 31]. http://www.dajs.gov.cn/art/2022/9/22/art_1084_63539.html.

3. 爱国主义教育、党史教育活动普遍开展

2022 年全国多地积极举办各类爱国主义教育、党史教育相关展览，涌现出一大批档案教育活动优秀实践案例。各地档案部门也纷纷利用馆藏档案文献开展形式多样的爱国主义教育、党史教育活动。10 月，长江、黄河流域 20 个档案馆跨省区联动展播"江河奔腾 千人读档"活动，活动选取和解读来自 20 个档案馆的 20 件红色档案，如山东省《军鞋账》、湖南省《蔡和森写给罗学瓒的明信片》、河南省《焦裕禄照片》、四川省《签名旗》等，诠释了中国共产党的初心使命。这次活动创造了首次跨省区联合联动、首次多平台展示展播、首次读档宣讲宣传、首次云端接力接续的宣传活动等多个"首次"纪录，社会影响广泛①。各级档案部门主要依托馆藏红色档案资源开展爱国主义教育、党史教育，深入挖掘馆藏红色档案资源中能充分展现生动历史细节、感人历史瞬间的档案，通过档案编研、档案诵读、红色研学等多种形式吸引不同年龄的公众参与其中，让公众沉浸式感受红色档案魅力，重温红色记忆。

(三) 档案资源开发成果精彩纷呈

1. 档案编研以史志地情、红色档案为主

调研数据显示，2022 年档案编研仍主要集中于史志地情、红色档案两大主题。在调研到的 22 种（44 册）编研成果中，史志地情类图书 23 册，占 52.27%，红色档案类图书 20 册，占 45.45%（如表 1 所示），另有 1 册为档案利用案例选编。

表 1　部分省级档案馆图书类编研成果

组织单位	编研成果名称
北京市档案馆	《档案中的北京：科技之光》
	《北平地区抗日活动档案汇编》
贵州省档案馆	《贵州桥梁志》
黑龙江档案馆	《瑷珲海关历史档案辑要》
内蒙古档案馆	《内蒙古自治区志·档案志（2001—2015 年）》
	《内蒙古自治区档案馆藏清末内蒙古中西部垦务档案》
山东省档案馆	《山东黄河记忆》《山东黄河映像》《海外藏黄河舆图集》

① 江河奔腾看中国 千人读档颂辉煌：长江、黄河流域 20 个档案馆 20 件红色珍档共谱喜迎二十大乐章［EB/OL］.（2022 - 10 - 14）［2022 - 12 - 29］. http：//dag. shandong. gov. cn/articles/5E4A69F/202210/1552ec7e-7869-4bfa-8ddc-7eb730343984. shtml.

续表

组织单位	编研成果名称
陕西省档案馆	《百年青春心向党——庆祝中国共产主义青年团成立 100 周年》
	"陕西档案故事：忆英烈 励今人"系列丛书
四川省档案馆	"红色四川"系列丛书
天津市档案馆	《清代天津府聚落地理研究》《近代天津地区博物馆史研究》《近代天津日本租界研究》
	《老天津的旧报旧刊》《老天津的文坛往事》《天津老商业》
	《近代天津中国银行档案选编·中卷》《天津年鉴（2021）》
浙江省档案馆	《记忆浙江·2021》《浙江历史上的今天》

红色档案编研方面，成果内容主要涉及革命历史、民族精神等主题，涵盖了党的早期组织发展壮大、建党初期、抗战时期等不同时期的档案资料。如四川省档案馆牵头组织的"红色四川"系列丛书，精选四川省档案馆和部分地市（州）档案馆馆藏的珍贵红色档案，从档案视角讲好中国共产党的革命历程，弘扬四川红色文化[①]。陕西省档案馆与共青团陕西省委联合推出《百年青春心向党——庆祝中国共产主义青年团成立 100 周年》陕西档案资料图片集，集中展现了百年来陕西青年跟党奋斗的光荣历程[②]。北京市档案馆编辑出版的《北平地区抗日活动档案汇编》汇集了记录北平地区抗日战争艰辛历程的翔实档案，为研究北平地区的抗战历史提供了珍贵史料[③]。红色档案类编研成果多以史料为依托，以人物为主线，聚焦党史中的红色人物、红色故事，将地方历史、红色档案与时代精神紧密结合，是党史学习教育的生动教材，更是传承爱国主义精神的重要载体。

史志地情编研方面，成果内容主要涉及历史文化、地理人文、经济建设、城市发展等多个主题。如内蒙古自治区档案馆编辑出版了《内蒙古自治区档案馆藏清末内蒙古中西部垦务档案》，是清代内蒙古垦务档案的汉文档案的首次系统公开出版[④]。山

---

① 编研处：红色档案滋润红色沃土：《红色四川》丛书正式出版［EB/OL］.（2022－04－12）［2022－12－05］. http：//www. scsdaj. gov. cn/scda/default/infodetail. jsp? infoId = 061a1552e0dc40628fccb4efeb9df012&clId =％5bclId％5d&flag=％.

② 陕西省档案馆、共青团陕西省委联合编研结硕果［EB/OL］.（2022－06－08）［2022－12－05］. http：//daj. shaanxi. gov. cn/Article/View? id=4236.

③ 档案见证北平人民的抗日斗争：《北平地区抗日活动档案汇编》出版发行［EB/OL］.（2022－09－03）［2022－12－05］. https：//mp. weixin. qq. com/s/vj7GGCt1t3Ur9m9f3-JNdw.

④ 毕肇雪.《内蒙古自治区档案馆藏清末内蒙古中西部垦务档案》出版发行［EB/OL］.（2022－10－13）［2022－12－25］. http：//m. chinaarchives. cn/home/category/detail/id/40395. html.

东省档案馆联合多家单位合作编撰《山东黄河记忆》《山东黄河映像》《海外藏黄河舆图集》等档案图书，记录了近代及以前黄河的人文地理概貌、治理经验以及历史变迁，讲述了档案里的山东黄河故事①。值得一提的是，天津市档案馆推出的《天津年鉴（2021）》同步上线了移动阅读手机版（掌上年鉴），能够为公众提供全文检索、复制粘贴、放大缩小、查阅收藏等功能，并可通过微信随时查询，"从一本书逐步成为一个记录历史、传承文化、服务群众的公众信息服务平台"②。史志地情类编研成果为研究地方历史、延续文化记忆、促进经济建设提供了厚重的史料支撑，促进了档案学术研究价值和社会文化价值的实现。

2. 档案展览注重展示内容与展陈形式的有机融合

2022 年各省级档案馆围绕国际档案日"喜迎二十大 档案颂辉煌"主题普遍开展了包括档案展览在内的系列宣传活动。此外，根据网络调研结果，截至 2022 年10 月 31 日，有 12 个省级档案馆新举办档案展览 23 个，其中线下实体展览 11 个，线上虚拟展览 12 个，往年举办的部分常设展览和专题展览也在持续展出中（如表 2所示）。

表 2　部分省级档案馆推出的档案展览

省份	展览名称	展览形式
北京	我们的奥运	图文在线展
	奥林匹克教育数字孪生馆	三维虚拟展
福建	共同家园 共同记忆——闽台关系档案文献展	线下实体展
	"服务双碳战略，档案绿色转型"主题展	线下实体展
	"八闽共圆小康梦"主题展	线下实体展
甘肃	走进档案观黄河——兰州城市记忆展	线下实体展
广东	"广东脱贫攻坚档案文献展"虚拟展厅	实景三维展
河南	"梨园有戏"——河南戏曲档案展	线下实体展
江苏	致敬奋斗者——新时代江苏重大先进典型主题影像展	线下实体展
山东	黄河记忆专题档案文献展	线下实体展
	"山东红色档案文献展——不忘初心、牢记使命"网上虚拟展厅	实景三维展

① 讲好山东"黄河故事"助推文化自信自强：黄河档案图书出版座谈会暨黄河记忆专题档案文献展开展仪式在省档案馆举行 [EB/OL].（2022 - 10 - 20）[2023 - 01 - 12]. http://dag. shandong. gov. cn/articles/5E4A69F/202210/298eacdc-ac43-47d4-9983-59527fc8c96b. shtml.

② 《天津年鉴（2021）》出版发行掌上年鉴同步上线 [EB/OL].（2022 - 04 - 29）[2022 - 12 - 05]. https：// www. tjdag. gov. cn/zh _ tjdag/gwxx/xxdt/bsxx/details/1651195896688. html.

续表

省份	展览名称	展览形式
陕西	"回首历史足迹 汲取奋进力量——喜迎省第十四次党代会"主题展览	线下实体展
	《黄河在咆哮——抗战中的陕西》档案图片展	实景三维展
	《长征！长征！——红军长征到陕北》档案图片展	实景三维展
	《西安事变》档案图片展	实景三维展
	《奋进七十年 文化家国梦》档案资料图片展	实景三维展
	《青春心向党 建功新时代——庆祝中国共产主义青年团成立 100 周年》陕西档案资料图片展	实景三维展
上海	初心的传承——红色家书专题展	线下实体展
	逐梦光荣之城——上海青年百年奋斗史档案文献展	图文在线展
四川	新时代四川省机关党的建设成就展	线下实体展
	"新时代四川省机关党的建设成就展"云展馆	实景三维展
云南	云南省全国劳模档案征集成果展	图文在线展
浙江	数字化改革成果展	线下实体展

　　线下档案展览仍以图文展览为主，在展览设计上开始更多考虑利用数字技术来生动诠释档案内容，提升展览的艺术性、趣味性与互动性，增强展览的吸引力和展览效果。如浙江省档案馆与浙江省委改革办（省数改办）联合举办的"数字化改革成果展"采用"科技＋艺术"布设手法，全方位展示数字化改革成果，使"整个展览犹如一个'魔术'的数字化体验空间"，大大提升了展览的吸引力和体验感[1]。福建省档案馆与苏州市档案部门等联合举办的"海丝情忆——丝绸与侨批档案文献遗产展"融合了《近现代中国苏州丝绸档案》和《侨批档案——海外华侨银信》两项世界记忆遗产，展览匠心独运，将柔性绸布、科技档案与海洋元素有机融合，生动体现了不同载体共同承载的海上丝绸之路记忆[2]。

　　在调研到的 12 个新开办虚拟档案展览中，图文在线展 3 个，占虚拟展览总数的 25%；实景三维展 8 个，占 66.67%；三维虚拟展仅有 1 个，占 8.33%。图文在线展是以图片、影像、文字等形式对档案资料和内容进行线上展示，与传统的图文展览在展陈形式上并无明显差异，只是将展览场所从线下搬到了线上；实景三维展是指基于档案馆的线下实体档案展览制作的线上虚拟三维展，主要借助 3D 建模、

　　① 浙江省领导参观数字化改革成果展 袁家军王浩黄莉新等参加［EB/OL］.（2022－01－18）［2022－12－05］. http：//www.zjda.gov.cn/art/2022/1/18/art_1229005493_58923415.html.

　　② 寻找"海丝情忆"展览中的隐藏彩蛋［EB/OL］.（2022－11－26）［2023－01－12］. https：//mp.weixin.qq.com/s/JGsrpgM6F4VAfHQsx_eVrQ.

虚拟现实（VR）、增强现实（AR）等技术线上"还原"实体展览的三维空间效果。图文在线展与实景三维展是目前使用较多的虚拟档案展览形式，它们较多依托或同步推出线下展览。如上海市档案局（馆）与共青团上海市委员会联合主办的"逐梦光荣之城——上海青年百年奋斗史档案文献展"，通过百件珍贵档案与图片，直观地展现了"五四运动"以来上海青年成长奋斗的历史图景，展览还将推出精选手机版，并适时推出线下巡展①。实景三维展利用 3D 模拟技术让观众可以在线上游走于档案展厅之中，从而带给观众身临其境的感觉。如广东省档案馆的"广东脱贫攻坚档案文献展"虚拟展厅，利用 3D 模拟技术再现了实体展全貌，还增加了 VR 模式、弹幕评论以及场景分享功能②；四川省档案馆推出的"新时代四川省机关党的建设成就展"云展馆，设置了点赞、弹幕、转发、陀螺仪、VR 模式、视角切换等功能，其中视角转换设置了"正常""小行星""水晶球""鱼眼"四种模式，为观众提供了全新的沉浸式、互动式的观展体验③。

三维虚拟展与实景三维展的区别在于其没有相应的实体展厅，主要是借助一定数字技术对档案信息进行加工处理并以三维数字形式呈现档案内容、表达展览主题的虚拟展览。北京市档案馆与首都图书馆、首都体育学院联合推出的"奥林匹克教育数字孪生馆"是 2022 年网上展览的精彩亮点，该虚拟展馆利用 3D 模型、AR 技术为社会公众打造了一个"科技、奥运、知识全方位融合的展示平台"，观众可以在虚拟讲解员带领下沉浸式回顾奥林匹克运动的起源与发展史以及赛场精彩瞬间等④。"奥林匹克数字孪生馆"通过数字形式重现"双奥之城"的荣光与风采，将知识性、趣味性、科技性融为一体，是档案类展览的创新之举。与实景三维展相比，三维虚拟展无须依托线下实体展览进行仿真设计，策展人运用数字技术即可完成对展厅的设计制作，策展的自由度和灵活性更高，网络空间也赋予档案展览更加多维的延伸空间，更适用于手机等移动终端设备，增加了公众观展、参展的便捷性和新鲜感。数字技术在档案展览中的应用，为档案馆开发档案资源、宣传档案文化带来了新的思路，注入了新的活力。

---

① 张姚俊. 2022 年上海市国际档案日宣传活动启动"逐梦光荣之城——上海青年百年奋斗史档案文献展"上线 [EB/OL]. (2022 - 06 - 16) [2023 - 01 - 12]. http：//www. chinaarchives. cn/home/category/detail/id/39212. html.

② 广东脱贫攻坚档案文献展虚拟展览 [EB/OL]. (2022 - 06 - 10) [2022 - 12 - 05]. https：//www. expoon. com/e/i51rybkdhti/panorama？ sn＝scene238971.

③ 宣教处. 扫码观展！新时代四川省机关党的建设成就展云展馆上线 [EB/OL]. (2022 - 09 - 30) [2023 - 01 - 12]. https：//mp. weixin. qq. com/s/AAYwbyQymV - 6JG5tVIUK5Q.

④ 北京市档案馆 2022 年国际档案日系列活动精彩上线 [EB/OL]. (2022 - 06 - 08) [2022 - 12 - 05]. https：//mp. weixin. qq. com/s/xRckuNRuPoUZMuX7gH6QSg.

3. 档案视频制作突出"微""短"特色

在调研到的 18 部视频作品中,短视频、微视频、微纪录片有 14 部,占视频作品总数的 77.78%,体现了视频制作与新媒体平台传播特点的呼应,表明档案馆更加关注公众需求特点及传播渠道,以公众需求为导向,制作人民群众喜闻乐见的微短视频(如表 3 所示)。如天津市档案馆于国际档案日活动期间在短视频平台"抖音"发布作品《一封未发出的鸡毛信》,以短视频形式讲述档案中的红色故事,该视频也同步在天津市档案馆的官方网站天津档案方志网和官方微信平台天津市档案方志等平台播出,扩大了受众范围①。云南省档案馆制作了《青春喜迎二十大·云岭青年逐梦录》系列微视频,该视频选取了在云南经济社会中作出突出贡献的青年代表来讲述云岭青年的逐梦故事,在微信公众号、视频号、抖音、哔哩哔哩等多个新媒体平台播出②。此外,有的省级档案馆积极与广电等部门合作拍摄系列专题节目,如辽宁省档案馆与辽宁省广播电视台共同录制《走进档案馆——解密档案背后的故事》栏目,浙江省档案馆和浙江广电集团自 2019 年起联合推出《跟着档案去旅行》系列专题节目,至今仍在连续制作播出。这些微短视频及专题节目以生动讲述贴近百姓生活,将档案故事与地方文化融为一体,借助各种新媒体平台实现档案文化的跨领域、跨时空、跨场景传播,起到很好的社会教育作用。

表 3　部分省级档案馆推出的视频作品

省份	视频作品名称	视频类型
北京	《档案里的冬奥》	系列微视频
福建	《主播说档案》	系列微视频
甘肃	《口述史料档案》	系列专题片
广东	《我们都是追梦人》之《三代人三座桥"桥"见大湾区交通变迁》	系列微纪录片
广东	《广府侨批》	系列微纪录片
河北	《青春档案》	系列特别报道
湖北	《档案里的湖北答卷》	系列微纪录片
湖南	《血色潇湘》	系列微纪录片
辽宁	《走进档案馆——解密档案背后的故事》	系列电视节目
辽宁	《口述·光荣岁月》	系列微视频

---

① 档案中的红色故事:一封未发出的鸡毛信 [EB/OL]. (2022 - 06 - 15) [2023 - 01 - 12]. https://www. tjdag. gov. cn/zh_tjdag/cgzs/spztp/tjhsyzxz/details/1655966283626. html.

② 《青春喜迎二十大·云岭青年逐梦录》上线首发 省档案局征集工作再结硕果 [EB/OL]. (2022 - 07 - 14) [2023 - 01 - 08]. http://www. ynda. yn. gov. cn/html/2022/gongzuodongtai_0714/6013. html.

续表

省份	视频作品名称	视频类型
陕西	《红色档案故事展播》	微视频
四川	《家庭档案》	微视频
	《我和我的档案故事》	微视频
天津	《一封未发出的鸡毛信》	短视频
云南	《红色档案·云南省全国劳模口述历史》	系列微视频
	《青春喜迎二十大·云岭青年逐梦录》	系列微视频
浙江	《档案里的"共富"故事》	系列短视频
	《跟着档案去旅行》	系列专题电视节目

注：省级档案馆推出的视频作品多为档案馆与其他单位联合制作，如《档案里的冬奥》是北京卫视《档案》栏目依托北京市档案馆"我们的奥运"展览制作的电视专栏节目。

三、档案利用体系建设面临的主要问题与挑战

（一）档案开放审核工作面临"存量""增量"急剧增长的压力

数据显示，我国国家综合档案馆馆藏档案数量从 2001 年的 13 756.6 万卷（件）增长到 2021 年的 104 671.1 万卷（件），总增长率为 660.88％，年均增长率为 10.68％；开放档案数量从 2001 年的 4 129.7 万卷/件增长到 2021 年 17 549.7 万卷/件，总增长率为 324.96％，年均增长率为 7.50％。与 2020 年相比，2021 年馆藏档案增长率为 14.03％，开放档案数量增长率为 20.33％，档案开放率由 15.89％增长为 16.77％。虽然我国档案开放数量呈持续增长趋势，但随着应开放档案数量的急剧增长，目前的档案开放率仍处于相对较低水平。在传统的档案开放审核工作模式下，目前各级国家综合档案馆有限的专业审核力量难以应对开放审核工作量急剧增长的压力。

（二）档案开放审核标准相对滞后

目前，大多数档案馆执行的档案开放审核标准仍以 1991 年印发的《各级国家档案馆馆藏档案解密和划分控制使用范围的暂行规定》为主要依据，其中的部分内容已不适应现阶段档案开放审核工作的具体情况和实际要求，不利于当前档案开放审核工作的高效推进。人工智能等新技术在开放审核工作中的推广应用，也对档案开放审核标准的规范化、标准化提出了更高的要求。

(三) 档案在线利用服务区域失衡现象仍然存在

由于目前我国经济文化发展出现的"东强西弱"区域失衡,档案利用服务工作的整体情况也受到影响,档案在线利用服务区域失衡问题仍较为明显。调研发现,东部和西部地区在档案网站资源建设、在线档案利用平台建设与维护、档案文化教育活动及公益活动开展等方面都存在较大差距,区域失衡现象仍未得到有效缓解,整体服务水平有待进一步提升。

(四) 公众在线获取档案产品信息渠道不充分

目前档案产品的发布与推介方式多限于网站与微信推文的新闻报道和宣传介绍,除个别文创产品开展线上抽奖等活动外,鲜有档案产品的获取途径、利用方式等推送信息,档案产品难以得到更大范围的推广和利用。

四、档案利用体系建设未来展望

(一) 完善机制标准,实现档案开放审核工作法治化、规范化、常态化

档案开放审核机制有效运行的关键是档案开放审核主体权责的合理配置。新《档案法》将档案馆和档案形成单位、移交单位或保管单位都列为档案开放审核的主体,规定了各主体在档案开放审核中的责任。各档案馆应结合具体实践,对档案馆和档案形成单位等多元审核主体权责进行合理配置,进一步细分开放审核过程中各主体责任,充分发挥立档单位在档案开放审核中的作用,可将开放审核工作的关口前移,由立档单位负责对新形成档案进行开放审核,由档案馆对进馆档案进行再审,并对控制使用档案的划分进行重点审核,以确保档案开放审核质量。如北京市平谷区档案馆实行的档案馆与立档单位"双初审"制,杭州市档案馆试行的机关档案室初审、市档案馆再审的工作机制等,都是非常有益的尝试与探索。将开放审核工作前置,不仅能充分发挥立档单位在档案开放审核中的重要作用,还能有效缓解开放档案增量带来的审核压力,促进档案开放工作提质增效。为确保档案开放审核工作机制的有效运行,还需要进一步规范审核流程,加强各主体之间的沟通协作,建立健全档案开放审核机制体系,搭建档案开放审核协同工作平台,形成开放审核工作合力,确保档案开放审核工作的顺利开展。

档案开放是一项动态的、长期的工作,制定规范合理的档案开放审核标准是档案开放工作持续有效推进的重要保障。各级国家综合档案馆应依照现行政策法

规及相关规定中有关档案开放审核的统一要求和标准，结合馆藏档案情况，会同档案形成、移交或保管单位共同对开放档案内容进行具体分析和科学研判，针对不同历史时期、不同全宗的特点，细化、调整划控内容，依法依规制定准确、适用、便于操作的档案开放审核标准。制定档案开放审核标准还应充分考虑标准制定所依据的相关政策法规的变化以及辅助审核技术应用对开放审核工作提出的新要求，及时、适时对开放审核标准作出动态调整，确保档案开放审核标准与现行相关法律法规条款相适应。档案馆应结合《政府信息公开条例》《数据安全法》《个人信息保护法》《国家秘密解密暂行办法》等的相关规定，对延期向社会开放档案范围、档案控制使用范围等具体内容进行细化和调整，确保最大限度地向社会开放档案，满足人民群众的档案利用需求。

（二）加强社会协同，促进档案公共服务能力的整体提升

《规划》明确提出"十四五"期间要"促进档案公共服务均等化、便捷化"，对实现全体公民都能公平可及地获得大致均等的档案公共服务提出了要求。要缩小不同区域之间档案利用服务发展水平的差异，为公众提供优质均等的档案利用服务，满足用户不断增长的档案利用需求，就要从档案工作实际需要和用户利用需求出发，多措并举，不断探索解决问题的有效途径。

一是加强档案资源共享机制建设，提高跨域档案资源共享能力。以公众档案利用需求为导向，坚持目标和手段相统一的原则，建立协同机制，从资源供给和需求保障两方面共同推进更大范围内档案资源的共建共享共用。特别是在公众档案利用需求相对集中的民生档案领域，应采取针对性更强、覆盖面更广、效果更明显的举措，促进档案资源向基层延伸，向农村覆盖，向边远地区倾斜，加快补齐基本档案利用服务的软硬件短板和弱项。在已有建设经验基础上，建立互认互通的档案专题数据标准体系，在确保档案数据安全流通的同时，有效推动档案数据的互联互通、共建共享，推动数字化档案利用服务的普惠应用。聚焦公众需求，制定和完善适用于跨域档案利用服务的评价指标体系，完善和优化"好差评"等反馈机制，充分利用档案查询利用平台和新媒体平台，畅通和健全各种评价反馈渠道，促进跨域档案利用服务的质量提升。

二是推动新技术赋能，促进档案利用服务能力的整体提升。切实推进各级国家档案馆开展在线查询利用服务，依托全国档案查询利用服务平台，优化PC端、移动端等服务"前端"，将档案查询利用服务融入"一网通办""跨省通办"服务体系，推动档案查询利用服务延伸到农村、社区基层一线，促进档案公共服务均等化、便捷化。各地档案部门应积极推广和借鉴档案利用服务的先进做法和成果经

验，推进"互联网＋"档案利用服务的全面发展，探索区块链、人工智能等技术在档案利用服务中的应用，推动线上线下服务融合联动，不断创新跨域档案查询利用模式，全面提升档案利用服务水平。

三是建立和加强档案人才帮扶机制。档案工作的高质量发展离不开高水平的档案专门人才，各级各地档案部门应坚持需求导向，选派政治素质高、业务能力强的档案干部人才进行对口支援，把已有的工作经验、管理手段、服务模式带过去，结合工作实际需要，协助对口单位建立覆盖范围广、方便高效的档案利用体系，推动不同区域之间档案利用工作的协同发展和共同进步。目前已有部分省区开展了档案领域的对口交流、人才帮扶工作，取得了明显效果。

（三）利用数字技术，提高档案开放利用智能化、现代化水平

《规划》提出，"十四五"期间要"加快推进档案科技创新，助力档案工作转型升级"。以信息技术赋能档案开放利用工作现代化，促进档案工作的数字化转型，不仅是时代发展的要求，也是档案开放利用工作的必然趋势。目前开放审核工作中智能技术手段的缺失是普遍情况，现有的技术手段多应用于敏感词系统、档案管理系统等，尚未有专门化的档案开放审核管理平台[①]。现在已有部分档案馆正在依托国家档案局科技项目支持，与技术开发公司共同进行利用数据挖掘、语义分析、敏感词库、人工智能等技术辅助档案开放审核的研究工作，有的研究成果已在档案馆成功应用或调试运行。各级档案部门可以借鉴已经落地的档案开放审核项目成功经验，积极开展科技攻关，提高档案开放审核智能化水平。档案馆可以运用自然语言处理技术从可靠审核结果中提取敏感词，建立和完善符合本馆档案馆藏实际的敏感词库，将敏感词全文比对技术嵌入档案开放审核程序，对数字档案中的敏感词进行实时快速过滤和准确定位，辅助档案初审及复审环节；也可以采用数据挖掘技术对档案内容、元数据进行挖掘分析，自动识别和提取与控制使用档案具有相关关系的高频词，并将分析成果应用于辅助构建敏感词库；还可依据已知的审核规则和发掘出的关联关系，从不同维度对同一份档案进行辅助审核，为开放审核工作委员会提供全方位的审核依据和辅助意见；还可以进一步探索人工智能技术在涉密档案信息识别和分析处理、涉密档案鉴定划控、涉密档案安全管理和涉密档案开放利用等场景中的应用[②]，推动档案开放审核工作的智能化开展。运用信息技术辅助档案开放

---

① 闫静，谢鹏鑫，张臻. 新《档案法》背景下国家综合档案馆档案开放审核的挑战及对策［J］. 北京档案，2022（7）：7-10.

② 马怡琳，李宗富. 赋能·助力·提升：人工智能技术在档案解密与开放审核工作中的应用探索［J］. 山西档案，2022（4）：112-118.

审核，能够大幅提高档案开放审核工作效率，在减轻档案专业人员基础工作量的同时，还可以有效规避人工审核中主观因素对审核结果的影响，提高档案开放审核质量。

在档案资源开发利用方面，应充分运用数字技术赋能档案编研、展览设计、文创开发、知识服务等，变革传统的档案资源开发利用模式，从内容到形式进行数字化创新，提高档案文化产品服务的新颖性、可用性和亲民性，不断提升人民群众利用档案的获得感与满意度。随着移动互联技术的发展，数字编研作为一种全新的档案业务模式，不是数字技术与档案编研的简单相加，而是基于传统档案编研的蝶变与跃升[1]，将会给档案编研带来全新的理念与方法。融合了虚拟现实、音视频技术的数字编研出版物也更能适应新媒体时代公众的阅读需求，用户可利用 APP 或小程序等方式在手机等移动终端上进行阅读，既有利于公众更方便地获取档案编研成果，也能进一步丰富公众的阅读体验。在档案展览方面，目前档案馆推出的虚拟展览多以图文在线展和实景三维展为主，三维虚拟展仍处于起步阶段，未来仍有较大探索空间。可将数字技术与艺术设计有机融入档案虚拟展览，借助裸眼 3D、720°VR 全景、虚拟数字主持人、数字沙盘、大屏幕互动等多种数字技术打造三维虚拟展览，提升档案虚拟展览的交互性、沉浸性和体验性，为公众提供新的视觉感受和全方位的互动体验，并借助微信公众号、抖音等新媒体平台进行推介，扩大宣传范围，提高档案展览的社会影响力。在档案文化创意产品方面，档案馆也不必拘泥于文具、书签、日用品等实体文创的开发，可以通过跨界合作，开发设计含有档案元素的表情包、游戏、小程序、线上剧本杀等各类数字文创产品或线上线下混合类游戏、戏剧创作等，吸引更多的公众特别是青少年通过档案文创认识和了解档案，感受档案文化。在档案知识服务方面，数字人文为档案知识服务平台建设提供了新的理论与方法。知识服务的关键在于知识发现，强调从海量数据中获取有用知识，以用户需求为中心，有针对性地为用户提供档案知识内容和解决方案。语义网、关联数据、数据可视化等技术应用可以深度揭示档案知识之间的关联关系，提升档案知识服务的智能化水平。在档案资源开发利用过程中，可通过建立有效的公众参与机制，鼓励社会力量参与档案的转录、注释，添加背景信息，上传知识资源，通过开设创作专栏、交流社群、作品展演等，鼓励公众作为创作者直接参与开发基于馆藏档案的数字文化产品等，实现档案价值的再生产。

① 牛力，曾静怡. 数字编研：一种全新的档案业务模式 [J]. 中国档案，2022（1）：70－71.

五、结语

2022 年，我国档案利用体系建设持续推进，以人民为中心的档案服务理念不断深化，在加快推进档案开放、提升档案利用服务能力、加大档案资源开发力度等方面取得了新的进展。随着档案开放力度的不断加大，各项法规、标准、制度的不断完善，全国一体化档案利用平台建设的深入推进，以及新技术在档案资源开发利用中的广泛应用，档案资政服务、公共服务、文化教育能力将进一步提高，档案利用体系建设将不断走向深入，充分实现档案对国家和社会的价值。

2022 年中国档案学研究发展报告

连志英[1,2]　孙寒晗[1]　陈怡[1]

1. 中国人民大学信息资源管理学院，北京　100872

2. 中国人民大学档案事业发展研究中心，北京　100872

摘　要：本报告综合应用多种研究方法，对 2022 年《档案学通讯》《档案学研究》刊发的及人大复印报刊资料《档案学》转载的所有学术论文，国家社科基金项目、教育部项目及国家档案局科技项目立项项目以及当年出版的档案学著作进行分析，并与 2020、2021 年分析结果相比较，发现高等院校仍是档案学研究的主体力量，但来自业界的研究力量有所增强。2022 年中国档案学研究依旧关注"档案学基础理论""档案治理""档案与数字人文""电子文件管理""中国古文书学"等主题，但也涌现了"红色档案"和"档案学学科建设与发展"等新主题，研究特点上呈现显著的本土化和跨学科性，但在关注"人"的需求、跨学科的双向互动以及研究深度上仍有待加强。中国档案学研究将围绕建构中国特色档案学知识体系这一重要使命，从多维度、多方面对中外档案学思想、理论及研究成果进行梳理、反思、提炼及创新性转化和发展，同时也要基于当下的新实际、新问题、新需求产生新的思想，提出新的理论。

关键词：档案学研究；档案学科；学科发展

作者简介：连志英，博士，教授，研究方向为档案学基础理论、数字档案资源开发利用、社群档案、信息法学和信息文化，电子邮箱 ellen_lian@hotmail.com；孙寒晗，硕士研究生，研究方向为社群档案、档案记忆；陈怡，博士研究生，研究方向为档案学基础理论、知识图谱。

　　2022 年中国人民大学档案事业发展中心曾对 2020 年及 2021 年的中国档案学研究现状进行梳理、分析，并对中国档案学研究未来发展趋势进行展望[①]。本报告拟

[①]　中国人民大学档案事业发展研究中心.中国档案事业发展报告（2022）[M].北京：中国人民大学出版社，2022：329-355.

在此基础上，对 2022 年中国档案学研究最新发展情况进行跟踪研究，以期发现中国档案学研究的新变化和新趋势。

一、数据来源及分析方法

（一）数据来源

本报告的数据来源主要有三方面：

一是学术期刊论文。主要包括 2022 年 1 月至 2022 年 12 月《档案学通讯》《档案学研究》两本 CSSCI 来源期刊刊发的及人大复印报刊资料《档案学》转载的所有学术论文，经筛选去重，并去除非学术性论文的文章（会议通知、期刊公告、新闻报道等），共得学术论文 241 篇。其中《档案学通讯》86 篇、《档案学研究》121 篇、人大复印报刊资料《档案学》转载论文 34 篇。

二是国家级及省部级项目。主要包括 2022 年国家社科、教育部及国家档案局项目。截至 2022 年 12 月 31 日，档案学科国家社科项目立项数为 20 项，教育部项目 2 项，国家档案局项目 141 项。

三是学术著作。包括 2022 年出版的档案学学术专著。项目组分别在超星—读秀知识库和当当图书网中以"档案"为关键词检索出版时段为 2022 年 1 月至 2022 年 12 月的档案学著作，经筛选，去除非学术性著作（档案文献汇编、教材、工具书、案例集、论文集等）后得到 9 本档案学学术著作。

（二）分析方法

本报告主要的研究方法有文献计量分析法、文献研读法和主题分析法等。其中，文献计量分析法和文献研读法主要应用于对学术期刊论文的分析。首先，运用 CiteSpace 对研究机构的发文数量和中心度、研究主题的关键词词频及聚类等进行分析，以了解 2022 年中国档案学研究的研究力量布局及大体的研究主题。因部分文献数据存在表述不统一等情况，为方便软件分析，对数据进行了规范化处理，如将"上海大学图书情报档案系"统一表述为"上海大学文化遗产与信息管理学院"。其次，人工对 241 篇论文进行了阅读，结合文献计量分析的结果，进一步明确 2022 年学术期刊论文所反映的中国档案学研究关注的主题。

主题分析法主要应用于对科研项目及专著的主题分析上，主要采用词频分析和手工抽取主题及编码的方法。

二、研究现状

(一) 档案学学术期刊论文分析

1. 期刊论文研究力量布局分析

使用 CiteSpace 对论文作者所属机构进行统计，并结合对发表数量与中心度的分析发现，高等院校是档案学研究的主体力量（如图 1、表 1 所示）。年发文量 3 篇及以上的机构共 23 家，23 家机构中 21 家为高等院校及其下属研究中心，档案主管部门及档案馆类别下仅有中国石油档案馆、国家档案局 2 家机构。其中，研究力量最为突出的是中国人民大学信息资源管理学院，发文量位居第一，中心度达到0.21。上海大学文化遗产与信息管理学院亦是较突出的发文机构，以 21 篇的发文量位列第二。此外，还有中国人民大学档案事业发展研究中心、山东大学历史文化学院、中国人民大学电子文件管理研究中心、中山大学信息管理学院、湘潭大学公共管理学院、武汉大学信息管理学院、湖北大学历史文化学院为排名前 9 名的机构，年发文量均达到 6 篇及以上。

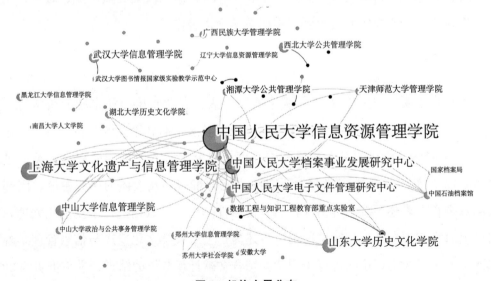

图 1　机构力量分布

表 1　年发文量 3 篇以上的机构

序号	机构名称	发文量	中心度	序号	机构名称	发文量	中心度
1	中国人民大学信息资源管理学院	54	0.21	13	天津师范大学管理学院	5	0.02
2	上海大学文化遗产与信息管理学院	21	0.02	14	郑州大学信息管理学院	4	0.00
3	中国人民大学档案事业发展研究中心	16	0.13	15	黑龙江大学信息管理学院	4	0.00
4	山东大学历史文化学院	14	0.00	16	中国石油档案馆	4	0.00
5	中国人民大学电子文件管理研究中心	12	0.02	17	中山大学政治与公共事务管理学院	4	0.00
6	中山大学信息管理学院	9	0.06	18	苏州大学社会学院	3	0.00
7	湘潭大学公共管理学院	7	0.02	19	国家档案局	3	0.00
8	武汉大学信息管理学院	7	0.00	20	辽宁大学信息资源管理学院	3	0.00
9	湖北大学历史文化学院	6	0.00	21	南昌大学人文学院	3	0.00
10	广西民族大学管理学院	5	0.00	22	武汉大学图书情报国家级实验教学示范中心	3	0.00
11	中国人民大学数据工程与知识工程教育部重点实验室	5	0.00	23	安徽大学	3	0.00
12	西北大学公共管理学院	5	0.00				

　　与 2020—2021 年期间各机构发文量相比，中国人民大学、上海大学、山东大学、中山大学、武汉大学的发文量排名变化不大，而湖北大学、广西民族大学、郑州大学自排名上升后保持较好、发展平稳，湘潭大学、西北大学、天津师范大学发文量排名有所提升；在档案主管部门及档案馆中，中国石油档案馆的研究力量凸显。

　　虽然 CiteSpace 工具分析显示各研究机构大多具有一定中心度，但通过人工阅读发现，机构中心度大多体现为机构与其下设的研究中心之间的关联度，跨学校或跨学科的合作较少。

　　2. 期刊论文研究主题分布

　　使用 CiteSpace 对期刊论文的关键词进行统计，因为关键词频次能在一定程度上反映研究领域的热点情况，而关键词中心度则表示它控制的关键词之间信息流的数量以及对整个网络资源的控制程度[①]。删除"档案"这一出现次数多且无特指意义的词，频次为 3 次及以上的关键词有 31 个（如表 2 所示）：

表 2　出现频次 3 次及以上的关键词

序号	关键词	频次	中心度	序号	关键词	频次	中心度
1	档案治理	16	0.40	17	数据管理	4	0.11
2	数字人文	15	0.31	18	长期保存	4	0.03
3	档案数据	11	0.20	19	档案叙事	3	0.04
4	档案工作	11	0.24	20	数字记忆	3	0.00
5	红色档案	8	0.21	21	档案管理	3	0.00
6	档案学	7	0.07	22	数字化	3	0.02
7	档案馆	7	0.21	23	文化遗产	3	0.00
8	电子文件	7	0.07	24	社会记忆	3	0.03
9	档案法	6	0.03	25	数据治理	3	0.08
10	电子档案	6	0.01	26	新文科	3	0.02
11	档案事业	5	0.02	27	档案学科	3	0.04
12	企业档案	5	0.09	28	档案价值	3	0.00
13	档案服务	5	0.05	29	档案开放	3	0.00
14	档案利用	5	0.01	30	归档	3	0.04
15	大数据	4	0.15	31	开发利用	3	0.04
16	数字档案	4	0.01				

这些高频词在一定程度上能反映当下中国档案学研究关注的焦点。为进一步提炼研究主题，需对关键词进行聚类分析。本报告采取 LLR 算法对关键词进行聚类，因该算法是当前研究聚类时所广泛使用的，倾向表现出聚类群的唯一性、独特性[②]，可有效将关系紧密的关键词聚成一类，以观察某个学科或技术领域形成的聚类网络[③]。使用 CiteSpace 分析数据后聚类形成 8 个网络，所得聚类模块值（modularity）为 0.678＞0.3，表明聚类结构显著，平均轮廓值（silhouette）为 0.934 9＞0.5，说明聚类结果可信度较高。分析得到 8 个聚类标签为：课程思政、档案治理、红色档案、数字人文、电子文件、档案服务、数字叙事、档案馆（如图 2 所示）。

---

① 肖获昱. 基于 CiteSpace 的图书馆智库服务研究可视化分析 [J]. 图书馆工作与研究，2018（11）：94 -99.

② 李琬，孙斌栋. 西方经济地理学的知识结构与研究热点：基于 CiteSpace 的图谱量化研究 [J]. 经济地理，2014，34（4）：7 - 12，45.

③ 邵志国，安安，于德湖，等. 基于 CiteSpace 的老旧小区改造研究文献计量分析与展望 [J]. 城市发展研究，2021，28（12）：5 - 10.

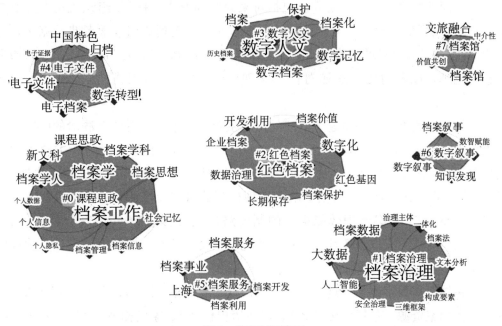

图 2 关键词聚类图

需要说明的是，CiteSpace 通过算法将关系紧密的关键词进行聚类后，给每个关键词一个值，同一聚类中值最大的当选为该类别的代表，成为聚类标签，这也导致聚类标签会具有局限性，因为标签并不能全面反映聚类网络的所有关键词情况。为进一步提炼和明确研究主题，笔者对文献进行了研读，结合 CiteSpace 关键词聚类，确定 2022 年档案学期刊论文主要关注以下七个方面的主题：

一是档案学基础理论。这一主题下关注的议题主要有：第一，对档案的概念及其属性和作用等的研究。包括从经验角度对档案进行重新认识①、对档案的本质属性的反思②、从社会学的视角审视档案的角色③、从遗产的视角认识北京奥运档案的价值④等。第二，对中国档案史的研究。包括对中国现代档案学的创建及其学科属性的历史分析⑤，以及对我国档案史学者王金玉的中国档案史思想的梳理及评析⑥等。

---

① 丁海斌. 基于人类原始符号记录的原始经验论：杜威经验哲学之学习心得与理论发展 [J]. 档案学研究，2022 (6)：4-9.

② 黄夏基，古琼梅. 档案本质属性新说 [J]. 档案学研究，2022 (6)：25-31.

③ 陈心想，董书昊. 社会学视角下档案的三重角色 [J]. 档案学通讯，2022 (6)：4-11.

④ 徐拥军，张丹. 论北京奥运档案的遗产价值 [J]. 档案学通讯，2022 (1)：4-14.

⑤ 梁继红. 从"附庸"到"独立"：中国现代档案学初步建立及其学科属性的历史分析 [J]. 档案学研究，2022 (3)：4-12.

⑥ 李宗富，杨莹莹. "丈"用千年，"文"澄误传：王金玉中国档案史思想研究：谨以此纪念王金玉老师逝世二十周年 [J]. 档案学研究，2022 (6)：40-47.

第三，对国外档案学思想的研究。包括对来源原则形成过程①及组织机构变迁对来源原则的影响②的分析，对国外代表性档案学者如澳大利亚档案学者弗兰克·阿普沃德（Frank Upward)③、美国档案学者杰拉德·汉姆（F. Gerald Ham)④ 的档案思想的梳理，以及对史学思潮对档案学理论的影响⑤、后现代档案叙事⑥等的研究等。

二是档案治理。这一主题下关注的议题主要有：第一，对档案法治的研究。主要聚焦于对 2020 年修订的《档案法》的解读，包括对《档案法》与相关政策的协同性⑦、特定条款存在的问题及不足⑧等方面的解读，以及对相配套的档案法规⑨及规章⑩修订的意见。第二，对档案治理实现机制的研究。包括对数智时代档案治理现代化的路径⑪、档案治理效能提升的制度路径⑫、档案服务外包安全监管⑬的研究。第三，对档案工作服务社会治理的研究。主要对档案、档案工作在社会治理中的作用⑭及实践案例⑮进行分析。

三是档案与数字人文。这一主题下的研究主要侧重于运用数字人文的方法和技术对各类档案资源，包括历史档案⑯、口述历史档案⑰、家谱档案⑱等的内容进行挖掘，以实现对档案内容的数据化、语义化和知识化。

---

① 连志英，苏立，何玉颜. 来源原则形成考析［J］. 档案学通讯，2022（4）：26 - 33.

② 陆阳，朱雯霞. 组织结构变迁对来源原则的影响探赜［J］. 档案学通讯，2022（3）：12 - 20.

③ 吕文婷，王宁，陈建. 弗兰克·阿普沃德档案学术思想述评［J］. 档案学通讯，2022（2）：20 - 27.

④ 李少建. 杰拉德·汉姆档案思想探析［J］. 档案学通讯，2022（6）：27 - 35.

⑤ 闫静. 史学思潮与档案景观的变迁［J］. 档案学研究，2022（3）：141 - 148.

⑥ 李孟秋. 批判与建构：后现代语境下的档案叙事［J］. 档案学通讯，2022（5）：10 - 18.

⑦ 马海群，张涛. 基于文本计算的我国档案政策法律协同性研究：以《中华人民共和国档案法》（2020 修订版）和《"十四五"全国档案事业发展规划》为蓝本［J］. 档案学研究，2022（2）：26 - 32.

⑧ 肖秋会，张博闻. 行政法视域下的档案征购制度研究：兼论新《档案法》第二十二条［J］. 档案学通讯，2022（1）：102 - 108.

⑨ 陈艳红，王从容. 修订《中华人民共和国档案法实施办法》的司法检视：以中国裁判文书网 261 篇文书为样本［J］. 档案学通讯，2022（5）：46 - 55.

⑩ 梅帅. 论新《行政处罚法》视域下档案行政处罚程序的完善［J］. 档案学通讯，2022（4）：67 - 75.

⑪ 金波，杨鹏. "数智"赋能档案治理现代化：话语转向、范式变革与路径构筑［J］. 档案学研究，2022（2）：4 - 11.

⑫ 王英玮，戴柏清. 制度创新视角下档案治理效能提升路径探析［J］. 档案学通讯，2022（4）：17 - 25.

⑬ 徐拥军，王兴广. 治理视域下档案服务外包安全监管研究［J］. 档案学研究，2022（4）：116 - 122.

⑭ 丁海斌. 关于档案工作与社会治理的三个问题［J］. 档案学通讯，2022（4）：102 - 104；刘旭光. 社会治理视角下档案工作价值实现探析［J］. 档案学通讯，2022（4）：107 - 110.

⑮ 丁华东. 档案工作服务农村基层社会治理的"湖州经验"［J］. 档案学通讯，2022（4）：110 - 112.

⑯ 梁继红. 走向文本的历史档案数字整理：历史追溯与时代转型（下）［J］. 档案学通讯，2022（1）：60 - 66.

⑰ 邓君，王阮. 数字人文视域下口述历史档案资源知识发现模型构建［J］. 档案学研究，2022（1）：110 - 116.

⑱ 张钰桐，徐健. 数字人文视域下的家谱档案资源重构：价值、逻辑及框架［J］. 档案学研究，2022（5）：94 - 101.

四是电子文件管理。这一主题的研究主要聚焦于电子文件单轨制管理的实施[①]、数字转型中的电子文件归档[②]、区块链技术在电子文件真实性保障中的应用[③]，以及电子文件证据效力保障[④]。

五是红色档案。这一主题的研究主要集中于红色档案资源在思想政治教育[⑤]及公民国家记忆培育[⑥]方面的价值，以及红色档案资源的开发路径[⑦]和机制[⑧]等方面。

六是中国古文书学研究。这一主题的研究主要聚焦于特定历史时期形成的中国古文书的特点、功能及其反映的文书运作机制等，包括对唐宋科举档案中的贡籍及其演变的研究[⑨]、对清代州县钱粮交代文书运作的研究[⑩]、对明代《孔府档案》中的文书形态的研究[⑪]、对清代的先行稿[⑫]等的研究。

七是档案学学科建设与发展。这一主题主要关注在新文科建设背景下我国档案学学科发展存在的问题及发展的路径[⑬]，以及一级学科更名对档案学学科发展的影响及应对之策[⑭]。

（二）国家社科基金、教育部项目及国家档案局科技项目立项情况分析

1. 国家社科基金立项情况分析

2022 年档案学科共获国家社科基金立项 20 项（如图 3 所示）。相较于 2021 年

---

① 张宁. 数据驱动视角下的电子文件单轨制管理研究［J］. 档案学研究，2022（5）：109 - 115.

② 苏焕宁. 数字转型中的电子文件归档：坚守本质与适应变化［J］. 档案学研究，2022（5）：116 - 122.

③ 王洋. 基于优化共识的区块链在电子文件全生命周期真实性保障中的应用：以中国电力建设集团有限公司电子文件单套归档和电子档案单套管理试点为例［J］. 档案学研究，2022（2）：89 - 96.

④ 许晓彤，章伟婷，唐莹琪. "档案管理方式保管"与"正常业务活动中形成"电子文件证据效力保障：调查与思考［J］. 档案学通讯，2022（5）：73 - 82.

⑤ 赵义良，熊文景. 红色档案的思想政治教育价值及其深化路径［J］. 档案学通讯，2022（4）：4 - 9.

⑥ 倪丽娟. 红色档案资源开发与公民国家记忆培育［J］. 档案学研究，2022（4）：10 - 16.

⑦ 周林兴，姜璐. 红色档案资源开发中的叙事表达研究［J］. 档案学研究，2022（4）：4 - 9.

⑧ 刘芮，卜昊昊. 文旅融合域下红色档案资源开发的场域分析和行动逻辑［J］. 档案学研究，2022（4）：17 - 23.

⑨ 陈锴. 科举档案：唐宋贡籍及其演变［J］. 档案学研究，2022（2）：128 - 134.

⑩ 赵士第. 清代州县钱粮交代的文书运作：以钱粮交代册为中心［J］. 档案学研究，2022（2）：135 - 141.

⑪ 吴伟伟，吴佩林. 明代《孔府档案》中文书形态的认定［J］. 档案学研究，2022（1）：142 - 148.

⑫ 刘文华. 清代的先行稿［J］. 档案学通讯，2022（1）：75 - 82.

⑬ 尹鑫，杨文，张斌. 新文科建设背景下我国档案学科发展路径探析［J］. 档案学通讯，2022（2）：97 - 104.

⑭ 冯惠玲. 新版学科专业目录下的档案学科建设思考［J］. 档案学通讯，2022（6）：103 - 105；何振. 一级学科更名对档案学专业的影响［J］. 档案学通讯，2022（6）：105 - 107；李财富. 一级学科更名对档案学的发展利大于弊［J］. 档案学通讯，2022（6）：108 - 109；吴建华. 一级学科更名后的三大变化［J］. 档案学通讯，2022（6）：109 - 110；赵彦昌. 一级学科更名对院发展的影响和我们的应对之策［J］. 档案学通讯，2022（6）：111 - 112.

档案学科立项数 25 项而言，过去一年档案学科的立项数量稍有回落。

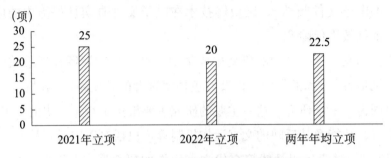

图 3　档案学科社科基金立项数量统计

在 20 项项目中，重点项目 2 项，一般项目 13 项，青年项目 5 项，无重大项目和西部项目（如图 4 所示）。相比 2021 年，重点项目增加 1 项，青年项目持平，重大项目减少 1 项，一般项目减少 3 项，西部项目减少 2 项。

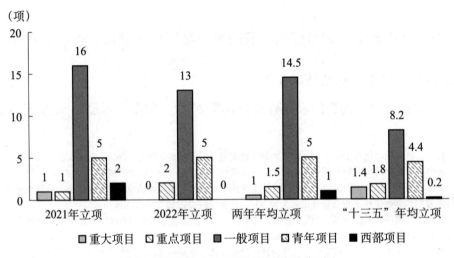

图 4　社科基金各类项目不同时期分布对比

（1）研究力量分析。

延续了 2020 年和 2021 年的趋势，2022 年高等院校仍是档案学科社科基金立项的主要力量。

从地理分布来看，东部地区机构立项 11 项，占比 55%；中部地区机构立项 7 项，占比 35%；西部地区立项 2 项，占比 10%。

（2）项目研究主题分析。

为统计项目研究主题，本报告首先对项目词频进行了统计。利用 Python 提取档案学科社科基金中使用频率排名前 100 的词语并生成词云图（如图 5 所示）。由高频词可见，档案治理与档案数据治理、档案资源的长期保存与开发利用、档案学创新发展、档案文化传承保护是 2022 年档案学科社科基金项目的主要研究选题。

图 5　2022 年档案学科社科基金项目高频词词云图

其次，本报告又对 20 项社科基金项目名称提取关键词，手工编码后统计的研究主题主要有五个：档案资源开发与利用、档案治理与档案数据治理、档案文献整理与研究、档案学基础理论研究、档案传承与保护。此外，还有档案数字监管、网络档案资源建设、电子档案长期保存、科研档案管理、非遗档案研究等主题。

综上所述，2022 年社科基金档案学科立项数目较 2021 年相差不大；高等院校是主要立项单位，中部地区机构研究实力有所增长，但东西部研究力量仍差距较大；立项主题在注重创新的同时，也关注档案文化的传承保护，与国家治理、数字时代紧密结合，更具有多样性和本土性。

2. 教育部项目立项情况分析

2022 年教育部基金档案学共立项 2 项，统计意义不大，因此不作进一步分析。

3. 国家档案局科技项目立项情况分析

（1）研究力量分析。

2022 年国家档案局科技项目 141 项立项项目中，企业和档案馆的占比皆在 30％左右，相差不大；高校占比为 16％；档案局和其他政府机构也承办了少部分项目；此外，图书馆、博物馆、医疗机构等其他机构也有一定参与（如图 6 所示）。这一研究力量的分布与 2020—2021 年状况相似，档案馆通常选择与企业、高校合作开展科技项目立项和落地工作，与国家档案局科技项目偏向实践而非理论的要求相契合。

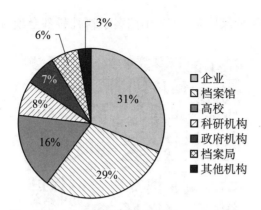

图6 2022年国家档案局科技项目立项单位分布

在各承担单位中，中国人民大学档案学院共承办9项科技项目，是2022年承担项目数量最多的机构；湖北省档案馆、江苏省档案馆、陕西省档案馆、国家档案局档案科学技术研究所承担了5～7项不等的科技项目，表现较为突出；上海市档案馆、广西壮族自治区档案馆、四川省档案馆、中国工程物理研究院档案馆、武汉大学信息管理学院等机构立项数量均为3项（如图7所示）。从地理分布来看，在141项科技项目中，东部地区立项86项，中部地区立项27项，西部地区立项28项。由此可见，东部地区各机构仍是档案局科技项目申报的主要力量。同时，承担机构间的合作关系仍与地理位置的就近性紧密相关，同省不同属性的机构（如企业、档案馆、高校、科研机构）协同承担的现象较为普遍。

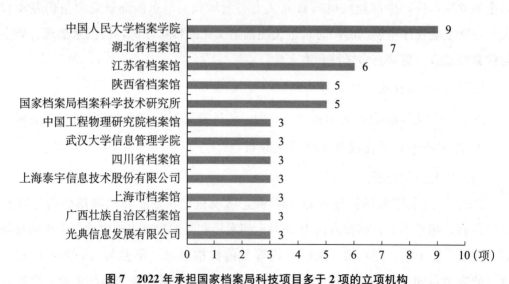

图7 2022年承担国家档案局科技项目多于2项的立项机构

（2）项目主题分析。

为统计2022年国家档案局科技立项项目主题，本报告也首先对项目题名的高频词进行统计。同样以 Python 作为词频统计工具，最终提取国家档案局科技项目题名中使用频率前 100 的词语并生成词云图（如图 8 所示）。

图 8　2022 年国家档案局科技项目题名高频词词云

通过分析出现频次较高的词语可以发现：第一，采用新技术的趋势愈加明显。大数据、人工智能、区块链等新一代信息技术在档案工作中的应用愈加普遍和专业化，知识挖掘技术在档案信息深度开发中得到良好应用。第二，电子文件和电子档案的单套制管理和长期保存仍是过去一年档案科技项目的重要选题方向，部分机构在基于自主可控的电子文件归档和电子档案管理、数字档案馆（室）等系统建设等方面积极开展研究。第三，红色档案数据库搭建成为档案资源建设主题的重要内容。第四，电子环境下档案资源整合与开放应用、档案数据治理等也是重要的研究议题。

其次，对项目名称提取关键词，手工编码后共得到"电子文件和电子档案管理""档案抢救保护技术""档案资源建设""档案资源开发与利用""新技术应用""档案管理信息系统""档案数据管理""档案宣传展览""档案开放""档案数据共享利用""档案信息化服务""档案安全保障""档案管理制度""档案监管""档案治理""数字档案馆建设""特殊类型档案研究""档案库房管理""档案数据治理""档案业务指导""档案工作机制""档案公共服务""档案人才建设""档案文献整理与研究"等 24 类研究主题（如表 3 所示）。以上研究主题与《"十四五"全国档案事业发展规划》所提及的档案治理体系、档案资源体系、档案利用体系、档案安全体系四大体系紧密相连。

表 3　2022 年国家档案局科技项目主题分布

项目主题	数量	占立项总数百分比	项目主题	数量	占立项总数百分比
电子文件和电子档案管理	18	13%	档案管理制度	4	3%
档案抢救保护技术	13	9%	档案监管	3	2%
档案资源建设	13	9%	档案治理	3	2%
档案资源开发与利用	12	9%	数字档案馆建设	3	2%
新技术应用	12	9%	特殊类型档案研究	3	2%
档案管理信息系统	10	7%	档案库房管理	2	1%
档案数据管理	10	7%	档案数据治理	2	1%
档案宣传展览	8	6%	档案业务指导	2	1%
档案开放	5	4%	档案工作机制	1	1%
档案数据共享利用	5	4%	档案公共服务	1	1%
档案信息化服务	5	4%	档案人才建设	1	1%
档案安全保障	4	3%	档案文献整理与研究	1	1%

（三）档案学著作分析

2022 年公开出版的档案学著作数量较少，主题的分布也较分散，主要涉及档案制度、档案文献保护、电子档案管理、专题档案资源建设与整合及档案价值研究等方面。

三、中国档案学研究的特点

通过对档案学期刊学术论文、国家社科基金项目、教育部项目及国家档案局科技项目立项，以及档案学著作的分析可见，2022 年中国档案学研究关注的主题大致与冯惠玲教授等提出的"十四五"期间需重点研究的八大领域的范围一致，体现了中国档案学研究的前沿性。

（一）研究力量布局的特点

2022 年档案学研究力量仍以高校为主，但来自业界的研究力量有所增强。在发表的期刊论文方面，国家档案局、中国石油档案馆是来自业界的重要研究力量。毋庸置疑，中国档案学的发展需要学界和业界的共同努力，也需要学界与业界的更多合作，这一点在国家档案局的立项项目研究力量布局上体现较为明显。

（二）研究主题的特点

与 2021 年的统计相比，"档案学基础理论""文件档案管理数字转型""档案治理""档案与数字人文""中国古文书学"等是 2022 年档案学界关注的主题。

在"档案学基础理论"这一主题下，关注点聚焦于档案学的元问题，包括什么是档案、档案具有哪些属性、档案具有哪些价值和作用等，同时，对中外档案思想的梳理也是这一主题的研究重点。

"文件档案管理数字转型"主要包括两大方面的内容：一是电子文件管理。相较于 2021 年"电子文件管理"这一主题下的研究，2022 年学界在这一主题下的关注焦点是电子文件单轨制管理，这也符合当下政府机构、企业等正在大力推进电子文件单轨制管理的实践需求。二是新技术在档案管理中的应用。2022 年的研究较多地集中地探讨区块链、人工智能、知识图谱等新技术在档案开放鉴定、档案知识组织和知识服务中的应用。

"档案治理"作为极具中国特色的研究领域，2022 年的研究有所拓展，从研究档案事业自身的治理拓展到档案和档案工作服务于社会治理，这进一步丰富了档案治理的内涵。

2022 年"档案与数字人文"主题的研究重点与 2021 年的研究重点类似，仍是聚焦于数字人文的方法与技术在档案信息资源开发中的应用，这也是档案工作数字化转型的重要内容，因为对于档案信息资源的开发必须要面向内容，而且要实现细粒度的开发，数字人文的方法和技术可以为实现档案信息资源内容细粒度开发提供重要借鉴。

2022 年"中国古文书学"主题的主要研究内容和 2021 年相比变化不大，主要聚焦于特定历史时期形成的中国古文书的形态、特点、功能及其反映的文书运作机制等，这也是中国古文书学与欧洲古文书学的不同之处，欧洲古文书学的研究主要是通过对古文书的内外特征及形式的研究以鉴辨古文书的真伪，而中国古文书学的研究一方面可通过对古文书的研究来揭示特定历史时期"人""事""物"的流动，乃至历史过程等，另一方面也可为历史档案数据化整理及数字人文提供重要的方法论支撑。

相比较而言，"红色档案"和"档案学学科建设与发展"是 2022 年档案学研究的新主题。习近平总书记多次强调要保护好、管理好、运用好红色资源，赓续红色血脉、传播红色文化。目前我国档案馆、图书馆等文化机构都高度重视对红色档案资源的保护和开发利用工作，因此，何谓红色档案，如何来保护红色档案文献以及如何开发红色档案资源以充分发挥其价值等将是档案界需深入研究的问题。而新文科的建设以及一级学科更名都会给档案学学科建设与发展带来很大的影响，其中有机遇也有挑战，档案学学科如何抓住机遇并迎接挑战以实现新的发展也是中国档案界需思考和研究的重要问题。

综上可见，2022年中国档案学研究最大的特点是本土化。上述研究主题中的档案治理、中国古文书学、档案学学科建设与发展、红色档案等都体现了极强的中国特色，这些主题下的研究问题都是基于当前中国档案学学科建设和发展及档案实践工作发展的需求提出的，这些本土化议题的研究对于建构中国特色的档案学知识体系是非常重要和必要的。

而基于对2022年研究现状的梳理也可发现，本课题组在2021年对中国档案学研究发展趋势预测中提出的"注重跨学科问题的研究"日益显化，跨学科已然成为2022年中国档案学研究的第二大特点。如《档案学通讯》2022年发表了13篇来自其他学科，包括法学、社会学、金融学、马克思主义哲学的学者撰写的相关论文，占全年发文总量的15%。跨学科研究通过吸纳不同学科学者的参与，鼓励多元视角多样主题的思辨，不仅能为档案学发展注入新鲜活力，更能扩大档案学对其他学科的影响。但值得注意的是，在跨学科研究中，档案学与其他学科之间理论与方法的双向互动并未得到明显体现，档案学更多的是引入其他学科的理论、方法等，而向其他学科的输出尚有待发展。

此外，笔者在2021年研究预测中提出的另一趋势——关注"人"的需求，体现档案学研究的人文主义，在2022年的研究中并未明显体现。且现有研究在深度上还有待加强，如对于档案治理这一主题的研究，虽然已经拓展至"档案、档案工作服务社会治理"这一主题，但对于如何来实现档案、档案工作、档案事业支撑国家治理体系和治理能力现代化及服务社会治理方面的探讨还不够。

四、中国档案学研究的发展趋势

中国特色哲学社会科学构建已成为我国人文和社会科学领域的重要学术议题，而对于如何加快构建中国特色哲学社会科学，习近平总书记给出了明确路径：按照立足中国、借鉴国外，挖掘历史、把握当代，关怀人类、面向未来的思路，着力构建中国特色哲学社会科学，在指导思想、学科体系、学术体系、话语体系等方面充分体现中国特色、中国风格、中国气派①。2022年4月，习近平总书记在中国人民

---

① 习近平. 在哲学社会科学工作座谈会上的讲话 [EB/OL]. (2016-05-19) [2022-11-25]. https://news.12371.cn/2016/05/19/ARTI1463594345596569.shtml? from=groupmessage&ivk_sa=1024320u.

大学考察时特别指出："加快构建中国特色哲学社会科学，归根结底是建构中国自主的知识体系"①。因此，构建中国特色的档案学最终是要建构中国自主的档案学知识体系，这已成为中国档案界的重要使命，围绕这一使命，本报告认为将来中国档案界需加强以下几方面的研究：

第一，需立足中国档案工作的实际和需求，对从西方移植的理论进行本土化、中国化的"过滤"和处理。强调建构中国档案学自主知识体系并不是不看世界，中国档案界也需了解国际档案界的研究成果，借鉴其中可借鉴之处，结合中国的实际情况进行创新性转化和发展。要做到这一点，首先是需要对西方档案学研究成果有较深入和透彻的理解，然后在此基础上才能结合自身的实际情况实现创新性转化和发展。

第二，对中国传统的档案思想进行创新性转化和创新性发展。这需要中国档案界对中国传统档案思想进行深入的梳理和提炼，并能结合当下档案工作、档案事业发展的新情况和新特点进行创新性转化和创新性发展。

第三，基于档案工作、档案事业发展的新实践和新需求，提出新的思想和理论。当前中国档案工作和档案事业正在经历数字转型，在此过程中会出现很多新的问题和新的现象，基于对这些新问题、新现象的研究形成中国特色的档案学思想和理论也是建构中国自主的档案学知识体系的重要内容。

当然，要构建中国自主的档案学知识体系也需加强跨学科的合作与研究。一方面档案学研究应当积极输出本学科的理论与方法，为解决复杂社会议题提供新思路；另一方面档案界也需在跨学科对话中更多地担当领导者、先行者的角色，在学科交叉与融合中提升档案学学科的影响力与创新性。此外，中国档案界也同样需要思考如何与国际档案界进行对话和交流，以期让世界了解中国档案学的研究及其成果。

五、结语

总体而言，2022 年档案学研究的关注点与 2020、2021 年大体相似，但在具体的研究议题上还是有所拓展，本课题组认为未来中国档案学研究将围绕建构中国自主的档案学知识体系这一重要使命，从多维度、多方面对中外档案学思想、理论及研究成果进行梳理、反思、提炼及创新性转化和发展，同时也要基于当下的新实际、新问题、新需求产生新的思想、提出新的理论。

---

① 习近平在中国人民大学考察时强调：坚持党的领导传承红色基因扎根大地 走出一条建设中国特色世界一流大学新路 [N]. 人民日报，2022-04-26 (1).

2021—2022 年中国红色档案管理发展报告

朱彤[1]　　王兴广[2]　　唐懿飞[2]

1. 中国矿业大学（北京）档案馆，北京　100083

2. 中国人民大学信息资源管理学院，北京　100872

摘　要：保管好、利用好红色档案，对于发挥其存史、资政、育人作用，增强其在铸就社会主义文化新辉煌中的价值，助力"十四五"时期档案事业高质量发展具有重要意义。本报告基于政策文本分析、网络调查、深度访谈、文献研究等方法，系统梳理了 2021—2022 年我国红色档案管理的基本情况。其成绩和特点主要表现为：制定红色档案法规政策，精准谋划服务中心大局新思路；加强红色档案收集征集，积极推出资源体系建设新举措；聚焦红色档案开发利用，参与塑造主流舆论传播新格局；利用红色档案铸魂育人，深度彰显理想信念教育新作为。其问题和不足主要表现在：参与机构类型单一，多元协同共治尚需加强；基础概念界定模糊，资源建设成效相对受限；技术运用较为滞后，开发形式趋于同质化；叙事传播思维欠缺，传播渗透力尚需提升。档案部门未来应进一步打破主体壁垒，推进多方协同参与红色档案管理；明晰概念边界，统筹推进红色档案资源体系建设；深化技术运用，赋能红色档案场景化开发与利用；融入叙事思维，探索红色档案分众传播生态构建。

关键词：红色档案；档案管理；档案资源；档案叙事

作者简介：朱彤，副研究员，研究方向为档案文化建设、思想政治教育，电子邮箱 zht@cumtb. edu. cn；王兴广，博士研究生，研究方向为档案学基础理论；唐懿飞，本科生，研究方向为档案学基础理论。

作为"往事记录"的红色档案，承载着中国共产党的伟大精神、光荣传统和优良作风，能够再现党史的真实情景，揭秘鲜为人知的党史史实①，对于弘扬以伟大建党精神为源头的精神谱系，服务党和国家中心大局，持续推进党史学习教育常态化发展具有重要作用。2021 年 7 月 6 日，习近平总书记对档案工作作出重要批示，

---

① 徐拥军. 挖掘档案价值 读懂百年党史 [J]. 中国档案，2021 (3)：74 - 75.

明确要求"把蕴含党的初心使命的红色档案保管好、利用好"。党的二十大报告明确指出,"弘扬以伟大建党精神为源头的中国共产党人精神谱系,用好红色资源,深入开展社会主义核心价值观宣传教育",为我国在新时代加强红色档案管理,深化爱国主义、集体主义、社会主义教育提供了契机,指明了前路。

2021 年是中国共产党成立 100 周年,也是"十四五"的开局之年;2022 年是党的二十大召开之年,也是踏上全面建设社会主义现代化国家、向第二个百年奋斗目标进军新征程的开局之年,必将在中国历史上留下浓墨重彩的标注。在这关键的历史节点总结过去实践经验、谋划未来发展具有重要现实意义。本报告采取政策文本分析、网络调查、深度访谈、文献研究等方法,旨在系统梳理 2021—2022 年我国红色档案管理现状,总结其成绩、特点,并在对现存问题进行分析的基础上,提出未来一段时期促进我国红色档案管理科学化、规范化发展的策略,以期对提升红色档案管理效能、促进我国档案事业高质量发展有所裨益。

一、2021—2022 年我国红色档案管理的现状

(一)政策制定

2021 年 6 月,中共中央办公厅、国务院办公厅印发了《"十四五"全国档案事业发展规划》,明确擘画了推进新时代我国档案事业高质量发展的宏伟蓝图和行动指南,强调要"深入挖掘红色档案资源,建立'四史'教育专题档案资料库",对我国加强红色档案管理提出了总则性要求。在地方层面,辽宁、黑龙江、湖北、贵州、广西等省级"十四五"规划亦明确提出加强本区域红色档案资源建设,建立"四史"教育专题档案资料库。笔者采用政策文本分析方法,检索到 25 项已公开的省级"十四五"规划(截至 2022 年 12 月 31 日),并对红色档案的相关表述进行了要素提炼与归类分析,其内容主要涵盖档案收集、整理、保管、利用、信息化建设五个方面。

分析发现,在《"十四五"全国档案事业发展规划》和 25 项省级"十四五"规划中,几乎全部的规划均突出强调"红色档案开发利用",旨在通过加大红色档案资源开发力度,深入推进档案利用体系建设,占比为 96%;9 项规划着眼于优化档案馆藏资源结构,提出完善红色档案收集征集工作,具体内容涉及加大红色档案资源接收和征集工作力度(福建、江西、山东、湖北、湖南、云南等)、鼓励社会和个人捐赠红色档案(辽宁、福建、江西等)、开展红色口述史料采集(辽宁、四川等),占比为 34.6%;5 项规划明确提出要加强红色档案整理和数字化工作,主要涉及上海、辽宁、安徽、江西、山东等,占比为 19.2%;8 项规划从全面推进档案

安全体系建设的角度入手，提出加强红色档案安全保护，具体内容涉及红色档案保管保护（天津、上海、四川、甘肃等）和抢救修复（天津、辽宁、安徽、山东、西藏等），占比为30.8%；5项规划对加强红色档案信息化建设作出要求，具体内容涉及建设区域性红色档案资源信息平台（天津）、红色档案专题数据库（上海、辽宁、江苏、内蒙古等）、红色档案微平台（辽宁），占比为19.2%。

（二）实践成果

本报告采用网络调查、深度访谈方法，全面探察2021—2022年我国红色档案管理实践的基本概况与特征。

1. 研究方法

（1）网络调查法。选取"中国档案资讯网"（http：//www.zgdazxw.com.cn/）作为数据来源，对该网站2021—2022年刊载的红色档案管理相关的新闻资讯进行遴选、分析。一是，将正文提及"红色档案"的视为红色档案相关资讯（以下简称"相关资讯"），试图通过对其主题内容的深度分析，探察档案部门对红色档案管理各流程、环节的重视程度；二是，将标题包含"红色档案"的视为红色档案主题资讯（以下简称"主题资讯"），旨在将其作为文本分析对象，窥探红色档案管理的现实概况、发展动向。排除工作随笔、新闻简讯等无关文本后，检得相关资讯1 009条、主题资讯164条。

（2）深度访谈法。基于受访单位地域分布的相对均衡性、红色档案管理的典型性与代表性、调研配合程度等，对22家综合档案馆（省级5家、地市级2家、县区级15家）和2家企业档案馆从事红色档案管理的工作人员进行结构化访谈，旨在掌握受访单位2021—2022年红色档案管理的总体亮点、现实挑战与未来策略等。

2. 统计分析

（1）描述统计分析。

第一，主题内容特征。红色档案管理相关资讯、主题资讯主要涉及"要闻""各地动态""其他"三类。其中，"要闻"主要为《中国档案报》等新闻媒介的转载内容；"各地动态"类别的主题资讯相对"要闻"的占比更高，由此揭示地方档案部门对红色档案管理的重视程度。如图1所示。

第二，时间演进特征。分析发现，红色档案资讯发布时间趋势与重大活动、重要事件的时间大体契合，如图2所示。比如，2021年2月，中共中央印发《关于在全党开展党史学习教育的通知》，就党史学习教育作出部署安排，各地档案部门积

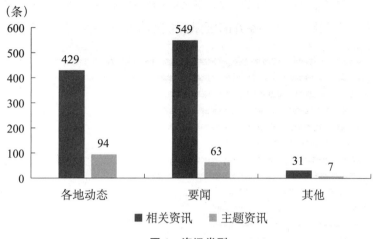

图 1　资讯类型

极响应党中央的号召，深入挖掘红色档案的存史资政育人价值，红色档案相关资讯数量随之骤增；2021 年 7 月，习近平总书记对档案工作作出重要批示，强调"要把蕴含党的初心使命的红色档案保管好、利用好"，推动红色档案工作在全国各地掀起热潮，相关资讯数量在此后一段时期得以攀升且达到峰值；2022 年 10 月，党的二十大在北京隆重召开，各地档案部门深入学习贯彻党的二十大精神，推动红色档案管理工作走向深入，引发相关资讯数量再次走升。

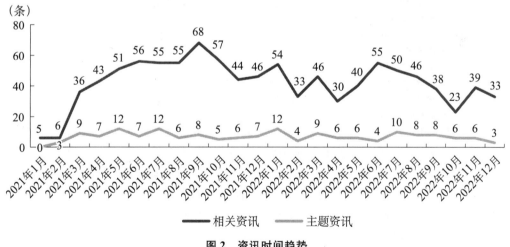

图 2　资讯时间趋势

第三，地域分布特征。通过分析红色档案相关资讯标题及文本内容①发现，红

---

① 由于红色档案部分资讯内容同时涉及多个地域，因此在频次计算过程中，本报告采取了单一资讯重复性计算的方法。

色档案管理工作受不同地区红色资源分布不均衡、档案工作重心不一致、档案信息化水平相对不一等问题影响。各省的资讯频次如图3所示。

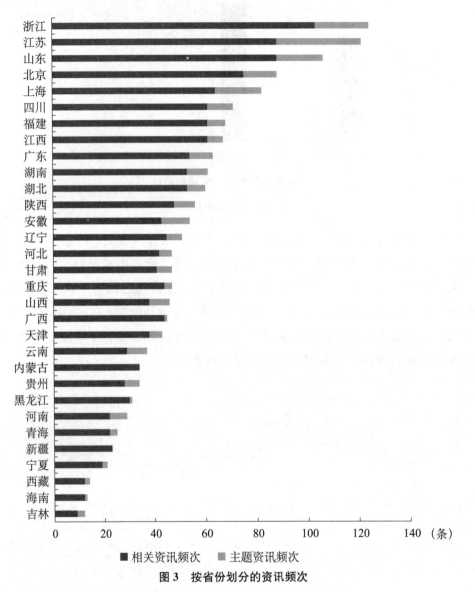

■ 相关资讯频次　■ 主题资讯频次

图3　按省份划分的资讯频次

注：此处统计分析结果仅包括我国大陆31个省级行政单位，不包含港澳台地区。

（2）内容文本分析。

本部分重点对164条红色档案主题资讯、24家档案馆深度访谈结果进行高频词提取与文本分析。其中，涉及红色档案具体管理流程的高频词包括"征集""服务""开发""保护"等，体现红色档案价值形态、作用形式的高频词包括"传承""基因""教育"等，如图4所示。基于词典匹配法，在参照《档案工作基本术语》

（DA/T 1—2000）的基础上，将红色档案主题资讯划分为档案收集、档案鉴定、档案整理、档案检索、档案利用、档案保护、档案统计 7 个类别。经统计，档案收集（频次为 79）、档案保护（频次为 78）、档案利用（频次为 103）是当前我国红色档案管理实践的热点，相应资讯数量较多，如图 5 所示。

图 4　主题资讯标题词云图

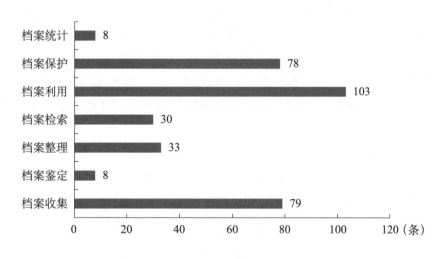

图 5　不同类别的红色档案主题资讯数量

注：由于部分主题资讯在内容方面同时涉及多个主题，因此此表在计算不同类别红色档案主题资讯时存在重复。

综上，可以将 2021—2022 年我国红色档案管理工作的重点概括为如下三个方面：（1）围绕重大历史事件，积极开展红色档案收集。伴随中国共产党成立 100 周年、党的二十大成功召开等重大时间节点，我国各地档案部门积极开展红色档案专题收集活动，因地制宜征集当地红色资源，丰富馆藏红色档案资源。（2）红色档案利用成果形式较为丰富、创新。我国档案部门积极整理、开发红色档案，成果形式相对丰富，主要表现为编研书籍，主题展览，拍摄纪录片、专题片、微视频等。

（3）红色档案安全保护工作取得显著成效。我国各地档案部门积极开展红色档案修复，精研修复技术，重点推进红色档案抢救性、精细化修复，不断提升红色档案安全保管能力。

（三）学术研究

2021—2022 年，我国档案学界从传承红色基因、赓续红色血脉的视角出发，围绕红色档案管理开展了一系列研究。以"SU＝红色档案 AND KY＝红色档案"为检索式在中国知网进行专业检索，将发表时间范围限定为"2021 年 1 月 1 日—2022 年 12 月 31 日"，共计检索到相关论文 258 篇。剔除与研究主题关联性不强的新闻资讯、工作简报以及重复文献等后，获得有效文献 154 篇。

系统回顾已有研究成果，可将其集中归纳、概括为如下四个方面。第一，理论运用方面。部分学者从跨媒体叙事[①]、场景传播[②]、心流理论[③]等视角切入，为推进红色记忆建构提供理论指导，延展了红色档案的研究广度。第二，价值形态方面。部分学者分析了红色档案的历史凭证、政治引领、经济转化、文化传承、教化育人和身份认同建构[④]等价值，并重点对思想政治引领价值的具体表现[⑤]和实现路径[⑥]进行了深入探究。第三，资源建设方面。部分学者提出红色档案数字化从初级、中级到高级的梯度开发模式[⑦]，强调基于红色档案资源的遴选与组织探寻高效开发路径[⑧]。第四，开发策略方面。部分学者对红色档案资源跨区域协同开发[⑨]和图档博机构协同开发[⑩]的必要性和策略进行了充分审视，提出了基于红色档案资源传承红色基因[⑪]、培育公民国家记忆[⑫]等实践路径。

---

① 何玲，马晓玥，档案研究僧. 跨媒体叙事理论观照下的档案叙事优化策略：以红色档案为例的分析［J］. 档案学通讯，2021（5）：14 - 21.

② 聂勇浩，牟胜男. 场景传播视角的红色档案资源开发与传播［J］. 浙江档案，2022（7）：29 - 32.

③ 孙大东，白路浩. 心流理论视域下红色档案传承红色基因的向度与路径［J］. 档案学通讯，2022（1）：15 - 22.

④ 张雷珍. 论红色档案的当代价值及其实现路径［J］. 浙江档案，2022（5）：52 - 54；谢诗艺，杨珮琪. 建构群体认同：红色档案资源开发的逻辑理路［J］. 档案与建设，2021（12）：26 - 29.

⑤ 董颖. 红色档案在思想政治引领上的时代价值和实现路径［J］. 浙江档案，2022（3）：14 - 16.

⑥ 赵义良，熊文景. 红色档案的思想政治教育价值及其深化路径［J］. 档案学通讯，2022（4）：4 - 9.

⑦ 彭庆红，孙晓丹. 红色档案资源数字化开发利用的路径与梯度［J］. 档案学通讯，2022（4）：10 - 16.

⑧ 翟乐，李金格. 数字人文视阈下红色档案资源的遴选、组织与开发策略研究［J］. 情报科学，2021，39（12）：174 - 178，186.

⑨ 周林兴，崔云萍. 区域性红色档案资源的协同开发利用探析：以长三角区域为分析对象［J］. 档案学通讯，2021（5）：4 - 13.

⑩ 熊伊凡，陈艳红. 基于图情档协作的红色档案资源开发利用研究：以雷锋档案为例［J］. 图书馆，2021（9）：92 - 96，102.

⑪ 朱彤，曾祥明. 论红色档案传承红色基因的生成机理、价值意蕴及实践路径［J］. 档案学通讯，2022（1）：23 - 28.

⑫ 倪丽娟. 红色档案资源开发与公民国家记忆培育［J］. 档案学研究，2022（4）：10 - 16.

二、2021—2022 年我国红色档案管理的成绩与特点

2021—2022 年，我国各级各类档案部门认真学习贯彻落实习近平总书记关于档案工作的重要指示精神，聚焦弘扬红色传统、传承红色基因，持续推进红色档案资源的管理、开发利用工作，为维护好中国共产党人的精神谱系、传承好中国共产党的精神血脉作出了积极贡献。

(一) 制定红色档案法规政策，精准谋划服务中心大局新思路

一方面，以《中华人民共和国档案法》（以下简称《档案法》）为根本遵循，开展红色档案管理专项立法。我国虽尚未针对红色档案出台专门的法律法规，但《档案法》《重大活动和突发事件档案管理办法》为红色档案管理、开发和利用提供了参照依据。值得一提的是，部分地方对红色档案管理具有较强的顶层设计和精准谋划意识，如上海、内蒙古、甘肃等省（自治区、直辖市）率先将红色档案纳入本地区档案立法，为我国红色档案地方立法工作提供了可资参考、推广的先行经验。

另一方面，以《"十四五"全国档案事业发展规划》为重要参照，地方红色档案管理迎来政策制定"高潮"。大多数省级"十四五"规划强调打造、培育具有本区域特色的红色档案文化品牌，对于弘扬地方红色文化、传承爱国主义精神、促进经济社会发展具有重要意义。例如：《"十四五"江西省档案事业发展规划》明确提出"立足红土圣地，传承红色基因，加强井冈山精神、苏区精神、长征精神、八一精神、安源精神、方志敏精神、甘祖昌精神、血防精神、抗洪精神等相关档案资料的收集征集"；《上海市档案事业发展"十四五"规划》明确提出"积极挖掘上海作为党的诞生地和初心始发地在革命、建设、改革开放中形成的红色档案资源，建立珍贵红色档案名录"。

(二) 加强红色档案收集征集，积极推出资源体系建设新举措

第一，以资源调查为基础，制定红色档案收集进馆方案。各地档案部门在红色档案收集工作中坚持主动作为，根据本区域红色档案资源分布现状针对性地制定档案收集征集进馆方案。例如：2022 年 1 月，天津市档案馆发布《关于征集红色档案史料的公告》，面向全市社会组织和个人征集"1921 年中国共产党成立以来，反映各个历史时期对天津市党组织建设、发展具有较大影响的事件、活动、会议以及代

表性人物等档案史料"①；2022 年 7 月，河北省档案馆着眼于庆祝中国人民解放军建军 95 周年，面向本省退役军人专门发布红色档案资料征集公告，鼓励退役军人以自愿的方式捐赠个人保管的红色档案，对于在新时代记录并传承中国人民解放军为人民独立、人民解放和社会主义中国繁荣发展建立的卓越功勋具有重要意义②。

第二，融入多元手段运用，拓宽红色档案收集进馆渠道。调研发现，湖南省档案馆明确由征收整理部、音像采编部和编研展览部开展红色档案收集工作。其中，征收整理部负责红色档案征集常态化工作统筹，于 2022 年完成馆藏红色档案资源摸底清查和全省旧政权历史档案梳理摸底工作；编研展览部曾与湖南红色记忆基金会合作，赴俄罗斯开展中共早期赴苏联湘籍人员档案收集工作。浙江省台州市黄岩区档案馆与区委宣传部、区档案局联合印发《关于做好市级及以上爱国主义教育基地红色档案资料专项收集工作的通知》，重点走访红色档案资料相关单位，定点定向征集档案史料，助力形成优势互补、合作共赢的红色档案收集工作新格局③。

第三，积极开展跨馆征集，充实红色档案馆藏资源体系。我国各地档案部门注重秉承开放合作理念，促进红色档案合力归集和跨区域共享。调研发现，四川省成都市档案馆首次向西部战区某档案馆、重庆市档案馆、云南省档案馆、昆明市档案馆等单位征集到反映成都地区党领导人民开展革命斗争的珍贵红色档案资料 7 854 卷（册）、266 件，并在红色档案征集方面加强与中央档案馆、中国第二历史档案馆等单位的联系、交流；2022 年，广东省深圳市档案馆与江西省赣州市档案馆签署战略合作框架协议，明确两馆合作开展"赣闽粤原中央苏区"红色档案资源收集工作，成为革命老区重点城市跨区域开展红色档案收集、开发利用工作的典型范例④。

（三）聚焦红色档案开发利用，参与塑造主流舆论传播新格局

第一，红色档案编研形式多样化。我国各级档案部门以红色档案资源精品化开发和品牌化建设为目标导向，重点围绕庆祝中国共产党成立 100 周年、迎接中国共产党第二十次全国代表大会召开等重要时间节点、重大纪念活动，不断丰富红色档

① 天津市档案馆. 天津市档案馆关于征集红色档案史料的公告［EB/OL］.（2022 - 01 - 24）［2023 - 01 - 07］. https：//www.tjdag.gov.cn/zh_tjdag/gwxx/tzgg/details/1643006640027.html.

② 河北省档案馆. 河北省档案馆（河北省地方志编纂委员会办公室）关于面向河北省退役军人征集红色档案资料的公告［Z］. 2022 - 07 - 26.

③ 缪晨. 黄岩区档案馆多举措推进红色档案资料征集工作［EB/OL］.（2022 - 11 - 09）［2023 - 01 - 07］. http：//www.chinaarchives.cn/home/category/detail/id/40733.html.

④ 刘婷. 广东深圳市档案馆与江西赣州市档案馆签署协议：老区特区携手并进 对口合作开启新篇［N］. 中国档案报，2022 - 12 - 19（2）.

案编研形式。例如：黑龙江省档案馆为献礼中国共产党百年华诞，早自 2020 年 6 月即筹备《风展红旗——黑龙江红色历史档案展》专题策展和《风展红旗——图说龙江红色档案》编纂出版工作[①]；调研发现，中国石油大庆油田公司党委组织部、档案馆自 2021 年至今先后联合编纂出版《坚实的脚步——大庆油田党建文献摘编》《大庆油田要览》等红色档案专题书籍，助力红色石油文化与党史学习教育统筹推进，充分利用红色档案编研讲述石油故事、传播石油声音。

第二，红色档案开发主体联动化。在红色档案开发利用工作中，档案馆主动加强与博物馆、图书馆、革命纪念馆、高校等机构的协同联动，充分彰显红色档案资源共享、深度合作的强大合力。调研发现，河南省档案馆与省委办公厅、省档案局、河南电影电视制作集团等联合拍摄文献纪录片《焦作煤矿工人运动纪实——他们特别能战斗》，与河南博物院联合举办"人民呼唤焦裕禄"主题展览等；浙江省杭州市萧山区档案馆联合萧山区委宣传部、区融媒体中心、萧山日报社等单位编研出版《百年萧山 新闻纪录》，并积极与萧山日报社合作开辟专栏，报道"百年潮涌·档案见证"征集活动成果，在面向社会大众开展红色档案宣传教育方面成效显著。

第三，红色档案宣传手段立体化。我国各级档案部门持续推进红色档案全景式、立体化宣传推广，总体呈现出线上线下联动、传统媒介与新媒体运用相结合的特点。例如：河北省明确提出在"十四五"期间组织实施"555"红色档案宣传教育工程，加强红色档案开发利用成果评选、宣传与推介[②]；调研发现，浙江省档案馆于 2021 年上半年在《浙江日报》和浙江新闻客户端设立"浙江红色档案"专栏，连续 4 个多月、累计面向社会公众推介馆藏珍贵红色档案专题文章 30 余篇，并利用"学习强国"平台同步宣传，相关专栏网络点击量达 6 000 余万人次、点赞量高达 135.8 万人次。

（四）利用红色档案铸魂育人，深度彰显理想信念教育新作为

一方面，深耕红色档案资源，推动党史学习教育走深走实。我国各级档案部门深度挖掘红色档案中蕴含的党领导全国各族人民奋发图强的历史记忆与精神基因，引导领导干部、共产党员、社会民众自觉在学思践悟中感知坚定理想信念、强化使命担当。2021 年以来，中央档案馆国家档案局推出"三个一百"项目，充分利用红

---

① 郭铭华. 国际档案日 | 解密"龙江红色档案"讲述那些你不知道的事……［EB/OL］.（2021－06－09）［2023－01－07］. https：//baijiahao. baidu. com/s？id=1702056020818535558&wfr=spider&for=pc.

② 许建华. 河北 组织实施红色档案宣传教育工程［N］. 中国档案报，2022－06－30（1）.

色档案资源细致讲述中国共产党人百年坚守初心使命的生动故事。其中，"百年恰是风华正茂"主题档案文献展自开展以来，已接待 350 多家中央和国家机关单位以及首都各界 3 万余人次到现场参观，并在全国 20 余个省（自治区、直辖市）同步举办展览；《红色档案——走进中央档案馆》百集微纪录片更是获得"现象级"的传播成效，在"央视新闻"微博的阅读量超 4 亿、"今日头条"推荐量超 23 亿[①]。

另一方面，活用红色档案资源，促进学校思政教育入脑入心。我国各级档案部门、大中小学校注重借助红色档案的强大感召力，积极探索将其融入思政教育的可行路径，引导学生将红色档案蕴含的红色基因内化于心、外化于行。比如：中国人民大学曾于 2022 年 6 月联合中国中共党史学会高校学科建设专业委员会举办"加强红色校史研究 传承教育红色基因 走出建设中国特色、世界一流大学新路"学术研讨会，来自马克思主义理论、档案学、历史学等学科背景的 20 余位专家、学者深入探讨依托红色档案和校史资源促进红色基因传承、高校思政课建设的重要性和实现路径[②]；山东省档案馆以 2022 年"喜迎二十大 档案颂辉煌"国际档案日系列宣传活动为契机，突出"红色档案"宣传主题，与省教育厅、山东教育电视台合作制作"红色档案思政课"，面向全省中小学生开展档案知识普及和爱国主义教育。

三、2021—2022 年我国红色档案管理的问题与不足

2021—2022 年，我国各级档案部门虽然在利用红色档案资源服务党和国家工作大局、服务人民群众、服务理想信念教育中取得诸多成绩与亮点，但仍存在不足之处，有待于在实践工作中持续完善、不断改进。

（一）参与机构类型单一，多元协同共治尚需加强

一方面，红色档案的收集、整理、保管、开发利用工作是一项系统性工程，仅靠档案部门一己之力难以最大化实现红色档案资源的存史、资政、育人价值。在工作经费、人员编制、设施设备配置等资源相对紧张的前提下，多数档案部门难以从容应对需耗费大量人力、物力、财力的档案编研、开发等工作。调研发现，2 家县级档案馆谈及局馆分设后，基层档案管理机构面临专业编研人才不足、力量薄弱、

---

① 孙昊. 用好红色资源 服务中心大局 [N]. 中国档案报，2022-09-29（1）.

② 黄可伊. "加强红色校史研究 传承教育红色基因 走出建设中国特色、世界一流大学新路"学术研讨会召开 [EB/OL]. （2022-06-15）[2023-01-07]. https://news. ruc. edu. cn/news/campus/department/64212. html.

经费短缺的困难，难以独立承担质量要求较高的红色档案编研任务。

另一方面，图书馆、档案馆、博物馆、革命纪念馆等社会记忆机构均属于红色"文化资源收藏系统"[①]，但不相隶属、条块分割的管理体制使其难以深入地开展跨界合作，在一定程度上造成包括红色档案在内的红色文化资源存在布局分散、共享利用难度大等问题。以档案馆为核心，探索构建基于上述社会记忆机构等多元主体的红色档案资源协同管理模式成为档案界需深刻审视并着力解决的问题。此外，聚焦红色档案资源的跨区域联合开发、利用模式虽在长三角等发达地区已有所探索，但在全国范围内尚未得以普遍推广和运用。比如，在接受访谈的 24 家档案馆中，仅有 7 家开展了红色档案资源跨区域开发利用工作，占比仅为 29.2%。

(二) 基础概念界定模糊，资源建设成效相对受限

第一，红色档案概念界定不够统一，致使收集进馆范围略显模糊。按照徐建华等人[②]的观点，学术研究中存在"红色文献"和"红色档案文献"界定一致、相互通用的现象；根据访谈结果，红色档案并非一个"严谨的专业概念"，并且缺乏统一的分类标准，档案部门在工作实践中对其存在一定的认知歧义和困惑。其一，从形成时间来看，档案界对"红色档案"的概念认知呈现出"二分式"的特征。即从狭义上认为，"红色档案"的形成时间仅局限于新民主主义革命时期[③]，等同于"革命历史档案"的界定范畴；从广义上讲，"红色档案"除形成于新民主主义革命时期外，同样涉及社会主义革命和建设时期、改革开放和社会主义现代化建设新时期以及中国特色社会主义新时代[④]。其二，从载体形态来看，通常认为"红色档案"包括文字、图像、声像等，但对国家和社会具有重要保存价值的新媒体信息、口述史料、数据等原始记录也应属于"红色档案"的范畴。其三，从概念外延来看，部分档案部门出于对"红色档案"的泛化认知，将不具备档案"原始记录性"的红色实物、图书、文艺作品等纳入红色档案的收集进馆范围，虽制定了专门性的红色档案收集（征集）方案，但对具备档案属性的红色口述材料、新媒体信息等的采集相对欠缺。

第二，不同于文书、会计、科技等其他门类档案，档案部门对于红色档案缺乏

① 刘家真. 我国图书馆、档案馆与博物馆资源整合初探 [J]. 中国图书馆学报, 2003 (3): 36-38.

② 徐建华, 杨丽娟, 伍巧. 图书馆红色文献与红色专藏 [J]. 图书馆论坛, 2021, 41 (7): 40-45.

③ 宋平. 红色档案资源与大学生思想教育有效结合探讨 [J]. 档案管理, 2015 (4): 92-93; 曹燕红. 红色档案资源融入高校思想教育中的探讨 [J]. 山西档案, 2019 (1): 152-155.

④ 张雷珍. 论红色档案的当代价值及其实现路径 [J]. 浙江档案, 2022 (5): 52-54; 朱彤, 曾祥明. 论红色档案传承红色基因的生成机理、价值意蕴及实践路径 [J]. 档案学通讯, 2022 (1): 23-28.

统一、明确的整理和分类方案，使得红色档案管理略显散漫、随意。在信息化时代，红色档案的数字化采集、数据化组织、关联化存储①水平尚需提升，基于红色档案内容数据的深层著录和揭示工作不够充分、标准格式不相兼容、目录数据不够规范，由此引发的"数据藩篱"现象不利于红色档案资源的横向流动和协同共享②。除档案馆外，红色档案通常还冠以"红色文献""红色文物"等标签存在于图书馆、博物馆、革命纪念馆等，对分散存储、多元异构的红色档案加以规范描述、有序聚合成为推进红色档案一体化协同管理应当解决的首要问题。如曾有档案馆谈及，"馆藏红色档案资源零星杂乱，难以形成系统性、专题性"是当前红色档案管理面临的困难之一。

第三，红色档案面临一定的安全保管风险和抢救性修复压力。受经费短缺、人才匮乏、基础设施不完备等制约性因素的影响，我国部分地域的红色档案保管条件有待于进一步改善，这一问题在基层档案部门和欠发达地区表现得尤为迫切。比如，因形成时间久远、纸张质量不佳、保管技术较为滞后等原因，部分地区的红色档案在一定程度上面临着字迹洇褪、破损、霉变、虫蛀、纸张酸化等情况。在接受访谈的 24 家档案馆中，有 11 家档案馆面临红色档案抢救性修复压力或资金、人才不足等困难。

（三）技术运用较为滞后，开发形式趋于同质化

在从"互联网时代"走向"大数据时代"的背景下，我国红色档案开发、利用的形式与成果略显同质化，相对滞后的技术运用使红色档案资源的用户覆盖面和社会影响力不尽如人意。

其一，就红色档案组织方式而言，调研发现，大多数档案馆尚未在红色档案管理中引入数字人文、语义网、人工智能、知识图谱等技术手段，光学识别、语音识别、语义分析、文本挖掘、社会网络分析等数据化技术的应用基本停留于理论研究层次。着眼于数字转型的视角，红色档案基本以半结构化、非结构化数据资源为主，元数据著录处于粗粒度状态，加之缺乏统一的档案描述标准，使得各地红色档案资源存在一定的重复建设、难于共享的窘境。比如，设立于中央档案馆的国家重点档案保护与开发项目"革命历史档案资料目录中心"至今仍未实现资源的全面整合。

---

① 陈艳红，陈晶晶. 数字人文视域下档案馆红色档案资源开发的时代价值与路径选择［J］. 档案学研究，2022（3）：68－75.

② 倪晓春，张蓉. 大数据背景下红色档案数据治理的突破方向和实现路径探析［J］. 档案学研究，2022（6）：63－70.

其二，就红色档案呈现方式而言，纸质书籍、专题展览、微视频等是当下红色档案内容生产的主要形式，其利用群体与影响范围较为受限，难以精准满足社会公众的精神文化需求。以红色档案展览为例，档案部门陈列的多数线上展览主要采取"图片＋文字"的方式，较少运用交互式多媒体技术和场景化推广手段，有待于对红色档案资源予以深入挖掘和"活化"开发，不断赋予红色档案新的时代内涵和表达方式。

（四）叙事传播思维欠缺，传播渗透力尚需提升

第一，传播形式单一。各地档案部门主要通过编研对红色档案资源进行提取、生产、再创作，以查阅利用、书籍出版、专题展览等形式进行传播利用。相对于互联网环境下数字资源的多元宣传推广方式，红色档案查询利用的用户覆盖面较为受限，主要是教师、学生、机关和事业单位工作人员、研究人员等主体，难以全面辐射至普通社会公众；档案部门陈列的红色档案专题展览虽已显现出从线下转向线上的趋势，但线上展览仍以静态图文为主，缺乏场景化、互动式的叙事表达。

第二，传播路径过窄。档案部门主要在利用官网、微信公众号、其他社交平台自媒体账号等对馆藏珍贵红色档案进行宣传，但更新速度较慢、传播范围有限，并未形成全方位的红色档案传播模式。如何以秉持"传承红色基因""赓续红色血脉""建构红色记忆"等叙事基调为基础，融入新媒体手段，实现红色档案的广域性和深度化传播，有待于档案部门主动思考、积极探索。在此方面，云南曲靖市马龙区档案馆充分发挥短视频传播的优势，通过官方抖音号对馆藏珍贵红色档案等进行网上解说[①]，共发布 34 期作品，每期时长 1 分钟以内，态度鲜明、节奏流畅、口碑良好，为利用红色档案讲好党的故事起到了重要作用。

第三，受众需求偏离。"内容为王"是互联网时代创造用户需求、打造优质产品、讲好文化故事的至上准则。档案部门在编撰红色书籍、举办专题展览等红色档案开发利用工作中，通常聚焦某一特定主题开展编研，其成果输出和表现形式在很大程度上受到档案工作者"选择性倾向"的影响，难以做到档案资源传播和用户需求的精准化匹配，易于引发红色档案文化话语传播出现失语或断裂。

四、2023 年我国红色档案管理的方向与策略

红色档案中蕴含的红色血脉是中国共产党政治本色的集中体现，也是新时代党

---

① 杨瑞华．云南马龙档案馆：抖音"抖"出档案好声音［EB/OL］．（2022－02－20）［2023－01－07］．http：//society．yunnan．cn/system/2021/02/20/031297746．shtml．

和国家在守正创新中踔厉奋发、勇毅前行的动力源泉。为充分发挥红色档案的存史、资政、育人作用，更好地服务于发扬红色传统、传承红色基因，本报告基于上述分析，指明加强红色档案管理的未来方向和应对策略。

（一）打破主体壁垒，推进多方协同参与红色档案管理

第一，在跨部门方面，倡导社会记忆机构在红色档案管理工作中实现"横向协同"。档案馆、图书馆、博物馆、革命纪念馆、党史研究机构等在红色文献资源的认定、定级、建账和建档方面具有天然优势与合作空间，是推进红色文献分级保护、共建共享的重要力量[①]。《档案法》第十八条明确规定，档案馆与博物馆、图书馆、纪念馆等单位应当在档案的利用方面互相协作。档案部门可以依托信息资源共建共享理论，积极构建红色档案"多方联动＋专题协作＋多源融合"共建模式[②]。比如，天津曾于2021年11月发布《天津市红色资源保护与传承条例》，明确提出"档案、文化和旅游、退役军人事务、规划资源、住房城乡建设等部门以及党史研究机构，应当按照各自职责对红色资源建立档案，纳入红色资源档案信息平台"，对不同主体协同参与红色资源档案信息平台建设的具体权责进行了明确。

第二，在跨层级方面，推动档案部门在红色档案管理工作中实现"上下协同"。截至2022年7月，由中央档案馆与新华通讯社联合举办的"百年恰是风华正茂"主题档案文献展，已在北京等20多个省区市展出，共接待参观百万余人次，在党的百年华诞的重大历史时刻发挥了重要作用[③]。以此为借鉴，各级档案部门应在深入挖掘、开发利用红色档案资源方面持续加强配合与协作，在"四史"教育专题档案资料库建设、国家重点红色档案保护开发等工作中形成强大合力，利用红色档案更好地赓续红色血脉、建构红色记忆。

第三，在跨区域方面，借助资源发布的集群效应，实现红色档案管理工作的"内外协同"。一方面，以"五大革命圣地"[④]为中心，推进本地区红色档案资源与周边地区共建共享，实现红色档案广征博收、联合开发，着力打造红色档案管理的"区域样板"。另一方面，探索构建京津冀、长三角、珠三角三大城市群，以及东三省、成渝地区双城经济圈等红色档案跨区域开发利用模式。比如，沪苏浙皖三省一

---

① 余望枝，刘芳．红色文献资源立法保护现状及对策研究［J］．图书馆，2021（7）：9-15.
② 杨艳珍．图书馆、档案馆与博物馆红色文化资源共建模式与策略研究［D］．武汉：华中师范大学，2020：11，26-37.
③ 国家档案局．"百年恰是风华正茂"主题档案文献展即将正式对公众开放［EB/OL］．（2022-07-04）［2023-01-07］．https://www.saac.gov.cn/daj/tzgg/202206/cd775479fe11460b82ae4f71615381f9.shtml.
④ "五大革命圣地"具体包括：浙江嘉兴、江西井冈山、贵州遵义、陕西延安、河北西柏坡。

市档案部门曾跨区域联合主办"建党百年 初心如磐——长三角红色档案珍品展"，并在长三角地区 23 个主要城市进行巡展①。档案部门有必要借助制定区域性开发合作战略、创建区域性资源开发联盟和红色档案共享利用平台等手段②，助力区域红色基因一体化传承和经济社会高质量发展。

(二) 明晰概念边界，统筹推进红色档案资源体系建设

第一，加强法规政策支持，明晰红色档案的概念边界。国家档案主管部门可以依托《档案法》《重大活动和突发事件档案管理办法》《关于加强重特大事件档案工作的通知》等，适时推出《红色档案管理条例》，为规范红色档案的调查认定、收集范围、安全保管、开发利用、责任追究等提供指导依据。上海、内蒙古、甘肃等省份已将红色档案纳入本地区档案立法，尤其是《上海市档案条例》专设第五章共六条强调红色档案保护利用的重要性，并通过第三十七条规定对红色档案进行概念界定。在制定《红色档案管理条例》的过程中，国家应注重汲取地方先进经验，着力提升红色档案专项立法质效。

第二，注重有序归集和系统聚合，推动红色档案资源体系建设。一方面，制定红色档案归档范围和收集进馆方案。部分受访单位反馈，"希望省市能够加强红色档案归档范围和保管期限的制定""需进一步明确企业红色档案的归档范围，加强专门性制度建设"。着眼于此，建议在国家层面制定具有普适意义、规则较为统一的红色档案收集工作方案，便于地方和企业档案部门根据自身实际予以细化。另一方面，加强红色档案鉴定甄选和多元聚合。红色档案资源体系建设效能，本质上取决于红色"档案资源总量的增长和档案资源结构的协调"③。为此，档案馆应注重红色档案价值鉴定与评估机制构建，积极开展红色口述材料、新媒体信息采集工作，鼓励社会力量积极向国家档案馆捐赠具有重要保存价值的各类红色档案，推动红色档案从"散失性分布"到"系统性归集"，逐步实现馆藏红色档案资源结构的协调、优化。

第三，实施抢救性修复，促进红色档案精准化保护。一方面，探索实施红色档案抢救修复计划和分级保护，优先对濒危红色档案予以抢救性修复，档案部门具体可以运用图形修复、划痕修复、色彩处理、音效处理等技术④对霉变模糊、老化失

① 李婷. 近 500 件红色档案 沪苏浙皖 20 余家档案部门首次实现跨区域展示 [EB/OL]. (2021 - 01 - 19) [2023 - 01 - 07]. http://jjdf. chinadevelopment. cn/yq/2021/01/1713821. shtml.

② 周林兴，崔云萍. 区域性红色档案资源的协同开发利用探析：以长三角区域为分析对象 [J]. 档案学通讯，2021 (5)：4 - 13.

③ 加小双. 论档案资源结构的历史性变化 [D]. 北京：中国人民大学，2017：1.

④ 许丽. 红色文化资源数字化保护与创新发展路径 [J]. 人民论坛，2021 (1)：139 - 141.

真的红色档案进行复原和再现，推行重要红色档案"双套制"保管模式①。另一方面，通过资源分布调查摸清本地区红色档案资源底数，实现精准化保护。对此，辽宁、四川、山西等地已具备先行经验。比如，辽宁省档案局明确提出在"2022年7月至2023年6月底，在省档案馆和各市综合档案馆开展1956年12月31日前馆藏红色档案资源调查工作"②，对于强化红色档案安全保护能力、探索建立红色档案资源数据库具有借鉴意义。

（三）深化技术运用，赋能红色档案场景化开发与利用

一方面，利用数字人文、人工智能、知识图谱等技术，对海量分散异构的红色档案进行多维度、细颗粒的著录与揭示，实现红色档案资源标准化体系构建。为拓宽红色档案利用场景和范围，我国有必要推进构建全国统筹、地方参建、多方协同、试点推进的红色档案资源平台和数字红色记忆库③。这会将红色档案资源著录、描述的信息密度要求提升至传统数据库难以支撑的新高度。为此，档案部门应当基于现有标准规范，探索制定专门适用于红色档案资源组织的档案著录技术方案，为推动红色档案数据资源由非结构化和半结构化转向结构化，推动全国统一的红色档案资源平台建设奠定基础。

另一方面，着眼于文化服务供给体系构建，创新红色档案资源数字展示形式。档案部门需加快档案全文数字化扫描、存储、修复、建库，推动构建线上线下融合互动、立体覆盖、协同参与的红色档案文化服务供给体系，以及物理分布、逻辑关联、全面共享、重点集成的国家"红色档案文献数据库系统"④建设，为红色档案资源的数字化采集、结构化存储、专业化描述、广域性传播、智慧化推介等奠定基础。部分高校已有所尝试，如中国人民大学曾于2022年6月召开重大规划项目"中国红色文献档案资源库建设"原型系统咨询会，明确"该系统旨在搭建中国红色档案文献资源生态系统，以红色档案文献资源的著录加工为生产端，以红色档案文献资源的组织关联和分析统计为分解端，以面向用户的红色档案文献资源检索与展示为消费端"⑤。此外，全息呈现、数字孪生、多语言交互、高逼真等数字集成技

---

① 王向女，姚婧.长三角地区红色档案资源整合探析［J］.浙江档案，2020（2）：30-32.

② 丛彦坤.辽宁 全面调查全省红色档案资源［N］.中国档案报，2022-07-28（1）.

③ 张斌.论新时代红色文献保护与修复工作［J］.中国人民大学学报，2022，36（3）：19-22.

④ 刘越男.用好红色资源 传播红色文化：推动红色档案文献数字化［N］.人民日报，2023-02-09（9）.

⑤ 中国人民大学信息资源管理学院.中国人民大学重大规划项目"中国红色文献档案资源库"原型系统咨询会顺利召开［EB/OL］.（2022-06-20）［2023-03-20］.https://irm.ruc.edu.cn/xydt/xyxw/2c7d4f151d854b6e96f3f85656e7ffbb.htm.

术依托线上线下一体化、在线在场相结合的显著优势，为档案部门在红色档案场景化利用过程中打破时空限制，赋予受众极具沉浸感的感知空间提供了启发。

（四）融入叙事思维，探索红色档案分众传播生态构建

在中西价值观激荡碰撞、意识形态领域斗争激烈的背景下，红色档案的当代价值更加凸显，对于深刻阐释中国共产党领导的历史必然性、政治正当性和现实合法性具有重要意义。档案部门应秉持叙事思维，在以契合时代呼声和公众需求的方式讲述红色档案故事的同时，着力推动红色档案分众传播生态构建，具体可从以下方面展开。

第一，叙事原则。红色档案作为诸多红色资源中最原始、最客观、最真实的历史记录，是讲好中国故事、反击西方恶意污名化抹黑的重要载体，有助于帮助受众从整体视角认知、思考历史发展轨迹与逻辑[①]。档案部门应始终牢记"档案工作姓党"的政治属性，树立党性与人民性相统一的档案观[②]；坚持正确、积极的红色档案叙事话语，将主流意识形态话语传播力提升作为红色档案叙事总基调，积极利用红色档案反击历史虚无主义和文化虚无主义错误思潮，不断提升红色档案文化的国际传播力和舆论引导力。

第二，叙事内容。"活化运用"是习近平红色资源观的高度凝练与集中表达，倡导在革新红色资源开发运用理念和方式的基础上，实现红色资源价值的充分挖掘与最大化实现[③]。推进红色档案的"活化运用"，有赖于围绕重要时间节点和重大历史事件，借助多元叙事媒介拓展红色档案叙事空间。其中，强调红色档案选题和选材、精准把控核心理念、优化表达形式十分必要。以 2022 年为例，各地档案馆积极开展"喜迎二十大 档案颂辉煌"主题宣传活动，选取最能代表蕴含党的初心使命的红色档案，在选取红色书籍出版、主题展览、纪录片推广等宣传方式的同时，也积极开发红色舞台剧、红色戏剧等形式，真正做到用足、用好、用活红色档案资源。

第三，叙事手段。档案部门应主动吸纳多元主体，拓宽红色档案宣传阵地，以叙事性表达赋能红色档案讲好中国红色故事。一方面，推进"公传播"与"共传播"相融合。"公传播"指以国家领导人、国家机构、国家媒体、主流媒体等为主

---

① 施威岑，周林兴. 档案讲好党故事：可行性、能动力及路径选择 [J]. 山西档案，2022（4）：64-68，54.

② 朱彤，郭丽荣. 论坚持"党性与人民性相统一"的档案观 [J]. 山西档案，2021（6）：78-82.

③ 冯雅，吴寒，李刚. 论习近平红色资源观 [J]. 图书馆论坛，2022，42（1）：1-12.

体传播红色文化，是一种自上而下的传播；"共传播"指以社会大众、民间草根为主体，积极主动地讲述中国故事，是一种自下而上的传播①。档案部门作为社会记忆机构的重要组成单元，应积极推进构建红色档案多主体、跨领域、跨区域联合开发模式，引导社会力量自发成为叙事主体，助力红色档案叙事化传播走深走实、落地生根。另一方面，推进"内传播"与"外传播"相融合。利用红色档案讲好中国红色故事，不仅是一个外宣问题，也是一个内宣问题，需要国际国内宣传内外贯通、同频共振②。档案部门既应秉持内外一体化的传播理念，推动红色档案多元主体传播格局构建，也要将这一叙事策略充分运用于全球化、国际化语境中，主动借助红色档案还原历史真相，从多角度向全世界呈现中国共产党历经百年始终秉承初心和使命的红色故事。

五、结语

党的二十大报告明确提出，"弘扬以伟大建党精神为源头的中国共产党人精神谱系，用好红色资源，深入开展社会主义核心价值观宣传教育"。红色档案是最能重现历史事实、传承红色基因、唤醒社会记忆的红色资源，充分保管好、利用好红色档案，对讲好中国故事，展示真实、立体、全面的中国具有重要价值；此外，红色档案中蕴含的先进意识形态是红色精神的直观体现，这一特性决定其具有鲜明的政治导向，对于新时代铸魂育人亦具有重要意义。

本报告重点对 2021—2022 年我国红色档案管理的总体现状、成绩与特点、问题与不足进行了总结和分析，并提出 2023 年我国红色档案管理的方向与策略。今后，我国各级各类档案部门应深入学习贯彻党的二十大精神和习近平总书记对档案工作的重要批示精神，主动担当起利用红色档案传承红色基因、赓续红色血脉、弘扬伟大建党精神的责任和使命，全面提高红色档案管理现代化水平，在更好地服务党和国家工作大局、服务人民群众中展现新作为，在推动新时代档案事业高质量发展的新征程中作出新贡献。

---

① 陈先红，宋发枝.讲好中国故事的融合叙事策略［J］.新闻与写作，2019（5）：43-47.
② 殷陆君.讲好中国故事，共塑中国形象［J］.新闻战线，2018（13）：50-52.

中国档案保护工作发展报告

李冰[1,2]　宋欣[1]

1. 中国人民大学信息资源管理学院，北京　100872
2. 中国人民大学档案事业发展研究中心，北京　100872

摘　要：改革开放以来，我国档案保护事业开始恢复并进入快速发展时期。随着国家的进步与发展，档案保护工作也取得了显著成就，成为推动我国档案事业发展的重要力量。本报告首先简要梳理档案保护工程建设、档案保护标准体系建设、档案保护人才培养体系建设、档案保护技术发展等四个方面的档案保护工作总体情况；其次对全国31个省（自治区、直辖市）展开网络调查，了解近五年来全国档案保护工作进展；再次总结档案保护工作存在的问题；最后对档案保护工作进行展望。

关键词：档案保护；发展趋势；标准体系

作者简介：李冰，博士，讲师，研究方向为档案保护、文献遗产保护，电子邮箱 lb0424@ruc.edu.cn；宋欣，博士研究生，研究方向为档案修复与保护。

我国档案保护经过古代经验的积累、新中国成立后的现代化起步、改革开放后的发展，已成为一项成熟的专门工作。进入新时期，《"十四五"全国档案事业发展规划》对档案保护工作提出了新的任务和要求，档案保护工作站在新的历史节点，也将进入新的发展阶段。基于此，本报告通过梳理改革开放以来中国档案保护事业发展成就，调查全国31个省（自治区、直辖市）档案网站，了解近五年来全国档案保护工作进展，总结当前档案保护工作存在的问题，进而对未来档案保护工作提出展望，以期为档案保护工作的高质量发展贡献力量。

一、我国档案保护工作发展总体情况

改革开放以来，我国档案保护工作在档案保护工程建设、档案保护标准体系建设、档案保护人才培养体系建设、档案保护技术发展等四个方面取得了显著成就。

（一）档案保护工程建设

我国于 20 世纪 80 年代开始由中央财政拨付专项经费用于国家重点档案的抢救工作。

中央财政用于国家重点档案抢救的经费逐年递增，在"十二五"时期，中央财政拨款 4.5 亿元用于 5 036 个国家重点档案抢救与保护项目，抢救档案 224 万卷，有效保护档案 140 万卷，并将历时 30 年的国家重点档案抢救工作基本完成[①]。"十三五"时期，提出开展国家重点档案保护与开发工作，将工作重点从"档案抢救"转为"档案保护与开发"[②]，并将专项资金提升为每年 2 亿元。

2000 年，"中国档案文献遗产工程"正式启动[③]，截至 2023 年 1 月，全国已有五批共 198 件（组）珍贵档案文献入选《中国档案文献遗产名录》。在项目推进的同时，国家档案局还分别以辽宁省档案馆、北京市档案馆、浙江省档案馆、新疆维吾尔自治区档案馆、云南省档案馆、广东省档案馆为依托建设六家区域性国家重点档案保护中心，其中北京市档案馆、浙江省档案馆已于 2022 年正式通过验收，我国档案保护的资源开发与基础设施建设不断推进。

（二）档案保护标准体系建设

档案保护标准体系建设自 1983 年正式开展以来，历经了近 40 年的发展，国家档案局颁布了一批档案保护方面的行业标准，是档案保护技术工作规范化、科学化的有力保障[④]。

档案保护行业标准制定工作大致可分为三个发展阶段：初探阶段（1992—1999年）共颁布了 8 项标准；稳步发展阶段（2000—2016 年）共有 19 项标准颁布，档案保护标准建设工作逐渐步入正轨；快速发展阶段（2017—2022 年）档案保护标准建设工作愈加成熟，快速推动了我国档案保护标准体系的建设。

从主题内容来看，档案保护标准涵盖了纸质档案、数字化技术、档案保管条件、特殊载体档案、电子档案等多个方面。其中档案保管条件方面的标准数量最多，有 14 项（如 DA/T 6—1992、DA/T 24—2000、DA/T 35—2017、DA/T 84—

① "十二五"时期全国档案馆事业发展综述［EB/OL］.（2016 - 12 - 10）［2022 - 12 - 05］. https：//www. saac. gov. cn/daj/ywgzdt/201809/d0d6e9158f9b467ab653bb4d4c58544c. shtml.

② "十三五"时期国家重点档案保护与开发工作总体规划顺利启动［EB/OL］.（2016 - 10 - 10）［2022 - 12 - 05］. https：//www. saac. gov. cn/daj/ywgzdt/201809/4ab78cff26d941a4af9965e54b686f3f. shtml.

③ 黄浩民. "中国档案文献遗产工程"首项工程竣工［N］. 中国档案报，2002 - 03 - 14（1）.

④ 黄丽华. 档案保护技术标准体系构建与发展研究［J］. 档案学研究，2018（6）：40 - 43.

2019 等）；同时为保障档案安全，应对数字时代带来的冲击，档案数字化和电子档案相关标准建设在近年也得到了充分重视（如图 2 所示）。

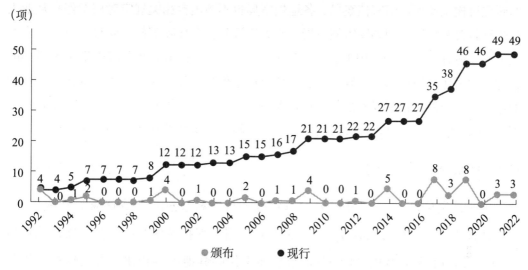

图 1　我国档案保护行业标准颁布年度统计

资料来源：国家档案局网站。

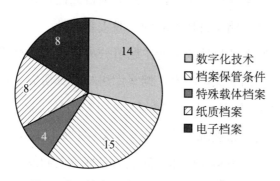

图 2　我国档案保护行业标准主题内容分布

（三）档案保护人才培养体系建设

截至 2021 年 1 月，全国共有 29 所高校开设"档案保护技术学"课程①，中国人民大学、辽宁大学、安徽大学、武汉大学、云南大学、郑州大学等高校培养了一批档案学本科生、硕士和博士研究生，为我国档案保护单位输送人才；上海市行政管理学校现代文秘专业、四川省档案学校等从中等专业教育和高职教育层面培养了

---

① 霍艳芳，范珑瀚．《档案保护技术学》实践教学方法改进与学生应用能力培养的思考：以山东大学为例[J]．山西档案，2021（1）：160－167．

部分档案保护人才。

国家档案局档案科学技术研究所于 1985 年成立，成为最早设立专门的实验场所的研究机构。此后，国家档案局、各地档案局也不断出台相关规定对档案保护从业人员进行教育和培训。例如国家档案局、人力资源和社会保障部研究修订了《档案专业人员继续教育规定》，于 2019 年 1 月 1 日起施行。国家档案局和各级档案馆等举办的各种专题讲座、短期培训班等活动也为从事档案保护工作的人员提供了深化专业技能的途径。以上海市档案局干部教育中心为例，其 2021 年共举办档案人员继续教育培训 12 次，共计 60 学时，每次培训分为 2 个主题，全年共设有 24 个主题培训①。

（四）档案保护技术发展

国家档案局自 1987 年开始颁发每年度的档案科技进步奖或优秀科技成果奖，至今评选出的获奖项目共有 971 项。从数量上看，保护技术方面的获奖项目总数为 321 项，约占获奖总数的 33.06%，与档案工作的其他内容相比，占比较高。从获奖的等级来看，在 2000 年开始设置特等奖后，已颁发的 5 项特等奖中有 4 项为档案保护方面的奖项。档案保护技术方面的获奖项目无论在数量还是质量上都较为突出，档案保护技术是推动档案科技发展的一股重要力量。

如图 3 所示，档案保护科技成果的主题可分为传统纸质档案保护技术、新型载体档案保护技术、数字档案保护技术、档案库房与装具研究、档案安全保障体系建设等 5 大类，分别占比为 20.25%、16.20%、13.40%、38.32%、11.84%。档案优秀科技成果奖的主题分布展现了几十年来档案保护研究领域关注的重点内容，反映了我国改革开放以来档案科技整体科研能力发展方向和发展水平。

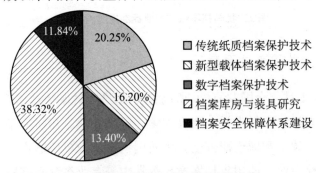

图 3　档案保护科技成果奖项主题分布

---

① 上海市档案服务和教育中心 2021 年档案业务教育计划［EB/OL］.（2021 - 03 - 01）［2022 - 12 - 03］. https：//www. archives. sh. cn/tzgg/202112/t20211213 _ 62532. html.

二、近五年来我国档案保护工作进展

对 31 个省（自治区、直辖市）档案网站（如表 1 所示）进行了网络调查，主要调查方法为通过"新闻动态""业务动态""搜索栏"等板块进行检索和查询，时间范围设置在 2018 年 1 月 1 日至 2022 年 12 月 31 日，经筛选，最终获得条目数量为 308 条。报告对上述条目进行主题分析（如表 2 所示），以便更好地了解近年来档案部门的档案保护工作重点。

表 1　档案网站调查目录

序号	网站名	序号	网站名	序号	网站名
1	北京市档案信息网	12	安徽档案信息网	23	四川档案
2	天津档案方志网	13	福建档案信息网	24	贵州档案方志信息网
3	河北省档案馆	14	江西档案信息网	25	云南档案网
4	山西省档案馆	15	山东档案信息网	26	西藏自治区档案馆
5	内蒙古档案	16	河南档案信息网	27	陕西档案信息网
6	辽宁省档案馆	17	湖北档案信息网	28	甘肃档案信息网
7	吉林省档案信息网	18	湖南省档案馆	29	宁夏档案服务网
8	黑龙江省档案馆	19	广东省档案馆	30	新疆档案信息网
9	上海档案信息网	20	广西档案信息网	31	青海档案网
10	江苏档案	21	海南省档案信息网		
11	浙江档案	22	重庆档案信息网		

表 2　档案保护工作主要内容

主要工作内容	相关条目数量	比重
档案保护相关政策法规标准	29	9.42%
档案安全体系基础设施建设与管理	61	19.81%
档案保护相关业务工作	108	35.06%
档案保护宣传与培训活动	73	23.70%
档案保护国内外交流与合作	37	12.01%
合计	308	100%

（一）档案保护相关政策法规标准建设进展

档案保护相关政策法规的颁布与实施是保障档案安全的重要手段，在国家宏观政策、法规的框架下，各地档案部门也相继制定了针对本省、自治区、直辖市的保护工作相关规划与条例。例如，为加强红色资源保护管理和传承弘扬，2022 年《重庆市红色资源保护传承规定》《天津市红色资源保护与传承条例》《广西壮族自治区红色资源保护传承条例》《贵州省档案馆红色档案资源保管利用工作方案》纷纷出台，有针对性地加强了本地区红色资源的保护与传承。此外，《福建省档案馆消防安全管理规定》《陕西省民营企业档案管理办法》《河南省档案文献遗产评选实施办法》等文件的出台也为各地有序开展档案保护相关工作奠定了基础。

（二）档案安全体系基础设施建设与管理工作进展

档案安全体系建设是档案长久保存的一项最为重要的基础工作，包括对档案实体和档案信息的安全保护。国家从资金、政策等方面为推进档案保护工作的开展提供了支持。国家层面的不断投入大大加快了国家重点档案抢救和保护的进度，同时也催生了相应的档案基础设施与安全保障体系建设，如各地不断建立档案特藏室、区域性国家重点档案保护中心，促使档案保护工作不断取得新进展。

近 5 年来，各地通过加强档案库房的建设与日常管理、配备安全系统、采购新设备、开展应急演练等措施，进一步加强档案安全体系建设。北京市档案馆新馆于2019 年正式启用，新馆配备了强大的公共安全防范系统，包括视频安防监控系统、入侵报警系统、电子巡查管理系统等，新馆在建设中采用了多项新技术，全部采用恒温恒湿系统，专门定制灯管更好地保护馆内档案[①]。广东省档案馆历经 6 年时间筹建了全省档案异地异质联合备份平台项目，并相继开展了档案馆空调冷却塔、消防设施设备、信息系统运行维护的增设或改造项目，将其打造成全国一流省级档案安全保护体系[②]。此外、天津、福建、安徽、湖北、湖南等多省市档案馆定期开展突发事件和灾害应急演练，提升应急处置能力，确保档案安全。

（三）档案保护相关业务工作进展

近年来，各地档案馆针对档案实体有序开展了各项抢救、修复、数字化等业务工作，为档案的长久保存作出了贡献。由表 2 可知，档案保护相关业务工作检索出的条目最多，占比 35.06%，可见各地档案馆均将其以常态化工作形式进行开展。

---

① 赵婷婷. 北京市档案馆新馆周日正式亮相 新馆内部实现动静分离 23 万多件档案 6 月 9 日公开 [EB/OL]. (2019 - 06 - 06) [2022 - 11 - 14]. http://www.bjma.gov.cn/bjma/302368/351241/351319/352796/index.html.
② 广东省档案馆技术部. 建设全国一流省级档案安全保护体系：全省档案异地异质联合备份平台项目封顶 [EB/OL]. (2021 - 11 - 29) [2023 - 01 - 03]. https://www.da.gd.gov.cn/portal_home/content/5023.

例如：北京市档案馆开展了老照片的修复工作①；广西北流市档案馆启动了对破损的民国档案进行裱糊修复的专项工作②；广西壮族自治区档案馆借助 T. R. T 技术完成 35 批次、案卷 10 888 卷、照片档案 11 794 张的消毒杀虫工作③。档案数字化也是长久有效保存档案原件的一个重要手段，各地除了对档案原件开展本体保护与修复工作外，还积极实施并探索档案数字化保存的方法。其中云南全省馆藏档案数字化总量超 6.38 亿页，坚持档案数字化与修复工作同步，实行档案异地异质备份相结合，完成近 1 000 万页档案的"数转胶"工作④；江苏省档案馆于 2021 年运用仿真复制技术，完成 800 多件、约 1 500 多页珍贵档案展品的仿真复制工作⑤；黑龙江省档案馆系统开展了旧海关档案的抢救保护工作，扫描 30 万余页档案⑥。

（四）档案保护宣传与培训活动进展

档案宣传活动是让公众了解档案文化、普及档案知识的重要手段。近年来，各地档案馆在每年 6 月 9 日国际档案日前后开展了一系列包含档案保护知识在内的档案展览、体验、参观等宣传和教育活动。例如：重庆市档案馆于 2022 年国际档案日期间举办参观档案抢救性保护（含裱糊和仿真复制）和《重庆记忆——近代以来的重庆发展变迁》展览活动⑦。2021 年，北京市档案馆推出国际档案日系列活动庆祝建党百年，其中包括馆藏老照片及仿真复制技术展示、馆藏音视频集锦播放，开展档案修裱体验活动，提供修复老照片服务等⑧。此外，为提升档案保护从业人员的专业技能水平，各地档案馆也在积极开展相关业务工作培训。

---

① 北京市档案馆技术保护复制处. 照片修复·北京市档案馆［EB/OL］.（2018 - 05 - 30）［2023 - 01 - 03］. http：//www. bjma. gov. cn/bjma/302368/342250/342419/344303/index. html.

② 刘映妮. 北流市档案局开展裱糊修复民国档案工作［EB/OL］.（2018 - 07 - 04）［2023 - 01 - 03］. http：//www. gxdag. org. cn/show/279/10577.

③ 杨济莹. 增强责任使命感 着力推动档案消毒杀虫工作提速增效［EB/OL］.（2021 - 02 - 02）［2023 - 01 - 03］. http：//www. gxdag. org. cn/show/324/13844.

④ 邓琳，张博. 深入学习贯彻习近平总书记重要批示精神［EB/OL］.（2022 - 01 - 14）［2023 - 01 - 03］. https：//www. tjdag. gov. cn/zh _ tjdag/gwxx/xxdt/wfxx/details/1642125637821. html.

⑤ 技术保护处：服务建党百年庆典 助力红色基因传承［EB/OL］.（2022 - 01 - 27）［2023 - 01 - 03］. http：//www. dajs. gov. cn/art/2022/1/27/art _ 175 _ 60271. html.

⑥ 魏巍. 黑龙江省档案馆 旧海关档案保护与开发成效显著［EB/OL］.（2022 - 09 - 07）［2023 - 01 - 03］. https：//www. tjdag. gov. cn/zh _ tjdag/gwxx/xxdt/wfxx/details/1662513645454. html.

⑦ 李小琴. 精彩预告丨今年国际档案日，重庆市档案馆这些活动等你来！［EB/OL］.（2022 - 05 - 24）［2023 - 01 - 03］. http：//jda. cq. gov. cn/xwzx/bdxw/content _ 45982.

⑧ "档案话百年"北京市档案馆 2021 年国际档案日系列活动庆祝建党百年［EB/OL］.（2021 - 06 - 07）［2023 - 01 - 03］. http：//www. bjma. gov. cn/bjma/302368/360655/360673/361772/index. html.

（五）档案保护国内外交流与合作进展

近年来，各地档案馆通过举办或参加会议、开展培训交流、签订合作协议等方式更好地开展档案保护工作。其中：陕西省档案馆于 2018 年出席巴黎联合国教科文组织总部举办的第一届"减少灾害风险管理和促进文献遗产可持续保护全球论坛"，2019 年成功举办陕西省档案保护创新论坛、档案业务创新与能力提升公益大讲堂系统讲座，2021 年和广东省档案学会在延安联合举办党史学习教育及档案保护技术业务专题培训班[①]；山东省档案馆与省委党史研究院签订合作协议来保护开发红色资源；福建省档案馆与新加坡国家文物局围绕孙中山南洋纪念馆史料合作进行保护开发，与省台联就"两岸家书"档案文献抢救与保护工作签署合作共建协议[②]。国内外的交流与合作，不仅开阔了档案保护工作视野，而且提升了档案保护技术水平。

三、我国档案保护工作现存问题

（一）国家重点档案保护项目实施较为局限

国家重点档案保护项目的实施，是要抢救保护我国珍贵的档案文献遗产，服务党和国家中心工作、服务经济社会发展，同时为人民留下历史印记。前期的国家重点档案抢救与保护项目实施，主要集中在档案托裱和数字化这两项工作。这两项工作在开展过程中仍存在一些问题，例如如何评价托裱的方法是否正确，托裱的质量是否合格，数字化后的信息存储格式是否可读及载体是否安全等。此外，国家重点档案保护项目中涉及很多专业的修复人员，但是这些修复人员的修复技能水平不一，档案修复的质量无法得到保证，影响了档案抢救与保护工作的高质量开展。

（二）档案保护标准体系建设仍待完善

当前我国档案保护标准体系建设处于快速发展的阶段，但也应看到，国家层面的档案保护标准制定工作存在欠缺。例如，纸质档案脱酸是档案保护中的热点问题，已有许多档案馆相继开展了脱酸工作，但目前有关脱酸技术选择、脱酸方法实

---

① 陕西省档案局，陕西省档案馆．守正创新 奋力谱写新时代陕西档案科技工作新篇章［EB/OL］．（2022 - 04 - 11）［2023 - 01 - 03］．https：//www.tjdag.gov.cn/zh_tjdag/gwxx/xxdt/wfxx/details/1649919108176.html.

② 王琳婧．福建 开展"两岸家书"抢救保护工作［EB/OL］．（2022 - 04 - 26）［2023 - 01 - 03］．https://www.tjdag.gov.cn/zh_tjdag/gwxx/xxdt/wfxx/details/1650940832948.html.

施以及脱酸效果的评价等方面的标准还未出台，导致实际工作部门无章可循。又如，电子档案的信息备份与信息的灾害抢救标准方面也仍有缺失，难以应对当前电子档案安全保管的需要。

（三）档案保护人才培养无法满足实际需求

虽然我国在档案保护人才培养方面已做了很多工作，但各单位实际的档案保护从业者数量可能与实际需求还有较大差距。截至 2016 年，我国在职在岗的档案人员约有 100 万人，但从事档案保护工作的估计不到 1%，每年由高校培养的档案保护专业毕业生不足百人，而其中仅约 1/10 会从事档案保护工作[①]。近年来这一现象仍没有改观，档案保护人才缺口很大。

此外，档案保护从业人员的专业程度与实际要求匹配度也较低。截止到 2021 年，各级档案主管部门和综合档案馆现有专职人员中，档案专业博士有 15 人，占总人数的 0.04%；硕士 454 人，占 1.10%；研究生班研究生 157 人，占 0.38%；本科 4 347 人，占 10.50%；大专 1 383 人，占 3.34%；中专及职业高中档案专业 328 人，占 0.79%[②]。综上，我国档案专职人员中档案专业人员仅占 16.15%，具有研究生程度的档案专业人员仅占 1.14%，其中档案保护专业人员的占比则更少。

（四）档案保护技术研究成果转化不理想

目前已经有多所高校、科研院所、实践部门专门从事档案保护技术研究，但其研究成果中能够进行技术转化、进行产业化生产和推广应用的较少，能够可持续应用的、可靠的技术更少。档案保护科研成果中的核心技术主要靠国外引进，其中很多能够实际应用的方法、材料、设备和保护理念等，都来源于国外学者或机构。例如，纸质档案的脱酸产品目前比较广泛使用的是美国的 Bookkeeper，国外在档案清洁产品领域研发了多种橡皮擦、超纤布，而电子文件存储设备和载体也很多依靠国外厂家生产。因此，我国档案保护在自主研发及成果推广应用方面还需进一步努力。

四、我国档案保护工作未来展望

（一）依托高水平档案保护中心，加快推进档案保护基础设施建设

《"十四五"全国档案事业发展规划》要求，应在档案保护与开发理论研究、技

---

① 曹佳妮 . 档案保护人才队伍建设探讨［J］. 中国档案，2016（11）：44-45.
② 国家档案局政策法规司 . 2021 年度全国档案主管部门和档案馆基本情况摘要（一）［EB/OL］.（2022-08-18）［2022-12-03］. https://www.saac.gov.cn/daj/zhdt/202208/fedf617068af4967a92b80f54723746b.shtml.

术创新、开发模式、人才培养、成果推广等方面实现有效突破，使国家重点档案保管保护状况进一步改善，综合档案馆档案保护与开发工作水平全面提升[①]。为实现该目标，目前全国已逐步建设多个区域性国家重点档案保护中心，未来档案保护工作可以依托保护中心，围绕以下几方面进行改进。首先，在完成各地区重点档案抢救与修复工作的同时，加强档案去酸、档案除霉灭菌、档案高仿真复制等抢救保护环节的专用技术及工具、材料、设施设备的研究。其次，开展创新性、实践性研究，并积极探索研究成果的实际应用和成果转化路径。档案保护是一项长期的工作，更应关注短期内可能收效较少但对档案长久保存有益的相关理论、技术方法的研究与应用，以延长档案的寿命。再次，强化区域性国家重点档案保护中心的辐射作用，带动该区域各级档案馆的基础建设。最后，各个档案保护中心还应充分健全规范化的工作流程并制定相关制度条例，保障资金投入的效果反馈。

（二）继续深化档案保护标准高层次、全方位发展

《全国档案工作标准化技术委员会第二十九次年会纪要》提出："要注重标准化工作规划，认真做好顶层设计，对档案领域重点问题集中力量攻关，推动涉及国计民生的重要档案行业标准申报转化为国家标准。"[②] 这一重要指导原则的提出反映了档案工作的重要性，随着信息技术和数字化的快速发展，档案保护标准化建设变得更加关键。而针对这一目标，档案保护标准化工作可以从以下几方面着力：其一，《纸质档案抢救与修复规范》（DA/T 64.1—2017、DA/T 64.2—2017、DA/T 64.3—2017、DA/T 64.4—2018）系列档案行业标准已于 2021 年 10 月正式被列入"2021 年第三批推荐性国家标准计划"[③]。该项计划的确立，将显著提升档案保护标准在纸质文物保护、图书古籍抢救与保护方面的影响力。其二，无论是传统档案保护领域中的防虫、灭菌、脱酸等难点问题，还是数字时代信息存储系统建设、元数据存储与安全保障等热点问题，均是当前档案保护标准建设的重点，应在内容上继续拓宽标准涵盖范畴，利用交叉领域的知识，继续深化新时代档案保护标准高层次、全方位发展。

---

① "十四五"国家重点档案保护与开发工程实施方案 ［N］. 中国档案报，2021 - 11 - 11（3）.

② 国家档案局办公室关于印发《全国档案工作标准化技术委员会第二十九次年会纪要》的通知 ［EB/OL］.（2021 - 08 - 17）［2022 - 12 - 30］. https：//www. saac. gov. cn/daj/tzgg/202108/1a0a639abd1946228f55411461a8e595. shtml.

③ 国家标准化管理委员会关于下达 2021 年第三批推荐性国家标准计划及相关标准外文版计划的通知 ［EB/OL］.（2021 - 10 - 13）［2022 - 12 - 30］. http：//std. samr. gov. cn/noc/search/nocPlanDetailed？ id＝CE5FEEDE06D77E78E05397BE0A0AAF09.

（三）注重与国际、国内相关机构合作与交流，储备档案保护人才

首先，加强档案保护人才教育，及时更新档案保护人才的知识结构，适应新时期档案保护工作需要。一方面需要推动档案保护学科建设，加快高层次应用型人才培养。例如，在专业课程设置方面，可以增设档案保护相关的自然科学、艺术与美学、历史学等专门课程，使档案保护人员具备更加全面、扎实的理论基础。另一方面，可以加强与教育主管部门、高校以及社会机构合作，探索档案保护人才培养新路径。例如北京联合大学档案学专业目前共建有 34 家校外人才培养基地，注重项目研发与人才实训[①]；中国人民大学档案保护实验室与本校博物馆持续开展合作项目，基于丰富的馆藏资源和保护学科专业知识，共同搭建了中国人民大学档案保护技术学专业的"第二实验室"。

其次，还应充分利用区域性国家重点档案保护中心平台，面向社会和行业需求，培训档案保护人才、编写档案保护技术培训教材、与国内外科研院所和高校开展学术交流与合作，并积极主动地寻求国际交流与合作，拓宽档案保护专业人员的业务交流渠道，助力档案保护工作。

再次，可以借鉴古籍保护领域的"传习所模式"，定期开展系统性的、长期的培训班，聘请理论研究和实践领域的专家进行授课，培养出一批高素质的档案保护人才。

（四）丰富档案保护技术研究内容，推进档案保护创新发展

几十年来，档案保护研究对象从传统的纸质载体到当前的电子文件，其间众多新型材料涌现，磁性载体档案、缩微胶片档案、光盘档案、数字档案等将继续推动档案保护研究内容不断丰富。首先，档案保护涉及的技术领域不断更新，例如档案保护技术不断向功能集成化、节能环保与智能化管理方向发展[②]；传统档案修复技术如去酸、去污技术和防霉杀虫技术等也不断推陈出新，尝试通过新材料、新技术的使用以及开发新型设备来更好地服务于档案保护工作。其次，数字时代为档案保护发展提供了新的机遇和挑战，在电子文件的安全保障方面，要不断研究解决档案数据易丢失、易被篡改等问题，进行系统建设与技术升级。

---

① 王巧玲，谢永宪，吴晓红，等．校外人才培养基地建设视野下档案学专业实习实训项目的研发探索与实践：以北京联合大学为例［J］．档案学通讯，2016（5）：100-104.

② 赵淑梅．数字时代我国档案保护技术发展趋势：基于 1987—2015 年国家档案局优秀科技成果奖的统计分析［J］．档案学通讯，2017（2）：72-76.

（五）注重档案保护工作的实用性，构建政产学研用一体的发展模式

首先，在档案保护技术研究上，加强多级机构紧密合作，在学术交流、项目合作、联合申报研究课题等工作中，充分利用高校、科研院所，特别是在行业内有资源、有能力的企业等社会机构的研究人才与资金力量，将政产学研用有机联系在一起，增强档案保护技术研究的实用性，突破档案保护工作的技术瓶颈与涉及范畴。例如，中国第二历史档案馆基于馆藏档案的保存情况与修复实践经验与中国人民大学签订合作协议，共同开展档案脱酸科研项目，希望通过理论与实践的研究与验证，探索出档案脱酸评价的关键因素，以期能够构建出档案脱酸评价体系，推动我国档案脱酸工作的规范化实施与评价。

其次，要从国家层面促进建立档案保护技术科研成果的转化和应用机制①，可以借助区域性国家重点档案保护中心，了解档案保护部门的实际需求，搭建研究单位、产品生产及推广企业、档案保护部门之间的合作桥梁。

再次，各级各类档案馆可以设置成果转化试点项目，积极面向全社会寻求合作，解决新时期档案保护中的新问题和新情况，使众多研究成果能够通过产业化方式推广和增收，助力全社会的档案保护工作开展。

（六）全方位开展红色档案文献保护工作，助推红色文化传承

红色文献是中国共产党百年奋斗历程中遗留下来的不朽印记，是党领导人民在革命、建设、改革过程中集体智慧的光辉结晶，红色档案文献保护与开发成为档案工作新热点。首先，各地正相继出台红色资源保护传承相关制度，今后全国的红色档案文献保护工作将更加系统化、规范化。其次，要在全国红色档案文献的摸底调查方法、保护路径与流程上加以探索，加强各单位的经验交流，将较为成熟的方法与思路进行分享、研讨，共同推进我国红色档案文献的保护与开发工作。再次，保护与利用红色文献要将纸质文献抢救与数字化技术赋能相结合，如运用现代分析检测技术分析抢救修复红色档案文献本体，运用数字修复技术对濒危红色文献档案进行修复，应用仿真复制技术保护并呈现红色档案，等等。最后，还要加强红色档案资源的安全保障体系建设，对于其日常管理、安全系统配备、新设备应用等方面加以建设，进一步加强对红色档案实体和档案信息的安全保护。

---

① 李宗富，辛鹏．"十四五"时期档案保护工作的目标任务及建设之策［J］．档案管理，2021（6）：69-71.

五、结语

　　档案是不可再生的重要资源，档案保护工作就是通过采取必要的管理和技术手段，最大限度延长档案寿命，维护档案内容的真实性、完整性和安全性。我国档案保护工作经过了四十年的发展，在保护珍贵档案文献遗产、规范化档案保护工作等方面已取得了显著成就。新时代对档案保护工作提出了新的要求，例如，党和国家对红色资源保护利用高度重视，需要档案保护工作从顶层设计、数字化保护平台的建设、人才培养①等方面着力，进一步提高档案科技创新能力，发挥创新在档案事业发展中的支撑作用②，从而实现档案事业在新时期的高质量发展。

---

　　①　张斌.论新时代红色文献保护与修复工作［J］.中国人民大学学报，2022，36（3）：19-22.
　　②　黄丽华.创新驱动 推动档案事业转型发展、高质量发展：2021年国家档案局中央档案馆技术部工作要点［J］.中国档案，2021（2）：25.

2022 年中国档案人才队伍建设发展报告 *

杨文[1,2]

1. 中国人民大学信息资源管理学院，北京　100872
2. 中国人民大学档案事业发展研究中心，北京　100872

摘　要： 档案人才是档案事业实现高质量发展目标的重要基础和保障。2022年，中国档案人才队伍建设在档案人才发展规划、实施人才强档战略、档案人才培养体系、档案人才评价改革等方面取得重要进展，但与档案事业高质量发展要求相比仍有一定差距，档案人才治理体系还不够健全、档案人才总量和结构存在短板、档案人才培养仍面临诸多瓶颈、档案人才的创新能力亟待提升。亟须深刻认识人才的重要性，完善档案人才发展规划；筑牢人才强档制度保障，健全档案人才治理体系；优化档案人才培养模式，加大档案人才供给力度；管好用好"三支人才队伍"，激活档案人才赋能潜力。

关键词： 中国；档案人才；队伍建设；档案事业；人才强档

作者简介： 杨文，博士，讲师，研究方向为档案学基础理论、档案与国家治理，电子邮箱 yangwen28@ruc. edu. cn。

一、引言

人才是衡量一个国家综合国力的重要指标，重视培养人才、团结人才、引领人才、成就人才已经成为中国共产党建党百年来执政兴国的优良传统和基本经验。党的十八大以来，习近平总书记围绕人才工作提出了一系列新思想、新理念、新要求，指出要深入实施新时代人才强国战略，全方位培养、引进、用好人才。党的二十大报告提出，必须坚持"人才是第一资源"，深入实施"人才强国战略"，坚持"人才引领驱动"。这为加快建设人才强国提供了思想指引和行动指南。档案工作存

---

　* 本文系国家社科基金青年项目"数字时代档案治理的内在机理与实现路径研究"（项目编号：22CTQ035)的研究成果之一。

史资政育人，面对党和国家赋予档案部门为党管档、为国守史、为民服务的重大使命，重视档案人才工作，加强档案人才队伍建设，奏响档案人才发展与档案事业发展同频共振的铿锵乐章，已然成为我国档案事业高质量发展的必然选择。对此，我国《档案法》《"十四五"全国档案事业发展规划》围绕档案人才工作提出相关规定和要求，为做好档案人才工作提供了政策法规保障。2022 年，我国各级档案部门着眼档案事业长远发展，自上而下精心统筹推进档案人才队伍建设工作，为推动新时代新征程档案事业创新发展注入了人才力量。

二、2022 年中国档案人才队伍建设进展

（一）档案人才发展规划形成新体系

重视档案人才的作用，加强档案人才发展规划，是新时代做好档案工作的重点之一。从我国档案人才工作发展的现状来看，档案人才发展规划已经初步形成了新体系。

第一，国家层面的人才强国规划体系日益完善。随着 2021 年中央人才工作会议的成功召开，深入实施新时代人才强国战略，加快建设世界重要人才中心和创新高地，成为党和国家新时代人才工作的战略安排。在此背景下，2022 年党和国家多措并举推进人才强国战略部署和实施，党的二十大报告首次单列"实施科教兴国战略，强化现代化建设人才支撑"任务，要求完善人才战略布局，聚天下英才而用之。同时，我国还专门制定了《国家"十四五"期间人才发展规划》《关于加强新时代高技能人才队伍建设的意见》《关于开展科技人才评价改革试点的工作方案》等文件，对人才的地位、人才的培养、人才的发展、人才的使用、人才的评价等进行了系统安排。国家层面的人才强国战略和规划体系，为加强档案人才发展规划提供了良好的政策环境和社会环境。

第二，地方层面的人才强档规划体系初步建立。随着档案人才工作写入《档案法》《"十四五"全国档案事业发展规划》，我国档案人才工作被提到了前所未有的高度。地方档案部门因此积极响应，在 2022 年通过立法形式，或在"十四五"时期档案事业发展规划、档案工作要点中，对档案人才工作或档案干部队伍建设作出了制度性安排，提出实施"人才强档"工程，打通档案人才发展全过程，营造了识才、爱才、敬才的环境，推动了档案人才管理向人才治理的变革。如：2022 年新修订的《甘肃省档案条例》，明确规定"档案主管部门、档案馆和机关、团体、企业事业单位以及其他组织应当加强档案队伍建设和人才培养"；四川省《2022 年全省

档案工作要点》提出推动全省档案专业人才库组建工作。

（二）实施人才强档战略取得新成就

为了更好地满足我国档案事业发展对人才的强烈需求，2022年国家档案局启动了新时代人才强档工程，在全国档案系统开展国家级档案专家、全国档案工匠型人才和全国青年档案业务骨干（以下简称"三支人才队伍"）选拔工作。

从"三支人才队伍"的选拔领域来看，国家级档案专家主要围绕档案工作"四个体系"，设立了档案法规标准、档案收集鉴定、档案保管保护、档案编研开发、档案信息化建设、档案学理论研究6个专业领域；全国档案工匠型人才按照档案工作收、管、存、用等业务环节，分为档案整理鉴定、著录编目、档案修复、仿真复制、数字化加工、开放利用6个专业类别；全国青年档案业务骨干重在培养和引导个人在档案业务多方面的发展，未设置专业领域。

从"三支人才队伍"的推荐工作来看，全国31个省区市、新疆生产建设兵团、中央档案馆国家档案局、中央部委、中央企业、中央军委、高等院校及科研机构等37家推荐单位，从事档案工作、档案教学、档案科研等方面的工作人员（含在职和离退休人员）均可参加，同时还首次将从事档案服务的民营企业档案业务人员也纳入选拔范围。37家单位共推荐申报国家级档案专家382人、工匠型人才827人、青年档案业务骨干835人，共计2 044人[①]。此次"三支人才队伍"评选范围和规模之大，开了档案行业先河。最终评选出了150名国家级档案专家（其中领军人才50名）、750名全国档案工匠型人才、780名全国青年档案业务骨干，以及229名国家级档案专家储备专家（如表1和表2所示）。

从"三支人才队伍"的评选目标来看，选拔国家级档案专家旨在为档案事业发展提供决策支持和高层次人才支撑，选拔全国档案工匠型人才旨在发挥其在档案工作中的示范引领作用和强化档案工作人员的职业认同感，选拔全国青年档案业务骨干旨在激发青年档案工作者的奋斗热情和为档案事业长远发展储备人才。档案系统"三支人才队伍"的评选对发挥档案专家的示范引领作用、提升档案专业人员队伍整体素质发挥了重要作用。此次国家层面的档案人才选拔，从根本上解决了我国档案人才断档，特别是领军人才短缺、特殊人才匮乏等突出问题。

从地方层面来看，各省级档案部门通过"三支人才队伍"选拔工作，选拔出了

---

① 宁宇龙，李安涛. 聚兰台英才合力 筑档案强国之基：全国档案系统"三支人才队伍"选拔工作侧记 [N].中国档案报，2023－01－09 (1).

本级专家队伍，切实加强了档案人才队伍建设。如四川省自贡市成立全市档案人才工作领导小组，通过定期召开专题会议研究档案人才工作，制定档案人才工作责任制，将档案人才工作纳入地方党政领导班子和领导干部综合考核评价体系，率先在全省启动建立了 1 个档案专家库、1 支档案执法人员队伍、8 个不同层次档案人才培养梯队的"档案 118 工程"，营造了档案人才培养良好氛围。

表 1　2022 年国家级档案专家领军人才、国家级档案专家、
国家级档案专家储备专家分领域分布情况

领域	国家级档案专家领军人才	国家级档案专家	国家级档案专家储备专家	合计
档案法规标准领域	7	21	33	61
档案学理论研究领域	7	20	31	58
档案收集鉴定领域	6	19	29	54
档案信息化建设领域	11	30	49	90
档案编研开发领域	10	38	69	117
档案保管保护领域	9	22	18	49

表 2　2022 年全国档案工匠型人才领域分布

领域	档案整理鉴定领域	档案著录编目领域	档案修复领域	档案仿真与复制领域	档案数字化加工领域	档案开放利用领域	合计
数量	274	36	45	15	132	248	750

（三）档案人才培养体系建立新模式

建立健全档案人才培养体系，推进人才培养模式创新，为档案事业高质量发展提供智力支撑，是 2022 年我国档案人才队伍建设的重要体现。

第一，建立健全档案人才培养机制，推进档案人才队伍教育常态化。一是设立档案培训班，打造档案培训品牌，提升人才培养水平。2022 年，全国多个省份通过设立档案局长馆长培训班，提升档案部门负责人工作能力和水平。如浙江省已经连续多年召开全省档案局长馆长培训班，2022 年全省各市、县（市、区）档案局长、馆长及省档案馆有关负责人等 100 余名学员参加了培训；四川、江苏、甘肃等省份同样开展了类似针对全省档案系统负责人的培训。由国家档案局档案干部教育中心举办的档案专业人员岗位培训班，截至 2022 年已经连续开展 21 年，形成了稳定的培训模式和机制，成为全国最具影响力的培训平台。2022 年国家档案局档案干部教育中心主要结合学习贯彻习近平总书记关于新时代档案工作重要指示批示精

神，贯彻落实全国档案局长馆长会议精神，促进新修订《档案法》和《"十四五"全国档案事业发展规划》落地见效，设置了公益大讲堂、档案法规标准、档案信息化建设、档案专题培训、档案基础业务、档案岗位培训、专项培训六大类别，举办了 17 个培训班①。

第二，建立档案人才培训制度，明确人才培养机制。2022 年全国档案系统不断加大对档案人才培训的投入力度，探索通过制度建设推进档案人才培养规范化。如四川省成都市档案馆实施"人才强档"工程构建"三支人才队伍"系统培养机制，制定"理论学习铸魂""师承帮带精业""强基固本提能"三大培训计划推进人才培养；四川省自贡市出台《年轻干部轮训提升制度》《档案培训教育制度》等制度，构建了档案工作者培养链。

第三，搭建档案人才教育平台，扩大档案人才队伍培养覆盖面。2022 年，我国各地档案部门通过探索线上、线下相结合的方式开展档案教育培训，极大地拓展了受益群体。如 2022 年国家档案局档案干部教育中心围绕"数字中国数字政府背景下的档案工作"主题，在线举办"档案信息化建设公益大讲堂"，采取线上"直播＋回看"模式，以在线教学平台为主，以国家档案局档案干部教育中心、中国档案报、兰台之家 3 个微信视频号为辅，实现了多平台同步直播，共计超过 30 万人次实时收听收看，总浏览量超过 55 万人次，此次公益大讲堂还首次在活动中增设在线考试和申领电子证书环节，学员考试合格后即可在线免费领取电子证书，公益、开放、共享的数字发展理念贯穿了培训全过程②。从地方层面来看，湖北省档案局依托中国知网在 2022 年首次以线上方式成功举办全省档案工作培训班，精准对接基层培训需求，通过互联网实现了省、市、县档案部门及机关、企事业单位、乡镇（街道）、基层单位的全覆盖，共计 56.7 万人次实时收听收看了本次培训，完成全部学时的学员可获得湖北省档案局颁发的电子结业证书，作为岗位培训和职称评审的依据③。云南省档案部门依托档案从业人员网络教育平台，在 2022 年建立线上业务培训常态化工作机制，举办了 9 期培训活动，对 12 000 余名基层档案部门工作人员进行在线业务培训④。这些新的方式极大地拓展了档案学习时空，延伸了档

---

① 国家档案局档案干部教育中心关于印发 2022 年档案教育培训计划的通知［EB/OL］.（2022 - 03 - 08）［2022 - 09 - 08］. https：//www. saac. gov. cn/daj/tzgg/202203/eb325717d9d64465b280bf101ed669ab. shtml.

② 在线实时收听收看超 30 万人次 总浏览量超 55 万人次 "档案信息化建设公益大讲堂"成功举办［EB/OL］.（2022 - 12 - 27）［2022 - 12 - 27］. https：//www. saac. gov. cn/daj/yaow/202212/12b5dfec111d4ea1aefda835caf5d580. shtml.

③ 袁作军，李小敏. 湖北以高水平线上培训提升工作人员专业能力［N］. 中国档案报，2022 - 12 - 26（1）.

④ 我省档案人才队伍建设取得显著成效［EB/OL］.（2022 - 12 - 30）［2022 - 12 - 30］. http：//www. ynda. yn. gov. cn/html/2022/gongzuodongtai＿1230/6109. html.

案培训链条,增强了教育实效。

第四,创新档案人才培养方式,提升档案人才队伍建设专业化。2022 年我国档案系统以提升档案人才队伍建设专业化为目标,通过多种方式创新人才培养方式。如河北省档案馆(省方志办)通过开展"薪火相传·强国复兴有我"活动,围绕干部政治素养、履职能力等内容,采取"班子成员带头讲、专家骨干上台谈、年轻干部大家论"的模式,融合开展年轻干部教育培训活动;组建档案开放划控鉴定专班、攻坚专班等,作为提升干部能力的"练兵场"①。大连市档案局以培训为抓手,突出实战导向,面向全市开展档案职业技能大赛,以赛代练、以赛促学,培育更多档案专家,带动全系统弘扬工匠精神,让专业更专、业务更精。四川省自贡市实施年轻干部轮训计划,全市各级档案管理人员轮流选派至市、县档案局、档案馆等跟班锻炼,突出综合素质和专业能力全方位培养,形成人才共育共管共享机制。

(四)档案人才评价改革实现新进展

2022 年,我国档案系统贯彻落实党中央、国务院职称制度改革新要求,开展档案人才评价改革工作,不断完善评价机制。

第一,推进档案专业人员职称制度改革。2022 年,全国各地档案部门深入贯彻落实《关于深化档案专业人员职称制度改革的指导意见》,加快制定本地档案专业人员职称改革方案,推动档案专业人员职称改革落地,助力档案专业人才成长。如《云南省档案专业人员职称评价标准条件(试行)》《西藏自治区档案系列初中级职称评价标准(试行)》《河南省档案专业技术人员中高级职称申报评审标准》《黑龙江省档案专业人员职称制度改革实施方案》等,这些文件遵循档案专业人员成长规律,建立了以科学评价为核心、以有效激励为目的、符合档案职业发展特点的档案专业人员职称制度,为我国建设高素质的档案干部队伍提供了制度保障。

第二,探索开展档案工作人员绩效评价工作。2022 年我国部分档案部门通过探索多元化档案工作人员评价方式开展人才评价工作创新。如福建省永安市档案局、档案馆出台档案工作人员绩效考评办法,试行"积分制"管理,推动档案工作绩效成为干部评优选拔、职称评审的重要依据。江西省人力资源和社会保障厅、江西省档案局 2022 年首次开展档案高级职称省内自主评审,扩大档案高级人才评审自主性,促进了职称评价与人才培养使用相结合。盐城市档案部门探索研究业务与选

---

① 梁敏学,曹永奎. 河北省档案馆 强化党建引领探索人才培养新路径 [N]. 中国档案报,2022 - 07 - 07 (1).

先评优相挂钩、与职务职级晋升相挂钩的机制，激发档案高级人才干事创业活力。

三、中国档案人才队伍建设的现存问题

（一）档案人才治理体系还不够健全

档案人才队伍建设是一项需要长期关注的工作，从我国当前档案人才队伍建设情况来看，档案人才治理体系还存在着一些亟待解决的问题。

第一，从档案人才发展规划层面来看，我国档案人才专项规划体系尚未形成。尽管我国在全国人才工作和国家档案事业发展规划层面对档案人才工作进行了战略部署，但是仍然缺少专门性的档案人才发展规划。据调查，自"十四五"以来，全国县（区）级以上档案部门仅有个别单位制定出台了专门的档案人才发展规划，档案事业发展规划中关于档案人才队伍建设的相关内容主要是战略层面宏观规定，存在原则性太强、引领性不强、系统性不够、操作性不强等问题。

第二，从档案人才治理机制层面来看，国家层面推行的人才强档理念在基层档案部门尚未得到有效贯彻或难以贯彻。一方面，档案人才政策的精细化、精准化程度不高，尤其是围绕人才引进、培育、管理、使用、评价等全链条的档案人才治理机制较为欠缺，难以吸引档案专业人才或相关专业高素质人才向档案部门流动；另一方面，基层档案部门专业人才严重缺乏，我国部分地方政府和档案部门并未将档案人才工作摆在应有的位置，或者对国家提出的档案人才政策落实不力，存在对档案人才轻视的问题。

第三，从档案人才治理制度层面来看，我国档案人才工作在实践层面的发展较为缓慢，较其他行业的人才工作而言，受到社会和各方面关注的时间比较晚。如我国的国家级档案人才工程2017年才启动第一轮全国档案专家选拔，且只有106人入选，直到2022年才启动新一轮的档案人才工程，使得档案人才工作得到一定改善；地方层面也仅有北京、江苏、浙江等少部分地区开展过档案人才工程，而绝大部分地方档案系统并未开展相关工作。与此同时，档案系统尚缺乏贯穿档案人才工作各个环节的严密的治理制度设计，目前我国在国家层面主要建立了档案人才培训、档案人才职称改革等方面的制度，其他方面的制度建设仍不足。

（二）档案人才总量和结构存在短板

我国从事档案工作的人员遍布各行各业各个系统，从业人员规模保守估计逾百万，但是与事业发展的需要相比，我国档案人才在总量和结构上仍存在短板。

第一，人才队伍结构性矛盾突出。从"三支人才队伍"的评选结果来看，一方面，国家级档案专家领军人才、国家级档案专家中，六个专业领域的人才数量分布不均衡；国家级档案专家储备专家中，档案保管保护领域的人才供应严重不足，储备专家仅有 18 人入选，尚不及六个领域储备专家平均数 38.17 的一半，发展后劲堪忧。另一方面，全国档案工匠型人才分布同样失衡，六个专业领域入选人数的平均数为 125 人，档案著录编目领域、档案修复领域、档案仿真与复制领域的入选人数均和平均值有较大差距，尤其是档案仿真与复制领域仅有 15 人入选，仅占入选人数的 2％，较档案整理鉴定领域少 259 人（如表 1 和表 2 所示）。

第二，高层次人才较为缺乏。"三支人才队伍"入选 1 680 人（不含国家级档案专家储备专家），在我国逾百万档案工作从业人员中占比仅有 1.68‰（档案工作从业人员按照一百万人计算），在 51 078 名[①]的全国各级档案主管部门、综合档案馆、国家专门档案馆、部门档案馆、企业集团和大型企业档案馆、省与部属事业单位档案馆的专职档案人员中仅占比 3.29％，从人才比例来看，高层次人才较为缺乏，人才工程工作有待进一步加强（如表 3 所示）。

表 3　"三支人才队伍"在各类档案人员中的占比情况

人员类型	人数	"三支人才队伍"人数的占比
全国档案工作从业人数	1 000 000	1.68‰
全国各级各类档案馆专职人员	51 078	3.29％

第三，档案人才专业程度不高。据《2021 年度全国档案主管部门和档案馆基本情况摘要》，我国各级档案主管部门和综合档案馆共有专职人员 41 393 人，其中，现有专职人员中大学本科以上学历人员占比 76.798％，但是具有大学本科及以上档案专业程度的人员（包括博士研究生档案专业程度、硕士研究生档案专业程度、研究生班研究生档案专业程度、大学本科档案专业程度）占比仅有 12.014％（如表 4 所示）。

---

① 此处的全国各级各类档案馆专职人员主要包括全国各级档案主管部门、综合档案馆、国家专门档案馆、部门档案馆、企业集团和大型企业档案馆、省与部属事业单位档案馆的专职人员，人员数量按照国家档案局 2022 年公布的《2021 年度全国档案主管部门和档案馆基本情况摘要》计算，各级档案主管部门和综合档案馆共有专职人员 41 393 人，国家专门档案馆共有专职人员 3 372 人，部门档案馆 1 573 人，企业集团和大型企业档案馆 1 797 人，省、部属事业单位档案馆 2 943 人。

表4　2021年度各级档案主管部门和综合档案馆专职档案人员文化程度和专业程度情况

学历	各学历阶段人数	各学历阶段人数占专职人员的比例	各学历阶段人数中档案专业程度人数	档案专业程度人数占专职人员的比例
博士研究生	108	0.261%	15	0.036%
硕士研究生	2 672	6.455%	454	1.097%
研究生班研究生	1 116	2.696%	157	0.379%
双学士	378	0.913%	—	—
大学本科	27 515	66.473%	4 347	10.502%
大专	8 410	20.317%	1 383	3.341%
高中（含中专）及以下	1 197	2.892%	328	0.792%

资料来源：根据国家档案局2022年公布的《2021年度全国档案主管部门和档案馆基本情况摘要》计算。

第四，档案人才地区分布不平衡。从2022年全国各单位"三支人才队伍"入选情况综合来看，档案人才呈现地区和行业不平衡。从地区分布来看，在"三支人才队伍"中，有16个推荐单位没有国家级档案专家领军人才；有8个推荐单位没有国家级档案人才；在全国档案工匠型人才中，海南和西藏入选人数为个位数，分别为1人和2人，远远低于全国31个省区市16.68人的平均数；在全国青年档案业务骨干中，青海、西藏入选人数分别为1人、6人，远远低于全国31个省区市17.06人的平均数；从全国31个省区市"三支人才队伍"入选人总人数来看，各省依然存在较大差距，西藏仅有10人入选，和入选人数最多的山东相比少了38人，比平均数少26.87人，海南和青海也分别仅有12人和13人入选其中（如表5所示）。

表5　2022年全国各单位国家级档案专家领军人才、国家级档案专家、
全国档案工匠型人才、全国青年档案业务骨干人数分布情况

序号	推荐单位	国家级档案专家领军人才	国家级档案专家	全国档案工匠型人才	全国青年档案业务骨干	人数合计
1	北京市档案局	1	5	20	19	45
2	天津市档案局	1	2	20	17	40
3	河北省档案局	0	1	17	20	38
4	山西省档案局	0	0	20	20	40
5	内蒙古自治区档案局	0	2	16	18	36
6	辽宁省档案局	0	6	18	18	42
7	吉林省档案局	1	3	17	19	40
8	黑龙江档案局	1	2	16	17	36

续表

序号	推荐单位	国家级档案专家领军人才	国家级档案专家	全国档案工匠型人才	全国青年档案业务骨干	人数合计
9	上海市档案局	2	5	18	20	45
10	江苏省档案局	2	8	20	20	50
11	浙江省档案局	2	6	16	20	44
12	安徽省档案局	1	1	18	19	39
13	福建省档案局	2	5	20	19	46
14	江西省档案局	1	1	18	13	33
15	山东省档案局	2	6	20	20	48
16	河南省档案局	0	2	19	18	39
17	湖北省档案局	0	2	19	19	40
18	湖南省档案局	0	1	18	18	37
19	广东省档案局	1	4	18	19	42
20	广西壮族自治区档案局	0	0	12	10	22
21	海南省档案局	0	0	1	11	12
22	重庆市档案局	1	3	19	19	42
23	四川省档案局	1	1	16	19	37
24	贵州省档案局	0	0	17	17	34
25	云南省档案局	0	5	16	19	40
26	西藏自治区档案局	1	1	2	6	10
27	陕西省档案局	1	2	17	20	40
28	甘肃省档案局	0	0	20	19	39
29	青海省档案局	0	0	12	1	13
30	宁夏回族自治区档案局	0	0	18	15	33
31	新疆维吾尔自治区档案局	0	1	20	20	41
32	新疆生产建设兵团档案局	0	0	3	3	6
33	中央军委办公厅	2	9	20	18	49
34	中央部委	1	5	22	50	78
35	中央企业	3	8	117	106	234
36	高等院校及科研机构	15	30	41	36	122
37	中央档案馆国家档案局	8	23	29	38	98

（三）档案人才培养仍面临诸多瓶颈

从 2022 年全国档案人才队伍建设的现状来看，我国档案人才培养仍面临诸多瓶颈。

第一，档案专业人才教育规模难以满足档案事业发展的需要。我国档案高等教育的规模近几年来尚未有新的扩张，档案高等教育发展极不平衡，人才培养的数量还难以满足社会各方面对档案人才的需要，精通档案工作全流程的复合型档案专业人才较为紧缺。尤其是青海、海南、甘肃、宁夏、新疆等省份没有一所高校开设档案学专业，极易导致档案部门无法招录档案专业人才而使专业人才断档。

第二，档案人才队伍培训模式单一且尚未建立较为成熟和稳定的机制。从我国各地档案部门的档案人才培训体系来看，档案系统的培训主要以专题讲座和日常业务学习等方式开展，对档案人才培训的投入比较有限，遑论多元化、体系化的档案人才培训机制的建立。全国档案系统主要以国家档案局档案干部教育中心为代表，每年制发档案教育培训计划，精心策划主题，邀请学界和业界专家担任主讲嘉宾，并已经形成了培训品牌。各地档案部门则较少专门制定档案工作人员教育培训计划，人才培养目标定位不准确，对自身培训需求缺乏科学的分析和安排，培训内容和形式较为单一且体系性较为欠缺。

（四）档案人才的创新能力亟待提升

从统计数据来看，我国档案人才的创新能力亟待提升。根据笔者对近十年（2013—2022 年）来国家档案局对优秀科技成果奖励情况的统计分析（如图 1 所示），近十年国家档案局共评选出优秀科技成果奖特等奖 2 项、一等奖 14 项、二等奖 103 项、三等奖 217 项。总体来看，优秀科技成果奖特等奖十年时间里有八年均空缺，一等奖 2019—2021 年连续三年空缺，凸显了创新能力的严重不足。2022 年的特等奖、一等奖、二等奖数量均低于十年平均数。档案科学研究和技术创新工作是档案人才创新能力的重要体现，作为观察我国档案人才的创新能力的一个重要侧面，近十年国家档案局优秀科技成果奖励情况在一定程度上反映了我国档案人才的创新能力仍有较大的提升空间。

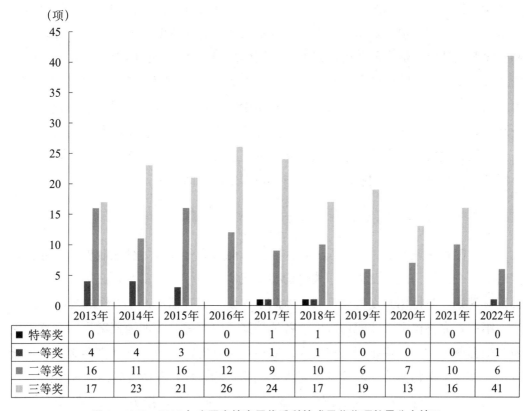

	2013年	2014年	2015年	2016年	2017年	2018年	2019年	2020年	2021年	2022年
■ 特等奖	0	0	0	0	1	1	0	0	0	0
■ 一等奖	4	4	3	0	1	1	0	0	0	1
■ 二等奖	16	11	16	12	9	10	6	7	10	6
▨ 三等奖	17	23	21	26	24	17	19	13	16	41

图 1　2013—2022 年度国家档案局优秀科技成果奖奖项数量分布情况

资料来源：根据国家档案局公布的 2013—2022 年度国家档案局优秀科技成果奖统计和绘制。

四、中国档案人才队伍建设的优化策略

(一) 深刻认识人才的重要性，完善档案人才发展规划

人才是创新活动中最为活跃、最为积极的因素，是新时代新征程档案强国建设的根本依托。吴宝康曾指出，档案工作"同其他任何工作一样，要做好档案工作，建设档案事业，必须有大批合乎要求的人才。人才的培养在某种意义上说对事业建设的成败有着决定性的意义"[①]。盖有非常之功，必待非常之人。面对党和国家对档案事业发展提出的新目标和新要求，亟须深刻认识到档案人才对档案事业的重要性，进一步完善档案人才发展规划，汇聚档案智力资源，用人才为档案强国建设赋能。档案人才发展规划关系着对人才开发、使用、激励的总体布局、目标配置和路

---

① 吴宝康. 论档案学与档案事业 [M]. 南京：南京大学出版社，1988：547.

径选择，包括对未来人才体量、结构、质量、布局、效能的规划推断、指标标记、策略选择、工作干预以及相关政策供给等系列问题的整体解决方案。我国各级政府和档案部门理应珍惜当前我国良好的人才工作环境，加强对我国档案人才基本情况的调查，摸清人才队伍状况、分布结构、质量水平和优势不足等，结合用人需求，因地制宜，建立起国家—省（自治区、直辖市）—市—区（县）四级档案人才专项发展规划，打通档案人才引进、培育、管理、使用、评价等环节，推动档案人才队伍建设从重规模、重素质、重数量向重质量、重能力、重贡献转变，让不同系统、不同类型的档案人才都拥有广阔的干事创业和发展空间。

（二）筑牢人才强档制度保障，健全档案人才治理体系

事业能否快速发展关键在人才，人才活力能否充分释放关键在制度。人才强档战略是一个总体构想，要把这一战略构想变成实际的行动与现实，必须依据档案人才发展规划，坚持用制度建设推动人才队伍建设，提升档案人才工作的规范性。

第一，完善档案人才职称制度。各地档案部门要进一步加强档案人才职称制度及其配套制度建设，细化国家档案人才职称相关规定，因地制宜制定档案人才评价标准，充分发挥档案人才职称制度对人才的指挥棒作用，营造良好的人才生态。

第二，建立健全档案人才评价制度。人才评价制度直接关系人才队伍的稳定性，因此要将党和国家的人才政策措施落到实处，提高档案人才评价的科学化、规范化水平，改变传统档案人才评价机制一审即终审的模式，建立人才评价台账制度，探索日常考核、年度评审、项目考核相结合的方式，实现对人才的客观评价。

第三，建立档案职业资格制度。档案专业人员作为专业技术人才队伍的重要力量，是档案工作实现规范化管理的重要条件。为了更好地适应档案事业对档案专业人员的需要，亟须加快建立档案职业资格制度。为此，建议国家档案局加强与教育部、人社部的沟通，共同研究设置档案职业资格，将其作为水平评价类职业资格纳入《国家职业资格目录》，并建立档案职业资格全国统一考试制度，实现档案职业资格考试与档案系列职称评审相衔接，从而更好地适应档案工作的专业化要求，培育和规范档案人才市场①。

第四，建立档案工作人员荣誉激励制度。各级档案系统可以尝试探索建立档案工作人员荣誉体系，加大对优秀档案人才的表彰奖励力度，可以通过开展档案人才评选活动、档案职业竞赛活动等，给予人才一定的认可，对在工作中创造突出业绩

---

① 徐拥军. 论我国建立档案职业资格制度的必要性与可行性［J］. 浙江档案，2020（8）：13 - 16.

的人才给予表彰奖励，加大对先进典型进行表彰宣传的力度，增加人才工作的满意度。

第五，建立档案人才工程。国家层面已经建立了"三支人才队伍"，为了更好地推进人才强档战略，各地档案部门可以根据人才队伍建设的需要，设置本地档案人才工程，建立档案人才工程管理体系。如浙江省档案局设置了"115"档案人才工程，印发《浙江省"115"档案人才队伍发展规划》《浙江省"115"档案人才工程实施方案》《浙江省"115"档案人才分类建库管理办法》等文件，为档案人才成长保驾护航；再如江苏省制定了《档案队伍建设工程实施意见》，启动"151工程"，从档案系统领导干部、高端档案研究人才和档案工作者三个层面入手，推动档案人才队伍建设。

（三）优化档案人才培养模式，加大档案人才供给力度

致天下之治者在人才。当前，国家各项事业发展对建设高素质专业化档案干部人才队伍提出更高要求，亟须站在档案事业长远发展的高度，优化档案人才培养模式，加大档案专业人才供给力度，以人才培养带动队伍建设，促进档案事业创新发展。

第一，加强档案高等院校对档案人才的培养和供给力度。建议国家档案局加强与教育部、人社部的沟通与协调，把档案高等教育纳入档案强国和人才强档工作，争取全国每个省份至少有1所培养档案人才的高等院校，避免档案高等教育规模缩小或被裁撤。全国37所档案高等院校肩负着培养档案学专业人才的主体责任，亟须结合国家档案事业发展方向，根据社会对复合型档案专业人才的需求，落实《"十四五"全国档案事业发展规划》提出的"开展档案管理专业学位研究生教育"，开展档案管理专业学位教育，扩大档案人才培养规模[①]。同时，要把握好一级学科更名为信息资源管理的机遇，在保持档案学专业特色和规模的基础上，适时调整档案人才培养目标和理念，通过与档案管理部门合作建设档案工作实训基地，打造档案学科的特色人才培养项目，加快推动档案学科建设和人才培养数字转型[②]，提高档案学专业的数字生存力和数字发展力，以及档案专业人才的社会竞争力。

第二，加大档案工作人员继续教育力度。档案部门要发挥好党管人才体制优

---

① 杨文，张斌. 中国档案高等教育发展的现状、问题与策略：基于对37所高校2021年档案学专业建设与发展的调查［J］. 图书情报工作，2022，66（18）：40-52.

② 杨文，姚静. 档案学科建设与人才培养的数字转型：基于图书情报与档案管理一级学科更名为信息资源管理的思考［J］. 图书情报工作，2023，67（1）：99-107.

势，完善继续教育体系。一方面，建议各级档案部门建立档案专业人员继续教育制度，结合自身档案工作的主要矛盾和突出问题，根据实际制订年度教育培训计划，精心设置培训课程，推进培训工作制度化；另一方面，借助线上方式建立培训平台，开展档案专业人才终身化学习，扩大教育培训全覆盖，尤其是加强面向基层档案人才的培训。

（四）管好用好"三支人才队伍"，激活档案人才赋能潜力

高层次人才是我国实现人才强档的主体力量，应该避免重选拔而轻使用的问题，发挥好高层次人才对档案事业发展的支撑作用。

一是加快建设全国档案专业人才信息数据库。1 680 名"三支人才队伍"加上229 名国家级档案专家储备专家共计 1 909 人，为了更好发挥人才的作用，应该加快建设全国档案专业人才信息数据库，综合考虑人才区域分布、单位、年龄、学历、职称、专业、研究领域、业绩等要素，利用大数据技术分析，绘制人才图谱，便于"按图用才"。

二是加强对"三支人才队伍"的分类管理与开发。档案人才资源开发工作具有长期性、持续性与系统性，要完善用人机制，根据人才群体类别考虑推动人才发展的差异化举措，可以通过制定全国档案专家管理、培养和使用工作方案，明确国家级档案专家、全国档案工匠型人才、全国青年档案业务骨干、国家级档案专家储备专家的管理和开发方式，建立稳定的可持续的专家日常联系、服务管理机制，把重点业务工作开展同人才培养和使用结合起来，调动一切有利于激发创新的合理要素，发挥人才创新对于服务当下和探路未来的核心功能，努力实现人尽其才、才尽其用、竞相出彩的生动局面。

三是加强对"三支人才队伍"的绩效评价。建立健全"三支人才队伍"评价机制是打造人才工作闭环的重要举措。一方面，对于"三支人才队伍"的评价，要拉长人才评价周期，将短期评价和长期评价、过程评价和结果评价融为一体，给人才更多成长时间与机会。另一方面，建议根据"三支人才队伍"的类型和任务目标，聚焦岗位绩效，突出服务成效、创新成果和实际贡献，营造凭实干立身、靠实力说话的人才评价生态，建立人才动态调整机制，想方设法全方位调动人才干事创业的积极性、主动性、创造性，克服一般人才工程"终身制"弊端。

档案信息化建设

2022 年中国电子文件管理发展报告

王宁[1]　祁天娇[2,3]　陈怡[2]

1. 山东大学历史文化学院，济南　250100
2. 中国人民大学信息资源管理学院，北京　100872
3. 中国人民大学档案事业发展研究中心，北京　100872

摘　要： 2022 年是"十四五"档案事业转型和创新发展的关键阶段，电子文件政策法规、标准规范环境持续优化，单轨制电子文件管理实践快速拓展，数字档案馆（室）建设形成新格局，在新技术应用赋能、强基保障工程等方面均取得新突破。2022 年的电子文件理论研究在单套制管理、数据化转型和技术应用领域取得丰硕成果。当前，我国电子文件管理仍面临发展不平衡不协调、技术应用场景不明晰、数字档案内容开发深度不足等现实问题，有待未来实践探索和理论研究的继续深入，以加速助推档案管理的数字转型和创新发展。

关键词： 电子文件；电子档案；单轨制；数字政府；趋势

作者简介： 王宁，博士，讲师、助理研究员，研究方向为电子文件管理、档案信息化、档案与信息文化；祁天娇，博士，讲师，研究方向为电子文件管理与文档数据化，电子邮箱 qtjjoy@163.com；陈怡，博士研究生，研究方向为数字人文与知识图谱。

2022 年 7 月 12 日，中华人民共和国人力资源和社会保障部发布《中华人民共和国职业分类大典（2022 年版）》，将从事数字文件及元数据的采集、整理、归档、检查，并通过数字档案管理系统进行管控和利用的"档案数字化管理师"列为新增职业，标志着电子文件管理正式向职业化方向发展。以电子文件为基础的数字档案资源不仅是档案工作转型发展须臾不可离的资源，更是提升档案治理体系和治理能力现代化水平的重要工具。2022 年，电子文件的管理实践进一步突破，在政策法规建设、标准规范完善、单轨制管理探索、数字档案馆（室）网格布局等多个层面协调共进、全面发展，喜结硕果。

一、2022 年我国电子文件管理实践发展概述

2022 年是全国各级各类档案管理机构与部门，全面落实新《档案法》与《"十

四五"全国档案事业发展规划》（以下简称档案"十四五"规划）的一年，电子文件归档、移交等制度建设成为全国各级各类综合档案馆和机构档案管理部门的年度关键任务，"增量电子化"成为全国档案机构数字转型面临的共同挑战。本报告立足国家档案局、中共中央办公厅、国务院办公厅、地方政府等发布的电子文件管理相关政策法规和重要文件，国家档案局、31 个省级档案馆和部分市县级档案馆官方网站发布的电子文件管理科技成果、统计数据和实践动态等，以及中国知网、《中国档案报》、档案行业官方微信平台等发布的最新电子文件管理研究成果和权威数据信息，梳理概述 2022 年我国电子文件管理实践的最新进展。

（一）电子文件法规政策环境持续优化

2022 年 4 月，国家档案局向社会公开征求《中华人民共和国档案法实施条例（修订草案征求意见稿）》意见，逐步推进档案法配套法规的制定实施。征求意见稿进一步细化电子文件与电子档案管理要求，明确电子档案应符合的条件包括"形成者、形成活动、形成时间可确认，形成、办理、整理、归档、保管、移交等系统安全可靠""全过程管理应当符合有关规定，并准确记录、可追溯""内容、结构、背景信息和管理过程信息等构成要素符合规范要求"[1] 等具体内容，为合规电子档案的管理实践进一步提供了参考思路。

为贯彻落实档案"十四五"规划，2022 年 3 月国家档案局印发《关于进一步加强机关业务系统电子文件归档与管理工作的通知》，提出到 2023 年通过试点推动形成一批可复制可推广的成功经验，并明确了到"十四五"末期机关业务系统电子文件归档与管理工作普遍开展的目标，为有效提升各类业务电子文件的资源质量和管理水平、提高政务信息化水平和数据共享服务能力建立了制度保障。同年，国家档案局委托中国人民大学徐拥军教授团队研究起草《电子档案管理办法（建议稿）》，该项目已通过结项验收，后续也将面向全国公开征求意见。

2022 年，我国电子文件管理的政策环境继续优化，尤其是面向数字政府建设的功能迎来新的发展机遇。国务院先后发布《关于加快推进电子证照扩大应用领域和全国互通互认的意见》《关于加快推进政务服务标准化规范化便利化的指导意见》和《关于加强数字政府建设的指导意见》等文件，多次强调电子证照、电子票据等电子文件应在政务服务平台发挥作用，推进政务服务办件归档全程电子化管理，提

---

[1] 国家档案局关于向社会公开征求《中华人民共和国档案法实施条例（修订草案征求意见稿）》意见的通知 [EB/OL]. (2022 - 04 - 15) [2022 - 12 - 26]. https://www.saac.gov.cn/daj/tzgg/202204/4307b30717574518a9748923037211b7.shtml.

升电子文件（档案）管理和应用水平，电子文件与电子档案在电子政务领域的业务支撑价值被提至前所未有的高度。

（二）电子文件标准规范体系日臻健全

遵循标准先行的实践发展传统，2022 年我国高度重视电子文件管理标准规范建设，针对电子文件的管理性、技术性和业务性需求发布多项行业标准，尤其是在单套制趋势下提出电子文件管理实践的规范性要求（如表 1 所示）。4 月 7 日，在国家档案局发布的 12 项行业标准中，有 6 项聚焦于电子文件管理领域。10 月 14 日，国家标准化管理委员会正式发布国家标准《磁光电混合存储系统通用规范》。此外，国家档案局已将《三维电子文件归档与管理规范》《招投标项目电子文件归档规范》纳入 2022 年档案行业标准制修订计划，并征集《电子档案证据效力维护规范》《ERP 系统电子文件归档和电子档案管理规范》《商业银行业务档案管理规范》《科学技术研究项目档案管理规范》等 4 项行业标准项目的意见。

表 1　2022 年发布的电子文件与电子档案管理类行业标准规范

标准名称	规定性内容
《磁光电混合存储系统通用规范》（GB/T 41785—2022）	规定了磁光电混合存储系统的组成及分类、技术要求、试验方法、质量评定程序，以及标志、包装、运输和贮存，适用于电子文件磁光电混合存储系统的设计、开发、生产、试验和应用
《电子档案单套管理一般要求》（DA/T 92—2022）	确立了电子档案单套管理的基本原则，规定了实现单套管理需要在制度建设、系统建设、资源建设与管理、安全管理等方面达到的要求，提出可行性评估的方式、方法
《电子档案移交接收操作规程》（DA/T 93—2022）	明确了电子档案移交接收的工作流程，规定了电子档案移交接收准备工作和电子档案移交接收操作的要求，适用于档案移交单位与档案馆之间的电子档案移交接收操作
《电子会计档案管理规范》（DA/T 94—2022）	规定电子会计资料形成、收集、整理、归档和电子会计档案保管、统计、利用、鉴定、处置等工作的要求，适用于机关、团体、企业事业单位和其他组织开展电子会计档案管理活动
《行政事业单位一般公共预算支出财务报销电子会计凭证档案管理技术规范》（DA/T 95—2022）	规定行政事业单位一般公共预算支出财务报销电子会计凭证的采集、组件、归档、存储、统计、利用以及相关系统衔接的要求
《档案仿真复制工作规范》（DA/T 90—2022）	规定了基于数字图像技术的档案仿真复制工作的组织、管理制度、工作流程、业务外包、设备选型、前期准备、图像采集、图像处理、图像输出、后期制作、质量检查与移交，以及数据管理与利用的要求
《实物档案数字化规范》（DA/T 89—2022）	规定了实物档案数字化的组织与管理，确定了实物档案数字化前处理、数字化采集、影像处理工作与实物档案验收、移交和入库要求

紧随国家层面对电子文件管理标准规范体系的完善进程，2022 年地方档案主管部门、档案馆和标准制定部门等也主动出击，针对性地发布相关标准规范，如福建省发布《工程建设项目电子文件归档一体化管理技术要求》地方标准，上海市发布《政务服务"一网通办"电子文件归档管理技术规范》地方标准，海南省档案局制定印发《海南省电子文件归档一体化管理技术规范（试行）》，广东省档案馆发布《广东省档案馆电子档案在线移交接口规范》《广东省档案馆电子档案离线移交存储格式及载体规范》等 6 项电子档案标准，为业务类电子文件的归档管理和技术内容提供了更为丰富的标准化参考。

（三）单轨制电子文件管理实践由点及面

近几年来，国家档案局联合中央有关部门大力推广电子公文、电子票据、电子证照、电子卷宗应用，开展电子档案单套制管理，大大提高了行政管理效率，有力支撑国家"放管服"改革[1]。经过持续的探索推进，我国单轨制电子文件管理实践由点及面不断扩展，如表 2 所示，到 2022 年已涉及多层级、多行业、多地域，涵盖办公自动化、行政审批、审判诉讼、社会保险、建设项目等多业务类型，提升了基于自主可控环境的档案管理能力，形成了可供推广复制的发展经验。

表 2　2022 年通过验收或成功实施的典型（部分）电子文件单套归档和单套管理试点

试点类别	试点单位/项目	试点内容
国家试点项目	宁波市档案局、宁波市档案馆、宁波市电子文件备份中心	多办公自动化系统电子公文归档和电子档案管理
国家试点项目	中国电力建设集团	电子文件单套归档和电子档案单套管理试点
国家试点项目	两河口水电站建设项目	首个建设项目电子文件归档和电子档案管理试点
国家试点项目	深圳市中级人民法院	法院电子卷宗和法院无纸化办公系统电子文件归档
国家试点项目	河南省交通事业发展中心	公路建设管理业务系统电子文件归档
国家试点项目	辽宁省档案馆	电子档案长期安全保存管理
国家试点项目	北京互联网法院	电子诉讼文件和电子诉讼档案单套制归档
国家试点项目	交通银行	电子文件单套归档和电子档案单套管理
国家试点项目	云南政务服务网	政务服务平台事项管理系统、业务办理系统、电子证照系统等主体业务系统平台的电子文件单套归档

---

① 郑艳方. 信息化动能澎湃 新发展气象万千［N］. 中国档案报，2022 - 10 - 03（1）.

续表

试点类别	试点单位/项目	试点内容
国家试点项目	安徽省档案馆	基于自主可控环境下的电子档案的全流程管理和长期安全保存
省级试点项目	海南省社会保险服务中心	社会保险电子档案单套制管理
市级试点项目	张家港市电子档案管理平台	基于智慧城市"数字底座"的电子档案管理平台

2022 年，国家档案局《关于进一步加强机关业务系统电子文件归档与管理工作的通知》（以下简称《通知》）提出健全业务系统归档制度规范、完善业务系统归档功能、推进业务系统与档案系统有效衔接和提升数字档案资源建设质量和管理水平的目标要求。《通知》进一步激发了机关业务系统电子文件归档与管理工作试点的广泛开展，各地高度重视业务系统电子文件管理实践和创新，单轨制管理的前端渗透成效显著。深圳市发布《市级党政机关单位电子公文归档与电子档案移交接收办法（试行）》，强调档案列入市档案馆接收范围的单位，应按相关标准和保密要求移交电子档案[①]；济南市不动产登记中心、济南住房公积金中心、济南市中级人民法院被列入机关业务系统电子文件归档与管理试点名单[②]；江西省档案馆认真部署 2023 年度省直单位档案移交进馆工作，首次明确省直有关单位政务服务类电子档案、政务网站网页和社交媒体类电子档案进馆范围和质量标准[③]；常州市档案馆为有序开展机关业务系统电子文件的接收归档工作，组织开发了"电子文件归档平台"，通过对接各立档单位业务系统，实现对业务系统内电子文件的收集、分类、整理、检测和封装功能，为电子档案单套制管理奠定坚实基础[④]。全国各地机关业务系统电子文件归档与管理工作逐步广泛铺开，不断促进前端档案治理和公共服务工作提质增效，正在推动我国单轨制文件管理实践从"星星之火"发展至燎原之势。

---

① 深圳市市级党政机关单位电子公文归档与电子档案移交接收办法（试行）[EB/OL]．（2022 - 09 - 29）[2022 - 12 - 26]．http：//www.szdag.gov.cn/zcfg/szsfg/content/post_837889.html.

② 张莉梅．济南市三家单位被国家档案局确定为机关业务系统电子文件归档与管理试点[EB/OL]．（2022 - 08 - 05）[2022 - 12 - 26]．http：//dag.shandong.gov.cn/articles/8967636/202208/171ece35-524a-4ec3-9609-7123a98846d8.shtml.

③ 吴江涛．省档案馆认真部署 2023 年度省直单位档案移交进馆工作[EB/OL]．（2022 - 12 - 07）[2022 - 12 - 26]．http：//www.jxdag.gov.cn/id_4028ec8183831b0b0184eb5accc01c87/news.shtml.

④ 薛源．常州馆召开机关业务系统电子文件归档与管理试点工作座谈会[EB/OL]．（2022 - 09 - 30）[2022 - 12 - 26]．http：//www.dajs.gov.cn/art/2022/9/30/art_1084_63670.html.

（四）数字档案馆（室）建设融通呈现新格局

自 2014 年以来，随着《数字档案馆建设指南》和《企业数字档案馆（室）建设指南》的发布，全国各级档案部门积极推进数字档案馆（室）建设，在基础设施、系统应用、数字资源归集、长期保存和利用服务等方面持续发力，通过示范引领带动整体推进的方法取得良好成效。2022 年，河南省档案馆、南京市档案馆、杭州市档案馆数字档案室等多家单位建成全国示范数字档案（室），全国截至 2022 年 10 月已建成示范性数字档案馆（室）120 余家，其他各级各类数字档案馆（室）6 000 余家[①]，构建了电子文件与电子档案管理的新格局。

在馆室联动的数字化体系中，数字档案室建设通过与机构业务系统衔接贯通，重点推进各类电子文件单套制归档和管理，促进来源可靠、程序规范、要素合规的电子文件广泛形成，为机关业务运转、行政审批和生产运营等提供档案管理与服务；数字档案馆建设通过馆室一体化的数字档案管理系统应用，规范开展电子档案移交接收和长期保存工作，满足电子档案"收、管、存、用"全流程管理的业务需求。二者的协同建设发展打通了前端业务系统电子文件的归档管理和后端电子档案的移交接收和长期保存环节，初步实现了馆室一体化布局下部分专门业务类型（如办公自动化、行政审批等）文件管理的数字连续性，为全国档案数字资源的治理工作和公共服务提供了充分支撑。根据档案"十四五"规划和各地档案事业"十四五"时期发展规划的要求，全国数字档案馆（室）还将持续快速发展，进一步打造数字档案馆（室）联动发展的新格局。

（五）技术赋能推动电子文件智能管理走向纵深

2022 年，在云计算、物联网、大数据等突破性技术持续赋能档案工作的基础上，区块链技术在电子文件管理实践中的探索应用迅疾前进，充分赋能业务流程，不断提升文件管理质量和治理效能。

区块链技术在电子文件真实性保障、证明力维护、数据管控、长期保存和共享利用等多业务领域发挥作用，呈现出突出的专业优势。在中国信通院云计算与大数据研究所发布《区块链白皮书》中，调研的企业中已有 66.7% 运用区块链技术开展了电子档案和电子签章的应用场景，档案馆等行政机构正在加快使用区块链改造提升原有业务，形成基于区块链打造的联盟化产业新业态、新模式[②]。2022 年 5 月，

---

① 郑艳方. 信息化动能澎湃 新发展气象万千 [N]. 中国档案报，2022 – 10 – 03（1）.

② 中国信息通信研究院. 区块链白皮书 [EB/OL].（2022 – 12 – 22）[2022 – 12 – 28]. http：//www. caict. ac. cn/kxyj/qwfb/bps/202112/P020211224394830046624. pdf.

在纳入 2022 年度国家档案局科技项目计划的列表中,"区块链＋电子文件"相关的项目有 6 项,如表 3 所示。目前,全国多家实践单位已将区块链技术纳入电子文件管理环境,取得良好成效。上海浦东新区档案局与各相关部门协同攻关,运用区块链存证保证查询、复用,实现电子文件材料"一处提交、处处复用",建成多节点共识互认的"浦东新区电子共享材料库"①;中国石化使用联盟链解决电子档案在不同单位之间的互信问题,以中国石化为核心节点,中国信息通信研究院、标新司法鉴定所等为一级节点,同时通过跨链方式与北京互联网法院"天平链"集成,探索建设了跨企业的文件可信认证新模式②;中国电力建设集团有限公司基于优化共识的区块链技术搭建联盟链基础平台,建成以"证件"为基础的电子档案溯源多重认证体系,开发使用电子文件验证平台,实现了电子档案管理的全过程展现和真实性验证③。

表 3 2022 年度国家档案局科技项目中的"区块链＋电子文件"相关项目

序号	项目名称	承担单位	推荐单位
11	"单套制"归档管理的区块链存证模式及其风险管控研究——基于煤化工行业工程档案单套归档的实践检视	陕煤集团榆林化学有限责任公司、中国人民大学档案学院、陕西省档案馆等	陕西省档案局
64	基于数据主权区块链的飞机研制全流程档案数据管控方法研究	航空工业第一飞机设计研究院	中国航空工业集团有限公司
80	基于自主可控区块链技术的通信工程电子档案单套制管理研究	中国移动通信集团浙江有限公司、中移动信息技术有限公司	中国移动通信集团有限公司
95	区块链技术在电子文件长期保存中的应用研究	湖北省档案馆、安徽宝葫芦信息科技集团股份有限公司	湖北省档案局
96	区块链技术在军工科研院所电子文件归档和电子档案管理中的应用研究	中国航发控制系统研究所	中国航空发动机集团有限公司
97	区块链技术在数字档案室建设中的应用研究	湖北省疾病预防控制中心	湖北省档案局

---

① RUC 电子文件管理. 行业动态 | "区块链＋电子文件管理"实践动态［EB/OL］.（2022－05－20）［2022－12－28］. https://mp. weixin. qq. com/s/SuiZ4Q1WTBEQWEMOQ_Zy4Q.

② 李春艳. 基于区块链技术的招投标电子档案可信认证新模式探索:以中国石化物资招投标电子文件单套归档试点为例［J］. 中国档案,2022（11）:70－71.

③ 王洋. 基于优化共识的区块链在电子文件全生命周期真实性保障中的应用:以中国电力建设集团有限公司电子文件单套归档和电子档案单套管理试点为例［J］. 档案学研究,2022（2）:89－96.

随着信息技术革命走向纵深，各类新兴突破性技术正深刻影响着国家治理和社会经济发展的方方面面，以数据驱动和数字治理为核心特征的电子文件管理也将成为未来发展的核心议题。磁光电等技术等在电子文件长期保存中的应用，为文件保管和管护提供了更加稳定、更加持续和更加安全的空间，更高程度地维护电子文件的原始特性；人工智能技术在档案开放审核、鉴定、智能监管中的应用，节约了人力资源，大大提高了工作效率，更加方便社会大众的利用；云计算、数据化技术等在电子文件存储管理和开发利用中的应用，极大地提升了电子文件管理服务效率，促进了档案内容价值的深入挖掘和实现，提升了档案内容感染力。放眼未来，档案科技革命在电子文件实践工作中必将持续发挥关键性作用。

（六）电子文件强基保障取得新突破

档案"十四五"规划提出档案信息化强基工程和推进档案信息资源共享平台建设的目标，要求各省（自治区、直辖市）综合档案馆加强本区域档案信息资源共享平台建设，强调依托全国档案查询利用服务平台建立更加便捷的档案信息资源共享联动新机制，实现全国档案信息共享利用"一网通办"，推动国家、地区档案信息资源共享平台一体化发展①。

"全国档案查询利用服务平台建设项目"和区域性档案信息资源平台建设在新的一年成效突出。2022 年 7 月 6 日，全国档案查询利用服务平台正式上线，全国各省区市档案馆，各计划单列市、副省级市档案馆及新疆生产建设兵团档案馆均已接入平台，全国接入总数超过 1 000 家；同时，国家政务服务平台上开设了全国档案查询利用服务入口，为档案查询利用服务融入国家政务平台打下了良好基础②。全国档案查询利用服务平台的上线有力实践了便利全国的档案信息资源共享联动机制，促进电子文件利用服务在指尖实现，社会公众足不出户便可以实现利用档案。2019 年开始，山东省档案馆便依托省互联网政务云，在整合档案资源的基础上建设了全省统一网上"查档大厅"，将全省省市县三级 162 家综合档案馆、开发区档案馆、城建档案馆、高校档案馆档案利用服务窗口搬上互联网，该平台到 2022 年成为首批以平台整体对接方式接入全国档案查询利用平台的两个省级平台之一③。2020 年开始，浙江省启动建设汇集全省开放档案、民生档案、专题档案等资源数

---

① 中办国办印发《"十四五"全国档案事业发展规划》[EB/OL].（2022 - 06 - 08）[2022 - 12 - 29]. https://www.saac.gov.cn/daj/yaow/202106/899650c1b1ec4c0e9ad3c2ca7310eca4.shtml.

② 郑艳方. 全国档案查询利用服务平台正式上线 [EB/OL].（2022 - 07 - 10）[2022 - 12 - 29]. http://www.gov.cn/xinwen/2022 - 07/10/content_5700302.htm.

③ 储牧原，马学刚. 案例分享｜互联网让查档服务走进万户千家：山东省档案信息"一网查、掌上查"[EB/OL].（2022 - 11 - 08）[2022 - 12 - 29]. https://mp.weixin.qq.com/s/S9oAz1_Qjgf7OHo9cWeQbA.

据的档案数据中心，服务省委省政府深化"最多跑一次"改革①。2022 年 6 月，浙江省档案馆召开省档案数据共享中心建设推进会，从档案馆室馆际协同系统、档案便民服务系统和档案智能化管理系统等方面继续推进建设，为探索建立省域档案大数据共建共享方法探索了先行经验②。

二、2022 年我国电子文件管理理论研究新进展

截至 2022 年 12 月 31 日，中国知网上以"电子文件"或"电子档案"为篇名的有效期刊论文共 266 篇、硕士论文共 16 篇。其中，学位论文集中关注了档案数据、数字化转型、电子文件的长期保存。而期刊论文在档案"十四五"规划以及电子文件单套制、档案数据等多重背景下，对不同行业、领域的电子文件归档和电子档案管理及其中细节作出了更为详细的讨论。

(一) 发文学科：多学科视角百花齐放，计算机成重要支柱

从发文主体所在学科来看，档案学科仍然是探讨电子文件管理问题的主导学科，但随着电子文件管理在不同领域的重要性愈发得到共识，计算机、经济、高等教育、行政学等不同学科也开始从自身视角出发探讨电子文件管理在本学科的支撑与应用问题（如图 1 所示）。

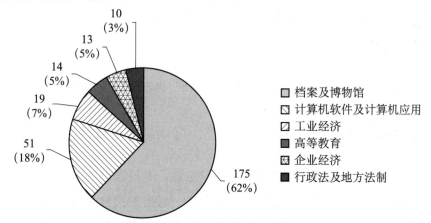

图 1　2022 年"电子文件"或"电子档案"相关研究的发表学科分布

---

① 浙江省档案馆电子档案管理处．浙江省档案馆启动省档案数据中心建设［EB/OL］．（2020 - 04 - 14）［2022 - 12 - 30］．http：//www. zjda. gov. cn/art/2020/4/14/art_1229005493_42564205. html.

② 文利君，贺谭涛，陈淑涵．会议速递｜"大数据治理环境下档案机构的愿景和使命"主题报告总结［EB/OL］．（2022 - 07 - 21）［2022 - 12 - 30］．https：//mp. weixin. qq. com/s/g0FOqQoVG3tlp0RK7y9WtA.

（二）发文机构：中国人民大学领衔高校成主力，国家档案局力量凸显

从发文主体所在机构来看，高校是开展电子文件管理问题研究的集中地。2022年，发表与电子文件或电子档案相关论文最多的前十大机构中（如图2所示），有九个机构为高校，其中中国人民大学2022年共发表了14篇相关论文，高居榜首。国家档案局作为档案机构代表也为2022年的电子文件管理理论研究贡献了重要力量。

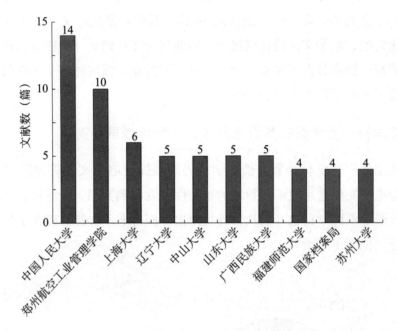

图2　2022年发表"电子文件"或"电子档案"相关论文最多的前十大机构

（三）研究主题：单套制管理、数据转型、区块链为热点话题

为统计2022年电子文件管理的理论探讨主题，本报告首先使用CiteSpace对论文的关键词进行统计，删除"档案""管理"这一对出现次数多且无特指意义的词，按照关键词频次进行排名，排名前20的关键词有：电子档案、电子文件、单套制、档案管理、归档、单轨制、纸质档案、元数据、档案数据、信息化、政务服务、档案工作、数字档案、区块链、真实性、归档管理、建设项目、数字转型、高校、档案事业（如表4所示）。

表 4   出现频次排名前 20 的关键词

序号	关键词	频次	中心度	序号	关键词	频次	中心度
1	电子档案	94	0.76	11	政务服务	6	0.02
2	电子文件	70	0.76	12	档案工作	6	0.10
3	单套制	24	0.11	13	数字档案	5	0.00
4	档案管理	19	0.18	14	区块链	5	0.04
5	归档	15	0.05	15	真实性	5	0.00
6	单轨制	9	0.02	16	归档管理	5	0.02
7	纸质档案	8	0.00	17	建设项目	5	0.01
8	元数据	8	0.01	18	数字转型	5	0.00
9	档案数据	7	0.16	19	高校	5	0.06
10	信息化	6	0.00	20	档案事业	4	0.03

为进一步提炼研究主题，本报告对关键词进行了聚类分析。使用 CiteSpace 分析数据后聚类形成 8 个网络，所得聚类模块值（modularity）为 0.475＞0.3，表明聚类结构显著，平均轮廓值（silhouette）为 0.867＞0.5，说明聚类结果可信度较高。分析得到 6 个聚类标签为：电子档案、电子文件、档案管理、单套制、档案数据、归档（如图 3 所示）。

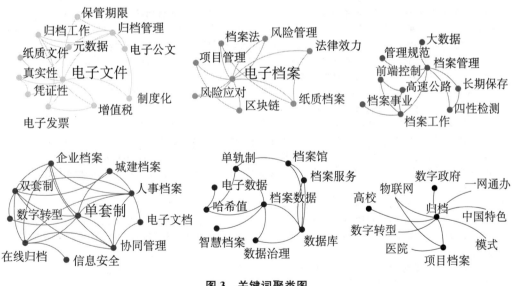

图 3   关键词聚类图

结合 CiteSpace 关键词聚类，本报告对所有相关文献进行了内容梳理，发现 2022 年"电子文件"或"电子档案"理论研究主要关注的主题包括如下几个方面：

首先，2022 年电子文件单套制管理是第一大热点。随着信息技术的发展和法律规范的变化，电子文件单套制管理逐渐从理论研究走向实践探索，以新《档案法》出台为分界线，前期对单套制的研究以概念辨析和可行性研究为主，后期进入以实践探索、立法解读和技术方案研究为主的阶段[①]。而在 2022 年电子文件单套制管理相关研究共有 59 篇，主要聚焦在不同领域的电子文件走向单轨制归档的实施策略、管理困境与安全风险，对象涵盖政府部门档案[②]、城建档案[③]、高校档案[④]、企业档案[⑤]、工程项目档案[⑥]等。

其次，数据转型背景下电子文件管理深入至数据化阶段，迎来更细粒度的管理对象，面对着档案数据化、数据档案化等概念的演化，相关研究围绕档案数据的归档鉴定[⑦]、长期保存[⑧]、异地备份[⑨]以及治理体系[⑩]等议题开展热烈探讨，值得注意的是有关电子文件元数据方案的具体构建也日趋丰富，涵盖地方[⑪]、高校[⑫]、企业[⑬]、工程项目[⑭]、照片[⑮]、声像[⑯]等领域。此外，2022 年是档案"十四五"规划实施的关键年，档案数据化同样在《"十四五"全国档案事业发展规划》的方方面面有所体现，许多研究基于文本分析提炼出档案数据化的背景[⑰]、内涵[⑱]、工作要

---

① 龚骏骎，颜祥林. 电子文件单套制归档实施困境与优化路径 [J]. 浙江档案，2022 (6)：51 - 55.

② 蒋建峰. "一网通办"背景下政府部门电子文件单套制归档路径探析 [J]. 档案与建设，2022 (2)：57 - 59.

③ 陈莹. 城建档案双套制与单套制浅议 [J]. 未来城市设计与运营，2022 (6)：77 - 80.

④ 许珍花，梁茜茜. 高校电子档案单套制管理的数据风险与应对 [J]. 兰台世界，2022 (7)：103 - 106.

⑤ 王子灿，加小双. 企业电子文件单套制归档的实施框架构建 [J]. 档案学研究，2022 (6)：108 - 114.

⑥ 张宁，路敏. 我国工程项目电子文件单轨制实施现状调查与思考 [J]. 档案学通讯，2022 (3)：65 - 71.

⑦ 张芮萌. 档案数据归档鉴定研究 [D]. 郑州：郑州航空工业管理学院，2022.

⑧ 周娟娟. 档案数据长期保存研究 [D]. 郑州：郑州航空工业管理学院，2022.

⑨ 杨倩青. 从灾害事故看档案数据异地备份保存的紧迫性 [J]. 机电兵船档案，2022 (2)：57 - 59.

⑩ 魏亮亮. 智慧治理理念下我国档案数据治理体系建设模式研究 [D]. 济南：山东大学，2022.

⑪ 谢锋，徐悦，王磊，等. 地方性建设电子档案元数据方案构建：以苏州市为例 [J]. 档案与建设，2022 (8)：58 - 61.

⑫ 高海燕，解素芳. 高校电子档案元数据收集管理探究 [J]. 档案管理，2022 (1)：77 - 78.

⑬ 刘竞一. 基于全生命周期的煤电企业电子文件管理研究 [D]. 郑州：郑州航空工业管理学院，2022.

⑭ 郭留红，高爱民，齐云飞，等. 公路建设项目电子文件元数据标准构建研究 [J]. 档案管理，2022 (3)：65 - 67.

⑮ 顾伟. 照片类电子档案元数据真实性研究 [J]. 档案学研究，2022 (1)：92 - 96.

⑯ 刘金月. 我国声像档案长期保存相关标准的研究 [D]. 沈阳：辽宁大学，2022.

⑰ 徐冬，朱佳煊，张洋. "数治"管窥《"十四五"全国档案事业发展规划》[J]. 档案与建设，2022 (2)：43 - 45.

⑱ 周文泓，田欣，熊小芳，等. 档案数据化的走向与实现策略：基于《"十四五"全国档案事业发展规划》的展望 [J]. 兰台世界，2022 (3)：21 - 25.

求①、特性②等内容，为档案数据化的落地实施提供有益指导。

再者，区块链技术承接 2021 年的热度，在 2022 年依然是在电子档案管理的研究热点，多数研究分析了区块链技术在电子文件归档和电子档案管理中的具体应用问题。此外，电子文件与政务服务③、电子档案可信认证④、电子档案的安全存储⑤等高度技术相关性的选题也被热烈讨论。

当然，电子文件归档或电子档案管理还有很多重点难点问题仍需来日学界更多具有创新视角的探讨与研究。

三、当前我国电子文件管理的问题与痛点

（一）电子文件管理实践发展不平衡、不协调

当前我国电子文件管理的单轨制实践正处于由点及面的探索进程中，试点成果经验日益丰富。但与此同时，也面临着区域之间和行业之间发展不平衡、不协调的挑战。

在地域分布上，信息化建设程度高、经济发展水平较高的东部省份和城市对电子文件管理实践探索起步早、经验丰富，且开展单轨制管理的积极性较高，如浙江、江苏、山东、广东、福建等省份在电子文件单套制归档与管理、区块链等技术赋能电子文件管理，档案数据共建共享平台建设以及档案信息资源开发利用等方面开拓创新实践，政策性、实践性成果丰富；中部省份和城市正在快速追赶，在新一年取得显著成果；相对而言，云南、贵州、青海、甘肃、广西、新疆、西藏等西部地区在电子文件管理的基础设施保障、规范体系建设和试点项目经验方面明显发力不足，进展较为缓慢。

从行业发展来看，电子政务、税务管理、互联网法务、工程项目、社会保险等专业领域在单轨制电子文件管理的实践中形成了更为丰富的探索经验，带动性较

① 吴雁平，刘永. 目标·任务·行动：《"十四五"全国档案事业发展规划》档案数据能力建设分析［J］. 档案管理，2022（2）：37－40.
② 李建军."十四五"期间归档工作目标任务及特性分析：基于《"十四五"全国档案事业发展规划》的数据归档研究之三［J］. 档案，2022（3）：37－42，46.
③ 上海：浦东新区档案局探索区块链赋能在线政务服务电子文件智能归档应用［J］. 陕西档案，2022（3）：11.
④ 李春艳. 基于区块链技术的招投标电子档案可信认证新模式探索：以中国石化物资招投标电子文件单套归档试点为例［J］. 中国档案，2022（11）：70－71.
⑤ 彭柳，张淼，高杰欣. 基于区块链技术的电子档案安全存储与可信验证方案［J］. 中南民族大学学报（自然科学版），2022，41（6）：728－733.

强。而在其他专业领域，尤其是以结构化数据环境下的电子文件为主的业务领域所形成的经验成果较少，辐射力不足，如以建筑信息模型（BIM）文件为代表的业务数据的归档管理仍面临归档范围不明确、归档标准不统一、技术策略不明朗和档案系统支持不足等挑战①。整体来看，当前文件管理的新旧管理体系正加速转换，而不少地区和行业对"双套制"仍深度依赖，面向未来进行数字化管理的理念转变缓慢，数字档案馆（室）建设不够充分，对电子文件归档和电子档案管理的创新性方法和方案应用不足。

（二）技术赋能的业务场景不明晰，缺乏参考指引

在"互联网＋"、新基建和数字中国战略的驱动下，新一代突破性信息技术对档案行业产生巨大冲击，同时也提供了全新发展机遇。各类技术在电子文件管理实践中的应用价值和优势不断凸显，但各类新信息技术在电子文件管理全生命周期中的具体应用场景、应用标准和适用性技术方案尚不够明晰，缺乏较为明确的参考指引。譬如，2022年，区块链技术在电子文件领域中的探索应用如火如荼，部分政府机构、大型企事业单位已经将区块链作为电子文件管理的基础性平台之一，该技术主要在真实性验证、可信性保障、存证管理等业务领域发挥作用。但是当前实践方案"百花齐放"，多基于各自行业应用的场景需求而探索，较为缺乏针对文件管理业务本身的参考指引，对于电子文件应何时上链、节点部署范围、上链对象、上链信息的长期保存等问题仍缺乏共识性结论，更缺少国家和行业层面的标准指南。此外，对于区块链在电子文件管理应用中的关键技术问题如上链效率、档案信息隐私保护、电子文件存储的跨链信任、区块链的扩容、系统稳定性等问题也有待深入探索解决方案②。与之类似，人工智能、数据挖掘、移动互联等新技术在文件管理领域的应用同样存在业务场景不明晰等问题，有待持续推进广泛性实践拓展和行业规范化管理。

（三）数字档案资源内容开发不足，重管轻用

近年来，国家《促进大数据发展行动纲要》《关于推进实施国家文化数字化战略的意见》等相继推进，日益重视"用数据说话、用数据决策、用数据管理、用数据创新"的管理机制和以文化资源数字化为特征的文化大数据体系的建构，对文

---

① 陈晓潜. 工程设计企业 BIM 模型归档管理探索［J］. 技术与市场，2022，29（9）：180－181，184.
② 顾伟. 区块链在电子档案管理中的关键技术问题研究［J］. 山西档案，2022，（2）：92－97，77.

件、档案等信息资源的要求也从加强管控向提升服务能力延伸。但当前我国电子文件管理实践仍具有"重管轻用"的特点，细粒度的分析、挖掘和利用不足，规律性的总结和提供知识服务有限，限制了其在资源价值优势上的发挥。例如，在我国企业快速数字化转型的进程中，档案数据作为新型生产要素在企业变革和业务创新中呈现出新的优势，信息技术的发展也为档案开发利用提供了工具，而由于对档案资源认知的局限、开发利用理念偏向传统保守、开发方式形式单一、智能开发手段不足等现实问题的存在，企业档案资源的数字化开发和利用服务进程受阻[①]。当前，无论是企事业单位内部，还是国家各级各类档案馆，对电子文件资源的内容开发深度均有不足，除形成部分专题性编研成果之外，跨业务领域的电子文件数据整合度不高，与相关信息领域的共享服务能力有限，对前端业务决策的支撑和对文化记忆资源的挖掘仍有较大上升空间。

四、未来我国电子文件管理的趋势与展望

2022 年，随着新《档案法》深入实施和档案"十四五"规划的逐步推进，我国电子文件管理事业呈现出向多元性和规范化发展的特征，智慧化管理的水平不断提升。立足既有的发展经验和成就，应对现存问题和痛点，未来业界和学界必将持续探索，形成新的发展成果和理论方案。

（一）实践发展趋势

在单轨转型和数据驱动战略的导向下，我国电子文件管理实践将持续关注规范化的文件管理业务方案和深度赋能的技术应用场景。

一是多元类型业务系统的电子文件归档和电子档案管理。近几年，业务系统电子文件归档和电子档案管理的发展已取得突出成就，比如：政务服务电子文件归档系列研究成果在浙江省"最多跑一次"改革中发挥重要作用；电子档案单套制管理研究成果率先在浦东自由贸易试验区试点应用，有力推动了无纸化办公和电子政务建设；"火电 EPC 项目文档控制关键技术研究"等发挥文档在提高企业经济效益方面的作用；中国农业发展银行完成数字档案管理系统（一期）建设，打通与农发行办公系统、会计系统的接口，启动与信贷业务系统的接口工作等[②]。接下来，我国

---

① 杨文，王强. 数字时代国有企业档案资源开发利用的内在机理与实践路径 [J]. 档案学研究，2022（3）：76－83.

② 郑艳方. 信息化动能澎湃 新发展气象万千 [N]. 中国档案报，2022－10－03（1）.

单轨制电子文件管理实践将继续在电子证照制发系统、办公自动化系统、ERP 系统、产品数据管理（PDM）系统、建设项目领域、招投标项目系统、三维电子文件设计系统、科学数据管理系统、结构化数据环境、数字孪生、元宇宙、人工智能等广泛的业务领域深入拓展，形成涉及全国多层级、遍及多行业领域的实践发展格局。

二是突破性技术在档案管理业务场景中的应用拓展。科技的创新是实践发展的持续动能，区块链、云计算、物联网、数据挖掘、人工智能和元宇宙等新一代信息技术将赋能电子文件管理的更多业务场景，各行业领域的探索进程也将持续推进，促进新技术在电子文件归档、鉴定、长期保存和开发利用的多业务环节发挥效能，并有望形成规律性、科学性、可复用的最佳实践。譬如，档案部门亟待在区块链技术促进全生命周期电子文件管理真实性保障、跨业务跨链的多通道应用等方面加快探索和积极研究，创新工作方式和方法；加强对人工智能、数据挖掘技术等在数字档案资源的细粒度开发、智能鉴定和管理、创新编研检索、促进新产品研发和使用等方面的科研攻关，探索解决方案。

三是电子文件资源内容的深度开发和共享利用。得益于档案信息化强基保障工程的建设推进，我国电子文件管理基础设施不断完善，数字档案馆（室）的资源存续能力持续增强。全国档案查询利用服务平台和区域性档案数据共享平台的建设为电子文件的跨地跨界服务提供了便利，同时数据挖掘、语义网、机器学习等智能技术为电子文件的数据化开发和知识服务提供了创新机遇。适应社会发展对细粒度信息利用服务的需要，我国档案行业对电子文件管理的重点也必将从传统阶段的形式管控向更高层次的内容开发不断延伸。

（二）理论研究趋势

基于当前学界对电子文件管理领域的研究现状和业界发展需求，我国电子文件管理的理论研究趋势将体现在以下几个方面：

一是面向单轨制的电子文件管理创新性方法研究。在单轨制文件管理趋势下，适应数字化、数据化和数智化业务场景下的文件信息的管理方法和技术方案是实践所需。当前实践中，对于多业务领域电子文件的归档和档案化管理，尤其是复杂形式的结构化数据环境下的文件管理，模拟传统纸质档案的管理方式已呈现出不适应性。结构化数据环境下什么是文件？如何识别文件？如何归档文件？传统的以"件"归档、打包"立卷"都面临挑战？如何突破传统"业务—馆—室"分离的阶段性体制，在数字环境下实现文件全生命周期的连续性？如何基于自主可控的环境实现电子文件的可信性保障和长期保存？一系列方法性难题成为困扰电子文件管理实践的关键，亟待学界进一步开展深入探讨，为实践方法的革新提供充分理论支撑。

二是文件管理与数据管理的协同发展研究。我们已快速步入"万物皆数，数即万物"的大数据时代，数据成为社会发展的关键生产要素。近几年，档案学界关于档案数据化、数据档案化的研究讨论热度不减，不断形成新思想新论点，也带来新的争议。国家设立的大数据管理机构和档案局馆的交叉职能领域也得到广泛关注。随着电子文件管理的重点不断向前端业务领域延伸，以凭证性、信息性价值为主的电子文件和广泛生成的业务性数据的融合和协同问题值得进一步深入探讨，电子文件数据的资产化管理思路需要进一步挖掘，科学数据和科研档案的协同管理、政务/企业电子文件和数据协同治理等领域的研究成果值得期待。

三是电子文件在数字中国发展中的支撑性研究。随着电子文件法律效力的逐渐确立，电子文件和电子档案日益成为数字政府建设的支撑性要素，在数字经济、数字社会建设中也更加凸显价值。国家关于数字政府建设发展的政策性文件多处强调深化电子文件资源开发利用，建设数字档案资源体系，提升电子文件（档案）管理和应用水平，在数字社会发展中充分赋能。然而如何从数字政府、数字经济和数字社会发展的工具性、结果性要素转化为驱动性、创新性要素，如何利用电子文件的价值优势充分融入数据社会治理体系，从"后端"走向"前端"，真正参与到数据驱动的政府决策和社会发展中，电子文件的角色发挥仍有较大拓展空间，也有待更为专业的研究提供思想指引。

2022 年中国档案技术应用与创新发展报告

杨建梁[1,2]　吴君灵[1]　何彦睿[1]　林致远[1]

1. 中国人民大学信息资源管理学院，北京　100872
2. 中国人民大学档案事业发展研究中心，北京　100872

摘　要： 围绕 2022 年档案技术应用及创新发展，本报告通过对 2022 年国家档案局科技项目立项、国家档案局优秀科研成果奖和我国档案科技专利的分析发现，我国该年度档案技术及相关技术的应用有了较大进展，呈现向纵深发展的趋势。从国家档案局科技项目立项主题来看，2022 年的立项主题与《"十四五"全国档案事业发展规划》关联更加紧密。从国家档案局优秀科研成果奖来看，2022 年优秀科研成果更加立足实践，聚焦于工程数据归档、档案保护和修复以及档案资源深度开发等领域。从 2022 年档案科技专利申报情况来看，尽管 2022 年档案科技专利数量相较 2021 年有所减少，但是在主题方面呈现向重点领域分化的态势。进一步分析发现，档案技术应用与场景热点主要包括档案数据管理、红色档案开发、基于元宇宙技术的档案开发利用、基于人工智能的档案开放审核和电子档案单套制管理等。未来我国档案技术应用与创新发展应重点关注档案数据治理的技术体系发展，重视面向重点问题的自主可控的档案技术，强化从技术研发到应用落地的双向路径。

关键词： 档案技术；档案科技；技术应用；技术创新

作者简介： 杨建梁，博士，讲师，研究方向为数字化与数据化、电子文件管理、自然语言处理，电子邮箱 jianliang. yang@ruc. edu. cn；吴君灵，中国人民大学信息资源管理学院 2021 级本科生，研究方向为档案数字化；何彦睿，中国人民大学信息资源管理学院 2021 级本科生，研究方向为信息分析；林致远，中国人民大学信息资源管理学院 2022 级本科生，研究方向为数据管理。

一、引言

在《"十四五"全国档案事业发展规划》全面落实的背景下，我国档案工作数字化、智能化水平稳步提高，档案技术应用与创新水平不断提升，我国档案科技事业正在进入新阶段。为了全面了解和分析 2022 年我国档案技术应用与创新发展状况和整体特征，本报告采用编码统计、文本挖掘、主题网络分析等方法，对国家档案局科技项目立项、国家档案局优秀科技成果奖、档案科技专利和典型技术应用进行了分析。

二、2022 年国家档案局科技项目立项分析

国家档案局档案科技项目立项情况是我国档案技术应用及创新发展的重要风向标。2022 年 1 月 14 日，国家档案局发布了《2022 年国家档案局科技项目立项选题指南》。《选题指南》围绕《"十四五"全国档案事业发展规划》的目标任务，详细列出了档案治理体系、档案资源体系、档案利用体系、档案安全体系和档案信息化建设五个方面的选题方向，并提出了八个重点项目选题，为 2022 年的科技项目选题提供了方向性指导。5 月 12 日，国家档案局科技信息化司公示了 2022 年科技项目拟立项情况，100 多家单位承担的 141 项科技项目被批准立项，其中常规项目131 项，重点项目 10 项。项目承担单位分布如图 1 所示。

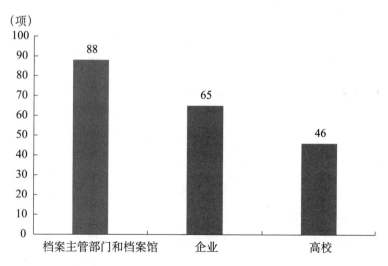

图 1　各类型单位参与承担科技项目数量

注：有 79 项立项为多单位联合承担。

围绕科技立项项目主题，本报告建立了以二元词组和关键词为主体的主题词表，结合人工编码的方式，确定了相关主题词，通过文本分析工具对主题词的词频进行了统计，并进一步通过词云的方式进行了可视化。

从图 2 可知，2022 年国家档案局科技项目主要包含电子档案、红色档案、自主

图 2　2022 年国家档案局科技项目立项主题词词云

可控、关键技术、数据归档、文件归档、档案资源、档案管理、管理系统、修复技术等主题词。相关主题涉及人工智能、知识图谱、大数据、区块链、档案保护相关技术以及自主可控的档案管理技术。相比于 2021 年，2022 年的国家档案局科技项目主题有两个特点：一是更加注重自主可控的技术研发，这与我国《"十四五"国家信息化规划》中有关信息技术应用创新的要求相呼应；二是更加注重有关档案数据的开发、利用和长期保存，提示我们我国档案科技研发及应用的关注点逐渐由数字化向数据化转移。

为了进一步探究国家档案局科技项目立项项目主题之间的关联和分类，本报告采用主题共现网络分析方法对立项主题进行了分析（如图 3 所示）。具体来说，在主题词表的基础上，进一步根据主题词与主题词在同一个题目中出现频次，构建了主题共现矩阵。然后基于主题共现矩阵构造了主题共现网络。为了便于观测核心主题之间的关联，本报告采用 K 核分解法对网络进行了分解，形成了科技项目主题网络的核心网络。为了进一步对主题关系进行量化分析，本报告采用网络社群发现的相关方法，基于共现关系对主题词进行网络聚合。结果发现，2022 年国家档案局科技项目立项主题主要可以分为八类：

第一类以档案数据为核心，涉及档案数据的治理、开发、安全、长期保存等。该类别在整个主题网络中处于中心位置，说明该主题在 2022 年的档案科技项目中是一个相对核心的主题，这也与上文主题词词频分析的结果相互印证。

第二类以电子档案管理为核心，涉及自主可控的国产化平台、区块链技术、电子文件管理系统、文档一体化等。相对于 2021 年，该类主题是 2022 年档案科技项目的新增主题。在国家信息化规划和全国档案事业发展规划的统筹下，自主可控、国产化和安全管控的信息技术引发了档案科技创新的又一热点。

第三类以归档为核心，涉及单套制归档、专门档案的归档技术、流程和策

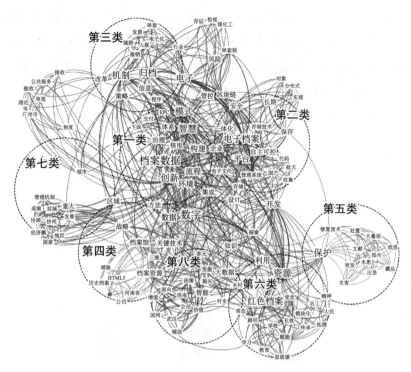

图 3　2022 年国家档案局科技项目立项关键词共现 K 核心网络

略等。

第四类以档案资源数字展陈为核心，涉及数字化展陈技术、历史档案展览技术等。

第五类以档案保护为核心，涉及档案修复技术、突发灾害下档案保护应急策略等。

第六类以红色档案资源为核心，涉及红色档案资源的保护、开发、利用、服务的相关技术。

第七类以档案参与国家及区域治理为核心，涉及档案参与区域发展、档案优化公共服务等。

第八类以档案资源价值挖掘为核心，涉及智能技术、数字人文技术、决策支持技术等。

三、2022 年国家档案局优秀科技成果奖分析

国家档案局优秀科技成果奖是国家档案局为了鼓励在推动档案科学技术发展中作出重要贡献的单位和个人而设立的档案科技奖项。获奖成果均为本年度具有创新性、

实用性、可推广性，科学水平和技术难度，社会效益和经济效益的档案科技成果。

2022 年共有 48 个科技成果获得国家档案局优秀科技成果奖。其中，一等奖 1 项，是由航天档案馆与航天东方红卫星有限公司合作研究的"卫星三维模型归档关键技术研发与应用"项目。二等奖 6 项，包括"北京奥运档案遗产管理与开发研究"等。三等奖 41 项，包括"'互联网＋政务服务'背景下流动人员档案管理服务模式创新研究"等。

图 4 为获奖单位分布情况，图 5 为获奖单位合作情况。

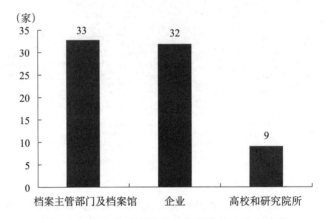

图 4 2022 年优秀科技成果奖获奖单位分布情况

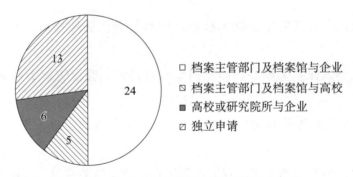

图 5 2022 年优秀科技成果奖获奖单位合作情况

围绕档案优秀科技成果奖获奖成果的主题，本报告进一步采用主题共现网络分析方法对立项主题进行了分析。从图 6 中可以看出，2022 年国家档案局科技成果主题主要分为五类：

第一类是围绕档案馆综合建设的相关成果，主要包括综合管理平台、安全保障、目录编制、职能定位等。

第二类是围绕档案管理的相关成果，主要包括管理模式、服务模式、管理标准化、安全隐私保护。

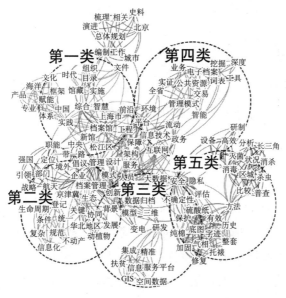

图 6　2022 年国家档案局科技成果主题共现 K 核心网络

第三类是围绕工程数据、空间数据归档的相关成果，主要包括三维模型数据归档、基建项目文件归档、矢量工程文件归档、空间数据归档等。

第四类是新兴技术在电子档案管理、开发、利用中的应用的相关成果，主要包括档案展示、档案遗产开发、智能化归档、音视频档案整理、智能化挖掘等。

第五类是关于档案保护和修复的相关成果，主要包括纸质档案保护、档案字迹修复、乡村记忆档案保护、档案墨水研制等。

结合优秀科技成果的主题分布和获奖级别，2022 年国家档案局优秀成果奖的获奖成果更多地集中在工程数据归档、档案保护和修复以及档案资源深度开发这三个领域。这与 2022 年国家档案局科技项目立项呈现相互呼应的特点。

四、2022 年档案科技专利分析

发明专利是一个领域技术发展的重要体现，也体现了整个社会对该领域的技术需求和关注点。本报告在专利数据库中采集了 2022 年间公开申请的共计 1 090 项档案技术相关专利，结合专利分析的相关方法与工具，对发明专利的题名、摘要、分类、所在区域、所属机构等数据进行分析，以期深入揭示 2022 年我国档案技术应用及创新的主题分布特征、IPC 分类特征、区域发展特征和机构类型特征，从而更好地把握和解读我国档案技术应用及创新的实践规律。从数量上来看，2022 年档案科技专利少于 2021 年。其中，外观设计专利 113 项、实用新型专利 472 项、发明专利 505 项。

（一）区域发展特征

围绕区域发展特征，本报告分析了档案科技领域专利在我国各省、自治区、直辖市的数量分布情况。一般来说，申请专利数量越多的省份，越对该领域有足够的重视程度，或拥有一定的优势。由于少数专利申请信息中未包含申请地信息，故仅统计有相关信息的专利申请。

分析结果表明，2022 年省级行政区域的档案科技专利申请数量分布整体延续 2021 年的特征，呈现明显的"东高西低"的整体特征。华东省份是档案科技专利申请的主要阵地，其次是华南和华北地区，然后是华中、东北、西南和西北地区。这种分布形态与我国经济发展的空间特征以及人口分布有着一定的相似之处，也在一定程度上说明了档案科技的发展需要以经济和人才为基础和支撑。

表 1 显示了我国各省级行政区域 2022 年度档案科技专利的具体申请规模。可以看出，2022 年我国档案技术专利申请规模最多的五个省份（山东、广东、浙江、江苏、北京）与 2021 年一致，共计申请专利 612 项，占全国档案科技专利申请数的 56.15%。结合 2021 年的专利申请情况，上述省份基本形成了对档案科技研发的人才队伍和档案技术应用的市场需求，档案技术在上述省份更可能实现突破和创新。

表 1　各省级行政区域档案科技专利申请数量

省（区、市）	专利数量	省（区、市）	专利数量
山东	284	贵州	19
广东	103	黑龙江	17
浙江	78	福建	17
江苏	74	湖南	14
北京	73	广西	13
河南	47	云南	11
安徽	35	甘肃	10
河北	33	山西	7
湖北	31	天津	4
辽宁	30	新疆	3
江西	27	青海	2
上海	26	西藏	1
四川	25	宁夏	0

续表

省（区、市）	专利数量	省（区、市）	专利数量
陕西	23	海南	0
吉林	21	重庆	0
内蒙古	19		

注：专利数据中存在未标注申请地的专利。

（二）机构人才特征

为了探究档案科技专利申请机构和人才发展特征，本报告进一步分析了该领域专利申请人类型分布和申请人数分布的情况，并根据不同类型的申请人申请专利的数量进行分析。本报告统计整理了各类申请人申请专利的数量，结果如表 2 所示。相比于 2021 年，2022 年的各类申请人的申请数量排序基本一致，个人和院校申请占比略有降低，而企业和社会组织申请占比则略有升高。

表 2　2022 年档案科技专利申请人类型统计

申请人类型	参与申请专利数
企业	562
个人	315
院校	190
社会组织	38

注：存在专利由多种主体（如企业和院校）共同担任申请人的情况。

由于企业对于档案技术有着直接的研发和应用需求，在档案科技专利申请上，企业占比最大。本报告进一步统计了各机构档案科技专利申请所涉及的发明人数。一般情况下，某个机构所申请的相关专利涉及发明人数量越多，说明该申请人在该领域掌握更多的高级人才，具有更大的优势。本报告选取了发明人数排前十的机构，如表 3 所示。

表 3　2022 年机构申请档案科技专利的发明人数前十

申请人	发明人数
国家电网有限公司	89
国网河北省电力有限公司石家庄供电分公司	22
滨州职业学院	14
国网黑龙江省电力有限公司大兴安岭供电公司	14
国网湖南省电力有限公司	13
国网湖南省电力有限公司超高压变电公司	13
南通市第二人民医院	13

续表

申请人	发明人数
河南九域腾龙信息工程有限公司	12
国网河南省电力公司信息通信公司	12
浙江大华技术股份有限公司	11
合计	213

从表 3 中可以看出，国家电网有限公司 2022 年有 89 人参与档案科技专利申请，占有最多的发明人数。此外在发明人数前十名中还包括 5 家国家电网的分公司，电网系统企业在档案技术领域逐渐形成了专利人才优势，在档案技术领域有着较为雄厚的人才储备和技术实力。滨州职业学院和南通市第二人民医院分别是发明人数前十名机构中的唯一的院校和医院，说明这两家机构较为重视档案科技专利的申请和人才培养。南通市第二人民医院的上榜也反映出了电子病历、电子健康档案领域逐渐研发应用了一批档案技术。除了上述机构外，河南九域腾龙信息工程有限公司、浙江大华技术股份有限公司也在榜上，说明信息技术和物联网服务领域也有着较为丰富的档案科技人才积累。

值得注意的是，全国 35 所设有档案学本科专业的高校无一进入申请档案科技专利的发明人数前十名，这说明这些高校更重视科研项目、论文成果，忽视了专利成果，这不利于推进档案技术应用与创新。

（三）IPC 分类特征

IPC 分类号是国际专利分类表的简称，是国际通用的专利文献组织、分类和检索工具。通过对专利的 IPC 分类号的分析，能够相对直接地看出特定领域的专利所解决的问题和所依托的技术。本报告对所采集到的 1 090 份专利的专利号进行了统计和分析，由于外观设计类专利没有 IPC 分类号，且本报告所采集到的专利数据中有一部分专利的 IPC 分类号存在缺失，因此用于 IPC 分析的专利共计 819 项。

从表 4 中可以看出 2022 年档案科技专利所属类别整体可以分为 A、G、B、H 四个主类别，主类别分布与 2021 年基本一致。

表 4   2022 年档案科技专利 IPC 主分类数量统计

主分类小类	IPC 释义	专利数量
A47B	A：人类生活必需 A47：家具；家庭用的物品或设备；咖啡磨；香料磨；一般吸尘器 A47B：桌子；写字台；办公家具；柜橱；抽屉；家具的一般零件 （家具的连接部件入 F16B12/00）	341

续表

主分类小类	IPC 释义	专利数量
G06F	G：物理 G06：计算；推算或计数 G06F：电数字数据处理（基于特定计算模型的计算机系统入 G06N）	180
B42F	B：作业；运输 B42：装订；图册；文件夹；特种印刷品 B42F：单页的临时装订；文件夹；文件卡片；检索用具（阅读桌入 A47B19/00；书支架入 A47B23/00）	107
G06Q	G：物理 G06：计算；推算或计数 G06Q：专门适用于行政、商业、金融、管理、监督或预测目的的数据处理系统或方法；其他类目不包含的专门适用于行政、商业、金融、管理、监督或预测目的的处理系统或方法〔8〕	38
H04N	H：电学 H04：电通信技术 H04N：图像通信，如电视	38
B65D	B：作业；运输 B65：输送；包装；贮存；搬运薄的或细丝状材料 B65D：用于物件或物料贮存或运输的容器，如袋、桶、瓶子、箱盒、罐头、纸板箱、板条箱、圆桶、罐、槽、料仓、运输容器；所用的附件、封口或配件；包装元件；包装件	26
B42B	B：作业；运输 B42：装订；图册；文件夹；特种印刷品 B42B：单页，成叠纸或帖码的永久性装订，或永久性把物品订在其上（一般钉钉或钉 U 形钉入 B25C，B27F；配页或永久性装订二者兼做的机器入 B42C1/12；单页的临时装订入 B42F）	25
B65G	B：作业；运输 B65：输送；包装；贮存；搬运薄的或细丝状材料 B65G：运输或贮存装置，例如装载或倾卸用输送机、车间输送机系统或气动管道输送机（包装用的入 B65B；搬运薄的或细丝状材料如纸张或细丝入 B65H；起重机入 B66C；便携式或可移动的举升或牵引器具，如升降机入 B66D；用于装载或卸载目的的升降货物的装置，如叉车，入 B66F9/00；不包括在其他类目中的瓶子、罐、罐头、木桶、桶或类似容器的排空入 B67C9/00；液体分配或转移入 B67D；将压缩的、液化的或固体化的气体灌入容器或从容器内排出入 F17C；流体用管道系统入 F17D）	23
G06V	G：物理 G06：计算；推算或计数 G06V：图像或视频识别或理解	21
G16H	G：物理 G16：特别适用于特定应用领域的信息通信技术［ICT］ G16H：医疗保健信息学，即专门用于处置或处理医疗或健康数据的信息和通信技术［ICT］［2018.01］	20

A 类是人类生活必需类。在档案领域主要包括各类新型档案柜、档案架等纸质档案存储设施。

G 类为物理类。对应档案领域主要包括各类档案信息系统、档案及档案数据处理技术、档案扫描件识别系统、医疗档案管理系统、档案保存设备等。

B 类为作业运输类。对应各类档案载体长期保存技术、新型档案装订技术、新型档案盒等。

H 类为电学类。对应各类新型档案图像信息传输和展示设备。

本报告进一步根据 IPC 小类的专利数量绘制了矩阵树图（如图 7 所示）。结合表 4 和图 7 可以发现，2022 年档案科技专利中，一半以上的专利面向纸质档案管理的设备和技术。这与前面对国家档案局科技项目立项的分析呈现出了差异，这种差异可能源自现实档案管理的技术问题和国家对档案技术的发展要求之间的差距。

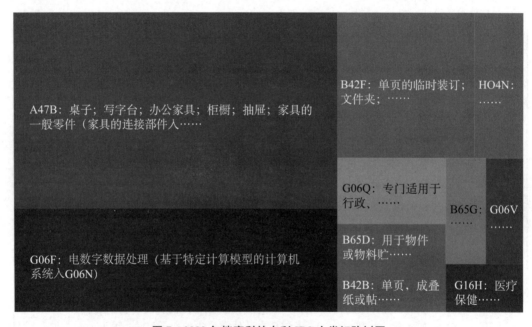

图 7　2022 年档案科技专利 IPC 小类矩阵树图

（四）主题分布特征

本报告通过对档案科技专利的题名、摘要、技术关键词进行分析，利用统计、抽取、编码、筛选、建模等方式，获得专利的主题词并对主题进行共现分析。

本报告首先对档案科技专利的技术关键词、摘要和题名进行了分析，通过摘要和题名生成了主题词词云。

从图 8 可以看出，针对档案存放设备的科技专利，包括新型档案柜及其部件设计与研发、新型档案盒设计与研发、各类存放设备设计与研发、智慧档案馆硬件设施设计与研发等，在 2022 年档案科技专利中具有比较明显的数量优势。除了档案存放设备外，有关档案管理系统图形用户界面、电子档案保管技术等主题也占有一定的比例。这与 2021 年档案科技专利的主题分布基本一致。相比于 2021 年，2022 年档案科技的主题更加偏重于存放设备的设计与研发。在数字档案管理方面，则更加偏向于特定的技术领域，如用户交互、知识图谱、区块链等。为了进一步探究档案科技专利主题之间的关联和分类，本报告采用主题共现网络分析的相关方法对专利主题进行了分析，构造了主题共现网络。为了进一步对主题关系进行量化分析，本报告采用网络社群发现算法对主题词进行网络聚合。

图 8 2022 年档案科技专利主题词词云

图 9 展示了 2022 年档案科技专利主题词共现 K 核心网络。可以看出，2022 年档案科技专利可以分为四大主题：（1）档案存放设备的相关主题；（2）电子档案管理技术的相关主题；（3）电子档案展示系统界面设计与交互的主题；（4）区块链和档案存证的主题。

首先是档案存放设备的相关主题，包括档案柜、档案存放、档案盒、智慧档案

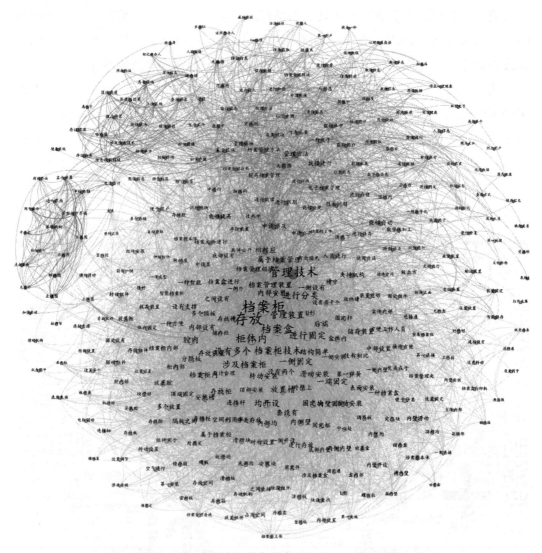

图9　2022年档案科技专利主题词共现K核心网络

馆硬件设备等。这部分主题所涉及的主题节点占据整个网络的一半左右。

其次是电子档案管理技术的相关主题，包括电子档案（文件）管理系统、电子档案数据库、知识图谱、人工智能等。这部分主题节点相比于档案存放设备的主题节点在数量上略少，但是依然占据了一定规模的比重。网络中左上部分的子网络是有关电子档案管理、展示系统界面设计与交互的主题，以及有关区块链和档案存证的主题，分别包括界面设计、交互设计、展示屏幕设计、区块链、哈希算法等主题。这两个子网络虽然规模不大，且处在整个网络的边缘位置，但是其独立性和模块化程度较高，说明已经形成了专门的专利研发方向。2021年档案科技专利主题词网络以档案管理为中心，呈现出面向纸质档案管理和数字档案管理的明显差异分化，主要分为纸质档案管理设备与数字档案管理技术两个大类。相比于 2021 年，2022 年档案科技专利主题词网络的一个明显特点就是在电子档案管理技术方向进一步分化出了系统界面设计与交互、区块链和档案存证的两个独立的子类，而这种细类主题的分化意味着档案科技正在依托新兴技术围绕电子档案管理的具体问题向纵深发展。而这两个主题背后的档案管理问题分别是档案展示利用和电子档案的保管存证。这提示我们这两类问题所涉及的技术具有较好的研发前景和较高的研发价值。

相对于国家档案局科技项目立项聚焦于档案数据、电子档案管理、档案保护、红色档案等主题，2022 年依然有大量的档案科技专利关注档案保管设备的设计与研发，更偏向于档案管理的实际业务中的问题。

五、档案技术应用与场景热点讨论

（一）档案数据管理技术

随着大数据、云计算、人工智能等信息技术的发展，数据的价值被社会各界所认知，各行各业纷纷制定数据战略和规划。在档案领域，早在 2016 年，《全国档案事业发展"十三五"规划纲要》就提出"制定档案数据开放计划""建立档案数据安全管理制度"等要求[①]。在 2021 年《"十四五"全国档案事业发展规划》中，第 21 项任务"加大重点科研任务攻关力度"指出，重点开展新一代信息技术、档案数据治理等重大课题研究[②]。在 2022 年的国家档案局科技项目立项中，有包括"大数据环境下核电设计档案数据集成管理实践与共享利用服务研究"等 13 个项目围绕档案数据开展。档案数据管理正在成为档案事业在大数据时代对接数据科学与数据管理的重要链接点。

在学界，档案数据管理是一个较新的提法。于英香提出档案数据是一种具备档案属性的数据，包括档案内容、档案实体，档案元数据及管理过程中新生成的数据[③]。金波等认为，档案数据是数据化的档案信息及具备档案性质的数据记录[④]。

---

① 国家档案局. 国家档案局印发《全国档案事业发展"十三五"规划纲要》[EB/OL]. (2016 - 04 - 07) [2022 - 12 - 14]. https://www.saac.gov.cn/daj/xxgk/201604/4596bddd364641129d7c878a80d0f800.shtml.

② 国家档案局. 中办国办印发《"十四五"全国档案事业发展规划》[EB/OL]. (2021 - 06 - 08) [2022 - 12 - 14]. https://www.saac.gov.cn/daj/yaow/202106/899650c1b1ec4c0e9ad3c2ca7310eca4.shtml.

③ 于英香. 从数据与信息关系演化看档案数据概念的发展 [J]. 情报杂志，2018，37 (11)：150 - 155.

④ 金波，添志鹏. 档案数据内涵与特征探析 [J]. 档案学通讯，2020 (3)：4 - 11.

尽管不同学者从不同视角出发提出了不同的档案数据概念，但是目前达成共识的是，档案数据本身同时具备档案特性和数据属性。档案数据一方面来自高度数据化的业务系统，另一方面来自档案数据化的过程。杨建梁等提出，文件与档案的数据化可以被归纳为面向文档的开发利用，将文档转变为机器可识别、可分析、可计算的数据的过程。档案的数据化本身是一个档案管理需求与数据管理技术多层次耦合的过程①。总的来说，随着业务数字化向纵深发展，数据的价值不断展现，档案数据管理的相关问题具有较高的研究价值和现实意义，而与档案数据相关的计算技术、数据技术、智能技术也将不断地被提出和被应用。

（二）红色档案开发技术

2021 年 7 月 6 日，习近平总书记对档案工作作出重要批示，要求要把蕴含党的初心使命的红色档案保管好、利用好②。2022 年国家档案局科技项目立项中，有包括"北京市档案馆馆藏红色档案资源挖掘探索研究"等 12 个项目围绕红色档案开展。对红色档案的科学保管和有效开发是实现文化自信的重要资源基础，而对红色档案资源的开发利用工作，更是档案事业发展的重要阵地。

围绕红色档案资源的开发，不少学者提出相应的路径、对策和技术。彭庆红等认为红色档案资源数字化开发利用包括"以红色历史人物为中心线索""以重大历史事件为中心线索""以重要历史场景为中心线索"三种路径，这三种路径需要以人工智能、3D 影像、虚拟现实、增强现实等数字技术的应用为支撑③。周林兴等提出，红色档案资源开发应注重叙事表达，通过对红色档案的叙事表达来构建完整红色记忆，实现红色档案价值，扩大红色文化辐射范围。红色档案的叙事表达应注重叙事结构、叙事空间、叙事视角和叙事体验四个要素，通过数字技术对红色叙事进行展现④。倪晓春等认为，要实现红色档案数据的高效治理，需要建立新的关联机制。实现治理主体关联、数据关联、主体与数据关联、数据与公众关联。红色档案的关联需要以数据本体模型、数据集成技术、语义组织技术、数据挖掘技术为支撑⑤。

---

① 杨建梁，刘越男，祁天娇. 文档数据化：概念、框架与方法 [J]. 中国图书馆学报，2022，48（3）：63 - 78.

② 陆国强. 新时代档案事业高质量发展的根本遵循 [EB/OL].（2021 - 10 - 11）[2022 - 12 - 14]. https://www.saac.gov.cn/daj/yaow/202110/72919f375716451f9babc96071986aa9.shtml.

③ 彭庆红，孙晓丹. 红色档案资源数字化开发利用的路径与梯度 [J]. 档案学通讯，2022（4）：10 - 16.

④ 周林兴，姜璐. 红色档案资源开发中的叙事表达研究 [J]. 档案学研究，2022（4）：4 - 9.

⑤ 倪晓春，张蓉. 大数据背景下红色档案数据治理的突破方向和实现路径探析 [J]. 档案学研究，2022（6）：63 - 70.

总的来说，对红色档案资源的开发，既是档案事业发展的重要使命，也是国家文化大数据战略的重要一环，更是实现文化自信的重要基础。与红色档案开发相关的可视化技术、挖掘与关联技术、资源管理方法以及红色档案资源开发的相关成果正逐渐涌现。

（三）元宇宙在档案领域的应用

元宇宙是建立在现实世界映射与交互基础上的虚拟世界映射和数字生活空间，其核心就是使得虚拟社区用户、信息资源以及空间场景的存在形态向立体转变，同时强调线上空间的独立性。2021 年国家发展改革委颁布的"十四五"规划明确提出，建设数字中国并鼓励相关技术发展[①]。元宇宙作为超越共创的互创空间和一门新兴信息技术，在档案领域的影响正在不断扩大。

目前学界投向元宇宙的目光多集中在沉浸式展览、叙事与场域构建、智慧档案馆建设、创新数字档案文创生态体系等一类问题中。钱婷等提出，元宇宙下的档案展览要对大量档案资源的元数据进行著录等处理，将沉浸的虚拟场景和现实档案资源进行融合，以实现多元叙事、场景融合、复原历史、情感共鸣[②]。杜梅认为在元宇宙场域下，档案叙事获得了多元的呈现方式，可以影像化、场景化、产品化的方式呈现，从而使得档案通过案例形式融入课程成为可能[③]。孙若阳等认为，在数字档案文创方面，依靠元宇宙背后的科学技术，通过数据、内容、服务、产品、应用的具化形态，会使信息交互模式、社会交往模式、空间构建方式发生变革，从而使得档案文创的数字化生产、传播、交互和服务拥有无限可能[④]。

总的来说，元宇宙为档案领域的发展带来了更多可能性，为档案工作的发展注入活力，同时也激发了档案价值的阐释与传播，但如今国内外对元宇宙的研究还处在起步阶段，理论与实际案例较为缺乏，还存在大量值得深入研究探索的问题。未来在元宇宙领域相关技术的支持下，数字档案馆向智慧档案馆的转型方式将更加多元。通过 NFT 技术、XR 技术等，可以更好地展示和保护档案资源，实现多样化的档案展陈和档案服务交互。

---

① 中华人民共和国国民经济和社会发展第十四个五年规划和 2035 年远景目标纲要［EB/OL］．（2021－03－13）［2021－03－13］．http：//www.npc.gov.cn/npc/c2/kgfb/202103/t20210313310753.html.
② 钱婷，刘倩.元宇宙视域下沉浸式档案展览的实施路径与推广传播研究［J］.浙江档案，2022（9）：33－35.
③ 杜梅."元宇宙"场域下的档案叙事融入案例式课程思政的内在逻辑与实现机制探讨［J］.档案管理，2022（6）：86－88.
④ 孙若阳，支凤稳，彭兆祺.元宇宙技术赋能数字档案文创发展研究［J］.浙江档案，2022（8）：38－41.

（四）人工智能技术在档案开放审核中的应用

开放是新时代档案工作的重要方向。《档案法》大大提升了我国档案开放法治建设的进程，2022 年 7 月国家档案局公布的《国家档案馆档案开放办法》进一步加大了档案开放的力度[①]。积极有效的档案开放有利于充分发挥档案在党和国家各项事业发展中的作用，并进一步倒逼档案管理的加强，促进档案利用。然而，当下档案开放审核面临的困境根源于有新目标要求的档案工作与传统的档案开放审核方式的矛盾。《国家档案馆档案开放办法》已经对"谁来开放档案""如何开放档案""开放哪些档案""开放档案如何利用"等予以明确规定，但在实际的档案开放审核工作中，仍存在诸多问题。例如，档案开放审核工作量大且工作效率低、审核结果主观性强、人员学习成本高、上岗周期长等[②]。人工智能等前沿技术的发展为档案开放审核提供了新的机遇，由"人审"向"机审"过渡，既有利于审核流程规范化，还能够提高档案开放审核效率，同时可以节约档案开放审核人力和财力成本。

近年来，学界围绕人工智能技术在档案开放审核中的应用，主要从以下几个方面展开了相关研究：

一是在档案开放审核中应用人工智能技术的必要性。李子林等从档案的理论与实践发展历程和档案学科自身的应用与实践属性两个方面进行了分析，认为人工智能的深化应用将会使档案管理的时空条件、管理主体、管理手段、管理方式发生深刻的改变，智能化、智慧化成为档案管理下一阶段追求的新目标[③]。马怡琳等阐述了新时期档案解密与开放审核工作面临的问题以及人工智能技术用于档案解密与开放审核的优势及可行性，认为在新形势下，为提高档案解密与开放审核工作效率、设计出用户期望的个性化服务模式，满足人们日益增长的对档案信息与服务的现实需求，人工智能的应用是大势所趋[④]。

二是 AI 技术与档案开放审核场景的匹配。陈会明等以北京市市场监督管理局为案例，分析了其引入人工智能技术进行档案智能挑选和智能鉴定划控等工作的做法。其研发的智能鉴定工具，在企业登记档案大数据的基础上，通过大量档案图像

① 国家档案局. 国家档案馆档案开放办法 [EB/OL]. （2022－07－04）[2022－08－12]. https：//www.saac.gov.cn/daj/xzfgk/202207/9dc96f7f635247c18ae1a9ec15c24dea.shtml.

② 福建省档案局、档案馆项目组. 基于数字档案的人工智能辅助档案开放审核系统实现研究 [J]. 浙江档案，2022（10）：40－43.

③ 李子林，熊文景. 人工智能对档案管理的影响及发展建议 [J]. 档案与建设，2019（6）：10－13，9.

④ 马怡琳，李宗富. 赋能·助力·提升：人工智能技术在档案解密与开放审核工作中的应用探索 [J]. 山西档案，2022（4），112－118.

数据样本学习训练出可靠的算法模型，首先保证海量图像内容的识别精度，然后再按照现有的鉴定标准，采用批量智能识别处理的模式对存量档案图像页面的公开级别进行全自动鉴定与校核处理[①]。周友泉等将目光放在由绍兴市上虞区档案馆承建研发的"档案 AI 辅助开放审核"组件上，该组件可以实现依托现有的档案开放审核规则，运用大数据 AI 处理技术对档案目录、原文信息进行智能判断，确定档案是否开放，核心功能包括"开放审核规则配置"、"AI 审核结果推送"和"开放审核流程配置"[②]。利用关键词方式辅助档案开放审核投入成本低、门槛低，但其有效程度严重依赖档案题名或全文中是否存在可供判断的关键词，且此方法还要求关键词的词义必须和鉴定条件的语义完全对应。为打破这一局限性，王楠等聚焦于语义工程技术，提出基于语义层次网络的语义分析法。语义层次网络可以突破传统关键词技术只能匹配文书档案字面词义的局限，有效降低关键词技术带来的语义失真，从而减少开放审核中的误判、漏判和对不准的问题[③]。

三是利用 AI 进行开放审核可能产生的新问题。杨建梁等基于机器学习的技术逻辑和应用逻辑，结合档案及其管理工作的特点指出，"机器学习在档案管理领域中深化应用可能面临来自档案管理、档案数据、机器信任、法律环境和专业能力的挑战"[④]。周克华则认为"应用大数据和人工智能的背后逻辑是积累大量的数据后，通过数据分析，帮助辅助判断是否应该开放"，"大数据应用只能作为开放审核工作的一种辅助参考，不是开放审核的标准和依据，目前不能代替档案人员的审核判断，不能代替档案人员的开放审核工作"[⑤]。

总的来说，对人工智能技术在档案开放审核中的应用研究是在档案开放与档案数字化背景下不容忽视的一个问题，未来对这一问题的研究势必会朝着更加务实、更加精细、更加清晰的方向大踏步前进。

（五）推行单套制过程中需要的应用技术

随着国家数字化战略实施的逐步深入，数字化水平较高的机构开始逐步实施电子文件单套制。《档案法》的第三十七条规定也为电子档案的法律效力提供了法理

---

① 陈会明，史爱丽，王宁，等．人工智能在档案工作中的应用实践与挑战：以北京市市场监督管理局为例[J]．档案与建设，2019（7）：53－56.

② 周友泉，连波，曹军．"浙里数字档案"重大应用场景实践："档案 AI 辅助开放审核"组件的性能与应用[J]．浙江档案，2022（11）：22－24.

③ 王楠，丁原，李军．语义层次网络在文书档案开放审核中的应用[J]．档案与建设，2022（6）：55－60.

④ 杨建梁，刘越男．机器学习在档案管理中的应用：进展与挑战[J]．档案学通讯，2019（6）：48－56.

⑤ 周克华．关于《国家档案馆档案开放办法》的贯彻落实[J]．中国档案，2022（12）：22－23.

依据。围绕单套制归档，《"十四五"全国档案事业发展规划》专门提出要"切实推动来源可靠、程序规范、要素合规的电子文件以电子形式单套制归档"。在上面的分析中，本报告发现面向单套制管理的技术应用与创新也已逐渐显现。

现阶段，电子档案单套制管理的实施具有一定挑战性，涉及模式、路径、机制、安全等多方面问题。技术应用是电子档案单套制管理的重要因素，在合理应用的前提下，某些技术能够应用于一些电子环境下的典型档案管理场景，以解决电子文件单套制管理的部分问题。王子灿等通过深度访谈多家单位总结提出，区块链、大数据、云计算技术在电子档案单套制管理方面有着较好的应用前景。其中，区块链技术可以用于保障电子文件的真实性，云计算技术可以为电子档案管理提供安全存储的保障，大数据技术能够用于辅助智能鉴定[①]。龚骏骎等通过访谈调查和总结，提出当前电子档案单套制在确保电子档案的真实、可靠、完整、安全以及电子档案的长期保存方面存在问题。电子签章、区块链等新技术能够辅助解决这些问题，但是电子档案单套制的落实最终还是应落脚到管理创新而非技术创新[②]。陈勇等梳理总结了区块链在单套制管理过程中对保障电子文件真实性、可靠性、完整性的重要价值，并进一步指出，电子文件管理与区块链的智能合约深度融合，能够实现自动归档电子文件、自动生成"二次电子文件"、自动公开保密期满的电子文件等功能[③]。

总的来说，根据现有研究与实践，电子档案单套制所面临的"四性"保障、长期保存和价值鉴定等棘手问题，能够通过应用区块链、大数据、人工智能、数据巡检等技术来解决或部分解决。

六、总结与展望

通过前面的分析，本报告认为，我国 2022 年档案技术及相关技术的应用有了较大进展，呈现向纵深发展的趋势。从国家档案局科技项目立项主题来看，2022年的立项主题与《"十四五"全国档案事业发展规划》关联更加紧密，重点围绕档案数据、电子档案管理、归档、档案资源数字展陈、档案保护、红色档案资源、档案参与国家及区域治理、档案资源价值挖掘等主题。从国家档案局优秀科技成果奖的成果主题来看，2022 年的优秀成果与国家档案局科技项目立项相互呼应，聚焦

---

① 王子灿，加小双. 企业电子文件单套制归档的实施框架构建 [J]. 档案学研究，2022（6）：108-114.
② 龚骏骎，颜祥林. 电子文件单套制归档实施困境与优化路径 [J]. 浙江档案，2022（6）：51-55.
③ 陈勇，肖文鹤. 区块链技术在电子文件管理中的应用路径 [J]. 北京档案，2022（3）：35-37.

于档案馆综合建设、档案资源深度开发、工程数据归档、智能化档案管理、档案保护和修复等主题。从我国档案科技专利申报情况来看，尽管 2022 年档案科技专利数量相较 2021 年有些减少，但是在主题方面呈现向重点领域分化的态势，界面设计与交互、区块链和档案存证两类专利从上一年度的电子档案管理技术主题中分化出来，并形成了相对独立的主题类别。本报告认为，2023 年我国档案科技事业还应重点关注以下问题：

（一）推动档案数据治理的技术体系发展

随着数字化在我国各行各业的不断深化以及各机构对释放数据价值的需求不断加码，档案管理可能面临着来自上游业务端和下游利用端的双重数据压力。电子文件和档案的形态也逐渐从数字态跃迁到数据态。面对档案数据这样一种具备档案特性和数据属性的新型管理对象，传统的档案归档、保管、存证、利用等业务将面临不同程度的挑战。档案数据的数据属性也决定了对其治理需要依托各种信息技术工具。本报告认为，推动和建成档案数据治理的技术体系是应对上述挑战的必要手段。只有明确档案数据治理的主要问题，形成档案数据治理的技术体系，才能够良好地应对数据态所带来的新场景和新问题，才能够更好地挖掘和发挥档案数据的价值。

（二）攻关面向重点问题的自研档案技术

无论是《"十四五"全国档案事业发展规划》还是《2022 年度国家档案局科技项目选题立项指南》，都特别强调了自主可控的档案技术研发。从发展历史来看，在档案领域，技术应用相比技术研发的要求更高，需求也更广。但是，随着国内外形势的变化，自主可控的技术在此时显得尤为重要。本报告认为，应该面向结构化数据归档、档案保护和修复、档案数据存证、电子档案长期保存等重点问题开展自主可控的技术研发工作，进一步鼓励高校和研究机构、企业、档案馆开展档案智能技术研发类合作项目，提高对产学研合作项目的资助水平。

（三）打通从技术研发到落地的双向路径

无论是 2022 年国家档案局科技项目立项和国家档案局优秀科技成果奖，还是档案科技专利，高校、企业和档案馆之间的跨机构合作规模均较低，档案科技的产学研融合程度十分有限。这种情况不利于档案技术研究的落地，不利于档案科技的创新，更不利于档案科技的长期良性发展。产学研合作不足的一个直接表现就是科技项目立项、学术论文发表、专利研发三者存在脱节，专利研发要落后于学术成果和科技项目。只有让产学研深入融合，才能营造档案技术研发、应用、创新和培才的良性循环。本报告认为，应当进一步提高档案科技专利申请在档案科技人才评价遴选中的比重，强化档案领域的专利意识。围绕档案领域的重大问题，采用政策工具推动档案科技创新企业的孵化及自主可控的技术研发，以技术升级产业，以产业反哺创新。

2022 年度中国副省级以上综合档案馆网站和移动服务端建设评估报告

夏天[1,2]　杨文[1,2]　张宁[1,2]　谢淑鹃[1]　张贤哲[1]　欧阳渝钦[1]

叶晓晨[1]　卢玉华[1]　唐欣越[1]　周钰琴[1]

1. 中国人民大学信息资源管理学院，北京　100872

2. 中国人民大学档案事业发展研究中心，北京　100872

摘　要： 本报告基于网站为主、移动服务端为辅的双重信息推送方式的普及状况，设计评估指标体系和评分细则，对可公开获取的 45 个综合档案馆网站和 50 个微信公众号，进行测评和统计分析，并给出优秀案例，以期在反映整体发展水平的基础上，提供可借鉴对象，以典型促发展，进一步推动档案信息服务能力的再跨越。

关键词： 档案网站评估；移动服务端评估；指标体系；档案资源建设

作者简介： 夏天，博士，副教授，研究方向为电子文件管理、信息检索，电子邮箱 xiat@ruc.edu.cn；杨文，博士，讲师，研究方向为档案学基础理论、档案与国家治理；张宁，博士，副教授，研究方向为档案学基础理论；谢淑鹃，硕士研究生，研究方向为电子文件管理；张贤哲，硕士研究生，研究方向为图书情报；欧阳渝钦，硕士研究生，研究方向为情报学；叶晓晨，硕士研究生，研究方向为数字资产管理；卢玉华，硕士研究生，研究方向为电子文件管理；唐欣越，硕士研究生，研究方向为企业档案管理；周钰琴，硕士研究生，研究方向为信息分析。

一、引言

近年来，人们获取信息的方式伴随着技术进步而呈现多样化，网站为主、移动服务端为辅的双重推送方式，业已成为档案资源网上利用的主要形式。为进一步掌握全国副省级以上档案馆网站（以下简称档案网站）建设整体现状，促进档案网站及移动服务端规范建设与管理，提升档案部门网上服务能力，引领档案信息化创新发展，国家档案局科技信息化司与中国人民大学信息资源管理学院共同开展了2022年度全国副省级以上档案网站和移动服务端绩效评估工作。本次评估通过多轮专家研讨和在线指标验证，优化指标体系，并新增移动服务端评估，从而顺应互联网应用发展新趋势，强化以用户体验为中心的服务理念。课题组成立整体项目组和两个专项评估小组，针对档案网站和移动服务端的服务建设情况开展测评工作，形成《2022年度我国副省级以上档案馆网站和移动服务端建设评估报告》。

本报告为完整报告的删减版本。

二、评估工作概述

（一）评估目的

《"十四五"全国档案事业发展规划》明确提出要在"十四五"期间"开展副省级以上综合档案馆网站及移动服务端绩效评估工作"，"优化副省级以上综合档案馆业务建设评价机制，进一步推动业务建设评价向市县两级综合档案馆延伸"。在此背景下，课题组本着"以评促建、以评促管、评建共举"的理念，开展了对我国副省级以上综合档案馆网站和移动服务端建设的评估工作，以便掌握整体建设情况，并发现行业典范，推动共同进步。

（二）评估对象

课题组对预设的46个副省级以上（未包括港澳台地区）综合档案馆作为目标对象进行检索，梳理出可以公开访问的档案网站和移动服务端数据。基于可分析和易评估原则，以普遍采用的微信公众号作为本次评估移动服务端的典型代表，由45个可访问的档案网站和50个微信公众号，构成如表1所示的评估对象集合。

表1　由45个档案网站和50个微信公众号构成的评估对象列表

地区	网站	微信公众号
北京市	北京市档案信息网（http：//www.bjma.org.cn/）	北京市档案馆
天津市	天津档案方志网（http：//www.tjdag.gov.cn/）	天津市档案方志
河北省	河北省档案方志网（http：//www.hebdag.org.cn/）	冀小兰
山西省	山西省档案馆（http：//www.sxsdaj.gov.cn/）	山西省档案馆
内蒙古自治区	内蒙古档案信息网（http：//www.archives.nm.cn/）	内蒙古档案馆

续表

地区	网站	微信公众号
辽宁省	辽宁省档案馆（http：//www. lnsdag. org. cn/）	辽宁档案 沈阳市档案局
	沈阳市档案馆（http：//dag. shenyang. gov. cn/）	大连市档案局 大连档案
吉林省	吉林省档案信息网（http：//www. jlsda. cn/）	吉林档案 长春市档案馆
黑龙江省	哈尔滨档案信息网（http：//www. hrbdag. org. cn/）	龙江档案 哈尔滨档案
上海市	上海档案信息网（http：//www. archives. sh. cn/）	档案春秋
江苏省	江苏省档案信息网（http：//www. dajs. gov. cn/）	江苏档案
	南京档案（http：//dag. nanjing. gov. cn/）	金陵档案
浙江省	浙江档案（http：//www. zjda. gov. cn/）	浙江省档案馆
	杭州档案（http：//www. hzarchives. gov. cn/）	记忆浙江 杭州档案
	宁波档案（https：//www. nbdaj. gov. cn/）	宁波档案
安徽省	安徽档案信息网（http：//www. ahsdag. org. cn/）	安徽档案
福建省	福建档案信息网（http：//www. fj-archives. org. cn/）	福建档案
	厦门市档案局（http：//www. xmda. gov. cn/）	厦门档案
江西省	江西档案信息网（http：//www. jxdag. gov. cn/）	江西档案
山东省	山东档案信息网（http：//dag. shandong. gov. cn/）	山东省档案馆
	济南市档案馆（http：//dag. jinan. gov. cn/）	济南市档案馆
	青岛档案信息网（http：//www. qdda. gov. cn/）	青岛档案
河南省	河南档案信息网（http：//www. hada. gov. cn/）	河南档案
湖北省	湖北档案信息网（http：//hbda. gov. cn/）	读档
	武汉市档案馆（http：//www. whda. org. cn/）	
湖南省	湖南省档案局/馆（http：//sdaj. hunan. gov. cn/）	湖湘档案
广东省	广东省档案馆（https：//www. da. gd. gov. cn/）	广东档案
	广州市档案馆（http：//www. gzdaj. gov. cn/）	广州市档案馆
	深圳市档案馆（http：//www. szdag. gov. cn/）	深圳档案

续表

地区	网站	微信公众号
广西壮族自治区	广西档案信息网（http：//www.gxdag.org.cn/）	广西档案资讯
海南省	海南省档案信息网（http：//www.hainan.gov.cn/szfbgt/sdaj/）	琼兰阁
重庆市	重庆档案信息网（http：//jda.cq.gov.cn/）	重庆市档案馆
四川省	四川档案（http：//www.scsdaj.gov.cn/）	四川省档案馆
	成都市档案馆（http：//cdarchive.chengdu.gov.cn/）	成都档案
贵州省	贵州档案方志信息网（http：//www.gzdafzxx.cn/）	贵州档案方志
云南省	云南档案网（http：//www.ynda.yn.gov.cn/）	云南档案
西藏自治区	西藏自治区档案馆（https：//da.xzdw.gov.cn/）	西藏档案
陕西省	陕西档案信息网（http：//daj.shaanxi.gov.cn/）	秦风档案
	西安档案网（http：//www.xadaj.gov.cn/）	西安档案
甘肃省	甘肃档案信息网（http：//www.cngsda.net/）	甘肃档案
青海省	——	青海档案
宁夏回族自治区	宁夏档案服务网（http：//www.nxda.org.cn/）	宁夏档案
新疆维吾尔自治区	新疆档案信息网（http：//www.xjaa.gov.cn/）	新疆档案
——	国家档案局（https：//www.saac.gov.cn/）	国家档案局
	中国第一历史档案馆（https：//fhac.com.cn/）	皇史宬
	中国第二历史档案馆（http：//www.shac.net.cn/）	民国大校场
总计	共计网站45个，微信公众号50个	

注：46个副省级以上档案馆中，共涉及50个微信公众号，新疆维吾尔自治区档案馆微信公众号建于2022年11月2日，相关数据为后期补测所得。

三、评估指标体系

（一）网站评估指标体系

本次测评所用指标评价体系在继承和发展已有研究成果的基础上，通过专家咨询、学术研讨、实践验证和反馈调整等方式，确定了由资源服务、业务建设和网站设计三个一级指标所构成的指标体系。指标体系与评分规则如表2所示：

表 2　指标体系与评分规则

一级指标	二级指标	三级指标	评分规则
1. 资源服务 50%	1.1 入馆指南 10%	1.1.1 馆藏介绍 40%	应介绍馆藏资源的数量、内容、类型等相关情况。
		1.1.2 查档指南 60%	应提供查档程序、预约方式、利用要求及开馆时间、交通路线、联系方式等相关信息。
	1.2 档案查询 45%	1.2.1 开放档案 30%	应提供在线可检索档案目录及全文数据，可以不同形式分类展现，并可显示数量，宜提供现行文件资源。
		1.2.2 检索方式 20%	应提供关键词检索；宜提供分类检索。
		1.2.3 高级检索 10%	宜提供组合检索、二次检索等高级检索功能，并可按照相关性、时间等排序方式呈现检索结果。
		1.2.4 检索结果 25%	检索结果应准确、完整；检索结果应包括档案题名、时间、档号等主要字段。
		1.2.5 预约查档 15%	应具备网上预约查档功能。
	1.3 档案文化 35%	1.3.1 地方记忆 30%	应介绍本地方志，呈现地方记忆；宜介绍当地地理、沿革、风俗、物产、人物、名胜等信息，以及相关著作、大事记等内容。
		1.3.2 编研成果 15%	应提供本馆编研成果介绍或展示；宜提供相关出版物目录信息；宜提供部分刊物的在线阅读。
		1.3.3 宣传教育 10%	应面向公众提供档案知识、文化常识等相关资源，应提供爱国主义教育资源；宜提供线下参观、体验、讲座等教育活动信息。
		1.3.4 网上展览 30%	应提供专题展览；宜采用图文展览、视频展览、三维模拟展览、VR 展览等多种展览方式。
		1.3.5 特藏档案 15%	应对本馆特藏档案进行适当展示。
	1.4 资源多样性 10%		应提供图片、音频、视频等多种形式的资源，如声像档案、照片档案等。

续表

一级指标	二级指标	三级指标	评分规则
2. 业务建设 20%	2.1 机构简介 10%		应介绍基本情况，宜包括本馆概况、领导班子、职能介绍、内设机构和下属机构等内容。
	2.2 新闻动态 15%		应及时发布国家、本省（自治区、直辖市）和本馆档案工作动态、通知公告等；宜以视频、图片等多种形式提供信息。
	2.3 政策法规介绍 15%		应提供国家、本省（自治区、直辖市）和本馆档案工作和利用服务相关的政策法规；宜按照类别呈现。
	2.4 档案征集 30%	2.4.1 征集办法 30%	应提供关于档案征集的相关规定，包括方式、办法和范围等；宜提供在线征集的通知公告、联系方式等信息；宜发起专题档案征集活动。
		2.4.2 专题档案征集 40%	宜发起突发事件、重大活动等专题档案征集活动。
		2.4.2 征集展示 30%	应展示征集成果或典型案例。
	2.5 互动交流 30%	2.5.1 在线交互 50%	应具备与公众之间的交互功能，如在线咨询、留言板、在线调查、服务评价、反馈投诉等，应定期整理，及时答复。相关问题可按照主题、关注度等进行分类汇总，并形成问答知识库。
		2.5.2 移动服务平台交互 30%	应提供本馆微信公众号、微博或手机 APP 等移动服务平台跳转的链接或二维码。
		2.5.3 内容下载 20%	应提供文件下载功能；宜提供网页内容的复制、打印、下载等功能。

续表

一级指标	二级指标	三级指标	评分规则
3. 网站设计 30%	3.1 可访问性 35%	3.1.1 响应时间 30%	主要页面访问平均响应时间应不超过 2 秒。
		3.1.2 链接有效性 20%	应确保内外部链接安全有效；宜包括下属机构和上级机构、同级机构等相关链接；不应存在"无效链接"、"错误链接"和"非法链接"。
		3.1.3 IPv6 兼容性 15%	访问应支持 IPv6 协议。
		3.1.4 访问安全性 15%	访问宜采用 HTTPS 协议。
		3.1.5 搜索引擎友好性 20%	内容应尽可能多地被搜索引擎收录；在主流搜索引擎中搜索网站名称或网址，网站应排在返回结果的前列；宜提供 robot.txt 文件明确可被搜索引擎收录的资源。
	3.2 易用性 30%	3.2.1 网站导航 30%	导航排布应合理且分类全面，导航标签应与网页内容保持一致；服务入口和资源检索入口应明确；宜提供网站地图功能。
		3.2.2 站内检索 25%	内部检索应准确、完整；宜支持相关性、时间等多种结果排序方式。
		3.2.3 设备适配性 25%	应在手机、平板、电脑等不同终端设备上均有良好的显示效果；应避免额外安装组件、控件或插件。
		3.2.4 无障碍浏览 20%	应对音视频、图片等内容提供必要的文字描述，便于无障碍辅助软件对网页内容的自动识别朗读；宜提供无障碍浏览通道帮助盲人/老人等群体获取信息。
	3.3 规范性 20%	3.3.1 网页标签 30%	应在页面中以规范的格式设置相关标签。
		3.3.2 语义网描述 25%	宜采用语义网描述语言，增强网页内容的机器可读能力。

续表

一级指标	二级指标	三级指标	评分规则
3. 网站设计 30%	3.3 规范性 20%	3.3.3 域名地址 25%	域名地址应规范，应以 gov. cn 或 org. cn 为后缀，宜以本地区、本部门机构名称拼音（缩写）或英文对应的字符串作为域名的主要部分。
		3.3.4 隐私保护声明 20%	应有隐私保护声明，内容应包括对用户信息的收录内容、隐私保护安全性说明等。
	3.4 外观设计 15%	3.4.1 展现协调性 30%	色调、字体、行间距、布局等应总体协调，宜保持统一风格；应与浏览器有较好的兼容性。
		3.4.2 布局合理性 40%	布局应科学合理、层次分明，应明确划分头部标识区、中部内容区以及底部功能区；头部标识区宜包括网站名称、域名、宣传语等内容，中部内容区应遵循阅读习惯进行合理布局，底部功能区宜包括网站标识、主办单位、ICP 备案编号等内容。
		3.4.3 栏目科学性 30%	栏目名称应准确直观，不宜过长，应清晰体现栏目内容或功能，栏目设置应科学合理，体现网站职能。

（二）移动服务端评估指标体系

结合评估目标和指标设置原则，经过文献调研、专家讨论，课题组构建了微信公众号建设评价指标，基本覆盖微信公众号的所有可监测指标（如表 3 所示）。

表 3　2022 年全国副省级以上综合档案馆微信公众号建设评价指标

一级指标	二级指标
菜单栏目及其功能设计	是否设置了菜单栏目与服务功能
核心服务提供情况	是否有档案法规与政策宣传功能
	是否有信息发布功能
	是否有预约查档功能

续表

一级指标	二级指标
核心服务提供情况	是否有预约查档指南
	是否有在线观展功能
	是否有预约参观展览功能
	是否有档案征集功能
推送消息总数量	2022 年累计推送篇数
推送消息阅读量	2022 年累计推送阅读量
推送消息互动量	2022 年累计推送留言数
	2022 年累计推送点赞数
	2022 年累计推送在看数
推送信息的形式	2022 年累计纯文字信息推送数量
	2022 年累计文字＋图片/视频推送数量

四、评估结果

(一) 评估结果概况

档案网站建设在"统筹协调、需求导向、创新开放、确保安全"的总体要求之下，深入推进服务机制创新，有效提升档案信息资源社会化服务水平，打造了资源服务齐全、业务建设完善、网站设计友好的档案网上服务平台。本次评估针对 45 个副省级以上档案网站（统计时间为 2022 年 1 月 1 日—2022 年 10 月 31 日），分类给出了部分优秀代表，以供参考借鉴，如表 4 所示：

表 4　副省级以上档案网站典型代表

类别	典型代表
整体	天津、北京、宁波、中国第一历史档案馆、江苏、深圳、青岛、南京、西安、江西
资源服务	北京、江西、内蒙古、中国第一历史档案馆、天津、中国第二历史档案馆、宁波、青岛、浙江、湖北
业务建设	安徽、成都、江苏、陕西、福建、北京、河北、天津、甘肃、深圳
网站设计	中国第一历史档案馆、海南、南京、宁波、济南、贵州、湖南、国家档案局、山西、沈阳

从移动服务端建设情况来看，档案移动服务端建设坚持以人民为中心，不断创

新服务方式方法，建成了涵盖微信公众号（含微信视频号）、微信小程序、政务服务客户端档案服务模块三种档案移动服务类型，提供以上三种档案移动服务的副省级以上综合档案馆分别为 50 个、6 个、9 个。鉴于开通微信小程序、政务服务客户端档案服务模块的副省级以上综合档案馆较少，因此档案移动服务端建设选择以微信公众号为评估对象。通过调查统计（统计时间为 2022 年 1 月 1 日—2022 年 10 月 31 日），典型代表如表 5 所示。

表 5　微信公众号建设典型代表

类别	典型代表
服务栏目和功能设计数量	厦门、南京、中国第一历史档案馆、北京、天津、湖南、海南、河北、山西、江西
消息推送数量	福建、甘肃、山西、青海、内蒙古、贵州、广西、陕西、浙江
篇均阅读量	国家档案局、南京、江西、中国第一历史档案馆、宁波、上海、浙江、江苏、中国第二历史档案馆、北京
篇均留言	宁波、中国第一历史档案馆、江苏、江西、上海
篇均点赞	国家档案局、南京、浙江、江西、宁波
篇均在看	南京、江西、国家档案局、中国第一历史档案馆、宁波

（二）档案网站评估结果分析

为清晰明了地掌握各网站得分分布情况，将测评得分按照四个区间进行等级划分：得分 80 分及以上为优秀，70～80 分（不含 80 分）为良好，60～70 分（不含 70 分）为合格，60 分以下为待提升。将档案网站的综合评估得分以及三个一级指标的分项得分进行划分，并统计相应等级的网站数量，以反映我国档案网站的整体建设情况，结果如表 6 所示：

表 6　等级数量统计表

类别	优秀	良好	合格	待提升
综合评估	2	13	18	12
资源服务	10	13	11	11
业务建设	10	10	10	15
网站设计	1	11	14	19

总体来看，全国副省级以上综合档案网站的建设状况较上年度有一定进步。如图 1 所示，2022 年综合评估等级为优秀的有 2 个，等级为良好的有 13 个，等级为

合格的有 18 个，等级为待提升的有 12 个。相较于 2021 年的表现，2022 年在优秀等级数量所占比例几乎不变的情况下，等级为良好的比例有一定程度的提高。

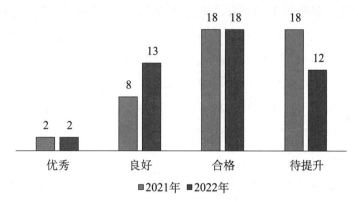

图 1　2021 与 2022 年度综合评估等级数量对比

此外，各网站得分的分布情况依旧呈现了一定的地域性特征，天津、北京、宁波、江苏、深圳、南京等中东部较为发达地区的省市级档案网站得分较高，而以哈尔滨、吉林为代表的东北地区和以西藏、新疆为代表的西部地区得分相对较低。这一情况与往年类似，反映出经济发展水平对档案信息化的巨大影响。

横向来看，排名第一与排名最后的网站得分差距明显，达 34.80 分，排名前十位的档案网站平均分为 76.26 分，排名后十位的档案网站平均分为 52.70 分，相差 23.56 分。表明各档案网站之间建设水平差距较大的问题依旧不可忽视。

下面进一步给出三个一级指标的得分和变化情况：

1. 资源服务指标得分情况

2022 年度"资源服务"一级指标平均得分为 67.60 分，相较于 2021 年的平均分 62.76 分，上升了 4.84 分，反映出近一年各档案网站在"资源服务"上的总体建设情况稳中有升。其中，评估等级为优秀的有 10 个，等级为良好的有 13 个，等级为合格的有 11 个，等级为待提升的有 11 个。相较于 2021 年的表现，2022 年优秀等级的数量增加了 5 个，等级为待提升的数量减少了 9 个，整体合格率达到了 75.56％。横向来看，排名第一的档案网站得分为 87.94 分，排名最后的档案网站得分为 33.00 分，两者相差 54.94 分，差距悬殊。排名前十位的档案网站"资源服务"指标平均分为 85.36 分，排名后十位的档案网站"资源服务"指标平均分为 43.22 分，相差 42.14 分，差距较大。

2. 业务建设指标得分情况

2022 年全国副省级以上档案网站"业务建设"一级指标平均得分为 65.36 分，

相较于 2021 年的平均分 67.73 分，减少了 2.31 分，是唯一呈下降态势的一级指标。原因包括两方面：一方面是 2022 年测评制度的改变，各网站测评分数更加准确；另一方面则是部分档案网站在"业务建设"方面的维护工作尚显不足，较 2021 年而言分数有所下滑。其中，评估等级为优秀的有 10 个，等级为良好的有 10 个，等级为合格的有 10 个，等级为待提升的有 15 个。横向来看，排名第一的档案网站得分为 88.00 分，排名最后的网站得分为 36.00 分，相差 52.00 分，差距悬殊；排名前十位的档案网站"业务建设"指标平均分为 83.15 分，排名后十位的档案网站"业务建设"指标平均分为 43.60 分，相差 39.55 分，差距较大。

3. 网站设计指标得分情况

2022 年全国副省级以上档案网站"网站设计"一级指标平均得分为 62.27 分，相较于 2021 年的平均分 59.06 分，上升了 3.21 分，与"资源服务"指标建设情况一样呈稳中向好态势。

其中，评估等级为优秀的有 1 个，等级为良好的有 11 个，等级为合格的有 14 个，等级为待提升的有 19 个。相较于 2021 年的表现，2022 年评估等级为优秀的数量增加了 1 个，等级为良好的数量增加了 4 个，等级为合格的数量增加了 2 个，等级为待提升的数量减少了 8 个，符合整体向好的表现。横向来看，排名第一的档案网站得分为 80.83 分，排名最后的网站得分为 24.00 分，相差 56.83 分，差距悬殊；排名前十位的档案网站"网站设计"指标平均分为 75.05 分，排名后十位的档案网站"网站设计"指标平均分为 47.60 分，相差 27.45 分，差距较大。

（三）移动服务端评估结果分析

截至 2022 年 10 月 31 日，在对 2022 年 3 个中央级综合档案馆，31 个省、自治区和直辖市（不包括港澳台地区）及 15 个副省级城市的档案微信公众号测评中，除武汉市档案馆和新疆维吾尔自治区档案馆以外（新疆维吾尔自治区档案馆微信公众号建于 2022 年 11 月 2 日，课题组于 12 月对数据进行了补测处理），均开通了档案馆（局）官方微信公众号，绝大多数处于正常运营状态，其中西藏自治区和吉林省自公众号开通以来至本次统计时间段内未发布过任何内容，浙江省、大连市和南京市均有两个档案公众号，南京市的"南京档案"自"金陵档案"开通后运营处于停滞状态。下面从功能建设、内容建设、管理运行、特色服务和社会影响五个方面对公众号建设状况进行介绍。

1. 功能建设表现

功能建设表现从栏目功能设计、服务模块类型及核心服务模块数量三方面进行分析。栏目功能设计方面，各公众号倾向于采用菜单栏的形式，在纳入统计范围的 50 个档案公众号中，共有 46 个公众号选择以菜单栏的形式提供服务，占比高达 92%。这种结构化的功能展现方式，可以很大程度上为用户获取相应服务提供便利。服务模块方面，各地档案公众号的建设特色各有不同，但大多具有"门户网站""工作动态""联系我们""查档服务"等模块，主要聚焦于介绍档案馆的日常事务、向用户提供档案馆的联系方式、介绍馆藏档案等方面。核心服务模块方面，各档案公众号都存在一定的欠缺，即核心服务模块覆盖不全面，在评估中共设计了档案法规与政策宣传、信息发布、查档服务、预约查档、预约查档指南、在线观展、预约参观展览、档案征集八个核心服务指标，但 50 个档案公众号中无一拥有所有的核心服务功能。

2. 内容建设表现

内容建设表现主要从公众号发文的主题类型，文章内容的丰富程度，文章的叙事性、可读性和知识性等方面进行测评。各个档案公众号建设的侧重点有所不同，文章的主题类型多种多样，为契合不同的主题类型，文章的篇章结构及内容也各有不同。档案春秋（上海市档案馆）、宁波档案、甘肃档案、福建档案等档案公众号在这方面都较有特色，值得借鉴。

3. 管理运行表现

管理运营表现主要从档案公众号的日常运营情况进行分析，通过对公众号日常发文频率，是否有档案公众号或移动服务端运行管理政策、办法、制度，对于读者在对话框及评论区中的提问是否有及时回复等方面进行评价。其中，福建档案以 3.65 篇/天的日更新数量位居第一，远超公众号更新中位数 0.293 篇/天，日常运营状态十分活跃。在档案公众号运营管理政策、办法、制度方面，各省市均没有出台具体的官方政策标准，随着用户对微信公众号使用需求的增加，档案部门出台相应政策或者管理办法已很有必要。此外，对用户提问、需求的反馈程度也是日常管理运行优劣的重要衡量标准。上海市档案馆对用户评论和提问的互动反馈及时，起到了典范作用。

4. 特色服务表现

特色服务表现是评估各档案公众号是否借助自身独特的历史文化或资源优势进行相关档案的宣传、历史文化的普及和档案特色品牌的打造等工作。通过调查统计发现 46 个有菜单栏建设的公众号中，共计 21 个有相关的城市历史模块建设，占比达 45.65%，体现出部分档案馆已经开始依据自身独特优势，开发特色档案专题，这对于档案工作的宣传推广大有裨益。

5. 社会影响表现

课题组将公众号推文的篇均阅读量、篇均点赞量、篇均留言量和篇均在看量四个指标作为评估公众号社会影响力的量化标准，指标越高则社会影响力越大。

通过统计分析，47个具有信息发布功能公众号的篇均阅读量中位数为334.78次/篇。排名第一位的国家档案局篇均阅读量高达 6 784.87 次/篇，不仅远超334.78次/篇，相较于第二名 5 089.41 次/篇的阅读量也高出近 2 000 次/篇。通常情况下，文章传播范围越广，浏览次数越多，其阅读量就会提高。国家档案局微信公众号的篇均阅读量高，与其较高的社会影响力相匹配。

篇均留言量可以反映出用户是否认真阅读了文章内容，以及与档案馆进行沟通交流的意愿。统计结果显示出该方面建设存在不足。在47个公众号中有25个篇均留言量为0，占比高达53.19%，而篇均留言量大于1条/篇的仅有5个。其中，宁波档案篇均留言量为6.625条/篇，远超其他公众号，可供其他省市档案公众号运营者借鉴。

文章的篇均点赞量排名和篇均在看量排名是衡量档案馆公众号社会影响力的另外两个指标，这两个指标所反映的内容较为相似，都可以在较为宏观的层面体现读者对文章的认可程度及分享愿望，所以两者的表现情况也较为相似。国家档案局、金陵档案等公众号均表现出了较强的社会影响力。

五、工作建议

（一）档案网站建设建议

1. 改善网站档案查询功能，提升服务质量

第一，丰富网站在线档案资源类型。目前多数档案网站仅提供开放档案查询服务，建议档案网站在加快档案开放的基础之上，纳入、整合其他类型的资源，包括民生档案、现行文件、政府公开信息等，提供一站式、集约化的档案信息资源服务。第二，优化网站档案查询检索功能。检索功能是影响用户查档体验的重要因素，建议档案网站提供更加丰富的检索方式，并改善检索结果的关联组织方式和可视化呈现效果。第三，提供在线预约档案查询服务。有条件的档案网站还可以同时提供微信公众号和小程序预约查档接口，为民众提供多途径、多渠道的在线预约档案查询服务，将惠民便民落实在细节上。

2. 完善网站业务建设，加强公众参与和互动交流

第一，在档案网站详细介绍本馆概况、馆藏概况和机构概况，及时发布国家和本馆档案工作动态、通知公告等，按类别提供档案工作和利用服务相关的政策法规，提升公众对档案馆职能和档案服务工作的了解，强化档案普法。第二，利用档案网站开展档案接收、征集工作，并进行档案征集成果展示和宣传。《"十四五"全国档案事业发展规划》提出要深入推进档案资源体系建设，拓展档案资源收集范围，做好档案接收、征集、整理工作。第三，加强与公众的互动交流，提高公众参与度。

3. 加强网站科学建设，提高公众使用体验

第一，提高网站可访问性。一是要确保档案网站内外部链接安全有效，二是档案网站应采用 HTTPS 协议，支持 IPv6 协议，提高网站的访问安全性和兼容性。第二，提高网站易用性。提供排布合理和分类全面的导航功能，支持相关性、时间性等检索结果排序方式，提高用户查找信息的效率。并保证网站能在手机、平板、电脑等不同的终端设备上均有良好的显示效果，无须安装额外插件，提高设备适用性。第三，提高用户友好性。档案网站应加强无障碍浏览功能建设，便于无障碍辅助软件对网页内容的自动识别朗读，同时提供无障碍浏览通道帮助盲人、老人等群体获取信息。第四，提高网站规范性。可采用语义网描述语言，以规范的格式设置相关标签，提升网站机读能力。第五，加强新技术应用。积极探索知识管理、人工智能、数字人文等技术在档案网站建设中的应用，以改革创新精神推动档案网站的全面创新，提高档案网站的利用服务能力和公众的使用体验感。

(二) 移动服务端建设建议

1. 坚持以人民为中心，明确建设发展目标

档案馆在建设档案移动服务端平台时应从以下四个方面明确目标定位：第一，坚持党对档案工作的领导，牢记"档案工作姓党"，积极宣传和贯彻党的先进理论和相关政策，用好档案资源，助力"四个自信"。第二，宣传档案法律法规、标准规范、政策指南，做好档案法规政策的解读，深化依法治档，增强社会档案意识，提高档案治理能力和水平，推进国家治理体系和治理能力现代化。第三，为广大人民群众提供便利、泛在的档案服务，提高档案移动服务端建设水平，强化档案馆公共文化服务职能。第四，宣传档案工作的价值效益，弘扬档案工作者的先进事迹，凸显档案工作者在推动社会发展中的贡献力，拉近人民群众与档案工作、档案工作

者之间的距离，树立档案工作"为党管档、为国守史、为民服务"的形象，争取赢得社会对档案工作与档案工作者的关注、支持和认可。

2. 完善制度体系建设，建立科学运行机制

目前我国档案行业缺少相关文件指导档案移动服务端的建设，仅有 2019 年国家档案局发布的行业标准《档案移动服务平台建设指南》（DA/T 73—2019）。因此，完善制度体系建设，建立科学运行机制迫在眉睫，需要国家、地方和机构三个层面高度重视，共同形成合力。在国家层面，建议国家档案局加强顶层设计，发挥统筹规划和组织协调作用，发布档案移动服务端建设的相关文件和指南，指导地方推动档案移动服务端的建设。在地方层面，各省（区、市）主管部门可借鉴其他地方优秀成果，结合本地区特点，建立档案移动服务端管理体制机制。在机构层面，档案馆应加强自我监管，建立自我评价、监督管理机制，开展经常性的自我评估工作，不断完善并趋于规范。

3. 加强与网站的融合，提升高频服务效能

档案馆可充分利用网站和微信公众号的差异优势，加强两者之间的融合，在档案网站上提供微信公众号二维码引导用户关注，在微信公众号中设置档案网站跳转入口，实现两者在功能、内容和形式上的互补，在更新频率和内容匹配上保持同步，共同提升档案查阅利用、档案观展等高频服务的效能。

4. 提高推文内容质量，满足用户服务需求

档案馆可积极推送多媒体信息，在形式和内容上用心策划，追求创新。并针对不同用户提供精细化服务，根据用户访问的历史数据，划分用户层级，针对不同的用户群体，分析档案信息需求，发布具有针对性的信息内容，设计全面丰富的栏目菜单。此外，可通过发布调查问卷等互动形式了解用户信息需求，尽可能满足用户多层次、个性化的需求，提升用户体验。

5. 重视特色项目建设，提升用户使用体验

46 个副省级以上综合档案馆都有自己的特色馆藏、镇馆之宝，这些综合档案馆应该扎根地方，立足自身特色与优势，充分利用独特的档案资源建设特色项目，增强当地群众文化认同感，向外界宣扬当地特色风采，促进不同地方文化之间的互动交流，提升用户使用体验。

6. 拥抱数字信息技术，创新服务方式方法

档案馆在建设档案移动服务端时，应积极应用机器学习、人工智能、数字人

文、多媒体、AR/VR、数字孪生等一系列先进的数字技术，为档案编研持续赋能，积极融合短视频、小程序、手机客户端 APP 等多元平台，推动档案服务在新场景不断开拓创新。

六、结语

网站和移动服务端作为目前档案在线利用服务的主要途径，日益受到重视，并在 2022 年度取得了显著成效。相比上一年度，档案网站的资源建设和网站设计整体得到提升，用户在线服务能力进一步夯实；以微信公众号为主要形式的移动服务端建设也全面铺开，为档案宣传和互动交流奠定了新基础。

由于区域差异和现实因素制约，不同档案馆相关平台的建设水平有明显差距，处于起步阶段的档案馆可以深入分析和借鉴已有行业典范，发挥后发优势，快速提升服务能力。

2022 年中国档案社交媒体发展报告

周文泓[1,2]　张婧妍[3]　崔璐[4]　周一诺[5]　张茜雅[6]　方宏晟[7]　彭欣宇[8]　闫瑞顺[9]

1. 中国人民大学信息资源管理学院，北京　100872
2. 中国人民大学档案事业发展研究中心，北京　100872
3. 山东大学历史文化学院，济南　250100
4. 西北大学公共管理学院，西安　710127
5. 武汉大学信息管理学院，武汉　430072
6. 辽宁大学信息资源管理学院，沈阳　110136
7. 郑州大学信息管理学院，郑州　450001
8. 湖北大学历史文化学院，武汉　430062
9. 天津师范大学管理学院，天津　300387

摘　要：基于微信、微博、抖音三大平台的调查显示，2022 年我国档案社交媒体的整体发展稳中有进，主要体现为档案社交媒体传播网络基本形成、传播内容触及多元主题、多媒体应用成效初步显现、平台运营理念得到应用。同时，档案社交媒体的发展同样表现出一定的不足，即突出性品牌范例亟待打造、运营核心定位不够聚焦、表现形式创新性有待加强、尚未充分融合社交媒体运营要求。由此，结合我国档案社交媒体运营实际情况，提出我国档案社交媒体发展目标：加强品牌引领，扩大档案社交媒体集群影响力；明确核心定位，传播特色个性化档案内容；创新表现形式，优化档案新媒体应用设计；借力平台优势，探索高质量营销推广策略。

关键词：档案机构；社交媒体；档案服务

作者简介：周文泓，博士，副教授，研究方向为网络空间的档案化管理、电子文件管理，电子邮箱 zwhdcc@126.com；张婧妍，本科生，研究方向为档案学基础理论；崔璐，本科生，研究方向为档案开发利用；周一诺，本科生，研究方向为档案学基础理论；张茜雅，本科生，研究方向为档案信息化；方宏晟，本科生，研究方向为档案学基础理论；彭欣宇，本科生，研究方向为行政管理；闫瑞顺，本科生，研究方向为档案开发利用。

一、引言

（一）背景

移动互联网时代，社交媒体用户基数大、内容发布多、传播范围广，成为档案机构面向公众开展档案信息服务和档案文化宣传的重要窗口。我国档案机构对社交媒体的应用历经约十年探索时期，逐步形成基础的、可稳定输出的新媒体力量，在微信、微博、抖音等社交媒体平台取得了良好的运营成效。随着社交媒体影响力的持续扩大和档案服务社会化的稳步推进，社交媒体助力档案文化宣传推广将迎来更为广阔的发展空间。

（二）调查思路

为有效了解我国档案社交媒体发展状况，明确现有进展与优化方向，本报告对我国档案社交媒体发展状况进行调查。经由预调查，对不同社交媒体平台以及对应的档案社交媒体账号及其运营有了初步认识后，设置调查思路如下：

1. 调查平台：在档案机构社交媒体发展总体情况部分，选择调查平台包括新浪微博（档案机构最早开设账号的平台）、微信公众号（目前档案机构运营最为活跃的平台）、抖音（近年流量最大的社交媒体平台之一，已有若干档案机构入驻）。在代表性档案机构的社交媒体运营情况部分，由于新浪微博中多数档案机构账号运营效果不佳且影响力较小，所以本报告主要选取微信和抖音平台的代表性档案机构账号。

2. 调查对象：目前选定为档案主管部门、国家档案馆、企事业单位的档案馆。需要说明的是，档案学术机构、档案企业等不在统计范畴中。

3. 调查内容：一是档案社交媒体的总体情况，包括账号数量及其地区分布。二是代表性档案社交媒体运营情况，主要涉及发布的内容、形式、频率、传播效果等。需要说明的是：（1）不同的平台，统计的内容有所区别。（2）代表性的账号选取方面，对于微信，主要按照"档案微平台研究"公众号发布的 2022 年 9 月份排行榜顺序，选取符合上述界定的 30 个档案机构账号；对于抖音，则是选取官方档案机构注册、运营状态正常、多数视频内容能够体现档案专业属性的账号。（3）调查于 2022 年 10 月展开，统计的是 2022 年 1—9 月的数据。

具体调查方案如图 1 所示。

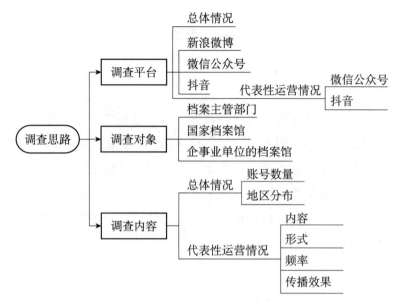

图1 我国档案社交媒体发展状况调查方案

二、我国档案社交媒体发展现状

（一）我国档案机构社交媒体发展总体情况

首先，从账号数量来看，各平台总量相差较大且活跃度存在差异。具体而言：微信公众号747个，其中大多数活跃度较高；微博账号222个，几乎无活跃度；抖音账号10个，其中部分具有一定活跃度。

其次，从账号地区分布来看，东部略多，西部其次（如图2所示）。具体来说：①微信平台上（如图3所示），各省都有档案机构开通微信公众号（除港澳台）。其中江苏公众号最多，共63个，海南最少，仅1个；东部的江苏、山东、浙江、北京、天津、上海，中部的安徽、湖北、河南、江西、山西，西部的甘肃、四川、内蒙古、陕西以及东北部的吉林均有20个及以上的公众号。②微博平台上（如图4所示），大部分省份各自均有账号。东部的浙江、山东、江苏、广东，中部的河南，西部的四川均有10个及以上的微博账号。其中浙江最多，有30个，广西、重庆、西藏、青海均无档案机构开设账号。③抖音平台上（如图5所示），开设账号的省份较少，仅有东部的山东、北京，中部的河北、湖北、湖南和西部的云南、广西和东北部的吉林。其中山东和河北最高，各自均有2个，四川、浙江、江苏等未有开通。

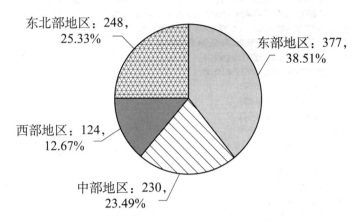

图 2　各地区档案社交媒体账号分布总体情况

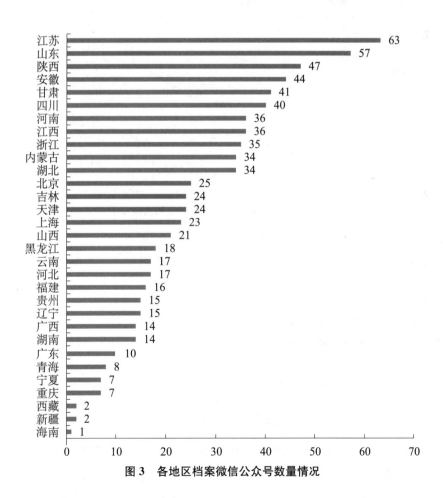

图 3　各地区档案微信公众号数量情况

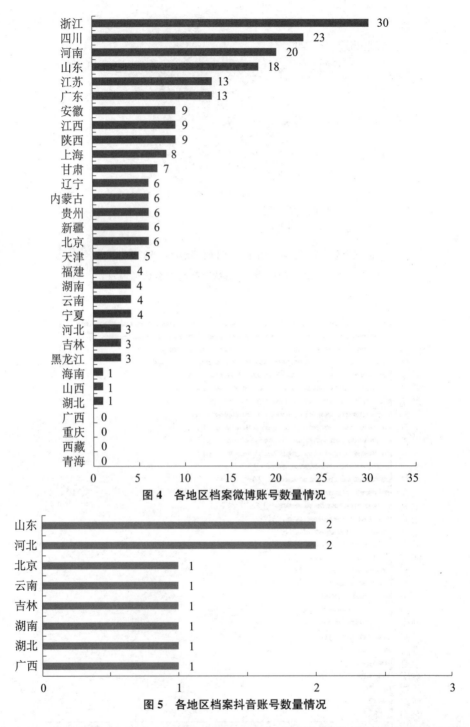

图4 各地区档案微博账号数量情况

图5 各地区档案抖音账号数量情况

最后，从账号功用来看，档案机构所设社交媒体账号是其同其他档案机构、地方机构、档案专业人员、社会公众等交互的窗口。通过微信公众号的推文、微博的博文和抖音的短视频，各档案机构既积极宣传业务相关信息（如档案机构的工作动态、档案知识的普及、档案原件的分享等），同时也会向公众普及非档案业务相关的重要信息（如时政新闻、城市历史文化等）。这有利于相关信息受到更多关注从而发挥其价值与作用，推动档案机构服务能力的升级。

除了各级档案行政机构、各类公共档案馆和企事业内部档案机构之外，各类档案企业和学术型档案机构同样对丰富档案社交媒体内容供给、促进档案信息资源广泛传播起到了不可忽视的推动作用。一方面，兰台之家等档案企业所创平台以其在业务领域的传播优势，在分享实践经验、展示工作成果、开展业务培训、提升社会档案意识等方面发挥了重要作用；另一方面，以档案那些事儿为代表的学术型档案机构所属社媒，也通过探究学科前沿、发表学术动态、传播专业知识等多样化的知识服务，为档案事业发展作出了高校学术智库的贡献。

（二）国内代表性档案机构的社交媒体运营情况

为深入研究国内档案机构的社交媒体运营情况及成效，本报告在对各平台账号数量及账号活跃度进行考察的基础上，选取具有较强代表性的档案机构社交媒体账号作为调研对象，具体考量过程及结果如下：①相关微信公众号数量多且活跃度高，结合"全国档案微信公众号影响力排行榜"（榜单数据经档案领域专业人员基于第三方专业评测平台统计而成并定期发布）中的有关数据，筛选出 9 月榜单中的前 30 个属于前述统计范畴的作为调研对象（如表 1 所示）；②新浪微博平台相关账号数量较多，但活跃度尤其是互动程度过低，故未在该平台选取代表性账号；③抖音平台相关账号数量较少，剔除 9 月未更新账号，最终筛选出 4 个代表性账号（如表 2 所示）。

表 1　档案机构代表性微信公众号

序号	公众号名称	所属机构
1	金山记忆	上海市金山区档案局
2	深圳大学档案馆	深圳大学档案馆
3	吴江通	苏州市吴江区档案馆
4	苏州档案	苏州市档案馆
5	宁波档案	宁波市档案局（馆）
6	皇史宬	中国第一历史档案馆
7	福建档案	福建省档案局/福建省档案馆
8	江西档案	江西省档案馆
9	宣威档案	宣威市档案局
10	江苏档案	江苏省档案馆
11	西电记忆	西安电子科技大学档案馆、校史馆、博物馆

续表

序号	公众号名称	所属机构
12	档案春秋	上海市档案馆
13	国家档案局	中央档案馆（国家档案局）
14	记忆浙江	浙江省档案局（浙江省档案馆）
15	武汉大学档案馆	武汉大学档案馆
16	浙江省档案馆	浙江省档案馆
17	记忆泰州	泰州市档案馆
18	潍坊档案	潍坊市档案馆
19	上海交大档案文博管理中心	上海交通大学档案馆
20	枣庄档案	枣庄市档案馆
21	云南档案	云南省档案馆
22	龙江档案	黑龙江省档案馆
23	秦风档案	陕西省档案馆
24	中国石油大学档案馆校史馆	中国石油大学（华东）档案馆
25	上饶记忆	上饶市档案馆
26	霍州档案	霍州市档案馆
27	贵州档案方志	贵州省档案馆（贵州省地方志编纂委员会办公室）
28	山东省档案馆	山东省档案馆
29	甘肃档案	甘肃省档案馆
30	礼县档案局	甘肃省陇南市礼县档案局

表 2　档案机构代表性抖音账号

序号	抖音账号名称	所属机构
1	马龙档案	云南省曲靖市马龙区档案馆
2	淄博市档案馆	淄博市档案馆
3	荔浦市档案馆	荔浦市档案馆
4	北航档案与文博馆	北京航空航天大学档案与文博馆

本报告对以上账号在 2022 年 1 月至 2022 年 9 月间发布的内容进行梳理，得出具体运营情况及成效如下：

1. 档案机构微信公众号运营情况

首先，为了解档案机构微信公众号运营现状，需掌握其 2022 年发布推文的内容、形式和数量情况。具体而言：

（1）从推文内容来看，主要包括工作动态、档案分享、档案产品、档案相关、档案征集、档案科普、非业务相关七类主题。其中，占比较高的是非业务相关和工作动态主题，分别为 35％ 和 26％；占比居中的是档案相关和档案产品主题，分别为 12％和 11％；占比较低的包括档案科普、档案分享和档案征集，其中档案征集最少，仅占 1％（如图 6 所示）。

（2）从推文形式来看，主要包括图文、图文＋视频、图文＋音频、图文＋视频＋音频和图文＋H5 五种。其中，仅采用图文形式的推文占比高达 90％，图文＋视频、图文＋音频类推文占比分别为 8％和 2％。此外，还有部分推文采用图文＋视频＋音频或图文＋H5 的组合形式，但数量极少（如图 7 所示）。

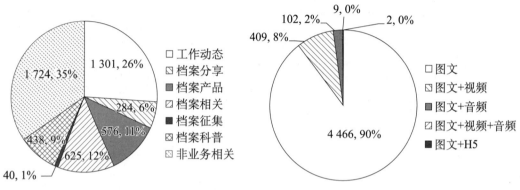

图 6　档案机构微信公众号推文主题分布　　　图 7　档案机构微信公众号推文形式分布

（3）从推文数量来看，总量方面，福建档案 9 个月内发布推文总量最多，总计 996 篇；上饶记忆发文总量最少，仅有 16 篇；整体而言，多数机构的发文量在 100 篇左右（如图 8 所示）。从平均每周发文量上看，平均每周发文量最高和最低的分别是福建档案和上饶记忆，约为 25.5 篇和 0.4 篇，其他机构多在 2 篇左右（如图 9 所示）。

其次是成效方面，对推文的阅读量、在看量和点赞量的统计分析能够显示出各机构微信公众号的影响力。具体情况如下：

（1）阅读量。①整体而言，各公众号总阅读量较为可观。阅读总量在 10 万次以上的公众号有 12 个，5 万～10 万次之间的有 13 个，5 万次以下的有 5 个，可见多数公众号的阅读总量位于 5 万～10 万次区间。其中，金山记忆、吴江通、福建档案和宣威档案的阅读量均在 30 万次以上，金山记忆的推文阅读总量最高，达 471 056 次；总阅读量在 3 万次以下的公众号为礼县档案局和武汉大学档案馆，分别是 26 421 次和 23 608 次；横向比较而言，其他公众号的总阅读量亦存在较大差距，一部分在 20 万次左右，另一部分在 6 万次左右（如图 10 所示）。②与总阅读量对应，推文平均每周阅读量在 5 000 次以上的公众号占 30％，5 000 次以下的占 70％。其中，金山记忆和武汉大学档案馆的平均每周阅读量分别为 12 078 次和 605 次，其他则在 2 800 次左右（如图 11 所示）。③各公众号的推文篇均阅读量分布则与上述结果有所不同。最高的仍是金山记忆，每篇推文的平均阅读量高达 26 170 次，其次是国家档案局，

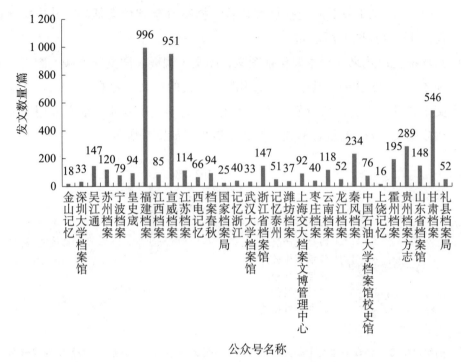

图8 各档案机构微信公众号发文总量

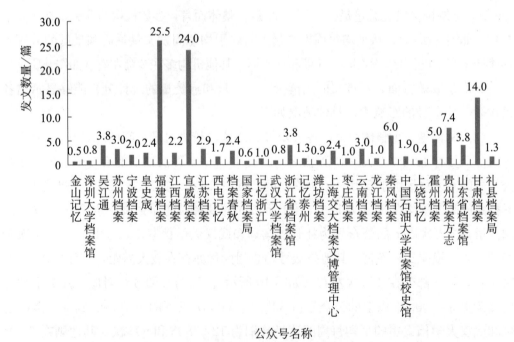

图9 各档案机构微信公众号平均每周发文量

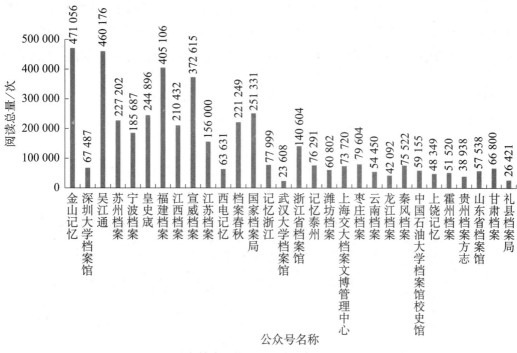

图 10　各档案机构微信公众号推文阅读总量

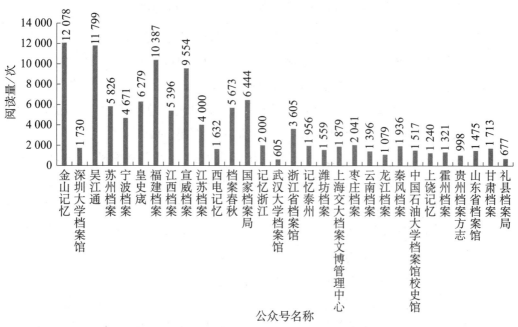

图 11　各档案机构微信公众号推文平均每周阅读量

平均阅读量为10 053次，这两者阅读量与其他微信公众号形成断崖式落差；篇均阅读量最低的是贵州档案方志和甘肃档案，在130次左右；其他公众号依然呈现两极分化，一部分篇均阅读量在2 300次左右，剩余部分在700次左右（如图12所示）。

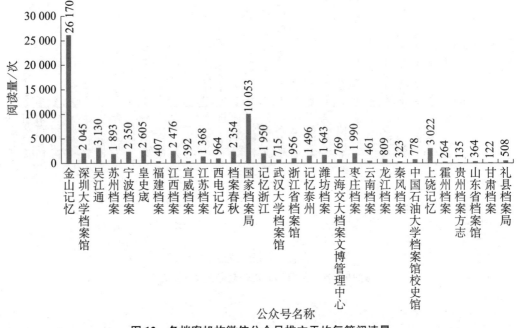

图12　各档案机构微信公众号推文平均每篇阅读量

（2）在看量。①各公众号在看量总体而言相对可观。总在看量达7 000次以上的公众号包括福建档案、苏州档案、金山记忆、吴江通、甘肃档案。其中，甘肃档案位居榜首，拥有17 409次的在看量；最少的则是云南档案，为150次；其他公众号的在看量为900次左右（如图13所示）。②周平均在看量则与总量相对应。较高的超过400次，最低的仅有4次，其他多分布在20次左右（如图14所示）。③此外，每篇推文的平均在看量如下：金山记忆仍旧以平均每篇推文473.7次的在看量居于首位；最低的是宣威档案，平均每篇在看量不超过1次；其他多浮动在15次左右（如图15所示）。

（3）点赞量。①从总量上看，点赞量在1万次以上的公众号有福建档案、金山记忆、吴江通，其中福建档案位居榜首，总点赞量高达16 012次；总点赞量在500次以下的为武汉大学档案馆，位列最后；其他多在1 200次左右（如图16所示）。②周平均点赞量在200次以上的公众号包括福建档案、金山记忆、吴江通和苏州档案，其他多分布在40次左右（如图17所示）。③此外，聚焦于每篇推文的平均点赞量，金山记忆以657次的数据位列第一，最低的是宣威档案，平均每篇仅有1次点赞量，其他篇均点赞量多在20次左右（如图18所示）。

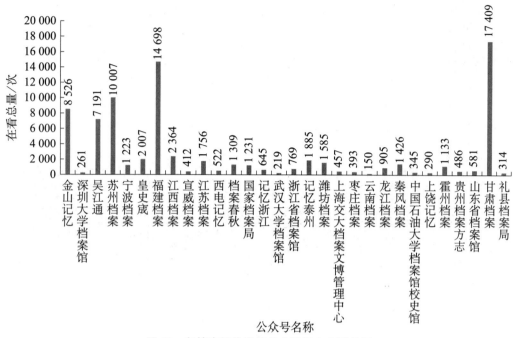

图 13　各档案机构微信公众号推文在看总量

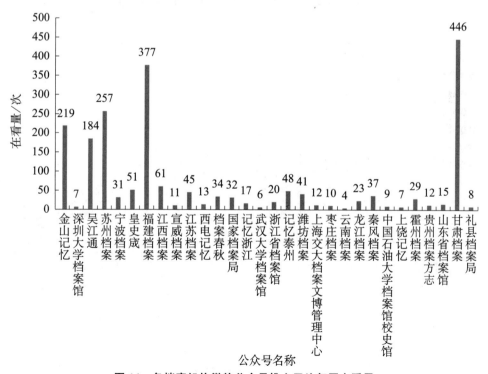

图 14　各档案机构微信公众号推文平均每周在看量

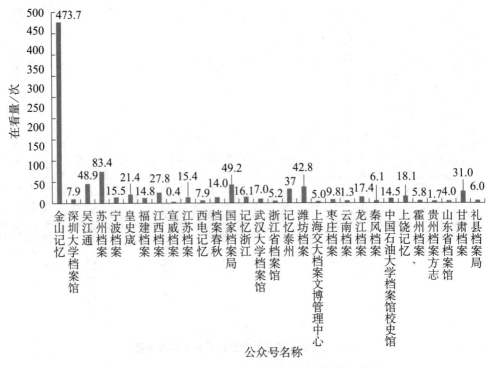

图15 各档案机构微信公众号推文平均每篇在看量

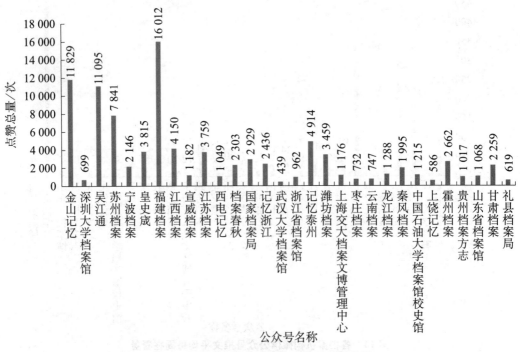

图16 各档案机构微信公众号推文点赞总量

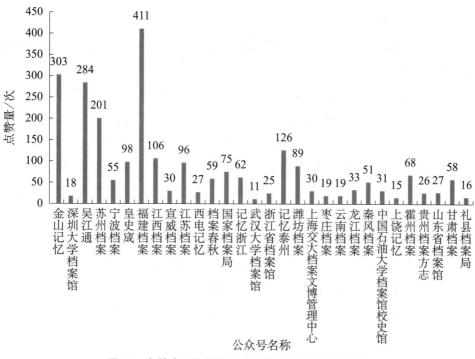

图 17　各档案机构微信公众号推文平均每周点赞量

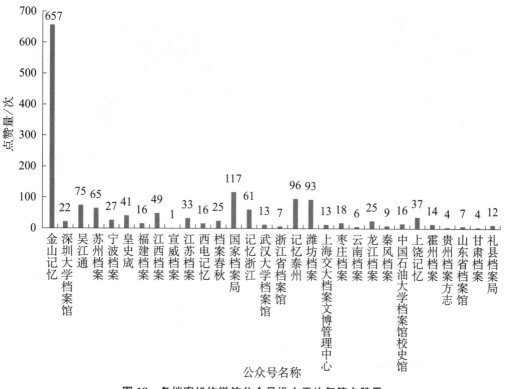

图 18　各档案机构微信公众号推文平均每篇点赞量

2. 抖音账号运营情况

首先，档案机构抖音账号的运营情况可从其视频发布的内容、数量以及频率中得到反映。具体如下：

（1）发布内容上，主要分为五大主题。①总体而言有45%的视频均以档案分享为中心，占比最高；非业务相关和工作动态居中，分别占比32%和14%；档案产品和档案相关占比较少，分别为8%和1%（如图19所示）。②具体到每个抖音账号而言，不同档案机构发布抖音视频的内容主题分布存在差异。一是马龙档案，所含主题以档案分享和工作动态为主，占比分别为63%和37%（如图20所示）。二是淄博市档案馆，视频内容包含工作动态、档案分享和档案产品三类，分别占比72%、14%和14%（如图21所示）。三是荔浦市档案馆，档案分享类主题视频占比40%，档案产品、工作动态和非业务相关三个主题各占20%（如图22所示）。四是北航档案与文博馆，所发布内容包括档案分享、非业务相关、档案产品、工作动态和档案相关五大主题，分别占比47%、41%、7%、3%和2%（如图23所示）。

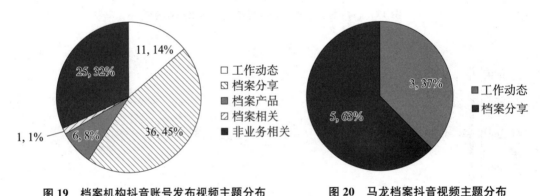

图19 档案机构抖音账号发布视频主题分布　　　图20 马龙档案抖音视频主题分布

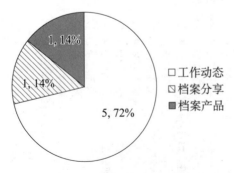
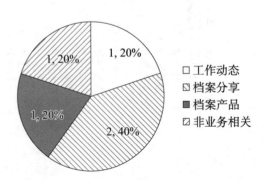

图21 淄博市档案馆抖音视频主题分布　　　图22 荔浦市档案馆抖音视频主题分布

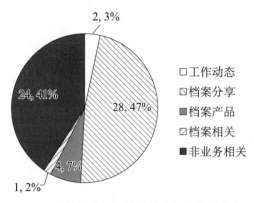

图 23 北航档案与文博馆抖音视频主题分布

（2）发布数量上，总体来看数量较少。其中北航档案与文博馆发布最多，共 59 个视频；发布最少的是荔浦市档案馆，为 5 个；其他账号的发布数量在 8 个左右（如图 24 所示）。

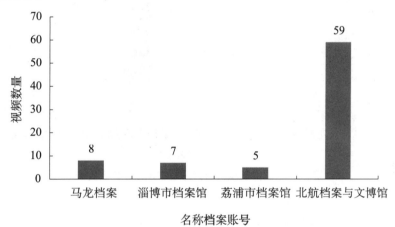

图 24 各档案机构抖音账号发布视频数量总计

（3）发布频率上，整体而言较低。其中马龙档案平均一个月发布 1 个视频；淄博市档案馆在 2022 年 1 月到 9 月总共发布了 7 个视频；荔浦市档案馆平均两个月发布 1 个视频；北航档案与文博馆更新较为稳定，平均一个月发布 6 个视频。

其次，档案机构抖音账号的运作成效主要可从点赞量显示。总体而言，档案机构在抖音账号发布的视频点赞量较少。其中最高的是荔浦市档案馆，为 1 987 次；最低的是淄博市档案馆，仅有 31 次点赞量（如图 25 所示）。各档案机构抖音账号平均每篇的点赞量排名与总量大致相同，最高仍为荔浦市档案馆，每篇达 397 次点赞量，最低的是淄博市档案馆，每篇仅能获得约 4 次点赞量（如图 26 所示）。

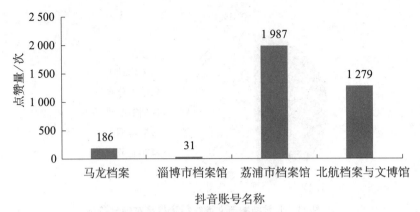

图25　各档案机构抖音账号发布视频点赞量总计

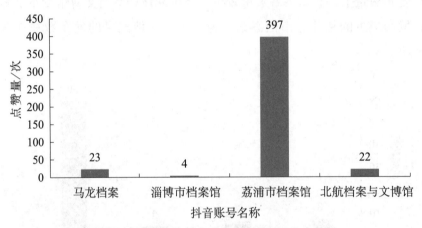

图26　各档案机构抖音账号发布视频平均点赞量

三、我国档案社交媒体发展成效与局限

（一）档案社交媒体传播网络基本形成，突出性品牌范例亟待打造

经过十年左右的社交媒体探索，我国档案领域已形成基础的、可稳定输出的新媒体力量，表现为档案机构的多层级传播和持续性运营成效。一方面，在社交媒体的规模体系方面，档案机构的传播范围覆盖档案主管部门、综合档案馆、企事业档案馆等不同性质，中央到地方、国家至县级不同层级，遍及中、东、西各省份不同地域的整体性应用网络。另一方面，从现有的运营成效来看，多数账号的发文情况和往年相比表现稳定，微信、微博等平台作为宣传的主要阵地不变，能够将档案工作动态、档案资源、档案产品与服务等内容与社交媒体传播相结合，档案机构的社交媒体持续性运营成效显著。

然而，从代表性账号的阅读量、在看量、点赞量等传播数据来看，我国档案机构社交媒体的总体运营成效有限。对比其他领域，尚未形成突出的档案社交媒体品牌范例，缺乏凸显档案特质的标杆性典型账号引领档案社交媒体集群更具社会覆盖面的影响力，我国档案社交媒体的应用网络仍有较大拓展空间。对比图博机构或是国外，这方面仍有较大的升级空间。例如，陕西省文物局的官方微博@文物陕西，自账号开通以来共发表了 4 万多篇推文，累计粉丝量近 300 万。从国外来看，美国国家档案与文件署早在 2009 年就开始探索社交媒体的应用，至今已拥有 14 个平台的 130 个社交媒体账号，形成了稳定输出、成效可观、运营可持续的多元社交媒体矩阵。

（二）传播内容触及多元主题，运营核心定位不够聚焦

从内容层面看，档案机构微信公众号及抖音账号的推送内容呈现出主题多样的特点，无论是聚焦机构业务活动的"工作动态"，关注档案知识传播推广的"档案科普"，还是讲述历史变迁与人文故事的"档案相关"等均被囊括其中，档案机构能够利用不同宣传平台为档案的日常工作服务。同时，内容多元、主题丰富、覆盖面广的档案社交媒体内容体系，也有助于为公众提供更加丰富的内容选择，满足不同用户群体对档案信息的差异化需求，优化档案文化传播效果和用户服务成效。

但与此同时，档案机构社交媒体运营仍然面临着自身定位模糊、档案专业属性体现不充分、推送内容与档案工作结合不紧密等问题。其一，档案机构的运营核心定位不够聚焦。相较于国外档案账号以档案业务工作和档案资源分享两大内容为核心的运营定位，我国档案机构的运营主题分散于工作动态、档案相关、档案分享、档案科普等多方面，且各主题均有一定占比，存在运营核心方向聚焦度不够的问题。其二，档案专业属性的凸显不足。在实际运营的过程中，档案账号的传播内容除了围绕自身的职能与业务，存在较多与档案或档案工作无关的内容。例如，在 30 个代表性微信公众号的推送中，工作动态和非业务相关类的推文占比总计超过 60%。其三，传播内容未充分体现出馆藏资源特色，既有推文对馆藏资源的解读和展示仍然停留在较浅层次。首先，从数量来看，基于馆藏资源、凸显机构特色的推文占比明显较少，缺乏特色化、个性化的内容输出，同质化现象较为普遍。其次，在内容深度方面，部分档案机构多对档案内容进行基本介绍，缺乏对档案背后的人物经历、情感内涵与精神意蕴的深入挖掘与呈现，在一定程度上制约了档案机构社交媒体内容传播的质量与影响力。

（三）多媒体应用成效初步显现，表现形式创新性有待增强

得益于社交媒体平台日新月异的传播创新，图文、音频、视频等多种形式的组

合呈现，为档案机构全方位展示馆藏资源、分享档案工作动态、开展档案创新活动提供了传播媒介，社交媒体运营过程中的多媒体应用成效初步显现。此外，部分档案机构也积极探索新兴技术的应用，将 H5 等媒体技术融入平台运营中，充分发挥创意性、互动性、跨平台的技术优势，打造生动立体的档案移动传播场景，在流畅的互动体验中提升档案社交媒体的宣传效果。

尽管取得一定的实践成效，同时也应关注到档案社交媒体的表现形式创新性有待增强。一方面，微信、微博平台的推文形式仍以传统图文为主，仅采用图文形式发布的推文占比高达 90%，整体的内容传播形式较为单一、滞后，难以适应数字时代传播速度、传播时效、传播载体的更高要求。另一方面，传播形式的革新与社交媒体整体发展速度存在一定脱节，传播形式的前进步伐远落后于社交媒体的更新换代，社交媒体的不断升级要求更新、更快、更便捷的传播形式出现。

（四）平台运营理念得到应用，尚未充分融合社交媒体运营要求

在运营理念方面，已有部分档案机构借助微信公众号平台开展与不同机构联合、社会公众参与的档案创新活动，初步体现出活动推广、机构联合的新媒体理念。如由四川省档案馆、邓小平故居陈列馆等多家机构共同发起的"千人读档"云接力活动，通过联动综合档案馆、学习强国平台、兰台之家微信公众号等多主体共同参与，吸引了不同用户群体广泛关注。

然而，多数档案机构现有运营模式依然相对传统，对社交媒体的传播特点与运营要求把握有限。一方面，从活动开展来看，大部分档案机构的线上活动仅是对线下活动成果的简单宣传，只有少数运营主体依托新媒体平台本身开展线上活动，且机构联动与用户参与的力度明显不足，缺乏现象级传播事件。另一方面，国内档案社交媒体的主要活跃阵地是微信公众号，虽然在微博、知乎、抖音、视频号等社交平台上有相关账号，但活跃的账号相比往年依旧数量较少，而且内容的精细化程度不高，也存在与微信推文同质的问题，没有充分发挥各社交媒体的特色传播功能，缺少多元化、差异化的平台运营策略。

四、我国档案社交媒体发展展望

（一）加强品牌引领，扩大档案社交媒体集群影响力

一方面，打造档案社交媒体品牌标杆，引领整体档案社交媒体传播网络发展协同推进。品牌建设是破除当前档案社交媒体发展瓶颈，扩大社媒内容网络传播力和

影响力的关键[①]。一是立足档案机构的差异化特质，制定导向性的社交媒体品牌战略，充分发掘自身独特优势，将创意元素融入档案内容传播的策划、生产、发布全过程，实现传播渠道、传播方式和传播效果等方面的提质增效。二是提升档案社交媒体集群的聚焦度，推进档案社媒传播网络协同共建。在国家到地方的多层级档案社媒传播网络下，明确共识性的档案核心议题，加强社交媒体应用过程中目标、原则、方法等方面的对话与互动，建立起共创共享、优势互补的档案社交媒体传播网络。

另一方面，在稳定输出的基础上，提升内容生产效率和运营效率，切实提升档案机构应用社交媒体的可持续性运营成效。一是强调内容的连续性、高质量输出，通过设置可持续性热议话题、互动栏目、活动策划等支持长期内容生产，构建热点话题下的档案内容传播体系，不断扩大档案社交媒体传播矩阵的覆盖面和影响力。二是提升账号运营的积极性和后续推动力，规范档案内容生产的流程与运作方式，应用定量分析的方法统筹资源、技术、人力等多方面要素[②]，在保证档案账号运营质量的基础上，提升用户的参与度及传播意愿。此外，适度借鉴国外档案机构对社交媒体的持续应用经验，如美国国家档案与文件署定期组织数据实验室研讨会，评估其发布在社交媒体平台上的内容和渠道的绩效及趋势，并通过评论、分享、回复、主题标签的使用等指标及时了解用户偏好。

(二) 明确核心定位，传播特色个性化档案内容

一方面结合机构职能性质，明确运营目标。通过分析档案局、专业档案馆、高校档案馆、档案期刊社、其他档案文化机构等不同性质运营主体的主要职能和工作目标，从档案政务服务、档案信息服务、档案文化宣传、档案学术传播等角度界定不同运营主体功能定位的侧重点[③]。二是密切联系公众，关注用户需求。社交媒体具有的个体性、社会关系性、传播高效性、对话联系性等特性，为增强公众与档案部门之间的联系与交流[④]，档案机构应及时开展用户行为分析和用户反馈收集，充分了解用户诉求，持续完善运营方案。三是肩负自身职责使命，坚持正确价值取向。以高质量的内容生产为核心，以社会公众对档案信息的需求为导向，进一步发

① 赵彦昌，宋雪婷. 融媒体环境下档案文化传播路径研究：基于《"十四五"全国档案事业发展规划》的学术考察 [J]. 浙江档案，2022 (6)：23 - 26.
② 周文泓，黄榆涵，洪页子，等. 档案机构对社交媒体的多元化应用探究：基于 NARA 的调查与启示 [J]. 档案学研究，2018 (3)：71 - 76.
③ 周耀林，常大伟，姬荣伟. 我国档案社交媒体运营的制约因素及优化策略 [J]. 浙江档案，2018 (7)：7 - 9.
④ 罗宝勇，陈昱其，凌敏菡. 社交媒体视域下档案公共服务的制约因素与优化路径 [J]. 山西档案，2020 (4)：84 - 90.

挥社交媒体平台对档案文化传播的助力作用，充分实现档案机构的社会价值。

另一方面，持续提升推送内容的专业度、特色度。一要立足馆藏资源，推出具有机构特色的原创性推文。例如，苏州市工商档案管理中心于2022年8月在公众号推送《这所百年名校，曾经是丝绸人心目中的顶级学府》一文，通过档案讲述20世纪苏南蚕丝专科学校的发展史，将推文内容与苏州丝绸文化紧密结合，彰显人文情怀与地域特色。二要强调档案专业属性，将质量管控的理念贯彻到运营团队建设、内容选题选材和具体内容制作等档案机构社交媒体运营的各个环节，提升员工专业技能，加大内容审查力度，突出档案专业属性，扎实提升内容产出质量，有效满足社会公众档案信息需求。

（三）创新表现形式，优化档案新媒体应用设计

未来，档案社交媒体将积极探索将新兴数字技术和工具融入社交媒体内容制作的有效途径，借助新兴技术拓宽内容选题来源渠道、提升制作效率，从而增强与用户的互动共联，实现档案机构、社交媒体平台、用户群体之间的良性循环。同时，也要满足当下用户对社交媒体形式的偏好，增加音频、视频、H5等新形式的应用比重，以创新、生动、直观的表现形式传播档案文化，使推文内容的趣味性、可读性得到提升。内容制作中要始终以用户需求为导向，结合具体推送内容的需要和不同数字工具的特点，选择最适宜的表现形式为档案宣传增色，达到内容产出质量优异、形式丰富多元、传播成效优化的目的。

此外，档案机构还应在社交媒体平台上发起更多元的话题性活动，创建精练有趣的话题标签，吸引用户参与。一方面，要以自身特色资源馆藏为中心，密切联系公众喜好，多角度解读档案资源，打造有新意、有内涵的话题活动；另一方面，档案机构要积极推动活动宣传预热，邀请社会公众及其他档案机构参与话题，以多主体合作的形式扩大活动影响力，优化文化传播效果。

（四）借力平台优势，探索高质量营销推广策略

一方面，增强用户交流互动，重视用户体验。交互性和社会化是社交媒体的重要特征，在信息传播和内容推广过程中，强化用户感知力、激发用户分享欲是优化社交媒体运营成效的重要策略。首先，档案社交媒体的运营要将用户参与视为完整内容创作的一部分，引导用户参与创作，为用户打造沉浸式的阅读体验；其次，建立有效的激励机制，通过奖励用户参与创作、推荐分享等交互行为，凝聚平台人气；最后，应建立完整的反馈机制，定期整理、分析用户反馈的建设性问题，有助

于更好地提高机构社交媒体服务及机构形象建设①。

另一方面，采用多元化的传播手段，拓展内容传播渠道。完善的媒体传播网络的构建有利于增强品牌传播力，从不同维度丰富品牌内涵。具体可从以下两方面入手：第一，拓展档案社交媒体运营平台，采取差异化运营策略。社交媒体的类型繁多、功能各异，把握各大平台的运营精髓，根据传播数据及时调整运营策略，精准匹配发布内容与平台属性是发挥矩阵效应的要旨。第二，强化机构合作联动，孵化现象级传播事件。要充分利用不同运营主体的粉丝基础，基于社交媒体的功能特点策划网络活动，联动各种社会资源，全方位多角度地进行输出，打造现象级传播事件，进一步强化档案社交媒体的知名度和影响力。

---

① 刘宇初，周庆山. 图博档等公共服务机构社交媒体服务融合模式的构建 ［C］//中国图书馆学会. 中国图书馆学会年会论文集（2016 年卷）. 北京：国家图书馆出版社，2016：200 - 211.

行业档案工作

2022 年中国国有企业档案工作发展指数报告

郝琦[1,2]　王彦妍[1,2]　嘎拉森[1]

1. 中国人民大学信息资源管理学院，北京　100872

2. 中国人民大学档案事业发展研究中心，北京　100872

摘　要： 为了解我国国有企业档案工作发展的基本情况，本报告参考相关文件精神制定了我国国有企业档案工作发展评价指标，利用专家评分和优序图法计算指标权重，形成评价指标体系。对 25 家大型国有企业档案工作发展情况进行调研分析，并进行评级、归类。基于数据分析结果，得到国有企业档案工作发展的问题和痛点，并提出相应的对策和建议，以期能够提高我国国有企业档案工作发展水平。

关键词： 国有企业；档案事业；发展指数；指标体系；评价

作者简介： 郝琦，博士，讲师，研究方向为档案利用服务，电子邮箱 qihaoy@ruc.edu.cn；王彦妍，博士，讲师，研究方向为信息检索、信息分析、用户行为；嘎拉森，博士研究生，研究方向为档案学基础理论、信息政策与法规。

国有企业档案工作是我国档案事业发展的重要组成部分。经过"十三五"时期的快速发展，我国国有企业档案工作发展取得了一定的成绩，但也存在一些不足。为了了解当前我国国有企业档案工作发展的基本情况，帮助相关企业诊断其档案事业发展的问题和痛点，编写本报告。本报告根据相关法规政策制定了企业档案工作发展的评价指标体系，对 25 家大型国有企业在 2022 年的档案事业发展情况进行调研，利用调研结果对这些企业的档案事业发展现状和档案事业发展类型进行评级和分析，提出我国国有企业档案工作发展的未来建议，以期能够促进我国国有企业档案工作高质量发展。

一、指标体系与评价方法设计

（一）指标内容

本报告的评价指标体系是在《档案法》、《"十四五"全国档案事业发展规划》以及习近平总书记对档案工作重要指示等精神的基础上，主要参考《〈"十四五"全国档案事业发展规划〉实施情况评估办法》和《档案检查工作办法》两个文件而制定，共分为6个一级指标和21个二级指标。

第一个一级指标为企业档案制度体系，包括企业档案管理战略规划明晰度、企业档案管理组织机构完备性、企业档案管理制度的完备性、档案相关政策法规和活动的执行落实情况等四个二级指标，具体内容如表1所示。

表1　企业档案制度体系指标内容

一级指标	二级指标	应用方法
企业档案制度体系	企业档案管理战略规划明晰度	主要评估企业档案年度计划和未来几年档案规划的建设情况，档案工作与业务工作的协同发展情况。
	企业档案管理组织机构完备性	主要评估企业档案工作的组织架构、领导职责、档案工作协调机制、档案工作网络的建设等情况。
	企业档案管理制度的完备性	主要评估企业对于文书、产品、科研、项目、会计等档案的管理制度建设情况，档案部门对业务部门的监督、指导工作，档案年度报告制度、统计移交制度以及对相关制度的修订情况。
	档案相关政策法规和活动的执行落实情况	主要评估企业对新《档案法》、《"十四五"全国档案事业发展规划》、习近平总书记对档案工作重要指示等法律、政策、指示的宣贯情况，参加档案相关活动、会议、国际档案日等的情况。

第二个一级指标为企业档案资源体系，包括企业档案资源的收集、企业档案资源的保管和企业档案资源的开发利用等三个二级指标，具体内容如表2所示。

表2　企业档案资源体系指标内容

一级指标	二级指标	应用方法
企业档案资源体系	企业档案资源的收集	主要评估企业归档范围制定、归档时间设置、档案的鉴定制度、保管期限表、交接手续、档案资源收集的标准等方面。
	企业档案资源的保管	主要评估企业档案分类方法、档号编制、档案编目、著录、出入库、销毁等方面的规章制度。
	企业档案资源的开发利用	主要评估企业档案利用制度的建设、档案编研情况、档案展览举办、主题片制作以及重大活动、突发事件、重大项目中的档案利用情况。

第三个一级指标为企业档案信息化体系，包括企业档案管理的信息化规划、企业档案信息化基础设施完善度、企业档案资源电子化情况以及数字档案馆建设情况

等四个二级指标，具体内容如表 3 所示。值得注意的是，如果企业在五年内通过了全国数字档案室建设评估，这部分自动记为满分，否则按照具体的指标体系进行评估。

表 3   企业档案信息化体系指标内容

一级指标	二级指标	应用方法
企业档案信息化体系	企业档案管理的信息化规划	主要评估企业档案管理信息化规划的制定情况。
	企业信息化基础设施完善度	主要评估企业档案信息化相关的网络、软硬件、服务器、存储设备等基础设施的建设情况。
	企业档案资源电子化情况	主要评估档案数字化、电子文件归档以及电子档案管理等方面的情况。
	数字档案馆建设情况	主要评估企业是否建立了数字档案馆。

第四个一级指标为企业档案安全体系，包括档案库房建设情况、数字档案安全性、档案资源的备份情况三个二级指标，具体内容如表 4 所示。

表 4   企业档案安全体系指标内容

一级指标	二级指标	应用方法
企业档案安全体系	档案库房建设情况	主要评估档案库房的面积、选址、建筑、装具、温湿度、防火、防潮、防盗、防虫等方面内容。
	数字档案安全性	主要评估电子档案管理系统的安全等级以及电子文件、电子档案的安全保密工作等。
	档案资源的备份情况	主要评估应对突发事件的应急能力以及电子档案的备份、转移和迁移方案设置情况。

第五个一级指标为企业档案人才体系，包括档案人才的数量规模、档案人才的结构组成以及档案人才的培训选拔等三个二级指标，具体内容如表 5 所示。

表 5   企业档案人才指标体系内容

一级指标	二级指标	应用方法
企业档案人才体系	档案人才的数量规模	主要评估企业从事档案工作的人员数量是否能够匹配档案工作任务的需求。
	档案人才的结构组成	主要从企业档案人才的专业背景、年龄结构等角度进行评估。
	档案人才的培训选拔	主要评估企业档案相关培训的组织情况和档案人才称号的评选情况。

第六个一级指标为企业档案创新体系，包括档案方面专利申请情况、档案方面

的论文著作发表情况、档案方面的科研项目立项和获奖情况以及档案管理创新案例开发和获奖情况等四个二级指标，具体内容如表6所示。

表6　企业档案创新指标体系内容

一级指标	二级指标	应用方法
企业档案创新体系	档案方面专利申请情况	主要评估企业档案方面专利的申请数量。
	档案方面的论文著作发表情况	主要评估企业档案方面的论文著作发表的数量和质量。
	档案方面的科研项目立项和获奖情况	主要评估企业档案方面的科研项目的立项和获奖数量。
	档案管理创新案例开发和获奖情况	主要评估企业档案方面的创新案例开发和获奖情况。

（二）指标权重分配

本报告指标的权重是通过专家打分和优序图法确定的。专家主要来自高校、档案局馆和档案业务部门。各位专家通过对比一级指标，以及每个一级指标下二级指标的重要程度来进行打分。

根据所获得专家评分情况，计算每项一级、二级指标的平均分，然后采用优序图法计算权重。针对指标 X_1、X_2、X_3、X_4，两两对比其平均分，若指标 X_i 比 X_j 重要，则 X_i 得 1 分；若同等重要，则 X_i 得 0.5 分；若 X_i 不如 X_j 重要，则 X_i 得 0 分。完成两两对比和赋分之后，将每项指标的得分进行求和，得到 X_i 的最终得分 S_i。进而采用以下公式获得 X_i 的权重 W_i：

$$W_i = \frac{S_i}{\sum\limits_{1}^{4} S_i}$$

基于此，获得一级指标权重 $W_1 \sim W_6$，二级指标权重 $W_{11} \sim W_{14}$、$W_{21} \sim W_{23}$、$W_{31} \sim W_{34}$、$W_{41} \sim W_{43}$、$W_{51} \sim W_{53}$、$W_{61} \sim W_{64}$。

（三）样本和程序

1. 问卷设计、发放和收集

本报告的数据主要来源于 25 家大型国有企业，涉及能源、电力（水电和核电）、船舶制造、航空航天、金融、保险、铁路以及汽车等行业。笔者基于针对性、客观性、真实性和差异性的设计原则，对指标体系进行细化，最终设计出一份包含

122 个题项的调查问卷。笔者在调研协调人的协助下通过问卷星将问卷发放给参与调研企业的档案主管部门负责人。经过两个月的问卷填写（2022 年 11 月—2023 年 1 月），25 家受访企业全部返回问卷。对所有问卷信息进行整理之后认为该数据源可以作为最终的分析数据。

2. 数据分析方法

笔者首先对问卷信息进行数据清洗，将问卷中的题项与指标体系进行一一对应。其次，对照指标体系的应用办法和打分标准，对每个二级指标进行打分（分数使用李克特 5 点式量表标准，其中 1 到 5 分别表示"最差""较差""中等""较优""最优"）。最后，利用本报告给出的指标权重计算一级指标得分和企业的整体得分。计算方法如下所示：

(1) 档案制度建设指数（P）＝$W_{11}\times S_{11}+W_{12}\times S_{12}+W_{13}\times S_{13}+W_{14}\times S_{14}$

(2) 档案资源建设指数（R）＝$W_{21}\times S_{21}+W_{22}\times S_{22}+W_{23}\times S_{23}$

(3) 档案信息化建设指数（I）＝$W_{31}\times S_{31}+W_{32}\times S_{32}+W_{33}\times S_{33}+W_{34}\times S_{34}$

(4) 档案安全建设指数（S）＝$W_{41}\times S_{41}+W_{42}\times S_{42}+W_{43}\times S_{43}$

(5) 档案人才建设指数（H）＝$(W_{51}+W_{52}+W_{53})\div 3$

(6) 档案创新建设指数（IN）＝$(W_{61}+W_{62}+W_{63}+W_{64})\div 4$

(7) 企业档案工作发展指数（AD）＝$P\times W_1+R\times W_2+I\times W_3+S\times W_4+H\times W_5+IN\times W_6$

(四) 评价方法

根据评分结果，将企业档案工作发展水平分为五个级别，分别为初始级、认知级、标准级、优化级、治理级。表 7 为各个等级的对应分值、主要特征和评定要求。

表 7　各等级的分值、主要特征和评定要求

等级	分值	主要特征	评定要求
初始级	1～2	企业档案工作处于初步建设过程中，在 5 个核心维度得分均较低。	
认知级	2.01～3	企业档案工作在部分维度具备基本的档案事业发展能力，但在其他维度表现较弱。	凡存在下列情形之一的不能评定为认知级，应将评定等级降为初始级：①无 3 分以上得分项（含 3 分）；②制度、资源、安全任一单项得分低于 2 分（不含 2 分）。

续表

等级	分值	主要特征	评定要求
标准级	3.01～4	企业档案工作各维度能力建设不均衡，部分维度发展水平较高，但也存在明显弱项。	凡存在下列情形之一的不能评定为标准级，应将评定等级降为认知级：①无4分以上得分项（含4分）；②制度、资源、安全任一单项得分低于3分（不含3分）。
优化级	4.01～4.5	企业已具备成熟的档案事业发展能力，各维度综合表现较好，部分维度尚待进一步加强。	凡存在下列情形之一的不能评定为优化级，应将评定等级降为标准级：①无满分项；②任意单项得分低于3分（不含3分）。
治理级	4.51～5	企业已具备优秀的档案事业发展能力，各维度表现均较好，在行业内处于领先地位。	凡存在下列情形之一的不能评定为治理级，应将评定等级降为优化级：①满分项少于三项；②任意单项得分低于4分（不含4分）。

另外，根据企业六个核心维度的得分表现，将企业档案工作发展类型定义为：综合实力驱动型（各项得分均＞4.5分）、全面发展均衡型（各项得分均≥4分）、基础能力稳健型（制度、资源、安全项得分均≥4分）、信息化建设牵引型（信息化项得分＞4.5分）、创新要素突破型（人才、创新项得分均≥4分）。

二、2022年我国国有企业档案工作发展指数的总体评价

（一）整体评估结果分析

首先，从总体得分分布上来看（如图1所示），88%的受访企业档案工作发展指数的得分都在3.5分以上，只有3家企业的得分低于3.5分。分数在4.5分以上

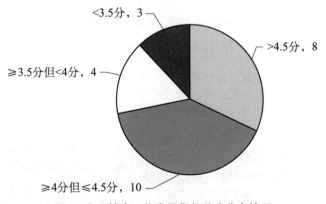

图1 企业档案工作发展指数总分分布情况

的企业占到 32%，最高分的企业得分达到了 4.84 分。由此可知，目前我国国有企业整体的档案事业发展情况是较为良好的。

其次，从企业档案工作发展的等级评价来看，根据本报告提出的评价方法，对 25 家受访企业档案工作发展指数进行了评级，结果如图 2 所示。从图中可以看到，评级结果基本服从了正态分布规律，多数的企业集中在中间两档即优化级和标准级，达到治理级的和只有认知级的企业都很少，没有企业被评为初始级。

达到治理级的 3 家企业的共同特点是所有的一级指标体系得分都较为均衡，没有明显的短板指标。企业的整体档案事业发展情况优秀，在整个行业乃至全国企业档案工作发展中都能够起到标杆和示范作用。优化级和标准级的企业在总得分方面出现了交叉现象，即有部分标准级的企业总分是高于某些优化级企业的，这些企业被划分为标准级而没有被划分为优化级的原因是这部分企业存在明显的短板指标。评价为优化级的 8 家企业虽然已经具备了较为成熟的档案事业发展能力，各个维度的得分均处于较高水平，但是和治理级相比还存在一定差距。而被评为标准级的企业的各项指标发展存在较为明显的"偏科"现象。此外，还有 2 家企业的总体评价不理想，仅仅得到了认知级的评级水平。

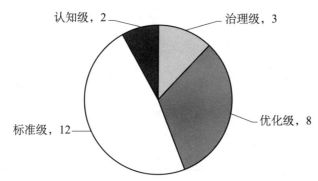

图 2　企业档案指数分级评估结果分布

最后，根据本报告提出的企业档案工作发展类型对各企业的档案事业发展类型进行了归类分析。最终，对 25 家企业中的 20 家企业进行了发展类型划分，这些企业档案工作的发展具有明确特征，其余 5 家企业没有能够准确划分到对应的发展类型中。具体的划分结果如图 3 所示。

综合实力驱动型企业的各项二级指标均达到了 4.5 分以上，在所有企业中综合实力最强，可以作为企业档案工作发展的标杆企业，其各项指标发展的雷达图如图 4 所示。全面发展均衡型企业与综合实力驱动型企业较为相似，不同之处在于这 2 家企业的二级指标中存在一些指标低于 4.5 分，但是各项二级指标均大于 4 分，代表型企业的发展雷达图如图 5 所示。

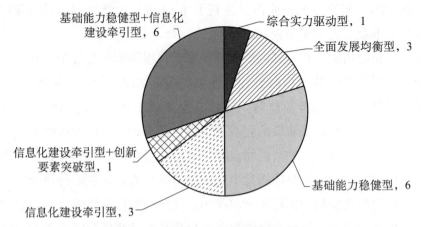

图3 企业档案工作发展类型分布情况

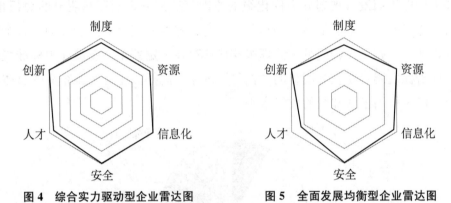

图4 综合实力驱动型企业雷达图　　图5 全面发展均衡型企业雷达图

基础能力稳健型企业的发展特点是重视传统档案管理中的制度建设、资源建设和安全建设，这些企业在这三个项目中取得了较高的分数，但是在信息化建设和创新建设等方面的发展还有待提升，这种类型的代表型企业发展雷达图如图6所示。信息化建设牵引型企业的发展特点是企业非常重视信息化的建设，这项指标的得分高于4.5分；但是这些企业在其他指标的得分并不均衡，甚至有些指标的得分会处于最低水平。这种类型的代表型企业发展雷达图如图7所示。

除了上述的4种基本类型之外，还有两种交叉类型的企业。一是基础能力稳健型+信息化建设牵引型企业，这种企业在基础建设和信息化建设方面表现都比较好，但是在创新建设方面存在显著问题，代表型企业雷达图如图8所示。二是信息化建设牵引型+创新要素突破型企业，这种发展类型的企业数量很少，只有一家企业呈现出这样的发展情况，这家企业非常重视信息化建设、人才建设和创新建设，但是在传统的制度建设方面还存在较为明显的不足，该企业的发展雷达图如图9所示。

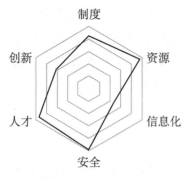

图 6　基础能力稳健型企业雷达图

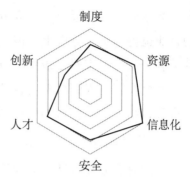

图 7　信息化建设牵引型企业雷达图

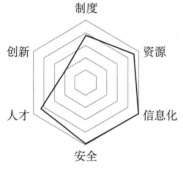

图 8　基础能力稳健型＋信息化建设
　　　牵引型企业雷达图

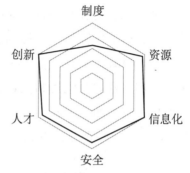

图 9　信息化建设牵引型＋创新要素
　　　突破型企业雷达图

(二) 一级指标评估结果分析

1. 档案制度建设整体较好，完备性和及时性存在欠缺

当前我国国有企业档案制度建设方面的整体表现较好，但是在具体档案制度的完备性以及对国家档案政策、法规的响应及时性方面还存在一定的不足。通过对 25 家受访企业在档案制度体系指标上的分数分布情况进行分析（如图 10 所示），可以

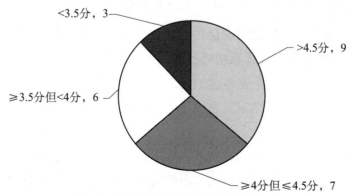

图 10　档案制度体系指标得分分布情况

发现绝大多数企业得分都超过了 3.5 分，得到 4.5 分以上的企业也达到了 9 家，得分最低的企业也得到了 3 分以上。但是，所有企业中只有 1 家企业在档案制度建设方面得到了满分。进一步对二级指标分析发现，受访企业在企业档案管理战略规划明晰度、企业档案管理组织机构完备性以及档案相关政策法规和活动的执行落实情况方面的得分较高，绝大多数的企业都得到了满分。

2. 档案资源的收集和保管表现优秀，开发利用是明显短板

当前我国国有企业在档案资源建设方面整体表现较为优秀，其中收集、保管方面尤其突出，但是在档案资源的开发利用方面存在明显短板。通过对 25 家企业在档案资源体系指标上的分数分布情况进行分析（如图 11 所示），可以看到，与档案制度体系相比，档案资源体系指标的整体分数更加优秀。其中有 11 家企业的得分超过了 4.5 分，只有 1 家企业低于 3.5 分，此外有 7 家企业得到了满分。从二级指标体系来看，档案资源的收集和保管方面得分相对均衡，大多数企业都得到了 4 分和满分，而档案资源的开发利用方面还存在一定的两极分化情形，有些企业得到了 4 分或满分，但是一些企业只得到了 2 分。

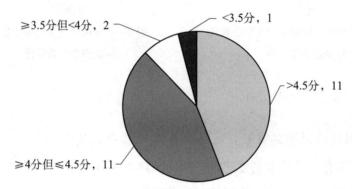

图 11 档案资源体系指标得分分布情况

3. 档案信息化建设呈现明显的两极分化现象

当前我国企业档案信息化建设存在明显的不均衡现象，两极分化较为严重。通过对 25 家企业在档案信息化体系指标上的分数分布情况进行分析（如图 12 所示），可以发现分数高于 4.5 分的企业多达 14 家，有 9 家企业得到了满分，其中有 6 家企业在 5 年内通过了全国数字档案室建设评估。而信息化建设得分低于 3.5 分的也有 5 家企业，而且这 5 家企业的分数均低于 3 分，最低分的 2 家企业仅仅得到了 1.57 分，信息化建设基本处于最初始的状态。具体到二级指标体系来看，企业信息化基础设施完善度和数字档案馆建设情况方面的问题并不明显，在企业信息化基础设施

完善度方面除了一家企业得了 1 分之外，其他企业都得到了 3 分以上。数字档案馆建设情况方面，25 家企业中只有 4 家企业没有建设数字档案馆。

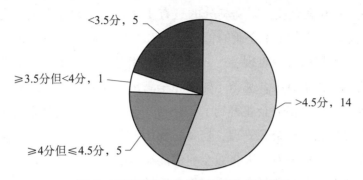

图 12　档案信息化体系指标得分分布情况

4. 档案安全建设水平较高，电子档案安全建设有待提升

当前我国企业档案安全建设总体水平较高，尤其是对传统载体档案的安全建设更加优秀，但是对于电子档案安全的关注还有待提升。通过对 25 家企业在档案安全体系指标上的分数分布情况进行分析（如图 13 所示），可以发现有 15 家企业得到了 4.5 分以上，低于 3.5 分的企业仅有 2 家。在 15 家 4.5 分以上的企业中，有 9 家企业得到了满分。从二级指标来看，档案库房建设情况的表现最好，21 家企业都得到了 4 分及以上，表明企业普遍重视实体档案的安全防护。数字档案安全性和档案资源的备份情况的整体表现也较为良好，除了 1 家企业在这两个项目都得到 1 分之外，其他企业都在 3 分以上。

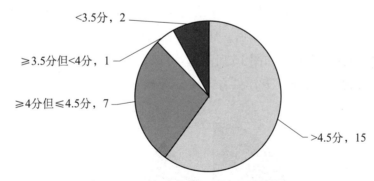

图 13　档案安全体系指标得分分布情况

5. 档案人才规模相对较小，人才结构和选拔仍需完善

当前我国国有企业档案人才的规模整体较小，部分企业反映档案工作人员不能满足其档案工作的需求，而且企业档案人才的学历结构还需要进一步完善，档案人

才的层次还有所欠缺。通过对 25 家企业在档案人才体系指标上的分数分布情况进行分析（如图 14 所示），可以发现，企业档案人才建设的整体表现一般，得分在 4.5 分以上的只有 6 家企业，得到满分的只有 1 家。大多数企业的得分集中在 4～4.5 分这个区间，此外有 4 家企业的得分低于 3.5 分。从二级指标体系来看，企业在档案人才的数量规模方面表现一般，总体规模相对较小，企业为档案部门配备的专职或兼职档案员数量有限，甚至不能够完全满足企业档案工作的要求。在档案人才的结构组成方面，大多数企业得到了 4 分和 3 分，扣分的主要原因在于大多数企业档案工作者中具有信息资源管理、档案学和信息科学背景的人员比例较低。从档案人才的培训选拔方面来看，大多数企业都能够组织本企业档案人员开展常规性档案培训，但是还有部分企业没有档案工作者能够入选省部级以上档案人才库。

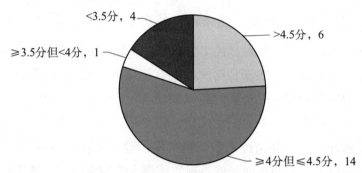

图 14　档案人才体系指标得分分布情况

6. 档案创新建设严重不足，档案专利申请尤为欠缺

当前我国国有企业档案工作发展中最为不足的指标便是档案创新体系，尤其是档案专利申请表现很差，亟须加强。通过对 25 家受访企业在档案创新体系指标上的分数分布情况进行分析（如图 15 所示），可以发现，大多数企业在档案创新体系指标中的得分都在 3.5 分以下，只有 3 家企业得到了 4.5 分以上，表现不尽如人

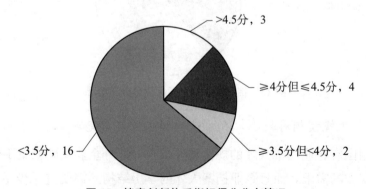

图 15　档案创新体系指标得分分布情况

意。但是值得注意的是这 3 家企业都得到了满分，因此，该项指标也存在较为明显的两极分化现象。在低于 3.5 分的 16 家企业中有 5 家企业得到了最低分 1 分，也就是说这 5 家企业在档案创新方面完全没有作出任何成绩。

三、2022 年我国国有企业档案工作发展的问题与不足

调查显示，2022 年我国国有企业档案工作发展总体水平较高，呈现诸多亮点，但也存在以下不足之处：

（一）顶层设计缺乏，制度体系有待完善

当前国有企业的制度建设具有一定基础，但仍然存在顶层设计缺乏、制度体系不够完善的问题。

部分企业在档案战略规划、制度建设中缺乏顶层设计，宏观上体现为企业档案战略规划没有根据国家最新战略要求进行相应调整，档案规章制度没有遵照最新法律法规进行及时修订。截至调查时，有部分企业仍未根据最新的《档案法》修订档案规章制度。

中观上，档案工作与行业的发展规划或企业的发展目标相互割裂：（1）部分企业未根据《"十四五"全国档案事业发展规划》的相关内容制定实施方案，对行业发展导向不够敏感。（2）未建立年度报告制度，导致档案主管部门无法全面、及时掌握企业的档案工作情况。（3）档案规划未纳入企业的整体规划，这导致档案工作与企业的整体发展方向、发展阶段和发展步调不统一。（4）未形成档案工作协调机制，业务部门领导和工作人员无法深刻认识档案工作的重要性。（5）档案工作未纳入企业的考核评价体系。

微观上，少数企业的档案工作缺乏长远目标和长期规划，规章制度不够完善。调查中，若干企业未制定档案工作未来几年的战略规划，缺乏前瞻性；对档案工作的通盘考虑不足，存在制度建设和基础设施建设、人才建设脱节等问题。企业档案规章制度存在漏洞，对具体工作环节的规定不够明确、具体；部分企业未制定特定类型档案（如境外档案、业务档案、产品档案、科研档案、项目档案）的管理制度。

（二）两极分化显著，基础设施有待升级

大部分国有企业在档案库房、软硬件等基础设施的建设上具有较高水平，但仍

然有优化升级的必要。尤其在数字档案馆建设方面，虽然50％左右的受访企业建立了数字档案馆，但数字档案馆建设中遵循的理念较为滞后，无法很好适应大数据时代的新要求。同时，数字档案馆和数字档案的安全问题需要重视：（1）在软件系统方面，少数企业档案管理系统未能高于国家二级标准；（2）少数企业未展开数字档案的安全保密工作，带来了极大的档案泄密风险。

少数企业基础设施建设薄弱、信息化水平较低，反映了我国国有企业档案基础设施建设的两极分化。库房建设方面，少数企业档案库房的温度、湿度和防火等条件欠缺，存在安全隐患。软件系统方面，部分企业的档案系统未与业务系统实现对接，反映了档案部门与业务部门之间的协同存在问题。网络环境方面，部分企业未能为档案部门配置不低于百兆的网络宽带，这将降低档案管理的效率。

（三）创新能力欠缺，人才队伍有待培育

当前企业的档案人才队伍建设存在人员规模小、年龄结构不合理、专业性不足、培养能力欠佳等问题。具备相关专业背景的档案工作人员仍然需要不断提升档案管理的知识和技能，方能满足不断变化的时代需求。调查显示，人才队伍建设困难的根本原因在于企业档案部门培养人才的能力欠佳。虽然我国企业对于档案人员的常规培训已经非常普遍，但只有60％的企业的档案工作者入选了省部级以上的档案人才库，可见仍有不少企业不具备培养高端档案人才的能力。

人才队伍的诸多问题直接导致了我国国有企业在档案创新上的不足。40％的企业未参加过档案管理案例选拔，意味着在档案管理的思想、方法和技术方面较为陈旧，没有突出的建设成果。只有16％的企业拥有相关专利，可见在档案技术创新上进展缓慢。仅28％的企业获得过国家档案局的优秀科研成果奖，反映出当前大部分企业的档案科研能力较弱。

四、我国企业档案工作发展的对策与建议

（一）持续夯实档案业务基础，提升企业档案治理效能

制度健全、资源完备、安全可靠是企业档案工作高质量发展的最基本要求。"十四五"时期，档案事业高质量发展的首要目标是建设档案治理体系，提高档案治理效能，根据当前我国企业档案工作的发展现状，要进一步夯实以上三方面基础能力建设。

在制度建设方面。首先，要以国家和地方法律规范、行业标准为基础，针对现

行档案制度存在的过时、滞后乃至缺失等问题，全面开展制度清查梳理与系统优化工作。其次，要以企业的总体战略规划和经营生产工作为依托，积极推动档案事业纳入企业的整体规划、工作计划和考核评价体系，实现档案工作与业务工作同步部署、同步实施、同步发展。最后，要健全企业档案工作组织体系，建立起一套职责清晰明确、业务协同共建的档案工作网络。

在资源建设方面。首先，企业档案部门要以"工作全记录、业务全覆盖、过程全监控、责任全追溯"为着眼点，积极加强与业务部门的沟通配合，适时制订契合公司发展全貌的归档范围要求，确保"应归尽归、集中统一、高效规范"。其次，档案部门应基于资源优势和专业能力，聚焦企业战略目标、业务工作，加快建立与之匹配的档案利用服务体系，积极开展基于应用场景的档案知识服务、文化宣传等。

在安全保障方面。首先，要建立《档案库房建设与管理规定》，按照相关要求保障库房基础建设，充实库房安全设备，推进档案库房标准化建设和常态化检查，逐步消除问题库房和"带病"设施设备。其次，要强化电子档案安全管理，确保电子档案管理系统安全等级达到二级建设标准，完善容灾备份机制。最后，推动档案部门纳入企业整体的应急服务体系，构建面向突发事件、重大事件的档案应急服务支撑体系。

(二) 全面加快档案信息化建设，提升企业档案工作发展动能

在数字经济发展背景下，信息化已经成为企业档案工作迈向现代化管理，档案事业实现高质量发展的必然选择。为此，企业要加快推进档案信息化建设和数字化战略转型，为档案事业发展赋能提效。

其一，要加强顶层设计，开展企业档案管理的信息化规划编制工作，并推动将之纳入整个企业的信息化系统规划之中。以"一盘棋"思维，加强企业整体信息化项目的统筹和集约建设，把档案数字资源作为信息资源开发利用的重要内容，统一部署、同步设计、同步实施。以此促进档案信息化建设与企业总体信息化建设融合发展，完善基础支撑体系建设，加速信息的融合、共享和应用。

其二，要加快数字档案馆建设，结合企业自身档案工作发展与信息化建设实际，全面对标《企业档案数字档案馆（室）建设指南》等数字档案馆建设标准规范，加快规划、开展数字档案馆建设工作。围绕档案收集、档案管理、长久保存、档案利用等功能进行需求设计或升级改造，逐步推进档案资源数字化、档案管理系统化、信息传递网络化、档案利用知识化。

其三，要重视电子档案管理，统筹开展传统载体档案数字化工作，及时建立电子文件归档和电子档案管理制度。探索开展电子文件单套归档和电子档案单套管理实践，运用先进的信息技术手段，实现电子文件单套管理规范归档，提升企业档案管理的整体效率与水平。

（三）着力加强人才与创新工作，提升企业档案工作发展质量

档案人才队伍建设与创新能力培养是企业档案工作普遍存在的短板，企业应以系统思维为指导着力补齐发展弱项，实现档案事业的全面、均衡发展。

在人才建设方面，企业应及时梳理档案管理相关专业人才缺口情况，有目标、有层次、有计划地招聘专业人才，扩大队伍规模，配齐配足专、兼职档案人员，为企业档案工作的长远发展需要做好人才储备。同时建立和完善档案人才梯队培养机制，有计划、有步骤地合理开发和挖掘各层次人才的潜质，建立人才"蓄水池"，为企业档案工作可持续发展提供人力支持。

在创新能力方面，企业要着力提高档案部门、档案人员的自主创新能力，重视创新型人才的创新思维训练和创新能力培养。不断引导和鼓励档案部门联合信息技术等部门开展科技创新和科研探索等工作，以提升企业档案管理创新水平与研发能力，促进企业专利拥有量、学术成果发表量、创新案例评选量的大幅度提升，进而提升企业档案工作在行业内的影响力与引领度。此外，还应注重运用外部档案专家力量，通过联合课题研究、论坛研讨、专题讲座等形式，吸收外部专家人才多渠道参与企业档案工作发展。

感谢以下企业接受调研、提供资料（按企业名称音序排列)[①]：

北京汽车集团有限公司

大连船舶重工集团有限公司

福建福清核电有限公司

国家电网有限公司

国家开发投资集团有限公司

航空工业成都飞机工业（集团）有限责任公司

江苏核电有限公司

新华人寿保险股份有限公司

雅砻江流域水电开发有限公司

中国船舶工业集团

中国船舶集团有限公司

中国船舶重工集团公司

中国国际金融股份有限公司

中国国家铁路集团有限公司

中国航发集团

中国华能集团公司

中国舰船研究院

中国农业发展银行

中国石油化工集团有限公司

中国石油天然气集团有限公司

中核控制系统工程有限公司

---

① 有部分企业匿名回答问卷，这里只列出了提供名称的企业。

中国企业数字档案馆建设报告

张卫东[1]　　杨斯涵[1]

1. 吉林大学商学与管理学院，长春　　130012

摘　要： 本报告立足当前企业信息化发展趋势，采用文献研究和案例分析方法，对企业数字档案馆的发展情况、建设内容进行全面梳理和系统分析，从治理层、资源层、管理层、利用层总结企业数字档案馆建设的主要特点以及目前存在的问题，并进行展望，以期为企业数字档案馆的优化发展提供参考。

关键词： 企业档案；数字档案馆；企业信息化

作者简介： 张卫东，博士，教授，研究方向为档案学理论及应用，电子邮箱 wdzhang@jlu.edu.cn；杨斯涵，硕士研究生，研究方向为档案学理论及应用。

自 2016 年国家档案局开展企业数字档案馆（室）（以下简称"数字档案馆"）建设试点工作以来，已有两批共 37 家企业数字档案馆通过验收。总体而言，企业数字档案馆朝着数据化、协同化、知识化、规范化的方向发展。本报告旨在对企业档案馆建设的发展概述和建设内容进行全景梳理，并依托案例分析对企业数字档案馆建设的主要特点、存在问题进行概况总结，提出其建设的未来展望，以期为企业数字档案馆建设的发展提供参考。

一、企业数字档案馆建设的发展概述

企业数字档案馆是指企业利用现代信息技术固化档案工作业务流程，收集、整理、保存本企业或其具有资产隶属关系企业的电子档案或其他数字资源，并通过网络提供档案信息服务和共享利用的集成管理系统平台①。我国企业数字档案馆建设始于 20 世纪 80 年代，自 21 世纪初开始逐步走向深化和成熟，其建设模式从单机应用走向网络化、体系化、自动化、智慧化，所关注的重点领域由软件层逐渐转向

---

① 国家档案局办公室关于印发《企业数字档案馆（室）建设指南》的通知［EB/OL］.（2017 - 09 - 19）［2022 - 12 - 20］. https://www.saac.gov.cn/daj/tzgg/201709/520f7404ff78448f85edc3109bb64e2b.shtml.

整体体系层，形成了目录数据库、档案管理系统、文档一体化管理系统、规范化数字档案馆等主要成果（如表 1 所示）。

表 1 企业数字档案馆建设的发展阶段

阶段	时间	建设模式	重点领域	主要成果
启蒙起步阶段	20 世纪 80 年代至 90 年代初	计算机单机应用模式	软件层	目录数据库
基础探索阶段	20 世纪 90 年代中期	网络化基础设施建设	软件层	档案管理系统 C/S 网络运行模式
初步发展阶段	20 世纪 90 年代末至 21 世纪初	网络化数字档案馆（室）	体系层	档案管理系统 B/S 网络运行模式
深化应用阶段	2004 年至 2015 年	自动化数字档案馆（室）	集成体系层	集成型文档一体化管理模式
规范建设阶段	2016 年至今	智慧化数字档案馆（室）	规范体系层	规范化数字档案馆（室）试点

（一）启蒙起步阶段

文件形成领域这一前端环境的变化推动着档案管理模式的发展。20 世纪 80 年代至 90 年代初，企业依托信息技术的发展开启了企业信息化建设征程。随着办公自动化系统的建设，企业内部文件的形成和流转朝着流程固化以及电子化方向发展，企业档案管理人员开始尝试利用信息技术手段对档案进行管理。例如郑州航空工业管理学院依托计算机的技术支撑开发了一套基于 DBaseIII 的档案管理软件，并在西安飞机工业公司等企业进行应用[①]。该软件为单机应用型，通过建立档案目录数据库，以实现档案数量统计和制作卷内目录、案卷目录等功能。

在这一阶段，档案信息化的规划与建设主要由省级档案馆主导，由于基础设施未完善、协同管理机制未厘清、工作人员对相关技术不了解等因素，企业层面档案信息化的建设模式主要体现为计算机单机应用形式，建设的重点集中在对软件的开发，企业档案数字化尚处于起步阶段，只能实现初级的档案目录级管理。企业档案信息化的定位仅停留在办公自动化的辅助管理，部分企业开始依托行政条线着手建设内部档案专门管理人员队伍，形成了档案信息化、数字化的初级组织，企业数字档案馆雏形初现。

---

① 蔡盈芳. 企业数字档案馆建设理论与实践［M］. 北京：电子工业出版社，2018.

（二）基础探索阶段

信息化基础设施的建设为企业档案信息化发展提供了强大的技术支撑。20 世纪 90 年代中期，随着全国网络基础设施的建设投入加大，计算机在企业办公领域逐渐普及，办公自动化水平不断提升，档案管理人员的档案信息化意识逐步增强，越来越多的企业选择建立企业档案室以进行专业档案管理。同时，依托局域网的建设出现了企业档案资源数据库、企业档案目录信息网站，档案信息化进入了基础探索阶段，企业开始在网络信息技术的大背景下进行基础设施建设和应用探索。

在这一阶段，档案管理系统逐步从计算机单机应用发展到客户端/服务器（C/S）的网络运行模式，为后续企业档案信息化的发展和企业数字档案馆的建设奠定了技术基础和人才基础。但由于档案信息化相关标准规范的缺失、业务系统协同建设的滞后、档案资产化意识相对薄弱等原因，档案信息化主要集中在网络基础设施的建设，其关注点仍在档案管理的软件层，对档案提供利用服务功能的实现较少涉及，未能充分认识到体系化建设的重要性。

（三）初步发展阶段

电子文件数量的海量增长推动企业数字档案馆的形成。20 世纪 90 年代末至 21 世纪初，网络的快速发展促进了企业信息化建设水平的飞速提升，在这一过程中产生了大量的电子文件，这些电子文件不仅数量众多而且数据异构性强，企业逐渐开始重视对电子文件的体系化保管，以期通过体系化档案管理提高电子文件的利用效率，明确传递源流，充分发挥文件价值。国家档案事业的发展引导着企业数字档案馆的发展方向。2000 年，加快档案信息化建设被列为《全国档案事业发展"十五"计划》的重要任务。2003 年，青岛市数字档案馆全面开放，作为国内第一家实现数字化的档案馆，为档案管理提供了全新的思路和方法①。在国家档案事业快速发展的基础上，企业汲取经验并结合自身商业化特点，立足网络基础设施和办公自动化系统，进一步建设档案管理系统浏览器/服务器（B/S）模式，由依托企业内部局域网发展为互联网协同办公系统。

在这一阶段，由于电子文件的归档管理与文件流转各流程密切相关，同时，档案管理依托网络互联的特征不断增强，档案信息化的建设关注点由单一档案管理软件转变为档案管理体系建设，企业数字档案馆的完整概念逐渐形成。这意味着企业

---

① 蔡盈芳. 企业数字档案馆建设理论与实践［M］. 北京：电子工业出版社，2018.

档案管理领域不断纵横扩展：纵向而言，企业档案管理工作由目录管理深入到内容管理；横向而言，企业档案的范围由传统纸质档案扩展到电子文件，为未来文档一体化的发展奠定了基础。但该阶段以双套制管理为主，保持文档分离管理模式，即以传统纸质文件为主，电子文件为辅，实行二者并存的双套制管理措施[①]，这种模式仍面临着安全保密、版本对应、存储体量等挑战。

（四）深化应用阶段

企业数字档案馆在项目建设过程中持续改进和创新。2004 年，我国第一家企业数字档案馆——江苏省电力公司数字档案馆作为国家档案局"十五"计划研发项目在南京通过验收，其在数据安全管理等方面处于国内领先、国际先进水平[②]。在此基础上，国家电网于 2004 年提出建设集团数据档案局的目标，建立起覆盖全国供电局和电力公司的数字档案馆网络。2006 年，中国航空工业第一集团公司以四年内建成集团数字档案馆为目标，于 2007 年研究推出了国内首个企业数字档案馆建设评价体系，建立集团内部的细则和定级制度并定期进行评审[③]，以此促进各子公司数字档案馆建设的不断更新和完善，推动知识化档案管理能力螺旋上升。

在这一阶段，随着网络办公设备的普及，办公自动化发展逐步完善，企业数字档案馆的网络化建设逐渐完成，其建设重点向全流程自动化、全要素监管方向发展。同时，在众多大型国有企业的带动下，企业档案管理意识有所提升，企业内部的档案管理从简单的行政工作组成部分走向集成化的多领域、多行业人才共同参与的综合化体系工作。该阶段的重要成果为企业档案管理开始形成集成型文档一体化管理模式，企业基本形成了存量数字化、增量电子化、资源专题化的管理共识，在"大档案观""大文件观"的引导下，企业数字档案馆在推进文档一体化建设的过程中发挥了重要作用。

（五）规范建设阶段

国家战略促进企业数字档案馆走向规范化建设。随着信息化技术在企业更加深入广泛地运用，电子商务"十三五"规划、互联网＋、"中国制造 2025"等国家战略的实施使电子文件数量进一步增加，企业对数字档案馆的升级换代需求开始变得更加迫切。为此，国家档案局发布的《全国档案事业发展"十三五"规划纲要》旨

① 赵淑梅，王志宇. 我国档案信息化发展历程及展望 [J]. 中国档案，2012 (8)：40 - 41.
② 蔡盈芳. 企业数字档案馆建设理论与实践 [M]. 北京：电子工业出版社，2018.
③ 夏俊英. 企业数字档案馆国内研究综述 [J]. 兰台世界，2022 (10)：84 - 87，90.

在推动企业示范数字档案馆的建设，以达到国际先进水平。在此规划的指导下，国家档案局于"十三五"期间大力推进企业传统载体文档的数字化。2017年国家档案局制定了《企业数字档案馆（室）建设指南》，2018年经企业申报和专家评审，国家档案局全面开启了企业数字档案馆建设试点工作。2021年，中共中央办公厅、国务院办公厅颁布了《"十四五"全国档案事业发展规划》，提出企业应当加强对企业数字档案馆的建设和管理工作，积极推进试点项目，并充分利用信息技术，以提高数字档案馆的服务水平。

在这一阶段，企业数字档案馆建设已从单元技术突破向规范化、体系化、综合化管理模式转变，管理重点由传统载体与电子载体并行向电子载体为主转变。同时，国家通过一系列规范文件，如规划和建设指南，大力推动企业数字档案馆的全面规范化建设，以试点的方式促进了全行业档案管理的蓬勃发展，又鼓励不同领域、不同性质的企业数字档案馆进行独具行业特色的、有针对性的建设和优化。目前，企业数字档案馆建设向智慧化方向发展，主要体现在管理模式的精细化、管理流程的自动化、档案资源的聚合化、档案内容的关联化、档案服务的智能化。

二、企业数字档案馆建设的主要内容

随着数字化发展的不断深入，国家档案局先后发布了《数字档案馆建设指南》《数字档案馆系统测试办法》《企业数字档案馆（室）建设指南》等文件为企业提供行之有效的指导。根据对以上规范性文件的分析和研究，本报告从建设目标和建设内容两个方面进行简要总结。

（一）建设目标

全面提升档案管理、开发共享服务能力，促进企业提升管理水平，增强核心竞争力，为企业持续健康发展提供有力支撑，是企业数字化档案馆建设的目标。这一目标明确点出企业数字档案馆建设的核心在于通过企业档案工作的质量提升保障并促进企业整体能力的发展。

基于该建设目标，企业数字档案馆的建设原则可概况为"统筹规划、分步实施、需求导向、利用为先、安全保密、合法合规"。具体而言，企业应将数字档案馆的发展列入企业信息化建设计划，制定总体设计框架、技术方案、管理模式等，并分步骤、按阶段实施。此外，企业数字档案馆的发展应紧紧围绕企业中心工作，如研发、生产、经营、管理等环节；企业数字档案馆应当优先关注重点档案资源，并完善安全保密方面的制度建设，严格遵守国家和行业法律法规，确保企业运行全过程中的安全性、合法性和合规性。

（二）建设内容

企业数字档案馆的建设主要涉及六个方面，如图1所示，分别为基础设施建设、电子档案管理系统建设、数字档案资源建设、制度规范建设、安全保密体系建设、保障机制建设。其中，如图2所示，企业数字档案馆以经费和人才的保障机制建设为基石，以制度规范建设和安全保密体系建设为支撑，通过设施层、资源层、平台层建构形成完善的系统架构。

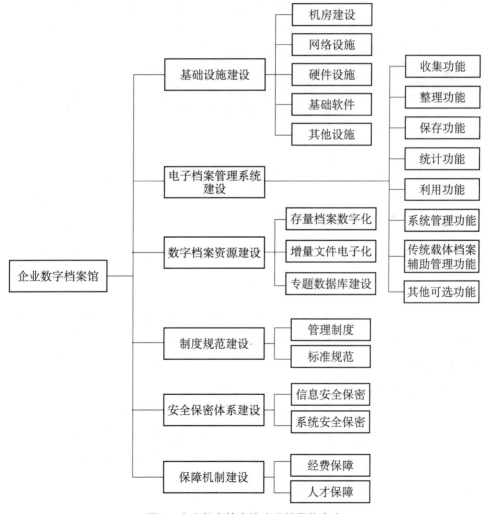

图1　企业数字档案馆建设的具体内容

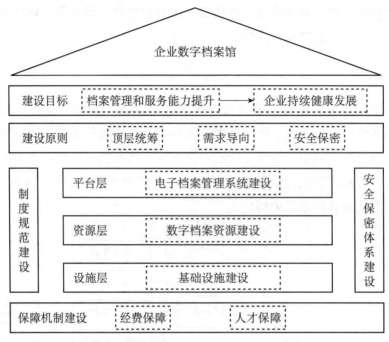

图 2　企业数字档案馆建设的主要架构

三、企业数字档案馆建设的主要特点

（一）治理层：规范化与体系化同向同行

1. 治理制度逐步健全

通过组织、人员、流程和技术的协同配合，企业档案数据治理可以有效地管理和利用企业的核心资产，从而实现规划、控制和提供企业档案数据的业务职能①。企业数字档案馆的发展推动着治理制度逐步健全，促进企业档案管理机制的顶层设计和档案治理现代化的完善。

从国家宏观层面而言，中共中央办公厅和国务院办公厅印发的《"十四五"全国档案事业发展规划》首次将"档案治理效能得到新提升"列为"十四五"时期档案工作的主要任务和发展目标之一。企业档案领域也迅速响应和积极贯彻落实档案数据治理，近年来，国家档案局先后发布多份规范性文件以指导企业进行数字档案馆的建设，如表 2 所示，其旨在通过企业数字档案馆的建设进一步推动企业档案数

---

① 徐超．论企业档案数据治理模式配套资源保障［J］．机电兵船档案，2022（2）：26 - 29．

据治理的平台建设、制度规范建设、人才队伍组织等机制完善。

表2 企业数字档案馆建设相关规范性文件

序号	文号	标题	颁布日期
1	国档发〔1991〕20号	《工业企业档案分类试行规则》	1991年7月4日
2	档发〔2002〕5号	《企业档案管理规定》	2002年7月22日
3	档发〔2006〕2号	《重大建设项目档案验收办法》	2006年6月14日
4	档办〔2010〕116号	《数字档案馆建设指南》	2010年6月17日
5	档发〔2012〕7号	《电子档案移交与接收办法》	2012年8月29日
6	档办发〔2013〕5号	《档案信息系统安全等级保护定级工作指南》	2013年7月10日
7	档办发〔2014〕6号	《数字档案馆系统测试办法》	2014年11月26日
8	档办发〔2014〕7号	《档案数字化外包安全管理规范》	2014年12月8日
9	档发〔2015〕3号	《金融企业业务档案管理规定》	2015年5月5日
10	档办发〔2015〕4号	《企业电子文件归档和电子档案管理指南》	2015年12月2日
11	档办发〔2016〕1号	《档案信息系统安全保护基本要求》	2016年1月4日
12	档发〔2016〕11号	《建设项目电子文件归档和电子档案管理暂行办法》	2016年11月4日
13	档发〔2016〕15号	《建设项目档案监督指导工作指南》	2016年12月16日
14	档办发〔2017〕2号	《企业数字档案馆（室）建设指南》	2017年9月1日
15	档办发〔2017〕3号	《电子档案管理系统基本功能规定》	2017年12月15日

从企业自身层面而言，在国家治理政策和标准的推动下，企业由数字档案馆牵头逐渐建立起符合发展需求的档案治理制度和治理顶层架构。例如国家电网有限公司渝鄂直流背靠背联网工程建立了以档案管理机构为核心、各部门和参建单位共同参与的档案管理网络，并设立领导工作组、档案工作组和现场工作组的三级管理机制，从组织架构、职能设置、技能指导、业务流程建设、智能硬件网络配备、软件应用等多个方面实行全面管控，实现过程数字化管理[①]。中国石油集团在加强档案治理制度体系建设方面，采取了"横向协同、纵向一致"两大原则，并从工作规章、管理制度和业务规范三个层面出发，制定和修订了档案工作规章、档案管理办法、专门的档案管理制度和档案活动的规范和程序，涵盖整个集团的管理制度和业务制度，形成了较为完善的企业档案治理体系[②]。有效的顶层管理机制能够为工程建设提供有力的支撑，确保归档管理工作的相互协调和顺利开展。

---

① 姬广鹏. 电网工程项目档案"云"验收实践［J］. 中国档案，2020（8）：72.

② 王强，杨文. 治理现代化背景下企业档案机构设置及其运行研究：以中国石油为例［J］. 档案学研究，2021（5）：45-51.

2. 治理体系不断完善

多元共治是企业档案数据治理的关键部分，企业数字档案馆的建设促进了多元主体从多视角、多维度参与档案治理，推动了企业档案治理体系的不断完善。

首先，档案管理体系走向精细化和协同化。例如青岛交运集团采用创新型的远程现场联网监管模式，通过提供归档监督指导咨询服务，有效地缓解了企业集团公司档案管理人员短缺、管理单位众多、覆盖范围广泛等问题。中国建筑集团有限公司采取标准化系统统一建设、二级子企业集中部署、全集团档案目录集中管理的相对集中的档案信息化管控模式，基本建成全集团档案"目录集中共享，文件本地化管理"模式。其次，企业数字档案馆关注档案安全保密体系的建设。例如三峡集团数字档案馆将容器云网络平台和微服务架构相结合，设计研发了电子签名多版式数据库，有效保证归档电子文件的真实性、合法性和可追溯性，为集团单轨制单套制转型提供了安全可靠的技术支持①。最后，人才队伍保障体系的建立健全为企业数字档案馆的优化升级夯基垒台。以中国石油集团为例：一方面，中国石油档案馆内设综合管理部、档案管理部、档案编研部、档案信息化部和档案技术服务部，为集团提供全面的文档服务，以保障集团档案业务的有效运行。另一方面，中国石油档案馆还与中国人民大学信息资源管理学院、北京联合大学应用文理学院、中国石油大学签订战略合作协议，建立起档案与史志研究专业委员会，形成了档案工作合作交流的新模式和企业档案治理的新格局。

（二）资源层：数据化与整合化并肩前进

1. 资源数据化逐步推进

随着文件形成领域技术环境的变迁，档案资源形态从模拟态、数字态向数据态转化，其管理对象由载体、文件为中心向以数据为中心转变②，因此，档案资源数据化是企业数字档案馆资源建设的基础和保障。目前，档案资源数据化的来源主要包括传统载体档案数字化派生的存量数字档案和信息系统原生的增量电子文件。

在存量档案数字化方面，企业数字档案馆的建设极大地推动了传统载体档案数字化，为档案管理对象数据化转向奠定坚实基础。例如中国电建集团华东勘测设计研究院有限公司确定了档案数字化的范围和顺序，并采用大幅面档案扫描、图像拼

---

① 三峡集团数字档案馆建设试点通过验收［EB/OL］.（2020－06－09）［2022－12－20］. https://www.saac.gov.cn/daj/qydagz/202006/0afdff17ef014b8f96c3920c42819888.shtml.

② 钱毅. 技术变迁环境下档案对象管理空间演化初探［J］. 档案学通讯，2018（2）：10－14.

接、消蓝、去污处理等专业技术将所有存量文件进行数字化管理。为了进一步提高数字化效率，该集团采取"三检"机制，使传统载体文件的电子化率达到 97.9%以上[①]。

在增量档案电子化方面，企业各办公系统的信息化发展推动了文件流转向全线上模式转变，原生电子文件的大量存在促进了电子档案单套制的逐步发展。例如国泰君安证券公司采用"综合理财管理平台服务电子文档单套制管理模式"，建立起非现场服务的电子文件归档管理体系，实现办理的"闭环式"服务，大大提高了企业的整体运营效率[②]。中国华能集团的黄风电建设项目以数据清理和工程建设的流程改进为基础，以电子签章与区块链技术为依托，实施工程项目全流程电子数据管控，为同类项目实现电子档案单轨制管理积累了宝贵经验[③]。三峡集团白鹤滩水电站工程项目采用"特定人员、规定时间、指定地点"三位一体的理念及相关管理及技术手段，实现了大型工程项目施工现场质量评验电子文件形成、流转的线上一体化及单套制归档。中国石化工程建设有限公司采用先进的合同管理系统和数字化工厂建设数字档案馆，可以有效地保存和管理数字化工厂的设计成果，并且能够准确反映出设计过程[④]。

2. 资源整合化趋势形成

在档案资源数据化的基础上，档案资源整合是企业数字档案馆资源建设的重要发展趋势和建构方向，通过各信息系统的协同进行异构数据整合和系统接口管理，搭建聚合共享平台，以实现档案资源专题化。

首先，企业数字档案馆的建设促进了各信息系统的整合。例如国家电网有限公司数字档案馆实现了协同办公系统的电子公文、经济法律系统电子合同的在线归档，打通了单轨制归档通道以促进业务流程梳理和企业数据管理。中国电信股份有限公司上海分公司数字档案馆基于电信行业的技术优势，在进行内部信息系统整合的基础上，充分利用云计算等新兴技术实现了云网融合的跨云资源池互联，形成了灵活、高效的档案数据互联备份系统机制。其次，企业数字档案馆的建设推动了各信息平台的集成。例如四川省投资集团有限责任公司实现了 PC 端、手机移动端、实体档案馆三个平台的全面融合，建设了一套成体系、成规模、适应数字时代的平

① 俞辉. 企业数字档案馆建设的重点与难点分析：以华东勘测设计研究院有限公司为例 [J]. 浙江档案，2020（11）：54-55.

② 聚焦行业先进经验 创新电子档案管理：第十一届"中国电子文件管理论坛"综述 [J]. 北京档案，2020（12）：4-5.

③ 蒋术. 数字档案馆建设探索与实践：以中国华能为例 [J]. 北京档案，2021（12）：30-33.

④ 杨虹. 区块链在油气行业的应用与发展建议 [J]. 世界石油工业，2020，27（6）：6-12.

台集成化档案管理模式①。国家电网有限公司也推出了手机数字档案馆应用，建立了一个集公文、督办、归档等多种功能于一体的移动应用系统，通过对关键岗位和重点人员的全面推广为企业提供了更加便捷的服务②。最后，企业数字档案馆在全流程管控和数据挖掘的基础上，建立专题化档案资源库，发挥企业档案知识价值。例如中国核动力研究设计院通过数字档案室系统（DAS系统）和知识管理系统（KMS系统）双平台建立起一站式跨库检索的专题知识库，实现了内部数字资源和专业知识的循环应用③。

（三）管理层：自动化与协同化共促转型

1. 管理自动化逐渐完善

企业数字档案馆运用信息技术手段将传统档案管理流程链条固化为利用电子档案管理系统功能实现一站式自动化管理，并在流程运行中对元数据进行自动封装和捕获、在线归档和长期保存格式转换。例如青岛交运集团建立了归档、收集、整合、审核、使用和长期保存的全流程自动化电子文件管理系统，以确保通过数字档案馆的有效运行来满足集团业务的需求④。北京市保障性住房建设投资中心通过数字档案室的建设反推业务工作自动化、数字化，在其数字档案室的建设和完善过程中理顺了各类业务工作流程，建立起各种门类档案关联，避免了电子文件重复归档、文件分类杂乱和数据冗余等问题。中国电建集团华东勘测设计研究院有限公司数字档案馆采用建立闭环模式来管理电子文档的产生和流转，这一模式通过建立中间数据库系统，并采用数据库视图形式，从跨系统数据源中自动采集电子文件的属性信息和流程处理信息。中国核动力研究设计院数字档案馆通过与项目管理部门合作，建立起一个规范化项目树状文件体系，将每位员工、每个环节及每一子节点细分到最小的节点，并在项目开始前嵌入业务系统，由科研人员、项目管理部门人员和项目档案人员共同维护和更新，形成一个智能化的文件流转、流程固化以及各环节的监督机制，以确保项目的顺利实施。

2. 管理协同化不断拓展

在"前端控制、全程管理"的后保管思潮的推动下，将档案管理融入业务活

---

① 四川省投资集团有限责任公司通过企业数字档案馆建设试点验收 [EB/OL]. (2021-02-07) [2022-12-20]. https://www.saac.gov.cn/daj/qydagz/202102/9892f67d30244ce1ad2a2b11682f2191.shtml.

② 宁海县档案馆. 在线归档 远程办公"无接触式"服务企业档案馆部门服务复工复产实招频出 [EB/OL]. (2020-03-16) [2022-12-20]. http://www.ninghai.gov.cn/art/2020/3/16/art_1229092814_49089722.html.

③ 杨静，杨茹. 数字档案室建设 赋能核动力研发设计和项目管理：中国核动力研究设计院积极推进多种模式数字档案室建设 [J]. 四川档案，2022（4）：17-18.

④ 王鹏. 青岛交运集团数字档案馆建设试点项目通过国家档案局验收 [J]. 山东档案，2019（5）：53.

动、促进档案管理与业务活动协同是企业数字档案馆发展的关键任务。中国南方航空集团有限公司数字档案馆建立起可配置的系统接口平台，它能够实现安全认证和大文件传输功能，从而满足各前端业务系统的归档对接需求①。太平人寿保险有限公司数字档案馆则将保险核心业务系统、不动产管理信息管理系统以及采购平台的电子文件进行有效的整合，以确保公司核心业务流程中文件流转的全过程和各要素的有效协同管理。中国航天科技集团有限公司第五研究院总体设计部将现行文件纳入管理流程，实现档案管理业务向前端延伸，促进了档案管理与科研生产、经营管理的深度融合。北京市保障性住房建设投资中心通过数字档案室的建设推动前端管控，规范各业务系统归档机制，打破了各业务系统之间的信息孤岛状态，深化了档案信息资源的融合，为构建北京保障房中心档案大数据中心奠定了基础②。中国交通建设集团有限公司通过前端控制、流程再造、元数据管理建立起全集团档案资源集中管理，通过跨单位、跨区域、跨境利用权限控制和借阅审批流程，实现全集团档案资源最大程度共享、全体员工最方便利用、最大限度发挥档案价值，有效提高档案服务公司高质量发展效能③。

（四）利用层：知识化与创新化共同赋能

1. 信息技术促进知识服务

信息技术为企业数字档案馆赋能。企业数字档案馆通过运用知识管理、大数据等信息技术，能够实现对档案信息的深层次加工和知识化组织，进行价值挖掘、分析预测等资源管理，从而发挥档案数据价值，提供有针对性的、主动的、个性的、决策性的知识服务。例如国泰君安证券股份有限公司利用档案事业部和IT部的客户档案资源优势，构建完整的用户档案数据库系统，并运用互联网和新一代人工智能手段建立客户全档案生命周期图谱和阶段画像，既将其推送至行业前端促进市场营销和行业开拓，又借助企业相应业务系统应用软件，为顾客进行全方位、专业知识的投资分析，从获利水平、选股技巧等维度充分发挥档案的价值④。中国航天科

① 南航集团通过企业数字档案馆建设试点验收［EB/OL］．（2021－02－07）［2022－12－20］．https：// www.saac.gov.cn/daj/qydagz/202102/7721d084b2e042558e2be20d8b53d265.shtml.

② 北京市保障性住房建设投资中心通过企业数字档案馆建设试点验收［EB/OL］．（2021－02－07）［2022－12－20］．https：//www.saac.gov.cn/daj/qydagz/202102/f758305c916e4af18b43a9e977cacfdc.shtml.

③ 中交集团通过企业数字档案馆（室）建设试点验收［EB/OL］．（2021－02－07）［2022－12－20］．https://www.saac.gov.cn/daj/qydagz/202102/8da6ac71adfe47618aac488553d1ce54.shtml.

④ 彭蒙蒙．数字时代下企业电子文件归档和电子档案管理模式研究：以国泰君安证券股份有限公司为例［J］．档案与建设，2018（6）：34－37，8.

技集团有限公司第五研究院总体设计部紧密结合产品研发和典型任务需要，开发出全新的数据检索应用及数据分析产品，完成了航空器型号总体、分系统和单机档案数据的有效整合，从而大大提高了航空器的研发效率和质量①。交通银行股份有限公司在企业数字档案馆的建设中首次引入了大数据管理技术，包括分布式数据库、搜索引擎、机器学习等，使系统更快地返回业务查询的历史档案，大大地提高了档案的利用效率②。国家电网公司数字档案馆将各单位的工程档案管理培训材料、规章制度、操作手册、典型案例进行汇总，利用人工智能、深度学习等技术实现了工程档案各类管理问题的在线知识问答，并通过对问答数据的深入分析，形成对反复出现的问题及关联问题的主动提示机制，进一步提高了工程档案利用的效率。

2. 创新利用发挥文化效益

档案资源承载着企业发展历史和精神内涵，蕴含着丰富的企业文化，企业数字档案馆通过开发多样化档案资源，创新档案编研的内容选择和服务方式，传播企业文化和精神内核，以文化输出提升企业文化效益。目前，企业数字档案馆围绕国内外重大事件，以企业的健康持续发展为出发点，运用大数据时代所提供的资源采集、编辑和发布平台，对多媒体资源进行了组织和重组，集文字、图像、音频、视频等多类型的资源信息为一体，并运用新型档案资源编研方式呈现多元化的编研成果。青岛交运集团公司引入品牌管理策略，创建了"便档"品牌，进一步提升了项目建设的价值，形成了企业管档、用档、重档的良好氛围，为档案管理工作的开展提供了有力的品牌支撑③。国家电网有限公司数字档案馆积极推动优秀档案人、典型档案事的汇编，对"崇尚优秀、勇于突破"的企业文化精神和"动力铁军、使命央企"形象进行宣传和展示，极大提升了公司的总体社会形象④。

四、企业数字档案馆建设的主要问题

（一）治理层：档案治理体系建设仍未完善

档案治理能力建设是立足于档案治理的特定场景，通过档案治理理念创新和档案治理工具优化，并完善档案治理制度、重构档案治理架构以提升档案治理能力的

---

① 航天科技集团五院总体设计部通过企业数字档案馆建设试点验收［EB/OL］．（2020－10－14）［2022－12－20］．https：//www．saac．gov．cn/daj/qydagz/202010/7dd1d8171e0746edaeff6831651aa53d．shtml．

② 李豪，宋占军，杨国柱，等．企业数字档案馆［Z］．国家科技成果．

③ 黄霄羽，王逸梵．企业档案部门助力品牌建设的角色定位及实现路径［J］．浙江档案，2022（8）：26－29．

④ 周峰．国家电网公司档案工作"微"平台生奇效［J］．中国档案，2018（5）：74－75．

过程①。映射到企业档案管理领域，企业数字档案馆的建设为企业档案治理提供了制度保障和组织基础。

在治理制度和治理架构建设方面，企业档案治理相关制度体系有待完善，主要体现在档案治理思维、治理能力和治理制度上。首先，目前大多企业数字档案馆进行档案治理所持理念较为陈旧，仍仅仅停留在纸质档案载体和对其进行管理层面，而对信息系统产生的电子文件及其流转过程、流转制度、流转监督等方面的治理有所缺失。其次，企业数字档案馆在进行档案治理的顶层架构设计过程中对企业实际发展情况、地域差异、个性特色及行业特殊要求等方面的调研大多不够充分，导致企业数字档案馆的建设易出现趋同化现象，对企业自身档案治理的针对性不足。

在人才队伍方面，档案人才队伍建设是企业数字档案馆提升档案治理效能的组织基础，目前档案专业人才队伍仍有较大缺口，主要原因在于档案领域复合型人才缺乏以及企业档案管理机制亟须优化。其一，企业内部精通档案专业知识和业务流程的复合型人才较少，部分档案管理人员浅显地将档案管理工作看作是对档案的整理和保管，这种感性、表象且局限的认知使得部分档案管理人员并未主动掌握公司基本业务知识、梳理业务流程链条、参与并推动档案管理与业务活动的协同以提升自身专业水平和管理能力；其二，多数企业在档案管理工作中采取专、兼职档案员并行的人才队伍组织机制，这种机制的确能够解决许多由于档案人才缺乏产生的困难，然而在实际操作中也存在一些问题，仍需要进行持续改善和优化，例如兼职档案员流动率高、培训效果不佳、意愿较低等问题。

（二）资源层：企业信息孤岛现象仍待解决

档案资源建设是企业数字档案馆建设的首要步骤。目前，在企业数字档案馆的建设过程中，企业信息孤岛现象仍十分普遍，其核心原因在于各业务系统产生的数据异构问题以及企业数据标准不一致问题。

一方面，企业内部多源异构数据大量存在使得档案资源整合面临困境。在企业信息化飞速发展的背景下，档案载体由以传统纸质文件为主转变为以电子文件为主，档案信息多以数据形态存在，来源于不同的业务系统，数据异构性越来越凸显。同时，随着信息技术和商业软件的发展，文档格式、软件架构等电子文件相关软、硬件条件也呈现出多类型、多来源、异构化趋势。这些多元异构数据的

---

① 李涵，倪代川. 国家治理背景下我国档案治理研究进展分析［J］. 山西档案，2022（2）：56-68.

大量存在给企业数字档案馆对档案资源的聚合、组织和开发利用带来了极大的挑战。

另一方面，企业信息化的发展模式带来的纵强横弱的痼疾也在一定程度上导致了企业信息孤岛现象，造成企业数据不能高效流动和资源共享①。企业信息化往往遵循以部门信息化为主导的发展路径，从业务单元信息化走向整体办公协同，往往在开展到一定阶段后才开始实行各部门数据之间的集成和联通。首先，这种发展模式使得部门信息系统在建设过程中未能充分考虑系统互联互通、数据汇聚融合的整体协同趋势，阻碍了企业数字档案馆对档案资源集成以进行后续整合开发的发展。其次，这种发展模式也使得企业内部数据标准不统一的问题普遍存在②。单元化和部门化的系统建设往往忽略了对顶层数据标准的全面规划和跨系统的一致性规范，各个业务系统之间的数据信息联通和资源共享较为困难，从而影响了归档后档案数据的利用和挖掘。

（三）管理层：企业业务协同机制仍未健全

企业档案管理工作是企业内部办公协同组织机制的重要组成部分，通过对档案工作的全要素、全方面、全流程管理以促进企业业务协同机制健全发展是企业数字档案馆的重要任务。目前，企业数字档案馆仍未能实现档案管理工作与企业业务工作的全方位协同，主要体现在系统建设和业务流程管理两个方面。

在系统建设方面，电子档案管理系统是企业数字档案馆的核心，但大多数企业档案管理系统仍存在未能完全与业务系统形成有效融合、电子文件难以实现在线集成的问题，阻碍了企业电子文件单轨制单套制的发展。而其突破点、关键点以及难点在于系统间接口的建设。前期开发时缺乏规范的接口管理和功能预设，使得企业数字档案馆在后期拓展系统功能时受到了严重的限制，在新增管理功能的对接、管理系统间的互联互通以及二次开发等方面给企业带来了极大的挑战。在业务流程管理方面，通过企业数字档案馆实现档案管理与开展业务协同融合仍是企业档案工作的重要组成部分。目前多数企业仍未能实现对档案的一站式自动化管理，在档案的收、管、存业务三项技术应用点仍需进行更加深入地研究探索。同时，企业组织架构的设置和不断更新导致对业务流程、档案利用权限等方面的梳理和设置较为困难。

---

① 钱毅，刘涛．面向智能档案管理的企业数据治理路径研究［J］．山西档案，2018（2）：5-8.
② 蔡盈芳，嘎拉森．数字经济时代企业档案工作一体化研究［J］．档案学研究，2022（4）：52-58.

（四）利用层：档案资源开发利用仍待深入

对企业档案资源进行利用开发以满足公司业务发展需求是企业数字档案馆建设的基本任务。目前，企业档案资源的开发利用仍存在浅层化、单一化、碎片化等不足之处，如何利用新兴信息技术对企业档案资源内容深入挖掘并提供智慧服务仍亟待探索。

在企业档案资源内容挖掘方面，由于企业对档案资源的知识价值关注不够、投入较少，加之企业数字档案馆在档案知识管理和服务平台建构方面仍显不足，导致档案对企业发展的知识支撑作用有限。档案资源的挖掘未能完全渗透到内容层面，基于关联挖掘和知识组织等方面的开发和利用较少，仍主要停留在传统的编纂和研究层面，多数编研成果属于一次文献编研，以材料汇编、大事记、图片展览为主，而二次文献、三次文献编研的成果数量较少、深度较浅[1]。同时，在企业档案资源开发的呈现方式上创新较少，大多数企业并未全面考虑受众获取信息的方式，例如通过电子书籍、网络社交媒介以及 VR 展览等形式呈现和传播，未能实现将传统方式和数字技术相结合的档案资源开发利用。

在企业数字档案馆提供智慧服务方面，不少企业数字档案馆提供的档案服务仍然是被动式、等待式利用，所提供的服务内容多为单一碎片化、知识密度低的档案借阅查询和以制度、组织沿革、大事记为主的档案汇编，未能实现主动提供更为高质量的档案知识服务以帮助企业决策和进行数字转型和数字制造的支撑引领功能。档案信息资源未能实现实时共享、相互关联及个性化组织，导致档案利用效率不高，不能满足档案工作对信息技术的赋能需求，从而难以通过提供档案智慧服务实现企业数字化档案馆在支撑企业业务流程方面的作用。

五、企业数字档案馆建设的未来展望

（一）加强顶层设计，推进企业档案治理体系现代化

1. 完善企业档案工作相关法规制度

现代化企业档案工作的拓展和企业数字档案馆的优化建设需要完善的制度保障，这既要求国家从宏观管控层面进行相关法律法规和制度规范的制定和修订，也

---

① 郝春媛. 深化企业档案信息资源开发与利用工作的策略 [J]. 水电与新能源，2020，34（4）：62 – 63，78.

要求企业自身依托相关法规制度立足企业实践形成有针对性的制度规范体系。

从国家宏观管控层面出发，立足于新修订的《中华人民共和国档案法》这一法律，根据《"十四五"全国档案事业发展规划》和相关法规标准，有关部门应尽快制定或修订相应的法律规章制度以健全我国企业档案工作的运行机制。依托相关法规制度，企业应结合行业要求以及自身发展情况及其他特殊因素制定具有针对性的规范制度。通过对相关行业国家总体要求、行业协会准则的研究，对企业内部核心业务链条、组织架构的梳理，结合目前企业档案数字化、数据化实际情况，企业数字档案馆需要对企业档案管理相关规范制度进行修订和新增，以保证其符合行业特殊的安全保密、载体规范、数据格式、长期保存等要求，使宏观管控和顶层设计落实到企业现实，提升企业档案管理工作的规范性、针对性和关键性，增强档案工作驱动业务能力。

2. 构建企业档案治理效能评价体系

构建科学的企业档案治理效能评价体系是提高现代企业档案治理效能的有力手段[①]，也是推进企业数字档案馆建设优化的强劲动力。档案治理效能评价体系应从制度上确保企业档案治理工作合规合法，在保障企业数字档案馆与企业内部其他业务融合的同时，能够更加有效地开展企业档案治理相关工作，并根据评价结果及时开展企业数据治理模式的改进、调整和更新。

企业数字档案馆应适时开展档案治理效能评估工作。首先，要与业务部门共同界定和明确档案治理效能评估的责任主体、权责和职能范围，形成由企业数字档案馆牵头、业务部门配合的"一体化、分层级"档案治理责任体系；其次，档案治理效能评价体系应着眼于企业档案治理的系统性、合规性、先进性、有效性和适用性等维度，提取档案治理能力指标要素，构建科学合理的档案治理效能评价体系，开展企业档案治理体系建设，提升企业档案治理能力。

3. 培育企业档案领域人才队伍体系

引进大批知识结构丰富且兼具多学科知识背景、掌握多种技能的复合型档案管理人才是促进企业数字档案馆治理能力提升的保障。要建立档案专业领军人才队伍，可从以下四个方面进行优化：一是建立档案工作技术责任制，改进和畅通企业档案人员专业技术职务评审渠道，鼓励档案人员评聘职称，激发企业内部人员对企业档案管理工作的积极性。二是采取外派及内部培训相结合的模式，积极对专、兼职档案人员开展档案技能、业务知识等方面的培训，以优化相关档案人员知识结构

---

① 张卫东，张乐莹. 我国档案治理能力评价体系研究［J］. 浙江档案，2021（4）：26-28.

和管理能力[①]。三是依托数字档案馆建立学习型组织，充分发挥聚合平台功能，达到知识共享、知识更新、知识再创的目标，形成学习组织氛围，促进企业内部人员整体能力提升。四是加强与档案协会、专家论坛、学术机构以及其他优秀企业数字档案馆的交流合作，形成内外部专家人才沟通机制，通过相关建设经验的沟通交流以及技术、管理、理念等方面的合作促进企业自身档案工作的优化。

4. 促进各治理体系之间的有机协同

企业档案现代化治理的关键在于治理体系的协同，企业需要以核心业务为中心，通过资源、平台、人才、制度等方面的工作协同来实现治理共建。一方面，需加强档案治理体系内部各环节的协同。企业应根据构建现代档案治理体系的要求，构建包括现代化治理思维理念建设、企业档案体系制度建设等多方面的整体制度体系[②]，以企业数字档案馆为主导，研究制定三级档案协同治理体系，即"工作规章—管理制度—业务规范"，促进档案治理中各环节、各要素的协调与规范[③]。另一方面，将档案治理与企业整体数据治理有机结合，将企业档案治理体系建设与企业整体治理体系构建相融合，整体上呈现为"一方主导、多方协同、共同参与"的协同治理框架。这一框架以现代化企业档案治理体系为统领，以"多元主体"为核心，以企业数字档案馆主导进行业务条线的梳理、规范制度的统一和专业队伍的建设，从而建立起企业整体的分类予职、按需赋责、上下贯通、内外联动、集约高效的治理机制[④]。

(二) 创新思维理念，增强企业档案资源资产价值

1. 创新形成"大档案观"管理理念

在数字经济时代背景下，"文档一体化"的发展稳步推进，促使档案的内涵与外延都发生了很大变化，逐渐形成了"大档案观"的管理理念。基于企业档案管理这一特定情境，"大档案观"强调将企业档案收、管、用等环节的各种要素都纳入档案工作范畴，主张将企业所有具备保存价值的档案均纳入归档范围，并变专门管理为统一集成化管理[⑤]，以期全面、系统、综合地把握企业档案内涵、进行档案资

① 段华梅. 档案治理视域下水电企业档案工作创新研究：以华能澜沧江水电股份有限公司小湾水电厂为例 [J]. 山西档案，2021 (2)：104-108.

② 常大伟. 国家治理现代化视阈下我国档案治理能力建设研究 [J]. 档案学通讯，2020 (1)：109-112.

③ 王逸凡，周彦廷. 企业数字档案馆建设路径优化研究 [J]. 北京档案，2022 (4)：27-29.

④ 马生坤，陈莉，柴兴转. 治理理论视角下企业档案共建共享模式探析 [J]. 山西档案，2021 (6)：144-150.

⑤ 葛婷，蒋卫荣. 基于"大档案观"理念的网络信息资源档案化保存 [J]. 中国档案，2016 (2)：64-65.

源开发、形成数据管理模式，促进企业档案治理的现代化发展。

立足企业数字档案馆的建设，通过转换和创新档案管理工作思维，摆脱传统手工管理经验的束缚，以"大档案观"为指导，形成数据管理的理念。同时，企业数字档案馆的建设需总结经验教训进行优化，并用于企业整体数据管理标准、管理规定和管理架构的设计和更新中，从而有效引领企业档案工作适应新时代发展的需要。

2. 逐步加强企业档案数据资产建设

在知识经济形态下，记录型数据已然成为知识的最主要来源。其中，企业档案数据是企业核心资源的重要载体。企业档案数据资产是企业发展的重要基础，它们是企业所拥有的受控的且可支持未来发展的核心数据资源[①]。目前企业管理者对企业档案数据资产的认识仍存在一定局限，企业档案数据尚未得到有效治理，严重阻碍了企业对档案数据的集成与利用，限制了档案数据资源的价值实现。企业数字档案馆需从主数据的视角出发，主动迎合数据资产管理的发展趋势，妥善处理企业档案数据管理中的不统一、不规范、不合理等问题。企业档案管理人员利用主数据管理，不仅仅是针对企业内部的硬件和软件设施进行改进，更是要形成将数据作为重要资产管理的思想和办法，为企业数据资产管理工作打下扎实根基[②]。

(三) 促进业务协同，增强企业档案业务驱动能力

1. 以集成平台为核心的业务系统协同

实现企业数字档案馆的集成化、智能化建设的重要环节在于各系统间的协同建设。在前端控制、全流程监管的后保管理论基础上，紧跟文档一体化发展趋势，积极打通并完善企业中电子档案管理系统与办公系统的接口，加强协同互联建设，建立流程梳理、数据管理、业务监督的集成平台是推动数字档案馆在企业应用层面取得重大突破的切实途径，也是提升企业业务服务能力的重要手段。因此，企业需要充分认识到档案工作与企业内部各办公系统协同的重要意义，着力解决由于数据异构、接口差异等原因产生的企业内部信息系统之间的信息孤岛，通过数字档案馆这一集成共享平台加强各信息系统间的协同建设和集成管理，使档案知识流在企业运作的各环节流转和积累，并以知识流驱动业务流的数据化、智能化革新，实现企业业务流、数据流、工作流的无缝对接与高效管理。

---

① 张宁，宫晓东. 企业档案数据资产概念的辨析与确立［J］. 档案学研究，2017 (6)：57 - 60.
② 徐拥军. 企业档案资产管理的方法和策略［J］. 求索，2017 (12)：66 - 75.

2. 以"三全模式"为核心的数据管理协同

在企业数字档案馆的建设优化中，企业应积极推动电子文件全归档、企业档案资源全数据化、档案数据在全企业内部共享利用的"三全模式"，以实现档案数据与企业数据管理的协同。首先，企业数字档案馆需推动电子文件全归档，完善电子档案管理系统的建设，并与企业业务协同互联互通，实现电子文件自动化归档，保障归档过程中对元数据进行自动封装和捕获、长期保存格式转换、"四性"检测等，不断优化电子文件单套制管理模式。其次，企业数字档案馆应以实现企业档案资源全数据化为主要建设内容，通过与业务流程衔接和内容贯通实现档案流转自动化、资源数据化，促进对非结构化和半结构化数据的结构化建构和开发利用，推动数据标准化质量管控。最后，档案数据在全企业内部共享利用是企业数字档案馆建设优化的发展目标。企业数字档案馆可利用大数据、人工智能等技术挖掘企业档案资源的潜在信息和关联关系，促进档案数据的知识输出、共享和再创，提供个性化、智能化服务以助力企业运营运作、业务发展和管理决策。

3. 以知识服务为核心的企业发展协同

依托档案资源提供知识服务已成为企业数字档案馆建设的重要发展方向。企业数字档案馆作为开展档案知识服务的重要阵地，在树立"大档案观"的基础上，以驱动业务为导向，以"数据态"的视角洞悉企业档案资源，深挖档案知识，提供知识服务，在战略规划制定、新产品研发、市场开拓、品牌建设等企业重大决策活动中发挥着重要的知识凭证和情报保障价值。

首先，企业要树立知识资产观，架构档案知识管理、知识挖掘、知识服务的流程框架，推动企业档案知识在企业内部更加高效、流畅运转和螺旋上升[①]。其次，基于对档案内容的系统挖掘与分析，洞察社会和市场需求，活化利用档案资源，用以辅助科学决策和外部监管，推动业务流程的优化、管理方法的改进、工作模式的转变、营商环境的分析，从而有效地提高公司产品品质和竞争力，实现公司可持续性成长。

（四）深化技术应用，增强企业数字档案馆服务能力

1. 信息安全技术助力企业档案安全保密体系构建

保障企业档案的安全保密是企业数字档案馆工作开展的基本前提，随着信息技术的发展，运用新兴技术以确保企业档案资源在收、管、用全过程中的安全与保密

---

① 杨文，王强. 数字时代国有企业档案资源开发利用的内在机理与实践路径［J］. 档案学研究，2022（3）：76－83.

已成为企业数字档案馆建设优化的重要方向。企业数字档案馆可通过在档案数据内容后附加 MAC 码和电子签名等技术保障档案数据信息的完整性和保密性，并应用 SSL VPN 技术以及数据协议防止数据传输过程中的内容泄露。同时，积极借鉴大型互联网公司的信息安全策略，如通过搭建防火墙、划分网络隔离，以及引入全新的数据转换、加密及隐私保护技术规避企业档案管理存储阶段的风险，并且通过面向网络、日志的审计技术以及全新的数据追溯技术预防企业内部的重要档案数据信息记录被篡改、恶意窃取等安全性问题。

2. 信息组织技术助力企业档案资源开发利用

随着现代信息技术在档案工作中的应用场景不断拓展和程度不断深化，云计算、大数据、人工智能、区块链等技术在企业数字档案馆对企业档案资源进行开发利用中有着广阔的应用空间。

一方面，企业数字档案馆应积极运用信息组织技术进行数字化编研以促进企业文化传播，实现档案文化效益。依托档案资源库的知识供给，从文化、历史、精神、教育等多维度进行基于内容开发的数字化编研。同时，在编研成果的呈现上，可利用关联词云图、网络关系图、VR、AR、GIS 等多种可视化技术实现情境化展示，形成沉浸式的文化体验。通过对特色馆藏的挖掘，企业数字档案馆能够将企业文化内涵、发展历史和区域文明相结合，进行档案文化产品开发，形成档案品牌，并利用多媒体平台传播，刻画企业精神面貌。

另一方面，企业数字档案馆应深耕基于业务场景的档案资源开发，提升档案驱动业务发展的能力。首先，现代信息技术在企业档案工作的应用场景和应用范围得到拓展，文件全生命周期管理都深深地打上了技术的烙印[①]。企业数字档案馆需构建贯穿业务全过程的档案数据链，实现档案数据的互联互通，并利用知识组织技术对其进行分析，以提供更加全面、立体、互联的知识服务。其次，在现代信息技术的应用过程中，技术需要和企业实践工作不断融合发展，以更好地适应企业档案工作的现实需求。数字档案馆应根据企业自身规模、经验方式、运作模式等实际情况综合技术手段搭建个性化企业档案利用平台，构建用户偏好模型，提供信息定制和推送服务。在产品研发的过程中，可通过企业档案信息资源分析用户需求，针对性地开发产品。

---

① 牛力，黎安润泽，刘慧琳，等．从物理到数据：智慧档案 2.0 体系构建研究［J］．档案学研究，2022（3）：84－90．

六、结语

自企业数字档案馆试点工作开展以来，我国企业档案管理工作已在资源建设、管理协同、开发利用、数据治理等方面取得较大成果。企业应以各项法律法规为指导，结合自身实际情况和发展态势，树立档案资产意识，加强顶层设计，促进企业档案管理工作的业务协同能力和业务驱动能力，深化技术应用，通过企业数字档案馆的建设构建更加高效的档案管理体系。

2022 年中国国防科技工业档案工作发展报告

计红胜[1]　戴先明[1]

1. 航空工业档案馆，北京　100009

摘　要： 本报告总结了"十四五"以来国防科技工业档案工作的主要成绩，分析了当前国防科技工业档案工作面临的挑战和问题，对国防科技工业档案工作的未来发展提出了几点建议：改进企业档案工作领导体制，支持军工专业档案馆条件建设，研究传统介质和电子档案介质的安全管理策略，加强电子档案虚拟展览技术应用，推进档案工作数字化转型。

关键词： 国防科技工业；档案工作；开发利用；档案信息化；档案科研；档案人才

作者简介： 计红胜，硕士，研究员，研究方向为企业档案管理，电子邮箱 jihongsheng@sina.com；戴先明，硕士，研究馆员，研究方向为企业档案管理、档案信息化技术。

我国国防科技工业涵盖了核、航天、航空、兵器、船舶、电子等六大工业，包括中国核工业集团（以下简称"中核集团"）、中国航天科技集团（以下简称"航天科技集团"）、中国航天科工集团（以下简称"中国航天科工"）、中国航空工业集团（以下简称"航空工业集团"）、中国船舶集团（以下简称"中国船舶"）、中国兵器工业集团（以下简称"兵器工业集团"）、中国兵器装备集团（以下简称"兵装集团"）、中国电子科技集团（以下简称"中国电科"）、中国航空发动机集团有限公司（以下简称"中国航发"）、中国电子信息产业集团（以下简称"中国电子"）、中国工程物理研究院（以下简称"中物院"）等①。国防科技工业档案工作既承担了保存国防科技工业历史的职能，又为装备研制和使用全生命周期提供档案资料支撑服务，由各集团公司档案部门分别负责组织和管理，履行对集团公司所属单位档案工作的业务指导和监督管理职能，统一管理集团公司管理类档案和装备工业档案资料。

---

① 为叙述方便，以下统称为集团公司。

为了总结"十四五"以来的档案工作，在各集团公司总部档案部门支持下，本报告收集了各集团公司贯彻落实习近平总书记批示精神、迎接党的二十大的有关情况，对各集团公司档案管理体制、"十四五"规划制定等重要情况进行了调查核实。查询和核实了国家档案局、国防科工局等机构 2021 年和 2022 年发布的档案科研、开发利用和人才培养方面的文件，梳理了各集团公司所取得的主要成绩。在征得有关集团总部档案部门同意下，本报告调取了 8 家集团 2021 年和 2022 年的档案综合统计数据，并据此进行了分析，试图得出代表性结论，从中发现问题，提出工作建议。

总的来看，"十四五"以来，国防科技工业档案战线聚焦主责主业，努力发挥档案存史资政育人作用，积极支撑国防装备科研、生产和使用，推动国防科技工业档案事业不断发展。但是，也存在一些制约国防科技工业档案发展的突出问题。

一、国防科技工业档案工作的主要成绩

（一）提高站位，坚持档案工作服务于党和国家工作大局

1. 持续深入学习贯彻习近平总书记指示批示精神

2021 年，习近平总书记对档案工作作出重要批示，提出了档案工作要做好"四个好"和"两个服务"的总要求。各集团公司党组迅速进行了学习，中核集团、航天科技集团、中国航天科工等集团董事长亲自对学习贯彻工作作出批示，各集团公司组织召开档案工作会议进行宣贯，集团所属单位的党委和档案人员全面开展学习贯彻工作。在重要批示一周年之际，航空工业集团召开档案行业专题座谈会，对批示精神进行再学习再落实。

2. 宣传党领导人民建设国家取得的伟大成就，迎接党的二十大胜利召开

在庆祝建党 100 周年之际，各级档案馆全面梳理新中国国防科技工业史，为举办各种建党百年党史展览提供档案支撑。档案部门举办了多种党史档案展览、制作档案微电影微视频、出版优秀共产党员风采录。航天科技集团举办了"'回望'红色记忆——纪念建党 100 周年档案展"，中国航天科工策划开展"档案话百年"国际档案日主题宣传活动，各集团公司分别组织开展了"凝百年之辉，筑兰台之梦"系列文化活动。

各个集团均举办了以"喜迎二十大 档案颂辉煌"为主题的宣传活动，通过举办档案展览、开展知识竞赛，歌颂新中国在各项国防装备研制上取得的巨大成就，

宣传"两弹一星"精神、"人民兵工精神"、"航天精神"、"航空报国精神"，为党的二十大胜利召开营造浓厚热烈氛围。

3. 聚焦集团公司主业，档案部门为装备研制提供档案资料有力支撑

档案部门主动作为，前端介入文件资料控制流程，提出归档文件格式和审签要求，认真负责核对文件版次，保证发放到科研生产现场的文件准确无误，资料发放和文件归档同步进行，保证了研制现场使用资料和归档资料完全一致，确保归档文件真实、准确、有效。

（二）加强领导，统筹档案工作与业务工作协调发展

1. 理顺档案管理机构设置，加强集团公司档案工作统筹管理

"十四五"以来，各集团公司落实新《档案法》要求，加强集团党组对档案工作的领导，研究解决档案工作重大问题，集团总部综合管理部加强了与专业档案机构的联系，推动档案战线落实集团党组关于档案工作的决策部署。航天科技集团、航空工业集团、兵器工业集团等将集团档案馆调整为集团公司直接管理的二级单位，提高了位势，集团公司档案集中统一管理能力有了明显提升。中国航发和中国航天科工新组建了集团档案馆并委托集团下属单位进行管理，兵装集团、中国电科、中国电子等明确了集团公司档案管理依托单位。国防科技工业系统档案管理机构设置结合实际得到了优化和加强。

2. 发布档案工作规划，有效承接国家和集团公司对档案工作的重大部署

为承接国家"十四五"档案事业规划和集团公司"十四五"规划要求，11 家集团公司中，航天科技集团、中国航天科工、航空工业集团、中国船舶、兵器工业集团、中国航发、中国电子、中物院等 8 家正式发布了"十四五"档案工作规划（如表 1 所示），兵装集团发布了《集团公司"十四五"期间加强档案工作的实施意见》，中国电科发布了《中国电子科技集团有限公司档案工作"十四五"专项行动计划》。通过制定规划，落实了国家档案事业发展总体要求，聚焦集团主责主业，支撑国防科技工业发展，对集团档案工作统筹发展进行了整体谋划，描绘了集团"十四五"档案工作蓝图。

表 1 "十四五"档案工作规划发布有关情况

序号	单位名称	规划文件名称
1	航天科技集团	《中国航天科技集团有限公司"十四五"档案工作规划》
2	中国航天科工	《集团公司档案工作"十四五"发展规划》

续表

序号	单位名称	规划文件名称
3	航空工业集团	《航空工业集团"十四五"档案工作规划》
4	中国船舶	《船舶集团"十四五"档案工作规划》
5	兵器工业集团	《中国兵器工业集团有限公司档案工作"十四五"发展规划》
6	兵装集团	《集团公司"十四五"期间加强档案工作的实施意见》
7	中国电科	《中国电子科技集团有限公司档案工作"十四五"专项行动计划》
8	中国航发	《集团公司"十四五"档案工作规划》
9	中国电子	《集团公司"十四五"档案工作规划》
10	中物院	《中物院档案工作"十四五"规划》

注：统计时间截至 2023 年 1 月 31 日。

（三）与时俱进，档案工作基础呈现出新的特点

1. 档案馆馆舍条件基本满足使用需求，馆室面积增长减缓

从各级档案馆的反馈和收集到的大部分集团统计数据来看，各级档案馆室面积供需矛盾尖锐程度下降，馆室面积基本满足使用需要，馆室总面积增长出现了减缓趋势（如表 2 所示），与历史上随着经济增速加快而档案馆室面积需求同步增长的规律并不一致，反映出集团各单位研制生产信息化水平有了质的提高，从而纸质档案输出减少，与随着信息化水平提高纸质档案减少而电子档案增加的普遍认知相一致。

表 2　部分集团公司档案馆室面积统计表　　　　　　　　　单位：平方米

序号	单位名称	档案馆室面积		展陈室面积	
		2020 年	2021 年	2020 年	2021 年
1	航天科技集团	62 688	64 295	867	1 145
2	中国航天科工	58 381	61 922	2 500	2 213
3	航空工业集团	82 973	105 400	1 455	4 947
4	中国船舶	98 439	98 383	3 269	3 661
5	兵器工业集团		74 781		4 994
6	兵装集团	215 336	219 147	415	2 833
7	中国电科	26 740	30 012	1 454	1 592
8	中国航发	36 014	35 877	2 801	1 546

集团公司层面，新一轮馆舍建设开始启动。2022 年航天档案馆率先完成了新

馆建设并隆重开馆，在建设馆舍的同时，航天档案馆还非常重视档案信息化建设和新技术应用，完成了集团级数字档案管理系统、档案保管平台、数字档案基础配套设施、安全防范系统、综合布线系统、档案利用平台、综合管理平台建设。建成馆库管理的综合平台，对视频监控、入侵监测、门禁管理、巡更、环境监测、动环、消防等七个系统功能实现一体化管理，实现对人员、物流、设备在线管理，提升了馆库智能化水平和应急管理能力。

2. 各集团公司所属单位档案机构和档案人员基本稳定

从大部分集团档案机构和档案人员统计数据（如表3所示）和了解的情况来看，各个集团所属单位结合单位实际设置了档案机构和配备了专、兼职档案人员，基本满足实际使用需要，总体保持稳定，并没有出现随着信息化水平提高、纸质档案减少、电子档案增加而档案人员减少的情况，与普遍认知存在一定差异。原因主要是档案工作模式正在实现从纺锤形向哑铃形的转变，档案人员逐步把主要工作精力用在电子档案的收集和开发利用上，这非常有利于提高档案工作的价值。各类系统模型和数据正逐步成为档案工作管理的对象，档案工作正在向"管数据"转型。

表3　部分集团公司档案机构和档案人员统计表

序号	单位名称	档案机构数量（个）		专职档案人员（人）		兼职档案人员（人）	
		2020 年	2021 年	2020 年	2021 年	2020 年	2021 年
1	航天科技集团	122	120	925	912	2 052	2 105
2	中国航天科工	287	289	611	618	2 266	2 392
3	航空工业集团	73	85	790	961	849	1 145
4	中国船舶	118	112	558	542	1 582	1 658
5	兵器工业集团	94	94	428	480	1 427	1 609
6	兵装集团	44	41	174	148	310	329
7	中国电科	46	54	241	241	788	807
8	中国航发	30	25	392	396	382	360

档案人员学历分布比较合理，具有博士学历或学位的并不罕见，从了解的实际情况来看，研究生以上学历档案人员的专业引领作用比较明显，各级档案馆领导绝大多数具有研究生以上学历。专业职称梯次结构基本合理，档案专业带头人晋升研究馆员专业技术职务的渠道基本畅通（如表4所示），说明档案专业带头人水平得到了各方的认可。

表 4　部分集团公司 2021 年档案人员学历和专业职称情况统计表　　　单位：人

序号	单位名称	档案人员学历或学位			档案人员专业职称		
		博士	硕士	本科	研究馆员	副研究馆员	馆员
1	航天科技集团	5	159	541	13	166	347
2	中国航天科工	1	66	335	4	65	207
3	航空工业集团	2	74	537	7	90	271
4	中国船舶	2	77	321	9	77	124
5	兵器工业集团	0	39	274	4	64	174
6	兵装集团	0	8	72	2	6	27
7	中国电科	1	46	139	6	34	77
8	中国航发	1	34	213	3	34	118

3. 国防科技工业档案管理拔尖人才大量涌现

"十四五"以来，各集团公司十分重视档案管理拔尖人才培养，结合装备档案管理、固定资产项目档案管理和数字档案馆建设等实际工作，培养了一大批档案管理专家，有力支撑了国防科技工业主业发展，档案专家队伍不断壮大，档案专家影响力不断增强。

2022 年，国家档案局组织开展了全国档案系统国家级档案专家、全国档案工匠型人才和全国青年档案业务骨干（以下简称"三支人才队伍"）选拔工作，经过严谨的申报、审核、推选、评审程序，评选出 150 名国家级档案专家（其中领军人才 50 名）、750 名全国档案工匠型人才、780 名全国青年档案业务骨干。国家级档案专家设立了档案法规标准等 6 个专业领域；全国档案工匠型人才按照档案工作收、管、存、用等业务环节，分为档案整理鉴定等 6 个专业类别；全国青年档案业务骨干重在培养和引导个人在档案业务上全方位发展，以便他们能在工作过程中不断发掘专业特长、不断成长。国防科技工业领域共有 55 人入选"三支人才队伍"，包括中核集团 5 人、航天科技集团 9 人、中国航天科工 7 人、航空工业集团 10 人、中国船舶 5 人、兵器工业集团 8 人、中国电科 7 人、中国航发 2 人、中国电子 1 人、中物院 1 人。其中国家级档案专家有邱杰峰等 3 人，全国档案工匠型人才有李奕奕等 24 人，全国青年档案业务骨干有倪腾等 28 人。

(四) 为国守史，坚持不懈推进档案资源建设

档案资源建设始终是档案工作的重中之重。由于装备研制信息化水平大幅提高，加上各集团及所属单位数字档案馆不断上线运行，数字档案馆与业务系统相互衔接不断加强，馆藏电子档案资源大幅增加（如表5所示），各级档案馆馆藏档案资源结构得到了持续优化。但在接收电子档案同时，各级档案馆每年仍然接收了大量纸质档案，这一方面反映出研制流程中的部分环节还存在信息化盲点，另一方面也反映出装备研制单位数字档案馆建设存在不平衡的问题。可能在相当长的一段时间里，档案工作会处在接收纸质档案和电子档案并行、馆藏纸质档案和电子档案并存的局面。

表5 部分集团公司馆藏资源建设情况统计表

序号	单位名称	馆藏纸质档案（万卷）		馆藏电子档案（TB）		接收纸质档案（卷）		移出纸质档案（卷）		接收电子档案（GB）	
		2020年	2021年	2020年	2021年	2020年	2021年	2020年	2021年	2020年	2021年
1	航天科技集团	3.7	13	65	72	1 975	1 714	0	12 695	8 149	6 217
2	中国航天科工	162	170	76	86	82 028	88 847	1 637	1 509	5 608	12 241
3	航空工业集团	253	309	697	1 654	95 314	143 393	1 590	1 290	8 976	52 257
4	中国船舶	284	287	79	103	198 860	127 223	1 638	513	19 345	28 718
5	兵器工业集团	448	307	45	90		70 371		3 073		15 124
6	兵装集团	172	158	15	15	59 192	40 831	29 211	2 397	1 827	1 580
7	中国电科	91	97	27	277	38 411	46 042	3 050	878	7 409	5 306
8	中国航发	103	110		75	37 958	36 473	1 327	0	36 504	4 489

各集团档案管理部门贯彻落实国家档案局令第10号要求，全面完成所属单位管理类文件材料归档范围和档案保管期限表的审查和备案工作，为规范管理类档案收集和保管打下良好基础。

档案管理部门服务支撑防务装备主业，及时将成套型号产品档案收集进馆，规范开展固定资产项目档案管理和验收，开展科研档案规范化管理。按照国家要求，积极开展脱贫攻坚、疫情防控和资产与产权变动档案管理等专项工作，忠实记录民族复兴、强军建设的历史进程。

（五）主动作为，档案开发利用硕果累累

各级档案部门立足服务于党和国家大局、服务于防务装备主业，进行了大量档案开发利用工作，取得了累累硕果。各集团组织完成《中国工业史》和《中国国防科技工业年鉴》（2021年卷）相关编纂工作。

中国船舶集团编纂了《中国船舶集团有限公司院士风采录》，全面介绍集团 13 位院士的典型事迹，再现了院士们发愤图强的奋斗历程。航天科技集团策划推出航天系统首个全面展示航天初创历史的《初创——航天事业早期珍贵档案展》，主要展示 1956 年至 1960 年期间中国航天的重大事件、重要节点和关键人物。中国航天科工举办了《档案见证航天科工改革发展成就》《新中国航天的记忆》等主题档案展览，编制了《航天科工改革发展成就画册》。兵器工业集团积极推进《人民兵工 姓党为军》专著出版，用档案编研成果阐释人民兵工的奋斗历史和辉煌成就。

2022 年，国防科技工业局组织了档案资源开发利用优秀案例评选，各集团（含中国科学院）推荐案例 104 个，经初审、复审，共有 63 个案例入选 2022 年档案资源开发利用优秀案例（如表 6 所示）。

表 6 2022 年国防科技工业档案资源开发利用优秀案例

序号	单位名称	入选案例数
1	中国科学院	4
2	中核集团	14
3	航天科技集团	6
4	中国航天科工	10
5	航空工业集团	5
6	中国船舶	4
7	兵器工业集团	6
8	中国电科	7
9	中国航发	6
10	中物院	1

（六）推进转型，数字档案馆建设取得新发展

为适应装备研制信息化发展，持续推进数字档案馆建设，各集团所属主要单位基本建成数字档案馆（如表 7 所示），实现与防务装备研制业务相互衔接，基本完成档案管理数字化转型。为进一步探索数字档案馆发展方向，"十四五"以来，航空工业集团组织开展了档案工作"管数据"转型试点工作，中国航发组织开展了智慧档案馆建设试点工作，结合当前形势，探索档案信息化发展方向，积极提升档案

工作水平。

表7 部分集团数字档案馆建设情况　　　　　　　单位：个

序号	单位名称	数字档案馆（室）建设情况	
		2020 年	2021 年
1	航天科技集团	4	5
2	航空工业集团	26	35
3	中国船舶	21	23
4	兵器工业集团		31
5	兵装集团	1	1
6	中国电科	10	16
7	中国航发	10	10

为了借力解决数字档案馆建设中的难点，有关集团积极申请参加国家档案局组织的企业集团数字档案馆建设试点，精心制定试点工作方案，经过评审，中国航天科工、航空工业集团、兵器工业集团、中物院被批准成为第一批试点单位，航天科技集团成为第二批试点单位。通过试点工作，各集团力争在与业务信息系统互联互通、数字档案馆上下互联和传统档案数字化等方面实现新的突破。

（七）创新发展，档案科研和学术交流持续活跃

"十四五"以来，各集团积极参加中国档案学会组织的各种学术活动，认真组织中国档案学会企业档案学术委员会和档案信息化技术委员会学术交流活动，持续利用机电兵船档案学会、中国航空学会档案分会、航天工业档案学会等平台开展学术研究和交流。航天科技集团、中国航天科工、航空工业集团、中国电科、中国航发等集团针对档案工作中的突出问题自主立项开展课题研究，集智攻关，取得了一定的成果。

同时，各集团积极承担国家档案局组织的科技项目研究工作，其中 2021 年成功立项 12 项，2022 年成功立项 15 项（如表 8 所示），其中航空工业集团和中物院联合承担的基于自主可控的企业档案管理系统研究和兵器工业集团承担的红色档案宣传展览"活起来""动起来"集成创新研究两个项目被确定为国家档案局 2022 年度重点科技项目。

表 8　2021 年和 2022 年国家档案局科技项目

序号	单位名称	2021 年立项	2022 年立项
1	中核集团	基于 AI 技术的电子档案"单套制"管理系统——以核电项目为例 设计院三维模型电子文件归档和管理研究	EPC 模式下面向数字交付的核电企业程序体系构建 基于人工智能的核动力档案知识挖掘的研究与应用
2	航天科技集团	基于物联网技术自主可控的军队智慧档案管理的研究与应用 信创环境下的档案资源建设研究——以纸质档案数字化关键技术为例	基于人工智能技术的我国航天传统载体声像档案数字化修复
3	航空工业集团	基于 OFD 的企业 PDM 数据归档可行性研究与实践 空间可视化技术在档案信息开发利用中的应用研究	基于自主可控的企业档案管理系统研究（与中物院联合） 基于 VR 技术的红色档案资源保护利用方法研究 基于数据主权区块链的飞机研制全流程档案数据管控方法研究 数字化转型背景下产品数据档案化研究
4	中国船舶	基于全生命周期管理的军工科研院所数字档案馆（室）制度体系建设研究与实践	军工企业集团档案大数据中心模型构建研究
5	兵器工业集团	人工智能技术在军贸武器装备档案数据资源管理利用中的研究 自主可控环境下数字档案馆关键技术研究 武器装备三维数字化模型全生命周期档案管理研究	红色档案宣传展览"活起来""动起来"集成创新研究 人民兵工红色档案模块化开发赋能人民兵工精神传承——以吴运铎红色档案资源拓展研究为例 制造规划管理（MPMS）系统电子文件归档和电子档案单套制管理研究
6	中国电科	基于深度学习的知识图谱技术在军工科技档案管理中的应用研究	
7	中国航发	产品技术文件的分发与执行等全链条数字库建设研究	基于虚拟现实技术的科技档案宣传展览研究 区块链技术在军工科研院所电子文件归档和电子档案管理中的应用研究
8	中物院		基于自主可控的企业档案管理系统研究（与航空工业集团联合） AI 技术在文书档案智能化整理中的应用研究 基于自主可控声像电子档案管理及长期可信保存的规范化研究

"十四五"以来，国防科技工业领域部分研究项目取得了较好的研究成果，获得国家档案局优秀档案科技成果奖励的共有 6 项（如表 9 所示）。

表 9　2021 年和 2022 年国家档案局获奖科技项目成果

序号	单位名称	科技项目成果名称及所获奖项
1	中核集团	《机器人技术在文档智能管理中的应用研究》获 2021 年度二等奖
2	航天科技集团	《卫星三维模型归档关键技术研发与应用》获 2022 年度一等奖《航天强国战略引领下航天企业档案部门的职能定位》获 2022 年度三等奖
3	航空工业集团	《基于构型的军用飞机研发数据归档与管理模式》获 2022 年度二等奖《特殊行业档案安全管理技术研究》获 2022 年度三等奖
4	中国船舶	《历史硫酸纸底图档案字迹保护—气相去酸—纯棉网加固（托裱）整套安全有效修复方法》获 2022 年度三等奖

二、中国国防科技工业档案工作的主要挑战和现存问题

"十四五"以来，虽然国防科技工业各方面档案工作都取得了一些突出成绩，但是与党和国家的要求相比，与建设世界一流企业目标要求相比，还存在一些明显不足，仍然面临一些严峻挑战。主要表现在以下几个方面：

（一）企业档案工作领导体制还不够健全

新《档案法》明确要求要加强对企业档案工作的领导，建立档案工作责任制。但是，与省市等地方明确将档案工作划归党委系统领导、实行局馆分离的管理体制相比，国家对企业档案工作的领导方式并没有明确的规定，也没有惯例，只在《企业档案工作规范》中明确企业档案工作应以企业资产关系为纽带，实行统一领导、统一管理、统一制度、统一标准。现有法律和标准规范对企业档案工作的领导体制规定模糊，企业自由裁量权较大，分管领导的层级五花八门，档案部门的设置千差万别，不能保证国家和集团对档案工作的重大部署得到落实，也不能保证企业档案部门具有归口统一管理单位档案工作的职权。

（二）国防科技工业档案工作统筹协调能力不足

一是从国家层面来看，国家档案局负责对各军工集团档案工作进行业务指导和监督检查，但不负责各集团公司档案管理资源配备和条件建设，国防科工局负责对

各集团公司国防科技工作实施管理，但支撑集团公司国防装备研制的各级档案部门却没有被纳入其管理范畴，国家层面并没有形成国防科技工业档案工作的协调管理机制。

二是从集团层面来看，虽然各集团都设立了不同形式的档案馆，有直属集团公司管理的，有委托集团下属二级单位管理的，但大部分都实行了局馆分离体制，即由集团总部综合管理部文档处担纲"局"的职能，档案馆担纲保管职能，普遍存在档案管理职权与档案管理专业知识不匹配的问题，存在集团公司档案业务指导能力被削弱、档案馆工作主动性下降的问题。

三是从集团所属各单位层面来看，由于实行扁平化管理体制，很少有独立的档案馆，比较普遍的，一种是与科技或信息化等职能部门合署办公，另一种是将档案馆设置在非职能部门或机构，档案工作一般未被纳入考核管理，档案馆归口管理单位档案工作的抓手不多，因此所谓"局"的职能难以履职到位。

总之，国防科技工业各集团公司总部及其所属单位统筹协调能力普遍存在缺口弱项，尤以所属单位更为艰难。

（三）档案展陈工作依然没有得到应有的重视

从统计数据来看，由于装备研制信息化的发展和电子档案单套制归档的推进，各级档案馆室面积增长减缓，反映出档案数量增长与档案馆室面积供给的矛盾有所缓和，档案工作模式从纺锤形向哑铃形转变中，档案工作转向开发利用的趋势并不明显。档案展览展示是档案开发利用的一种重要方式，我们统计了部分集团"十四五"以来档案展陈室面积的变化情况（如表 2 所示），统计数据表明，集团公司各级档案馆室展陈面积仍处于低位，与各省市县档案馆大量增加展陈面积、积极举办公益档案展览、承担社会教育功能形成鲜明对照，反映出工业集团档案部门公益意识比较淡薄，也反映出档案部门重收集、轻利用的倾向依然存在。其实，2008 年国家档案局编制的《档案馆建设标准》就已经制定了档案展览面积的标准，国防科技工业集团档案展陈室面积与标准要求存在很大的差距。

（四）对档案存储介质的管理策略研究还不够深入

从各集团公司管理现状来看，档案管理的特点是电子档案大量增加、纸质档案仍在大量形成、纸质档案移出或销毁数量极少（如表 5 所示），统筹管理好纸质档案和电子档案存储介质、传统介质档案管理策略、各级档案馆的电子档案存储介质保管条件等等，都是值得认真研究的问题，亟须加强档案管理理论研究，进行管理方法探索，以形成相关标准规范，为各级档案馆提供指导。

（五）数字档案转型任重道远

虽然各集团数字档案馆建设取得了一定成绩，但是离档案管理全面数字化还有很长的路要走，目前存在的主要问题如下：一是互联互通水平较低，各级数字档案馆与单位业务系统之间的相互衔接率不高，集团总部数字档案馆与所属单位数字档案馆间电子档案进馆和利用通道没有完全打通，没有充分发挥信息化技术提高管理效率的作用；二是数字档案馆建设发展严重不平衡，集团所属主要单位数字档案馆建设水平相对较高，基本实现了与业务信息化的对接，但是相对来说，建成数字档案馆的企事业单位占集团公司单位总数的比例不高（如表 7 所示），说明配套单位数字档案馆建设没有跟上业务信息化的步伐，数字档案馆建设出现了主机和配套单位两极分化的局面；三是传统档案数字化推进还比较缓慢，制约了各级档案馆实现数字化转型进程，导致档案馆难以实现全面的数字化转型，档案人员既要提供纸质档案服务，又要提供电子档案服务，形成建设了数字档案馆后档案人员依然忙碌的现象，这也是档案信息化后档案工作效率提高不十分明显的原因。

三、推动国防科技工业档案工作发展的建议

（一）改进国防科技工业企业档案工作领导体制

一是遵从新《档案法》要求，加强党对企业档案工作的领导，明确由单位党委 1 名领导班子成员分管档案工作，确保党和国家关于档案工作的总体部署、集团公司关于档案工作的要求能够落实到具体档案工作之中；二是淡化企业集团总部档案管理的局馆概念，建立以集团公司档案馆为核心的集团档案管理体系，做实集团档案馆归口管理档案工作和保管集团档案两种职能，同时建立健全与集团公司总部管理联系部门的沟通汇报机制，创造发挥集团档案馆的主动性、专业性的良好条件；三是集团所属单位要切实建立以档案馆为核心的档案管理体系，明确档案馆职能部门性质，以保证档案馆有效行使档案归口管理职责；四是加快推进企业档案工作责任制建设，明确单位分管领导、档案馆、业务部门和员工岗位的档案工作职责并纳入考核。

（二）从国家层面加强统筹协调，支持军工专业档案馆条件建设

一是国防科工局技术基础管理部门要将档案纳入技术基础管理体系，组织开展档案管理新技术研究，结合装备研制需求给予档案部门条件建设支持，保障各级档

案馆服务装备研制的能力。二是重点支持把核工业档案馆、航天工业档案馆、航空工业档案馆、船舶工业档案馆、兵器工业档案馆等服务装备主机研制的集团档案馆建设成为国家军工专业档案馆，适应各大集团联合会战和军民融合装备研制形势，代表国家系统地、成套地、完整地收集装备主机档案，弥补国家层面没有国防军工装备专业档案馆的缺口，将装备研制的历程记录好、留存好，为国防科技工业装备持续发展提供技术资料安全保障，同时也为部队战斗力提供保障。

(三) 深入研究档案存储介质管理策略，确保传统介质档案和电子档案介质安全

要抓紧研究档案介质管理方法和管理策略，尤其是传统纸质档案封存保管相关方法和技术。新《档案法》要求对数字化后的传统档案介质进行妥善保管，相信若干年后纸质档案也会具有一定的文物价值，因此销毁纸质档案一定不是未来的方向，当前必须要研究解决纸质档案的长久保管和空间占用两大共性问题，我们觉得集中统一保管是必由之路，集中统一保管也是最能发挥长久保管专业作用的方法。航空工业集团在其"十四五"档案规划中提出将档案后库作为纸质档案的封存保管基地，并开展相关实践探索。

(四) 充分重视档案展览展示工作，开展档案虚拟展厅技术探索应用

档案展览展示是档案开发利用的一种重要方式，各集团档案人员必须增强公益意识，重视档案在育人方面的作用，利用档案展览展示，传播军工精神。我们认为，国防科技工业档案展览展示工作应该从两个方面着手：一是补短板，推进建设档案展厅工作，开展档案实物展览，扩大档案开发利用；二是发挥国防科技工业信息技术优势，开展档案虚拟展厅技术的探索应用，增强档案展览展示的广泛性和灵活性。

(五) 强力推进档案工作的数字化转型

一是强力推进纸质档案的数字化工作，全面实现档案服务工作的信息化。一方面档案部门要抓紧组织馆藏档案的数字化；另一方面数字化工作要前移，实行纸质档案谁形成谁数字化的制度，倒逼在业务工作前端实现文件流转的信息化。二是要全面完成互联互通有关工作，包括数字档案馆系统与业务信息系统的互联互通，实现电子文件归档自动化，也包括各级数字档案馆之间的互联互通，实现电子档案进馆和查询利用的全面信息化。三是持续推进企业数字档案馆建设，用数字档案馆系统租用等创新方法，实现数字档案馆建设全覆盖，为实现数字化转型打下良好基础。

2022 年中国石油石化行业档案工作发展报告

王强[1]　吕海民[2]　任雪飞[3]　郭晓瑛[4]

1. 中国石油天然气集团有限公司，北京　100007
2. 中国石油化工集团有限公司，北京　100728
3. 中国海洋石油集团有限公司，北京　100010
4. 国家石油天然气管网集团有限公司，北京　100028

摘　要：中国石油石化行业是关系国家经济命脉的国家战略行业，档案工作是石油石化行业的基础工作，在建设世界一流企业进程中发挥着重要且独特的价值。2022 年石油石化企业认真贯彻落实新修订的《档案法》，全面推进企业档案治理体系、资源体系、利用体系、安全体系建设，强化档案信息化、科技和人才支撑，档案管理水平和服务能力实现新提升，构建形成与集团公司发展相适应的档案工作新格局，在十个方面取得新进展：一是加强顶层设计，档案制度体系更加完善；二是突出治理效能，档案治理方式更加多元；三是夯实重点领域，档案资源建设不断加强；四是坚持试点先行，突破招投标电子文件归档难题；五是服务数字工程，工程项目文档数字化交付取得重要成果；六是赋能数智企业，档案工作数字化转型深入推进；七是助力科技创新，协同加强科技项目档案管理；八是传承企业记忆，拓展档案资源开发利用；九是坚持创新引领，持续推进档案科研与试点项目；十是实施人才强档工程，档案专业能力持续加强。本报告就石油石化行业档案工作好的经验做法展开介绍。在高质量发展背景下，石油石化企业将推进档案与业务双向赋能作为企业档案工作高质量发展的重要目标，将强化数据归档和电子档案管理作为企业档案工作高质量发展的重要基础，将提升档案资源开发能力作为企业档案工作高质量发展的重要举措。

关键词：石油石化；档案工作；创新引领；高质量发展

作者简介：王强，硕士，研究馆员，研究方向为企业档案数字化转型与治理现代化，电子邮箱 wq01@cnpc.com.cn；吕海民，本科，高级工程师，研究方向为企业档案规范化、工程项目档案管理；任雪飞，本科，中级政工师，研究方向为企业档案与工程项目档案管理；郭晓瑛，硕士，高级工程师，研究方向为企业档案管理与数字化转型。

石油石化行业是推进我国经济高质量发展的重点和关键行业之一。中国石油天然气集团有限公司（以下简称"中国石油"）、中国石油化工集团有限公司（以下简称"中国石化"）、中国海洋石油集团有限公司（以下简称"中国海油"）是经国务院批准成立的特大型国有企业，是集国内外油气勘探开发和新能源、炼化销售和新材料、支持和服务、资本和金融等业务于一体的综合性国际能源公司，在石油石化行业占据主体地位。国家石油天然气管网集团有限公司（以下简称"国家管网"）于 2019 年 12 月 9 日正式挂牌成立，主要从事油气干线管网及储气调峰等基础设施的投资建设和运营。档案工作是石油石化行业重要的基础性工作，在赋能企业高质量发展中发挥着越来越重要的独特价值。

一、2022 年石油石化行业档案工作新进展

2022 年，石油石化企业认真贯彻落实《档案法》，全面推进企业档案治理体系、资源体系、利用体系、安全体系建设，强化档案信息化、科技和人才支撑，档案管理水平和服务能力实现新提升，构建形成与集团公司发展相适应的档案工作新格局。

（一）加强顶层设计，档案制度体系更加完善

档案制度建设是档案治理体系和治理能力现代化的核心内容。《档案法》提出建立档案工作责任制，依法健全档案管理制度。石油石化企业抓住贯彻落实《档案法》的契机，坚持系统理念，加强顶层设计，积极构建石油石化特色的档案制度体系，形成共建共治的大档案格局。

中国石油不断健全"工作规章—管理制度—业务规范"三个层次的石油特色档案制度体系，并将档案管理制度和标准嵌入档案管理系统，使之固化，不断增强制度的执行力；建立"计划—实施—评价—改进"动态机制，不断增强制度的生命力；加大"业务＋档案"融合力度，将档案工作要求逐步融入投资、资产、"三重一大"、合同、公文、科研项目等主要业务管理制度，实现档案工作与业务工作的有机融合。

国家管网按照"流程、制度、数据、IT"四位一体原则，制定了《国家管网集团档案管理办法》，编制完成 7 个档案业务流程和国家管网集团《档案管理手册》《建设项目档案管理手册》《建设项目档案验收实施细则》，形成了以"一个办法、七个流程"为核心、以"两个手册、一个细则"为工作标准、以档案系统为 IT 承

载的管网特色档案制度体系（如图 1 所示）。

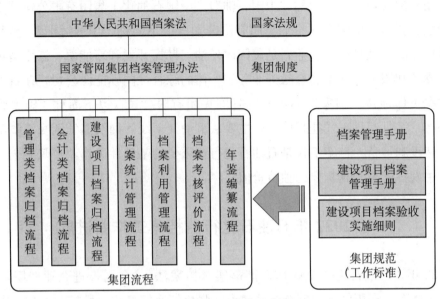

图 1　国家管网档案制度体系框架

中国海油持续完善"管理—执行—监督—考核"全流程规章制度，到 2022 年底，已形成"1＋X＋N"（1 个"发展规划"＋X 个"管理制度"＋N 项"业务规范"）档案管理制度体系（如图 2 所示）。

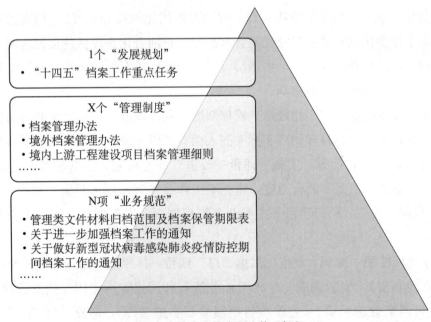

图 2　中国海油档案制度体系框架

中国石化坚持体系思维，将档案制度融入企业管理体系、融入专业管理流程，形成一套简洁明确、可执行、可考核的制度体系（如图 3 所示）。印发《中国石化档案事业"十四五"发展规划》，建立健全《中国石化档案管理办法》《中国石化电子档案管理规定》《中国石化档案工作检查评价规定》等 22 项管理制度，发布《建设工程项目档案管理规范》《企业档案分类规则》《电子文件归档元数据规范》等 9 项企业标准，编制《中国石化档案管理》《中国石化档案管理实务手册》2 本培训教材，为档案工作从严管理、规范管理、精益管理提供支撑。

1个规划
- 中国石化档案事业"十四五"发展规划

9项企业标准
- 1. 建设工程项目档案管理规范（Q/SH 0704—2016）
- 2. 企业档案分类规则（Q/SH 0760—2019）
- 3. 电子文件归档元数据规范（Q/SH 0761—2019）
- 4. 石油天然气勘探与开发地质成果报告编制格式要求（Q/SH 0166—2016）
- 5. 石油天然气勘探与开发地质资料立卷归档规则（Q/SH 0167—2016）
- 6. 地质档案元数据及著录规则元数据及著录规则（Q/SH 0347—2016）
- 7. 地质资料电子文件制作细则（Q/SH 0348—2010）
- 8. 地震勘探资料归档及保管要求（Q/SH 0391—2010）
- 9. 油气田地面建设工程项目竣工资料和交工技术文件编制规定（Q/SH 0249—2009）

2本培训教材
- 中国石化档案管理
- 中国石化档案管理实务手册

22项管理制度
- 1. 中国石化档案管理办法
- 2. 中国石化电子档案管理规定
- 3. 中国石化档案工作检查评价规定
- 4. 中国石化管理类文件材料归档管理规定
- 5. 中国石油化工集团公司决策档案管理实施细则
- 6. 中国石化建设项目档案验收细则
- 7. 中国石化总部机关档案管理实施细则
- 8. 中国石化总部机关会议音、视频资料归档管理规范
- 9. 中国石化境外档案管理规定
- 10. 中国石化干部人事档案管理规定
- 11. 中国石化会计档案管理办法
- 12. 中国石化审计档案管理办法
- 13. 中国石化安全事故档案管理办法
- 14. 中国石化知识产权档案管理办法
- 15. 中国石化物资采购招标投标电子文件归档管理办法（暂行）
- 16. 中国石化建设工程电子招标投标交易平台电子文件归档和电子档案管理办法（试行）
- 17. 中国石化业务系统电子文件归档管理规范
- 18. 中国石油化工股份公司地质资料管理办法
- 19. 中国石油化工股份有限公司地质资料电子文档管理细则
- 20. 中国石油化工股份有限公司实物地质资料管理细则
- 21. 中国石油化工股份有限公司对外合作矿业权区块资料包管理办法（试行）
- 22. 中国石油化工股份有限公司地球物理数据灾备管理办法（试行）

图 3　中国石化档案制度体系框架

（二）突出治理效能，档案治理方式更加多元

《"十四五"全国档案事业发展规划》在继承和发展档案资源、利用、安全体系的基础上，首次提出档案治理体系建设，并将其作为"四个体系"建设之首。加强档案治理体系建设是创新石油石化行业档案工作的现实需要。

中国石油不断创新档案工作评价方式，修订《中国石油档案工作评价办法》，从档案治理体系、档案资源体系、档案安全体系、档案利用体系和创新发展五大方面开展评价工作，构建了包含18项二级指标、36项三级指标的档案评价标准（如图4所示）。中国石油按照海外业务体制机制调整有关部署，推进国际化总部建设，研究集团总部、中油国际、海外大区公司和海外项目公司的档案工作职责，形成《海外档案工作职责清单》和《加强海外档案工作的意见》。

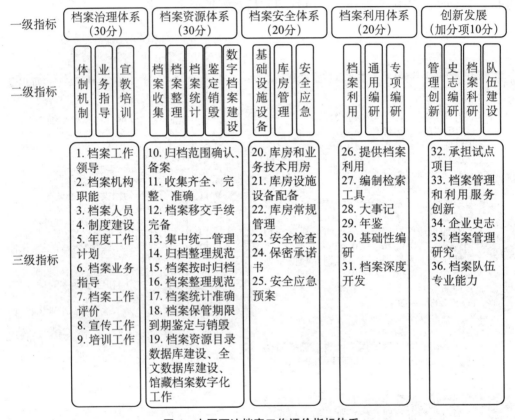

图4 中国石油档案工作评价指标体系

中国石化不断强化档案治理体系和治理能力建设。一是坚持党对档案工作的领导，进一步完善企业领导负责、档案部门归口管理、各方齐抓共管的档案工作体制。二是不断完善档案检查评价机制，及时修订《档案工作检查评价规定》，以风险评定的方式，对档案工作体制机制建设，档案管理制度、标准、规范建设，档案业务监督指导工作，档案工作基础设施建设，档案信息化建设，文件材料归档和档案管理业务工作，境外档案管理等七个方面进行风险评估，确定了152个风险点。三是完善档案监督考核机制，将档案工作纳入单位绩效、党建考核等工作中，保证档案部门具有履行职责所必需的业务考核评价、检查、验收、责任追究等监督指导手段。积极推进线上档案业务指导，采用线上、线下相结合考核方式，确保各项管理制度得到有效执行。

中国海油通过"三纳入""四联动""四到位""三步走"强化档案治理体系建设。一是坚持"三纳入"，切实加强党对档案工作领导。明确由集团公司党组书记作为公司档案工作的分管领导，总部各部门指定一名领导为档案工作负责人，各所属单位明确档案工作分管领导及工作部门，将档案工作纳入领导工作议事日程，纳入规章制度及工作流程，纳入部门和有关人员的经济责任制或岗位责任制，构建党委统一领导、档案部门牵头抓总、职能部门各司其职、所属单位广泛参与的档案工作格局。中国海油还强化负向约束，将档案工作纳入总部部门、二级单位约束性绩效考核。二是做到"四联动"，有效完善档案工作管理方式。在档案片区化管理模式基础上，实行统一管理（集团办公室）、分级负责（各所属单位）、专业实施（档案工作评审员）、区域协作（档案工作片区协作组）的管理方式，搭建"纵向联动、横向协同"的工作模式。三是保障"四到位"，积极促进档案与业务的有效融合。严格档案工作"四参加"，即各单位档案部门或档案人员参加产品鉴定、科研课题成果审定、项目验收、设备开箱验收等活动，负责检查应归档文件的完整性、系统性。根据档案工作评价标准，做到"四检查"，即各单位下达项目计划任务同时提出项目文件的归档要求，检查项目进度同时检查项目文件积累情况，验收、鉴定项目成果同时验收、鉴定项目文件归档情况，总结项目同时做好项目文件归档交接。四是谋划"三步走"，扎实开展档案专项提升行动。开展为期近三年的档案管理专项提升行动，从机构、人员、制度、考核等方面逐步提高全系统档案工作质量。第一阶段，强化顶层设计，加强档案组织建设、制度建设等基础管理；第二阶段，深化推进管理要求，加强档案工作检查、交流；第三阶段，巩固提升管理成效，推进档案数字化建设。

（三）夯实重点领域，档案资源建设不断加强

石油石化企业牢固树立档案资源为王理念，不断健全归档责任机制，制修订各类档案归档范围，加强重大决策、勘探开发、科研、工程、会计、金融、声像等档案管理力度，确保核心档案集中统一管理。

中国石油不断加强主营业务档案管理，推行归档范围确认制与备案审批制，实现了文书、会计、科技项目、工程项目、勘探开发等主要门类档案资源的统一管理，为档案资源共享利用创造了条件。截至 2022 年，全系统共有实体档案资源 2 000 多万卷，电子数据量超过 350TB，涵盖生产建设、科学研究和经营管理

等各个领域，在强化企业内部控制、防范经营管理风险、保护知识产权和商业秘密、维护公司经济利益和合法权益、保障国有资产安全、审计巡视、维护职工切身利益等方面，发挥着重要的支撑和保障作用。例如，勘探开发档案是油田增储上产、提质增效和长远发展的战略性、基础性资源，各油气田企业扎实开展地质资料汇交工作，有效保障矿权办理。所属大庆油田实行档案专业化、集约化改革，着力增强档案资源建设和整合能力，打造一体化联动服务机制。所属长庆油田创新档案管理体制机制，大力开展历史档案数字化，建立专题数据库，为6 000 万吨以上稳产提供有力的档案服务支持。所属新疆油田加大档案资源整合力度，加强核心档案资源建设及管控，不断提升共享利用效果，增强服务主营业务发展的能力。

中国石化馆藏纸质档案 1 548 万卷、2 478 万件，电子档案 294TB，年度提供档案利用 13.3 万人次、117 万卷（件）次。中国石化推进重点工程建设项目档案资源建设，全年组织完成 52 项集团公司级工程项目档案专项验收，优秀率53.8%，验收率 100%，一次合格率 100%。中国海油馆藏纸质档案 202.64 万卷、388.41 万件，电子档案 15TB，年度提供档案利用 22.52 万卷（件）次。国家管网馆藏纸质档案 146 万卷、145 万件，电子档案 47.76TB，年度提供档案利用 16 万卷（件）次。

（四）坚持试点先行，突破招投标电子文件归档难题

随着电子招投标业务的深入开展，招投标电子文件归档是企业面临的难题之一，单套制的需求也越来越迫切。以中国石化物资电子招标投标交易平台（"电招平台"）为例[①]，至 2021 年底，年业务量约 1.4 万余个标包，而随着全流程电子化的实现，电子文件增长迅猛，达到 350 万余个，电子单套归档已成为物资招投标业务发展的迫切需求。

2022 年，中国石化物资采购招投标系统电子文件归档试点项目通过国家档案局验收。通过试点，实现了物资采购招投标电子文件的单套制归档，为招投标行业提供了一种可参考的电子文件管理和电子档案单套制管理方案。

通过试点，一是形成了一套管理制度，包括物资采购招标投标《电子文件归档管理办法》《业务系统电子文件归档管理规范》《电子档案管理系统著录规范》《档

---

① 李春艳. 基于区块链技术的招投标电子档案可信认证新模式探索：以中国石化物资招投标电子文件单套归档试点为例 [J]. 中国档案, 2022 (11)：70 - 71.

案管理系统应用和运维考核细则》《电子档案备份管理细则》等管理规范 5 项，物资招标投标《电子文件归档集成方案》《电子档案"四性保障"方案》《电子文件归档接口设计规范》等技术规范 3 项，为电子招标档案归档提供指导依据；二是提升了招投标业务标准化，按照"招标标准化、投标简约化、评标数据化"要求，实现无纸化投标、数字化评标、电子化归档全流程线上管理（如图 5 所示）；三是细化了"四性"保障方案，通过将管理手段和技术手段相结合，保障电子文件归档和电子档案管理的真实性、完整性、可用性及安全性；四是应用联盟链保障电子档案的法律效力，建设跨企业可信认证新模式；五是实现招投标行业单套归档和管理方案，打通招投标全流程无纸化管理"最后一公里"，保障电子档案的长久保存。

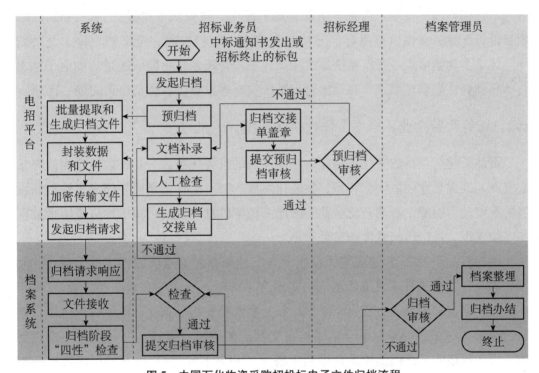

图 5　中国石化物资采购招投标电子文件归档流程

（五）服务数字工程，工程项目文档数字化交付取得重要成果

当前，数字经济迅猛发展，石油石化行业正在大力推进数字工程、智慧工程建设，工程项目的数字化交付也越来越成为主流，其中，文档的数字化交付是工程数字化交付的重要内容。

中国石油从 2018 年开始推进工程项目文档数字化归档工作，2022 年 11 月，所属广东石化竣工资料全数字化（电子化）移交及在线归档试点项目通过验收。该项目开发结构化电子表单 233 张，固化施工业务审批流程 225 条、预归档审批流程 6 条，定义业务角色 53 个，实现监理用表、施工用表的在线填报、审批、签章，实现了竣工文件形成、流转、归档的全过程数字化（电子化）管理，为保证竣工文件与工程交工进度一致、同步归档提供了技术平台。

中国石化推进工程项目电子文件单套制归档。主要内容是将中国石化工程管理信息系统中形成的有关工程项目施工交工技术文件、监理文件、竣工图、设计文件等自动归档到档案管理系统，通过 CA 数字证书、区块链、归档文件"四性"检测等技术，实现部分项目档案单套制管理。主要技术路线是在工程管理系统中，设置"归档整编"模块，将项目电子文件收集、整理、审查、检测、归档、验收等业务纳入"归档整编"模块，内置于工程管理系统中。该模块下设置"归档目录模板、项目模板配置、文件检查组卷、归档联合审查、归档验收、全文档查询、文件统计"等 7 个功能节点。开发系统集成接口，工程管理系统将验收通过后的电子档案自动归档到档案管理系统，在档案管理系统实现建设单位各类型档案的统一管理。

（六）赋能数智企业，档案工作数字化转型深入推进

石油石化行业将数字化战略作为企业发展的重要战略之一，将数据作为战略核心资产，推进企业的数字化转型、智能化发展。档案信息化是引领档案工作创新发展的重要动力引擎。石油石化企业不断加强档案信息化建设、积极推进集团型数字档案馆建设、推进传统载体档案数字化。

中国石油于 2021 年建成集团型企业数字档案馆并通过国家档案局验收，2022 年完成与合同档案管理系统的集成，实现全系统电子合同的在线归档。到 2022 年底，数字档案管理系统在所属全部 139 家企事业单位近 3 000 个组织机构应用，档案数据量达 350TB，实现了全集团档案资源的集中统一管理和"一站式"检索利用，为各层级业务部门的档案数据利用搭建了共享平台[①]。中国石油稳步推进勘探开发、建设项目、采购、产品、ERP 等业务信息系统数据归档和电子档案管理，通过档案管理要求的前置、"四性"要求的融入，进一步规范了前端业务流程，提升了数据质量，为企业数据治理和各项业务数字化转型提供了高质量的档案数据。加强档案与数据管理的协同，将档案管理的成熟理论、方法和工具运用到数据治理和数据资产管理实践，服务企业数字化转型、智能化发展。

中国石化落实国务院国资委信创工作决策部署，加快推进国产自主可控应用计

① 王强，高强，郭晖. 数字时代企业集团数字档案馆建设实践［J］. 中国档案，2022（6）：54 - 55.

划，启动中国石化数字档案馆系统建设，2022 年完成立项、可研和初步设计评审。项目建设主要内容是利用档案系统建设及试点工作取得的成效，遵循"数据＋平台＋应用"的建设模式，依托"云计算、大数据、AI、区块链"等先进技术，构建中国石化数字档案馆系统（如图 6 所示），统一档案业务标准规范，推进档案管理集约化、归档标准化、存储集中化、利用便捷化，打造中国石化数字档案馆，为档案共享奠定基础。

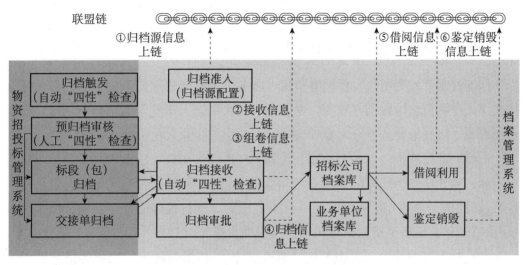

图 6　中国石化应用联盟链保障电子档案的法律效力

中国海油遵循"统一规划、统一标准、统一建设、统一管理"的工作原则，统筹推进全集团档案系统建设，打造中国海油档案数据资产管理与利用平台，提升三种能力（资源管理能力、专业指导能力、编研创新能力），发挥三项价值（备查备考价值、研究分析价值、开发利用价值），积极推动合同、采办、财务、公文等业务系统电子文件单套制归档，实现管理类档案的增量电子化，助推中国海油档案管理数字化转型。

（七）助力科技创新，协同加强科技项目档案管理

科技创新是石油石化企业高质量发展的根本动力。为充分发挥科技项目档案工作在促进、提升科技创新质量和效率中的作用，石油石化企业认真落实国家《科学技术研究档案管理规定》，加强科技档案与科学数据的协同管理，不断加强科技项目档案工作。

中国石油制定《科技项目档案管理办法》，规定科技项目管理部门和档案管理部门建立协同工作机制，共同开展科技项目档案的业务指导、过程检查及审查验收

等工作。该制度强化了对科技项目过程数据的归档要求，将研究过程中关键、重要的原始分析化验数据、实验数据、实验报告、图纸、工艺文件、计算文件、程序源代码、综合分析报告、检验文件、来往技术文件等纳入归档范围。该制度还规定，对集团公司级科技专项、关键核心技术攻关项目、重大技术现场试验项目、重大技术推广专项、科技基础条件平台建设项目，建立档案审查机制。科技项目文件材料完成归档后，档案管理部门出具档案交接文据，科技项目管理部门确认项目执行完毕。这些机制为档案工作要求的落实提供了重要保障。

（八）传承企业记忆，拓展档案资源开发利用

档案资源开发利用是发挥档案价值、服务企业发展的重要举措。石油石化行业持续深入挖掘研究馆藏档案资源，常态化开展大事记、年鉴等通用编研，开发红色档案资源，围绕重要节点开展专项编研，有效服务企业文化引领战略。

中国石油持续推进"一企一鉴"计划，打造以集团公司年鉴为龙头、企业年鉴为主体、专业年鉴为补充的中国石油年鉴体系。《中国石油天然气集团有限公司年鉴》（2022卷）全书180万字，于9月正式出版，取得很好的社会反响。稳步推进《中国石油年鉴编纂手册》编写和《中国石油大事记（1949—2021年）》编修工作。加强红色档案资源开发，组织开展"喜迎二十大 档案颂辉煌"微视频征集展示活动，共征集51家企业微视频116个，通过档案讲述党领导下中国石油工业发展壮大的光辉历程。

2023年是中国石化成立40周年，为充分发挥档案存史资政育人作用，中国石化立足围绕中心、服务大局，成立领导小组，组建工作专班，就"用档案讲好中国石化故事"进行了认真研究。一是筹划举办"中国石化40年成就展"，充分展现40年奋斗历程和辉煌成就。二是编纂出版《传承石油精神 弘扬石化传统》。立足中国石化40年发展历程，系统梳理和研究石化传统的形成、内涵、传承。同时，着眼历史积淀，系统梳理和研究所属企业在发展过程中形成的企业精神。通过文献佐证、图文并茂、见人见事、讲好故事，全方位绘制石化传统精神谱图，成为激励广大干部员工新时代新征程干事创业的生动读物。三是编纂《中国石化大事记》。以编年体为主，结合纪事本末体，全面、系统、客观、真实梳理记录中国石化40年改革发展历程，主要涵盖重大决策、重要会议、重要人物、重要活动、重大工程建设、机构变革、科技进步、生产经营、对外合作、法律法规、荣誉奖励等内容。四是汇编《中国石化40年重要文件资料选编》。选编党和国家领导人关于中国石化的题词、重要讲话和指示批示、历年工作会议报告和讲话、公司重要文件。

国家管网 2021 年发行首卷年鉴，以 35 万字全面展示资产划转、交接运营、生产建设、运行管理、安全环保等方面取得的成就，彰显构建"X＋1＋X"油气市场体系的改革初衷，以及打造中国特色世界一流能源基础运营商的战略目标。所属北京管道公司编纂出版《中石油北京天然气管道公司志（1991—2020）》，全面回顾公司 30 年发展建设历程，系统记述公司应奥运而生、因保障首都及沿线地区能源安全平稳供应而兴的历史轨迹。

（九）坚持创新引领，持续推进档案科研与试点项目

石油石化企业高度重视档案科研在档案管理创新和人才队伍建设中的重要作用，积极落实国家科技兴档工程，坚持创新和实用方向，积极开展档案研究和试点项目，发挥试点引领作用，促进档案工作创新发展。

中国石油联合中国人民大学共同开展"企业档案与数据资产协同管理"研究。该课题全面分析了企业数字化转型背景下档案与数据资产协同管理的动因，有针对性地借鉴中外典型单位档案与数据资产管理经验，系统研究了中国石油档案管理与数据资产管理的现状和问题，提出按照数据档案化治理和档案数据化开发两个业务发展方向，在组织、业务、制度和系统等层面，以归档登记、退役处置、长期保存和共享利用为关键节点，循序渐进推动协同管理，实现双向扩展、携手提升[①]。中国石油常态化开展档案工作研究与试点项目，2022 年完成 15 个项目结题，并推广应用研究成果。

国家管网积极推进国家档案局科技项目"油气管道 X 射线底片档案数字化管理和 AI 识别技术先导性研究"。通过该项目，到 2022 年底，已完成 55 万道无损检测底片整理扫描工作，建立了底片档案数据库与数据分析模型，打通了管道业务基础数据库与底片档案数据库，可实现管道内检测信号、建设期底片以及其他影像化无损检测资料的电子化管理和对比分析，将为管道环焊缝安全风险排查和应急管理起到重要支撑作用。

中国海油积极探索档案信息数据化赋能业务的新途径，开展国家档案局科技项目"基于档案信息数据化的油气勘探开发分析化验应用系统"研究，将岩心（屑）档案扫描图像与分析化验数据图表集成一体，使所有地质对象信息相互关联，实现不同地质要素的关联类比、对比，提高勘探效率，降低开发风险。

---

① 刘越男，何思源，王强，等 . 企业档案与数据资产的协同管理：问题与对策［J］. 档案学研究，2022（6）：94－102.

（十）实施人才强档工程，档案专业能力持续加强

为加快档案专业人才队伍培养，推动档案工作高质量发展，石油石化企业深入实施人才强档工程，通过组建专家库、项目带动、举办培训等多种方式，加大全系统档案人才队伍建设。

中国石油实施档案专业能力提升计划，首次在全系统开展档案专家推荐评选工作，聘任20名集团公司档案专家和46名集团公司档案骨干人才，起到了很好的专家引领和示范作用。为提升各级档案管理人员岗位履职能力，会同人力资源部推行档案管理岗位任职资格培训认证制度，按照"系统、科学、实用"的原则，全面梳理档案管理岗位流程36个、岗位关键任务78项、岗位职责和工作质量标准200余条，开发档案管理岗位标准化课件32个、210章节，建立配套认证题库，为构建系统科学的档案培训体系奠定基础。组建档案培训师队伍，采取石油档案讲坛、档案培训、线上研讨等多种方式，提升档案队伍的业务能力。

中国石化健全和完善档案专业人才库，包括项目档案验收专家库、档案信息化专家库、档案检查评价工作专家库。依托中国化工学会档案专业委员会，采用线上和线下相结合的方式，开展多形式、多层级的培训，提升队伍素质。

中国海油不断完善档案评审员制度。在2021年选拔出新一届档案评审员的基础上，充分发挥档案评审员的传帮带作用，创造现场档案检查、验收、交流等机会，逐步建立起一支年龄结构合理、爱岗敬业的档案人才队伍。召开集团公司档案工作会议，对文档工作先进集体和优秀档案工作者进行表彰。

国家管网成立伊始即规划建设具有管网业务特色、年龄结构合理的档案人才队伍。充分发挥所属企业档案人员专业特长，遴选出一批理论扎实、业务精良、作风过硬的档案专业人员，组建集团公司档案专家库，发挥集团档案专家在档案体制机制建设、档案工作标准规范统一、课题研究、项目评审、档案评价、人才培养方面的骨干带动作用，在集团内部形成赶学比帮超的良好氛围。

二、石油石化行业档案工作面临的形势与挑战

"十四五"期间是石油石化行业建立现代企业制度、实现企业数字化转型的关键期。在全力保障国家能源安全，奋力开创世界一流企业建设中，档案日益成为国家和企业基础性战略资源，档案工作领域更加广泛、内容更加丰富、需求更加多样、地位和作用越来越重要，石油石化企业发展对档案工作提出更高要求。

《档案法》的实施，为进一步加强档案工作创造了良好的环境和条件。档案工作对企业大力推进管理体系和管理能力现代化的基础性、支撑性作用更加突出。新一代信息技术广泛应用，档案工作环境、对象和内容发生变化，迫切要求档案部门积极利用新技术，推进流程再造，提升管理效率，加快全面数字化转型和智能升级。

虽然石油石化企业在档案治理、资源、安全和利用体系方面取得显著成绩，但在档案工作体制机制、思想观念、制度、技术和人才等方面仍然存在诸多问题。主要表现在：

一是档案与业务融合程度有待进一步提升。在一些业务领域，业务部门对档案资源和档案工作的认识不到位、不全面，平时不重视归档等基础工作，导致档案工作与业务工作相融相嵌程度不高，档案管理要求没有融入业务管理制度、管理流程和信息系统，档案的价值作用得不到有效发挥。例如在科技项目管理方面，有的企业尚未根据国家要求建立科技档案同步管控和验收机制，科研过程数据无法得到有效管理，不利于科技资源积累和科技创新。

二是数据的档案化治理水平有待进一步提升。随着信息化不断发展，各业务信息管理系统的数据归档问题愈加凸显。石油石化企业实现电子公文、合同、会计、招投标数据的归档管理，而其他业务信息管理系统数据尚未开展档案化治理，数据质量和共享利用程度不高，尚未建立有效的档案与数据协同管理机制，档案工作在数据资产管理中的价值和效能得不到有效发挥。

三是档案开发利用水平有待进一步提升。档案提供利用服务的方式、方法较为传统，精准性、及时性、便捷性有待提高。档案信息资源共享规模、质量和服务水平需要进一步提升，共享利用程度有限。新技术在档案资源开发利用方面的应用场景较少。档案基础编研相对零碎，体系化不足。档案在服务企业主营业务、风险防控和突发事件应对等方面的利用有待提高，知识服务模式尚未建立。

三、高质量发展背景下石油石化行业档案工作发展展望

在新的时代背景下，如何更好发挥档案和档案工作价值，进一步增强档案工作对企业中心工作和各项业务的保障、促进、服务和支撑能力，不仅对于实现企业高质量发展、建设世界一流企业具有重要现实意义，而且对于实现档案工作自身的高质量发展具有决定性意义。

（一）推进档案与业务双向赋能是企业档案工作高质量发展的重要目标

企业档案工作是企业职能工作之一，对于企业发展的贡献力决定了其存在地位和发展空间。企业档案工作必须紧紧围绕企业发展目标，建立档案与业务部门共建共治共享的大档案工作格局，充分发挥档案工作的价值，实现档案工作与业务发展的相互共生和双向赋能。具体来说：

一是要发挥档案资源价值，保障企业生产经营管理。档案资源价值是档案工作发挥服务保障功能的根本，是服务企业各项业务发展的重要前提。石油石化企业按照国家《档案法》《企业档案管理规定》等要求，建立健全企业档案工作制度，推行归档范围确认制，实现了文书、会计、科技项目、工程项目、勘探开发等主要门类档案资源的统一管理，为档案资源共享利用创造了条件。例如，新修订的《中国石油集团档案工作规定》就规定各业务部门负责将业务（专业）文件材料收集、整理和归档要求纳入相关制度规范、业务流程、业务信息系统和岗位责任制，同业务工作同部署、同检查、同考核。

二是要发挥档案管理价值，促进企业治理效能提升。档案是企业各项工作和员工各项业务活动的直接记录，通过档案可以对领导决策、管理和员工各项业务流程进行有效监督和追溯。档案工作是企业规范各项业务流程、提高管理水平和效率的重要举措。因此，企业档案部门要加强与业务部门的协同，将档案工作要求逐步融入公文、投资、资产、产权变动、"三重一大"、科研项目、工程建设、信息化项目、合同管理、招投标等主要业务管理制度，不断促进各项业务规范化管理，提高企业整体治理效能。

三是要发挥档案数据价值，服务数智能源企业建设。档案工作是提升企业数据治理和数据资产管理水平的重要手段。石油石化企业档案部门要发挥档案工作理论和方法优势，提升数据质量，促进数据共享，通过档案管理要求的前置、"四性"要求的融入，进一步规范前端业务流程，提升数据质量，为企业数据治理和各项业务数字化转型提供高质量的档案数据。

四是要发挥档案文化价值，支撑企业文化引领战略。档案具有重要的文化和史料价值，档案编研开发在企业文化建设方面具有特殊的支撑服务作用。石油石化企业档案部门要以高质量档案编研产品服务企业中心工作，在赓续企业光荣传统、发展企业特色文化、弘扬企业精神方面发挥作用。

（二）强化数据归档和电子档案管理是企业档案工作高质量发展的重要基础

随着信息化不断发展，各业务信息系统的数据逐步成为档案资源的主体，数据归档问题愈加凸显。目前，石油石化企业在电子公文、合同、会计、招投标等业务系统数据归档方面取得重大进展，而其他业务信息管理系统数据尚未有效开展档案化治理，数据质量和共享利用程度有待进一步提高。

石油石化企业应从集团公司层面整体规划业务系统数据归档、电子档案管理和数据管理方式，稳步推进勘探开发、建设项目、科技项目、采购、产品、ERP 等业务信息系统数据归档和电子档案管理，进一步提升数据质量。将档案管理的成熟理论、方法和工具运用到数据治理和数据资产管理实践，服务企业数字化转型、智能化发展，凸显档案工作方法对数据资产管理的助推力。

例如：中国石化下一步将充分运用信息化手段，推动档案工作理念变革、方法创新。一是加快推进国产自主可控应用计划，完成中国石化数字档案馆系统建设，实现所属企业全覆盖。二是开展档案数据治理，统一数据著录标准，实现所属企业全部档案数据的集中管理和规范管理。三是加快业务系统电子单套制归档接口的运用推广，在全系统推广 OA、合同、工程招投标和物资招投标归档接口。四是积极探索大数据、区块链等技术与档案管理的结合，开展人工智能技术在档案行业应用研究，助推智慧档案建设。五是持续推进传统载体档案数字化工作，积极落实增量档案电子化、存量档案数字化要求。中国海油制定清晰的"战略地图"并推动纳入中国海油信息化、数字化转型顶层规划。推进数字档案系统在全系统的统建工作，实现文传、合同、采办、财务四大系统电子文件在线归档，探索电子档案单轨制管理，将电子文件"应归尽归"由管理系统逐步向工程技术系统、科研系统等更广泛领域推广，依法依规落实对国家、中国海油具有长期保存价值的电子文件和数据归口档案工作部门集中统一管理。

（三）提升档案资源开发能力是企业档案工作高质量发展的重要举措

档案资源开发利用是企业档案工作的内在要求，也是实现档案工作价值的重要体现。石油石化企业应不断强化档案资源开发利用对企业发展的促进力和支撑力。

在检索利用层面，要不断完善档案检索利用平台，提供"一站式"服务，切实提高档案利用的查准率、满意率和即办率，发挥档案在工作查考、审计监督、合规管理等方面的作用。在专题利用层面，要加快历史档案的开放共享和档案信息集成力度，建立重大活动、突发事件、重要人物等各类档案专题数据库，探索开发档案信息集成类产品，为业务部门总结规律、借鉴历史经验提供便利。完善集团层面重大科技攻关、重大产品研制、重大建设项目档案利用机制。在知识利用层面，要围绕主营业务、中心工作、风险防控和突发事件应对等，配合业务部门加强相关档案研究整理和开发利用，充分挖掘档案价值作用，为企业生产经营、科技创新和改革发展提供文献参考和决策支持。

例如：中国石油提出建立档案实体库、数据库和产品库的档案资源数字转型计划。为满足用户对集成化档案数据的需求，围绕建设"档案产品库"的目标，探索标签分类和主题分类在档案资源建设中的应用，建设重要会议、重要人物、重要项目、工业遗产以及特色资源专题库，开发数字编研产品，推进档案服务内容和品质的转型升级。中国石化计划推进档案的智能化管理和应用，从以往"关注数据服务"转变为"关注数据汇聚"，建立常态化的更新机制，通过综合视图化发布、数据动态补填映射、数据动态转换处理、数据自动识别标记等技术，建立档案知识图谱，赋能企业。国家管网将加强数字档案线上多渠道利用和数据价值智能挖掘，利用人工智能、大数据技术赋能档案利用体系，建立跨类别、跨层级、跨专业的数据关联关系，挖掘更多潜在价值，建立面向全员的信息与知识检索中心，提供档案数据智能查询能力，为企业高质量发展提供有力支撑。

2022 年中国核电行业档案工作发展报告

邱杰峰[1]　李喆[1]

1. 福建福清核电有限公司，福清　350318

摘　要：随着核电行业数字化转型的深入开展，档案数据成为新的生产要素，档案数据知识化、档案数据治理、档案数据价值体现等问题，已成为核电行业档案领域的热门话题。本报告通过分析 2022 年核电行业档案工作的特点，总结了核电行业档案数据治理和数字化转型的经验，提出了核电行业档案工作面临的挑战及应对之策。

关键词：核电行业；档案工作；数字化；知识化；智慧化

作者简介：邱杰峰，硕士，研究馆员，研究方向为档案信息化与智能化，电子邮箱 qiujf@cnnp.com.cn；李喆，硕士，正高级工程师，研究方向为文档知识管理、数字化转型。

截至 2022 年 12 月 31 日，我国大陆在运核电机组 54 台，总装机容量 5 580.574 万千瓦，仅次于美国的 92 台 9 471.8 万千瓦和法国的 56 台 6 137 万千瓦，核电机组数量和总装机容量继续位居世界第三位。相比 2021 年，2022 年我国大陆投入在运核电机组数量同比增长 3.8%，装机容量同比增长 4.24%[①]。档案作为核电建设和运营的三大支柱之一，发挥了数据支撑和信息资源保障作用。尤其是随着 2022 年我国大陆核电行业的数字化转型和智慧核电建设，核电行业档案工作呈现出鲜明的时代特点和行业特色。

一、2022 年我国核电行业档案工作的特点

（一）加强档案与技术融合，档案科技工作成为核电行业创新发展的"加速器"

2022 年，核电行业立足新发展阶段，贯彻新发展理念，深入学习并积极践行

---

① 中核智库. 我国大陆核电机组及发电量预测情况［EB/OL］.（2023-01-06）［2023-01-09］. https://mp. weixin. qq. com/s/RCzycUlv2riWmX9uMT8Fyg.

习近平总书记关于科技创新的重要论述和对档案工作重要指示精神，加强档案工作与科技创新的深入融合，获得国家档案局批复各类科研/试点任务 9 项（如表 1 所示），共有 6 项试点任务通过国家档案局验收评审（如表 2 所示），其中价值高、实用性强的科研成果被大力推广，成为核电行业创新发展的"加速器"。

表 1 国家档案局批复各类科研/试点任务清单

序号	国家档案局任务类型	课题名称	任务承担单位
1	国家档案局科技项目	EPC 模式下面向数字交付的核电企业程序体系构建	中国核电工程有限公司、中国人民大学档案学院
2		大数据环境下核电设计档案数据集成管理实践与共享利用服务研究	中广核工程有限公司
3		基于前沿技术应用的核电工程文件数据治理模型研究	中广核工程有限公司
4		基于人工智能的核动力档案知识挖掘的研究与应用	中国核动力研究设计院
5	企业集团数字档案馆（室）建设第二批试点单位	企业集团数字档案馆（室）建设	中国广核集团有限公司
6	第三批建设项目电子文件归档和电子档案管理试点项目	霞浦核电项目	中国核工业集团有限公司
7		石岛湾核电扩建工程	中国华能集团有限公司
8		山东海阳核电项目 3、4 号机组工程	国家电力投资集团有限公司
9		广西防城港核电项目	中国广核集团有限公司

表 2 通过国家档案局验收试点任务清单

序号	国家档案局任务类型	课题名称	任务承担单位
1	企业电子文件归档和电子档案管理试点（第三批）	会计核算系统形成的电子文件归档和电子档案管理	中国广核集团有限公司
2		PDM 系统形成的电子文件归档和电子档案管理	中国原子能科学研究院
3	电子发票电子化报销入账归档试点（第三批）	电子发票电子化报销入账归档	中国核能电力股份有限公司本部
4			秦山核电有限公司
5			中国中原对外工程有限公司
6			中国广核集团有限公司总部

1. 档案科技工作成为核电行业科技工作的重要组成

档案科技工作是核电行业科技工作的重要组成部分，也是我国档案事业的重要组成部分，是推动核电行业档案管理不断走向现代化的重要力量。2022 年，核电行业科技工作者勤于思考、善于探索、敢于实践，取得了亮点纷呈的工作成绩。

核电行业档案工作者运用"数字员工＋机器学习"的成熟技术，打造了智慧型机器人，以服务档案业务、数据采集、数据管理、电子档案利用为目标，满足数字化环境下的核电行业对数字化文档从日常管理到数据分析和综合利用的要求。运用"知识图谱＋自然语言处理"的前沿技术，打造了智慧文档知识平台，以实现核电文档数据的结构化、协同化、知识化和智能化为目标，开展数字化转型背景下电子文件中显性和隐性知识的发掘与利用研究。运用"移动应用＋图像识别"的跨界组合，打造了"核音"声像档案管理系统，以实现声像档案"随手拍、拍立存、存即用"为目标，对声像档案从采集、整理、存储、管理、利用到处置的全过程引入移动化、智能化技术，极大地提高了声像文件的管理利用效能。通过不断努力，档案科技工作已成为核电行业科技工作的重要内容，实现了与核电行业核心业务的紧密融合。文档管理/技术创新成果已作为加分项指标列入《核行业文档管理指标和评价体系》，具体评价细则如表 3 所示：

表 3 文档管理技术创新指标说明

指标名称	指标描述	评分规则
评估是否具有文档管理/技术创新成果	统计 3 年（当年和之前两年数量之和）完成文档管理/技术创新成果数量，具体指获得发明专利、省部级以上研究课题通过验收、在本公司完成立项和验收的课题、开展行业法规与标准编写、省部级以上论文获奖等	5 分：3 年（当年和之前两年数量之和）完成文档管理/技术创新成果数量≥2；仅有 1 项加 2 分

参照上述指标对各核电集团文档管理技术创新情况进行汇总分析，形成如图 1 所示统计结果。

2. 档案科研成果成为核电行业科技创新的重要内容

档案科学研究成为核电行业科学技术发展的重要力量，为核电行业管理现代化、决策科学化提供了重要支撑。相关成果有重大创新性，技术难度也较大，对核

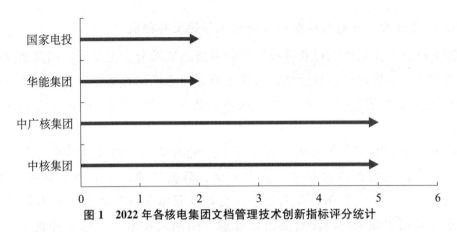

图1　2022年各核电集团文档管理技术创新指标评分统计

电行业档案工作起到重大推动作用，取得较好的社会效益和经济效益。

　　基于核电行业项目建设良好实践，核电行业形成核电工程电子文件单套制、核电电子文件传输接口、核电电子文件"四性"检测等核电档案创新成果，提升了核电行业档案工作效率。核电企业以国家档案局下达重点科研项目为契机，以工程文件为主轴数据，基于业务逻辑建立人、工程文件、设备数据之间的全面关联关系（如图2所示），形成核电工程项目文件关联知识地图，为用户提供数据分析、统计和溯源服务，有利于寻找项目文件流的"关键路径"，实现实时监控，为项目分析与决策提供有效的数据支撑，有效满足项目审计和监查要求，从而从本质上提升核电档案数据的安全、质量和价值。

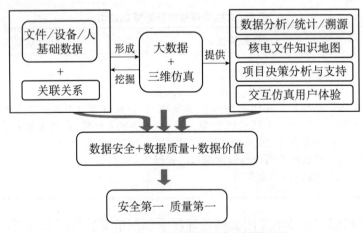

图2　核电项目文件数据关联逻辑模型图

（二）实现档案数据知识化，知识服务成为核电行业数字化转型的"助推器"

　　档案数据知识化是核电行业开展数字化转型的重要工作。数据是数字企业的

"石油"，档案数据知识化就是核电行业精炼"石油"的过程，把原本孤立的档案数据相互关联、融合，通过抽象、重构，赋予档案数据更多、更深的语义。通过档案数据知识化，让档案数据反哺核电业务，提升档案数据的价值，为核电业务赋能。参照《核行业文档管理指标和评价体系》，2022 年，核电行业各集团归档文件数字化率均达到或超过 90%，指标计算方法如表 4 所示，各核电集团归档文件数字化率如图 3 所示，档案知识服务成为核电行业数字化转型的"助推器"。

表 4 归档文件数字化率指标说明

指标名称	指标描述	评分规则
归档文件数字化率	归档文件数字化率符合国家相关规定要求	4 分：当年归档文件数字化率≥90%，达不到扣 4 分（统计方法：当年归档文件的数字化量（份）/当年度归档文件总量（份）×100%）

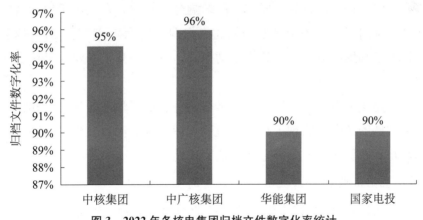

图 3 2022 年各核电集团归档文件数字化率统计

1. 档案数据治理成为核电行业数字化转型的组成部分

档案数据治理是提高核电行业信息化管理水平、实现核电行业数字化转型的重要途径。2022 年，核电行业精准识别档案数据存在的问题，通过大数据平台，使大数据技术与核电业务结合，挖掘档案数据价值，实现档案数据可视化、分析智能化，为核电行业管理者提供经营驾驶舱，通过档案数据的自动获取和关联分析，满足各级管理者对核电行业安全生产和经营管理的适时了解和识别改进的需求。

在核电项目建设调试阶段，通过深入调研工程项目的设计、采购、建安、调试四大核心业务，从项目与部门两个维度分析工程文档数据形成算法模型，对核电工程项目中基于文档流转的业务流程的文档数据进行深度挖掘分析和逻辑计算。在核电机组运营阶段，通过信息数据资源全面整合，在统一平台上实现档案管理的标准化、一体化，构建数据驱动业务智能发展的模式，在提高决策效率的同时促进档案数据管理变革。

2. 知识图谱成为核电行业数字化转型的推动力量

一个以人工智能为核心，融知识图谱、数据挖掘和智能服务为一体的档案服务方式正在形成，而知识图谱作为核电行业档案管理中常用的人工智能技术之一，已成为核电行业档案创新发展的关键一环，它将档案数据及信息高效转化为知识，进一步推进"智慧核电"建设和核电行业的数字化转型工作。

核电行业积极推进知识管理现状分析和需求评估，制定知识管理发展规划，整合知识资源。在核电项目建设调试阶段，根据工程文件之间的业务逻辑关系，构造项目显性化的文件关系图和文件知识地图，打通数据的横向关联关系和纵向的参考关系，提升核电工程建设过程关联关系的影响分析能力。在核电机组运营阶段，通过管理文件自顶向下的知识图谱模型构建（如图4所示），实现了对文档显性、隐性知识的挖掘和利用，变被动查找为主动推荐，极大提升了专业人员获取文档知识的效率。

核电文档是核电行业核心数据，也是核电行业知识管理的核心。知识图谱技术与传统核电文档的结合，实现了从传统流程管理的数字化到文档实体和应用全生命周期的数字化和智能化，成为核电行业数字化转型的推动力量。

3. 知识应用成为核电行业数字化转型的有效支撑

2022年，AI赋能的知识应用在核电行业中逐步落地，整体发展较为早期，但从长远来看，核电行业从数据化到知识化是必然趋势，结合场景的应用创新将为核电行业带来持续增长潜力。在知识经济时代，知识已成为重要生产要素，知识日益成为核电行业核心能力建设与创新发展的源泉。

通过RPA＋AI技术应用，开发数字员工001"文档管理文档接收检查员"，具备数据分析、自动打印、邮件发送、自动分发、质量检验五大功能，大幅提升文档业务处理效率。中广核工程有限公司完成的《RPA＋AI技术在核电项目文档数字化加工及数据处理中的应用》获中国核能行业协会2022年"核电工程建设首批高推广价值五新成果"。通过实体机器人＋AI技术应用，训练面向核电生产管理业务的专属智能化模型和文档处理机器人流程，实现了核电厂区文档智能服务全覆盖，智能核电文档实体机器人如图5所示。

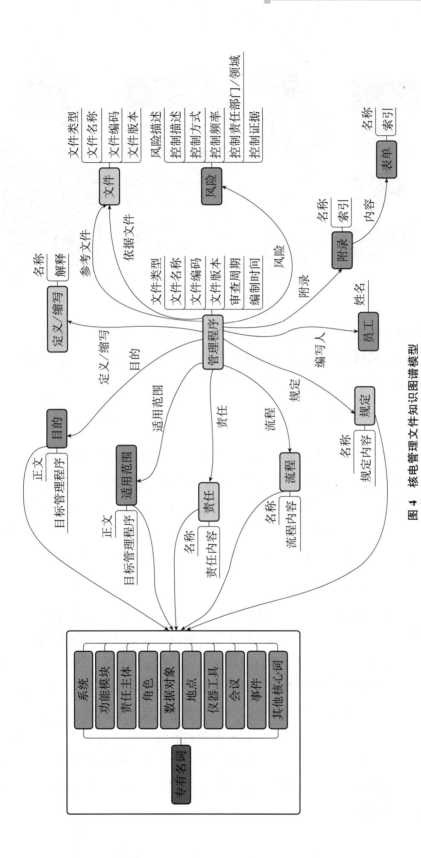

图 4　核电管理文件知识图谱模型

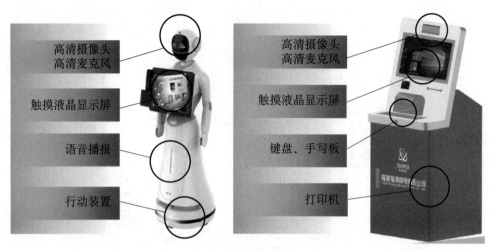

图5 智能核电文档机器人应用成果

通过开展核电文档知识应用，极大地加快了核电行业数字化转型的步伐，提升了我国核电行业的创新能力，增强核电文档管理由"管理型"向"服务型"转变的能力，有效地支撑了核电行业的数字化转型工作。

（三）培养档案复合型人才，数据服务成为核电行业高端人才的"孵化器"

档案复合型人才是核电行业档案管理创新与信息化建设的骨干力量，其基本素质包括以下几方面：一是具备现代信息意识，能够敏锐捕捉和收集档案信息。二是具备信息管理能力，能够准确评价档案信息的价值，利用信息化技术，根据用户的需求，筛选、组织信息资源。目前，核电行业通过与企学研合作，已初步形成一支具有档案知识背景，能够掌握新知识、新技术、新技能的复合型人才队伍。

1. 企学研合作成为核电行业档案复合型人才的有力抓手

2022年，通过企业、学校、科研机构三方合作的方式，核电行业档案工作者加大了知识更新力度，了解和掌握了新知识、新技术和新技能。培养途径也逐步多样化，包括如短期培训、委托培养、到高校进一步深造等形式。

核电企业已建立了核行业文档知识管理联合实验室，通过校企"强强联合"共同开展核行业文档知识管理的前沿研究创新和学术交流，全面推进产教融合和科技成果转换，体现了对核电领域工作的系统规划和长远眼光，对人工智能和文档管理的深度融合起到积极的推进作用。通过企学研三方合作，核电行业培养了一批档案管理与智能化技术融合的复合型人才，这些复合型人才也成为核电行业档案创新的主力军和核心力量。

2. 档案大数据分析成为核电行业档案高端人才的核心能力

档案大数据是指一定空间与时间范围内所有档案数据的集合。档案大数据除了指数据体量、类型、变化之大外，更重要的是指这些数据蕴含的价值之大。核电行业应用档案大数据进行定量分析，有助于核电安全与创新发展。通过档案大数据研究分析，核电行业培养了档案高端人才的核心能力。

核电行业档案工作者利用大数据分析技术，以核电项目文件为主线，通过关键设备档案大数据分析，形成以"知识元"为核心的知识管理体系，实现数据的"信息态"向"知识态"的转变。通过关键设备档案大数据分析，核电关键设备知识的管理现代化，知识应用场景趋增，对于已建立大数据工程的设备，基于关键核心设备相关联档案进行大数据成果分析，搭建"关键设备大数据知识平台"。

在这些档案大数据分析研究中，核电行业培养了不少高端人才，运用自身技术为行业创造了价值，形成全员互动、知识共享、系统思考、群体创新的核电行业特色。核电行业积极落实创新发展战略，高度重视国家档案局组织的全国档案系统"三支人才队伍"的选拔工作，1 人获评国家级档案专家、5 人获评全国档案工匠型人才、4 人获评全国青年档案业务骨干，人员名单如表 5 所示。

表 5　国家级档案专家、全国档案工匠型人才、全国青年档案业务骨干名单

荣誉类型	姓名	所在单位
国家级档案专家	邱杰峰	福建福清核电有限公司
全国档案工匠型人才	李奕奕	江苏核电有限公司
	房　琨	中核陕西铀浓缩有限公司
	吴　旭	阳江核电有限公司
	凌丹莉	中广核核电运行有限公司
	魏新红	上海核工程研究设计院有限公司
全国青年档案业务骨干	倪　腾	中核汇能有限公司
	王　爽	中国广核集团有限公司
	关缓瑞	中国辐射防护研究院
	姚雪琴	山东核电有限公司

3. 档案数据服务成为核电行业档案高端人才的验证手段

通过档案大数据分析，运用大数据分析软件结合行业专项需求展示成果（图片、数据、视频等形式），已成为核电行业高端人才的日常工作。他们运用行业的大数据分析软件对所属企业的档案数据进行分析，形成大数据结果上报

政府相关部门及上级单位、行业学会，为政府决策和行业发展提供大数据依据。

由档案数据全息关联形成的智慧知识平台实现由全文检索向知识检索的转变，通过"项目文件全息关联智能化和可视化"，利用大数据和关联关系规则，实现了对文档的显性知识和隐性知识的挖掘，建立文档与职责、流程等知识实例间的关联，并进行多维度的图形化展示满足为员工层及协作单位提供极简、极速、精准的数据检索服务和定期的主动推送相关性较高的数据的需要。

(四) 满足智慧核电建设需求，智慧化成为核电企业档案利用效益的 "放大器"

随着物联网和智能化技术在核电领域的应用，核电档案管理实现了数据化、模型化和智能化，逐步实现了实体档案的无人化、少人化管理，提升了档案利用的用户感受，智慧化逐步成为核电行业档案利用效益的"放大器"。

1. 智慧化成为核电企业档案利用的必然选择

核电行业在数字化转型过程中，提出了档案管理的新途径、新方向、新办法，赋予档案提供智慧服务的能力。核电行业将智慧化视作档案利用的必然选择，在"抓整合、促共享"的基础上，总结数字档案在理念、资源、技术方面的局限性，朝着智能感知和智慧化档案管理的方向迈进。

中核集团通过信息技术将档案实体、档案内容、档案管理信息与公司用户联系起来，实现了用户对档案内容信息的全局性、系统性感知，进而提供了可视化、可量化的数据支撑，实现档案信息、实体、管理环境的一体化整合管理，打破了文件载体对于数据的约束，使得计算机可以深入处理、运算、利用这些数据，通过对文档内容层面的知识抽取，从文档中提取关键性的知识信息，并加以组织和管理形成知识图谱数据，基于已形成的知识图谱数据开展智慧化服务，面向用户提供内容检索、知识检索、智能推荐、相似比对等贴心服务。具体内容如图6所示。

2. 智慧核电建设成为核电行业转型升级的推动力量

目前，核电行业正依托成熟的生产管理体系和系统，抓紧建立核电行业特色的能源工业互联网平台，该平台覆盖核电全寿期全要素，实现纵向贯通整合共享，横向端到端价值链流程集成，上下游产业链协同，为内外部用户创造更大价值，推动核电行业的转型升级。

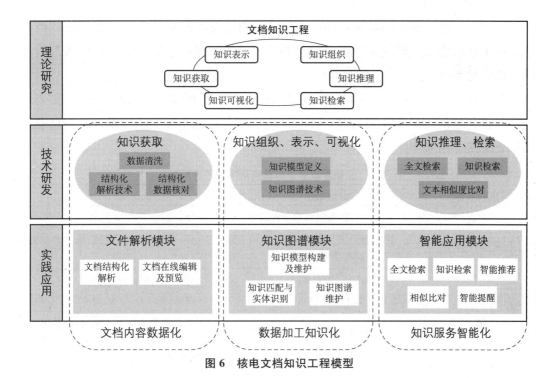

图 6 核电文档知识工程模型

通过积极探索 RPA 技术在档案管理领域的应用场景，引进 RPA 数字员工，开展电子文件审查、库存档案数据抽查、档案常见业务智能问答等功能开发、部署，通过数据可视化技术应用，实现对非文档系统中多个页面、不同分发对象、不同文件类型的数据爬取，通过数据可视化技术集合数据图表展示，绘制卫星库管理的可视化大屏。通过横向对比，可快速识别管理薄弱项，促进多领域管理共同提升，成为核电行业转型升级的推动力量。

中核集团通过构建"一线双核多应用"的智慧文档管理体系，打造文档管理的智慧大脑与知识图谱构建工具，通过"技术核"＋"知识核"的方式驱动核电文档深层次利用与核电业务高效运转。该模式在"一线"打造的核电大数据综合治理体系与"双核"提供的 AI 技术支持及细粒度知识服务的基础上，成为智慧转型的必要成果和实践表征，时刻与智慧转型的目标保持一致。

二、2022 年我国核电行业档案工作面临的挑战

新的技术环境和大数据时代背景对核电行业档案工作提出了新的要求，大数据对档案信息的共享程度和档案安全都提出了更高的要求，新的技术环境也对档案工作者的知识与技能都提出了更高的要求。新技术发展到今天，档案工作者应该说对

于"大数据"这一概念的认识，还远未达到预测其发展趋势的程度，而目前的档案管理应用系统也很难适应大数据的技术要求。这些问题，都是核电行业档案工作者必须面临的挑战。

参照《核行业文档管理指标和评价体系》，对各集团文档管理资源信息安全情况进行量化分析，评价规则如表6所示，2022年各核电集团文档管理资源信息安全指标评分统计结果如图7所示。

表6 文档管理资源信息安全情况评价规则

指标名称	指标描述	评分规则
文档管理资源信息安全情况（包括用户认证、授权、审计、数据备份恢复、事件处置等）	1）无文档信息系统泄密事件发生	满分10分：发生一次扣5分
	2）有明确的文字材料显示文档信息系统具有功能拓展性	满分10分：根据文档信息系统具有功能拓展性自评
	3）有明确的文字材料显示文档信息系统电子签名认证备案	满分10分：使用EV类型CA证书10分，OV类型6分、DV证书3分
	4）有明确的用户组织管理、授权管理及文件访问控制功能	满分10分：根据文件访问控制颗粒度评价。文种级3分，案卷级6分，文件级8分，元数据级10分
	5）重要敏感信息实行加密传输和存储，对重要信息系统数据设置自动、定期备份计划	满分10分：有加密5分；定期手动备份2分，定期自动备份3分
	6）系统相关网络设备、服务器、数据库设置访问控制、漏洞补丁更新功能	满分10分：根据网络安全评价结果自评
	7）系统开发或测试环境独立于生产环境部署	满分10分：开发环境隔离6分，测试环境隔离4分
	8）建立应用系统数据备份恢复机制，根据需要开展业务应用系统的建设和演练	满分10分：已建立备份恢复机制5分；定期开展备份恢复演练（不低于2年次）5分

（一）档案工作与核电行业创新发展不同步

创新是引领发展的第一动力。与如火如荼的核电行业其他领域创新发展对比，档案管理领域存在与核电行业创新发展不同步的情况，核电行业档案工作者面临着前所未有的新矛盾、新挑战，核电行业创新发展存在着不全面、不平衡的情况。

在核电企业现代化信息化管理体制下，传统档案管理表现出与企业创新发展在技术应用、管理模式、工作质量多方面的不匹配性。核电企业未来的节能化、共享化、知识化、智能化发展趋势对新时期档案工作提出新要求。

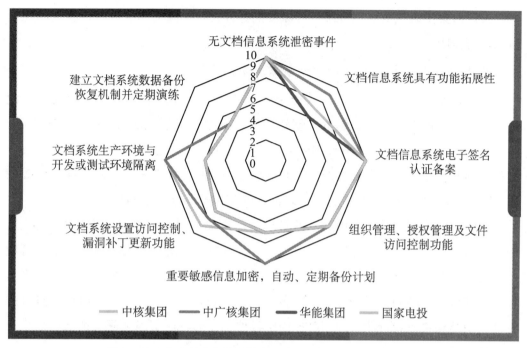

图 7　2022 年各核电集团文档管理资源信息安全指标评分统计

1. 档案工作与核电行业技术创新需求不同步

核电行业通过技术创新，已经实现核电技术从跟跑并跑到全球领先。在核电行业的技术创新中，档案工作占比较少，具有战略性、前瞻性的技术创新项目更少，尤其是在核电技术创新"揭榜挂帅"项目榜单中，很少看到档案工作者的身影。

互联网、云计算、物联网、大数据等新一代信息技术目前已成为各行各业探求创新升级的重要手段，尤其是在实体经济方面。核电企业作为传统型制造企业，十分需要把握信息化转型趋势，在生产业务场景中借助新兴技术有效提升核心竞争力。与此对应，档案工作信息化建设仍处于起步阶段，一定程度上制约了核电企业整体数字化转型。

核电行业正在尝试通过搭载感知设备和信息系统实时采集分析数据，构建广覆盖、低时延、高可靠性的核电设备互联互通集成体系，然而核电行业档案工作受限于档案信息化水平，文档管理系统仅与少量业务系统建立连接，大量元数据无法直接归档，导致数据关联不充分，数据非结构存储导致数据查找困难，查找档案时往往需要手动检索到存储地址再查阅纸质档案，不利于档案资源的互通共享。核电行业正在尝试搭建集团级档案资源共享平台，通过资源共享使相同堆型机组、相同类型设备技术文件、运行维护经验互通，以提升核电行业整体绩效水平，然而核电行业档案工作受限于档案数据结构化、标准化程度，数据共享尚停留在查询检索层面，难以对集团级档案数据资源进行深度挖掘分析，距离集团级数字档案馆的建设目标还有差距。

2.档案工作与核电行业管理创新需求不同步

核电行业秉承"核力无限、共创未来"的管理创新理念，建立了管理创新流程，搭建管理创新平台，聚焦员工创新智慧，激发员工创新活力。基于良好实践，一年来，核电行业产生了1 000多项管理创新成果。力求通过管理创新项目，找准短板弱项并主动优化，实现管理工作的持续改进。其中，档案领域的管理创新成果占比较少，不足5%，与核电行业管理创新的需求不匹配、不同步。

核电行业迫切地需要应用先进的管理工作理念，寻找档案事业发展的创新点，制定创新管理思路、管理方法与管理规范。这就要求核电行业从领导者到下属管理工作人员各个层面更新管理理念，深入结合信息化发展思维和管理意识，寻找更具针对性和科学性的创新管理办法，夯实行业管理创新基础。另外，核电行业自身的管理组织结构关系着行业管理创新过程中各项工作的具体实施和落实情况，是行业实现创新发展的核心。

档案资源系统地记录了核电行业发展历程和生产活动，是行业人员智慧累积的显性表现，也是部门优化和人员培训的重要参考资料。但是当前核电行业普遍忽视了对档案的编研利用，往往只编不研，导致档案编研内容过于简单，缺乏广度和深度，整体质量不高，未能最大化发挥档案资源的指导作用。

（二）档案部门对核电行业数字环境不适应

在日常工作中，人与环境是相互作用的。随着核电行业数字化转型工作的不断深入，档案工作者不能忽视数字环境的影响。从对核电行业调查的结果看，在这个环境下，档案工作者的确面临着一些困难、问题和挑战，表现为对以互联网、大数据、云计算、人工智能、区块链等为代表的信息技术的不适应，管理手段跟不上数字环境的变化。

在大数据背景下，核电行业单位档案管理呈现出社会化、多样化、数据化发展趋势。众所周知，核电行业档案管理工作既需要向内部提供档案服务，也需要向广大人民群众提供档案服务。只有不断提升档案信息资源利用率，才能让内部工作人员与人民群众真正满意。同时，随着新技术与新媒介的应用，核电行业档案信息已经由纸质信息转换为电子信息，信息类型的变化使档案存储方式也发生了改变。

1. 档案部门对核电行业数字化转型不适应

在核电行业数字化转型中，档案管理业务开始融入核电业务流程中，传统的档案工作方式尤其是基础整理工作不复存在，工作的对象也变成数据信息。这种变化，让核电行业的一些档案工作者产生焦虑与不安，尤其是在数据安全方面感到困难重重。

档案部门在核电行业数字化转型中，尚没有找准服务的重点和核心，对新业态、新技术催生的新需求不适应。据核电行业的档案工作年报，档案数据化程度保持高速增长，但是档案数据的有效利用率不高，核电行业档案数据并没有被激活。究其原因是没有完善的核电行业档案数据管理标准化体系，导致在实际工作中，档案管理工作没有科学的依据作指导，核电行业各业务系统的数据标准不一致，档案资源不能得到合理利用，档案数据散落在各个业务系统，档案部门在所在行业数字化转型中准备不足。

档案数据安全管理是企业安全管理的重要组成部分，核电行业尚未从制度、管理、技术三个层面三管齐下对档案数据安全风险要素进行有效控制，因此核电企业档案部门考虑到核电行业的敏感性，难以积极响应档案数据资源利用的需求，导致核电行业档案数据共享性不足，仅有 5% 的档案数据用于大数据分析，从而对核电行业辅助决策的支持不足。

2. 档案部门对核电行业数字化技术应用不适应

对核电行业来说，数字化技术的本质作用，就是及时发现变化并应对变化，从而提高核电的稳定性和安全性。一年来，数字化技术与核电行业管理、标准化结合在一起，依托系统工程、数字核电、模块化建设，以及数字孪生等数字化手段，对核电厂进行了的技改和延寿，取得了良好的经济效益。对于这些数字化技术的应用，档案部门由于知识更新较慢等原因，产生了不适应感。

按照核电行业的数字化转型规划，各个核电厂都在开展智慧核电建设，在此过程中，档案人员对数字化新技术了解不够深入，而业务部门人员对档案行业电子文件归档和电子档案等标准规范和管理要求了解不充分，致使智慧核电建设中所形成的各种技术方案、档案管理及技术要求落实不到位，档案资源潜在价值发挥不佳。多个核电企业虽然申请了国家档案局的电子化试点或科研项目，但档案人员未充分参与业务系统前期调研和梳理，未充分调动业务人员参与业务变革、流程再造的积极性，在试点项目或科研项目中未形成相关业务规范和数据标准，不能较好地适应数字化技术发展和应用，科研成果难以形成行业影响力。

（三）档案人才与核电行业智慧化建设不匹配

在"碳达峰、碳中和"目标下，核电行业将智慧核电建设视作能源高质量安全发展的抓手，布局谋篇，不断夯实智慧化发展基础，构建智慧物联，建设数据中心，打造企业中台。其中，档案数据智慧化也是智慧核电的重要组成。在智慧核电建设中，具有智能化知识与技能的人才不足是发展的瓶颈。据数据分析预测，到2025年，智能制造业人才需求将到达900万人，人才缺口预计450万人①。

智慧核电建设不仅涵盖数字建模、物联网、机器人等多领域核心技术，还涉及人文学科，是数字化和智能化的深度融合，是跨学科、多门类专业的深度跨界和学科技术的高度融合。相应的"智造型"人才已远远超越了传统的人才边界与内涵，传统方式培养出来的档案人才与核电行业智慧化建设要求不匹配。

1. 档案人才与核电行业智能升级需求不匹配

当前，我们已经进入了数字时代，智能化技术在核电行业档案信息化建设中的应用越来越广泛，但是，不少档案工作者的认知还停留在纸质档案管理理念上，仅仅是对档案资料进行整理、归类，没有主动将智能化技术应用到核电行业档案工作中，行业发展需要遵循的历史科学规律也无从摸清，与智慧档案馆建设和智能化档案信息服务的需求不匹配。

核电行业档案管理智能升级需要档案工作者掌握多种存储与管理方法，核电行业档案人才类型普遍呈现单一化特征，复合型人才缺口较大，特别是在核电行业智能升级的时代。当下，一方面是核电行业智能升级对档案人才提出了更高要求，促使他们增强学习主观能动性，学习数字化管理知识；另一方面是亟待引进信息化人才，融入档案工作队伍。

2. 档案人才与核电行业智慧核电建设需求不匹配

在国家两化融合、节能减排等政策驱动下，核电行业在智慧化方面作出大量研究和实践，5G网、物联网、大数据、虚拟现实、区块链等技术为智慧核电建设提供了技术支撑。在智慧核电建设中，对档案管理的理念与手段都提出了要求，但从实际情况看，目前的档案人才与智慧核电的需求尚有较大的差距，需要迅速转变观念，积极主动、尽最大努力开发档案数据资源，把"死档案"变成"活信息"。

一方面，核电行业正在规划建设智慧工地和智慧核电，成熟应用也越来越多。

---

① 智能制造年度人才趋势报告 2022 [EB/OL].（2022-12-30）[2023-01-30]. https：//mp. weixin. qq. com/s/OrGedMLqAIjQhlHOcYXJHg.

另一方面，档案人才对智慧工地和智慧核电参与较少，对用户需求不熟悉，对使用的技术和档案管理要求不太了解，这就造成档案人才与智慧工地和智慧核电建设需求不匹配。

3. 档案人才与核电行业知识化管理需求不匹配

在大数据时代，核电行业的生产运营要靠数据说话。在国际原子能机构的倡导下，核知识管理日渐融入核电业务流程中，让核电数据成为助推核电运营优化的新燃料，让知识发挥不可替代的作用。但是，核电行业档案工作者对知识管理的法规、技术了解不够、掌握不足，与核电行业知识化管理需求不匹配。

在核电企业知识化管理的背景下，核电文档管理与知识管理存在密切的重合与互动关系，核电企业文档知识管理则是核电企业知识管理重要的战略组成部分。统计发现，核电行业核电文档管理使用的是传统的"收、管、存、用"式文档管理系统，没有数据挖掘和知识管理环节和流程。档案人员对知识管理模式认知较弱，知识管理意识缺乏，不利于知识管理与档案管理的深度融合，在创建核电行业知识地图、积累核电知识资产、为提供管理决策依据方面与行业知识化管理需要不匹配。

三、2022 年我国核电行业档案工作创新发展的举措

核电行业以科技创新为引领，多措并举，推进核电行业档案工作实现数字化转型和高质量发展，助力智慧核电建设和国家双碳战略目标的实现。

随着信息技术的发展和大数据时代的到来，各行各业都已迎来数字转型时期，核电行业的档案工作也迎来了新的机遇和挑战。面对新的环境和时代要求，核电行业的档案工作借势借智借力，从档案工作的视角上、管理方式的智能上以及科技成果转化率上，作出了诸多举措，也取得了不错的成绩。

（一）借势借智借力，创新核电行业档案工作机制

古人云：君子谋时而动，顺势而为。核电行业档案工作者遵循档案事业发展的自然规律，主动学习信息化、智能化和知识化技术，借助高校、研究机构的智慧与成果，丰富自己的知识，提升自己的技能，创新档案工作机制，聚多方之力，实现了核电行业档案工作数据化转型和高质量发展。

1. 增强核电行业档案工作视角新颖性

由于核电行业的开放性，档案工作者的视野较广，不少员工都有参与国际档案

工作研讨会或国外核电培训的经历。这些经历赋予核电行业档案工作者全新管理视角，也推动他们不断采取新颖的工作视角，创新运作核电行业档案管理工作，形成数据化、知识化的档案信息服务意识，为核电行业档案工作高质量发展奠定了基础。

大数据时代让网络化的数据共享成为大势所趋，各个核电企业也都意识到仅仅是本单位或组织内部的信息共享已无法满足用户们的需求，实现集团级甚至行业级档案数据共享，能够让业务人员在业务流程过程中随时随地对接和协同，不受时间和空间的限制，也能够实现不同组织间知识的交流互换，产生高度的共享效应，进一步实现档案资源价值的最大化。

2. 提升核电企业档案管理方法智能性

核电行业档案工作注重科技创新成果的利用，以此提升档案管理方法的智能性。档案工作者通过科技创新项目，研发了一系列档案数据智能搜索、档案数据知识加工的管理工具，逐步建立档案智能管理体系。核电行业数字化的信息环境，也倒逼档案工作者加强档案管理的智能性，使得档案信息采集更全面、信息类目更翔实、信息调取更准确快捷。

核电行业作为大型技术密集型产业，对文档的规范性、智慧性的要求是非常高的。通过将技术和制度相结合，在文件生成过程中，使用单轨制的管理方式实现电子文档对核电行业的全业务流程进行真实、全面、完整且规范的记录，依托现代信息技术构建数字化档案在线收集、自动分类、智能整理平台；在业务流程过程中，通过文件共享来实现业务人员随时随地的对接和协同，不受时间和空间的限制，能够产生高度的共享效应；在文件的管理和利用方面，能够利用电子文件系统强大的检索与分类体系和对数据信息的深度挖掘，为不同的用户提供高效的智能查询、多维度的数据展示、智能方案推荐和设备维护上的智能预警等多项智慧化服务。因此，核电行业在档案管理方面更加注重智能性，推动了档案数据的价值作用从工具层面上升为生产要素，成为核电行业的核心资产和战略资源。

3. 提高核电行业档案科技成果转化率

核电行业在科技创新方面重点抓住成果转化率这个"牛鼻子"，将其作为核电行业高质量发展的一个关键指标，并从供给侧（科技成果、科技专家、科研设施）、需求侧（企事业项目、产业项目）、服务侧（专业化、市场化）三个方面发力，共同培育、推动高质量科技成果转化落地。

我国在核电行业的投入持续增长，科技成果逐年增加，但科技成果转化率依然不高，有诸多科技成果被束之高阁，因此提高核电行业档案科技成果转化率具有十分重要的意义。针对这一问题，核电行业深入分析了造成核电行业科技成果转化率低的原因，主要从以下几个方面发力：一是注重应用实效，推动成果转化，以企业标准、技术文件、培训课件、影像资料等形式，推动档案科技成果的转化与应用。二是完善激励制度，促进成果转化，加大档案科技成果的推广实施。三是尊重相关人才，创造实际效益，通过开展科技创新平台建设，依托科研平台实现"科研项目—科研人才—科技成果"的良性发展。

（二）实现从"纸间"到"指间"的蜕变，推动核电企业档案管理数字化转型

档案管理数字化转型是核电行业档案部门立足行业创新发展需求，充分发挥物联网、人工智能等技术优势，推进档案库房智慧化、档案存取自动化、档案管理无人化、档案工作智能化的建设进程，实现了档案管理从"纸间"到"指间"的转变。

1. 加快核电行业档案数据治理的速度

在核电行业实施数字化转型进程中，档案数据治理已成为其中的重点工作内容。核电企业希望通过档案数据治理能力体系建设、能力提升和效果优化，实现企业战略、组织架构、数据标准、管理规范、数据文化、技术工具综合体有序发展，实现数据采集存储、数据治理分析和数据处理汇聚的明显成效。

核电行业在档案数字化转型中，需要重点解决存量档案数字化和增量档案电子化问题。存量档案数字化是对已归档的海量的纸质、电子文档等非结构化文档进行数字化处理，是一个复杂系统工程，核电企业可以从档案管理的个别环节开始进行数字化。增量档案电子化是指新增电子文件通过电子文件归档形成电子档，通过电子文件归档能够很好地满足增量档案电子化需求。档案数据经过筛选、清洗、组合及分析后，以系统化、规模化的形式参与到核电行业各个业务场景中，赋能核电行业的数字化转型和持续发展。

核电行业利用 PLM 系统对三维电子文件进行专门管理，保证结构类三维过程数据获得安全和完整存储。不仅可有效保证三维电子文件的安全性，还能有效应对轻量化问题，真正发挥可视化数据的应用价值，加快核电行业档案数据治理的速度。

2. 把握核电企业档案数据挖掘的深度

挖掘档案的价值，发挥档案的作用，是核电行业档案工作者的职责与义务，也

是实现核电行业档案工作价值的重要体现。丁薛祥在中央档案馆国家档案局调研时提出，档案部门要"充分挖掘档案价值""努力在系统开发利用、深度开发利用、精准开发利用上下功夫"。核电行业档案部门要积极践行这个要求，不断创新工作方法，抓住核电行业数字化转型的重要机遇，迎难而上，为我国核电事业发展提供高效服务。具体措施包括：

一是构建完整的文档数据管理体系，建立文档数据赋能模型、制定文档数据全生命周期管理策略，构建全文数据库，积极融入企业核心业务场景，从根本上提高企业档案数据利用效率。

二是引进先进的设备与管理技术，开展存量档案的数字化加工和增量档案的电子化归档，在此基础上利用大数据分析技术来整合行业档案管理系统，实现无缝衔接。

三是利用可视化分析提高档案数据的可理解性，推动人机交互技术拓展与融合，直接展示档案数据的动态化规律，为核电行业可持续发展提供科学依据。

四是采用语音引擎实现档案数据智能提取，为用户带来更高质量的检索感受，进一步实现语义搜索，匹配自然语言的处理方法，从而满足行业的业务需求。

3. 提升核电行业档案数据应用的力度

核电行业结合自身特点，开展了档案数据应用的实践，形成了"点、线、面"三种应用形式。一是"点"的应用，以某个核电领域的档案数据作为切入点，进行档案数据的分析挖掘；二是"线"的应用，以系统或设备为中心，形成跨领域的档案数据应用，重视档案数据挖掘的动态性；三是"面"的应用，面向机组或电厂的档案数据应用，将数据挖掘的知识作为信息资产进行管理，在企业或行业内部学习共享。核电企业电子文件的单套制归档由试点转向全部业务系统，以大数据技术为重点进行档案信息资源开发利用，基于档案的知识管理实质性突破，以及适应数字转型的企业档案管理体制机制调整将是下一步的工作重点。

核电项目的三维数字模型的交付将成为趋势。三维数字模型主要由模型主体、数据、关联关系等组成。在项目竣工后，通过收集完整档案数据，经过筛选、加工、与三维数字模型构建关联关系后形成完整的三维数字模型，向业主方开展数字化移交，在此基础上，形成档案数据的智能化应用，大大提升了核电行业档案数据应用的力度。

(三) 加快复合型人才引进与培养，推进智慧化技术与核电企业档案工作的融合

核电行业特别重视档案专业与信息技术复合型人才的培养工作，通过与高校、

科研机构三方合作的方式，加大了档案工作者知识更新力度和信息化技能掌握程度，初步形成一支具有档案知识背景，能够掌握新知识、新技术、新技能的复合型人才队伍，努力实现智慧化技术与档案工作的融合发展，更好地服务智慧核电建设。

1. 推动新技术应用，实现核电行业档案资源模型化

核电行业坚持系统思维，秉承数据贯通和数据分层理念，聚焦管理效能提升、降本提质增效，打通安全生产、经营管理各业务领域数据链，为核电安全运营提供档案资源模型化信息支撑。一方面，认真分析用户需求，通过数据挖掘技术加强档案资源利用模型开发，提升档案资源供给的精确性和实效性。另一方面，借助信息技术创新服务方式，优化用户体验，为用户提供个性化、主动性的档案资源服务。

参考我国国家标准《知识管理》（GB/T 23703）、欧盟标准化组织工作协议 CWA14924《欧盟知识管理良好实践指南》（European Guide to Good Practice in Knowledge Management），核电行业开发了档案资源知识管理模型（KPE），将档案资源知识有序地分类、有规律地存储，为核电行业员工间知识的传播提供一个有效的学习型组织环境，帮助用户快速寻找到所需要的知识和专家。

2. 建设大数据工程，实现核电行业档案资源全息化

随着核电行业数字化转型工作的深入，大数据对核电行业正在产生着巨大影响。档案工作者在数字化转型中也逐步建立了"数据思维"，从档案管理数据中寻找规律、挖掘价值，帮助核电行业优化资源配置。大数据时代，数据已经成为核电行业核心资源，成为核电行业高质量发展与创新发展的内在需要和必然选择。核电行业档案工作者也逐渐树立了全数据思维，充分利用大数据技术，实现档案资源全息化利用。

为科学、安全、有效地做好核电大数据全息关联管理创新，核电行业档案工作者通过对核电项目文件业务逻辑分析梳理及对现有数据的全面梳理和深度挖掘，利用大数据和三维仿真技术，以核电档案资源为主线，打通二维数据与三维数据的关联通道，以此构建项目档案资源全息关联模型（如图 8 所示），实现档案资源关联关系智能化和可视化。

3. 规划知识工程，实现核电企业档案资源智慧化

核电行业充分利用国际核知识管理的实践经验，构建具有中国特色的核电档案知识工程，发挥其在数据与信息的智能处理与知识挖掘方面的效能，实现对档案的知识获取、知识表示、知识组织、知识推理、知识检索及知识可视化等智慧化利

图8 项目档案资源全息关联模型

用，体现了档案资源的内在价值。

核电企业积极开展文档聚合的价值主要体现在对文档中知识内容的挖掘和知识利用方面。一是深入挖掘核电文档中的知识内容，以文献或信息作为描述文档内容的基本单位，深入到知识单元，使文档内容揭示更加精准化。二是揭示核电文档资源之间的深层语义关联，将具有相同知识内涵的文档进行关联聚合，提升核电文档资源的整合与知识发现。三是促进核电文档多样化知识利用，经深度聚合后的核电文档形成网状互联结构，可以根据企业及用户需求实现文档知识内容的语义检索，同时提供知识可视化呈现服务。

核电行业通过知识工程的实施，以需求为导向，由知识管理部门对员工的知识需求和知识服务需求进行深入调研，识别出对核电行业生产和管理相对重要的关键需求，有针对性、主动地提供档案资源智慧化知识服务。同时，核电行业将信息化环境与知识管理相融合，实现整体业务向智慧核电的发展目标转型。

四、结语

档案数据是核电企业重要的信息资源，也是核电机组安全、合规、稳定运行的重要基石，为核电企业的安全运营和创新发展起到了强有力的支撑作用。未来，档案数据将成为核电企业的核心竞争力，而档案知识将成为核电企业的重要影响力。

感谢施千里、刘敬仪、鲍琨、李舒婷、张燕斌、马月军、姚雪琴、舒晨、宋吉丽、徐晓月参与本报告的数据搜集与内容撰写。

中国生物制药行业档案管理与信息化发展报告

王平[1]　李沐妍[1]

1. 武汉大学信息管理学院，武汉　430072

摘　要： 生物制药档案是药品研制、生产、经营、使用活动中产生的反映活动执行情况的记录，对于科研和产业发展而言是重要的数据支撑。生物制药行业的档案管理工作，助力于项目业务流程的全过程质量管理，是档案支持国家科技创新和产业发展的重要体现。在国家信息化建设全面推进、企业数字化转型全面推动的宏观背景下，生物制药行业档案管理工作更是至关重要，本报告围绕生物制药行业主体——生物制药企业这一立档单位和管理单位，对生物制药行业档案管理工作及其信息化发展建设情况进行梳理与分析，展现行业档案管理工作优秀案例，并对未来该行业档案事业发展进行展望。

关键词： 生物制药；档案管理；药品记录；档案信息化

作者简介： 王平，博士，教授，研究方向为档案信息化建设、数字/智慧档案馆，电子邮箱 wangping@whu.edu.cn；李沐妍，博士，研究方向为智慧档案管理与服务、档案智库。

生物制药行业将生物技术和成果应用到医药领域并制成药物，是我国生物医药事业发展的重要组成部分。伴随着技术研发和成果应用，生物制药企业单位会形成大量的实践记录。根据《药品记录与数据管理要求（试行）》规定，数据是指在药品研制、生产、经营、使用活动中产生的反映活动执行情况的信息，记录是指在上述活动中通过一个或多个数据记载形成的，反映相关活动执行过程与结果的凭证。本报告从"大档案观"角度出发，将生物制药活动过程中产生的全部文件、记录和数据都称为生物制药行业档案，它们是对过程和结果的记录，包含了科技档案、企业档案、项目档案等不同门类。对国家整体档案事业发展而言，生物制药行业的档案管理工作，是档案支持国家科技创新和产业发展的重要部分。与此同时，对生物制药行业而言，档案管理能够助力于项目程序、业务流程的全过程质量管理，是行业健康有序发展的信息保障。在国家信息化建设全面推进、企业数字化转型全面推动的宏观背景下，生物制药行业档案管理工作更是至关重要，是行业发展满足国家战略要求的重要抓手。本报告围绕生物制药行业主体——生物制药企业这一立档单位和管理单位，对生物制药行业档案管理工作以及信息化发展建设进行梳理和分析，展现行业优秀案例，并对行业档案管理工作和信息化建设方向进行展望。

一、生物制药行业档案管理发展

（一）生物制药行业的档案管理内容

根据 2018 年到 2022 年《中国统计年鉴》统计数据，从 2017 年到 2021 年中国医药制造行业企业数量变化与产值增速相对较稳定，2021 年其企业数量和产值增速都有较大提升（如图 1 所示）。生物制药是中国医药制造的重要组成部分，伴随近年来医药制造行业的快速发展，且受益于政策扶持、技术创新等因素，中国生物药市场销售额快速增长，2020 年生物药在中国公立医疗机构终端的销售额接近 1 500 亿元，同比增长 12.6%，销售额占比也由 2019 年的 9.2% 上升至 11.8%[①]，据有关机构预测，2022 年中国生物药市场规模将达 5 162 亿元[②]。生物制药企业的数量也出现较大的变化，根据企查查数据，2020 年和 2021 年生物制药领域企业数量都有较高的增长幅度（如图 2 所示）。

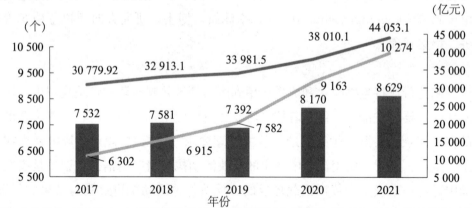

图 1　2017—2021 年医药制造行业发展情况

资料来源：历年《中国统计年鉴》。

---

① 首现负增长（-12%）！2020 年中国公立医疗机构终端药品销售额 12 107 亿元 [EB/OL]．（2021 - 05 - 13）[2022 - 11 - 27]．https：//www.menet.com.cn/info/202105/202105130941224122_141464.shtml.

② 中商产业研究院．2022 年中国生物药市场前景及投资研究预测报告（简版）[EB/OL]．（2021 - 12 - 24）[2022 - 11 - 27]．https：//www.askci.com/news/chanye/20211224/1657321702880_3.shtml.

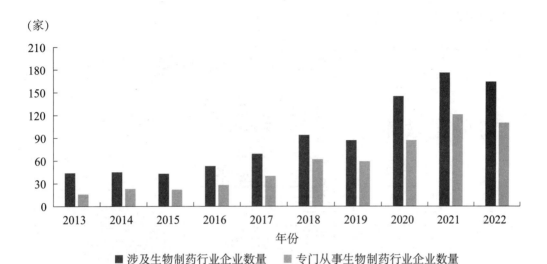

（家）

图2 2013—2022年生物制药相关企业新增数量变化情况

资料来源：企查查。

伴随着生物制药产业的蓬勃发展，国家对生物制药行业的监管也逐步加深。国家食品药品监督管理总局提出"逐步加强和完善涉及药品研发、生产、流通和使用等环节的通用性技术要求"[①]，强化全过程控制保障理念；《"十三五"国家药品安全规划》更是明确了"加强全程监管，确保用药安全有效"[②] 的管理目标。为了实现过程控制和优质生产，记录和数据的管理至关重要，2020年国家药监局发布《药品记录与数据管理要求（试行）》，专门针对生物制药行业的档案管理工作提出具体要求："从事药品研制、生产、经营、使用活动，应当根据活动的需求，采用一种或多种记录类型，保证全过程信息真实、准确、完整和可追溯"[③]。这些记录数据是在药品研制、生产、经营、使用活动中产生的反映活动执行情况的信息，包括文字、数值、符号、影像、音频、图片、图谱、条码等，是通过一个或多个数据记载形成的，反映相关活动执行过程与结果的凭证[④]，这些记录载体形式包括传统纸质形式（实验记录本样例如图3所示）和数字化形式，例如管理系统中的项目文档、

---

① 食品药品监管总局关于进一步加强食品药品标准工作的指导意见［EB/OL］.（2018-01-22）［2022-11-27］. http：//www.gov.cn/xinwen/2018-01/22/content_5258510.htm.

② "十三五"国家药品安全规划［EB/OL］.（2017-05-12）［2022-11-27］. https：//www.ndrc.gov.cn/fggz/fzzlgh/gjjzxgh/201705/t20170512_1196759.html? code=&state=123.

③ 国家药监局关于发布药品记录与数据管理要求（试行）的公告（2020年第74号）［EB/OL］.（2020-07-01）［2022-11-27］. https：//www.nmpa.gov.cn/yaopin/ypgggtg/ypqtgg/20200701110301645.html.

④ 国家药监局关于发布药品记录与数据管理要求（试行）的公告（2020年第74号）［EB/OL］.（2020-07-01）［2022-11-27］. https：//www.nmpa.gov.cn/yaopin/ypgggtg/ypqtgg/20200701110301645.html.

公共文档等（系统截图样例如图 4 所示）。

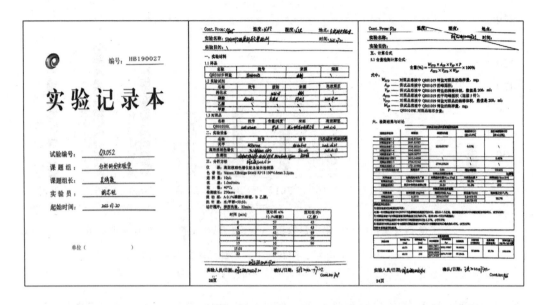

图 3   生物制药实验记录本（样例）

图 4   生物制药企业管理系统中的文档（样例）

结合生物制药企业工作开展实际，从档案管理角度对其业务流程和档案信息输出进行梳理，如图5所示，企业业务活动的主线分为立项、研发、申报和上市四大部分。第一部分是立项，主要是进行项目调研，该项业务活动输出的文件包括项目可行性评估报告、立项报告、立项审批等；第二部分是研发，包括物资采集、业务合作、专利申请、研发管理四个业务流程，物资采集中涉及药品需求资料、采购订单合同、入库单、验收单等，业务合作方面包含了合作意向书、各类商务合同以及药品合同等文件信息，专利申请方面包括专利申请资料、专利证书，而研发管理则包含了项目管理信息、药品研究报告、制药实验记录等相关档案；第三部分是申报，主要是进行药品产品的注册申报，其信息输出包括药品注册申报资料、官方沟通文件、药品批文等；第四部分是上市，主要是进行市场方案的制定，其信息输出包括商业计划书、产品推广方案、客户资料等。

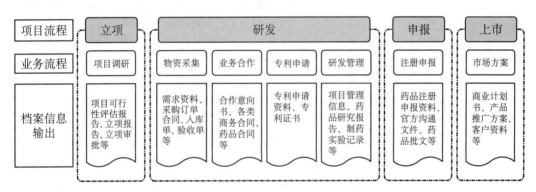

图5　生物制药企业的业务活动和档案信息输出

(二) 法规标准视角下生物制药行业档案管理的发展

通过对法规文件、标准规范的广泛调研发现，1984年初版《中华人民共和国药品管理法》就对药物生产的记录保存作出规定，同时全国人大、商务部等多个机构也提出了有关要求。自2000年起，国家药品监督管理局及下属机构开始逐步出台多项强相关的法规文件和标准规范。虽然截至2023年初国内并没有出台专门针对生物制药或生物制品的档案管理法律，但是这些直接或间接涉及的法规文件和标准规范对生物制药行业的档案管理也具有重要的指导意义。如表1所示，相关政策标准可分为三个部分：直接涉及行业生产的档案管理要求，这部分关系到行业生产活动中产生的各类文件档案；间接提及行业生产的档案管理要求，这部分影响着行业生产活动的合规性；以及提出制药行业中企业经营方面的档案管理要求，这部分关注企业在经营阶段所需的各类文件档案。从《"十三五"生物技术创新专项规划》《"十三五"国家战略性新兴产业发展规划》《"十四五"生物经济发展规划》《国务院办公厅关于促进和规范健康医疗大数据应用发展的指导意见》等可以看出生物制药行业对生物大数据的重视，不断地提出信息管理相关的能力要求。与此同时，部分具体条款在针对记录数据与文件的管理中，专门分化出对电子文件和电子档案的管理规定，也可以看出数字化与信息化建设对该行业档案管理的影响。

表1 生物制药行业档案管理相关法规标准（部分）

类型	年份	名称	发文单位	相关内容
直接涉及行业生产的档案管理要求	2016	药品经营质量管理规范	国家食品药品监督管理总局	第二条提出了"建立药品追溯系统，实现药品可追溯"的要求；第二章规定了直接接触药品岗位人员的健康档案、质量管理体系文件、计算机系统的数据管理等内容；第三章规定了包括"档案、记录和凭证"在内的文件管理规范。
	2017	药物非临床研究质量管理规范	国家食品药品监督管理总局	第十章涉及资料档案的内容和管理要求。
	2019	中华人民共和国疫苗管理法	全国人大常委会	第五条、第十一条规定疫苗生产建立追溯制度，建立详细档案；第二十五条规定建立完整的生产质量管理体系，采用信息化手段如实记录生产、检验过程中形成的所有数据，确保生产全过程持续符合法定要求；第四十条规定做好记录的保存工作。
	2020	药物临床试验质量管理规范	国家药品监督管理局、国家卫生健康委员会	第七条规定了文件记录的保密性；第二十五条规定了文件记录的形成规范；第三十六条规定了电子文件与电子数据的管理要求；第八十二条规定了实验中形成的文件记录需要作为档案妥善保存。
	2020	药品记录与数据管理要求（试行）	国家药品监督管理局	第五条规定了数据信息真实、准确、完整和可追溯的要求；第六条规定了纸质记录和电子记录的同等作用地位；第三章规定了纸质记录的管理规定；第四章规定了电子记录的管理规定；第五章规定了数据的管理规范。

续表

类型	年份	名称	发文单位	相关内容
间接涉及行业生产的档案管理要求	2000	国家药品监督管理局关于加强药品监督管理信息化建设的若干意见	国家药品监督管理局	要求"提高办公自动化水平和管理水平，建立相关业务档案，建立相关数据库，实现全局信息资源分级、分类共享"。
	2010	国家食品药品监督管理局关于基本药物进行全品种电子监管工作的通知	国家食品药品监督管理局	规定了"生产企业须按规定在上市产品最小销售包装上加印（贴）统一标识的药品电子监管码，并通过监管网进行数据采集和报送；凡经营基本药物品种的企业，须按规定进行监管码信息采集和报送"。
	2018	国家药监局关于药品信息化追溯体系建设的指导意见	国家药品监督管理局	要求药品上市许可持有人、生产企业、经营企业、使用单位通过信息化手段建立药品追溯系统，及时准确记录、保存药品追溯数据，形成互联互通药品追溯数据链，实现药品生产、流通和使用全过程来源可查、去向可追。
	2019	国家药品监督管理局关于加快推进药品智慧监管的行动计划	国家药品监督管理局	规定了要健全药品监管信息化标准体系，并加强各类信息化标准的宣买与应用，探索标准符合性测试，促进药品监管信息共享、业务协同和大数据应用。
	2020	药品经营企业追溯基本数据集	国家药品监督管理局	将药品经营企业追溯基本数据集分为基础信息数据子集和应用信息，数据子集两类，规定了药品经营企业应采集、存储及向药品追溯系统提供的基本数据集分类和内容，适用于规范药品追溯系统中药品经营企业的药品（不含疫苗）追溯数据。
	2022	疫苗生产流通管理规定	国家药品监督管理局	规定了疫苗生产流通过程中需要由信息管理机构负责疫苗安全信用档案的建设和管理。
企业经营方面的档案管理要求	2011	食品药品投诉举报管理办法（试行）	国家食品药品监督管理局	第二十四条规定了投诉举报机构及投诉举报承办单位应建立健全投诉举报档案，立卷归档，留档备查。
	2015	国家食品药品监管总局关于推进食品药品安全信用体系建设的指导意见	国家食品药品监督管理总局	规定了药品监管部门建立企业及相关人员信用信息档案，启动信用信息数据库建设工作。

续表

类型	年份	名称	发文单位	相关内容
企业经营方面的档案管理要求	2020	药品生产监督管理办法	国家市场监督管理总局	第四条规定了药品上市许可持有人、药品生产企业应当建立并实施药品追溯制度，通过信息化手段实施药品追溯；第六十二条规定了药品监督管理部门根据监督信息建立药品安全信用档案并进行管理。
	2022	国家药监局关于印发《药品年度报告管理规定》的通知	国家药品监督管理局	要求药品上市许可持有人建立年度报告制度，并将年度报告信息分别归集纳入药品品种档案、药品安全信用档案，同时，不按照规定进行年度报告的，会被各省级药品监管部门依法查处，并纳入药品安全信用档案。

二、生物制药行业档案管理及信息化建设现状

(一) 生物制药行业档案管理信息化技术

生物制药行业在记录管理和业务管理方面的政策标准折射出该行业在档案管理工作上的需求和要求，主要集中在档案对象、质量控制和企业管理三个部分。在档案对象层面，针对纸质、电子或者混合形式等不同载体形态的档案，不但要求做到原始记录的专人管理，长久保存，而且要确保形成的档案数据的真实性、准确性、完整性、安全性和保密性，同时加强业务流程涉及的档案管理系统的设计和应用，保障其进行系统验证、功能测试、数据采集和处理等基础工作，保留电子数据稽查和编辑轨迹。在质量控制层面，强调利用档案做好质量控制工作，主要体现在通过建立良好的档案管理体系，对业务流程进行全过程记录跟踪、修改留痕，在做好基础的归档管理工作之外，还要配合好药监部门开展药品、疫苗的溯源工作。在企业管理层面，不仅需要生物制药企业完善企业档案管理制度，同时要做好直接接触药品人员的健康检查和员工健康档案、企业信用档案、科技档案管理等，以及药品制药计划申报相关的项目档案管理工作。

近些年在国家信息化建设和企业数字化转型背景下，生物制药行业正在加速升级生物制药的业务流程和档案管理流程，利用各类信息化建设手段，力求满足上述需求和要求。基于档案管理的视角，生物制药企业全面开展信息化建设，主要包括

以下两个方面：

一方面是搭建档案数据管理系统。对于制药企业的管理来说，档案管理是质量管理的基石，档案数据管理系统相较于传统的纸质文件控制方法在多方面都具有显著优势，能够大幅提高文件控制工作的效率和准确性。目前已有很多档案数据管理系统应用于制药行业。例如，雷昶·宝驰信科技推出的电子批记录系统 iBatch-Pharma[①]，能够通过自动对生产过程中设备运行参数的连续实时采集，记录整个药品生产中各工序设备参数及环境参数，并将数据以数值、曲线、图表等形式展现在相应位置，以生成完整的电子批生产记录，实现整个药品生产过程的规范化、电子化、可视化[②]。保达科技开发的本草科技医药管理系统，能够对接药监、医保和税务接口，符合 GSP 管理规范，支持人员培训、库房设施、设备管理、商品养护和首营药品的申请、审批记录等档案的管理，对医药经营企业贯彻 GSP 标准和规范经营管理有极大的促进作用[③]。此外，浙江中控技术股份有限公司自主研发电子批记录（Electronic Batch Record，EBR）系统，即 VxEBR 系统，它符合《药品生产质量管理规范》（Good Manufacturing Practice，GMP）的电子记录和电子签名要求，能够确保生产人员严格按照药品标准操作流程（Standard Operation Procedure，SOP）进行生产，自动按照实际生产情况如实生成电子批记录，如图表、数据等，支持根据药品 SOP 创建生产模板、支持基于偏差的审核以及支持电子签名等，实现了生产数据的可追溯、易查找、可分析[④]。

另一方面是在业务流程和档案管理中引入信息化技术。如表 2 所示，在信息化建设不断推进的背景下，用信息化技术促进制药企业的发展已然成为现代企业不可或缺的手段。制药企业的长远发展有赖于技术创新，在制药业务流程中引入图像识别、数字孪生、实时传感技术、AR 技术等流程管理技术，在档案管理环节引入身份认证技术、数字签名技术、大数据可视化分析技术、机器学习、区块链技术、云计算技术等信息管理技术，使先进的信息技术在药品生产、药品研发、药品检测、药品管理等方面发挥至关重要的作用，使信息化建设成为开创制药企业新局面的有力措施。

---

① 雷昶科技 Leateck. 雷昶·宝驰信科技信息化产品亮相疫苗企业信息化应用研讨会［EB/OL］.（2019 - 09 - 25）［2023 - 10 - 27］. https：//mp. weixin. qq. com/s/HOsQ92bBcB2TvLAXz94_WA.

② 柳涛，刘伟强，颛孙燕. 浅谈电子批记录系统在药品质量保证中的作用［J］. 中国医药工业杂志，2018，49（10）：1469 - 1473.

③ 保达软件. 保达本草科技医药进销存管理系统，稳定好用新版 GSP 医药管理系统软件［EB/OL］.（2018 - 08 - 02）［2022 - 11 - 27］. https：//www. sohu. com/a/244774602_100128401.

④ 王鑫，颜华辉，王昊，等. 制药行业电子批记录的设计与应用［J］. 工业控制计算机，2019，32（8）：156 - 157，160.

表 2　生物制药企业业务流程和档案管理中的信息化技术

技术类型	技术名称	技术简介	应用环境
业务流程中的信息化技术	图像识别	图像识别技术是人工智能的一个重要领域，它是指对图像进行对象识别，以识别各种不同模式的目标和对象的技术。	图像信息质量评价、信息融合
	数字孪生	数字孪生是指以数字化方式拷贝一个物理对象、流程、人、地方、系统和设备等。数字化地表示提供了物联网设备在其整个生命周期中如何运作的元素和动态。	信息系统模拟仿真、信息质量评估
	实时传感技术	传感技术是关于从自然信源获取信息，并对之进行处理（变换）和识别的一门多学科交叉的现代科学与工程技术。	数据聚合、数据传递、多元数据分析
	AR 技术	一种将真实世界信息和虚拟世界信息"无缝"集成的新技术，这种技术的目标是在屏幕上把虚拟世界套在现实世界并进行互动。	数据可视化
档案管理中的信息化技术	身份认证技术	身份认证技术是当前检验用户信息是否合法的主要手段之一，主要包括双重认证、数字证书、鉴别交换机制。	系统认证、档案保密管理
	数字签名技术	现代网络中常用的认证技术，这是一种带有密钥的信息摘要算法，主要用途是抗否认。数字签名技术包对信息摘要使用私钥加密，任何人拿到公钥都可以解密并验证信息。	档案保密管理、数据追踪与追溯
	大数据可视化分析技术	可视化分析并不是简单地把数据、文本等信息分析对象变成图表，它是以信息为基础，以可视化为手段，目的是描述真实信息，探索信息本质。	档案信息提取、信息聚类
	机器学习	机器学习是一种数据分析技术，让计算机执行人和动物与生俱来的活动：从经验中学习。	信息资源收集、分类与检索
	区块链技术	区块链技术也被称为分布式账本技术，是一种互联网数据库技术，其特点是去中心化、公开透明，让每个人均可参与数据库记录。	防止记录和数据泄露、打破信息孤岛、信息追溯
	云计算技术	云计算是分布式计算技术的一种，其最基本的概念，是透过网络将庞大的计算处理程序自动分拆成无数个较小的子程序，再交由多部服务器所组成的庞大系统经搜寻、计算分析之后将处理结果回传给用户。	数据分析与处理、分布式信息资源管理

（二）代表性企业档案管理与信息化建设成果

在医药行业大变革年代，面对信息化、智能化、先进化的制药需求，生物制药企业信息化建设如火如荼，一些中国医药企业，如扬子江药业集团、云南白药集团股份有限公司、先声药业集团有限公司等，已经取得了一定的成果。

1. 扬子江药业档案管理系统[①]

为规范企业档案管理工作，实现档案收集、整理、保管、利用等全流程设计"一站式"管理服务，扬子江药业联合鸿翼打造了档案管理系统项目。此次项目旨在为扬子江药业集团总部打造一套可实现档案收集、整理、保管、利用等全流程设计"一站式"管理服务的智慧档案管理平台，保障内部档案的安全，实现档案资源的数字化、档案管理的信息化、档案服务的知识化。项目建设的总体目标是整合企业信息资源，建立智慧档案管理平台，保障档案安全，实现档案资源数字化、档案管理信息化、档案服务知识化。扬子江药业以"五星级"档案管理标准为最终目标，携手鸿翼共同打造一个高效协同的文件生命周期全过程管理平台，逐步整合应用大档案、大数据以及人工智能，实现实时资源共享、服务共享、价值共创共享。

2. 云南白药会计电子档案系统项目[②]

云南白药集团股份有限公司与远行科技公司合作，打造云南白药会计电子档案系统项目。项目通过信息化手段，建立符合当下及未来会计类档案管理需求的电子档案系统，为云南白药的财务共享服务提供规范化、信息化、数字化的管理。通过会计电子档案系统建设，实现如下目标：第一，在满足《会计档案管理办法》要求下，电子发票可以通过账本直接导入，报销时无需打印，减少纸张浪费，节约报销人员的时间，减少会计凭证的装订数量，从而达到节省纸张凭证存放的物理空间的目标；第二，实现银行回单的电子化，从而减少与银行人员沟通的时间，以及交接过程中票据遗失的风险，减少未达账项，降低财务核算风险；第三，会计档案管理人员可以通过系统对会计实体档案进行合理存放以及精确定位查找；第四，能够对报账单据进行全生命周期管理，提高报账效率；第五，实现在可控安全的环境内，业务、财务人员对档案进行查阅与借阅；第六，整合原始凭证与其他会计档案资料，对完整的电子会计档案进行管理。

---

① 鸿翼电子文档管理软件. 扬子江药业档案管理系统项目正式启动［EB/OL］.（2020-12-15）［2022-11-27］. https：//baijiahao. baidu. com/s? id=1686114418534853664&wfr=spider&for=pc.

② 远行科技. 云南白药携手远行科技：构建电子档案系统化管理，助推财务共享新征程［EB/OL］.（2020-06-30）［2022-11-27］. http：//www. vispractice. com/news/20140814/237. html.

3. 先声药业数字化电子档案管理平台[①]

先声药业基于海量档案信息化管理需求，搭建数字化电子档案管理平台，对实体档案、电子档案集中归档、存储、在线查阅、检索利用，对于有权限管控的档案材料在线提交借阅利用申请，通过多级审批后，用户不用去档案室即可实现档案资料的查阅利用及预约借出。先声药业选择润普档案管理系统，搭建数字化电子档案管理平台，帮助各个档案业务部门，从档案录入、归档、查询、扫描加工、借阅利用到档案编研统计全过程，实现档案管理智能化、一体化和标准化。通过档案管理系统，可直接将档案资料批量导入图像文字进行 OCR 识别和智能分类，按照企业的档案结构进行档案分类，根据编号规则，归档的档案自动生成编号，自定义标签组，档案分类管理和搜索更方便，设置受控文件夹，使查看人只能查看发布状态下的档案。

4. 齐鲁制药 DMS 文档管理项目[②]

齐鲁制药集团与鸿翼合作，打造一个适用于齐鲁制药全集团，涵盖全集团 GMP 文档，和 SAP、LabWare 等软件平台对接，记录、档案和培训为一体的集团化质量文控平台。齐鲁制药 DMS 文档管理系统具备文件管理、记录管理、档案管理、培训管理、系统管理等模块及相关功能。该项目旨在打造一个在集团范围内统一部署的、符合 GMP 管理规范的文档管理平台，实现企业生产质量管理过程中各类 GMP 文档的全生命周期管理——从文件的创建、审核、批准、培训、生效、分发、升版、复审直至废除的整个过程；满足文件版本管理、电子签名及审计追踪等合规性要求；实现对文档的安全管理和权限管控。该系统的建设，除保证符合欧美及 NMPA 相关法规要求，确保企业质量管理体系的合规与安全外，统一的跨时间跨地域的数据平台，将方便对文档进行查阅、共享、预览、搜索、统计、回顾、分析等操作，在大大提高文档管理效率的基础上对文档价值进行挖掘，实现知识资产的积累沉淀，最大可能地发挥数据价值。

5. 三生制药一体化质量管理平台[③]

三生制药作为中国迅速发展的生物制药行业的领导公司，拥有丰富的在研产

---

① 润普档案管理系统. 先声药业×润普搭建数字化电子档案管理平台：协同办公系统［EB/OL］.（2021－07－27）［2022－11－27］. https：//www.sohu.com/a/479783023＿120298755.

② 鸿翼 Macrowing. 齐鲁制药签约鸿翼 DMS 文档管理项目正式启动［EB/OL］.（2020－11－20）［2022－11－27］. https：//xueqiu.com/3970327354/163816729.

③ 鸿翼 Macrowing. 鸿翼＆三生制药 鸿翼医药 GxP®一体化质量管理平台项目案例［EB/OL］.（2022－07－19）［2022－11－27］. https：//www.macrowing.com/Case/227.html.

品、市场占有率领先的已上市的产品、生产制造和营销服务的专业知识，但其档案管理存在较多问题。因此三生药业与鸿翼医药合作上线一体化质量管理平台项目，搭建一个海量文档资料（电子版、纸质版）和各类数字资产（视频、音频、图片）等集中存储的平台，通过提供多种途径，在线档案检索，解决了以下问题：一是长时间存放的纸质文档，由于物理环境因素，纸张发霉变黄损坏，导致重要信息的丢失；二是使用文件柜来管理电子资料进行归档保存，不仅占用了大量的空间，查找起来也非常不容易，费时又费力；三是烦琐的扫描、分类、保存的流程；四是纸质文档扫描成电子图片命名存储后，查找不易；五是纸质文档需要重复复印方可实现多人同时查阅，浪费大量纸张成本。

三、生物制药行业档案管理和信息化建设未来展望

从上述对生物制药行业政策标准文本梳理，以及对行业当前发展现状的分析中可以看出，该行业的生产运营在档案对象、档案管理方式、信息资源利用等方面都具有其行业的特殊性和专门性，在国家政策和行业标准的要求下，生物制药行业不断优化档案管理流程，推动档案信息化建设。从 2016 年《国务院办公厅关于促进和规范健康医疗大数据应用发展的指导意见》的发布开始，健康医疗临床和科研大数据应用愈加受到重视，生物制药作为其中的重要部分，其业务活动的档案数据的管理对生物医学大数据布局优化而言也具有重要意义，加强生物制药科研数据资源整合共享，升级生物制药企业和项目档案管理，在一定程度上对提升医学科研及应用效能、推动智慧医疗发展起到了正向作用。根据前述的档案管理和档案信息化建设调研，当前生物制药行业档案管理还存在一定的不足：

标准制度层面，虽然在企业档案和专门档案管理方面已经有较为全面的执行标准，但是生物制药行业存在较大的科研特殊性和行业专门性，其档案管理工作标准目前主要是归入到记录数据管理的标准中，但是档案属性的专业程度不够，对收集、整理、利用等多个档案业务环节都还缺少具体的可参照执行的规定，尤其是缺少分级分类及保密标准。

信息化建设层面，目前档案管理工作还未能完全融入生物制药企业的数字化转型战略，未有专门针对档案管理工作和档案事业发展制定的顶层规划。档案部门的信息化目标和需求都不够明确，因而生物制药档案管理工作整体性不够，档案工作与项目管理等业务工作缺少连贯衔接，导致管理流程运行存在困难。在信息化建设时，档案管理仅简单融入业务办公系统、项目管理系统等，离构建数字化转型背景

下全面科学的管理体系以及数据驱动的资源体系目标，还存在一定差距。

人员能力层面，生物制药企业多由项目管理者或研发人员进行数据记录和保管，团队中档案学专业出身的管理者较少，导致企业档案管理工作的专业程度不够，在专业意识和知识等方面都较薄弱，信息管理相关的数据技术等应用融合尚少，一定程度上影响了生物制药企业档案工作对生物制药活动的信息支撑，不利于生物制药档案的价值发挥，以及企业的数字化转型和智慧化发展。

与此同时，在国内生物制药行业的国际化布局进展中，海外临床试验的合规性要求也在不断增加，对其管理相关数据、档案的能力和信息化水平的要求也有所提升[①]，那么从档案事业发展和企业数字化转型的视角出发，当前生物制药企业科研生产、项目运营、档案管理、信息化建设等过程还需要进一步优化升级。因此，在"健康中国"战略背景下，以及"十四五"全国档案事业发展规划的要求下，针对上述层面的不足，生物制药行业的档案管理以及信息化建设的优化方向和发展趋势主要在以下几个方面：

（一）完善标准体系，记录管理档案化

完善管理标准体系，规范档案分类分级。2020年12月1日起，国家药监局制定发布的《药品记录与数据管理要求（试行）》正式施行，规范对生物制药行业药品研制、生产、经营、使用活动中产生的反映活动执行情况的信息，以及反映相关活动执行过程与结果的凭证的管理工作，对纸质记录、电子记录和数据管理提出全过程信息真实、准确、完整和可追溯的要求，这些与档案管理的可信原则也是相契合的。但是该要求并未与生物制药业务活动相联系，且在档案记录的归档、存储、整理、利用等方面都未给出具备可操作性的具体规定，没有设置统一的档案分类体系，尤其是部分实验和药品相关档案具有一定的保密性，对该类记录的分类分级非常必要，但当前标准尚未涉及。与此同时，该行业也还缺少企业档案和项目档案管理的相关规定。总体而言，生物制药行业还需进一步积极制定和完善档案管理的标准体系，规范业务流程和人员操作，使生物制药生产活动的记录和凭证能够更加准确且稳定地为产业高质量发展提供数据支持。

（二）升级技术能力，行业攻关协同化

升级系统技术能力，助推行业协同进步。从本报告前文梳理中可以看到，当前

---

① SAP中国资讯中心. 生物制药-药企信息化的"后起之秀"[EB/OL]. （2020-09-27）[2022-11-27]. https://news.sap.com/china/2020/09/092701/.

生物制药企业主要采用管理系统搭建和信息技术应用两大手段全面推进信息化建设和实施数字化转型，系统和技术的研发应用能够有效优化生物制药活动中的流程管理和信息管理。在接下来的行业生产中，生物制药企业和相关机构应该更加着力于健康医疗大数据应用背景下生物制药科研数据资源的整合共享，搭建安全可信的信息系统环境，引入海量数据存储清洗、分析挖掘、安全隐私保护等关键技术，实现产业链的纵向衔接，以及医药行业之间的横向协同。例如生物制药前端产业与电子病历、健康记录等产品使用后端信息的数据联动和数据分析，支持构建临床决策支持系统；优化生物制药生命周期全过程管理，利用区块链等技术实现信息化、数字化、智能化的可控可溯可查；围绕重大疾病临床用药研制、药物产业化共性关键技术等需求，建立药物副作用预测、创新药物研发数据融合共享机制，为提升医学科研及应用效能，推动智慧医疗发展提供行业支撑。

(三) 推进知识管理，企业制造智慧化

推进档案知识加工，支持企业智慧制造。生物制药企业是面向人民生命健康开展生物科技创新工作的主力军，当前生物制药企业的项目开发大多采用传统的基于档案的研发管理模式，数字化转型不够完全，而同时研发相关的数据资源量呈指数增长，简单的档案管理工作和初期的信息化系统建设不足以满足现阶段行业迅猛发展的信息管理需求，因而引入知识管理的理念和方法非常必要。在企业内部全面推进档案的知识加工，充分利用人工智能、大数据、云计算等技术，开展基于数据的研发管理，面向内部核心信息进行二次深加工，深入挖掘档案信息资源的隐性价值，建立资源网络、数据中台、研发知识库等，采用先进的知识工程理念，基于档案管理拓展知识社区和众创空间，集成和规范高利用价值和利用频率的信息资源，降低信息获取成本，提高产品研发效率和质量，形成知识提取、知识推送、知识应用的循环链条，从基础的协同共享向高级的自动智能转化，进而支持实现企业的群体智慧应用、技术智慧研发、产品智慧制造。

(四) 增强档案意识，管理能力专业化

提升人员档案意识，重视档案能力培训。从《药品记录与数据管理要求（试行）》等标准内容中可以发现，目前虽然明确规定需要有专人进行记录和数据的管理，但并未强调档案部门和档案人员的配备，对集中归档和整理保存等管理人员的要求也没有明确的规定。然而，在实际的生物制药活动中，不同的流程节点输出不同的档案信息，且不同的节点由不同的工作人员进行管控，全过程的质量控制和档案的规范管理与过程节点上的人员都是息息相关的，因此加强档案意识、重视档案培训至关重要。生物制药行业中的企业单位应当设置档案管理相关的培训制度，使企业全员具备一定的档案业务知识和信息管理能力。生物制药业务全流程节点人员，尤其是药品生产纸质记录和电子数据的管理人员需要具备较强的档案管理及保密意识，对档案行业标准有一定的认知，对职责范围内的档案管理思路清晰明确，根据行业信息资源利用和企业知识管理服务等要求，完成药品记录与数据管理等工作，全面夯实管理软实力。

2022 年中国高校档案工作发展报告

张朝晖[1] 向 禹[1] 郑 川[1] 刘华英[1] 徐晏清[1] 杨健康[1]

1. 中南大学档案技术研究所，长沙 410083

摘 要：为了解我国高校档案事业的发展状况、分析现存问题，为档案主管部门提供决策依据，为高校档案机构提供对照参考，本报告通过对高校档案工作基本发展情况、"四个体系"建设、档案信息化等三个方面的调查，运用图表分析、对比研究、词云分析等方法分析发现：我国高校档案工作发展呈现了机构建制多样、人员文化程度高、档案服务创新发展、档案宣传教育丰富多彩、档案管理模式与技术应用不断创新等特点，但是也存在基本条件难达相关要求、档案信息化进展缓慢、档案宣传平台建设滞后、档案安全有待筑牢、档案服务企业满意度不高等问题。未来需继续推进档案信息化建设、提高存量档案数据化完成率、丰富档案资源、创新档案服务方式、加大各类资源投入力度。

关键词：高校；档案工作；档案资源；档案服务

作者简介：张朝晖，硕士，副研究员，研究方向为档案编研与文化、档案事业管理；向禹，硕士，研究馆员，教授，研究方向为档案信息化技术及档案信息系统、档案信息资源开发、现代图书情报档案基础理论与应用研究，电子邮箱 xyacsu@csu.edu.cn；郑川，硕士，副研究馆员，研究方向为档案信息化技术及档案信息系统；刘华英，女，硕士，副研究馆员，研究方向为档案基础理论与实务；徐晏清，女，硕士，助理馆员，研究方向为档案信息资源利用与传播；杨健康，女，硕士，研究馆员，研究方向为档案编研与文化。

一、引言

根据中华人民共和国教育部网站公布的《全国高等学校名单》，截至 2022 年 5 月 31 日，全国共有 2 759 所普通高等学校（未含港澳台地区），其中本科院校 1 270 所（公办 858 所、民办 412 所）、高职专科院校 1 489 所（公办 1 139 所、民办 350 所）。

关于本报告中的"高校档案机构""高校层次或高校类别"概念，一是因学校差异，档案机构有档案馆、档案室或综合档案室、档案科等，本报告统称高校档案机构。二是为便于描述和增强分析比较的科学性，本报告将全国高校划分五类：A类为世界一流大学建设高校（42所）、B类为第二轮双一流建设高校（105所）、C类为普通本科院校（711所）、D类为高职专科院校（1 139所）、E类为民办普通高校（762所，其中本科412所、高职专科350所）。

本报告在中国高等教育学会档案工作分会和各省高校档案学会的支持下，面向全国各省份发放问卷，每所高校填写一份问卷。回收有效问卷242份，如表1所示，样本率为8.77%，样本数量较2021年增长35%。从地域来看，如图1所示，调查样本分布在26个省、自治区、直辖市（本报告数据统计的截止时间为2022年12月31日）。

表1 调查样本高校层次分布

项目	A类高校	B类高校	C类高校	D类高校	E类高校	合计
总数量（所）	42	105	711	1 139	762	2 759
样本数量（所）	20	16	129	55	22	242
样本率（%）	47.62%	15.24%	18.14%	4.83%	2.89%	8.77%

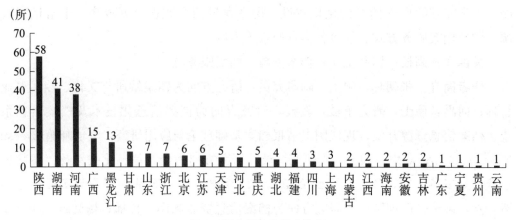

图1 调查样本省份分布图

二、全国高校档案工作现状

本报告主要从三个方面了解高校档案机构基本信息：一是基本发展情况，包括机构建制、人员队伍、馆藏资源、馆舍建筑等；二是"四个体系"建设，包括档案治理体系、档案资源体系、档案安全体系、档案服务体系；三是档案信息化，包括经费投入与信息化方式、信息技术应用、数字档案馆、电子文件管理、信息化供应商等。

（一）基本发展情况

1. 机构建制

机构建制是保障高校档案工作正常运行和可持续发展的必要条件。表 2 为各类高校档案机构整体建制情况：A 类高校均设置了独立档案馆，有的与校史馆合署，有的则是完全单独设置，挂靠学校办公室的仅 10.00％；B 类和 C 类高校相对复杂，各种情况均有，独立为直属单位的较多；D 类高校以学校办公室内设机构建制的达74.55％；E 类高校也以学校办公室内设机构居多，独立直属单位次之。

表 2　各类高校档案机构整体建制情况

类别	独立档案馆（直属）	独立档案馆（直属含校史）	独立档案馆（挂靠）	合并建制（大部制）	合并建制（图书馆）	学校办公室内设机构	其他	合计
A 类高校	60.00％	30.00％	10.00％					100％
B 类高校	37.50％	18.75％	18.75％	6.25％	6.25％	6.25％	6.25％	100％
C 类高校	34.11％	13.18％	15.50％	1.55％	9.30％	24.81％	1.55％	100％
D 类高校	1.82％	1.82％	12.73％		9.09％	74.55％		100％
E 类高校	31.82％		18.18％		4.55％	45.45％		100％

表 3 为档案机构行政级别设置情况。A 类高校档案机构为正处级的达到85.00％，副处级的仅 15.00％；B 类高校档案机构为正处级的占 50.00％，副处级的占 43.75％，正科级的占 6.25％；C 类高校档案机构各层次设置均有，正处级的占 41.09％；D 类高校档案机构以正科级和无级别居多，均为 38.18％。

表 3　各类档案机构行政级别设置情况

类别	样本数	正处	副处	正科	副科	无级别	合计
A 类高校	20	85.00％	15.00％				100％
B 类高校	16	50.00％	43.75％	6.25％			100％
C 类高校	129	41.09％	32.54％	21.71％	0.78％	3.88％	100％
D 类高校	55	7.27％	1.82％	38.18％	14.55％	38.18％	100％
E 类高校	22						
合计	242	35.34％	22.73％	23.14％	4.13％	14.46％	

注：E 类高校档案机构行政级别未知。

2. 人员队伍

（1）人员编制情况。设置 α 系数来体现人员编制情况，即办学规模（全日制在校生人数）每万人拥有的档案人员数量，设 $\alpha =$ 在编在岗数量/办学规模（万人），如表4所示，各指标均取同层次高校平均值进行比较，从α系数来看，同一层次高校间的办学规模、馆藏总量与人员编制不完全成比例。总体而言，各层次高校的人员编制与办学规模、办学历史、馆藏总量等有直接关系，受到诸多因素的影响。

表4　各类高校档案机构平均编制情况　　　　单位：人

类别	在编在岗	事业编	非事业编	男性	办学规模（万人）	α系数
A类高校	18.65	15.60	3.05	5.15	4.4	4.24
B类高校	10.44	9.13	1.31	3.39	3.0	3.48
C类高校	5.96	4.99	0.97	1.28	2.3	2.59
D类高校	2.49	2.05	0.44	0.42	1.5	1.66
E类高校	3.41	0.45	2.95	0.45	1.6	2.13

A类高校档案机构在编在岗平均18.65人，男性平均5.15人仅占27.61%，男性比例最高的西北农林科技大学和天津大学分别达到62.5%、50.0%，有的学校缺编，有的学校有少量缓聘、临聘人员。B类高校档案机构在编在岗平均10.44人，男性平均3.39人占32.5%。以α系数来看，C类高校、D类高校、E类高校的档案人员明显偏少。

（2）人员学历情况。如表5所示，A类高校及B类高校博士、硕士占比远高于全国高校平均情况及全国档案系统平均情况，各类高校专科及以下人员占比都远低于全国档案系统平均情况，总体而言高校档案工作人员学历层次较高。

表5　人员学历结构情况　　　　单位：人

类别	博士	硕士	本科	专科及以下	人数
A类高校	9.9%	58.2%	26.0%	5.9%	373
B类高校	5.5%	58.9%	29.5%	6.1%	146
C类高校	1.7%	45.3%	46.8%	6.2%	769
D类高校	0	25.7%	65.9%	8.8%	137
E类高校	1.5%	30.8%	57.2%	10.5%	75
全国高校平均	3.9%	47.3%	42.2%	6.6%	1 500
全国档案系统平均	0.3%	9.1%	67.4%	23.2%	41 393

资料来源：国家档案局2021年统计数据。

（3）人员年龄结构方面。受访的242所高校档案机构在编在岗人员1 500名，50岁以上人员444人，占29.6%；35～49岁人员748人，占49.9%；34岁以下人员308人，占20.5%。年龄结构与全国档案行业整体相当，年轻人员偏少。

（4）人员专业及职称结构。图书情报与档案管理、信息管理专业的有21.9%；计算机及相关学科的有8.4%；历史及相关学科的有17.9%。职称结构中正高占比为 4.4%，副高占 25.5%，中级占 46.6%，初级占 23.7%。

（5）科研成果方面。如表 6 所示，总体来说高校档案机构参与档案科研的积极性较高，从国家级项目、国家档案局项目，到省部级项目，再到省档案科技项目、市级和校级项目，均有参与。还有一些高校承担了横向科研合作项目，为档案行业、档案企业等输出档案专业知识和技术服务。不少高校都在持续研究，近年都有学术论文/专著发表；一些高校参与档案主管部门组织的档案利用案例和档案微视频的评选活动并获奖。

表 6　样本高校近三年科研成果

	类型	数量	学校	明细
科研项目/成果	国家级项目（国自国社等）	10	7	北京师范大学 1，海南医学院 1，华东师范大学 2，云南大学 1，湖北大学 1，天津大学 3，西安交通大学 1
	国家档案局项目	11	9	宁夏医科大学 2，内蒙古大学 1，陕西科技大学 1，郑州航空工业管理学院 1，天津工业大学 1，东北石油大学 2，中山大学 1，中南大学 1，湖南艺术职业学院 1
	省部级项目（省自省社省教改等）	61	29	西安交通大学 7，华东师范大学 5，周口师范学院 5，中南大学 3，中国石油大学（华东）3，西华大学 3，云南大学 3，郑州航空工业管理学院 3，3 项以下略
	省档案科技项目	140	60	中南大学 12，西华大学 5，郑州轻工业大学 5，郑州西亚斯学院 5，郑州工程技术学院 6，中原工学院 6，河南牧业经济学院，西安交通大学 5，5 项以下略
	市级项目	48	22	略
	校级项目	131	49	略
	横向项目	38	19	中南大学 6，西安航空职业技术学院 4，华东师范大学 3，湖南科技学院 3，安徽财经大学 3，青岛理工大学 3，3 项以下略
学术论文/专著	国家级学会	28	11	中南大学 6，河南财经政法大学 5，云南大学 4，黑龙江护理高等专科学校 4，郑州航空工业管理学院 3，3 篇以下略
	省级学会	103	27	中国海洋大学 30，中南大学 17，郑州航空工业管理学院 9，河南财经政法大学 7，甘肃政法大学 6，6 篇以下略
	发表 CSSCI 论文	47	18	哈尔滨工业大学 7，河南财经政法大学 7，中南大学 6，铜陵学院 5，北京师范大学 4，云南大学 4，4 篇以下略
	发表普刊论文	712	88	略
	专著/软件著作权/专利	83	25	略
档案实践案例	档案利用案例	112	27	略
	档案微视频	77	24	略

（6）"三支人才队伍"入选情况。全国2 759所高校档案人员入选国家级档案专家、全国档案工匠型人才、全国青年档案业务骨干"三支人才队伍"的人数分别占全国的8.2%、5.2%、11.0%。国家级档案专家（含储备）31人，其中领军人才2人、专家库3人、储备26人；全国档案工匠型人才39人；全国青年档案业务骨干86人"三支人才队伍"仅统计了目前在岗的高校档案机构人员。国家级档案专家（含储备）31人平均发表研究论文34篇，其中发表50篇以上的有马仁杰、聂云霞、薛四新、王改娇、向禹、卞咸杰等。

3. 馆藏资源

（1）馆藏规模方面。对照《档案馆建设标准》（建标103—2008），如表7所示，有如下特点：第一，A类高校平均馆藏为26.7万卷（盒），达到市级三类规模；第二，B类高校平均馆藏为13.4万卷（盒），达到县级二类规模，由于学校规模差异，各校馆藏档案规模差别较大，最少的为中央戏剧学院，仅9 451卷；第三，C类高校平均馆藏为5.7万卷（盒），对应县级三类；第四，D类高校平均馆藏1.7万卷（盒），陕西铁路工程职业技术学院、湖南高速铁路职业技术学院、广西水利电力职业技术学院等超4万卷（盒），而最少的高校仅152卷（盒）；第五，E类高校平均馆藏为1.6万卷（盒），西安欧亚学院、西京学院、黄河科技学院等超2万卷（盒），最少的高校仅187卷（盒）。

表7　各类高校档案机构馆藏量与规模

类别	案卷数量〔卷（盒）〕	排架长度（米）	年增长〔卷（盒）〕	馆藏可移动文物〔卷（盒）〕	对应规模等级
A类高校	267 256	4 618	11 565	18.65	市级三类
B类高校	134 334	2 783	7 917	0.5	县级二类
C类高校	57 470	1 265	2 812	0	县级三类
D类高校	17 250	290	830	0	
E类高校	15 768	258	838	0	

（2）可移动文物。根据2016年10月31日第一次全国可移动文物普查数据，档案文书4 073 555件，数量占比为6.36%。本次调查结果显示，全国高校的可移动文物占比不大，仅A类和B类高校有可移动文物，其中北京师范大学100卷，中南大学60卷，华东理工大学6卷，中国海洋大学4卷，湖南师范大学2卷。

（3）馆藏珍贵档案。多数高校均有馆藏珍贵档案，或是办学或建校初期的校园照片、招生广告、国家领导和名家题名题词等，建校最早的文凭、章程等，最早的教学用具、文献、设备等，最早的学生学习和毕业照片、学籍册等，或者会议记录、成立文件。最早可追溯到明清时期，民国时期的居多，也有新中国成立后的重要档案。

4. 馆舍建筑

本次受访的 242 所高校中 42.1% 有独立馆舍。40.5% 的高校认为其档案馆符合《档案馆建筑设计规范》《档案馆建设标准》等，其中 A 类与 B 类高校中符合规范与标准的均为 50%，C 类高校为 42.64%，D 类高校为 32.73%，E 类高校为 31.82%。

(1) 建筑面积方面。如表 8 所示，A 类高校档案机构总建筑面积平均为 3 170.35m²，其中有 20% 的高校超过 4 000m²。B 类高校档案机构总建筑面积平均为 1 408.69m²，超过 2 000m² 的有 25%。C 类高校档案机构总建筑面积平均为 931.19m²，其中 17.2% 超过 1 000m²。

(2) 技术与服务用房设置方面。根据相关标准和规范，档案馆应当设置对外服务用房、档案业务和技术用房。不同层次的高校差异较大，如表 9 所示。90% 以上 A 类高校设置了服务大厅和数字化加工室，各类高校大多都设置了档案阅览室和加工整理室，但有少数高校未设置档案技术与服务用房。

表 8　各类高校档案馆舍建筑面积平均情况　　　　　　　单位：m²

类别	总建筑面积	档案库房面积	服务用房面积	业务和技术用房面积	办公用房面积
A 类高校	3 170.35	1 477.65	363.55	313.85	1 015.30
B 类高校	1 408.69	764.44	180.00	203.19	261.06
C 类高校	931.19	595.64	100.79	109.02	125.74
D 类高校	270.51	190.87	27.18	19.07	33.38
E 类高校	435.77	289.27	44.59	31.55	70.36

表 9　设置档案技术与服务用房的各类高校比例

类别	服务大厅	档案阅览室	加工整理室	消毒除尘室	数字化加工室	信息化技术室	其他	无
A 类高校	90%	75%	95%	20%	100%	60%	0	0
B 类高校	56.25%	93.75%	93.75%	25%	93.75%	31.25%	0	0
C 类高校	31.01%	87.6%	84.5%	9.3%	58.14%	23.26%	11.63%	4.65%
D 类高校	14.55%	72.73%	63.64%	7.27%	23.64%	10.91%	16.36%	16.36%
E 类高校	18.18%	90.91%	50%	9.09%	27.27%	18.18%	9.09%	4.55%

(3) 档案装具使用方面。档案装具的使用主要是跟库房承重、经费投入等有

关，有的高校采用多种装具。根据调查结果，采用智能密集架的高校有 13.64％，采用普通密集架的高校占 64.88％，采用普通铁皮柜的占 61.57％，还有 14.88％的高校采用了文物陈列柜。

（二）"四个体系"建设

1. 档案治理体系

档案治理体系是一个由不同要素及其相互关系所构成的复杂系统，本报告只涉及几个基础问题，或许能反映出档案治理体系的一些要素或主体间关系，把握高校档案工作体系总体情况，但无法完全反映高校档案治理体系。

（1）档案工作组织领导方面。77.27％的高校建立了全校统一的档案工作体系，57.85％的高校建立了学校档案工作委员会，80.17％的高校实行"统一领导，分级管理"的档案工作原则，实行全校档案业务指导和检查的达 79.78％。

（2）档案管理模式方面。根据教育部令第 27 号《高等学校档案管理办法》第十六条"高等学校实行档案材料形成单位、课题组立卷的归档制度"，仅有 42.56％的高校实现部门立卷，26.86％的高校指导二级学院或独立法人单位建立二级档案室，54.13％的高校根据《档案工作突发事件应急处置管理办法》等有关规定建立"本校档案工作应急处置预案"，35.54％的高校建立档案鉴定工作流程并开展档案鉴定工作（包括密级、期限、销毁和开放鉴定），78.51％的高校设立档案质量问题反馈机制。

（3）档案管理内容方面。80.17％的高校实现"档案集中统一管理"。其中学生人事档案管理存在四种模式（188 所高校）：院系＋档案馆管理的有 31.4％，档案馆全过程管理的有 13.3％，院系全过程管理的有 28.2％，其他方式的有 27.1％。职工人事档案管理存在三种模式（195 所高校）：组织人事部门管理的有 71.3％，档案馆管理的有 23.1％，其他方式的有 5.6％。会计凭证档案管理存在四种模式（223 所高校）：一定年限后移交档案馆的有 58.3％，档案馆代存（账务部门管理）的有 19.7％，账务部门全过程管理的有 13.5％，档案馆全过程管理的有 8.5％。

（4）档案宣传方面。本次受访的 242 所高校中有 146 所建立档案网站，绝大部分高校档案网站更新频率为每月、每周或每半年一次；而网站年访问量超过 1 万人次的有 22.6％，超过 1 000 人次的占 41.8％。57 所高校创建了档案公众号，每月更新的有 60％，每周更新的占 19.3％，也有学校每半年、每年更新一次或基本不更新。有 12 所高校建立了微博、抖音、B 站等社交媒体渠道，但基本不更新。本次受访的 242 所高校中仅有 14 所未开展档案宣传活动，如表 10 所示，有 11.57％的学校通过悬挂横幅、电子屏、校园广播、画报与展板、印发资料、征文与答题活动、学生观摩等多种形式展开档案宣传活动。

表 10　高校开展档案宣传活动情况

选项	小计	比例
习近平关于档案工作重要批示	156	64.46%
党的二十大专题	128	52.89%
"6·9"国际档案日	183	75.62%
新《档案法》宣传学习	183	75.62%
档案工作"十四五"规划宣传学习	117	48.35%
悬挂横幅、电子屏、校园广播等	28	11.57%
无	14	5.79%
本题有效填写人次	242	

2. 档案资源体系

关于馆藏档案载体类型，本次主要调查了纸质档案、实物档案、音像档案、电子档案四种载体。本次受访的 242 所高校中，所有高校都有纸质档案，有实物档案的高校达 92.15%，有音像档案的高校达 90.5%，接收电子档案的达 87.19%。

专题档案建设方面，13.2% 的高校建设了红色档案专题，35.54% 的高校建设了脱贫攻坚和乡村振兴等专题档案，63.22% 的高校建设了新冠疫情防控专题档案，32.23% 的高校建设了其他专题。通过词频分析发现，学校依据各自特点，建设了包括党史和校史教育、校庆、十四运、评估、党建、校友与人物、冬奥、防汛救灾、荣誉与成果、大运会等专题。未建立专题档案的高校有 21.9%。

涉密档案管理方面，52.89% 的高校（113 所）档案馆管理涉密档案。这 113 所高校中，已实现专人专库管理的占 50.4%，与普通档案混合管理的占 25.7%，采用其他方式的占 23.9%。

3. 档案安全体系

（1）安全制度方面。本次受访的 242 所高校中，有库房安全制度的占比为 95.87%，有档案实体安全制度的占 95.45%，有数据或信息安全制度的占 72.31%，有网络安全制度的占 55.37%。少数高校没有建立安全制度。

（2）安全设施方面。主要从消防系统、档案库房安防系统、档案库房环境管理等三个方面来了解各高校档案机构安全设施基本情况。

关于消防系统，11.98% 的高校档案机构配置了高压细水雾灭火系统，配置了惰性气体灭火系统的有 42.56%，仍然用水喷淋灭火系统的有 18.60%，采用干粉灭火器的也有 35.12%，没有任何消防设施的占 8.26%。

关于档案库房安防系统，85.54% 的高校档案机构安装了视频监控系统；采用红外报警防盗系统有 31.4%；建设了 RFID 系统的有 6.5%；9.09% 的高校档案机构建设了其他安防系统，如南京大学档案馆建设了动环监测系统，广西民族大学档案馆建设了 KitLink 智慧物联云平台，还有诸如使用指纹门禁、设置安保人员、安装烟感报警等；但有 9.09% 的高校档案机构没有任何安防设施。

关于档案库房环境管理方面，如图 2 所示，9.09% 的高校建设了库房环境监测系统，17.36% 的高校实现了档案库房恒温恒湿，14.88% 的高校仅实现了库房温湿度自动采集，有 50% 的高校仍然采用传统手工方式登记温湿度数据，8.68% 的高校对档案库房环境管理设施填写了"无"。

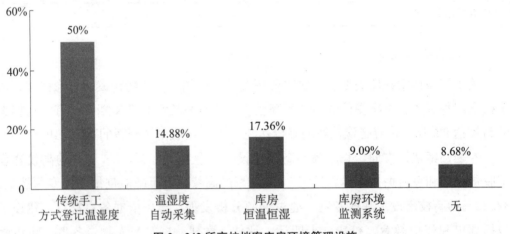

图 2　242 所高校档案库房环境管理设施

（3）安全措施方面。本报告主要从人员安全、数据安全、信息安全和网络安全技术保障人员等四个方面来了解各类高校档案机构基本安全措施。

关于人员安全，21.07% 的高校档案机构工作区域安装了空气净化装置，18.18% 的高校要求档案入库前消毒，9.09% 的高校有档案特殊津贴，60.74% 的高校填写了"无"。

关于数据安全，档案数据实现自动备份的有 40.5%、手动备份的有 81.4%，有 3.31% 的高校未进行档案数据备份，部分高校同时采取了自动与手动备份方式，45.45% 的高校实现了档案异质备份，10.33% 的高校实现了异地备份。

关于信息安全，实施档案信息系统安全等级保护的高校有 45.04%，在利用过程中实行档案隐私保护的高校有 57.02%，档案管理系统实施了严格的访问权限控制的达到 75.21%，建立了物理隔离的内网系统的高校有 42.15%。在管理涉密档案的高校中，已实现专人专库管理的有 50.4%，与普通档案混合管理的有 25.7%，其他方式的有 23.9%。

关于网络安全技术保障人员，242 所高校档案机构仅有 8 名 ECSP 持证人员，占高校档案人员的 0.5%，其中，中南大学和四川大学各 2 人，广西师范大学 1 人，浙江财经大学 1 人，郑州轻工业大学 1 人，西安工业大学 1 人。

4. 档案服务体系

本报告主要从档案利用年接待量、档案服务方式(线上或线下、远程或现场)、远程服务实现程度、档案服务内容等四个方面来了解各高校的档案服务体系建设情况。

(1) 档案利用年接待量。各类高校档案利用年接待量如表 11 所示。设置 β 系数以便于观察档案利用情况，即 β ＝档案利用年接待量/办学规模（万人）。从 β 系数来看，C、D、E 类高校档案利用率明显偏低。但单一指标存在局限性，档案利用年接待量也与多种因素有关，如办学历史、馆藏档案规模、档案是否集中统一管理、馆藏档案范围等。A 类高校平均年接待量 12 127 人次，最少的高校为 2 500 人次；B 类高校平均年接待量 6 539 人次，最少的高校为 600 人次（中央戏剧学院因规模较小年接待 355 人次除外）；C 类高校平均年接待量 2 732 人次，最少的高校仅接待 101 人次；D 类高校平均年接待量 745 人次，最少的高校仅接待 20 人次；E 类高校平均年接待量 525 人次，最少的高校仅接待 10 人次。

表 11 档案利用平均年接待量

类别	平均年接待量（人次）	年接待最多的高校（人次）	年接待最少的高校（人次）	平均办学规模（万人）	β 系数
A 类高校	12 127	25 447	2 500	4.4	0.27
B 类高校	6 539	20 000	600	3.0	0.22
C 类高校	2 732	20 000	101	2.3	0.12
D 类高校	745	5 000	20	1.5	0.05
E 类高校	525	2 144	10	1.6	0.03

(2) 档案服务方式。仅有 35.54% 的高校完全实现在线服务平台远程服务，64.46% 的高校仍然采用传统人工登记服务，41.74% 的高校实现了在线服务平台登记＋现场服务，62.81% 的高校采用电子邮件方式实现远程服务。

(3) 远程在线服务实现程度。本报告远程服务指实现全流程线上办理业务，档案用户足不出户便可办理档案业务。调研结果如图 3 所示，本次受访的 242 所高校中，7.02% 的高校全流程全业务实现远程在线服务，57.44% 的高校部分流程或部分业务实现远程在线服务，35.54% 的高校未实现远程在线服务。词频分析发现未实现远程服务的原因主要有：不具备条件，无技术人员，无经费，未实施信息化；考虑信息安全与档案隐私保护；原系统不能实现远程服务功能，正在建设中；仅建立了内网，无法远程服务；远程服务正在测试中。

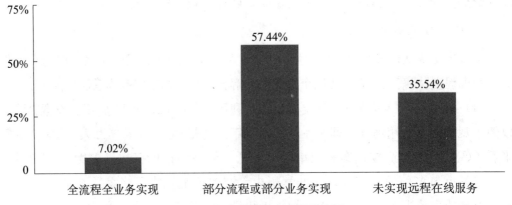

图 3　远程在线服务实现程度比例

（4）档案服务内容。根据档案价值和档案信息资源开发利用的层次，基于 DIKW 知识体系，本报告将档案服务内容划分为数据服务、信息服务、知识服务、智慧服务等四个层次，有 3 份问卷未填此项，情况如表 12 所示。

表 12　高校档案服务内容与层次

选项	小计	比例
数据服务（凭证作用，提供档案副本或原始数据）	224	92.56%
信息服务（专题咨询、查证、展览等）	193	79.75%
知识服务（以显性和隐性的档案信息，为用户提出的问题提供知识推理或解决方案的服务过程）	84	34.71%
智慧服务（研究报告，资政决策，辅助教学科研与管理）	60	24.79%
无	3	1.24%
本题有效填写人次	242	

（三）档案信息化

1. 经费投入与信息化方式

将档案信息化建设纳入学校信息化规划的高校占 75.82%。如表 13 所示，截至 2022 年底，本次受访的 242 所高校累计投入档案信息化的经费约 2.5 亿元，校均 103.30 万元。其中总投入超过 1 200 万元的有中南大学、中山大学、浙江大学，超

600 万元的有复旦大学、南京大学、四川大学、西安交通大学、华东师范大学、陕西师范大学等。

表 13　各类高校档案信息化投入对比

类型	信息化总投入（万元）	近五年投入（万元）	存量数据化率（%）	馆藏平均卷（盒）
A 类高校	449	165.8	46.5	267 256
B 类高校	153.5	40	29.88	134 334
C 类高校	88.25	22.85	43.29	57 470
D 类高校	29.8	9.73	32.24	17 250
E 类高校	29	7.64	30.91	15 768
全国高校平均	103.30	31.43	39.03	74 750

本次受访的 242 所高校平均数据化完成率为 39.03%。信息化方式采用"完全自助式"的占 18.18%，"自助＋外包相结合"的占 40.08%，"完全外包"的占 28.93%，"还未启动档案数据化"的占 12.81%。采用外包服务的高校"了解档案服务外包规范"的仅有 28.5%。

2. 信息技术应用

信息技术应用方面，本次受访的 242 所高校中有 12.4% 已实现电子档案元数据采集、电子文件封装、数字签名等，35.12% 的高校已实现版式文件保存，19.42% 的高校应用了电子档案在线利用隐私处理技术，10.74% 的高校已实现档案工作全流程信息化，如档案盒信息、档案装订等都已经实现机械化，29.75% 的高校已实现基于双层 PDF 的全文检索，40.08% 的高校没有应用相关信息技术。

3. 数字档案馆情况

数字档案馆情况方面，本次受访的 242 所高校中有 9 所高校已建成示范性数字档案馆；17 所高校的数字档案馆，覆盖档案工作全部流程（无纸化管理和在线审批）和完全实现在线远程服务；57 所高校已实现对电子档案利用的权限与隐私控制；63 所高校档案馆与学校业务系统实现对接并接收电子文件；8 所高校建设了适配信创国产化平台的数字档案馆；48 所高校参与了数字档案馆系统数据库类型的调查，32 所高校仍然采用传统的结构化数据库，12 所选择了其他数据库。数字档案馆档案检索功能方面，实现门类检索的达到 67.98%，实现全文检索的仅 45.51%，实现逻辑组配专业检索的仅为 19.66%，建设了知识检索系统的仅占 5.62%。数字档案管理实现程度如图 4 所示，56.2% 档案机构处于"目录＋原文"的管理阶段，少数只管理了目录数据，实现基于内容的全文管理的高校占 12.81%，暂无高校实现档案知识管理，还有 13.64% 的高校未实现档案软件系统管理。

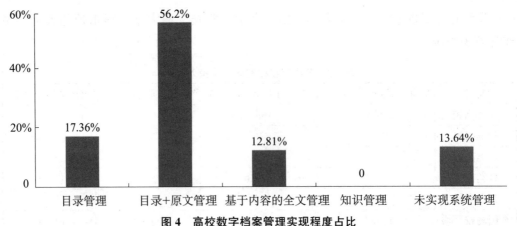

图 4　高校数字档案管理实现程度占比

4. 电子文件管理进展

本次受访的 242 所高校中 2.48％的高校已实现电子档案单套制管理；8.68％的高校已建成模拟环境或正在建设中；50％的高校表示近五年内将推进电子文件归档；38.84％的高校近五年内无计划；26.03％的高校与学校业务系统实现对接并接收电子文件；按照《文书类电子档案检测一般要求》（DA/T 70—2018），实现电子档案"四性"检测的高校仅占 13.22％。

5. 信息化供应商情况

（1）档案管理软件方面。本次受访的 242 所高校中，32 所高校未使用档案管理软件，210 所高校采用 48 个品牌，其中超过 2 所学校使用的品牌有 24 个，如图 5 所示。使用南大之星的占 22.4％，使用湖南德立信的占 12.9％，使用南京轩恩的占 10％，使用南京中坦的占 7.1％。

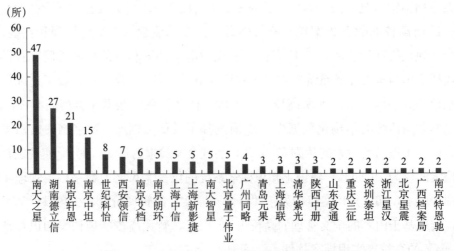

图 5　全国超过 2 所高校使用的档案管理软件品牌

（2）档案数据化加工方面。本次受访的 242 所高校中，31 所高校未启动馆藏档案数据化加工；86 所高校未填写档案数据化公司，也可能是采取自助加工方式；156 所高校采用的档案数据化公司多达 91 家。15 所高校采用过 2 家以上档案数据化公司（其中 4 所高校用了 3 家公司）。关于档案数据化公司的统计，分公司单独计算品牌，品牌代理商合并计算，市场占有率最高的湖南德立信占 13.5%，南京轩恩占 4.5%，西安辰海修和占 4.5%，杭州纵诚、西安领信、浙江星汉均为 3.8%。全国超过 2 所高校使用的档案数据化供应商 28 家，如图 6 所示。

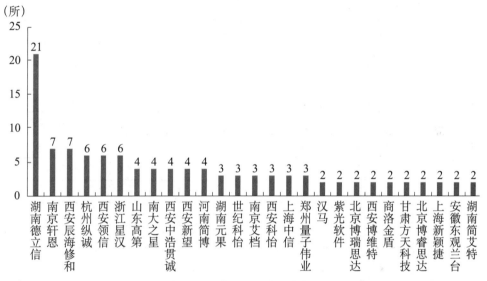

图 6 全国超过 2 所高校使用的档案数据化供应商

（3）信息化服务满意度。本报告针对档案管理软件品牌进行了满意度调查。将用户满意度设置为 5 个等级：很满意 5 分、满意 4 分、一般 3 分、不满意 2 分、很不满意 1 分。通过计算平均得分，得到不同品牌用户满意度值，如表 14 所示。满意度值未做信度与效度、相关性、回归性和方差等分析，因此满意度值不代表企业排名，仅供参考。

表 14 档案管理软件品牌用户数量与满意度值

序号	档案管理软件品牌	用户数量（个）	用户满意度（分）
1	南大之星	47	3.38
2	湖南德立信	27	4.46
3	南京轩恩	21	3.61
4	南京中坦	15	3.27
5	世纪科怡	8	3.63

续表

序号	档案管理软件品牌	用户数量（个）	用户满意度（分）
6	西安领信	7	3.71
7	南京艾档	6	3.6
8	南京朗环	5	4.4
9	上海中信	5	4.2
10	上海新影捷	5	3.57
11	南大智星	5	3.82
12	北京量子伟业	5	4.2
13	广州同略	4	3.75
14	青岛元果	3	3.33
15	上海	3	3.33
16	清华紫光	3	3.67
17	陕西中册	3	3.67
18	山东政通	2	3.5
19	重庆兰征	2	4.5
20	深圳泰坦	2	3
21	浙江星汉	2	4.5
22	北京星震	2	4.5
23	广西档案局	2	3
24	南京特恩驰	2	4
	平均值	7.75	3.78

三、全国高校档案工作的特点

（一）机构建制呈现多样性

（1）职能归属多样。一是由于理论论证与管理规定的模糊，长期以来档案与校史、档案工作与校史工作的关系存在界定不明问题。从表2可以看出，A类、B类、C类、D类、E类高校档案机构含校史职能的分别为30%、18.75%、13.18%、1.82%、0。二是因各种原因，23.1%的高校档案机构管理着干部人事档案。三是学生人事档案的管理职能归属较为复杂，管理或参与管理学生人事档案的高校有44.7%。四是管理或参与管理财会档案的高校有91.5%。

（2）机构所属与级别复杂。除A类高校档案机构均为直属单位（或含校史，或挂靠，或单独设置）以外，其他类别高校的档案机构整体建制情况均有直属、挂靠、大部制合并、与图书馆合并、校办公室内设机构等等。同类高校档案机构行政级别设置也有多种，如 A 类高校档案机构有正处级和副处级，B 类高校档案机构有正处级、副处级、正科级，而 C 类和 D 类高校更为复杂。

（3）档案机构图书馆合并问题。本次受访的 242 所高校中，A 类高校档案机构没有与图书馆合并的情况，B 类、C 类、D 类、E 类共计 22 所高校档案机构与图书馆合并，分别占同类高校的 6.25％、9.30％、9.09％、4.55％。本次受访的 242 所高校中 79.75％认为档案馆与图书馆不可以合并，20.25％表示可以。

（二）人员文化程度较高

（1）文化层次高。如表 5 所示，对比国家档案局 2021 年度的基本情况数据，各级档案主管部门和综合档案馆研究生或相当于研究生学历人员占 9.4％（含博士、研究生班、硕士）、本科学历占 67.4％，专科及以下学历占 23.2％。全国高校档案人员中研究生学历的有 51.2％（其中 A 类高校为 68.1％，B 类高校为 64.4％），比例为全国档案系统的 5 倍；本科学历 42.2％；专科及以下学历 6.6％。

（2）专业结构与职称较合理。从调研样本数据来看，高校档案人员中有图书情报与档案管理专业、信息管理、计算机专业背景的占近 30％，而全国档案系统中具有档案专业背景的仅占 16.15％。30％的高校档案人员有高级职称。

（3）理论与实践相结合。高校档案人员中，有从事档案学教学工作的教师转岗到档案机构的，增强了高校档案机构的研究能力与水平；也有从事档案业务工作，拓展到学科教学和研究的教师，增强了档案学科研究的实践基础。总体来说，高校档案人员具备理论与实践相结合的基础条件。

（三）档案服务创新发展

高校档案利用服务有显著的特点：一是高校档案利用率高。从表 11 的数据可以看出，242 所高校档案利用平均年接待量 3 100 人次（其中 A 类高校平均 12 127 人次，样本中 5 所高校超 2 万人次；B 类高校平均 6 539 人次，样本中 4 所高校超 1 万人次）；2021 年度全国各级国家综合档案馆接待利用者 697.3 万人次，全国共有各级各类档案馆 4 136 个，馆均接待 1 686 人次。从均值来看，高校档案利用接待量约为各级国家综合档案馆的两倍。二是高校档案用户分散。从用户 IP 分析可以看出高校档案用户以学校所在城市为中心，向所在省、自治区、直辖市，全国各地，全世界辐射，并逐步减少。三是业务类型复杂。高校档案业务除了查档以外，还包括专题咨询、用户提问，面向教学、科研、管理的知识服务等。

这些特点促使高校档案机构不断探索新的服务方式，提升服务效率。档案信息化、系统平台搭建、馆藏存量档案数据化、新技术的应用均为高校档案机构提升服务效率打下了基础，服务效率明显提升。2022年实现档案远程服务的高校增多，档案用户足不出户便可办理档案业务已成为业界普遍共识。

在档案服务内容上，除提供档案副本凭证的查档以外，有79.75%的高校档案机构提供信息服务，如专题咨询、查证和展览等；有34.71%的高校提供档案知识服务，解决用户提问或提供解决方案；有24.79%的高校可以提供智慧服务，如研究报告、资政决策、辅助教学科研与管理等。档案服务的创新还有：江苏海洋大学在新生中开展"对话未来 四年有约"活动，等学生毕业时再开展信件启封仪式，已坚持5年。哈尔滨工程大学为大连船舶重工集团数百校友协助档案认证补充工作，上门递送证明材料。

（四）档案宣传教育丰富多彩

学校档案宣传方面。各高校宣传形式多种多样，传统方式如网站、校园广播等，新媒体矩阵如微信公众号、微博、抖音、B站等均有高校档案机构采用，还有的通过悬挂横幅、电子屏、画报与展板，印发资料，征文与答题活动，学生观摩等多种形式开展档案宣传活动。

（1）结合校庆校史宣传。北京师范大学档案馆举办建校120周年主题展览。广西师范大学档案馆发布校庆丛书6本形成十大文化景观。浙江农林大学开展档案馆校史馆开放日、"校史记忆"寻访活动。天津大学完成"我们这十年"天津大学事业发展成就展。吉林大学举办"吉林大学抗击新冠疫情专题图片展"。

（2）结合党史学习教育宣传。西安交通大学聚焦"三个学"，制定《学习宣传贯彻党的二十大任务清单》，推动党的二十大精神贯彻落实，发挥各类基地作用，将党的二十大精神融入文化建设中。重庆邮电大学推进党史学习教育落细落小落实，面向全体本科学生开展校史校情学分教育，推进校史校情教育"四进一融入"，形成"七有"校史校情教育新格局。河南牧业经济学院推动《红色档案》课程建设。

（3）结合特色史料宣传。西安交通大学西迁博物馆多次被中央媒体报道，并新获批3个国家级基地和3个省级基地（全国首批"大思政课"实践教学基地等），西迁精神育人案例入选国家文物局《深厚的滋养——革命文物资源服务党史学习教育大数据分析与案例探究》，西迁红色资源应用案例被陕西省档案局转发全省档案部门学习。

（4）结合"6·9"国际档案日宣传。嘉兴学院"6·9"国际档案日活动获得浙江省高校档案工作创新奖。西安音乐学院开展国际档案日宣传活动——从校门变迁中看"西音"校史。

（5）档案教育教学。西安电子科技大学开发"西电记忆"快递信封、《致校友的一封信》、《西电记忆》宣传册等饱含西电元素的文创类产品。延安大学通过优秀教师教材展展现教师的研究和开发能力，拓展教师创新精神。

（五）档案管理模式与技术创新

2022 年全国高校在推进管理模式与技术应用创新方面亮点纷呈，有的高校档案机构在原有的基础上进一步优化，有的则是后来居上、赶超先进，有的则在探索中继续前行。

（1）多措并举创新档案管理模式。西安交通大学档案馆与校社科处、校国际处、陕西省委党史研究室等开展支部共建活动，推出"云归档""一对一定制化归档清单"等举措。河南师范大学档案馆继续坚持深化管理精细化、利用网络化、服务人本化，用"135"工作法检验服务成效，受到广泛好评。东北师范大学进一步落实"催档函"制度。西安科技大学根据各单位各部门提交校党委的"2021 年度述职述廉报告"梳理出 34 个部门应归档材料建议清单总计 254 条发放至各单位各部门。

（2）多点推动档案信息化发展。重庆医科大学实现线上查档和进行可信电子认证。湘潭大学推进增值税电子发票电子化报销、入账、归档试点成果深化运用。东南大学档案预约利用服务平台入驻学校网上信息门户，优化升级一站式学籍类档案服务等 12 个子业务。郑州大学继续完善基于 GIS 的基建档案可视化管理平台，完成基建档案可视化平台和档案管理系统数据对接。西安医学院创建"西医往事"公众号及远程查档服务。湖南农业大学实物档案展示标签化，将无法入库的拍照录入管理系统登记存放地；浙江中医药大学应用"浙中医大"APP，完成了第一批财务凭证档案数字化，助力学校财务智能化服务。

（3）多途径丰富资源与编研。河南财经政法大学档案馆出版《河南财经政法大学年鉴（2020）》，组织编写《河南财经政法大学校史（1948—2022）》。济南大学整理编辑了学校《2001—2021 年大事记》。西安医学院完成《校史档案汇编（1952—1955）》《历年毕业生统计表》。北京联合大学汇编《存史资政育人 2017—2021 档案事业发展印记》，出版《北京联合大学年鉴》《专业的印记》等成果。陕西警官职业学院存档 2021 年西安残运会盲人足球档案。榆林职业技术学院采用口述历史方式记录校友崔伦将军事迹。

（4）持续推进"记忆工程项目"建设。南京大学档案馆建设"南大记忆"平台，通过构建南京大学事件库、人物库、建筑库、珍档库，从不同侧面反映学校的发展与变迁，并提供"记忆上传"入口，构建共同的南大记忆。吉林大学档案馆启动"吉林大学记忆工程"。西安交通大学推进陕西省首批数字档案馆试点单位建设，建成"西安交通大学数字文博平台"，整合文博育人资源，完成中英双语"中国陕西农民画艺术数字展馆"建设，提升中华文化传播力影响力。西安电子科技大学扩大"西电记忆"品牌影响力，让红色基因焕发时代光彩。

四、全国高校档案工作现存问题

全国高校档案工作总体发展极不均衡，各类高校之间差异较大。2022年因疫情原因，一些高校档案工作难以开展，但高校档案人积极思考，勇于创新，攻坚克难。高校档案工作呈现出一些积极特点，但也存在着诸多问题。

（一）基本条件难达到相关要求

档案基本性质和有关法规决定和赋予了档案工作行政职能，《高等学校档案管理办法》规定的高校档案机构职责也包含了档案行政职能，各级政府均设置了档案行政职能部门，而高校并没有设置，所以高校档案馆（室）相应地承担着档案行政职能，管理着全校的档案与档案工作。与学校级别和规模相适应的档案机构对档案行政能力有重要影响，也直接影响到全校的档案工作质量。有的高校档案散落于各部门，未实现档案集中管理；有的学校内部档案工作还是各自为政，没有统一领导、分级管理；仍然还有不少高校未能按照教育部令第27号实现部门立卷。

教育部令第27号第六条规定，建校历史50年以上，或全日制在校生规模1万人以上，或已集中保管的档案、资料3万卷以上的高校应当设立档案馆。一些学校已达到条件但仍未设立档案馆，有的学校档案馆面临被合并。本次调查显示，绝大多数高校档案机构不支持档案馆与图书馆合并，这一问题值得深思。档案馆与图书馆合并在缺少专业技术人员的档案馆或许可行，但与图书馆合并后什么样的运作方式与形态更有利于档案工作发展？2015年发表的《基于系统分析的图书档案一体化管理的理性研究》对这一问题进行了探讨。

其他方面也不尽合理：如人员编制，很多高校的人员编制数量未能与馆藏规模、学校规模、档案机构业务范围等相适应；对照《档案馆建设标准》，很多学校的馆舍建筑面积、业务技术与服务等用房没有达到标准；19.83％的高校未实现档案集中统一管理，档案仍然散落于学校各单位。

（二）档案信息化进展缓慢

多数高校档案信息化建设经费投入不足，有的学校档案信息化建设仍然未纳入学校信息化规划。本次受访的 242 所高校中存量数字化率平均完成率仅 39.03％，增量电子化方面仅 2.48％的高校可实现合规管理，实现普通电子文件接收的高校占56.18％，实现电子档案"四性"检测的高校仅有 17.98％，少数高校还未使用档案管理软件。

元数据采集、电子文件封装、数字签名等信息技术应用比例不高，仅 10.74％的高校实现档案工作全流程信息化，仅 3.72％的高校建成示范性数字档案馆，3.31％的高校建设了适配信创国产化平台的数字档案馆。

数字档案管理是未来发展方向，高校档案行业在数字档案管理方面尽管已经有了一些探索，但进展较为缓慢，尤其是在信息化质量、技术应用、服务层次、档案系统功能等方面参差不齐，有些高校档案信息化建设甚至还相当落后。这与档案信息化经费投入直接相关，也可能与各高校提出的需求和规划有一定关系，与档案服务商也存在一定关系。服务商的企业规模、技术储备、研发实力、服务水平、对档案行业标准的理解与把控等等各不相同，也可能导致了高校档案信息化建设极不均衡，影响到档案信息化进程。

（三）档案宣传平台建设滞后

虽然总体上高校档案宣传形式多样，少数高校档案宣传方式、宣传内容、宣传效果都非常好，但从数据统计来看，大多数高校档案宣传效果不尽如人意，档案宣传平台建设滞后。除了举办专题宣传活动和展览以外，档案网站和新媒体平台是档案馆日常开展档案宣传的窗口。本次受访的 242 所高校中有 40％没有建立档案网站，76％的高校未建立新媒体平台。多数高校更新频率为每月一次。档案宣传平台建设不足、访问量不高，绝大多数高校档案媒体平台更新较慢。

（四）档案安全有待筑牢

档案安全是档案事业的基础保障，是档案工作的重中之重。档案安全包括档案人员健康安全、档案实体安全、档案数据安全、档案信息与网络安全等等。少数高校档案工作区域安装了空气净化装置、或实现了档案入库前消毒，仅 9.09％的高校有档案特殊津贴。有涉密档案管理的高校档案馆仅一半实现专人专库管理，25.7％的高校将涉密档案与普通档案混合管理。更有少数高校没有建立安全制度。

（1）18.6％的高校档案机构仍然使用水喷淋灭火系统，35.12％的高校档案机构采用干粉灭火器，均不符合要求。8.26％的高校档案机构没有任何消防设施。仅有少数高校应用了现代化的系统来监控管理档案库房，保障档案实体安全，也还有9.09％的高校档案馆没有任何安防设施。

（2）45.45％的高校实现了档案异质备份，10.33％的高校实现了异地备份，实现了异地备份的高校中，符合"以两地直线距离300公里以上，不同江河流域、不同电网、不同地震带为宜"要求的较少，有3.31％的高校未进行档案数据备份。

（3）档案信息系统安全保护工作落后，根据《档案信息系统安全等级保护定级工作指南》、《档案信息系统安全保护基本要求》和相关法规将档案信息系统实施安全等级保护的高校仅45.04％，仍有42.98％的高校未进行隐私处理和保护，25％的高校档案管理系统未实施严格的访问权限控制。

（4）高校档案机构是重要的信息网络安全节点，档案人员的信息与网络安全素养也非常重要。但242所高校的1500名档案专业技术人员中仅有8名ECSP持证人员，占高校档案人员的0.5％。

（五）档案机构对企业满意度不高

本次受访的242所高校中使用了档案管理软件的有210所，其采用的档案管理软件品牌多达48个。如图5所示，有24个品牌有超过2所高校使用，南大之星、湖南德立信、南京轩恩、南京中坦四品牌共占市场份额52.4％。

本次受访的242所高校中采用服务外包的形式进行档案数据化加工的有156所，采用的企业更是多达91家，15所高校采用过2家以上企业（其中4所高校用到3家企业），如图6所示。排名前6的企业共占市场份额34％。

信息化服务商满意度调查总体平均得分3.78分，高校档案机构对档案信息化服务企业满意度不高。从档案管理软件来看，数据趋于集中，软件品牌影响力逐渐形成，但有些品牌起步较早，产品更新或服务等跟不上发展，也有可能是用户因经费原因未能升级等导致用户使用的满意度不高。企业开发与维护档案管理软件品牌，需要持续投入研发经费和人员，门槛相对较高。相对于档案管理软件，档案数据化品牌集中度更低，而社会普遍对档案数据化技术与标准认识不足，一些主营业务非档案信息化的企业纷纷加入，使得高校档案机构在选择档案数据化服务商时更加困惑。

不管是档案管理软件，还是数据化服务品牌，相比其他行业，品牌集中度都不高，说明档案行业的服务企业水平参差不齐。通过对档案信息技术应用的调查发现，在已经实施档案信息化的高校，诸如元数据采集、电子文件封装与数字签名、版式文件与全文数据化、全文索引与检索、电子档案在线利用隐私处理、其他信息技术等的应用程度不高。究其原因：一是档案机构和服务企业对档案信息化标准规范理解不透；二是档案信息化成果是隐性的，成果是否符合标准，符合未来发展要求，很难发现；三是行业没有对于档案服务企业的管理、测评和考核，导致档案机构在选择企业时没有参考标准。

五、我国高校档案工作的未来展望

高校档案机构以习近平新时代中国特色社会主义思想为引领，学习党的二十大精神，贯彻落实习近平总书记关于档案工作重要批示精神，促进高校档案事业高质量创新发展，贯彻新修订的《中华人民共和国档案法》和《"十四五"全国档案事业发展规划》，积极思考、谋划未来。242 所高校均提供了"学校近五年档案工作发展规划"，通过分析得到词云图，如图 7 所示，可以看出，数字化、信息化、服务、利用、资源、电子、归档、体系、校史、编研等为高频词。

图 7 高校档案工作近五年规划词云图

（一）继续推进档案信息化建设

关键词"信息化"位居高频词第二位，诸多高校已经认识到档案工作发展的瓶颈，吸取经验教训，计划持续推进或着手规划档案信息化，内容包含系统建设、库房信息化、档案整理加工自动化、示范数字档案馆、智慧档案馆、业务系统对接等诸多方面。

信息化的根本目的是加快发展社会生产力。信息化是当今社会发展趋势，信息化对档案工作环境产生了巨大影响，档案信息化是档案行业发展必由之路。国家对档案信息化提出了宏观和微观的要求，《中华人民共和国档案法》《"十四五"全国档案事业发展规划》《全国档案信息化建设实施纲要》等均提出了宏观要求，国家档案行业标准和各省档案规范均有档案信息化的具体实施要求和指标。

《全国档案信息化建设实施纲要》将档案信息化内容定义为六方面：应用系统（软件，包括信息技术应用）、基础设施（硬件）、资源、政策法规和标准、人才、安全保障。各高校在进行档案信息化项目建设时，先明确档案信息化目标以及要实现的技术指标，再对档案服务企业进行全面了解，需求阶段加强沟通，实施阶段加强监督检查。而如何规范档案服务企业的服务标准、提升档案企业行业自律等是档案学界、业界以及档案行政主管部门都应该思考的问题。

（二）存量档案数据化率将提升

信息化的价值基础是边际成本递减法则，随着信息化程度提高，系统协调增强，社会成本降低，效率提高。整合资源、统一平台、共享信息是信息化成本递减的三大有效途径。随着档案信息化的逐渐深入，投入到档案基础工作上的总体成本将大幅降低，工作效率将大幅提升。档案数据化率会直接影响到档案信息化的价值与效率。从调研来看，目前高校档案数据化率并不高。

未来五年，多数高校将提升档案数据化率作为工作重点。值得注意的是，档案数据化的目的是长期保存和便捷利用，不必纠结于哪些档案需要数据化，哪些档案不能数据化。有的高校提出"应扫尽扫"，逐步将人事档案、学生档案、财务档案均纳入数据化加工范围，并持续推进文书档案和其他类别档案数据化。另外，要结合有关档案数据化相关标准，前瞻性地厘清数字化与数据化区别，思考数据化成果长远用途。

（三）档案资源进一步丰富

《"十四五"全国档案事业发展规划》要求"深入推进档案资源体系建设，全面记录经济社会发展进程"，建设新时代新成就国家记忆工程，包括建设记忆项目、构建专题目录和数据库、宣传展示三个方面。多数高校档案机构将进一步丰富档案资源，树立"大档案"意识，实现档案的"应归尽归、应收尽收"。尤其是加大档案专题、记忆工程等建设。有的高校提出"拓展档案资源收集范围，加强重大活动、突发事件应对活动档案收集，优化馆藏档案结构，探索档案价值鉴定和评估机制"。有的高校将建立名人档案或杰出师生校友的事迹档案、立德树人工作的案例档案等特色档案资源库。

（四）档案服务体系更加完善

在档案服务方式上，多数高校开始规划在线远程服务系统，建设档案服务大厅等。已建成的高校在不断完善远程在线服务的基础上，朝自助服务和个性化服务方向发展。一些高校也改变过去被动服务的局面，开展主动服务。在服务内容上，高校档案机构深入挖掘和研究档案资源，及时精准为学校各部门决策提供参考，提升档案知识服务能力。

（五）资源投入进一步加大

未来五年高校将加大人、财、物的投入，加大档案馆建设力度。首先，人才是第一资源。多数高校计划培养高水平、高技能、高素质的复合型档案管理人才，着力打造新时代档案人才队伍。其次，一些高校计划新建或者扩建档案馆、校史馆等。西安航空职业技术学院拟建设总面积 68 085.77 m^2 的图文信息中心（集档案馆、校史馆、图书馆于一体的七层大型综合场馆）。中山大学档案馆将达到建筑面积 20 000 m^2，满足未来 20 年档案存储需求，建成国内高校一流的档案馆和数字档案馆。西安交通大学将健全档案信息系统安全保密防护体系，实现电子档案异质异地备份，推动校史文化研究走专业化、团队化和系统化道路。河南财经政法大学拟建设档案馆、校史馆和博物馆三馆合一的智慧型馆。

六、结语

作为国家档案事业重要组成部分的高校档案工作在人员文化程度、档案服务创新、档案宣传教育、管理模式与技术应用等方面有诸多亮点，但发展极不均衡，不同层次高校差异较大。高校档案工作发展也面临着一些问题和困境，如基本条件难达相关要求、信息化进展缓慢、宣传平台建设滞后、档案安全有待筑牢、档案企业未能使人满意等等。尽管如此，面对未来，高校档案人仍然信心满满，均有对未来的思考与规划。

相比 2021 年报告，2022 年问卷设计细化了指标体系、区分了学校层次、结合高校档案工作实际情况和国家档案行业标准要求等，力求全面反映高校档案工作。

但指标设计和问卷说明上仍然存在缺陷，导致个别数据失真；分析指标运用还较为简单，不足以完全反映所有的真实情况。下一年度将进一步完善，同时提升数据分析、指标对比的精准度和深度，在调研方式上增加现场调研、电话访谈等多种途径。

本报告的调研工作得到了中国高等教育学会档案工作分会理事长、南京大学档案馆馆长吴玫，分会秘书长、北京师范大学档案馆馆长杨桂明，以及分会全体理事的大力支持。26个省、自治区、直辖市高校克服疫情困难，积极响应，有的高校电话沟通反复确认数据，有的慎重细致到具体的某一个问题选项，也有的高校提出了比较好的建议。同时也得到了诸多肯定，西北师范大学档案馆及甘肃省高校档案工作协会专门致信研究小组，河南财经政法大学档案馆原馆长徐朝钦认为"问卷设计很好，内容涵盖面广，既有基础也有前沿，切合高校实际，填写完问卷也就知道高校档案工作内容和要求，也就懂得应该怎样做好档案工作，了解本校差距在哪里"。全国高校同行的支持与鼓励，是我们前行的动力。研究小组也将持续深入研究，也期望本报告成为主管部门的决策依据，科研人员的参考资源，高校档案同人的对照标本。

档案产业发展

2022 年中国档案寄存外包服务行业发展报告[*]

李海涛[1]　范风杰[1]　宋琳琳[1]

1. 中山大学信息管理学院，广州　510006

摘　要：本报告首先回顾了 2022 年我国档案寄存外包服务行业整体发展状况，重点分析了我国档案寄存外包服务行业中发包、承包、监管各方发展现状。其次，指出当前我国档案寄存外包服务行业存在的行业监督管理主体多元监管乏力，寄存业务较少涉及电子档案，企业发展缺乏规模化规范化行业组织，新技术投入与实际需求存在协调偏差，复合型专业人才短缺、业务承接与服务能力不匹配等问题。最后，针对上述问题提出了如下行业发展对策：加强协同合作，完善档案寄存外包服务行业监管体系；拓展业务范围，探索电子档案长期保存策略；以行业协会及标准为依托，提升寄存外包服务质量；协调新技术应用，平衡技术与行业发展实际需求；强化产学研合作，培养高素质行业人才队伍。

关键词：档案服务；档案寄存；外包；行业

作者简介：李海涛，博士，教授，研究方向为档案管理、电子文件管理、档案服务外包、企业档案管理、政府信息资源管理，电子邮箱 lihait9@mail.sysu.edu.cn；范风杰，硕士研究生，研究方向为档案社会化服务；宋琳琳，博士，副教授，研究方向为档案信息组织、档案利用与服务、定密工作研究，电子邮箱 songlinl@mail.sysu.edu.cn。

一、引言

档案服务外包是指某一档案机构将原本由自身承担的部分业务剥离出来，以合同方式委托给其他机构完成，以降低成本提高效率的行为。档案服务主要包括档案

---

* 本报告系 2022 年中山大学本科教学质量工程项目"《档案文献编纂学》一流本科课程建设研究"、中山大学本科教学质量工程项目"《信息描述》课程思政建设"、2022 年度广东省档案局科研项目"档案治理视域下的珠三角地区档案服务企业服务能效评价参考指标体系构建及应用研究"、2023 年度广州市社科规划课题"新时代增强广州文明传播力影响力研究——广州侨批档案诚信文化价值开发推广研究"研究成果之一。

寄存、档案数字化、档案整理、档案管理咨询、档案开发利用等类型[①]。随着我国市场及机构体制改革，政府"放管服""鼓励社会化服务购买"等政策的推进，在国内市场需求拉动下我国档案服务外包行业已具规模。《中华人民共和国档案法》《中华人民共和国国民经济和社会发展第十四个五年规划和2035年远景目标纲要》《"十四五"全国档案事业发展规划》等系列法规规划提出了"受托方应当建立档案服务管理制度"、"促进服务业繁荣发展"以及"建立档案服务外包安全工作监管机制"等目标及发展要求，对新形势下我国档案服务外包行业发展提出了新要求。回望2021年，受新冠疫情影响，我国档案服务外包行业中的整理、数字化、教育培训等业务均受到了不同程度的冲击[②]。2022年，随着疫情防控情势整体向好，我国档案服务外包企业数量稳步增长，整个行业呈现转型、规范、升级及规模化发展趋势。

档案寄存外包服务是指在不改变档案所有权和处置权的前提下，发包方将档案委托给承包方保管，承包方为发包方提供档案保管的库房、设备，开展日常保管、安全防护，并按需要提供利用的服务[③]。作为我国档案服务外包行业的支柱性分支行业，档案寄存外包服务行业的发展可侧面反映出整个行业的发展。为此，本报告以档案寄存外包服务行业为切入点，系统分析了2022年来我国档案寄存外包服务行业发展现状、特点及问题，并在此基础上探讨行业未来发展对策。

二、2022年我国档案寄存外包服务行业发展现状

为系统了解2022年我国档案寄存外包服务行业发展现状，笔者首先通过档案主管部门行政备案、《中国档案服务业企业名录》、知网、企查查等数据库，获取了我国档案寄存外包服务行业相关企业业务、库房分布、财务运维等基本信息；其次以京津冀、长珠三角、中西部等区域的部分优秀档案寄存外包服务企业为对象展开调研。同时与广州市档案行业协会、浙江省档案服务业协会展开访谈，重点探讨后疫情时期我国档案寄存外包服务行业发展现状、问题及趋势。

---

① 国家档案局. 档案服务外包工作规范 第1部分：总则［EB/OL］.（2020 - 05 - 18）［2022 - 12 - 15］. https://www.saac.gov.cn/daj/hybz/202005/13c44a4c7bb847ada280e460d3db5a5b/files/516cae755eda4519a55ac61e6848dbac.pdf.

② 中国人民大学档案事业发展研究中心. 中国档案事业发展报告（2022）［M］. 北京：中国人民大学出版社，2022：422 - 439.

③ 国家档案局. 档案服务外包工作规范 第1部分：总则［EB/OL］.（2020 - 05 - 18）［2022 - 12 - 15］. https://www.saac.gov.cn/daj/hybz/202005/13c44a4c7bb847ada280e460d3db5a5b/files/516cae755eda4519a55ac61e6848dbac.pdf.

（一）发展概况

总体上看，2022 年全国各省市档案寄存外包服务企业数量均有所增长（如图 1 所示），但各地区新增企业数量差别较大，增量主要在东、南、西部地区。从增速上看，2022 年我国档案寄存外包服务企业数量增速放缓。除浙江、海南、宁夏、青海、北京外，其余各地区同比增长较 2021 年呈下降态势。2022 年档案寄存外包服务企业依然集中于京津冀、长珠三角地区，其中以浙江、广东为代表的长珠三角地区近两年相关企业新增数量始终处于领先地位。京津冀地区相关企业增量平稳，企业总量依然保持在全国前列。中西部地区档案寄存外包服务企业数量稳步增长，侧面反映了随着区域经济提振，我国中西部地区档案寄存外包服务行业发展供需两旺。综合来看，近两年来，我国档案寄存外包服务企业主要集中于东南部地区。随着新《档案法》修订，《档案服务外包工作规范》出台，档案寄存外包服务行业相关法规制度日益完善，我国东南部地区档案寄存外包服务市场逐渐饱和，档案寄存外包服务模式逐渐成熟并向内地推广。地区党政机关、国有企业、医疗机构、科研

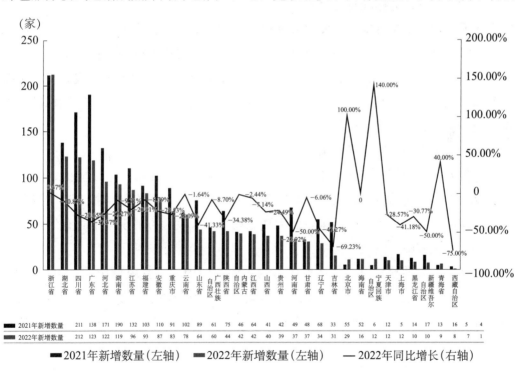

图 1　2022 年我国档案寄存外包服务企业数量

资料来源：天眼查系统。

注：香港、澳门、台湾未在此次统计范围。

院所、学校档案工作规范化管理要求以及档案数量激增与档案主管部门社会存管服务能力不足之间的矛盾，激活了区域档案寄存外包服务供需，推动了2022年我国档案寄存外包服务行业向西发展。

（二）具体现状分析

笔者从发包方、承包方、监管方、行业等维度，结合调研访谈结果具体分析如下：

1. 发包方维度

作为档案寄存外包服务的需求方，发包方主要包括党政机关、档案馆以及企事业单位。行业发展前期，有外包需求且自我保护意识较强的部分机构，倾向于与承包方签订合同建立长期合作关系。调研发现，2022年以来，随着行业招投标措施逐步健全，档案寄存外包服务行业发展逐步规范，但在服务需求适配度、服务价格及监管上仍有不足：

（1）承包方筛选标准有待完善。

除了合理的服务价格外，发包方筛选承包方还应结合其承包实力、服务实绩等综合考虑。就发包方而言，当前虽然国家出台了《档案服务外包工作规范》等行业标准并对承包方筛选、合同签订、监督评估等作出要求，但相关规定线条粗、实操性差。发包方因缺乏对行业市场以及相关专业知识的了解，加之目前筛选标准可操作性偏差，使服务价格常成为发包方筛选承包方的唯一标准。

（2）承包方筛选缺乏灵活策略。

发包方习惯使用固定的承包方服务，对承包方营业资质、业绩能力、人员素质、设备规模、违约行为、安全事故等不良记录等信息缺乏有效掌控。通常发包方的需求需经多次迭代后勉强匹配，而无法匹配后更换发包方的现象也时有发生。

（3）承包方筛选以低价为主。

价格仍是大多数发包方筛选承包方的主要决定因素。受疫情影响，包括政府、企事业单位等发包方预算缩减，客观上影响了档案寄存外包服务行业的业务量。为节省开支，当前为数不多的寄存外包服务招标呈现出发包方追求低价忽略服务质量的趋势。

（4）承包方监管缺位。

发包方往往一发了之，对寄存档案入库、上架、分类、组织，库房温湿度调控，安全风险防控，寄存档案调用运输等环节缺乏必要监管。常因缺乏全程监管，导致入库档案统计不明、分类不当，在库档案损毁、泄露，利用服务获取不畅等问题频发。

2. 承包方维度

（1）档案寄存外包行业各企业服务模式逐渐趋同。

我国东南地区档案寄存外包服务模式多借鉴自 21 世纪初期以 IRON MOUN-TAIN、信安达、德安为代表的海外档案保管外包服务企业。通过借鉴学习国外模式，10 多年来，档案寄存外包服务由国内相关企业的子业务调整为主营业务或依托相关企业物流、房地产、金融等主要业务拓展为子业务。调研发现主流档案寄存外包服务企业的档案寄存服务模式逐渐趋同，形成了包括寄存档案前期整理、交接、运送、入库、利用、销毁等链式服务模式，具体表现为：①了解发包方。通过前期沟通，了解寄存档案的数量、类型、整理质量，开展入库前寄存档案的整理、扫码、编码、装盒、装箱等工作。②清单交接与封装。按照清单核对无误后装车运送到寄存库房（或档案寄存中心），部分企业还会提供专利档案装具，现场封装。③运送。寄存档案运送服务包括企业上门承接和发包方自行送达两种方式。前者多由承包方提供专门运送车辆，按约定上门收取档案；对于发包方自行送达的寄存档案，大部分企业现场清点后装箱入库。④办理入库。多数企业采取依交接清单确认无误后由库房管理人员将档案上架保管并扫描录入档案管理系统的流程。扫描方式上，部分企业采用人工计件方式，部分企业采用人工＋RFID 或全 RFID 扫描方式。统计完毕后，库房管理人员常将导出数据清单返回发包方核对。⑤日常利用。发包方通常会发送调用清单，由承包方客服提交至库房管理人员查找目标档案，提供线下或线上利用。⑥新增入库档案管理。对于后续新增入库档案，大多数企业采用与首次入库相同的流程。⑦销毁。对于寄存档案的销毁，大多数承包方持审慎态度，一般多应发包方要求，确认箱号、数量后定点销毁。

（2）环境市场管理等外部因素加剧了新入行企业的困境。

行业发展早期，寄存业务需求量大，用户黏性较强，凭借客户与市场份额优势，2020 年以来，较早入行企业逐步发展为行业头部企业。随着市场饱和以及业务资源收拢，特别在近两年疫情的影响下，新入行企业发展难度递增。调研发现，从地域上看，目前我国档案寄存外包服务企业包括属地化企业与跨区域企业。其中前者多为地方性企业，业务形成与传统的客户关系联系紧密。随着市场逐步规范、竞争加剧、利润空间压缩，该类企业竞争力逐步下降，究其原因无外乎：①发包方人事变更，传统客户关系链维持难度增大导致业务断裂。②发包方招投标流程逐步透明，压缩了服务供给中的利益"寻租"空间，也压缩了部分承包方传统市场份额。③档案寄存外包服务传统购买主体之一的国（央）企，近年来提升了投标企业资质要求，增加了众多中小型属地化企业的中标难度。

综上可知，随着我国档案寄存外包服务市场及行业发展完善，以党政机关、档案馆以及企事业单位为主体的发包方采购程序逐步规范透明，进一步削弱了以传统客户关系维系市场份额的属地化企业的竞争力，随着后疫情时期资金断链、市场业务萎缩等因素影响，这类企业呈现出规模化退市趋势。另一类跨区域企业又可分为起步早、经营多元业务或具有主流业务支撑的企业和初入行处于开辟阶段的新生企业。针对档案寄存外包服务开展所需的库房增建、日常运维成本持续投入、市场需求降低的现状，前者因有主流业务或多元业务支撑，寄存业务可持续开展；而后者受限于市场份额低、资金不足、利润有限、项目回款不及时，业务开展难度加大，易产生退市风险。此外，外资企业因保密资质所限，其相应的国内市场份额也逐步缩小，可以预见档案寄存外包服务行业市场份额将逐步向头部企业聚拢。为避免寄存库房及人员空置，降低服务成本，加速资金流动，进一步降低服务价格将成为头部企业争夺市场的主要策略。

（3）从业人员、库房建设、经营战略等内部因素制约了现有企业的发展。

档案寄存外包服务涉及库房选址、档案装箱、安全运送、日常管维等常规流程。各项业务开展均离不开专业人才参与。调研发现，当前我国档案寄存外包服务行业仍是劳动密集型行业，企业专业人才一直受限于专业院校人才培养目标及就业导向而严重匮乏。劳动密集型业务制约了企业在职专业人才的培养存储，人才短板导致部分企业项目开展受阻，长期来看也不利于整个行业发展。档案寄存库房建设也是影响企业发展的重要因素。发包方寄存的主要是利用率低、"凭证"性强的档案，对于库房条件要求偏高。调研发现，在库房建设上各企业投资力度与科技含量存在偏差，东南沿海地区部分相关企业投入的智能库房建设表现为"智能＋库房管理""智能＋资源建设""智能＋服务利用"等形式，以"智能＋库房管理"为主。中西部地区大部分企业对于智慧库房持谨慎态度，多以"人工为主，技术为辅"的方式开展档案及库房管理。档案寄存库房的布局关系到企业市场布局与发展趋向。调研发现，目前一些头部企业已形成了全国性档案寄存库房选址与布局，区别于一些企业租赁模式的库房运营，东港瑞云改造后的档案库房在很多核心城市有自有产权。当然广泛布局需要资金人力成本的支撑以及广泛的市场调研。过大过快的市场布局带来盈利预期的同时也可能拖垮企业。为此，部分企业因地因时制宜，根据各地区库房运营成本细分经营对策。

在企业经营策略上，调研发现现有档案寄存外包服务企业多采取库房重复建设，面向市场多元需求，缺乏细分及精准化服务；而灵活的经营策略不失为有效的

"解题"方式。以某受调研企业为例，作为从事金融证券档案寄存外包服务的头部企业，其积极调整经营策略以应对发展困境：其一，根植于传统主流业务，面向服务对象关注其寄存档案安全的需求，从管理层到基层深耕安全服务理念，强调服务风险控制并落实于档案运送、库房管理及日常安全防护；其二，增强行业内部"话语权"，通过学习交流积极推动区域档案行业协会构建，并通过行业协会推广企业成熟的管理、服务经验，推动行业发展共建。可以预见，突破当前企业发展困境的关键在于向内调整经营策略，细化服务，突出企业服务特色，向外寻求行业"共振"，利用规模化行业服务优势，实现服务转型。

3. 监管方维度

调研发现，我国档案寄存外包服务行业监管主体从单一档案主管部门向档案学会、档案行业协会等多元监管参与体转变。档案机构体制改革后期，局馆分设，我国档案寄存外包服务行业的监管主体主要包括两类：

（1）各市、区及县档案主管部门。

该部门监管权呈现下放趋势。以珠三角地区为例，广州市全面清理市级单位实施的行政审批及备案事项，将档案寄存外包服务市场监管的行政审批及备案权由市下放至区档案主管部门；基层档案主管部门以寄存外包服务企业工商注册地划分管理权限，完成企业资质审核备案后提交市档案主管部门备份。随着档案机构改革深入，广州市档案局并入市委办公厅，主要面向市级党政机关及市直属机构提供档案行政管理与业务指导，一定程度削弱了对寄存外包服务行业的监管。此前寄存外包服务企业备案时所需的营业执照、从业人员素质与专业能力、库房建设、设备设施等基础条件以及档案主管部门实地勘察、考核材料真伪等程序条件，被"应当依法登记注册"取代。

（2）档案学会/协会。

作为非政府组织，档案学会/协会参与行业监管的主要表现为承接档案主管部门转移职能。但目前仅少部分档案学会如深圳市档案学会接受市档案局委托开展档案寄存外包服务企业的备案工作。由于档案学会自身监管职能来自主管部门让渡，加之"政会改革"的推进，学会的行业监管效力呈减弱趋势。档案治理与政府"放管服"政策为档案主管部门让渡部分监管服务职能提供了政策支持。以此为契机，我国长珠三角地区档案主管部门尝试支持档案行业协会发展，调查发现，2022 年浙江省档案服务业协会成立，广州市档案行业协会自 2021 年起运维。在本地档案主管部门支持下，档案行业协会积极发挥维护行业利益、促进行业自律职能，以弥补档案主管部门监管不足等问题。档案行业协会处于发展起步阶段，在职能划分、机构设立、标准完善、人员配备、行业监督等方面仍待逐步完善。

4. 档案寄存外包服务行业发展逐步规范

（1）配套制度标准逐步完善。

档案寄存外包服务行业标准是规范行业参与各方行为，保障行业健康发展的基础。2021年《档案法》对于包含寄存业务在内的档案服务行业作出规定，即与"其他组织委托档案整理、寄存、开发利用和数字化等服务的，应当与符合条件的档案服务企业签订委托协议，约定服务范围、质量和技术标准等内容，并对受托方进行监督"。此外《档案保管外包服务管理规范》《档案服务外包工作规范 第1部分：总则》《档案密集架智能管理系统技术要求》等档案寄存外包服务行业标准陆续出台，为完善我国档案寄存外包服务行业标准体系，规范行业发展秩序提供了保障。

（2）行业组织功能不断发展。

调研发现2022年以来相关行业协会开始自建自治自我发展。以长珠三角地区档案行业协会为例，尽管成立时间较短，但相关档案行业协会在承接档案主管部门公共服务职能开展行业监管，协助政府并在其授权许可下制定行业标准、规范企业生产经营上均发挥了一定作用。成立一年多来，广州市档案行业协会积极谋划行业发展路径，会员企业已由成立初期的48家增至当前的百余家，涉及档案寄存、数字化、软件研发、培训等业务，形成了包括理事会、监事会、会员代表大会在内的协会日常运维、监督等职能部门。一年来，协会围绕着行业焦点问题开展了十余场行业讲座培训，组织会员企业参加各级档案科研项目申报验收，联合高等院校编制培训教材等。可以预见随着行业协会制度职能逐步完善，其监管服务能力也会提升。

（3）头部企业引领行业方向。

调研发现，2022年部分档案寄存外包服务企业在行业标准规范制定、助推行业发展、彰显领军企业效应中的作用逐步呈现。目前我国档案寄存外包服务行业标准涵盖了承包方资质信用、服务能力、服务质量、库房建设、企业人员胜任力、价格等相关服务标准。如中信外包集团参与了行业标准《档案服务外包工作规范》的起草编制工作；深圳银雁科技有限公司积极参与到国家档案局行业标准《档案保管外包服务管理规范》的起草工作中。头部企业参与并共同推动行业标准制定，一方面有利于行业内其他企业汲取头部企业较为成熟的管理模式，形成领军效应；另一方面有利于促进相对成熟的管理、服务、流程、评价等标准推广，为行业协会管理提供"抓手"。

三、2022 年我国档案寄存外包服务行业发展问题分析

（一）行业监督管理主体多元监管乏力

目前我国档案寄存外包服务行业的监管主体主要是档案主管部门。档案机构改革进一步强化了档案主管部门的政治性及面向党政机关服务的职能，但在一定程度弱化了其行政监督和社会服务职能。政府行政体制改革推行"简政放权"，部分地区的档案学会承接了政府部分行政职能开展行业监管。由于档案学会主要职能在于促进教育、科研与学术交流宣传，且本不具备监管职能，因此监管效力有限。近两年来我国部分地区自发组织了档案行业协会，如 2021 年 11 月成立的广州市档案行业协会、2022 年 3 月成立的浙江省档案服务业协会等。虽然在档案主管部门监管乏力的情况下，档案行业协会可弥补部分监管不足，但由于行业协会的发展也处于起步阶段，人员配备、业务开展以及日常运营等还需逐步完善。

（二）寄存业务较少涉及电子档案

调研发现，从服务内容上看，当前我国档案寄存外包服务业务以纸质档案寄存为主，档案数字化业务逐步开展，但以电子档案寄存为内容的相关业务开展不多。尽管部分企业也曾涉及磁带备份与云存储业务，并研发了离线硬盘存储柜，开展了电子档案公共离线寄存业务，但总体上由于当前我国纸质档案寄存需求及盈利空间仍存在，加之电子档案寄存保管技术含量高，客户对档案数据的敏感性以及涉密管理的要求严等原因，当前我国档案寄存外包服务企业以纸质档案寄存为主，开展电子档案寄存外包服务偏少。随着国家推进电子档案单套单轨制度，电子档案寄存外包服务将成为行业效益的增长点。与纸质档案相比，电子档案"四性"保证、元数据抽取、长期保存等系列问题通用性对策的提出及推广，使得电子档案寄存外包服务技术含量更高，管理也更为复杂，这对于档案寄存外包服务行业来说既是一次转型的机遇也是一项重大的挑战。保留传统纸质档案寄存外包业务同时，加大技术研发，转变服务内容，推进寄存服务业务能级跃迁应成为我国档案寄存外包服务企业发展的趋势。

（三）企业发展缺乏规模化规范化行业组织

调研发现，尽管行业协会初步发展，但 90% 的档案寄存外包服务企业基本处于"单打独斗"的经营模式，企业之间的"合作"也多因获取市场份额等短期逐利目

的而促成，企业以规模化规范组织形式开展行业长期实质性合作偏少。上述该类企业的组织机构多以档案协会、档案服务行业协会、档案技术协会等形式出现。总体来看，我国档案社会组织以档案学会、档案行业协会为主，经历了档案学会成立、快速发展，档案学会与档案行业协会共存的阶段。档案学会主要由档案主管部门主导构建或由档案行政管理分支部门转化而成，在行政资源获取上具有天然"便利"性。档案行业协会主要由档案服务外包市场参与企业自发组建，缺乏稳定的行政资源、组织及制度支撑。调研发现，后疫情时期，作为市场自理、自建、自管的组织主体以及档案寄存外包服务企业"破局"的组织依托，我国档案行业协会组织建设仍处在不断推进完善阶段，表现为：（1）自身职能认识不明。主要表现为档案行业协会与档案学会职能重合，档案行业协会承担起档案学会的部分职能。（2）自治能力较差。一是部分档案行业协会未设置专门监督机构及人员，仅存在理事会对秘书处的监督；二是内部管理机制的设置，即决策权、执行权和监督权之间的具体关系和各项权力运作方式不合理。（3）公信力较差。在行政监管方面，当前仅依靠档案行业协会主动向登记管理机关提交年度检查以及活动申报，档案主管部门无法对行业协会开展有效监管。在档案行业协会自律方面，内部监督制度流于形式，缺少信息披露制度和平台，使得档案行业协会内部治理公平、民主和公正度不强，利益代表性不足，在服务会员、议事决策、人事财务、行业标准制定、行业监管、约束惩罚等行业治理职能上仍待完善。

（四）新技术投入与实际需求存在协调偏差

信息化浪潮下，大数据、云计算、人工智能等技术推动了行业变革，同时也带来了生产效能的大幅提升。于档案寄存外包服务领域，新技术与现有业务结合渗透于各业务环节，形成了全自动 RFID 扫描、智能密集架、智能库房温湿度调控等技术应用。如全自动 RFID 扫描技术可进行档案定位查找以及库房盘点，智能密集架技术便于档案查找，智能库房温湿度调控系统保持库房恒温恒湿以满足档案实体保存要求，等等。调查发现，当前智能数字技术的投入与实际需求存在偏差，具体表现为：（1）部分企业的技术应用"浮"于表面，以"智能"为"噱头"吸引客户，缺乏配套的流程措施。此外市场低价竞标现状仍然存在，出于运营成本考虑，企业库房空调系统等技术设备并未足时运行。（2）技术投入成本高，收益低。全自动仓储的建设成本数倍于传统货架仓库，对于司法、烟草、医药等寄存档案利用频繁的机构，全自动仓储可有效降低人力成本，提升管理效率。但对于大多利用率较低的发包方来说，该技术的投入与收益偏差较大。（3）技术开发缺少推广应用渠道。由于缺乏沟通渠道，企业之间存在信息壁垒。一些实力雄厚的大型企业可自主研发新的管理系统或者投入使用智能技术，降本增效，而一些小型企业自主研发能力不足，信息沟通不畅，未能及时了解到行业最新技术的应用。

（五）复合型专业人才短缺、业务承接与服务能力不匹配

近些年由于档案寄存外包服务需求逐渐旺盛，进入行业的企业增多，行业发展规模随之扩大，也暴露出一些问题：首先，人员缺乏专业培训，服务质量参差不齐。部分企业承接大型业务后常采用劳务外包的形式完成，工作人员未经专业培训就参与业务，素质参差不齐，导致服务质量不一。相关人员缺乏必要的资质审查，较难全流程追溯管理。其次，人才培养落后于市场需求，科研力量不够。当前专业库房管理人员急缺，而高校档案学专业毕业生就职于该类企业人数少、意愿低。企业参与标准制定时，虽然具有实践经验，但缺乏标准撰写的专业理论人员。业务项目缺乏既懂得项目管理又具备专业知识技能及实践经验的复合型专业人才，这严重制约了企业自主创新及服务能力升级。

四、我国档案寄存外包服务行业发展对策

（一）加强协同合作，完善档案寄存外包服务行业监管体系

当前我国档案寄存外包服务行业监管事项有限、监管效力偏低与该行业监管主体模糊、监管权责不明、行业自治组织缺失有关。针对当前我国档案主管部门监管乏力等问题，可从加强行业参与主体间的协同合作、完善行业监管体系入手解决。首先，档案主管部门作为各行政区域内档案事业的管理者，理应作为档案寄存外包服务行业的监管主体，通过配套行业相关的法规、制度、政策等，宏观调控行业发展。其次，针对当前我国档案主管部门因人力匮乏造成监管能力不足的问题，行业协会等档案社会组织应充分利用其自治、监督、市场化、服务行业的优势，发挥其在沟通政府、联系企业、规范市场中的重要作用，推动行业规范发展。最后，档案主管部门应鼓励并引导发包方参与行业监管，辅助其构建评价体系，落实档案寄存外包服务全流程监管。通过档案主管部门、行业参与方的共同参与，共创健康有序的档案寄存外包服务行业发展环境[①]。

---

① 李海涛，苗亚新．珠三角地区档案服务行业监管现状问题及对策分析［J］．档案学通讯，2021（2）：35-43.

（二）拓展业务范围，探索电子档案长期保存策略

面对渐行渐近的电子档案单套制发展趋势，要在激烈的市场竞争中保持发展优势，档案寄存外包服务企业应当及早完成升级转型，将电子档案寄存外包服务纳入企业发展战略，具体实施中应注意：（1）配备电子档案管理库房设施设备，根据电子档案的保管要求合理控制库内温湿度，并建立严格的安全保密制度维护电子档案的信息安全。（2）与传统纸质档案相比，电子档案的易改性使其证据效力在长期保存中受到挑战。因此除做好电子档案入库、整理等服务外，企业还要采取有效的技术手段和管理措施保障电子档案证据效力。如苏大苏航档案数据保全中心采用数据保全、数据仓库管理、数据接收、数据调取等系统，利用数据校验技术、数据保全技术等对文件级的电子档案数据进行实时监测、预警、保全、修复。采用第三方国家时间戳授时中心验证服务，并建立了专业的运维团队实现全天候安全运维服务①。此外，当前区块链技术由于其去中心化、信息不可篡改的特性备受关注。寄存企业应当积极探索区块链技术与可信时间戳的有效结合，建立完整的电子档案可信校验机制，保障所存电子档案的凭证效力，在未来电子档案寄存的发展趋势下增强企业核心竞争力。

（三）以行业协会及标准为依托，提升寄存外包服务质量

2021年，领军企业通过规模化运作，构建了提升市场份额与服务效益的行业发展模式，其实质即为通过资金、人力、策略等互补方式推动档案行业协会发展。面对当下发包方多元服务需求以及国企的档案寄存自营服务导致寄存外包市场份额缩小的状况，部分地区以档案行业协会为依托，通过合作拓展发展路径，如广州市档案行业协会通过以下举措，促进了档案寄存外包服务行业发展：（1）信息市场开拓。（2）协调企业经营活动争议，维护企业共同利益。（3）开展企业决策论证咨询。（4）依托行业协会，开展行业性集体谈判。（5）制定寄存服务行业标准。（6）加强行业自律、会员自律。（7）促进会员诚信经营，维护公平竞争环境等。因此，构建并依托档案行业协会，整合行业客户资源，强化领军企业示范作用，加快寄存服务技术创新以及标准制发，成为当前我国档案寄存外包服务行业发展的主要手段。

---

① 苏大苏航档案数据保全. 档案数据保全中心［EB/OL］.［2022-12-22］. http://www.shdafw.com/shsj/security.asp.

（四）协调新技术应用，平衡技术与行业发展实际需求

调研发现，以人工智能、大数据等为代表的新技术在档案寄存服务外包行业的应用提升了服务实绩。但需注意，过分依赖技术或技术应用停留在形式上则未必提效，还有可能增加服务成本。如全自动 RFID 扫描技术扫描虽快，但误扫漏扫增加了工作量。再如智能库房温湿度调控技术，设备频繁启停增加了因线路故障引发火灾的风险。由于新技术与应用场景适配需要迭代完善，所以需协调新技术应用与行业实际需求，结合传统人工服务模式，选择可有效赋能业务的成熟技术。如库房温湿度监控，当智能设备反馈数值发生波动时应由人工接管，待风险置于可控范围后再充分利用新技术。

（五）强化产学研合作，培养高素质行业人才队伍

党的二十大报告提出"加强企业主导的产学研深度融合，强化目标导向，提高科技成果转化和产业化水平"[①]。基于该精神指引，强化与高校协同合作是行业增强自主创新能力的重要途径。调研发现，目前相关企业与高校合作程度显著增强，合作涉及科技项目联合申报、信息系统开发、智慧馆库建设、文化遗产保护等形式[②]。加强校企深度合作，能够推动创新创业人才培养。一方面，高校可定期开展座谈会进行政策法规解读、专业知识技能培训等，解决企业发展的"痛点"。另一方面，深化产学研合作，通过校企合作人才基地，探讨专业人才联合培养模式，通过深化合作的内部驱动，可打造基于党政机关、企事业单位需求的德才兼备、适应社会数字化转型时期的高素质学术与行业英才。

感谢浙江省档案服务业协会、广州市档案行业协会、中信外包服务集团、银雁科技服务集团股份有限公司、北京东方博泰文档数据科技有限公司、东港瑞云数据技术有限公司、广州慧信档案技术有限公司、广州锦成信息技术有限公司等对于此次报告撰写中相关调研开展的支持与帮助。

---

① 习近平. 高举中国特色社会主义伟大旗帜 为全面建设社会主义现代化国家而团结奋斗：在中国共产党第二十次全国代表大会上的报告［N］. 人民日报，2022－10－26（1）.

② 中国人民大学档案事业发展研究中心. 中国档案事业发展报告（2022）［M］. 北京：中国人民大学出版社，2022：422－439.

2022年中国档案数字化服务行业发展报告*

任琼辉[1]　李璐璐[1]

1. 韩山师范学院历史文化学院，潮州　521041

摘　要：以中国政府采购网公布的2022年档案数字化服务采购项目为调查样本，研究发现：2022年我国档案数字化服务需求旺盛，档案数字化服务供应商多元，档案数字化服务标准规范日趋完善，档案数字化服务发展成效显著。2022年我国档案数字化服务行业发展存在的不足包括：档案数字化服务需求不平衡，传统载体档案数字化红利下降，档案数字化服务存在不确定性。档案数字化服务行业未来的发展方向是：档案数字化服务市场迎来强监管时代，档案数字化服务行业马太效应与张弓效应并存，档案数字化服务行业加快转型升级，引入项目监理机制提升档案数字化服务质量。

关键词：档案数字化；档案扫描；档案服务外包

作者简介：任琼辉，博士，讲师，研究方向为企业档案管理，电子邮箱 rqh150@sina.com；李璐璐，硕士，助教，研究方向为档案学基础理论，电子邮箱 archives0706@sina.com。

为了解2022年我国档案数字化服务行业基本情况，以"档案数字化""档案扫描"为检索词，本报告以中国政府采购网公布的"中标公告""成交公告""单一来源采购公告"为检索对象，限定检索时间为"2022年1月1日至12月31日"，去除重复、无效数据得到有效数据940条。基于以上数据，本报告论析了2022年我国档案数字化服务行业发展现状，总结现存问题，并提出未来发展方向。

---

* 本报告系韩山师范学院教学改革一般项目"新文科背景下档案产业学院建设路径探析"（项目编号：E23110）的研究成果之一。

一、2022 年我国档案数字化服务行业发展特点

(一) 档案数字化服务需求旺盛

1. 政策引导激发档案数字化市场需求

2022 年是"十四五"规划关键之年，各行各业数字化转型稳步推进，档案数字化市场需求旺盛。国家和各地档案事业发展规划为档案数字化服务发展提供了指引。国家层面，规划强调加快档案资源数字转型，继续做好"存量数字化"，中央和国家机关、中央企业总部传统载体档案数字化率分别达到 80%、90%，全国县级以上综合档案馆应数字化档案数字化率达到 80%。另外，规划还要求加快推进对重要档案数字化成果进行文字识别和语音识别。地方层面，除实现县级以上综合档案馆档案数字化率达到 80% 的目标外，各地普遍要求提高各类档案数字化率。

2. 业务驱动档案数字化现实需要

市场规模是档案数字化服务需求程度的直接体现。统计发现，2022 年全国各地政府采购档案数字化服务需求市场规模达到了 10.27 亿元，如表 1 所示。可见，实践业务的开展可有效驱动档案数字化服务项目采购需要，表现如下：

首先，从各地档案数字化服务采购情况来看。2022 年各地档案数字化服务采购情况如下：平均每个省份采购 31.3 个项目，平均采购金额 3 423.28 万元。各地档案数字化服务市场级别如下：广东、福建、北京在 1 亿元以上级别；山东为 8 000 万元级别；四川、黑龙江、上海为 5 000 万元级别；陕西、江西为 4 000 万元级别；广西为 3 000 万元级别；河北、内蒙古、甘肃为 2 000 万元级别；湖北、贵州、山西、辽宁、海南、吉林、宁夏为 1 000 万元级别；江苏、浙江、河南、新疆、西藏、湖南、云南、安徽、天津、重庆为 1 000 万元以下级别。

表 1 2022 年各地档案数字化服务市场需求统计表

序号	省份	采购项目数（个）	市场规模（万元）	市场级别
1	广东	103	17 691.86	1 亿元以上
2	福建	141	16 510.87	
3	北京	63	10 479.17	
4	山东	110	8 421.16	8 000 万元

续表

序号	省份	采购项目数（个）	市场规模（万元）	市场级别
5	四川	87	5 718.05	
6	黑龙江	38	5 683.72	5 000 万元
7	上海	23	5 279.11	
8	陕西	61	4 906.98	4 000 万元
9	江西	52	4 649.17	
10	广西	24	3 241.87	3 000 万元
11	河北	29	2 937.11	
12	内蒙古	19	2 526.56	2 000 万元
13	甘肃	22	2 356.02	
14	湖北	17	1 772.65	
15	贵州	1	1 557.00	
16	山西	9	1 341.75	
17	辽宁	29	1 111.94	1 000 万元
18	海南	10	1 019.05	
19	吉林	17	1 018.05	
20	宁夏	27	1 001.35	
21	江苏	14	938.55	
22	浙江	4	619.12	
23	河南	2	563.80	
24	新疆	4	281.10	
25	西藏	8	229.00	1 000 万元以下
26	湖南	3	226.88	
27	云南	7	211.23	
28	安徽	8	188.95	
29	天津	7	178.38	
30	重庆	1	38.00	
合计		940	102 698.45	

注：因青海省数据缺失，表中未体现。

其次，从档案数字化服务采购方及其采购项目数量来看。940 个采购项目的采购方主要包括档案部门、法院、公安部门、高校、人力资源和社会保障部门、自然资源规划部门、检察院、住房管理部门、组织部门等 36 个类别，如表 2 所示。据统计，档案部门、公检法和高校采购项目数占所有采购方采购数量的一半以上，是档案数字化需求的主力军。

表 2 2022 年档案数字化服务采购方及采购项目数量一览表

序号	采购方	次数	序号	采购方	次数
1	档案部门	172	19	财政部门	6
2	法院	150	20	监狱部门	6
3	公安部门	82	21	交通部门	6
4	高校	76	22	应急管理部门	6
5	人力资源和社会保障部门	67	23	水利部门	5
6	自然资源规划部门	60	24	公共资源交易部门	4
7	检察院	53	25	金融部门	4
8	住房管理部门	44	26	企业	4
9	组织部门	34	27	出入境管理部门	3
10	民政部门	19	28	戒毒部门	3
11	市场监管部门	19	29	文博部门	3
12	农业农村部门	14	30	公证部门	2
13	社会保险部门	13	31	林业草原部门	2
14	医疗部门	13	32	气象局	2
15	教育管理部门	12	33	人防部门	2
16	开发区管委会	12	34	审计部门	2
17	行政审批服务部门	9	35	卫健部门	2
18	税务部门	7	36	其他部门	22

最后，从档案数字化服务采购项目涉及档案类型及需求来看。档案数字化所涉及档案类型主要包含人事档案、户籍档案、法院诉讼档案、不动产档案、扶贫档案和海关档案等 56 种。其中，人事档案、法院诉讼档案等是数字化需求最多的类型。档案数字化服务需求形成了以档案数字化扫描加工为核心，包含档案整理、修复、校对、挂接、上传等链式服务的体系，档案数字化技术咨询、档案数字化监理、数字档案馆（室）建设也成为档案数字化服务的重要内容。

（二）档案数字化服务供应商多元

1. 档案数字化服务供应商的特点

承担 940 个档案数字化服务项目的 476 家供应商具有以下特点：

一是供应商的类型多样性。档案数字化服务供应商既有非国有企业，也有事业单位、国有企业和科研院所。例如，情报信息研究中心、国土空间规划编制研究中心、地质矿产勘查开发局测绘勘查院、勘察测绘研究院、航测遥感公司、土地勘测规划公司、通信建设工程公司、法律咨询服务公司、劳务派遣公司等都是档案数字化服务市场的重要供应商。

二是供应商的行业广泛性。档案数字化服务供应商既分布在专门承担档案外包服务的档案行业，也广泛分布在人力资源服务行业、通信行业、测绘勘探行业、法律服务行业、软件行业。此外，主营业务为品牌管理、押运服务的公司，也是档案数字化服务的供应商。

三是供应商的专业性。供应商需要具备从事档案外包服务的专业资质和具备专业知识的档案人才。由于不同行业档案工作存在差异，开展档案数字化工作所依据的标准规范不同。例如，文书档案、建设项目档案、人事档案、法院诉讼档案的数字化要求有所区别，因此，需要档案数字化服务供应商具备专业的档案知识，以更好地承接档案数字化业务。

2. 档案数字化服务供应商多元的原因

档案数字化服务行业中，越来越多性质不同及核心业务不同的供应商从事档案数字化服务工作。其主要原因如下：

一是档案数字化市场开放程度大。由于档案类型各异，不同类型档案的数字化流程和规范不同，档案数字化外包服务领域也逐渐分化出多种行业性质的供应商。由于不同类型档案的信息内容、价值表现和形成过程存在差异，这为具有行业背景的机构参与档案数字化服务提供了机遇，市场中产生了专门从事人事档案、户籍档案、法院诉讼档案等专门档案数字化服务的供应商。此外，由于数字化加工的业务门槛较低，随着档案数字化需求的不断细分，市场更加开放，未来会有越来越多的供应商加入到档案数字化服务行业中。

二是档案数字化服务供应商具有优势。现阶段，档案数字化服务供应商具有业务优势、资质优势和技术优势。业务优势是指供应商的核心业务与专门档案的生成过程紧密相关。例如，人力资源服务企业长于人事档案数字化服务，律师事务所则精于法院诉讼档案数字化服务。资质优势是指供应商具备开展档案数字化业务的专业资质，如具备"国家秘密载体印制资质""涉密信息系统集成资质"的供应商能够承揽相应类型档案的数字化工作。技术优势是指供应商具有档案数字化专利技术，能够为档案数字化提供技术支撑。例如，拥有《干部人事档案数字化技术规范》中原始图像数据及优化图像数据所必备的专利技术的供应商更具有竞争力。

（三）档案数字化服务标准规范日趋完善

1. 国家层面

国家层面，通用性标准已经完备。其中《干部人事档案数字化技术规范》（GB/T 33870—2017）明确了干部人事档案数字化的技术要求。《纸质档案数字化规范》（DA/T 31—2017）明确了纸质档案数字化的基本环节。《档案服务外包工作规范 第2部分：档案数字化服务》（DA/T 68.2—2020）规定了档案数字化服务外包工作中的发包方工作规范、承包方工作规范、信用评价与质量监督工作规范。2022 年国家档案局出台《实物档案数字化规范》（DA/T 89—2022）、《档案仿真复制工作规范》（DA/T 90—2022）两项档案数字化标准[①]。

2. 地方层面

地方层面，地方性标准供给逐步完善。部分地区围绕档案事业发展的重点，出台专门档案数字化标准和规范。四川省成都市出台《成都市社会人才人事档案影像扫描业务工作标准》《成都市社会人才人事档案纸质档案规范整理业务工作标准》等标准规范。广东省围绕户籍档案出台《广东省户籍档案电子化管理工作规范（试行）》（粤公网发〔2019〕1258 号）、《广州市公安局关于开展户籍档案数字化加工的通知》（穗公户〔2018〕372 号）、《广州市户籍档案数字化工作规范（试行）》（穗公户〔2019〕382 号）、《广东省户籍档案信息管理数据标准规范》等标准规范。江苏省提出，"十四五"期间要实时修订《档案数字化转换操作规程》等地方标准。福建省档案馆出台地方标准《档案数字化操作规程 纸质档案》（DB35/T 1856—2019），编制《档案数字化工作手册》[②]。

3. 行业层面

档案数字化服务标准规范具有行业性的特点，形成了针对户籍档案、法院诉讼档案、建设项目档案、住房公积金业务数据档案、人事档案、高校档案、会计档案等类型档案，包括国家、地方及部门三个层级的行业性标准规范体系。例如，为规范流动人员人事档案数字化服务工作，东莞市东城街道流动人员人事档案数字化工作服务采购项目的服务依据包括2部法律、3项国家标准、5项行业标准、5项党内

---

① 国家档案局发布 12 项行业标准 [EB/OL]. （2022 - 04 - 24）［2022 - 12 - 31］. https：//www.saac. gov. cn/daj/bzhgz/202204/1345eca3f67b4d1bbfb7d7a1fa49a9b5. shtml.

② 林月娥. 以问题为导向 以质量为核心：档案数字化质量管理体系构建刍议［N］. 中国档案报，2022 - 09 - 05（3）.

法规、3 项部门规范性文件以及 1 项地方规范性文件[①]。

（四）档案数字化服务发展成效显著

1. 档案数字化助力数字档案资源建设

档案数字化是数字档案资源建设和共享的基础。以各级各类档案馆为代表的需求方，通过馆藏历史档案、传统载体档案、民国档案的数字化，有效拓展了数字档案资源的种类，为数字档案馆创建提供资源保障。通过高效率推进档案数字化改革，推动档案业务流程数字化、智能化改造，加快档案资源的数字应用和业务升级[②]。另外，同步接收数字化档案进馆，可减轻档案数字化工作负担，提高数字档案资源建设效率。福建省南平市档案馆 2022 年共接收疫情防控文书档案 7 723 件，照片档案 403 张，录像档案 55 件，还同步接收疫情防控数字化成果共计 39.79GB，疫情防控档案专题数据库建成率达 86.36％[③]。

2. 档案数字化提高档案服务效能

加快纸质档案数字化，有助于提升档案信息化水平，提高档案服务效能。档案数字化服务的开展，不仅有助于档案数字资源建设，也能推动机构业务效率提升。将利用率高的档案或者即时产生的业务档案予以数字化，可加快机构业务流程，便于档案利用。档案数字化还有助于加快档案基础信息数据库建设，推动档案信息互联互通，丰富服务渠道，实现 APP、政务服务网、网上服务大厅等全渠道服务[④]。档案数字化的成果，可有效提高档案部门的服务效能，实现"让档案数据多跑路，让群众少跑腿"。全国档案查询利用服务平台的上线，将实现全国档案信息共享利用"一网通办"[⑤]。2022 年常熟市档案馆依托全国档案查询平台、长三角一体化查询平台、省民生档案便民服务平台，提供"异地查档，便民服务"32 例[⑥]。福建南平市档案馆提供的"一站式"跨馆查档服务，"异地查档、跨馆服务"从省内辐射

---

① 东莞市东城街道流动人员人事档案数字化工作服务采购项目竞争性磋商公告 [EB/OL]. (2022-11-04) [2023-01-18]. http://www.ccgp.gov.cn/cggg/dfgg/jzxcs/202211/t20221104_18952752.htm.

② 余杰. 深入学习党的二十大精神 奋力推动浙江档案工作走在前作示范 [N]. 中国档案报，2023-01-05 (3).

③ 福建档案. 南平档案 2022：团结奋进，再启新程 [EB/OL]. (2023-01-17) [2023-01-18]. https://mp.weixin.qq.com/s/0tdoCr6DuMF3cf71mjRmEw.

④ 袁鹏. 枣庄市：加强档案管理"四化"建设 全面提升流动人员人事档案服务水平 [EB/OL]. (2022-12-05) [2023-01-18]. http://www.zgdazxw.com.cn/news/2022-12/05/content_338384.htm.

⑤ 王大众. 逐步实现全国档案信息共享利用"一网通办"：全国档案查询利用服务平台正式上线 [J]. 中国档案，2022 (8)：14-15.

⑥ 常熟市档案馆办公室. 年终回眸 砥砺奋进｜市档案馆 2022 年度"十项"重点工作回顾 [EB/OL]. (2023-01-13) [2023-01-16]. https://mp.weixin.qq.com/s/XIkoZ2hSCmcfUrLOC4X03Q.

到江西、浙江等地，业务量较上年同期增长 28％，群众满意度达 100％[①]。

3. 档案数字化推动政务服务数字化转型

档案数字化是政务服务数字化转型的基础。档案数字化服务对于数字政府建设、数字中国建设具有重要的作用。为加快档案管理信息化步伐，福建省要求"建设省直机关电子档案一体化集中管理平台，完善省档案馆电子档案系统，并与省网上办事平台、省一体化协同办公平台实现对接"。福建省南平市档案馆积极融入"数字南平"建设，"南平市数字档案馆"项目被纳入南平市信息化项目储备库[②]。浙江省通过加快省、市、县三级综合档案馆数据归集共享利用，推广应用馆室一体化虚拟档案室系统，持续深化档案管理、编研、资政的智慧化高效化，逐步构建全省档案馆系统数据信息全流程闭环管理机制[③]，有力地推进了数字档案馆、数字档案室建设，更好地服务数字中国建设。

二、2022 年我国档案数字化服务行业发展存在的不足

(一) 档案数字化服务需求不平衡

2022 年档案数字化服务需求不平衡主要体现在：一是不同省份的档案数字化服务需求不平衡；二是不同采购方的档案数字化服务需求不平衡。

1. 不同省份的档案数字化服务需求不平衡

不同省份的档案数字化服务需求不平衡。各地档案数字化服务市场规模大小，反映了各地对档案数字化服务需求的差异。如图 1 所示，广东、福建两地市场规模分别位居第一、第二；广东、福建、北京、山东等十地档案数字化市场规模占全国档案数字化服务市场规模的 80％。2022 年各地档案数字化平均市场规模为 3 423.28 万元，9 个省份超过平均数，其余 21 个省份均在平均数以下[④]。排名第一的广东市场规模，是排名最后的重庆市场规模的 465.58 倍。

2. 不同采购方的档案数字化服务需求不平衡

不同采购方的档案数字化服务需求不平衡，表现为不同部门采购档案数字化服

① 福建档案. 南平档案 2022：团结奋进，再启新程 [EB/OL]. (2023 - 01 - 17) [2023 - 01 - 18]. https：// mp. weixin. qq. com/s/0tdoCr6DuMF3cf71mjRmEw.

② 福建档案. 南平档案 2022：团结奋进，再启新程 [EB/OL]. (2023 - 01 - 17) [2023 - 01 - 18]. https：// mp. weixin. qq. com/s/0tdoCr6DuMF3cf71mjRmEw.

③ 余杰. 深入学习党的二十大精神 奋力推动浙江档案工作走在前作示范 [N]. 中国档案报，2023 - 01 - 05 (3).

④ 因青海省数据缺失，文中和图中未体现。

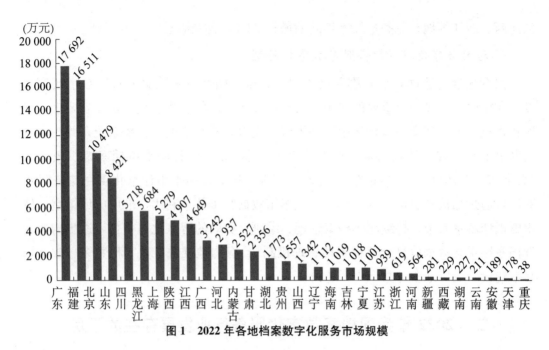

图 1　2022 年各地档案数字化服务市场规模

务的次数差别较大。由表 2 统计可知，2022 年每类采购方平均采购档案数字化服务项目 26.1 次。从采购方市场份额来看，排名前十的档案部门、法院、公安部门等部门采购总额度为 8.94 亿元，占档案数字化市场总采购额度的 90%，如表 3 所示。其中，档案部门、法院和公安部门 3 部门档案数字化市场份额均超过 1 亿元，三类部门档案数字化市场份额总数为 5.27 亿元，占档案数字化市场规模的一半以上。

　　2022 年档案数字化服务的需求呈现地区和采购方之间的不平衡。其中，广东、福建、北京对档案数字化服务的需求较为旺盛；档案部门、各级各类法院、各级公安部门与人力资源和社会保障部门对档案数字化服务的需求迫切。

表 3　2022 年排名前十档案数字化服务采购方及其市场份额

序号	采购方类型	市场份额（万元）
1	档案部门	18 648.41
2	法院	17 273.16
3	公安部门	16 817.92
4	人力资源和社会保障部门	9 942.91
5	自然资源规划部门	8 565.78
6	住房管理部门	6 118.32
7	高校	3 850.40
8	检察院	3 370.06
9	组织部门	2 969.29
10	监狱部门	1 840.93
合计		89 397.18

（二）传统载体档案数字化红利下降

数字化转型导致传统档案数字化的红利逐渐下降，从存量和增量的角度来看：

1. 存量数字化的持续推进，缩减传统载体档案数字化需求

随着档案数字化的持续推进，在"十四五"期末，如果能够达成"存量数字化"的既定目标，那么存量传统载体档案未数字化率将下降到 20%。存量档案数字化完成率越来越高，传统档案数字化的市场红利也将逐渐缩小。综合档案馆在接收传统载体档案时，同步接收数字化档案，又降低了档案数字化的需求。例如，2022年常熟市档案馆接收 22 家进馆单位传统载体档案，还同步接收 238GB 的数字化档案①。由此可知，存量传统载体档案数字化工作进入收官阶段，将压缩档案数字化服务市场空间。

2. 增量电子化的深度实施，进一步减少传统载体档案数字化需求

国家正大力推行"增量电子化"政策，稳步推进增量电子化试点及探索活动。各地也明确要求加强电子档案管理。如北京市提出，"促进各类电子文件应归尽归，电子档案应收尽收。加大电子档案进馆力度……到 2025 年，全市国家档案馆全面实现电子档案接收"②；天津市要求"电子档案在档案资源体系中占比明显提升"③；上海市要求"大幅提升电子档案数量和质量"④；浙江省提出，深化数字卷宗单轨制应用，实现卷宗源头数字化，同时协同推进发票（票据）电子化⑤；江苏省要求，"完善电子文件归档机制，优化电子档案管理流程"⑥；福建省要求"市级以上综合档案馆具备电子档案接收能力"⑦。同样地，其他行业也正同步加快电子档案单套制管理。法院系统已经出台单套制归档电子诉讼档案管理相关制度，保障法院诉讼电

---

① 常熟市档案馆办公室．年终回眸 砥砺奋进｜市档案馆 2022 年度"十项"重点工作回顾［EB/OL］．（2023－01－13）［2023－01－16］．https：//mp. weixin. qq. com/s/XIkoZ2hSCmcfUrLOC4X03Q.

② 北京市"十四五"时期档案事业发展规划［EB/OL］．（2021－09－23）［2023－01－10］．http：//www. chinaarchives. cn/home/category/detail/id/36626. html.

③ "十四五"时期天津市档案事业发展规划［EB/OL］．（2021－12－23）［2023－01－10］．https：//www. tj. gov. cn/zwgk/dzhhxx/202204/t20220424＿5865555. html.

④ 上海市档案事业发展"十四五"规划［EB/OL］．（2021－08－31）［2023－01－10］．http：//www. chinaarchives. cn/mobile/category/detail/id/36247. html.

⑤ 省发展改革委 省档案局关于印发《浙江省档案事业发展"十四五"规划》的通知［EB/OL］．（2021－04－16）［2023－01－10］．https：//www. zj. gov. cn/art/2021/4/16/art＿1229505857＿2270399. html.

⑥ 江苏省"十四五"档案事业发展规划［EB/OL］．（2021－09－10）［2023－01－10］．http：//www. dajs. gov. cn/art/2021/9/10/art＿16＿57693. html.

⑦ 福建省档案局 福建省发展和改革委员会印发《福建省"十四五"档案事业发展规划》［EB/OL］．（2021－11－03）［2023－01－10］．http：//www. fj-archives. org. cn/dazw/bsdt/202111/t20211103＿295443. htm.

子档案单套制管理①。总之，从增量的角度来看，各行各业数字化转型客观上减少了传统纸质档案的产生，也将减少传统载体档案数字化的需求。

（三）档案数字化服务存在不确定性

由于供需双方和环境等方面因素，档案数字化服务中存在一定不确定性，或可导致档案数字化项目的终止。据调查，2022 年档案数字化项目的终止公告有 114 条，其中至少包括以下 9 种原因导致的档案数字化项目采购终止，如表 4 所示。

表 4　2022 年档案数字化服务项目采购终止情况一览表

影响因素	终止原因	次数
采购方	采购需求调整	9
	供应商资格条件有误或发生变化	7
	采购流程不完善	2
	招标文件出现重大歧义	1
供应商	有效供应商不足 3 家	88
	供应商质疑或投诉	2
政策、环境	政策变化，取消采购	1
	新冠疫情	1
其他	因故终止，未明确原因	3
合计		114

1. 采购方因素

根据表 4 可知，有 19 次因采购方存在的不确定因素导致档案数字化服务项目终止。具体而言，各终止原因出现次数如下：采购需求调整 9 次、供应商资格条件有误或发生变化 7 次、采购流程不完善 2 次，以及招标文件出现重大歧义 1 次。例如，四川某公司采购流程不完善、某区人民法院招标文件上传错误导致采购终止。某区人民法院诉讼档案数字化招标文件价格扣除相关要求条款存在重大歧义，依据财政部令第 87 号第六十五条规定，终止采购活动。

2. 供应商因素

由供应商因素导致采购终止的主要表现为：有效供应商数量不足、供应商质疑

---

① 山东省高级人民法院单套制归档电子诉讼档案管理办法（试行）[EB/OL].（2022 - 10 - 25）[2023 - 01 - 15].http://www.shizhong.gov.cn/art/2022/10/25/art_84402_4825388.html.

或投诉。由表 4 可知，有 88 次因有效供应商不足 3 家不符合采购法规定而终止采购，有 2 次因供应商质疑或投诉而导致项目采购终止。例如，2022 年某市档案馆馆藏文书档案数字化成果监理服务项目共招标三次，皆因"有效供应商不足 3 家"或"递交文件不足法定 3 家"而失败。又如，某县人民法院的项目因厦门某公司未提供《中小企业声明函》未通过资格审查，导致合格有效供应商家数不足 3 家而作废标处理。

3. 政策环境因素

档案数字化服务受财政政策变化、新冠疫情等多种环境的影响。一方面，受财政预算政策影响，为避免在年终开展政采时以年终财政资金收回为由，缩短采购文件获取时间、不履行行政采购手续等违规采购活动发生，各地普遍加强对政府采购的监管。另一方面，2022 年新冠疫情肆虐，采购方或供应商感染等因素导致档案数字化项目无法满足驻场条件，延长了档案数字化项目工期，影响档案数字化项目有效推进。例如，受疫情影响，湛江市某区人民法院电子卷宗及历史档案扫描服务项目因供应商无法按时开展工作，最终双方协商决定该项目终止。

三、我国档案数字化服务行业未来发展的方向

(一) 档案数字化服务行业迎来强监管时代

对档案数字化服务市场的有效监管，既是降低档案风险，提高档案数字化质量，维护市场秩序的重要举措，也是构建档案风险治理体系的关键。加强档案数字化服务监管是明确的法律要求和政策导向。

1. 贯彻《档案法》的应有之义

对档案数字化服务行业进行监管，是贯彻《档案法》关于档案数字化服务监管法律规定的重要体现。《档案法》共有三处提及"档案数字化"，确立了对档案数字化服务行业依法监管的要求。《档案法》第二十四条，首次明确了在开展档案数字化服务时，采购方、供应商双方的责任义务，双方应订立合同约定服务范围、服务质量和技术标准。第三十五条，要求保障传统载体档案数字化成果的安全保存和有效利用。第三十八条，要求各类组织推进传统载体档案数字化。在档案数字化服务监管方面，《档案法》第六章"监督检查"强调，档案主管部门依照法律、行政法规有关档案管理的规定，可对档案馆和机关、团体、企业事业单位以及其他组织的"档案信息化建设和信息安全保障情况"进行检查。

2. 落实"十四五"档案事业发展规划的内在要求

在国家层面，为强化档案安全保护工作，《"十四五"全国档案事业发展规划》要求建立档案服务外包安全工作监管机制，对档案数字化等重点领域实施监管。在地方层面，"十四五"期间各地都明确建立健全档案安全监管机制，加强对档案数字化的监管。例如，内蒙古、辽宁、黑龙江、湖北、江西、福建、陕西等地要求建立健全档案安全监管机制，对档案数字化等高风险领域加大监管力度。此外，江西还要求建立备案档案服务机构红黑榜评价制度，引导档案服务机构提高服务质量。陕西要求在备案的档案服务企业中建立违规退出机制。

3. 档案数字化服务监管的实践探索

各地根据档案数字化服务行业的突出问题和实际困境，在合同管理、联系机制、主体协同、监管制度、档案服务企业清单等方面开展了丰富的实践探索，为确保档案服务外包高效安全提供了经验借鉴。浙江省湖州市吴兴区档案局采用加强服务外包合同管理、档案服务外包企业备案管理、建立档案服务外包企业名录等方式保障档案服务外包工作安全、规范、有序[①]。2022 年常熟市档案馆首创档案中介服务机构业务年度评价制度，建立档案中介服务双向监管模式[②]。四川省泸州市档案局、市档案馆在档案行政执法，档案服务外包监管，重大活动、重大项目档案等重点工作上一体谋划、一体实施[③]。重庆市档案局则通过制定"两纳入"制度，制定档案服务企业检查清单，建立联系机制、全程服务机制、企业资质信息共享机制等渠道加强档案外包服务的监管[④]。

（二）档案数字化服务行业马太效应与张弓效应并存

如果说马太效应是"人之道，损不足以奉有余"，那么张弓效应便是"天之道，损有余而补不足"。档案数字化服务行业既存在马太效应下资源向头部企业集中、大型企业规模化集团化的趋势，也有张弓效应下中小微企业生存和发展的巨大空间。

1. 档案数字化服务行业的马太效应

供应商中标项目数量是供应商综合实力和服务能力的重要体现。如表 5 所示，

---

① 潘安. 吴兴区以高质量监督推进档案服务外包工作 [EB/OL]. （2022 - 09 - 08）[2023 - 01 - 20]. http://m.chinaarchives.cn/home/category/detail/id/40129.html.

② 常熟市档案馆办公室. 年终回眸 砥砺奋进｜市档案馆 2022 年度"十项"重点工作回顾 [EB/OL]. （2023 - 01 - 13）[2023 - 01 - 16]. https://mp.weixin.qq.com/s/XIkoZ2hSCmcfUrLOC4X03Q.

③ 易泽莲. 坚持党管档案工作 深化局馆协同 充分发挥档案重要作用 [N]. 中国档案报, 2022 - 06 - 30 (3).

④ 杨漫. 重庆 持续加大档案服务外包监管力度 [N]. 中国档案报, 2022 - 06 - 30 (1).

中标项目数排在前十的 27 家供应商共中标 294 个项目，约占项目总数的三分之一，平均每家中标约 11 个项目；294 个项目总额为 38 138 万元，约占 10.27 亿元的三分之一，平均中标额为 1 412.5 万元。27 家供应商平均成立时间 15 年，占供应商总数的 5.67%，包揽了三分之一的项目和市场份额，成为名副其实的头部供应商。受马太效应影响，头部供应商所占据的市场份额和竞争优势越来越大。

表 5　2022 年档案数字化服务项目供应商中标情况

序号	供应商	成立时间	中标个数	中标总额（万元）
1	北京 A 公司	2002 年	45	4 814
2	福州 A 公司	2003 年	27	3 740
3	重庆 A 公司	2001 年	15	1 951
4	上海 A 公司	2003 年	15	2 124
5	哈尔滨 A 公司	2015 年	12	1 237
6	深圳 A 公司	2003 年	12	2 197
7	北京 B 公司	1993 年	12	2 632
8	厦门 A 公司	2003 年	11	966
9	北京 C 公司	2005 年	10	1 588
10	福建 A 公司	2010 年	10	616
11	江西 A 公司	2014 年	10	901
12	福州 B 公司	2014 年	9	1 288
13	福州 C 公司	2008 年	9	1369
14	山东 A 公司	2016 年	8	530
15	广州 A 公司	2013 年	8	1 285
16	福建 B 公司	2011 年	8	1 400
17	成都 A 公司	2011 年	8	676
18	北京 D 公司	2002 年	8	1 097
19	山东 B 公司	2010 年	7	538
20	四川 A 公司	2011 年	7	652
21	黑龙江 A 公司	2018 年	7	585
22	北京 E 公司	2003 年	6	1 662
23	东莞 A 公司	2001 年	6	1 969
24	福州 D 公司	2004 年	6	300
25	甘肃 A 公司	2011 年	6	753

续表

序号	供应商	成立时间	中标个数	中标总额（万元）
26	南宁 A 公司	2001 年	6	724
27	南京 A 公司	2014 年	6	544
合计			294	38 138

注：此表隐去供应商名称，以字母代替。

2. 档案数字化服务行业的张弓效应

国家政府采购档案数字化服务中对中小微企业所给予的政策保障和资金支持，即是张弓效应促进中小微企业发展的体现。张弓效应有效避免了资源过分向头部企业集中。据统计，940 个项目中至少有 237 个项目专门面向中小微企业，占比 25.2%。这为中小微企业参与政府购买服务创造了条件，提供了机遇。中小微企业应充分利用张弓效应带来的政策红利，积极提供优质的档案数字化服务。

在政策保障方面，我国已经出台《关于促进中小企业健康发展的指导意见》，要求党政机关部分项目限定面向中小企业。根据《政府采购促进中小企业发展管理办法》（财库〔2020〕46 号），部分项目应专门面向中小企业。另外，财政部《关于进一步加大政府采购支持中小企业力度的通知》（财库〔2022〕19 号）要求严格落实支持中小企业政府采购政策、调整对小微企业的价格评审优惠幅度、提高政府采购工程面向中小企业预留份额。

在资金支持方面，部分地区还对中标供应商提供信贷支持。例如，为解决供应商在政府采购活动中资金不足、融资难的困难，四川省出台《四川省财政厅关于推进四川省政府采购供应商信用融资工作的通知》（川财采〔2018〕123 号），供应商可凭中标（成交）通知书向银行提出贷款意向申请，并按照相关规定和流程申请信用融资贷款。

3. 档案数字化服务企业的进阶之路

对于档案数字化行业而言，头部企业也是经年累月不断积累而发展起来的。档案数字化服务企业要积极适应时代发展和社会发展的需求，迈向数字化服务企业发展的进阶之路，具体可从以下三方面进行提升优化：

一是提高企业自身能力，完善从业资格。业务资质是档案数字化服务企业开展业务的必备条件。例如，《干部人事档案数字化技术规范》（GB/T 33870—2017）要求从事干部人事档案数字化工作的服务商需要具备"国家秘密载体印制资质""涉密信息系统集成资质"。对于档案数字化企业而言，其还应提高自身能力，提高从业的竞争力，争做创新型企业。

完善人才评价机制，保障非公有制经济领域档案专业人员、档案服务企业人员平等参与职称评审权利是人才培养的关键。对于企业而言，其应完善继续教育、技能培训及职称评审体系，鼓励档案数字化人才按照国家有关规定评定专业技术职称，提高档案数字化专业人才的业务素质。据了解，国家档案局正在开展"档案数字化管理师"国家标准的起草工作。这也为档案数字化人才培养、职称评审评定提供了渠道。

二是善于把握国家政策，加强科技创新。一方面，中小微企业要善于利用国家支持中小微企业发展的良好政策，努力参与专门面向中小微企业的政府采购项目竞标，增加企业档案数字化服务业绩，提升自身服务能力和竞争力。另一方面，在数字化转型加速的背景下，档案数字化服务企业迫切需要加强档案数字化的科技创新，以创新赋能档案数字化服务。档案数字化服务企业应积极开展多载体、多类型档案全链条数字化服务的技术创新和应用，还应探索档案数字化过程中的保密和安全技术创新，多维度、多举措构建档案数字化安全保障体系。

三是积极拓展服务空间，完善服务内容。从调研情况来看，目前各地区对档案数字化的市场需求存在较大差别，外省供应商在中西部省份开展跨地区档案数字化服务项目较为常见。档案数字化服务企业既要服务本省，也要积极"走出去"拓展省外市场。如《"十四五"全国档案事业发展规划》设置了"中西部档案信息化提升项目"专栏计划，可见中西部地区档案数字化还有较大发展空间。档案数字化服务企业应抓住机遇，在积极拓展中西部市场基础上，拓展档案数字化业务，开展"档案数字化＋"全链条式服务。

（三）档案数字化服务行业加快转型升级

1. 从纸质档案向其他载体档案扩展

随着"十四五"期末各类档案数字化目标的达成，未来档案数字化的类型将从纸质档案数字化向"实物档案数字化""文字识别和语音识别"等方向发展。2022年国家档案局颁布《实物档案数字化规范》（DA/T 89—2022），规定了各种实物档案数字化的组织与管理标准、数字化前处理、数字化采集、影像处理工作及其验收、移交和入库要求。

2. 从单一服务走向综合服务转变

从业务发展趋势来看，档案数字化服务行业从单一业务型向综合业务型扩展是必然趋势。档案数字化服务也将朝着与其他服务相融合的方向发展，主要表现为"档案数字化＋基础设施建设""档案数字化＋项目监理服务""档案数字化＋成果开发"的融合。如，一站式的"过程文控服务、档案数字化服务、协助办公室档案管理"档案外包服务成为银行业采购内容[①]。广东省生态环境厅在采购污染防治攻坚战影像采集影像档案数字化及系列专题片制作项目时，规定其服务范围为：污染防治攻坚战影像采集、影像档案数字化管理、制作年度影像成果成片、制作污染防治攻坚战系列科普宣传影像作品[②]。

3. 从档案数字向档案数据化服务延伸

数据化是档案信息化发展的新阶段。随着"增量电子化""源头数据化"的深度推进，留给档案数字化的生存空间越来越小。江苏省提出，"十四五"末全省114家综合档案馆全部完成数字档案馆建设，并实现100％互联互通；推动共享渠道向机关等单位延伸，拓展档案信息资源馆际、馆室共享平台；依托现有资源，建立全省数字档案安全备份中心。浙江省提出，档案工作服务政法一体化办案体系，深化数字卷宗单轨制应用，实现卷宗源头数字化，协同推进发票（票据）电子化。

4. 从粗放式服务向精细化服务迈进

服务内容的精细化，体现在档案数字化特定环节、对特定类型档案的精细化。特定环节的精细化，要求供应商在档案数字化的特定环节提供精细化服务。北京市档案馆要求供应商完成120万页档案数字化副本与目录核对、补扫、重扫以及案卷目录核校等工作[③]。干部人事档案、法院案卷档案等特定类型档案也已形成标准规范的档案数字化流程。

服务要求的精细化，体现在采购方明确在技术应用、安全保密等方面的精细化。技术应用的精细化对档案数字化漏扫率、图像倾斜度、顺序错误率、命名正确率等提出具体要求。安全保密的精细化要求双方签订保密安全协议及项目消防安全责任协议；供应商加强对工作人员的保密教育；供应商在工作期间必须遵守《档案法》《保密法》相关规定，且规定保密期限为无限期保密。

---

① 任琼辉. 银行档案服务外包的调研分析与发展建议：以国家开发银行为例［J］. 档案学研究，2020（2）：73－79.

② 2022 年广东省生态环境厅污染防治攻坚战影像采集影像档案数字化及系列专题片制作项目成交结果公告［EB/OL］.（2022－04－22）［2023－01－14］. http：//www.ccgp.gov.cn/cggg/dfgg/zbgg/202204/t20220422_17812102.htm.

③ 北京市档案馆档案整理类项目（档案数字化副本与目录核对）中标公告［EB/OL］.（2022－06－13）［2023－01－10］. http：//www.ccgp.gov.cn/cggg/dfgg/zbgg/202206/t20220613_18064109.htm.

（四）引入项目监理机制提升档案数字化服务质量

1. 引入项目监理机制的必要性

项目监理是围绕项目实施过程所进行的协调、监督和评价的活动。据企查查统计显示，目前从事包含档案扫描、档案数字化业务的注册企业数量已达 12 852 家。各企业在资质证明、业务专长、技术应用等方面情况不一，难以保证档案数字化服务质量[①]。因此，有必要引入项目监理机制对数字化项目进行约束和评价，管控服务风险，提升服务质量。

2. 档案数字化项目监理机制的内容

档案数字化项目监理机制主要包含档案数字化项目监理依据、监理主体、监理对象、监理内容等四个方面。实践中，可依据法规制度构建监理机制，明确监理内容。采购方应依据法律法规签订监理合同，明确采购方、供应商及监理主体的关系、职责与任务，并履行监督检查职责。监理主体应依据合同约定对档案数字化活动进行监理，并对采购方负责。在监理内容方面应做好质量控制、进度控制、经费控制、合同管理、信息管理、安全生产管理和协调工作等[②]。

3. 档案数字化项目监理的实践应用

我国部分档案机构在档案数字化项目中也开展了档案数字化监理的有益实践。广东省档案局、湖南省档案局、广东电网等在开展档案数字化外包项目前招标采购数字化监理服务；苏州某公司为民国档案文件级目录采集监理服务、档案数字化加工监理服务、重点民生档案数字化成果提供核验服务[③]。据调查，2022 年综合档案馆、公安局、人民法院和人才服务中心等部门先后就档案数字化工作采购监理服务，一般以项目签订工期作为监理服务期限。此外，部分地区还创新档案数字化服务监理机制，如福建省档案馆构建监理方、馆方的"双重监理制"模式[④]。

四、结语

本报告以中国政府采购网公布的 2022 年档案数字化服务采购项目作为调查样

---

① 徐拥军，李孟秋. 关于制定《档案服务外包项目监理工作规范》的设想 [J]. 档案与建设，2022（3）：4-7.

② 柴兴转，谈隽. 档案外包监理研究综述 [J]. 档案与建设，2022（4）：36-39.

③ 徐诗成，吴伟刚. 档案服务外包项目监理模型的构建 [J]. 档案与建设，2022（3）：8-11.

④ 林月娥. 以问题为导向 以质量为核心：档案数字化质量管理体系构建刍议 [N]. 中国档案报，2022-09-05（3）.

本，展示了 2022 年档案数字化服务行业的发展状况和未来图景。受调研样本及时间限制，未能实现对地方政府采购网、其他招投标网站的全面调研，对金融档案、建设项目档案等其他类型档案数字化关注不足。因此，更加全面地对档案数字化服务行业调研，也是笔者未来努力的方向。相信随着国家数字化转型的深入推进，档案数字化行业也将迎来新的发展契机。

2022 年中国档案软件行业发展报告

郝琦[1,2]　于玥[1]　牛智凯[1]

1. 中国人民大学信息资源管理学院，北京　100872
2. 中国人民大学档案事业发展研究中心，北京　100872

摘　要： 档案软件行业的发展经历了萌芽阶段、起步发展阶段和快速发展阶段，现在开始进入成熟阶段。首先，本报告从理论视角分析了档案软件行业发展过程中的政治环境、经济环境、社会环境和技术环境。其次，通过调研和访谈，本报告剖析了当前档案软件行业的发展规模和特点，并对九家典型企业的产品、服务、发展情况等进行了分析和介绍。最后，本报告提出我国档案软件行业发展存在的问题并给出了对策建议。

关键词： 档案软件；档案信息化；行业；发展

作者简介： 郝琦，博士，讲师，研究方向为档案开发利用、知识管理，电子邮箱 qihaoy@ruc. edu. cn；于玥，硕士研究生，研究方向为档案利用服务；牛智凯，硕士研究生，研究方向为档案利用服务。

档案软件是快速发展的计算机软件在档案管理领域的具体应用。2017 年印发的《电子档案管理系统基本功能规定》中使用电子档案管理系统替代了原先相关规定中的档案管理软件，指出电子档案管理系统"是指档案机构运用信息技术手段对电子档案进行接收、整理、保存和提供利用的计算机软件系统"①。该定义不仅指出了档案软件的基本内涵，将档案软件的管理对象界定为"电子档案"，而且对档案软件的功能进行了更加细致的概括，具体包括对电子档案的接收、整理、保存、利用、鉴定与处置、统计以及系统管理功能等。

部署档案软件系统辅助管理档案资源是档案部门开展档案信息化的必要手段，也是衡量档案部门档案信息化水平高低的重要指标。档案软件系统不仅可以有效提升传统档案管理"收、管、存"的效率，同时利用先进的信息技术还可以提高档案

---

① 国家档案局技术部.《电子档案管理系统基本功能规定》解读［EB/OL］.（2020 - 09 - 29）［2022 - 12 - 04］. https：//www. saac. gov. cn/daj/daxxh/202009/49bf1bbbb8b84e38b7bb852d1b653817. shtml.

资源的智能化利用服务水平，为各项活动提供更加精准的决策支持，提升社会各界对档案部门的认同。因此，研究我国档案软件行业的发展现状及未来对策对于我国档案事业的高质量发展具有重要意义。

一、档案软件行业的发展历程

本报告将我国档案软件行业发展历程分为四个阶段：萌芽阶段、起步阶段、快速发展阶段以及成熟阶段。

档案软件行业的萌芽阶段可以追溯到 20 世纪 80 年代初到 90 年代初。这一阶段档案软件主要是辅助档案的管理，也称为"档案管理自动化"或者"计算机辅助档案管理"。80 年代初个别档案部门开始使用计算机软件进行档案自动编目和检索，到 80 年代末，全国大多数省级以上单位的档案部门开始配备计算机[①]。这一阶段的档案软件以单机版本为主，档案管理效率在这些档案软件的辅助下得到了一定提升。

档案软件行业的起步阶段主要是指 20 世纪 90 年代初到 21 世纪初。在这个阶段，随着办公自动化技术的广泛应用以及我国档案信息化的快速发展，一些中央机关把档案部门的办公自动化纳入机关办公自动化体系，专门研制了计算机管理系统，实现文档一体化网络管理[②]。这一阶段档案软件以 Client/Server（客户/服务器模式）为主，可以实现档案部门内部数据共享。很多国内的档案软件企业也在这一阶段成立，整个行业处于起步阶段。

档案软件行业的快速发展阶段主要是指 2001 年到 2012 年期间，这期间我国的互联网产业和软件产业得到快速发展，同时档案信息化水平也得到显著提高。这一阶段的档案软件以面向互联网的 Browser/Server（浏览器/服务器模式）为主，同时也融入了云计算等新技术。整体来说，这个阶段档案软件行业的主要特点包括电子档案来源得到了大幅扩展、档案管理软件的应用范围不断扩大、档案管理软件的服务水平逐步提高、整个行业的市场规模不断壮大。

从 2012 年至今，中国特色社会主义进入新时代，覆盖全国范围的档案信息资源网络基本建成，我国档案信息化体系基本成形，从过去以技术为主导向以服务为主导转变，从注重信息技术的应用向注重档案内容信息化方向转变[③]。档案软件行

① 赵淑梅，王志宇. 我国档案信息化发展历程及展望［J］. 中国档案，2012（8）：40-41.
② 常大伟. 我国档案信息化建设的历程、特点与发展趋势：基于 1979 年至 2016 年全国档案局长馆长会议工作报告的分析［J］. 浙江档案，2018（1）：18-21.
③ 杨冬权. 在全国档案局长馆长会议上的讲话［J］. 中国档案，2013（1）：14-20.

业的发展逐步趋向成熟，档案软件产品全面更新迭代，功能更加全面，实现了对档案生命周期的全过程管理。这一阶段国家出台了更多相关政策法规，档案软件行业也形成了一定规模的档案软件头部企业，出现了多种代表性档案软件产品。

二、2022 年我国档案软件行业发展的环境分析

本报告采用宏观环境分析模型（PEST 模型）来分析我国档案软件行业发展的环境。PEST 模型主要包括四方面因素，其中 P 是指政治环境（political）、E 是指经济环境（economic）、S 是指社会环境（social）、T 是指技术环境（technological）。

（一）政治环境

1. 信息相关政策分析

档案软件行业的发展受到信息和档案两方面政策的影响。从信息政策来看，近年来国家非常重视信息产业的发展，出台了大量政策文件，尤其是关于信息技术应用创新产业方面的政策对档案软件行业的发展具有重要支撑作用（如表 1 所示）。

表 1　国家层面关于信息技术应用创新产业的政策精选（2020—2022 年）

时间	发布单位	政策名称	相关重点内容
2022 年 6 月	国务院	关于加强数字政府建设的指导意见	提高自主可控水平，加快数字政府建设领域关键核心技术攻关。
2022 年 5 月	工信部等	关于开展"携手行动"促进大中小企业融通创新（2022—2025 年）的通知	发挥大企业数字化牵引作用，提升中小企业数字化水平。
2021 年 12 月	中央网络安全和信息委员会	"十四五"国家信息化规划	开展软件价值提升行动，引导软件产业加快集聚发展。
2021 年 12 月	国家发展改革委	"十四五"推进国家政务信息化规划	到 2025 年，政务信息化建设总体迈入以数据赋能、协同治理智慧决策、优质服务为主要特征的融慧治理新阶段。
2021 年 11 月	工信部	"十四五"信息化和工业化深度融合发展规划	支持企业构建具有自主知识产权的基础产品体系，加大信息技术创新产品推广力度。
2020 年 9 月	国家发展改革委、工信部等	关于扩大战略性新兴产业投资 培育壮大新增长点增长极的指导意见	加快基础材料、关键芯片、高端元器件、新型显示器件、关键软件等核心技术攻关。
2020 年 7 月	国务院	新时期促进集成电路产业和软件产业高质量发展的若干政策	进一步优化集成电路产业和软件产业发展环境，继续实施集成电路企业和软件企业增值税优惠政策。

此外，国家还制定了"2+8+N"的信创三步走战略："2"是指实现机关范围内的国产化替代，同时打磨产品、培养骨干企业；"8"是指在国产化产品成熟之后向金融、电信、电力、石油、交通、航空航天、教育和医疗等8大关键行业推广国产化替代；"N"是指最终实现全部行业的国产化替代[①]。调研中发现多家档案软件企业也表示信创国产化替代成为近年来档案软件企业快速发展的重要机遇。

2. 档案相关政策分析

目前各级档案部门都非常重视档案信息化建设，中央和地方出台了大量和档案信息化发展相关的政策，为档案软件行业的发展提供了重要助力。《中华人民共和国档案法（新修订版）》中有专门章节对档案信息化建设作出规定。《"十四五"全国档案事业发展规划》中提出了一些明确的数字化建设指标。各地对标该规划结合自身发展现状制定了本地区的档案信息化建设目标（如表2所示）。

表2 "十四五"期间部分地区档案信息化建设目标

时间	省份	文件名称	档案信息化建设目标
2021年11月	安徽	"十四五"安徽省档案事业发展规划	建成10家省级示范数字档案室，省档案馆、16个市级综合档案馆、40%以上的县级综合档案馆建成高水数字档案馆。
2021年9月	北京	北京市"十四五"时期档案事业发展规划	至少建成20家高水平数字档案室，16个区建成数字档案馆系统。
2021年10月	福建	福建省"十四五"档案事业发展规划	分别建成2家全国示范数字档案馆、档案室，建成10家省级立档单位数字档案室。
2021年9月	广西	广西档案事业发展"十四五"规划	建成5个以上全国示范数字档案馆（室）、10个以上国家级数字档案馆（室）、20个以上自治区级数字档案馆（室）。
2021年7月	河北	"十四五"河北省档案事业发展规划	30%县级综合档案馆通过省级数字档案馆测试，各级有移交进馆任务的单位30%以上完成省级数字档案室创建。
2021年8月	湖北	"十四五"湖北省档案事业发展规划	新增50家示范数字档案室、50家数字档案馆。
2021年8月	湖南	"十四五"湖南省档案事业发展规划	新增5家数字档案馆（室）。
2021年8月	江苏	江苏省"十四五"档案事业发展规划	全省114家综合档案馆全部完成数字档案馆建设。

---

① 安东. 信创中坚力量崛起："2+8+N"信创发展趋势下国产中间件调研报告［EB/OL］.（2022-09-07）［2022-12-04］. https：//www.vzkoo.com/document/202209075b1e9ef29191c8d2209f7cb2.html.

续表

时间	省份	文件名称	档案信息化建设目标
2021 年 9 月	江西	"十四五"江西省档案事业发展规划	省档案馆建成全国示范数字档案馆，50%的市级档案馆和30%的县级档案馆建成数字档案馆，20%的省直机关档案室建成数字档案室，建成1～2家全国示范数字档案室。
2021 年 9 月	辽宁	"十四五"辽宁省档案事业发展规划	新增10家高水平数字档案馆、10家高水平数字档案室。
2021 年 10 月	山东	"十四五"山东省档案事业发展规划	新增4家高水平机关数字档案室，完成4家企业集团数字档案馆（室）建设试点，新增12家高水平数字档案馆。
2021 年 3 月	陕西	陕西省档案事业发展"十四五"规划（2021—2025）	省、市综合档案馆和30%的县级档案馆、专门档案馆、企事业单位档案馆建成功能完善的数字档案馆，10个档案馆通过国家数字档案馆系统测试，3个档案馆建成国家示范数字档案馆，10%的省级立档单位完成数字档案室建设，全省创建3个全国示范数字档案室。
2021 年 8 月	上海	上海市档案事业发展"十四五"规划	建成50家市级数字档案室。
——	天津	"十四五"时期天津市档案事业发展规划	各级综合档案馆全部达到数字档案馆建设标准，市档案馆和50%的区档案馆建成高水平数字档案馆，新增20家数字档案室。
2021 年 10 月	云南	"十四五"云南省档案事业发展规划	建成10家以上高水平数字档案馆、5家以上高水平数字档案室，完成2家以上企业集团数字档案馆（室）建设试点。
2021 年 3 月	浙江	浙江省档案事业发展"十四五"规划	90%的各级国家综合档案馆建成国家级数字档案馆，县（市、区）以上机关和国有企业事业单位90%建成省级规范化数字档案室。

资料来源：《中国档案事业发展报告（2022）》。

（二）经济环境

2022 年面对复杂严峻的国内外形势和多重超预期因素冲击，我国国民经济顶住压力持续恢复。国家统计局的相关数据显示，2022 年我国国内生产总值总计为 1 210 207 亿元，相较于 2021 年来说增长了 3.0%。从财政收支情况来看，财务部网站的数据显示，2022 年，全国一般公共预算支出 260 609 亿元，比上年增长 6.1%。其中，中央一般公共预算本级支出 35 570 亿元，比上年增长 3.9%；地方一般公共预算支出 225 039 亿元，比上年增长 6.4%①。

---

① 2022 年财政收支情况［EB/OL］.（2023 - 01 - 30）［2023 - 02 - 03］. http：//bgt. mof. gov. cn/zhuantilanmu/rdwyh/ysbgjyszx/202301/t20230130 _ 3864368. htm.

在积极建设档案信息化的环境下，我国各级政府也加大了对档案信息化建设的财政资金投入。例如，北京市档案馆的 2022 年财政预算相较 2021 年增长了 6.22%，在档案信息化系统、软件以及相关硬件设备方面投入超过 500 万元①。山东省济南市财政追加 2022 年度专项经费 233 万余元，用于市档案馆中心机房升级与改造项目，提升档案馆的信息化能力②。

从软件行业经济运行情况来看，2022 年，我国软件和信息技术服务业运行态势平稳向好，软件业务收入跃上十万亿元台阶。2022 年，全国软件和信息技术服务业规模以上企业超 3.5 万家，累计完成软件业务收入 108 126 亿元，同比增长 11.2%。2022 年我国软件业利润总额 12 648 亿元，同比增长 5.7%（如图 1 所示）。从细分领域来看，本报告关注的软件产品，2022 年收入 26 583 亿元，同比增长 9.9%，占全行业收入比重约为 24.6%③。

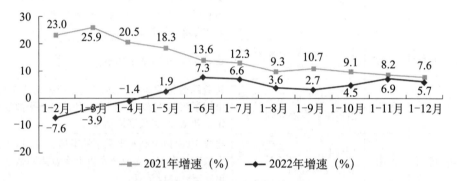

图 1　2022 年软件业利润总额增长情况

资料来源：2022 年软件和信息技术服务业统计公报［EB/OL］．（2023－02－02）［2023－02－03］. https://www. gov. cn/xinwen/2023－02/02/content＿5739630. htm.

（三）社会环境

社会环境主要从档案软件人才供给的视角来进行分析。根据人力资源和社会保障部的相关数据，2022 年我国高校毕业生规模达到 1 076 万人，首次突破千万人④。智联招聘发布的《2022 大学生就业力调研报告》显示，当前毕业生最期望就业的行业和 2021

① 北京市档案馆 2022 年财政预算信息［EB/OL］．（2022－02－17）［2022－12－07］. http://www. beijing. gov. cn/gongkai/caizheng/czzt/2022ys/202201/t20220127＿2601628. html.

② 山东济南市财政资金积极支持档案信息化建设［EB/OL］．（2022－09－09）［2022－12－07］. https://www. saac. gov. cn/daj/c100222/202209/420f30665c1b4546852df120e7ff1f24. shtml.

③ 2022 年软件和信息技术服务业统计公报［EB/OL］．（2023－02－02）［2023－02－03］. https://www. gov. cn/xinwen/2023－02/02/content_5739630. htm.

④ 2022 大学生就业情况分析［EB/OL］．（2022－12－07）［2022－12－08］. https://view. inews. qq. com/a/20221207A00ICC00.

年一致，都为 IT/通信/电子/互联网行业，但是 2022 年的热度较 2021 年有所下降[①]。从更加细分的领域来看，计算机软件领域的就业意愿达到 4.56%，排名非常靠前。

档案软件行业对人才的需求除了要求有计算机相关专业背景之外，更加倾向于招聘既精通技术又懂得档案专业的人才。从档案专业人才培养来看，相关数据显示目前我国档案专业在读的本科生、硕士生和博士生共计大约 6 500 人；每年招收的本科生大约在 1 000 人，硕士生 500 人，博士生 50 人；从就业数据可以发现，2021 年大约有 40% 的档案学专业毕业生进入企业就业[②]。从档案专业的课程设置来看，和档案软件相关的课程主要集中在档案信息化课程、信息管理基础课程和数字人文课程[③]。可以看到，当前档案专业的学生已经学习了和软件开发相关的课程，为未来从事档案软件行业的工作奠定了基础。

(四) 技术环境

本报告将从档案软件产业链视角来分析档案软件行业的技术环境，将重点分析上游产业链中生产原材料和开源技术的影响。相关数据显示我国芯片行业飞速发展，市场规模呈现出整体增长趋势。根据中国半导体行业测算，我国芯片行业市场规模在 2022 年将达到 11 839 亿元，相较 2021 年增长 16%。国家出台了大量支持芯片产业发展的政策，芯片行业未来发展前景良好[④]。但我国芯片行业发展也面临着严峻挑战，美国出台的《2022 年芯片与科学法案》对我国芯片的产业规模和科学研究均设置了限制性壁垒，我国利用国际资源来提升芯片发展水平的途径面临封锁。

从开源技术视角来看，人工智能技术是档案软件行业发展的重要技术要素。人工智能技术的发展指标有三个：数据、算力和算法。相关研究报告显示：数据方面，预计到 2025 年全球数据量将达到 175ZB；算力方面，目前芯片的计算能力已经从原先的 0.06MIPS 增加到 15.8TIPS 以上；算法方面，当前机器学习、计算机视觉、自然语言处理、语言处理、知识图谱等人工智能核心技术和相关算法都在持续迭代优化[⑤]。相关数据显示，我国人工智能技术的发展处于世界前列，并且在持续加大对人工智能技术研发的投入力度。同时，人工智能的从业人数也在不断增加。

① 上游新闻.《2022 大学生就业力调研报告》发布 应届毕业生平均期望月薪 6295 元［EB/OL］.（2022 - 04 - 27）［2022 - 12 - 10］. https://baijiahao.baidu.com/s?id=1731244191655683314&wfr=spider&for=pc.

② 中国人民大学档案事业发展研究中心.中国档案事业发展报告(2022)［M］.北京：中国人民大学出版社,2022.

③ 中国人民大学档案事业发展研究中心.中国档案事业发展报告(2022)［M］.北京：中国人民大学出版社,2022.

④ 2022 年芯片行情现状及预测分析［EB/OL］.（2022 - 06 - 14）［2022 - 12 - 09］. https://www.techshidai.com/article-128203.html.

⑤ 尚普研究院.2022 年全球人工智能产业研究报告［EB/OL］.（2022 - 10 - 23）［2022 - 12 - 13］. https://max.book118.com/html/2022/1016/7106162120005003.shtm.

三、2022 年我国档案软件行业发展的现状分析

本报告的数据主要来自两个方面：一是通过对天眼查、企查查、国家企业信用信息公示系统等的数据进行检索，获得我国档案软件企业的整体规模和发展情况；二是对北京、天津、江苏、安徽、湖南、广东等地的多家档案软件服务企业进行深入调研和访谈，重点了解企业的产品服务、战略规划、经营情况以及问题和需求等内容。

（一）2022 年档案软件行业的发展规模与发展特点

在企查查系统上对档案软件行业的企业数量进行查询，查询的主题词为"档案软件"，选择的行业为"信息传输、软件和信息技术服务业"中的二级行业"软件开发"，查找的范围为企业的经营范围，企业状态选择"存续和在业"，最终得到5 300 条有效数据，分省份的企业分布情况如图 2 所示。可以发现，有 10 个省份的档案软件企业达到了 200 家以上，排名前十的省份拥有的档案软件企业数量占全部企业数量的 60％以上。

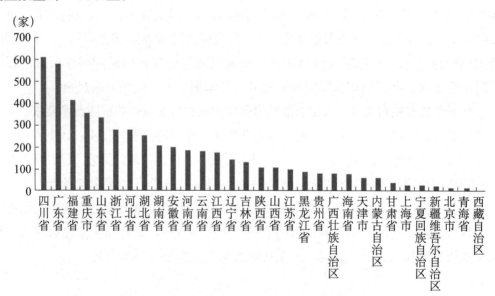

图 2　31 省（自治区、直辖市）档案软件企业数量分布

资料来源：企查查系统。

注：港澳台的数据未统计。

从档案软件企业年新增情况来看（如图 3 所示），近十年每年档案软件企业数量都呈现增长趋势。其中从 2017 年开始到 2021 年之间每年企业的增长数量都在

500 家以上，2021 年增长最多，达到 727 家。但是在 2022 年档案软件企业的增长量只有 349 家，相较于 2021 年出现了断崖式下降。

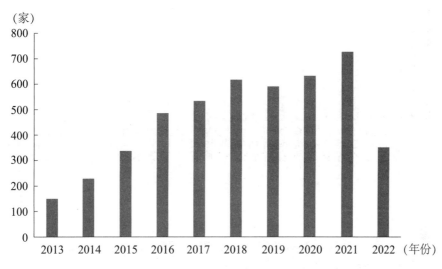

图 3　2013—2022 年档案软件企业新增情况

资料来源：企查查系统。

注：港澳台的数据未统计。

从 2022 年档案软件企业新增企业所处省份的分布情况来看（如图 4 所示），四川省新增档案软件企业数量最多，达到了 43 家，占 2022 年全年新增企业数量的 12.3%。新增档案软件企业数量超过 20 家的省份有 6 个。这些省份中既有东部沿海地区的山东省、浙江省，也有中部地区的河北省、江西省，还有处于西南地区的四川省和重庆市，分布相对较为均衡。

基于上述数据，本报告认为我国档案软件行业的发展具有如下特点：第一，企业分布具有明显的经济发展依托性。档案软件企业的分布情况与所在省份的经济发展情况呈现出较为明显的正相关关系。从理论上分析，档案软件产业链的下游主要是地方综合档案馆和大型国有企业、事业单位的档案室，发达地区的整体经费较为充足，为档案软件产业的发展提供了"肥沃的土壤"。第二，企业分布逐步趋向集中化，两极分化现象加剧。目前档案软件企业的分布主要集中在长江中下游地区、珠三角地区、京津冀地区和成渝经济圈。其他地区的数量明显少于上述地区，而且呈现出逐年显著化的趋势。第三，行业发展逐步趋于成熟，市场规模增长出现下行趋势。随着我国经济发展进入新常态，经济增速逐步放缓，档案软件企业数量在 2022 年呈现出了增速明显回落现象。主要原因在于：一是档案软件行业的发展逐步趋向于成熟和饱和；二是新冠疫情的蔓延降低了投资者进入该行业的预期和热情。

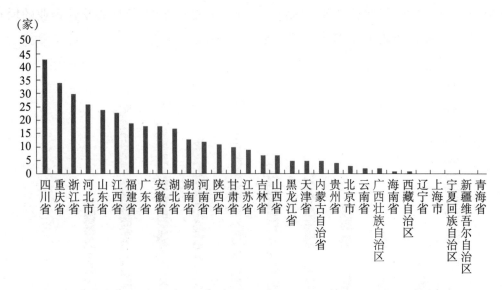

图 4　2022 年 31 省（自治区、直辖市）档案软件企业增长情况

资料来源：企查查系统。

注：港澳台的数据未统计。

（二）档案软件产品分析

通过网络调研和深度访谈，本报告将目前的档案软件产品分为三大类：

（1）针对实物档案管理的档案管理软件。这类档案管理软件主要是针对实物档案库房的管理而开发的，主要功能在于协助档案管理员管理档案库房，包括档案库房的环境控制、集中监控、实物档案存取等，涉及的主要技术包括智能监控技术、电动密集架技术、无线射频识别技术（RFID）技术以及三维虚拟增强技术等。

（2）针对档案数字化管理的档案管理软件。这种类型的档案软件主要是在档案数字化过程中使用，主要功能包括智能鉴定、辅助著录、档案数据审核、数字化加工等，使用的技术主要包括 OCR 文字识别、语音识别、自然语言处理、图像识别、污点识别等。

（3）针对电子档案的档案管理软件。这类档案软件是档案软件公司主营产品类型，主要是针对用户建设数字档案馆（室）的需求而开发，可以为用户提供全过程的电子档案管理，主要功能包括电子档案的收集、整理、存储，也包括智能检索、智能编研等利用服务功能。这类档案管理软件一般会根据客户的不同提供相应的版本。但总体来说这些软件除了使用到传统计算机软件开发的一般技术之外还会使用到一些前沿的信息技术，包括人工智能、区块链、云服务、数据挖掘、可视化知识图谱等。

基于上述分析，本报告认为我国档案软件产品的发展趋势主要表现为：

（1）由关注"收、管、存"向关注"用"转变。开发档案管理软件的最初缘由就是为了辅助档案管理人员开展更加高效的档案管理工作。因此，档案管理软件的发展趋势必然受到档案管理理念的影响。传统的档案管理更加重视档案的收集、整理和存储，保证档案资源能够合理、有序、安全地保存在一定的存储空间是档案工作的首要任务。因此，先前的档案管理软件也较为重视对"收、管、存"等功能的开发。但随着档案管理越来越重视档案利用服务，档案管理软件也开始在"用"的功能开发上发力。目前很多档案软件都在尝试运用各类智能技术提升用户的档案利用体验。

（2）由传统存储向云存储转变。在档案资源数量较小时采用传统的本地存储方式是可行的，但是随着档案数据量不断增大，本地储存的成本越来越高。对于一些大型的、财力充足的单位而言尚可在本地存储档案资源，而对于一些中小型客户，本地存储档案资源已经逐步变得不现实。基于这样的情况，很多档案软件企业开始开发基于云存储技术的档案管理软件，为用户提供更加有针对性的服务。

（3）由传统安全设计向基于区块链的安全设计转变。自《"十三五"国家信息化规划》正式将"区块链技术"纳入国家规划以来，档案部门逐渐开始重视区块链技术在电子档案安全管理中的作用。在国家档案局近三年的科技项目立项中，有多项关于区块链等信息安全技术的项目立项。利用区块链等信息安全技术的特性可以将电子档案归档信息和移交信息实时记录在链，实现电子文件全生命周期的可信管理①。

（4）由关注档案实体向关注档案内容转变。档案管理软件正逐步从原来的目录管理方式到全文管理方式再到内容管理方式转变。之前的档案管理软件比较重视针对档案实体本身的管理。但是随着数据挖掘技术、自然语言处理技术等信息技术的发展以及档案管理观念的不断转变，现在的档案管理软件强调在不同的管理场景和管理环节中，应用各项智能技术为用户提供更加精准的档案内容服务，通过挖掘档案内容为用户提供个性化的档案知识以支撑用户的各项决策。

（5）由"关于档案"的管理向"基于档案"的管理转变。当前的档案管理软件主要是围绕档案资源本身来开发各项管理功能，是"关于档案"的计算机管理系统。但随着档案管理理念的不断进步，人们开始重视档案对业务活动的支撑作用，

---

① 左晋佺，张晓娟. 基于信息安全的双区块链电子档案管理系统设计与应用［J］. 档案学研究，2021（2）：60-67.

档案资源的内涵和外延也在不断拓宽。因此，很多档案软件开始由"关于档案"的管理向"基于档案"的管理转变，具体来说，是以档案资源为基础，加大力度挖掘档案资源与业务活动之间的关联，提升档案资源在支撑业务活动和管理决策中的地位。同时基于当前档案的概念界定不断拓宽档案资源的边界，在"大档案"视角下开发可以追溯信息源的档案管理软件，促使档案馆成为档案知识中心而不是传统意义上的历史文件仓库。

(三) 典型档案软件企业分析①

1. 安徽 A 公司

(1) 公司的基本情况概述。

安徽 A 公司是一家专注智慧档案以及 AI 健康领域产品与服务的高新技术企业。公司现在拥有员工 100 余名，其中研发岗位的员工占比超过 50%，有本科及以上学历的人员占比超过 95%。目前，公司拥有 10 项发明专利、36 项实用新型专利、141 项软件著作权。公司承担科技部、中小企业技术创新基金项目各 1 项，国家档案局年度科技项目 8 项，参与制定智慧档案相关建设标准 3 项。

(2) 公司的主要产品分析。

公司开发的智慧档案信息系统是实现了档案信息资源一站式的收、管、存、用的核心业务系统，具体包括以下子系统：馆藏档案综合管理平台、辅助实体档案保管平台、智能编研系统、智能鉴定系统、基于知识图谱的智能大数据挖掘利用系统、查阅利用服务系统、自助查档一体机、电子阅览室系统、智能移动手持终端、电子档案长久保存库等。以智能编研系统为例，该系统是以档案信息为依托，结合全文检索和可视化知识图谱技术，挖掘并整合档案信息资源，构建集信息搜集、分类、分析、挖掘、撰写、审核、鉴定、发布、利用于一体的智能编研系统，实现对档案资源的编研开发利用，编研成果支持在方志平台的发布。

(3) 公司的发展战略分析。

首先，从发展的优劣势来看。公司发展的优势主要包括：1) 丰富的从业经验和良好的业内口碑；2) 优秀的从业资质；3) 非常重视对研发的投入。劣势主要表现在：一是目前该公司融资渠道相对单一；二是市场布局还需进一步完善。其次，从发展的机遇挑战来看。随着档案信息化建设进一步融入数字中国建设，信息化与档案事业各项工作深度融合，对行业的快速发展从需求端起到重要推动作用。从挑

---

① 为确保本报告的客观中立，对调研的典型企业采用匿名方式处理。

战来看，一是企业发展受宏观经济影响较大；二是行业客户的需求更加多样化和前沿化，在技术实现方面面临挑战。最后，从整体经营状况来看。公司整体现金流较为充足，现阶段公司的主要客户集中在经济较发达地区（长三角、京津冀、成渝等），正在面向全国扩展布局。

2. 安徽 B 公司

（1）公司的基本情况概述。

安徽 B 公司是安徽某大型企业的控股子公司，在智慧档案领域，与多家科研院所和档案馆先后签订战略合作协议并成立 AI＋档案实验室，实验室成果相继问世并形成产业化应用。目前该公司形成了由行销中心、交付中心、市场部和运作支持部组成的"两中心、两部门"的组织架构。企业的整体规模大约在 100 人，员工学历基本都在本科及以上，两成以上的研发人员具有硕士学历。

（2）公司的主要产品分析。

公司在 2019 年推出了业内首款智能型、专业化的档案软件产品。该产品可以帮助实现档案的智能化管理，具有本地化存储、安全可靠、携带方便等特点，可以为口述征集、重大活动等场景提供全貌建档、语音转写、字幕辅助等提供服务。另外一款产品是讯飞智录，该产品主要是来解决档案数字化问题。讯飞智录系统采用软硬件一体化设计，本地化部署，支持离线办公，特别适合在涉密网、专线网内私有化部署，能极大保证录入数据安全可靠。

（3）公司的发展战略分析。

首先，从发展的优劣势来看。公司发展的优势主要在于以下几个方面：1）具有母公司在人工智能领域积累的技术优势；2）具有一定的行业认可度和口碑；3）可以复用母公司的销售渠道；4）公司形成了软硬件一体化的解决方案；5）公司团队成员搭配合理。从劣势来看，目前公司在档案软件行业还尚缺乏行业品牌认可度。其次，从发展的机遇和挑战来看。目前国家出台了大量有利于档案数字化发展的政策文件，为档案软件企业的发展提供了机遇，但同时也带来了更加激烈的竞争，如何与在本行业已经深耕多年的企业进行竞争和合作是一个挑战。最后，从经营情况来看。公司在 2022 年的经营情况整体向好，完成了年初制定的目标，同时也面临回款力度不足的问题。

3. 北京 A 公司

（1）公司的基本情况概述。

北京 A 公司，成立于 2005 年，是一家专注于信息资源管理软件开发和信息资源数字化服务的高科技企业。公司的业务范围主要包括提供档案馆库规划、档案智能管理系统、智能密集架、档案管理咨询、档案整理、档案数字化、数字档案馆建设、BPO 全产业链服务等。公司设置了总经办、财务部、人事部、市场推广部、生产管理部、技术研发部和生产管理部等职能机构，正式员工目前超过 40 人，以研发技术人员为主。

（2）公司的主要产品分析。

目前公司的代表档案软件产品主要有两种：一是北京 A 公司档案管理系统 V6.0，二是数字档案馆管理平台 V3.0。北京 A 公司档案管理系统 V6.0 是中央国家机关档案系统软件协议供货采购项目中标产品。该系统结构分为基础层、服务层、应用层、展现层四个层次，采用导航式、目录式界面设计，将各个业务环节相互衔接。该系统提供了覆盖档案馆（室）各项工作的全部功能，包括档案收集、整理、鉴定、保管、统计、检索、利用和编研等业务环节，实现了档案信息的闭环管理及一站式服务。该系统最大的亮点在于其强大的系统安全性保障。数字档案馆管理平台 V3.0 适用于各类企事业档案馆（室）。此产品拥有以下功能：与业务系统、基础平台系统的全集成，档案工作、业务过程及数据的全管控服务，档案资源及其他相关资源的全覆盖，全公司范围的档案系统一体化，档案业务、数据挖掘及设施设备的智能化，实体展馆及库房的虚拟化，等等。

（3）公司的发展战略分析。

首先，从发展的优劣势来看。公司发展的自身优势主要包括：1）公司积累了大量成功案例；2）公司拥有强大的人才队伍；3）公司拥有成熟的软件平台和经验丰富的研发团队；4）公司具有全方位、系统化服务的能力。公司发展的主要劣势在于与头部的档案软件企业相比公司在市场知名度上还有所欠缺，还需要进一步提升。其次，从发展的机遇和挑战来看。主要机遇在于随着新冠疫情的逐渐平缓，在 2023 年和 2024 年档案信息化发展会出现一个爆发期；面临的主要挑战在于未来市场的开拓问题。最后，从经营情况来看。公司主要是在档案软件研发方面继续发力，目前不存在资金不足问题，未来会考虑融资上市。

4. 北京 B 公司

（1）公司的基本情况概述。

北京 B 公司成立于 2002 年，是一家档案行业内规模较大的私营企业。企业总部设立在北京中关村园区，在上海、广东、广西、江苏、浙江、湖南、福建、山西、吉林、黑龙江、四川、重庆、山东、内蒙古、云南等 27 个地区设有分支机构；现有员工 1 300 余人，其中，研发团队 200 余人，数据团队 1 000 余人。

（2）公司的主要产品分析。

公司在档案方面开发的软件产品主要包括数字档案馆管理系统 V2.0、电子会计档案管理系统 V2.0、综合档案管理单机版软件 V2.0 三种。其中数字档案馆管理系统 V2.0 结合先进的开发技术及设计思想、根据工作的实际需求采用 B/S 结构方式，构建安全灵活的数字化档案管理平台，并可通过 Web 方式完成对档案的网上查阅。综合档案管理单机版软件 V2.0 是一个面向机关、团体、企业事业单位或其他组织的档案管理平台，系统采用 JAVA 语言作为框架开发语言，将前端与后台应用分离开来，采用微服务技术架构，实现高并发、高性能、高可用。系统可以辅助档案工作人员完成档案录入、修改、挂接、查询、借阅登记、报表打印、统计等日常工作，有效提升工作效率。

（3）公司的发展战略分析。

首先，从发展的优劣势来看。公司发展的优势主要包括：1）品牌知名度高；2）行业专业能力强；3）可以实现本地化经营；4）具有可持续发展能力。发展的劣势主要包括：一是文档信息类软件产品的优势不够突出；二是公司的营销体系建设相对薄弱。其次，从机遇挑战方面来看。发展机遇主要表现在：一是国家大力推进电子会计单套制、电子文件归档与电子档案管理，档案信息化的要求越来越高。二是企业数字化转型以及信创国产化替代促使档案软件企业加快信创环境软硬件适配进度。面临的挑战主要在于单纯开发一套档案管理软件已经无法满足档案管理的需求，需要整合多方面资源，开发更多面向客户个性化需求的档案软件。最后，从发展规划角度来看。随着公司的不断发展，资金问题也变得逐渐突出，2022 年的整体销售情况基本与 2021 年持平。

5. 北京 C 公司

（1）公司的基本情况概述。

北京 C 公司成立于 1999 年，总部位于北京经济技术开发区，设立北京、南京双研发中心，是一家专注于档案信息化领域的国家高新技术企业和国家保密"双甲"资质企业。截至 2022 年 11 月底，公司在岗员工 300 余人。公司人才结构合理，拥有多名行业经验丰富的技术骨干。公司承建了二十余项国家科研课题，并荣获十余项国家级科技成果奖。

（2）公司的主要产品分析。

公司目前在档案方面的主要软件产品包括：××档案管理系统 V10.0（P10）、××档案管理系统 V9.7（P9）、P7 档案管理系统、××档案单机版/一体机、××数字档案馆、电子会计档案系统、数字化加工管理系统。其中 P10 采用了 Spring

Cloud 分布式框架和分布式云存储技术，支撑该平台提供十项微服务。该系统采用了区块链技术，确保电子档案真实及可追溯。在档案利用方面，P10 在档案管理过程中遵循专业化原则，在数据转化的过程中融入了数据建模技术来建立多维知识呈现体系。P9 普遍适用于各级各类档案室，满足数字档案室测评及电子档案单套制管理要求。该产品以泛档案观为设计思想结合开放档案信息系统（OAIS）参考模型、信息生命周期管理（ILM）模型，对档案的收集、管理、利用和保存等进行全过程信息化管理。

（3）公司的战略发展分析。

首先，从发展的优劣势来看。公司发展的优势在于：1）公司的产品线完善；2）核心产品的技术领先；3）公司资质优势；4）丰富的服务经验；5）稳定的核心管理团队；6）高度重视技术研发；7）良好的用户口碑。公司发展的劣势主要在于部分客户可能对于选择没有国有资本背景的民营企业存在一定的顾虑。其次，从机遇挑战的角度来看。国家信创配套政策的出台为公司的发展带来了机遇。目前的主要挑战在于受到新冠疫情的影响，各单位的预算收紧，导致公司经营指标增长放缓。最后，从经营状况来看。公司的融资渠道主要是银行贷款融资，2022 年公司各项指标均已完成年初的既定目标。

6. 湖南 A 公司

（1）公司的基本情况概述。

湖南 A 公司成立于 2008 年，长期聘用的员工有 100 多人，外包业务中的工作人员有 200 多人。长聘员工中 70％都是从事计算机系统研发工作，档案专业中有高级职称的员工大约有 10 人。公司以技术研发为主营业务，年产值约为五六千万元。公司研发的产品涉及多个行业，比如教育、交通、银行、气象、医疗等，在全国约有 16 000 家客户。

（2）公司的主要产品分析。

公司自主研发了一系列档案信息化建设软件产品，包括可信智慧档案管理与服务平台 V9.0、湖南 A 公司档案管理系统 DASV6.0、湖南 A 公司电子文档管理系统、基于 RFID 技术智慧档案库房管理平台等。其中可信智慧档案管理与服务平台 V9.0 是主营产品，具有六大功能模块、80 多个子功能。该产品支持多种类型的数据库、浏览器和操作系统，同时兼顾集中式部署和分布式部署。该产品的主要特点在于：第一，支持多种类型的档案，包括文书、基建、科研、实物档案等；第二，具备完善的档案采集模块；第三，具备规范的档案业务模块；第四，具备优越的档案利用模块；第五，具备多元的档案检索模块和先进的数据管理模块；第六，具有可配置的后台支撑引擎。

（3）公司的发展战略分析。

首先，从发展的优劣势来看。公司的优势主要体现在：1）公司骨干员工的业务能力强；2）公司组建了强大的档案专业顾问团队；3）技术手段具有前瞻性；4）公司重视与科研院所的合作。公司的劣势主要包括：1）销售渠道的拓展还不尽如人意；2）人员结构需要进行调整；3）资源背景不足。其次，从机遇和挑战来看。公司发展机遇在于：一是客户对档案管理软件的需求不断提升，有助于公司形成完整的档案管理系统生态链；二是档案资源的数据量越来越大，为大数据技术在档案管理中的应用提供了重要机遇。从挑战来看，目前很多客户降低档案方面的预算，导致公司员工的整体工作热情和士气较为低迷。最后，从经营规划来看。2022 年因为新冠疫情原因公司面临回款困难的问题，但是整体影响可控，公司未来重点在实体档案的数字化以及档案数据挖掘分析应用方面开展研发，公司 2023 年预计引进 10～20 名计算机算法方面的人才。

7. 南京 A 公司

（1）公司的基本情况概述。

南京 A 公司成立于 2004 年，是一家以档案信息化产品研发为核心，集智慧档案室建设、智慧档案馆建设、档案数字化加工服务、档案整理服务、评估咨询服务、档案文化建设等于一体的档案全产业链解决方案服务商。公司总部设在南京，现已在北京、福建、安徽、陕西、青海、云南等省份设有分公司或办事处。公司目前有 120 名员工，其中研究生占 3%，本科以上占比为 56%，科研人员占比为 40%。公司目前拥有发明专利 4 项、软件著作权 60 项。

（2）公司的主要产品分析。

目前公司的主要档案软件产品包括智慧档案室系统，智慧档案馆系统，档案资源共享平台，"e 档通"便民服务系统，移动端智能采集归档系统，电子档案单套制归档系统，智慧市场监管综合档案管理平台，南京 A 公司数字档案综合管理平台软件 V6.2、V7.2、V8.0 和 V9.0 等。其中南京 A 公司数字档案综合管理平台软件是公司在档案软件方面的主营产品。该产品的 V6.2 版本在 2017 年作为经典案例入选国家"十二五"时期《文书拟写与档案管理》教材。该产品可以实现对各机关、企事业单位电子文件和电子档案的采集、接收、管理、存储、利用和移交等一体化综合管理功能，确保电子文件真实、完整、可用和安全。该产品可以与各单位 OA 系统和业务办公系统对接，将产生的电子文件及其元数据进行归档，实现文档一体化管理。

（3）公司的发展战略分析。

首先，从发展的优劣势来看。公司的发展优势在于：1）专业化的研发和服务团队；2）档案信息化方面领先的管理思维；3）专业化的设备；4）专业化的资质。公司发展的劣势主要在于公司目前还是以江苏省区域内发展为主，对外宣传力度不够，省外的知名度还有待提高。其次，从机遇和挑战方面来看。目前国家非常重视档案事业的发展以及信息化建设，尤其是我国西部地区还存在广阔的、未开发的市场，但是随着业务量的增大，公司将面临资金、人才及管理等方面的挑战。最后，从经营情况来看。2022年整体的年度任务完成情况并不理想。公司根据现实情况，积极转变经营思路，由原先专注于政府机关服务逐步转向多元化探索，对当前的档案软件进行了升级改造，研发了针对企业的相应版本，主要在中大型企业进行推广。

8. 深圳A公司

（1）公司的基本情况概述。

深圳A公司于1996年成立。目前该公司拥有200多家分公司，全国员工数大约在50 000人，年营收大约有50亿元。集团共有十多个业务板块，档案外部服务板块的年营收大概为6亿~7亿元。目前公司直接从事与档案相关业务人员大约有三千人，主要为档案管理科班出身的档案专业人才、专门从事软件开发的IT人才和档案外包服务行业中的实操精英人才，这三类人才的占比相当，各占三分之一。

（2）公司的主要产品分析。

公司的主要档案软件产品分为两大类：第一类是公司自用的经过改版之后对外销售的档案软件系统，第二类是公司专门研发的对外销售的档案管理系统。其中第一类软件产品是基于公司目前在档案外包服务领域的应用需求而开发的自用系统，例如实物档案管理系统和数字化加工系统。公司会根据具体的客户需求对这些自用系统进行相应的改版调整，销售给相关客户。第二类系统就是传统档案软件企业开发的综合档案管理系统，该系统融合了AI-OCR文字识别、智能检索、大数据、防篡改等技术，围绕收、管、存、用对实体档案数字化信息、档案数字化副本及电子档案进行全生命周期集中管理，实现从双轨制到单轨制的平滑过渡。此外，公司还研发了影像档案管理系统、电子档案管理系统、人事档案管理系统和专门提供给中小企业的综合档案管理系统SaaS版本。

（3）公司的发展战略分析。

首先，从发展的优劣势来看。公司的主要优势包括：1）公司对档案业务逻辑的理解深刻；2）公司拥有庞大的销售队伍；3）公司在金融领域积累了大量客户；

4）公司的产品链条比较全；5）公司规模庞大，人力资源充足。公司的主要劣势在于相对于其他的传统档案软件厂商，公司从事档案软件销售的起步较晚，还需要沉淀和积累。其次，从发展的机遇挑战来看。主要机遇在于国家政策层面对数字化和信息化的倡导，促使市场对档案管理软件的需求不断增大。主要挑战在于同行带来的竞争压力比较大。最后，从经营情况来看。目前公司正在进行所有制改制，融资情况良好。公司 2022 年的研发规划基本完成，但是销售业绩仅完成了 80% 左右。公司未来主要在两个方面发力：一是从传统的档案管理软件开发向档案内容管理软件开发转型；二是关注档案资源利用方面的功能开发。

9. 天津 A 公司

（1）公司的基本情况概述。

天津 A 公司从 2003 年开始从事档案行业的相关业务，业务范围主要包括实体档案托管、数字化加工服务、档案管理软件以及档案和数据管理相关的硬件产品等全产业链服务。公司的组织架构主要包括四大板块：智慧文档产品板块、技术支持板块、业务发展和并购板块以及标准化运营和管理板块。公司整体人员规模大致在 2 000～3 000 人（包括数字化外包服务人员）。

（2）公司的主要产品分析。

公司的档案软件产品主要集中在三个领域：实物档案管理领域、档案数字化管理领域和数字档案管理领域。其中实物档案管理领域的产品主要有针对档案智能库房的智能库房管理系统和智能仓储系统、针对档案寄存托管的全流程仓储业务运营管理系统（盖世系统）。在档案数字化管理领域主要有两类工具：一是智能辅助工具，例如档案开放鉴定系统、辅助著录系统和档案数据审核系统；二是数字化工具，主要是指数字化加工系统，可以实现全流程数据的著录、扫描、质检和加工。这些系统融入了语音识别、自然语言理解、OCR 文字识别等各类识别技术以及图像判断、图像倾斜、污点识别等图形处理技术。数字档案管理领域的产品主要有两大类：一是专业数字档案馆系统，主要是为中央国家机关、大型企业集团总部、大型医疗机构提供服务，帮助实现档案的高层次保密化与专业化管理；二是智慧文档管理平台（启迪平台），该系统以档案为核心，覆盖档案、文档、知识管理，支持 SaaS 及私有化部署模式，主要面向广大中小微型企事业单位用户。

（3）公司的发展战略分析。

首先，从发展的优劣势来看。公司的优势主要在于：1）从事档案类的业务比较早；2）产品链长，类型全面，用户黏性较高；3）具有国有投资背景，规模较大。公司的劣势在于业务范围较广，在档案软件方面的投入还比较有限。其次，从发展的机遇和挑战来看。主要机遇在于国家对数字化发展和国产软件替代的要求使得档案软件行业市场前景广阔。但是目前企业在档案软件方面的投入不足，可能导致企业无法承接旺盛的市场需求。最后，从经营状况来看。2022 年受到新冠疫情影响，公司整体任务规划仅完成约 90%。从技术发展的角度来看，目前公司正在着力发展"档案＋"系统，力求将档案资源与业务活动、经营管理进行紧密糅合，使公司产品由传统的档案管理系统向档案内容管理系统和档案知识管理系统发展。

四、2022 年我国档案软件行业发展存在的问题

（一）档案软件行业容易受到外部环境冲击

一是档案软件行业容易受到客户经济状况的影响。档案软件行业的客户主要是各级综合档案馆和军队、国有企事业单位档案室。档案软件行业特别容易受到这些单位经济情况的影响。在国家整体宏观经济下行压力较大、新冠疫情等外部环境冲击之下，很多单位缩紧了档案部门预算，导致多数档案软件企业未能够完成 2022年度的业绩指标。

二是档案软件行业对国家政策的依赖性过强。档案软件企业非常依赖于国家政策对档案信息化的扶持。很多被访谈企业提到目前档案软件行业能够有良好的发展前景和市场预期主要是依赖于新修订的《中华人民共和国档案法》、《"十四五"全国档案事业发展规划》、信创替代要求等相关法律政策的扶持。因此，地方政府和相关企事业单位能否快速贯彻落实上述政策精神、制定对应的政策和要求，对档案软件企业的发展具有决定性作用。

（二）档案软件行业内部缺乏协同发展

由于档案软件市场的整体规模较小，进入该行业的门槛相对较低，导致当前行业内部竞争比较激烈。一方面，由于政策支持，目前市场需求较为旺盛，大量产业链上下游企业以及小团队进入档案软件行业，这类企业缺乏成熟的产品、专业的积累，为了能够抢占市场，会出现项目价格恶意竞争、项目交付达不到要求、无法提供稳定持续服务等状况，破坏了行业内部的生态。另一方面，行业内部没有形成相应的组织或联盟，不同企业之间仅仅存在竞争关系，较少协同合作。在访谈中发现，各个企业与行业友商之间的关系较为生疏，彼此间缺乏了解、沟通，企业之间没有找到可以取长补短、协作共赢的路径。

（三）档案软件企业规模偏小且缺乏做大做强信心

大多数档案软件企业都是中小企业，资金少、规模小，业务范围大多局限于本省市及周边，或是仅仅关注某一行业领域。较小的规模导致企业在面临宏观经济形势异动时缺乏较强的抗风险能力。一些企业对特定客户的依赖性过强，可能因为某一个客户预算的收紧就面临危机。此外，在访谈中发现，一些企业没有明确的战略规划，往往仅着眼于当下问题，缺乏对长期市场形势的研判和战略布局，缺乏把企业做大做强的信心和魄力。

（四）档案软件企业人才结构存在缺陷

档案软件企业的人才结构应该包括档案专业人才、计算机软件人才和管理运营人才三类。由于企业资金有限，目前很多企业为了盈利，仅聘用了大量计算机相关人才，普遍缺乏档案专业人才和管理运营人才。在面对当前客户更加多样化、个性化的需求时，极度缺乏既懂得档案专业知识又拥有扎实编程功底的复合型人才。

（五）档案软件企业技术创新和研发理念存在不足

目前档案软件企业在技术创新和研发理念方面还存在一定的不足。大多数企业的技术人员还是以成型的、通用的档案软件为主要开发对象或者仅对之前档案软件产品进行迭代和更新，很少能够研发出具有轰动性的、开创意义的软件产品。此外，大多数档案软件企业主要关注传统档案管理功能（例如档案的收集、整理和存储）的开发，未能向数据管理、内容管理、知识管理等方面的功能开发转型发展，缺乏将档案资源与业务活动关联起来的意识，较少关注档案软件中档案资源开发利用相关功能的研发。

（六）档案软件企业缺乏宣传导致社会影响力较弱

档案软件企业普遍缺乏宣传意识，忽略了品牌效应。很多企业的门户网站形同虚设，有的甚至没有官方网站，绝大多数的企业没有开通微信、微博等官方账号[①]。造成这种情况的主要原因包括两个方面：一是大多数企业属于中小企业，推广和宣传的预算不足；二是大多数档案软件企业的客户相对较为固定，企业也缺乏进行大规模推广和宣传的动力。

---

① 隋晓云. 我国档案服务外包公司发展问题及对策研究［J］. 黑龙江档案，2016（5）：40－41.

五、未来我国档案软件行业发展的对策建议

（一）拓宽客户和产品类型，降低政策依赖性

档案软件行业的发展对国家政策依赖性过强的原因主要包括两个方面：一是被动性原因，当前档案软件企业的客户部署档案软件系统的主要压力来自档案行政部门的要求和执法检查，客户类型和产品类型相对固定，企业开辟新市场、新产品的压力和动力不足；二是当前大多数企业缺乏主动创新思维，没有制定拓宽客户和产品类型的战略规划，从而陷入了"依赖政策"的被动漩涡。因此，档案软件企业需要转变被动发展的思维和模式，可以依托档案软件企业现有开发资质优势，开发基于档案资源的信息化软件产品，为企业提供全过程的、综合性的、优质的信息化服务。当客户认识到档案软件产品不仅仅是用来应对档案主管部门检查的，而是能够真正提升单位的信息化水平和工作绩效时，客户对档案软件产品才会真正产生认同，进而主动要求部署档案软件产品，可以有效降低企业对外部政策的依赖性。

（二）建立协同发展格局，形成良性竞争环境

针对档案软件行业中的不良竞争以及企业之间信息沟通不畅、服务质量参差不齐的情况，档案软件行业可以通过成立相应的档案软件产业联盟来解决。企业需要认识到想要把档案软件这个市场做大做强需要的是合作共赢。成立档案软件产业联盟有利于畅通行业内信息沟通的渠道，联盟可以搭建统一的档案软件服务信息发布平台和招标系统，面向客户和软件企业提供公开的市场信息，拉近行业内企业与客户之间的距离[1]。企业之间也可以通过联盟提供的平台畅通技术交流的渠道。此外，成立档案软件联盟还有助于规范行业的发展，联盟可以联合档案行政管理、工商管理等机构，通过协商机制来制定档案软件行业发展规范，为行业的产品、服务等制定相关标准，减少行业内部泄露机构信息、哄抬价格、恶意竞争等情况的发生，营造良好的行业发展生态[2]。

（三）深化战略发展思维，合理扩大企业规模

档案软件企业需要进一步调整自身的发展战略，虽然目前来看档案软件市场规

---

[1] 李海涛，王月琴. 我国珠三角地区档案服务外包发展问题与对策研究［J］. 档案学通讯，2018（4）：89-94.
[2] 李海涛，王月琴. 我国珠三角地区档案服务外包发展问题与对策研究［J］. 档案学通讯，2018（4）：89-94.

模较小，但是这个市场具有极大的挖掘潜能。在访谈中，有被访谈企业指出，目前保守估计我国大中型企业约有 25 万个，以每个企业在档案信息化和档案软件部署上投资 10 万元计算，企业领域档案信息化市场规模能够达到 250 亿元；同时，目前档案信息化主要集中在省级和地级市的公共档案部门，这部分的规模仅为不到 65 亿元，而还未完全开展档案信息化部署的大多数县级市档案部门的市场规模就接近 145 亿元，因此，未开发市场的规模巨大。档案软件企业首先需要从战略高度对整个行业进行更全面、准确的调研；其次需要认真分析自身的竞争优势和劣势、行业的机遇和挑战，扬长避短、抓住机遇，合理调整自身发展思维；最后档案软件企业在扩大企业规模时要注意合理适度，要基于当前的基础，稳扎稳打、步步为营，以逐渐由地方型向基于地方辐射地区型再向覆盖全国型企业的方式做大做强。

（四）完善人才管理方式，优化人才层次结构

一是从人才招聘的角度来看，档案软件企业急需既懂档案管理知识又精通软件开发的复合型人才。档案软件企业需要加强与设有档案相关专业的高等院校的沟通与合作：首先，在档案专业人才培养方面出谋划策，在满足条件的情况下，档案软件企业的技术骨干可以兼职部分高校的行业实践导师；其次，积极为各类高等院校档案专业的学生提供实习机会，一方面可以通过理论学习和实践工作相结合的方式提升学生的学习效果，另一方面也可以提升学生对档案软件开发工作和本企业的认同；最后，档案软件企业也可以调整和创新人才引进机制，可以通过聘请高校和科研机构的档案专家作为顾问来指导企业发展。

二是从人才培养的角度来看，档案软件企业需要提高对员工培训的意识，进一步完善相关培训机制。一方面需要为企业员工提供量身打造的、不同层次的培训课程，增强员工对档案基础知识以及软件开发新技术、新理念的理解和掌握；另一方面需要营造良好的创新氛围，积极鼓励员工创新，进而在激烈的市场竞争中抢得先机。

（五）加大技术创新力度，拓宽软件研发理念

档案软件企业的技术研发能力是其生存的基本条件。首先，企业需要加大对技术研发的投入，需要对当前的新技术、新理念具有较高的敏感度，能够第一时间组织本企业的研发人员开展新技术的相关培训；其次，企业需要加强与档案主管部门、高等院校、科研机构以及档案学会的沟通和联系，形成"政产学研用"协同发展的格局，提升企业的创新能力；最后，企业需要发挥主观能动性，积极申报国家

档案局和地方档案主管部门的科技项目，依托科研项目提高企业的研发能力。此外，档案软件企业需要进一步拓展档案软件的研发理念，需要在传统的档案管理软件功能开发的基础上，进一步加强档案资源开发利用方面功能的研发。一方面是重视档案资源的智慧编研、内容挖掘，加强对档案资源内容的管理；另一方面需要充分将档案资源与用户的业务活动相结合，在档案管理软件中实现档案资源对业务活动和经营管理决策的支撑。

（六）加强企业宣传工作，打造企业品牌形象

对于多数档案软件企业来说，加强宣传工作、打造属于自己的企业品牌形象是促进企业发展壮大的必由之路，在宣传和推广自己企业的同时，还有助于挖掘自身优势、明确公司的定位和发展方向，增强企业员工对本企业的认同感。因此，首先，企业各级领导需要提升对宣传推广工作的认识，理解宣传推广和品牌打造对于企业发展的战略意义。其次，企业需要建立和精心设计自己的门户网站，门户网站是外界了解一个企业的主要途径。企业需要将公司介绍、产品展示、最佳实践、成功案例、联系方式等模块精心布置在门户网站，方便大众查询。此外，还需要注意网站的定期维护和推广。最后，企业需要充分重视各类传统媒体和新媒体的有效结合，利用多种方式宣传推广。

案例与统计

2022 年中国人民大学档案事业发展研究中心十佳案例

牛力[1,2]   曾静怡[1]

1. 中国人民大学信息资源管理学院，北京   100872

2. 中国人民大学档案事业发展研究中心，北京   100872

作者简介：牛力，博士，教授，研究方向为档案信息化、档案知识服务、数字人文的研究与工程应用，电子邮箱 rucniuli@ruc.edu.cn；曾静怡，博士研究生，研究方向为档案学基础理论、档案数字编研。

为加强档案工作经验交流，促进档案事业高质量发展，中国人民大学档案事业发展研究中心面向社会开展了 2022 年度十佳档案工作案例征集活动。2022 年 9 月 9 日，档案事业发展研究中心组织来自档案主管部门、档案馆、企事业单位档案部门、档案学会、高校档案学院系的专家，对通过初评的 52 个案例进行评选，评选出年度十佳档案技术创新案例、年度十佳档案服务外包创新案例、年度十佳档案媒体推广案例（微信公众号）。

一、年度十佳档案技术创新案例

（按案例名称拼音排序）

（一）"档案馆安全风险评测系统"档案技术创新案例

1. 应征单位：广东省档案学会

2. 案例完成人：张平安、王良城、唐卫、张斌、杨吉伟、杨玉娟、王彩虹、李丹秋、蒋卫星

3. 案例概述

基于云计算的档案馆安全风险评估系统项目，是广东省档案局批准实施、广东省档案学会组织开发的覆盖馆藏档案业务全过程的安全风险评估系统。该系统通过

对国家档案局发布的指标体系进行全面的分析，结合档案馆建设安全现状和安全风险的评估业务，按照软件工程标准进行开发，建设档案馆安全风险评估数据填报、风险危险等级分析、风险评估报告的出具、评估数据的分析再利用、安全风险问题的回溯跟踪检查等功能模块，实现了档案安全风险评估数据填报的标准化、风险危险等级分析自动化、评估报告专业化、评估结果客观化、评估过程高效化，率先实现应用信息化手段开展档案馆安全分析评估的有益尝试。

（二）电网企业基于用户行为的档案智能化利用服务管理

1. 应征单位：国网江苏省电力有限公司
2. 案例完成人：黄清、马生坤、陈莉、乔勇、孙平、余冠霖、王永梅、戴路芹、徐志艳
3. 案例概述

国网江苏省电力有限公司基于电网企业用户用档行为，提出"主动、精准、数字、高端"的档案利用服务目标，通过绘制用户利用画像、剖析用户心理，构建用户行为分析模型，明确了电网企业用户的用档需求和行为习惯；通过全面加强档案队伍建设，完善培训机制，组建服务柔性团队，加大协作交流力度，推动各级档案人员树立"主动服务"理念，筑牢档案利用服务基础；以用户为中心，以提升服务质量、改善服务水平、提高服务效率为着眼点，发挥电网企业档案资源、数据、网络优势，建立基于用户行为的档案共享服务平台，实现档案资源规范化管理和无层级共享利用；融合运用大数据、语义网、人工智能等技术，开展档案智能检索服务、主动推送服务、智能编研服务，加大档案资源开发利用力度，更好地为用户提供高效、便捷的服务，为公司生产、经营、管理做好支撑保障。

（三）国家税务总局云南省税务局电子征管档案管理系统

1. 应征单位：方欣科技有限公司
2. 案例完成人：王雪莲、曾智、庞宇雄、郭云志、桂少楠、龚禹铭、李正涛、李艳辉
3. 案例概述

国家税务总局云南省税务局为持续落实税务领域"放管服"改革，加快推进云南税务治理体系和治理能力现代化建设，于 2019 年 3 月决定实施云南税务电子征管档案管理系统的优化升级和推广运用工作。经过严格的招投标，2019 年 9 月由方欣科技有限公司中标，按照局方提出的需求，遵循《中华人民共和国档案法》和国家电子档

案管理相关标准和规范，创新优化电子还原、电子采集、执法音像归档、电子签章、借阅等功能，实现电子档案数据上链存证，确保税务征管电子档案与业务数据的一致性、真实性和可溯性，为精准监控税收执法和纳税服务提供有效的"证据链"。

优化升级后的电子征管档案管理系统单套归档率达到 71%，进一步精简了纳税人的资料报送范围和数量，降低了办税成本，提升了纳税人的获得感和满意度；同时有效解决了纸质征管档案管理中空间人力成本巨大和利用困难等问题，为税务部门开展高效的税收征管工作和提供便捷的纳税服务提供了强有力的载体，实现了税务机关和纳税人、缴费人的"双减负"。

（四）杭州市域一体化数字档案平台

1. 应征单位：杭州安铂数据科技有限公司
2. 案例完成人：梁凯、陈林、贺盼盼、禹敬轩
3. 案例概述

近年来，杭州市档案馆以档案工作数字化转型为目标，积极探索以信息化、数字化为核心的档案治理现代化路径和方法。按照浙江省开展的数字化改革的精神和工作要求，杭州市档案馆提出"杭州市域一体化数字档案平台"的建设，建设内容可以概括为"一中心三平台"。一中心即负责总体管控的数据治理中心，三平台分别为统一归档平台、工作智治门户和数字档案大数据平台。平台将全市各级档案主管部门、综合档案馆、立档单位的档案工作纳入统一的、综合的工作框架和统一的数据标准当中，通过信息化的方式形成局馆之间、馆际业务的协作和管理、数据的统一，以实现档案管理全过程数字化、提升管理绩效和用户体验感为目标，能够快速地响应用户需求，提供形式多样的档案信息服务。"杭州市域一体化数字档案平台"代表着杭州市档案工作在数字化转型上的最新理念，帮助构建"数字赋能、多跨协同、综合集成、实时感知、闭环管控"的治理新格局，形成具有杭州特色的档案工作整体智治应用成果。

（五）基于档案数字资源的智能脱密技术应用

1. 应征单位：辽宁省档案馆（辽宁省工业文化发展中心）
2. 案例完成人：何素君、欧平、李映天、陈洪亮、李建林、赵荔、张伟、于洪波、刘美泽、王英丹
3. 案例概述

档案信息安全是档案工作的生命线，档案脱密工作更是重中之重，直接关系到

国家数据安全。开展涉密档案定密、脱密工作是贯彻落实《保密法》《档案法》的重要举措。同时，按照《国家秘密定密管理暂行规定》相关要求，涉密档案管理必须坚持最小化、精准化原则，做到权责明确、依据充分、程序规范、及时准确，既要实现档案的保存价值，又要确保国家利益和安全不受损害。从海量的档案数字资源中甄别、筛选涉密信息，实现涉密档案信息资源的合理开发利用对档案部门来说是一个挑战。以辽宁省档案馆为例，馆藏档案数字资源超过 140TB，需要审核定密的档案时间跨度长、密级样式各异，脱密难度大，按照 1 000 画幅/天（人）的人工脱密效率来看，脱密工作需 10 个人连续工作 50 年才能完成。为此，辽宁省档案馆与福建博通软件有限公司合作，应用机器人视觉和人工智能技术开发基于数字档案的智能脱密系统，大幅提高了脱密工作效率。该项目通过深度挖掘辽宁省档案馆馆藏档案数据信息，聚焦档案密级标识的分布情况复杂、字体样式繁多、位置角度不同等现实情况，应用大数据、人工智能技术设计开发基于人工智能的档案智能脱密系统，助力档案数字资源脱密工作的开展。

（六）基于微服务架构的集团型企业数字档案馆系统

1. 应征单位：中国长江三峡集团有限公司档案中心
2. 案例完成人：王宝序、齐腾云、张润时、张昆、周竞亮、李朝阳、刘诗娟、丁勇、武斌、董志茜
3. 案例概述

基于微服务架构的集团型企业数字档案馆系统是中国长江三峡集团有限公司委托金航数码科技有限责任公司研究开发的，以三峡集团容器云平台为运行环境的，符合新型架构、采取集团型管理、具备单套制归档条件的数字档案管理平台。该系统是在三峡集团数字化管理中心统一规划下，运行于集团公司的最新的容器云平台上的全集团统一应用的企业数字档案馆系统。系统采用微服务架构设计、开发，有效解决系统业务模块开发相互依赖、单一功能错误导致系统整体宕机问题，降低系统的耦合性，提供更加灵活的服务支持。

该系统的建设确立了三峡集团公司业务系统原生电子文件归档集成标准，同时该系统运用 PDF/A 格式转换、电子签名、XML 封装、监控预警、日志追踪、安全备份、"四性"检测等多种技术手段提升电子文件归档和电子档案管理各环节的真实性、完整性、可用性和安全性，为集团公司实行电子文件单套制归档创造了基本条件。通过整合公司各单位信息资源，三峡集团构建起了集"档案资源数字化、档案管理信息化、档案服务知识化"为一体的全集团统一应用的数字档案馆平台。该

系统在 2020 年 6 月通过了国家档案局企业数字档案馆试点项目的验收。

（七）OFD 服务在国产化环境下数字档案馆系统中的应用

1. 应征单位：内蒙古自治区档案馆、东软集团股份有限公司、友虹（北京）科技有限公司

2. 案例完成人：谷磊、温旭东、李志鹏、常青、牛晓龙、孙利斌、钱程、张强、黄岩、王威凯

3. 案例概述

为了响应国家政策号召，内蒙古自治区档案馆于 2020 年 8 月启动了内蒙古档案馆信创替代工程应用适配项目，以"全覆盖、全验证、全过程"为原则，建设涉密与非涉密网络的全国产、强安全、高可靠数字档案馆。项目采用了成熟的国产化软、硬件，替代非国产化的软、硬件，并探索实践了自主版式技术 OFD 在档案全业务环节中的应用，项目于 2021 年 11 月底完成初步验收。

该项目完成了信创名录中的服务器、终端计算机、打印机、扫描仪、多功能一体机、操作系统、数据库、中间件、流式软件、版式软件、防病毒软件、打印刻录审计软件、安全保密授权管理软件的安装调试和东软数字档案馆系统的升级适配。其中，版式软件采用友虹科技 OFD 文档处理技术，与东软数字档案馆系统紧密结合，提供了高效流畅的电子档案格式转换能力与快速便捷的电子档案安全阅览和打印能力。

该项目的实施，在技术层面，切实做到了底层支撑环境的全国产兼容适配、上层业务系统易用好用，为电子档案单轨制发展与应用积累了重要的建设经验；在应用层面，解决了以往数字档案馆建设过程中存在的管理流程不规范、系统易用性差的问题，提升了档案业务的工作效率；在创新层面，突破了 OFD 技术应用的难点，发掘了 OFD 在档案安全利用方面的使用场景。

（八）缩微数字一体化技术研发创新及应用

1. 应征单位：湖南琴海数码股份有限公司

2. 案例完成人：傅涛、刘乐祥、谭卫飞、胡振荣、陈正全、仇壮丽、张钰、卢基贵

3. 案例概述

从 2012 年起，琴海数码经过技术攻关，将缩微和数字化合二为一，研发出缩微数字一体化技术。该技术是比数字化更先进的技术，它不仅解决档案数字化问

题，还同步解决档案安全备份问题，一次性完成档案数字化和缩微存储，是对过去技术的完全革新，属国内首创、国际领先。

近十年来，从纸质档案缩微数字一体化技术，到多维缩微数字一体化技术，该技术经过实践应用后又多次创新，已趋成熟，不仅使档案原件得到更好的保护，还大大降低了生产成本，提高了工作效率。《纸质档案缩微数字一体化技术规范》（DA/T 71—2018）基于该项技术起草，于 2018 年 4 月发布。以该项技术为主，琴海数码主要提供档案缩微数字一体化处理、档案异地存储以及档案信息化管理等服务，同时，构建专业系统平台，致力于为用户在档案存储及利用方面提供专业解决方案，有效推动档案信息化进程。

（九）浙江省档案馆档案批量去酸工作的创新实践

1. 应征单位：浙江省档案馆
2. 案例完成人：王肖波、莫剑彪、徐春辉、俞桂忠、郑丽新、施文正、陈红、陈炳铨
3. 案例概述

档案酸化是决定纸质档案寿命的关键因素，仅靠控制库房温湿度、保持良好的存储环境等不足以阻止其酸化进程，档案去酸是目前档案界公认的解决档案酸化问题的主要措施。各级档案馆的民国档案、红色档案酸化程度普遍较高，随着纸质档案酸化损毁窗口期的到来，当前和今后一个时期正是纸质档案去酸保护的黄金期，但囿于去酸技术的适用性、安全性等考量，国内档案馆档案去酸工作普遍没有开展或处于少量试验阶段。

浙江省档案馆高度重视纸质档案基础保护工作，自 2019 年开始，在调研馆藏档案酸情状况、慎选档案去酸技术的基础上，创新利用具有自主知识产权的档案去酸技术，在国内率先开展馆藏民国纸质档案规模化去酸实践。经过近三年的创新探索与实践，浙江省档案馆实现国家重点档案年均 1.8 万页、总共近 5 万页的批量去酸保护，形成具有较高价值的去酸一周后、半年后、三年后等 3 个纸张酸碱性检测实验数据库。随之立项的国家科技项目"纸质档案等离子去酸技术应用效果评估研究"正式通过国家档案局验收，围绕档案酸化机理、去酸色差等重点环节发表档案学术论文 5篇，形成一整套可复制推广的去酸业务工作制度规范，同时有效带动了国产档案去酸技术及设备的迭代升级，在档案、图书和文博行业系统得到了推广应用。

（十）中信金融科技"启迪云"智能云计算档案分类协作管理控制平台

1. 应征单位：中信天津金融科技服务有限公司

2. 案例完成人：沈琛、韩承洁、朱健

3. 案例概述

"启迪云"智能云计算档案分类协作管理控制平台是一个适用于业务灵活度高、业务分支烦琐情形的企业级 SASS 云计算平台。该平台在技术层面的优势主要体现在一致的逻辑数据、优异的系统性能、开放的界面和接口、高度的安全性以及完备的操作管理策略。在应用层面旨在构建以数字档案资源建设为基础、以长久保存为保障、以网络利用为目标的档案分类协作管理控制平台。在业务层面旨在为使用客户提供包括数据采集、数据存储、数据预处理、可视化展现、业务实现、档案利用等服务的全流程服务。该系统在实现全流程服务体系支撑的同时，也将新技术新思路应用到其中，包括实现档案数据云存储、融入区块链技术等。

二、年度十佳档案服务外包创新案例

（按案例名称拼音排序）

（一）城建档案中红色资源服务创新案例研究

1. 应征单位：广州市城市规划勘测设计研究院

2. 案例完成人：胡灵娟、曾文清、陈健怡、陈智杰、杨云云、蔡飞铃、王洁琳、邓子凛、胡玲玲、游慧

3. 案例概述

红色资源作为优良传统和革命精神的记录，对其进行开发利用，服务国家大局和人民群众，是贯彻落实习近平总书记对档案工作"四个好""两个服务"重要批示精神的重要抓手。广州市城市规划勘测设计研究院（以下简称"广州市规划院"）成立近 70 年来，在服务城乡规划建设中，参与了诸多红色资源的保护与利用工作。广州市规划院城建档案馆藏 40 余万件，档案利用工作结合馆藏项目，融合相关历史研究成果、结合党史教育、围绕城市发展热点和单位工作重心，从"讲好故事、崇德明理""联系实际、增信力行""服务战略、开创新局"三个角度对广州城建档案红色资源进行创新性、多方位利用，打造 1 本图书、10 余篇论文、10 余期展览、微文、红色路线等系列档案文化产品，创新红色资源保护利用城建档案开发的路径，让城建档案"活起来"，构建了"以档说党"社会效益明显、"业档融合"局面开启、"档说党史"创新传播渠道的广州红色资源城建档案编研成果矩阵，为利用红色档案服务党的政治工作和国家建设提供良好范例。广州是中国革命的策源地，

该创新工作对宣传广州地方文化特色、用红色档案讲好党史故事、弘扬爱国主义精神、增强民族凝聚力、促进地方经济发展具有非常重要的意义。

（二）"船"承红色基因"舰"证时代发展——中国船舶集团红色档案服务创新案例

1. 应征单位：中国船舶集团有限公司
2. 案例完成人：李红梅、王雷、陈水湖、卫新宏、马娟娟、成佳秀
3. 案例概述

2021年，在中国共产党成立100周年之际，中国船舶集团深入贯彻落实习近平总书记关于档案工作重要指示批示精神，围绕中心、服务大局，挖掘船舶红色档案资源价值，积极策划、全面布局，加强红色档案收、管、存、用全方位科学管理，开创多项有益探索和实践。主要包括：

一是创新红色档案整理立卷，建立"习近平总书记重要指示批示""中国船舶集团成立""船舶总部迁驻上海"等专项档案，记录好、留存好中国船舶集团坚决贯彻党中央决策部署全过程；开展船舶红色档案调查摸底，建立珍贵红色档案名录。

二是加大红色档案编研开发，百年底图档案助力复建中国海军纪念舰——"长江"舰，红色档案再现昔日荣光；"一把推船出海的尺子"亮相央视《信物百年》，红色实物档案焕发新活力；《中国船舶集团院士风采录》展现船舶院士矢志军工报国的爱国精神，献礼党的百年华诞。

三是加强珍贵档案保管保护，完成国家档案局立项课题"珍贵历史硫酸纸底图档案保护修复的研究"，以科学手段抢救船舶珍贵红色档案；建设船舶档案特藏室，按更高标准管好用好珍贵红色档案。

船舶红色档案服务创新举措，发挥了"内强信心、外展形象"的积极作用，助力建设世界一流船舶集团，同时为档案强国建设贡献船舶力量。

（三）"第七档案室"

1. 应征单位：苏州中国丝绸档案馆（苏州市工商档案管理中心、世界记忆项目苏州学术中心）
2. 案例完成人：谈隽、谢静、吴芳、陈鑫、杨韫、程骥、姜楠
3. 案例概述

习近平总书记在中共中央政治局进行第三十一次集体学习时指出，要用好红色

资源，赓续红色血脉，努力创造无愧于历史和人民的新业绩。恰逢 2021 年是中国共产党建党 100 周年，苏州中国丝绸档案馆（苏州市工商档案管理中心）主创团队便着手以"中央文库"这一真实历史为背景，独家打造档案教育文化创意新项目"第七档案室"。该项目以囊括中国共产党早期的几乎所有重要文件、堪称中共早期记忆的"一号机密"——"中央文库"这一真实历史为背景，以解谜书、实景解谜活动、情景表演等为承载形式，借助丰富的馆藏档案资源，结合游戏互动体验的方式，将档案知识、解谜游戏、文艺创作等巧妙地融为一体，立体完整地展现出一个具有声光效果的档案世界，讲述一代代档案人为国守史的传承与坚守。

作为档案界的首个互动解谜项目，"第七档案室"项目打破传统档案资源开发手段，创新实现内容与形式的高度统一。此外，考虑到以"90 后""00 后"为主的受众体验感，项目通过情境、角色、气氛、情节、节奏等的设计为其营造出交互沉浸感。"第七档案室"项目一经推出，不仅得到档案界专业人士的一致好评，还掀起了社会公众对档案文化的关注，成为当之无愧的档案"爆款"。解谜书《第七档案室》获"学习强国"平台"好书荐读"栏目首页推荐，配套实景解谜活动 3 天累计近 2 000 人次参与，新华社平台短视频浏览量破百万，新华网、腾讯网、《苏州日报》、《姑苏晚报》、《扬子晚报》、《现代快报》、《引力播》、《中国文化产业评论》、"中国大运河"官方微信公众号、微博大 V 等也对活动进行了多角度的关注和报道，阅读点击总量超十万。

（四）"铭鼎兰台"航空工业档案线上培训平台

1. 应征单位：航空工业档案馆
2. 案例完成人：王梓瑞、曲健、郝伟斌、赵斌、朱兰兰、高大伟、周昊、刘晓辰
3. 案例概述

建设"铭鼎兰台"航空工业档案线上培训平台（以下简称"铭鼎兰台"）是深入贯彻党和国家对档案事业的发展要求，承接新时代航空工业发展战略，有效提升档案工作服务主业能力，深入推进档案工作创新与变革的必要举措。

"铭鼎兰台"2019 年底建成，因新冠疫情影响提前上线试运行，2021 年完成项目验收。航空工业档案线上培训平台建设旨在结合航空工业行业特性，解决航空工业档案培训供需矛盾，创新和改革航空工业档案培训工作。"铭鼎兰台"依托高端访谈、"百家讲坛"等系列节目，促进交流，带动广大航空工业档案从业人员掀起主动学习、主动研究的学术热潮，扩大培训覆盖面的同时，推动优秀培训资源向基

层的延伸。

（五）融媒体中心多媒体档案数字化及存储利用

1. 应征单位：北京汉龙思琪数码科技有限公司、北京市朝阳区融媒体中心

2. 案例完成人：郝华锋、樊辉、黄卫华、许阳、董晓明、王洪刚

3. 案例概述

北京市朝阳区融媒体中心（以下简称"中心"）成立以来，积累了大量的音像档案。但由于长期搁置存放，保存手段相对落后，有些录像带等实物档案已经产生了发霉、粘连、掉粉甚至断裂等现象，同时影响了档案的利用。

为了避免由于录像带损坏造成的历史资料的丢失，同时满足媒体档案数字化要求，中心对录像带进行物理修复、视频数字化采集和数字修复、视频内容分类编目及关键信息提取，以满足对视频的存储和再利用需求，形成了共计 3 400 盘、30TB 的电子档案。

为了长期、安全地保存中心数字化后的电子档案数据，提升电子档案管理能力，以及方便档案数据的高效利用，中心购置一套硬盘离线存储柜（系统），该设备提供物理防盗、硬盘健康监控、数据安全传输、存储、备份等功能，将中心电子档案数据进行集中安全的管理，同时该设备提供自动备份、自动巡检、自动校验、人工和自动计划任务等多种功能模式，大大提高了管理效率。离线存储柜还提供了业务扩展接口，方便对接其他业务系统，自动接收电子档案数据进行存储，以及提供数据查询、调用等功能满足更多档案利用的需求。截至 2022 年 5 月，通过离线存储设备提供档案利用 1 000 余次。该设备的投入使用，有效地提高了中心档案信息化水平。

（六）山东省档案信息"一网查、掌上查"

1. 应征单位：山东省档案馆

2. 案例完成人：李世华、王宪东、赵琳、刘虎、储牧原、马学刚、武伟、李文姣、张学干、郑华鑫

3. 案例概述

山东省档案信息"一网查、掌上查"是山东省档案馆为贯彻落实省委、省政府"一次办好"相关要求，在档案资源整合、开发与利用领域创新打造的一个应用案例。案例依托山东省数字档案馆系统建设及机房、监控改造项目开发的山东省档案查询利用平台，目的是依托互联网，使群众可以随时随地享受到全省各级各类档案

馆提供的统一、在线、跨馆、异地查档服务，实现"互联网＋"档案服务的目标。该项工作任务在 2019 年被列入《山东省数字政府建设实施方案（2019—2022 年)》，2021 年作为典型应用场景之一被列入《山东省大数据创新应用突破行动方案》，被评为山东省省级大数据创新应用场景。

（七）"台州古村落"数字记忆建设研究

1. 应征单位：台州市档案馆、仙居县档案馆
2. 案例完成人：郑志敏、冯惠玲、梁继红、马林青、王茂焕、李明俊、陈洁、余金伟、祁天娇、王云
3. 案例概述

该项目以台州古村落为研究对象，以古村落档案资源的主动建设与深度开发为基础，充分利用数字技术进行资源采集、加工、组织和创意呈现，形成了一套系统的古村落数字记忆建设理念、方法和技术应用，开拓了数字时代利用档案资源进行乡土中国文化记忆构建的新路径。主要研究内容包括四个部分：提出"台州古村落"数字记忆总体规划方案、制定"'台州古村落'数字记忆项目"工作规范文件、构建"高迁古村数字记忆"网站及数字资源建设、完成"'台州古村落'数字记忆"宣传推广方案。

该项目提出台州古村落数字记忆建设总体方案，包含数字记忆平台的建设理念、技术架构、古村落数字资源建设流程与方法、古村落数字资源库功能设计、古村落网站设计与呈现、古村落数字创意产品开发、古村落数字记忆宣传推广方案、古村落数字记忆项目工作规范文件等。

以台州代表性古村落——高迁古村为例，该项目探索借助数字技术手段进行古村落档案资源搜集、建设、解读、组织、加工、呈现等的全流程，完成"高迁古村数字记忆"的构建。

台州古村落数字记忆建设是档案资源深度开发，服务社会经济文化建设的新探索，是资源整合、能力协同的产物，需要打破资源独占、关门运作的旧模式，形成跨界联手的新格局。

（八）喜德县精准扶贫档案整理项目之沉浸式 PBL 项目化教学创新案例

1. 应征单位：四川蓝宇档案管理服务有限公司、四川省档案学校
2. 案例完成人：向晓东、童恒星、阿各日比、黑日曲布、侯琼
3. 案例概述

为了最大化发挥校企融合人力资源、服务社会的优势，四川省档案学校协同蓝宇公司遵循 PDCA（计划—实施—评估—改进）档案服务管理体系设计和规划了沉浸式 PBL（project based learning）项目化教学实施方案。案例为学校探索出了一条以蓝宇公司为平台，以档案整理项目服务为载体，以学校人力资源契合档案行业（产业链）服务为驱动，依托沉浸式 PBL 项目化教学创新的发展路径，为我国档案行业（产业）提供了赋能增效的参考范例。

学校档案专业教师与项目经理合力对标国家档案局有关精准扶贫档案整理标准规范，对接档案整理课程标准，结合了《凉山州精准扶贫档案工作实施方案》，梳理了 PBL 项目式教学执行流程，研判了精准扶贫档案整理项目当中学生可能遇到的复杂问题和困难挑战。学校和蓝宇公司合力组建项目团队，复盘了档案管理专业 PBL 项目式教学成果及方案，精心制定喜德县精准扶贫档案整理服务方案，围绕如何在档案整理基本流程（分类、组合、排序、编号、编目等）中沉浸式地契合 PBL 项目化教学范式，展开深度设计和发掘。案例聚焦项目实施过程评价体系的构建，并形成小组总结、团队复盘改进的互评互促教学机制。

(九)《一封家书·信仰》主题实践活动

1. 应征单位：浙江广播电视集团

2. 案例完成人：李辉、潘康康、王玉舟、刘浩、李单单、邹雯

3. 案例概述

革命先烈们告别父母，远离亲人，走向战场，在硝烟弥漫的战斗间隙，他们把对亲人的思念付诸笔墨，写成一封封充满亲情、激情与爱情的家书，贯穿始终的更有甘愿为国家前途命运、为革命献身的壮志豪情、矢志追求。这些红色家书，是最真实的党史读物、最生动的红色教材，是先辈们留给后人的无比珍贵的精神财富。

《一封家书》是浙江广电集团开展党史宣传的一个品牌节目。节目由浙江广播电视集团城市之声联合浙江省委组织部、浙江省档案局、浙江省档案馆、浙江省退役军人事务厅、浙江省党史研究室等部门开展，先是将浙江党员珍藏的 3 万余封真挚感人、催人奋进、饱含信仰的红色家书接收进馆，然后充分挖掘家书背后的人、事、情，把一个个故事以音频、视频、图文等多种形式，通过开设专题节目和网络专区传递出去。《一封家书》是学习党史、新中国成立史的生动素材，节目自 2018 年开播以来，每年组织一次，在"新华社""央视新闻""人民网""学习强国""抖音"等平台上获得超过 30 亿人次收听收看，在全国、全网具有较高知名度、传播度、美誉度，成为"大型主题档案＋媒体融合宣传活动"的标杆性品牌活动，能够

激发广大党员干部和年轻同志的爱国热情和"不忘初心、继续前进"的意志。

（十）智慧档案管理与服务系统

1. 应征单位：清华大学档案馆、同方知网数字出版技术股份有限公司

2. 案例完成人：范宝龙、朱俊鹏、薛四新、成鑫、李世昕、钱嘉莉、金东旭、刘朋真

3. 案例概述

智慧档案管理与服务系统是基于清华大学校园网、学校档案工作网、档案长期保存局域网环境开发建设的电子档案全生命周期管理系统。首先，该系统建立了多库分离的电子档案数据库，支持档案的收、管、存、用等基本业务以及电子档案的长期保存与多元智能化服务，能够实现学籍电子文件的在线捕获与归档、安全管控、长期保存和智能化利用。其次，系统对文书和教学档案数字化后的资源能够有效规范化处理并形成一体化集成管理。

目前，该系统已正式投入使用一年，实现了对 100 余万件电子档案集成管理，基本满足了清华大学档案馆文书和学籍档案的收、管、存、用等业务的需求，同时还面向在校师生、教务处、研究生院、校友会以及学校其他部门提供了其授权范围内的档案管理与智能化利用服务。该系统的使用大大提升了学校档案信息化的管理能力和智能化服务水平，也为高校电子档案管理与利用工作提供了新思路。

三、年度十佳档案媒体推广案例（微信公众号）

（按案例名称拼音排序）

（一）成都档案

1. 应征单位（或个人）：成都市档案馆

2. 案例概述

"成都档案"微信公众号依托馆藏档案推送原创档案信息，内容包括政治、经济、文化、历史、民生等，在开展"四史"宣传教育、传播天府文化、传承红色基因、展示档案工作者风貌等方面发挥出积极作用，受到国家、省、市各级领导、同人和社会公众的一致好评，成为成都市档案馆的一张宣传名片。

（二）档案那些事儿

1. 应征单位（或个人）：中国人民大学信息资源管理学院

2. 案例概述

"档案那些事儿"微信公众号创办于 2014 年，系档案界较早开设的第一批次微信公众号。七年来，"档案那些事儿"始终坚持正确的政治方向，奉行全方位、多功能、知识服务社会的公益宗旨，实施档案社交媒体创新服务的"四化模式"，贯彻"内容为王"的精品战略，推文逾千、原创过半，得到学界、业界及社会公众的高度认可与大力支持。2016—2021 年，"档案那些事儿"连续六年跻身"全国档案微信公众号年榜"百强前列，连续六年位居全国高校档案微信公众号榜首。

（三）金陵档案

1. 应征单位（或个人）：南京市档案馆

2. 案例概述

2015 年南京市档案馆推出了"南京档案"微信公众号（2019 年 1 月改版为"金陵档案"），截至 2022 年 2 月总发文 900 余篇。"金陵档案"微信公众号的推文结合本馆馆藏，积极挖掘南京历史文化名城的文化内涵，为保护历史文化遗产、延续城市文脉、弘扬创新档案文化服务，推出"宁记忆·档案"主题系列微文。比如：2019 年推出"庆祝南京解放 70 周年·寻访南京解放纪念地"活动系列，2020 年推出战"疫"一线的南京档案人系列，2021 年推出"百年华诞·百件珍档——红色百年南京印记"系列，平均每篇微文的阅读量达到 3 000＋。2021 年在全国档案系统微信公众号年度排行榜中"金陵档案"排在第四。

（四）兰台拾遗

1. 应征单位（或个人）：韩李敏

2. 案例概述

"兰台拾遗"微信公众号着重于档案业务的研究和知识的科学普及，利用档案进行开发研究，致力于档案文化的传播，考证档案的真伪，为弘扬浙江地方历史文化做一些补遗工作。

（五）宁波档案

1. 应征单位（或个人）：宁波市档案局（馆）

2. 案例概述

"宁波档案"微信公众号 2014 年起正式开通。公众号以"立足馆藏档案资源讲好宁波故事"为定位，以城市记忆为特色，宣传宁波历史文化，充分发挥档案价值，打造成宁波市档案馆独特宣传文化品牌。2021 年全国档案微信公众号排行榜中"宁波档案"微信公众号名列第九位，也是全省唯一进入十强行列的档案微信公众号。

（六）深圳大学档案馆

1. 应征单位（或个人）：深圳大学档案馆

2. 案例概述

"深圳大学档案馆"微信公众号以档案为载体挖掘深圳大学校史，以小见大，在讲好深大创新创业故事的同时，也发挥着宣扬和传承特区改革创新和优秀文化的重要功能。"深圳大学档案馆"微信公众号也是档案馆对外服务的重要窗口，在档案服务、档案管理、校史馆运营、馆际交流、档案文化宣传等方面发挥着举足轻重的作用，以宣传服务中心工作，是档案馆发挥"存史、资政、育人"作用的重要服务平台。

（七）沈阳档案

1. 应征单位（或个人）：沈阳市档案馆（沈阳市文史研究馆）

2. 案例概述

"沈阳档案"是由沈阳市档案馆（沈阳市文史研究馆）开设的档案文化综合类微信公众号，自 2018 年 5 月发表第一篇推文，已有近四年时间，共计发布了文章百余篇，账号类型为服务号，粉丝数量一千多人。"沈阳档案"公众号旨在通过发表沈阳档案工作相关的文章，发布档案文史信息，深入梳理档案文史资源、充分挖掘沈阳历史文脉和城市文化基础，宣传沈阳档案文化，发挥档案资政育人的作用，助推沈阳建设国家中心城市和区域性文化创意中心。

（八）时光特攻

1. 应征单位（或个人）：李颖

2. 案例概述

"时光特攻"是由河北大学档案系李颖教授创建，河北大学档案学专业教师和学生共同运营的专业微信公众号。"时光特攻"旨在借助新媒体平台，在档案学专业教育中，坚持以学生为中心，打造创新教学理念、延展教学时空、改革教学方法、丰富教学内容的实操空间，全面提升档案专业人才培养质量，传播档案思想和档案声音。公众号始终坚持秉承原创特色，在运营过程中坚持"服务学生＋服务教学＋服务社会"三位一体的过程驱动，形成了一批有温度、有态度、有深度的"三有"推文作品。

（九）天津市档案方志

1. 应征单位（或个人）：天津市档案馆（天津市地方志编修委员会办公室）
2. 案例概述

"天津市档案方志"微信公众号介绍本馆档案方志馆藏资源、编研成果，发布本馆展览、征集、讲座等各类活动信息，宣传档案方志文化，探究天津历史，接收并反馈公众留言，弘扬主旋律，传播正能量。

（十）营山县档案馆

1. 应征单位（或个人）：营山县档案馆
2. 案例概述

营山县档案馆始终坚持"为党管档、为国守史、为民服务"，围绕中心，服务大局，扎实抓好档案信息资源服务。"营山县档案馆"微信公众号作为官方对外宣传平台，积极开展对外宣传，设有"档案管理"、"档案服务"和"档案宣传"三个栏目。"档案管理"推送最新档案工作动态、档案规范化管理和法律法规；"档案宣传"推送营山文史档案、兰台人的档案故事、档案与生活；"档案服务"为群众提供档案查询、征集和爱国主义教育展览等服务。截至2022年5月，开通一年多的时间里推送各类资讯、专题文章及音视频节目两百余篇（件）。

附　　录

2022 年中国档案事业大事记

赵彦昌[1]　王玲[1]

1. 辽宁大学信息资源管理学院，沈阳　110136

作者简介： 赵彦昌，硕士，教授，研究方向为中国档案史、明清档案整理与研究；王玲，硕士，副教授，研究方向为红色档案整理与研究、人事档案管理。

大事记编例：

1. 信息来源：本大事记的信息来源主要为国家档案局网站、中国档案资讯网、中国档案网、中国档案学术网、"档案那些事儿"公众号以及各省（自治区、直辖市）综合档案馆网站。

2. 收录标准：围绕全国档案事业发展中的"大事"进行遴选，或涉及全国档案工作，或涉及档案行业动态，或涉及高校档案学专业，或具代表性或体现特色，但"常事"不录。

3. 详略得当：对于传播甚广众人皆知的"大事"，能简则简，点到即止，欲详知此事，随手搜之可得；对于一些重要但未得到普遍关注的"大事"，尽量展现较为全面的信息或线索，特为留痕。

1 月

1月1日，《民航档案检查工作办法（试行）》施行。《办法》适用于民航局对民航各地区管理局、直属各单位开展档案工作进行检查。

1月5日，中央档案馆国家档案局以视频会议形式召开党史学习教育总结会，总结党史学习教育的成功经验做法，部署巩固拓展党史学习教育成果的工作任务。中央档案馆馆长、国家档案局局长陆国强出席会议并讲话。

1月13日，国家档案局办公室发布《关于开展2022年度国家档案局科技项目立项工作的通知》。

1月27日，《"十四五"西藏自治区档案事业发展规划》以中共西藏自治区委员会办公厅、西藏自治区人民政府办公厅名义印发。

1月，内蒙古自治区档案馆承担的国家重点档案保护与开发项目《内蒙古自治区档案馆藏清末内蒙古中西部垦务档案》出版发行。

2月

2月8日，国家档案局以视频方式举办企业档案检查工作培训班。国家档案局副局长付华出席培训班开班式并讲话，对企业档案检查工作提出要求。全国档案法治建设经验交流会以线上方式顺利举行，各省、自治区、直辖市档案主管部门法治负责人参加会议。国家档案局联合科技部以视频方式举办《科学技术研究档案管理规定》培训班，国家档案局副局长付华、科技部资管司有关负责人出席培训班开班式并讲话。

2月8日，国家档案局办公室印发《关于开展2021年度全国档案事业统计调查工作的通知》。

2月10日，国家档案局办公室印发《关于2022年制定修订档案行业标准项目立项申报的通知》，立项重点包括档案信息化建设、档案基础业务及实践急需和采用国际标准、国外先进标准三个方面。

2月16—18日，云南省昭通市档案馆通过国家级数字档案馆测试。

2月17日，国家档案局办公室印发《关于征集数字档案馆建设典型案例的通知》，拟面向"全国示范数字档案馆"和"国家级数字档案馆"建设单位征集数字档案馆建设典型案例。

2月25日，国家档案局办公室印发《全国档案"八五"法治宣传教育规划（2021—2025年）》。《规划》以加强全社会档案法治意识为目标，以持续提升全国档案工作者法治素养为重点，以提高档案普法针对性和实效性为着力点，为"十四五"时期档案事业高质量发展营造良好法治环境，为加快建设档案强国提供坚实法治保障。

3月

3月1日，国家档案局办公室印发《关于开展第五批〈中国档案文献遗产名录〉申报工作的通知》。

3月4日，国家档案局档案干部教育中心发布通知：将于4月至5月举办2022年档案专业人员岗位培训班（在线）。

3 月 8 日，国家档案局档案干部教育中心印发《国家档案局档案干部教育中心 2022 年档案教育培训计划》。

3 月 10 日，国家档案局办公室印发《2022 年全国档案宣传工作要点》，对全国档案宣传工作作出部署。

3 月 16 日，国家档案局印发《国家档案局办公室关于组织申报 2022 年度国家重点档案保护与开发工程项目的通知》，2022 年国家重点档案保护与开发工程项目申报工作正式启动。

3 月 22 日，国家档案局印发《关于确定第三批建设项目电子文件归档和电子档案管理试点项目的通知》。依据《国家档案局关于组织开展第三批建设项目电子文件归档和电子档案管理试点工作的通知》（档函〔2021〕236 号），国家档案局对 52 家推荐单位报送的 84 个试点申报项目组织了专家评审。经研究，确定北京燃气天津南港 LNG 应急储备项目等 38 个项目为第三批试点项目。

3 月 24 日，国家档案局印发《关于进一步加强机关业务系统电子文件归档与管理工作的通知》，明确了业务系统电子文件归档与管理工作的总体要求、主要任务和工作安排，并提出了推进业务系统归档工作的思路、模式与方法。

3 月 25 日，国家档案局办公室印发关于《纸质档案抢救与修复规范 第 1 部分：破损等级的划分》《纸质档案抢救与修复规范 第 2 部分：档案保存状况的调查方法》《纸质档案抢救与修复规范 第 3 部分：修复质量要求》《纸质档案抢救与修复规范 第 4 部分：修复操作指南》等行业标准转国家标准项目征求意见的通知。

3 月 31 日，福建省档案局印发《福建省"八五"档案法治宣传教育规划（2021—2025）》。

4 月

4 月 2 日，国家档案局办公室印发关于征求《电子档案证据效力维护规范》《ERP 系统电子文件归档和电子档案管理规范》《商业银行业务档案管理规范》《科学技术研究项目档案管理规范》等 4 项行业标准项目意见的通知。

4 月 7 日，国家档案局发布《档案服务外包工作规范 第 4 部分：档案整理服务》《实物档案数字化规范》《档案仿真复制工作规范》《档案馆照明系统设计规范》《电子档案单套管理一般要求》《电子档案移交接收操作规程》《电子会计档案管理规范》《行政事业单位一般公共预算支出财务报销电子会计凭证档案管理技术规范》

《档案修裱技术规范》《档案著录规则》《档号编制规则》《明清档案著录细则》等 12 项行业标准。

4 月 9 日，由黑龙江大学信息管理学院主办的第八届全国高校青年档案学者学术论坛暨第三届东北地区档案学术研讨会在线召开。与会学者围绕"'十四五'期间档案事业与学科发展展望"进行研讨。

4 月 12 日，由四川省档案馆牵头组织、部分市（州）档案馆参与编辑的"红色四川"丛书出版，共 12 册，深度挖掘了四川省档案馆和部分地市（州）档案馆的珍贵红色档案资源。

4 月 15 日，国家档案局向社会公开征求《中华人民共和国档案法实施条例（修订草案征求意见稿）》意见。

4 月 16 日，第十二届"中国电子文件管理论坛"成功召开，本届论坛主题为"深耕内容——电子文件管理深化与服务升级"。

4 月 17 日，由档案社交媒体联盟、中国人民大学电子文件管理研究中心主办的"第六届档案社交媒体圆桌会议"在线举办，本届会议主题为"内容为王——打造档案社交媒体的影响力"。

4 月 19 日，国家档案局办公室、财政部办公厅、商务部办公厅、国家税务总局办公厅联合发布《关于印发电子发票电子化报销入账归档试点通过验收单位名单（第三批）的通知》。

4 月 20 日，中国人文社会科学期刊评价图书馆、情报与档案学专家委员会名单（2022）公示。

4 月 22 日，住房和城乡建设部主办的"中国传统村落数字博物馆"上线"记忆高迁 爱得我所"传统村落特展，高迁古村及其数字记忆网站成为"中国传统村落数字博物馆"中第一个也是唯一一个单村特展，并在"中国传统村落数字博物馆"移动端同步上线。

4 月 23 日，中国艺术研究院收藏、建设的"世界的记忆——中国传统音乐录音档案"数字平台（https：//www.ctmsa-cnaa.com）正式上线试运行。

4 月 26 日，云南省总工会、云南省档案局在云南海埂会堂举办《红色档案·云南省全国劳模口述历史》微视频上线首发仪式。

4 月 28 日，国家档案局印发《关于开展 2022 年国际档案日系列宣传活动的通知》，开展以"喜迎二十大 档案颂辉煌"为主题的国际档案日系列宣传活动。

4 月 28 日，国家档案局验收组同意两河口水电站建设项目电子文件归档和电子档案管理试点通过验收。

5 月

5 月 1 日，中央军委后勤保障部《军事设施建设档案管理办法（试行）》施行，《办法》共 9 章 44 条。

5 月 6 日，国家档案局发布《2022 年国际档案日主题征文活动启事》，围绕"喜迎二十大 档案颂辉煌"主题，以档案视角生动展现党的重大成就和历史经验，突出展现新时代党和国家事业的新变化新面貌新气象。

5 月 7 日，河北秦皇岛市档案馆征集首批 1 200 多件冬奥档案进馆。

5 月 12 日，国家档案局公布了 2022 年度 141 个科技项目拟立项项目。

5 月 14 日，第五届地方档案与文献研究学术研讨会在孔子故里曲阜召开，本次研讨会以"孔颜曾孟：中华优秀传统文化在山东"为主题，由曲阜师范大学、尼山世界儒学中心主办。

5 月 19 日，深圳市中级人民法院电子文件单套归档和电子档案单套管理试点工作顺利通过验收。

5 月 23 日，国家档案局办公室印发《企业集团数字档案馆（室）建设第一批试点单位名单》，北京市燃气集团有限责任公司等 61 家企业集团入选。

5 月 24—25 日，绍兴市新昌县档案馆通过"全国示范数字档案馆"测试。

5 月 26 日，国家档案局办公室印发《关于组织中国标准创新贡献奖提名工作的通知》。

5 月 30 日，国家档案局办公室印发《关于全面推行机关档案分类方案、文件材料归档范围和档案保管期限表三合一制度的通知》。

6 月

6 月 7 日，由中国人民大学信息资源管理学院和天津师范大学管理学院共同主办、天津师范大学管理学院承办的"人工智能与档案工作发展国际学术研讨会"（International Conference on Artificial Intelligence and the Development of Records and Archives Management）在线上隆重举行。

6 月 8 日，由中国档案学会档案保护技术委员会、中国感光学会影像保护专业委员会、陕西省档案学会联合主办的"绽放青春·国宝逢春——青年档案保护科学研究与大国工匠论坛"成功举办。

6月8日，天津市档案馆公布2.1万条涉及民生档案目录，涉及市高教局、市物资局、市劳动局、市二轻局和市政工程局5个全宗档案。

6月9日，中国第一历史档案馆在国际档案日向社会开放33个全宗清代档案，包括弼德院、邮传部、督办盐政处、山东巡抚衙门等，总计近8 000件档案。

6月9日，国家档案局发布中国档案行业宣传片《逐梦兰台》。

6月9日，第七届档案社交媒体圆桌会议通过线上方式举行，大会介绍了具有重大影响的红色记忆、世界记忆、古村落记忆项目成果，展示运用档案社媒讲述中国故事的典型范例。

6月9日，辽宁省档案馆和辽宁广播电视台共同录制的《走进档案馆——解密档案背后的故事》栏目开播。沈阳市档案馆举办国家重点档案课题系列成果发布会暨英雄之城系列丛书上线及赠书仪式，对国家重点档案课题成果《沈阳解放档案汇编》《抗日将军档案史料选编——黄显声》《抗日志士档案史料选编——张凤岐》作发布。四川省档案馆向社会开放馆藏档案5 500余件，档案由省政府办公厅、省卫生健康委、省经济和信息化厅等3个省直单位形成，时间跨度为1952—2001年。

6月9日，中共中央党校（国家行政学院）马克思主义学院院长张占斌教授围绕迎接党的二十大，结合档案工作，作了题为《加快构建新发展格局》的"6·9"国际档案日专题讲座，全国各级档案部门八万余人线上收看讲座。

6月15日，河南省档案馆通过全国示范数字档案馆系统测试，成为全国第四家、中部地区首家通过全国示范数字档案馆系统测试的省级档案馆。

6月16日，第九届中国档案学会档案信息化技术委员会召开了以"档案数字化转型实践研究"为主题的学术交流会。中国档案学会副理事长兼秘书长邓小军出席会议并致辞，信息化委员会委员、特邀嘉宾共100余人参加了会议，会议以视频会议形式召开。

6月17日，中国档案学会以视频会议形式举办"档案应急抢救学术研讨会"，中央档案馆副馆长、国家档案局副局长付华出席会议并讲话，中国档案学会副理事长兼秘书长邓小军主持会议。

6月17日，江西省档案馆数字档案馆系统通过"全国示范数字档案馆"系统测试。

6月27日，南水北调中线干线设计单元工程档案全部通过验收。

6月30日，上海市浦东新区档案馆通过全国示范数字档案馆系统测试。

7 月

7月1日，国家档案局局长陆国强签署国家档案局令第19号，公布《国家档案馆档案开放办法》。《办法》自2022年8月1日起施行。

7月6日，全国档案查询利用服务平台正式上线。

7月6日，中国第一历史档案馆新馆正式向社会开放。

7月6日，由中央档案馆与新华通讯社联合举办的"百年恰是风华正茂"主题档案文献展首次面向个人开放预约。

7月14日，辽宁省档案馆电子文件单套归档和电子档案单套管理试点工作顺利通过验收。河南省交通事业发展中心电子文件单套归档和电子档案单套管理试点工作顺利通过验收。

7月15日，福建省档案系统首届数字工匠技能大赛决赛成功举办。

7月20日，中国第一历史档案馆、中国社会科学院古代史研究所、国家图书馆出版社共同举行国家社科基金重点项目"明清宫藏丝绸之路档案的整理与研究"阶段性成果《明清宫藏丝绸之路档案图典》发布座谈会。

7月21日，由浙江省档案学会、中国人民大学电子文件管理研究中心、浙江大学公共管理学院联合主办的"大数据治理环境下档案机构的愿景和使命"学术研讨会以线上线下相结合的方式成功举办。

7月22日，由云南大学历史与档案学院主办的西部档案学专业虚拟教研室系列活动首次工作会议顺利开展，本次会议主题为"四个一"，即召开一次教研工作会议、构建第一版课程知识图谱、讲授一堂示范课、组织一场教研交流活动。

7月25日，天津市档案馆印发《天津市档案馆"八五"法治宣传教育规划（2021—2025）》。

7月27日，交通银行电子文件单套归档和电子档案单套管理试点工作顺利通过验收。

7月28日，合肥市档案馆顺利通过"全国示范数字档案馆"系统测试。

7月28—30日，第五届中国档案学博士论坛在湘潭隆重举行，论坛主题为"新时代档案学和档案事业发展研究"。

7月29日，2022年度教育部人文社会科学研究一般项目评审结果公示，图书馆、情报与文献学学科获得规划基金、青年基金、自筹经费项目共40项，西部和边疆地区项目2项。

7月30日，《档案学刊》首发仪式暨期刊建设专家座谈会在湘潭大学公共管理学院举行。

8月

8月1日，住房和城乡建设部发布行业标准《住房公积金业务档案管理标准》。

8月4日，云南政务服务网有关系统电子文件单套归档试点工作通过验收。

8月5日，安徽省档案馆电子文件单套归档和电子档案单套管理试点工作顺利通过验收。

8月16日，中国人民大学信息资源管理学院新增数字人文博士学位授权点。

8月18日，国家档案局发布2021年度全国档案主管部门和档案馆基本情况摘要。

8月19日，"数智技术下档案事业高质量发展论坛"在科大讯飞国家智能高新技术产业化基地圆满举行。

8月24日，宜兴市档案史志馆顺利通过国家档案局组织的"全国示范数字档案馆"测试。

8月24—25日，2022江苏大运河档案文化联盟淮安年会暨2021—2022全省档案工作者年会在淮安召开。

8月25—26日，江苏省宿迁市档案馆顺利通过"全国示范数字档案馆"系统测试。

8月26日，杭州市档案馆数字档案室顺利通过"全国示范数字档案室"评价。

8月26日，《甘肃藏敦煌藏文文献勘录》出版，6 700余件甘肃藏敦煌藏文文献首次以全文录入方式出版。该书作为"敦煌遗书数据库建设"项目的一项重要成果，共30卷，约2 205余万字。收录的敦煌藏文文献反映了吐蕃统治时期敦煌的社会面貌，可为敦煌学、藏学、民族学等研究领域的学术研究提供参考资料。

8月27日，中国科学技术情报学会情报理论方法与教育培训专业委员会、中国人民大学信息资源管理学院和中国人民大学信息分析研究中心联合举办"2022中国信息分析论坛"，论坛主题为"新时期信息分析理论与方法创新"。

8月28日，由教育部高等学校档案学专业教学指导委员会主办、四川大学承办的第四届档案学专业大学生课外科技作品展优秀作品展示汇报会在线举行，中国人民大学、武汉大学、中山大学、山东大学、吉林大学、西北大学、辽宁大学、安徽大学、苏州大学、郑州航空工业管理学院、天津师范大学、湘潭大学、四川大学等院校的 15 个团队在本次汇报会上展示汇报了优秀作品。

8 月 29 日，河北省档案馆完成首批冬奥档案接收进馆工作。

8 月 31 日，中俄人文合作委员会档案合作分委会第六次会议召开。

9 月

9 月 1 日，国家档案局办公室发布《关于开展 2022 年度国家档案局优秀科技成果奖励工作的通知》。

9 月 2 日，《中国档案事业发展报告（2022）》出版，该书是中国人民大学档案事业发展研究中心推出的我国档案领域的首部行业发展报告。

9 月 3 日，北京市档案馆编辑出版了《北平地区抗日活动档案汇编》。全书收录了馆藏自 1931 年 9 月 21 日至 1945 年 8 月 13 日的档案资料 209 件，采用档案史料原件高清扫描、彩色影印的方式，真实记录和反映了从九一八事变至抗日战争胜利的 14 年间，北平人民开展抗日斗争的情况及为争取民族独立和人民解放建立的伟大功勋、为世界反法西斯战争胜利作出的伟大贡献。

9 月 5 日，天津市档案馆向社会开放馆藏历史档案，涉及天津货物税局、天津直接税局、天津特别市公署财政局捐务征收所、天津特别市财政局沿河沿海船捐征收处等全宗历史档案共计 50 993 件。

9 月 9 日，中国人民大学档案事业发展研究中心 2022 年度档案事业发展十佳案例评选结果出炉，包括年度十佳档案技术创新案例、年度十佳档案服务外包创新案例、年度十佳档案媒体推广案例（微信公众号）。

9 月 9 日，国家档案局办公室印发《2022 年档案行业标准制修订计划》。

9 月 9 日，国家档案局联合喜德县总工会、喜德县商务经济合作和外事局及喜德县电子商务公共服务中心，发起喜德"时珍月宝"2022 年度电商营销活动，联合打造并推出喜德特色农业产品组合"时珍月宝"。

9 月 13 日，2022 年国家社科基金立项名单公示，图书馆、情报与文献学学科获得国家社科基金 119 项、国家社科基金青年项目 42 项、国家社科基金西部项目 11 项。

9 月 13 日，教育部发布新版学科专业目录，"图书情报与档案管理"一级学科更名为"信息资源管理"。

9 月 15 日，由中国档案学会主办的"档案赋能数字政府"学术研讨会以视频会议形式召开。

9月19日，国家档案局办公室印发《关于档案工作服务农村基层社会治理试点验收结果的通知》。

9月22—24日，国家档案局组织召开"三支人才队伍"人选评审会议，完成国家级档案专家、全国档案工匠型人才和全国青年档案业务骨干选拔工作。

9月23日，甘肃省第十三届人民代表大会常务委员会第三十三次会议通过了新修订的《甘肃省档案条例》，《条例》自2022年12月1日起施行。

9月24日，由档案学虚拟教研室、教育部高等学校档案学专业指导委员会联合主办的档案学虚拟教研室"说课"活动在线正式启动，并成功举办第一讲。

9月27日，第九届中国档案学会档案信息化技术委员会召开了以"区块链技术在电子档案管理中的应用"为主题的学术交流会。

9月27日，中共中央办公厅、国务院办公厅印发《关于加强重特大事件档案工作的通知》，对进一步加强重特大事件档案工作提出要求。

10 月

10月1日，世界记忆项目北京学术中心主办"世界记忆·中国文献遗产创意竞赛"，面向全国大学生征集基于入选《世界记忆名录》和《世界记忆亚太地区名录》的19项中国文献遗产的开发创意。

10月10日，中国第一历史档案馆5万余件馆藏清代兵部陆军部档案和满文《清圣训》全文检索数据库向社会开放。

10月10日，区域性国家重点档案保护中心（北京市档案馆）通过验收。

10月12日，区域性国家重点档案保护中心（浙江省档案馆）正式通过国家档案局验收。

10月12日，第九届中国档案学会企业档案学术委员会以视频方式召开了以"高质量企业档案助推世界一流企业建设"为主题的学术交流会暨2022年企业档案学术委员工作会。

10月13日，第九届中国档案学会档案文献编纂学术委员会以"创新与服务——新时期档案编研工作"为主题，以视频会议的形式召开学术沙龙活动。

10月14日，国家档案局办公室发布《建设项目档案微课征集结果》。项目共征集到省级档案主管部门、有关中央和国家机关、中央企业等推荐的建设项目档案微课479部。经过预审、分组初审和终审等程序，国家档案局遴选出一类作品10部、二类作品20部、三类作品35部、入围作品50部。

10 月 14 日，四川省档案馆携手山西、内蒙古、江西、山东、河南、湖南、重庆、陕西、甘肃、宁夏等长江、黄河流域 20 家档案馆，汇集红色档案文化合力，推动一批高质量读档作品走向社会、走向大众、走上网络，推出"江河奔腾 千人读档"跨省区联动展播活动。

10 月 15 日，由广州市档案馆与广州市广播电视台通力合作共同打造的《开卷》"羊城档案"系列节目，在广州广播电视台南国都市频道 4K 超高清播出，后续将在花城＋、新华社现场云、央视频等新媒体平台播出。

10 月 17 日，《南湖游山船船体结构图》《南湖游山船分布结构图》入藏无锡市档案史志馆。

10 月 24 日，《清代川滇边务大臣衙门档案》列入《出版业"十四五"时期发展规划》和《2021—2035 年国家古籍工作规划》。

10 月 27 日，由辽宁省档案馆、辽宁省档案学会主办的"档案·文化"大讲堂正式开讲。

10 月 27 日，福建省档案局、福建省档案馆、福建省档案学会等单位共同编制的《工程建设项目电子文件归档一体化管理技术要求》（DB 35/T 2081—2022），作为福建省地方标准正式发布，自 2023 年 1 月 27 日起实施。

10 月 29—30 日，由云南大学历史与档案学院主办的"全国地方文献整理与古籍保护研究"学术研讨会暨第二届云南大学图书情报与档案管理微电影节在云大宾馆举行，本次会议以线上线下相结合的方式进行，来自全国各地的 30 余名专家学者参加了线下会议，另有 100 余名专家学者通过线上参与会议。

11 月

11 月 3 日，国家档案局印发《国家档案局办公室关于组织申报 2023 年度国家重点档案保护与开发工程项目的通知》。项目申报范围为：国家重点档案基础体系建设项目、国家重点档案专题保护开发项目和区域性国家重点档案保护中心项目。

11 月 3 日，四川"千人读档"优秀视频亮相学习强国全国总平台，并在其"党史"频道"红色档案"专题中设立专栏，标志着"千人读档"活动走向全国。

11 月 4 日，国家档案局召开 2022 年国际档案日主题征文评审会，"喜迎二十大 档案颂辉煌"征文评选结果揭晓。评选出一等奖作品 3 篇、二等奖作品 5 篇、三等奖作品 9 篇、优秀奖作品 77 篇，并从众多参与单位中评选出 49 家优秀组织奖获奖单位。

11月7—8日，南京市档案馆高分通过全国示范数字档案馆系统测试。

11月8日，国家档案局组织召开第五批中国档案文献遗产名录评审工作会议。

11月9—10日，扬州市档案馆顺利通过"全国示范数字档案馆"测评。

11月10日，由浙江省档案馆推出的"浙里档案"便民服务应用在"浙里办"APP正式上线。该应用依托浙江省一体化智能化公共数据平台，贯通人社、民政、教育、卫健等涉及民生部门业务档案数据接口，开展省、市、县级档案馆开放档案和民生档案资源归集与共享，率先构建起省域范围内各档案馆之间、档案馆与其他部门之间的档案数据深度融合和互通共享机制。

11月11日，中国人民大学举办第十九届中国信息资源管理论坛，论坛主题为"学习贯彻党的二十大精神 建构中国自主的信息资源管理知识体系"。

11月11日，由国家档案局、四川省档案局、中共凉山彝族自治州委、凉山州人民政府主办，凉山州档案局、州档案馆承办的"美丽乡村展新颜"成就展在州档案馆开展。"档案里的70年"主题档案文献展也同步开展。

11月12日，由中国人民大学信息资源管理学院、四川大学公共管理学院联合承办的2022年教育部高等学校档案学专业教学指导委员会年会暨第三十一届档案学专业系主任联席会议在腾讯会议线上成功举办，本届论坛主题为"学习贯彻党的二十大精神，建构中国自主档案知识体系"。

11月12日，中国人民大学档案学院举办成立70周年庆祝大会。

11月16日，教育部高等学校档案学专业教学指导委员会公布第二届全国高校档案学专业课程思政建设研讨会征文获奖名单。

11月17日，云南省档案局摄制的《云南记忆》微纪录片正式在"云南网""云南发布"上线播出。

11月17日，福建省档案馆向社会新开放一批馆藏档案，主要为馆藏福建省档案馆、福建省工商联、福建省住建厅和福建省税务局等4个全宗，共计44 678件档案，时间跨度为1949年至1997年，内容涉及成立机构、启用印章、制定章程、人事任免、村镇规划等。

11月17—18日，江苏省宿迁市泗阳县档案馆通过国家级数字档案馆系统测试。

11月19日，台湾中华档案暨资讯微缩管理学会、中国档案学会、中国文献影像技术协会主办的"2022年海峡两岸档案暨缩微学术交流会"以视频会议形式召开，本次交流会议由台湾中华档案暨资讯微缩管理学会轮值举办。

11月19日，由北京师范大学历史学院和国家社科基金重大项目"俄罗斯西伯利亚远东地区藏1950年前中共党史档案文献的整理与研究"课题组主办的"西伯利亚远东与中国革命：档案与研究"学术研讨会以腾讯会议线上会议形式举办。

11 月 20 日，由辽宁大学信息资源管理学院和沈阳市档案文化研究中心主办，兰台世界杂志社协办的"第四届东北地区档案学术研讨会"在线上成功举办。本届研讨会主题为"课程思政视域下的高等院校档案学专业人才培养"。来自全国各高等院校、研究机构、学术期刊等单位共 300 余人参加了本次研讨会。研讨会分为开幕式、主题报告、青年学者论坛、青年学生论坛以及会议总结五个环节。

11 月 21 日，国家档案局组织了 2022 年度优秀科技成果奖励评审工作，经形式审查、专家评审、无记名投票等环节，按照公平、公正、公开的原则，确定了 48 项拟奖励优秀科技成果。

11 月 22 日，中国档案学会举办了学习贯彻党的二十大精神专题讲座，本次讲座同时是中国档案学会理事会党委集中组织学习党的二十大精神的活动之一。中国档案学会邀请中央党校（国家行政学院）中国式现代化研究中心副主任黄锟教授以"学习贯彻党的二十大精神，以中国式现代化全面推进中华民族伟大复兴"为主题作专题报告，中央档案馆副馆长、国家档案局副局长付华主持讲座并讲话。讲座以在线视频形式举行并进行网络直播。

11 月 23 日，《内蒙古自治区档案条例》经内蒙古自治区第十三届人大常委会第三十八次会议表决通过，自 2023 年 1 月 1 日起施行。

11 月 24—26 日，在韩国安东召开的联合国教科文组织世界记忆项目亚太地区委员会第九次全体会议上，由国家档案局推荐申报的《中国贵州省水书文献》《大生纱厂创办初期档案（1896—1907）》两份文献遗产成功入选《世界记忆亚太地区名录》，亚太记忆再添新彩；世界记忆项目福建学术中心参加联合国教科文组织世界记忆项目亚太地区委员会第九次全体大会。

11 月 26 日，由福建省档案馆、苏州市档案局、苏州市档案馆、泉州市档案馆、苏州市侨办、苏州市侨联联合主办的"海丝情忆——丝绸与侨批档案文献遗产展"在苏州有南艺术馆隆重开展。

11 月 26—27 日，由北京大学历史学系与中国第二历史档案馆《民国档案》杂志社共同举办的第二届"档案与民国史研究学术研讨会"于线上成功召开。

12 月

12 月 3 日，由教育部高等学校档案学专业教学指导委员会主办，山东大学历史文化学院、档案学虚拟教研室、全国高校档案学专业课程思政联盟承办的第二届全国高校档案学专业课程思政建设研讨会以线上方式举办。

12月4日，山东大学档案学专业创建四十周年庆祝大会在线上举行，大会主题为"四十正青春，一起向未来"。

12月8日，2022年度国家社科基金重大项目立项名单公布，其中档案学国家社科基金重大项目6项。

12月10日，全国高校信息资源管理课程思政建设研讨会暨课程思政说课比赛、案例设计大赛在线上举行；东北师范大学信息科学与技术学院主办的东北三省信息资源管理学科研究生学术论坛在线举行。

12月13日，国家档案局发布《关于印发国家级档案专家、全国档案工匠型人才、全国青年档案业务骨干入选名单的通知》，公布入选名单。

12月13日，中国人民大学信息资源管理学院"四位一体数字记忆人才培养：数字遗产融入高等教育新模式"项目荣获"全球世界遗产教育创新案例奖"卓越之星奖。

12月13日，中国档案学会以视频会议形式举办"2022年档案科技论坛"，中国档案学会副秘书长刘峰主持会议。

12月13日，无锡市档案史志馆举行《无锡抗战老兵的家国记忆》一书首发式。

12月14日，中国档案学会以视频会议形式举办"2022年全国档案工作者年会"，中央档案馆副馆长、国家档案局副局长付华出席开幕式并致辞，中国档案学会副理事长兼秘书长邓小军主持会议。本次年会主题为"档案工作与国家治理体系和治理能力现代化"，中国档案学会邀请四位专家学者作了主旨报告。

12月15日，全国档案工作者年会分论坛通过线上直播的方式召开。档案学基础理论学术委员会分论坛、档案文献编纂学术委员会分论坛、影像技术委员会分论坛、科技档案与科学数据管理学术委员会成立大会暨分论坛、档案整理鉴定学术委员会分论坛、档案信息化技术委员会分论坛、档案保护技术委员会分论坛、企业档案学术委员会分论坛、档案文化专业委员会分论坛围绕论坛主题，进行了主旨报告、专题报告和圆桌论坛。

12月18—20日，福建省档案馆和福建省广播影视集团联合出品系列纪录片《走近侨批》，第一季《家书，跨山越海》在福建电视台综合频道黄金时段播出。

12月20—22日，国家档案局档案干部教育中心面向全国档案行业在线举办档案信息化建设公益大讲堂。本次大讲堂围绕"数字中国数字政府背景下的档案工作"主题，紧扣档案工作服务经济社会发展、服务数字中国数字政府建设这条主线，将解读档案信息化建设政策规范和介绍档案数字化转型思路方法与学习贯彻党的二十大精神以及习近平总书记关于做好新时代档案工作的重要指示批示精神相结合，政治站位高、服务大局准。

12 月 21 日，长三角地区档案工作座谈会在上海以视频会议形式召开。会议深入贯彻落实党的二十大精神和习近平总书记关于长三角一体化发展、档案工作的重要指示批示精神，全面总结四年来长三角地区档案部门一体化发展成效成果，在更高起点上推动区域档案工作一体化高质量发展。

12 月 30 日，由中国人民大学书报资料中心策划，中国人民大学书报资料中心图情档系列刊、图情档 39 青年学者沙龙、天津师范大学联合主办，天津师范大学管理学院承办的"2022 年度中国图情档学界十大学术热点"评选活动落下帷幕。2022 年度中国图情档学界十大学术热点包括：守正与创新：信息资源管理学科的建设与发展；元宇宙场域下图情档学科虚实融生的具象与意象；国家文化数字化战略与公共文化服务；智慧图书馆体系建设与理论研究；数字人文视域下的古籍数字化；重大突发事件应急情报体系构建；面向科技创新的智能情报服务；数字包容与信息无障碍建设；档案文献遗产保护与记忆工程建设；红色档案管理与红色基因传承。

2022 年出版档案学论著目录

赵彦昌[1]

1. 辽宁大学信息资源管理学院，沈阳　110136

作者简介：赵彦昌，硕士，教授，研究方向为中国档案史、明清档案整理与研究，电子邮箱 zhaoyanchang1978@163.com。

1 月

赵彦昌主编：《中国档案研究》（第十辑），沈阳：辽宁大学出版社

卢捷婷、岑桃、邓丽欢著：《互联网时代下档案管理与应用开发研究》，北京：北京工业大学出版社

刘健主编：《聚焦幼儿的学习与发展——幼儿成长档案的创建与运用》，北京：教育科学出版社

丁进著：《西周铭文史》，北京：文物出版社

苟德仪主编：《地方档案与社会治理》（第一辑），成都：巴蜀书社

刘后滨著：《唐代中书门下体制研究：公文形态 政务运行与制度变迁》（增订版），北京：中国人民大学出版社

王使臻著：《敦煌公文研究》，北京：光明日报出版社

2 月

孙爱萍著：《国家层面的私人档案信息资源体系建设研究》，北京：中国社会科学出版社

徐华、薛四新著：《云数字档案馆安全风险评估研究》，北京：中国社会科学出版社

毕然、严梓侃、谭小勤著：《信息化时代企业档案管理创新性研究》，北京：新

华出版社

俞江著：《清代的合同》，桂林：广西师范大学出版社

3 月

曹玉著：《国家综合档案馆责任伦理研究》，北京：中国社会科学出版社

段荣婷著：《基于语义网的数字文件智能化组织研究》，北京：科学技术文献出版社

刘洪编著：《基于服务组件的电子文件管理系统功能需求研究》，合肥：安徽大学出版社

周铭、侯明昌主编：《图书情报与档案管理学科基础教学案例集》，昆明：云南科技出版社

4 月

蔡盈芳著：《区块链在电子档案管理中的应用》，北京：电子工业出版社

锅艳玲著：《非物质文化遗产的档案价值与开发研究》，北京：人民出版社

胡莹著：《东巴古籍文献遗产整合性保护研究》，北京：社会科学文献出版社

5 月

赵跃等著：《档案文献遗产精准保护模式研究》，北京：中国社会科学出版社

马爱芝、李容、施林林著：《信息时代档案管理工作理论及发展探究》，长春：吉林大学出版社

杜翔著：《首都博物馆馆藏契约文书研究》，太原：山西人民出版社

李全德著：《信息与权力：宋代的文书行政》，北京：社会科学文献出版社

徐燕斌著：《溥天王土：宋代榜文与社会控制研究》，武汉：武汉大学出版社

陈艳红著：《重大突发事件政府应急信息发布研究》，北京：中国社会科学出版社

李娅佳著：《云南少数民族档案信息资源开发利用研究》，北京：中国社会科学出版社

吴声军著：《契约与森林：清水江锦屏林业契约文书研究》，成都：巴蜀书社

6 月

李海涛主编：《档案整理理论与实务》，广州：中山大学出版社

戚学民著：《清史档案中的清代文史书写》，北京：清华大学出版社

曹宇著：《中国档案馆功能演变对建筑空间的影响研究》，沈阳：辽宁大学出版社

范冠艳著：《电子文件管理与电子证据使用》，北京：中国社会科学出版社

叶鹏著：《中国非物质文化遗产建档保护机制研究》，北京：中国社会科学出版社

7 月

杨冬权著：《新时代档案工作新思维》，上海：上海远东出版社

胡莹主编：《档案与少数民族记忆》，北京：中国社会科学出版社

郭团卫编著：《企业档案工作实用手册》，郑州：郑州大学出版社

朱兰兰主编：《科技档案管理学》，郑州：郑州大学出版社

潘晓光著：《档案云化管理研究》，太原：山西人民出版社

朱江著：《大生档案》，苏州：苏州大学出版社

8 月

丁海斌主编：《档案学概论（第二版）》，北京：科学出版社

赵彦龙著：《西夏文书种类功用及体式研究》，上海：上海古籍出版社

周耀林、戴旸、刘婧等著：《非物质文化遗产信息资源分类存储研究》，武汉：武汉大学出版社

刘银清著：《汉魏六朝书信研究》，北京：中国社会科学出版社

王玉玲著：《新时期档案管理与开发利用研究》，长春：吉林出版集团股份有限公司

彭德婧、王艾、阴志芳著：《信息化背景下图书和档案管理创新研究》，长春：

吉林出版集团股份有限公司

李刚编著：《什么是图书情报与档案管理？》，大连：大连理工大学出版社

王晓琴、芦静、任丽丽著：《档案管理基础理论与实践研究》，长春：吉林科学技术出版社

康素芬、李建权著：《新时代高校档案文化育人理论与实践》，北京：应急管理出版社

王洋著：《企业电子文件单套归档管理实战》，北京：中国水利水电出版社

9 月

中国人民大学档案事业发展研究中心著：《中国档案事业发展报告（2022）》，北京：中国人民大学出版社

王兰成、黄永勤、刘晓亮著：《档案社会化媒体信息资源整合研究》，北京：科学出版社

国网河南省电力公司档案馆编：《电网企业档案馆（室）管理实务》，北京：中国电力出版社

山东省档案学会编：《记忆与传承：新时代档案文化建设》，济南：山东电子音像出版社

10 月

陆阳等著：《社会治理视角下的档案制度变迁研究》，武汉：武汉大学出版社

曲春梅、闫静主编：《档案学专业课程思政教学案例集》，济南：山东大学出版社

陈龙著：《经国序民：多维视域中的明代公文观》，北京：社会科学文献出版社

郑磊著：《档案信息管理与存储》，长春：吉林出版集团股份有限公司

11 月

［英］迈克尔·托马斯·克兰奇著，吴莉苇译：《从记忆到书面记录：1066—1307 年的英格兰（第三版）》，上海：格致出版社、上海人民出版社

张荫成、韦世明、罗竟、李江华、谢富辉编著：《公路建设项目声像档案溯源技术》，北京：人民交通出版社股份有限公司

12 月

赵彦昌、朱宝君著：《中国档案志研究》，沈阳：辽宁大学出版社

孙大东著：《基于范式论视阈的档案学科与档案职业协同发展研究》，郑州：郑州大学出版社，北京：社会科学文献出版社

图书在版编目（CIP）数据

中国档案事业发展报告 . 2023 / 中国人民大学档案
事业发展研究中心著. --北京：中国人民大学出版社，
2023.12

（中国人民大学研究报告系列）

ISBN 978-7-300-32415-9

Ⅰ. ①中… Ⅱ. ①中… Ⅲ. ①档案事业-研究报告-
中国- 2023　Ⅳ. ①G279.2

中国国家版本馆 CIP 数据核字（2024）第 005127 号

中国人民大学研究报告系列

中国档案事业发展报告（2023）

中国人民大学档案事业发展研究中心　著

Zhongguo Dang'an Shiye Fazhan Baogao（2023）

出版发行	中国人民大学出版社				
社　址	北京中关村大街 31 号		**邮政编码**	100080	
电　话	010－62511242（总编室）		010－62511770（质管部）		
	010－82501766（邮购部）		010－62514148（门市部）		
	010－62515195（发行公司）		010－62515275（盗版举报）		
网　址	http://www.crup.com.cn				
经　销	新华书店				
印　刷	唐山玺诚印务有限公司				
开　本	787 mm×1092 mm　1/16		**版　次**	2023 年 12 月第 1 版	
印　张	32.5 插页 1		**印　次**	2023 年 12 月第 1 次印刷	
字　数	589 000		**定　价**	119.00 元	